미디어 콘텐츠와 저작권

미디어 콘텐츠와 저작권

최영묵 엮음

논형

미디어 콘텐츠와 저작권

지은이 최영묵 외

초판 1쇄 인쇄 2009년 8월 3일
초판 1쇄 발행 2009년 8월 10일

펴낸곳 논형
펴낸이 소재두
편   집 김현경, 김가영
표   지 김예나
홍   보 박은정

등록번호 제2003-000019호
등록일자 2003년 3월 5일
주   소 서울시 관악구 성현동 7-78 한림토이프라자 5층
전   화 02-887-3561
팩   스 02-887-6690

ISBN   978-89-6357-100-3 94300
값   24,000원

이 도서의 국립중앙도서관 출판시도서목록(CIP)은
e-CIP 홈페이지(http://www.nl.go.kr/ecip)에서 이용하실 수 있습니다.(CIP제어번호: CIP2009002332)

저작물이란 인간의 사상이나 감정을 창의적으로 표현한 모든 것을 의미한다. 저작권은 이러한 저작물을 만든 사람에게 부여한 배타적 권리다. 저작권법은 저작물의 성격과 저작자의 복잡한 권리관계를 규율하기 위한 법이다. 저작자에게 인격과 재산상의 이익을 부여함으로써 문화 생산을 장려하고 나아가 문화예술 발전을 촉진하기 위한 것이다.

다른 면에서 저작물은 문화와 예술 영역의 주된 구성물이다. 인류가 쌓아온 다양한 문화와 상징은 대부분 저작권이라는 재산가치의 대상이지만 사회적 유통을 통해 의미가 발생하는 공공의 재산이기도 하다. 그런 면에서 저작권자의 배타적 재산권이라는 측면에서의 저작권보다 문화 생산물의 활성화라는 공적 측면에서의 저작권이 더 중요할 수 있다. 창조와 모방을 통해서 더 의미 있는 문화 생산물이 나올 수 있기 때문이다. 특히 디지털 시대의 창작물은 다원적 협력 과정의 산물이기 때문에 창작자의 보호와 이를 나눌 수 있는 시스템 형성이 동시에 중요성을 갖게 된다.

모든 창작은 인간 공동 노동의 결과라는 관점에서 보면 저작권은 절대적 보호대상이 될 수 없다. 실제로 시민의 정신적 계발이나 공동체의 유지 발전을 위한 지식체계 구축이라는 측면이 저작자의 사적이익보다 현저하게 중요할 경우 저작자의 권리는 유보하는 것이 일반적이다. 현대 민주주의의 근간을 이루는 요소 중의 하나가 문화와 정보에 대한 접근성이기도 하다. 저작권법의 강제허락(compulsory license), 공정이용(fair use) 등과 관련한 조항은 사적 전유보다 문화의 근저를 이루는 저작물의 공적 성격을 강조하기 위한 것이다.

근대사회에서 저작권은 인쇄술 보급 이후 정착하였다. 저작권 개념은 절대 군주들이 그들의 권위에 대항할 수 있는 저작물 유통을 막기 위해 고안한 '출판특허제도'에 그 기원을 두고 있다. 재산권으로서 저작자의 권리는 시민혁명 이후 인정되었다. 영국의 앤여왕법(The Statute of Ann, 1709)은 저작자에게 복제권을 인정한 최초의 법이다. 이후 미국, 일본, 독일 등지에서도 저작권법을 제정하게 된다. 저작권에 관한 최초의 국제법은 베른협약(1886)이다. 무방식주의, 내국민대우원칙, 소급주의 등을 규정한 베른협약은 아직도 유효한 '게임의 법칙'이다. 세계지적소유권기구(WIPO)는 지난 1996년 WTO체제 출범에 따라, 새로운 저작권 협약(WCT)을 채택하였다. 베른협약을 계승한 WCT는 그 보호대상을 디지털 기술 영역으로 확장하여 배포권(right of distribution)과 대여권(right of rental)을 인정하였다.

한국 저작권법의 기원은 1908년 일본의 요구로 제정한 한국 저작권령에서 찾을 수 있다. 한국은 정부수립 이후에도 한동안 일본 저작권법을 원용하다가 1957년 최초의 저작권법을 제정하였다. 이후 30여 년을 무풍지대로 지내다가 1980년대 중반 한미통상협정과정에서 미국이 저작물 보호를 요구함에 따라 1987년 저작권법을 전면 개정하였다. 1987년 저작권법은 UR 타결(1993), 베른협약 가입(1996), WCT 발효(1997), 한미FTA 협상(2007) 등에 따라 개정을 거듭하며 오늘에 이르고 있다. 미국은 1980년대 중반 이후 무역역조를 해소하기 위하여 각종 국제기구나 다자 간 협상을 통해 지속적으로 농산물, 서비스업 등의 시장 개방과 미국 저작물 보호를 강요하고 있다.

국내의 저작권법은 디지털 기술 발전과 국제법의 변화에 영향을 받을 수밖에 없다. 미국, 일본, EU 등 세계 각국은 자국의 산업과 문화를 보호하고자 한다. 각자의 이익에 좀 더 부합할 수 있는 새로운 법제를 만들기 위해 기존 법체제의 불합리성을 지적하는 집단과 이들과 같은 이유로 기존 법규를 고수하려는 다른 집단의 갈등은 필연적이다. 특히 미국은 WTO나 WIPO 등을 동원하여 각국의 저작권 시스템에 관여하려 하고 있다.

디지털 기술 발전으로 미디어 저작권 영역에 많은 문제가 발생하고 있다. 인터넷, 인트라넷을 비롯한 모든 디지털 정보망은 물론 CD-ROM, DVD 등과 같은 디지털 기기 사용까지 포함하는 디지털 환경은 아날로그 시대에 영역별로 유지되던 많은 고리를 통합함으로써 아날로그적 사고를 뒤흔들었다. 디지털 시대의 모든 창작품에는 기술이 복합적으로 연관되어 있고 또 하루가 다르게 변하고 있다. '디지털 혁명'은 어떤 형태의 정보도 디지털로 전환하여 압축, 저장, 송수신이 가능하게 하였다. 적은 비용으로 원본과 동일한 복제판을 얻을 수 있을 뿐만 아니라 모든 관련 자료를 통합 보관하고 동일한 방식으로 고속 전송할 수 있다. 게다가 원작의 자의적 수정이나 재구성이 가능해졌다. 저작물과 저작자 개념의 전면 재검토가 불가피하다.

디지털 환경은 기존의 저작자 '권리 내용'과 그 처리 방식의 변화를 요구한다. '권리 내용'의 문제는 멀티미디어의 보급과 네트워크에서의 유통·이용에 대응하여 저작권을 보호하기 위한 것이다. '권리 처리'는 정보의 디지털화와 네트워크에서의 원활한 이용을 보호하는 문제와 관련된다. 권리 내용을 명확히 하기 위해서는 권리의 범위와 한계를 재규정해야 하며, 권리 처리를 위해서는 저작자 권리보호와 동일한 중요성을 갖는 저작물 공정이용과 관련한 이용자 권리를 구체화해야 한다.

방송 영역의 변화에 주목해 볼 필요가 있다. 디지털 방송 실시에 따라 프로그램 제작, 송출, 저장 및 구매·판매 방식이 크게 달라지고 있다. 방송 기술이 급격하게 변화하고 콘텐츠의 창구도 크게 확대되고 있다. 하지만 방송 콘텐츠 저작권 시스템은 아직도 불안정하다. 프로그램의 경우 사회적 책임이 강조되기 때문에 저작자로서 방송사의 권리 보호 측면뿐만 아니라 시청자나 시민의 공정한 이용 권리 보호도 중요하다. 지난 2009년 4월 임시국회에서 저작권법 개정안이 통과되었다. 이제 인터넷 포털사업자들은 저작권 침해 소지가 있는 콘텐츠에 대하여 상시적으로 모니터링하고 필요하면 적정한 조치를 취해야만 한다. 또한 '삼진 아웃제' 도입으로 누리꾼들의 인터넷 이용이 현저하게 위축될 수도 있다.

디지털 콘텐츠의 창구화(windowing) 전략이란 하나의 콘텐츠를 창구마다 그 특성에 맞게 변형하여 유통시킴으로써 효율성을 극대화하는 것을 의미한다. 이는 콘텐츠 유통시장에 존재하는 다양한 문화적 제약을 극복하는 데 효과적이다. 다채널 시대에는 콘텐츠 부족이 가장 큰 문제다. 이 문제를 해소하기 위해서는 영상 콘텐츠의 다원적 유통이 보장되어야 한다.

한미FTA 협상에서 한국은 저작권 보호기간 연장(50년에서 70년으로), 일시적 저장에 대한 복제권 인정, 기술적 보호조치 신설 및 확대, 온라인서비스 제공자 처벌 강화, 비친고죄 확대, 법정 손해배상제도 도입 등에 동의하였다. 2006년 저작권법을 전면 개정했지만 한미 FTA가 체결될 경우 저작권법 재개정을 서둘러야 하는 상황이다. 저작권자의 권리 보호를 중심으로 법이 개정되는 것은 공정이용 등 다른 차원의 문제를 야기할 가능성이 크다.

몇 년 전만 해도 국내에서 방송 미디어와 관련한 저작권 분쟁은 거의 발생하지 않았다. 지상파 3사의 독과점 시장이 오랫동안 유지되어 왔기 때문이다. 방송사와 방송작가, 독립제작사, 음반제작자, 연기자 등 실연자(performer) 사이에는 심심치 않게 논란이 있었지만 원만하게 합의하는 선에서 마무리되는 것이 관례였다. 하지만 최근들어 방송 콘텐츠 저작권 문제가 심심치 않게 뉴스로 등장하고 있다. 지상파 방송사와 독립제작사 사이의 갈등이 표면화되기도 한다.

향후 방송의 디지털 콘텐츠 저작권 관련 분쟁은 새로 등장한 IPTV와 UCC를 중심으로 한 온라인 유통 문제를 중심으로 전개될 가능성이 크다. 또한 저작물의 공정이용과 관련하여 CCL(Creative Commons License)의 적용 문제와 DRM(Digital Rights Management) 강제 문제가 첨예하게 대립할 가능성이 크다. 동시에 프로그램공급사업자(PP)와 플랫폼, 네트워크 간의 콘텐츠 불공정거래 관행도 법에 따라 정비되어야 할 것이다.

디지털 시대 이전에는 저작권 문제가 주로 문학, 학술, 예술 영역 중심으로 논의되었다. 그러나 미디어의 디지털화로 저작권 영역이 크게 변하고 있다. 특히 방송 프로그램이나 음반과 같은 문화산업은 심각한 위기에 처할 수 있다. 디지털 콘텐츠 관련 저작권 분쟁은 국내외적으로 심각한 문제로 대두할 수밖에 없다. 최근 빈발하는 저작권 관련 분쟁은 향후 국가 차원에서 저작권의 의미를 명확히 하고 집중 관리해야 한다는 사실을 명확히 보여주고 있다. 새로운 디지털 환경은 고부가가치를 창출할 수 있는 미디어 콘텐츠 저작권에 관한 도전이기도 하다. 정보의 바다이자 콘텐츠의 바다인 인터넷은 양면성이 있다. 정보 공개의 장이자 보호의 장이라는 측면이다. 콘텐츠 제작자 입장에서 창작물의 저작권을 인정받아야 할 뿐만 아니라 타인 저작물 권리도 인정해야 한다.

정책 당국은 불법 이용으로 인한 권리 침해에 대처하여 저작권자의 이익을 적극 보호해야 한다. 동시에 미디어 콘텐츠의 창작 활성화를 위하여 저작물 권리정보를 체계적으로 관리할 필요가 있다. 우선 저작권 단체를 정비하고 권리 처리 규칙을 확립하며, 저작권에 대한 정보 관리시스템을 마련해야 한다.

이 책은 이렇게 변화하는 디지털 미디어 저작권 환경을 정리하고 바람직한 저작권 정책방향 등을 모색해 보기 위한 것이다. 동시에 저작권 논리의 개인성과 공공성, 국내외에서의 저작권 형성 과정, 분쟁 사례 등도 정리했다. 다른 저작권 관련 책들과 달리 주로 미디어와 관련된 저작물의 권리 관계와 향후 전망을 집중 분석했다. 미디어와 저작권의 관계는 복잡하다. 저작권법에서 방송사업자의 권리를 별도로 논의하고 있다. 방송사업자, 출연자, 작가, PD, FD 등 다양한 방송제작 관련자들의 권리 관계를 명확히 하고 보호하는 것은 방송 발전의 가장 중요한 근거이기 때문이다. 미디어 사업자들은 디지털 방송 콘텐츠 제작과 유통을 통해 새로운 수익모델을 창출해야 하는 시대적 과제에 직면해 있다.

디지털화에 이은 웹2.0 시대의 시작은 미디어 콘텐츠의 성격을 근본적으로 바꾸고 있다. 미디어의 의미 자체가 변할 수밖에 없는 상황이기도 하다. 2008년 이명박 정부의 출범과 동시에 방송통신위원회가 출범한 것은 국가 차원에서 미디어 제도와 정책을 획기적으로 바꾸겠다는 의지 표명이었다. 지난 2006년에는 디지털 콘텐츠에 대한 명확한 규정의 필요성 때문에 저작권법이 20년 만에 전면 개정되었다. 이렇듯 미디어 영역은 급변하고 있다. 특히 미디어 콘텐츠의 원활한 제작과 유통은 미디어 정책의 핵심이 되었다.

이 책『미디어 콘텐츠와 저작권』은 웹2.0 시대의 핵심과제인 '저작권 개념의 재구성' 문제를 천착하고 있다. 이 책은 모두 4부로 구성되어 있다. 1부는 미디어와 저작권에 대한 총론이다. 1장은 저작권의 의미와 시대에 따른 변화 양상을 집중 분석했다. 2장에서는 저작권과 미디어의 관계를 방송, 신문, 음악, 광고 등 각 미디어 영역과 연결하여 정리하고자 했다. 3장에서는 국내 저작권법의 주요 내용과 시대에 따른 변화를 심층 분석했다. 특히 지난 7월 23일 발효된 개정 저작권법의 문제점과 대체 입법 방향에 대해서도 상세하게 정리하였다.

2부에서는 미디어 저작권과 관련하여 제기되었던 다양한 쟁점을 정리하였다. 4장에서는 미국을 중심으로 아직도 논란이 이어지고 있는 카피라이트와 카피레프트 논란을 조명했다. 5장에서는 카피레프트 논리의 근거라고 할 수 있는 저작권 공공영역 이론을 검토하고 공정이용의 범위 문제에 대해서 정리하였다. 6장과 7장에서는 전통적인 미디어 콘텐츠 저작권의 쟁점과 디지털 시대 저작권의 쟁점을 소개하고 분석했다.

3부에서는 뉴밀레니엄 이후 디지털 저작권 체계를 재구성하고 세계화에 대응하고 있는 각국의 사례를 검토하였다. 8장에서는 미국의 디지털 미디어와 저작권법 관련 동향을 논의하였고, 9장에서는 일본의 디지털 저작권에 대하여 상세하게 분석하였다. 이어 10장에서는 프랑스와 독일을 중심으로 EU 국가들의 디지털 저작권 쟁점과 전망을 사례 중심으로 알아보았다.

끝으로 4부에서는 웹2.0 시대 저작권의 전망에 대하여 구분하여 정리하였다. 11장은 UCC 관련 논의다. 최근 저작권 관련 논란의 핵심을 이루는 UCC를 놓고 벌어지는 방송과 같은 올드미디어와 인터넷/온라인서비스 사업자(ISP)의 갈등과 해소방안을 집중 검토하였다. 끝으로 12장은 이 책에서 집중 검토한 다양한 디지털 미디어 저작권의 문제와 해결 방안을 등록제도, 관리제도, 한류저작권 등 영역별로 구분하여 정리하였다.

이어 보론에서는 다양한 미디어 관련 저작권 분쟁 사례와 판례를 정리하였다. 최근 들어 빈발하고 있는 미디어 콘텐츠 관련 분쟁 사례를 전통 미디어인 신문 뉴스, 시나리오나 대본 등 관련 논란, 텔레비전 방송 프로그램, 온라인 뉴스 유통, 디지털 음원 다운로드 관련 등 영역별로 구분하여 제시했다. 판례들은 뉴스와 온라인 음원 등의 유통, UCC와 텔레비전 방송 등과 관련하여 많은 함의를 주고 있다.

이 책이 나올 수 있도록 지원해 준 방송통신위원회와 한국케이블TV협회에 감사드린다. 그리고 어려운 가운데도 훌륭한 원고를 보내주신 집필자 여러분들과 '빙하기'라는 출판업의 어려움 속에서도 이 책을 흔쾌히 출판해 주신 논형 소재두 사장님과 김현경 편집장님께 심심한 감사의 '촛불'을 드린다.

2009년 칠월 항동골에서
필자들을 대표하여
최영묵 적음

CONTENTS

2부 저작권과 미디어의 쟁점

3부 주요 국가의 디지털 저작권 동향

4부 미디어 저작권의 전망

1부

저작권과 미디어

1장

저작권 의미와 변화

● 최영묵

1. 저작권의 의미

인터넷의 일상화와 함께 저작권 관련 논란이 끊이지 않고 있다. 누구나 저작물을 손쉽게 복제하거나 배포, 유통시킬 수 있게 되었기 때문에 이후에도 저작권 분쟁은 더욱 심해질 가능성이 크다. 저작권(copyright)이란 인간의 사상이나 감정을 창작적으로 표현한 저작물을 보호하기 위해 그 저작자에게 부여한 권리를 말한다. 따라서 저작권의 보호라 함은 저작물의 창작자에게 자기 저작물의 이용에 관한 배타적인 권리를 부여하고, 그 저작물을 다른 사람이 이용하는 데 저작권자의 허락을 필요로 하며, 그러한 허락을 얻지 않고 이용하는 행위를 위법으로 규정하는 것을 의미한다.[1] 이는 저작물의 창작자에게 인격적 이익과 재산상 이익을 부여함으로써 창조적 저작행위를 장려하고 나아가 문화예술의 발전을 촉진하기 위한 것이다.

역사적으로 세계 각국에서 저작권 제도가 정착한 이유는 당위성, 경제적 필요성, 문화적 필요성, 사회적 필요성 등에서 찾을 수 있다.[2] 당위성 측면에

---

1) 한승헌(1992), 『정보화시대의 저작권』, 나남, p.21.
2) Stewart, S.M.(1983), *International Copyright and Neighbouring Rights*, Butterworths, pp.3~4.

서 보자면, 저작자는 자기 인격의 표현인 저작물의 창작자이므로 자기 저작물의 공표 여부를 결정하고, 자신의 지적 생산물이 침해되거나 훼손되는 것을 방지할 수 있어야 한다.

경제적 이유는, 저작물의 창작은 상당한 경제적 투자를 전제로 하고 그것의 발행, 유포 역시 광범위한 산업적 틀 속에서 행해지는 것이기 때문에 이러한 비용의 회수를 위해서는 저작자에게 합당한 이익을 보장할 필요가 있다는 측면이다. 문화적으로는, 저작자의 창작물은 문화적 자산이기 때문에 창작 행위를 고무하고 보상해 주는 것이 문화 발전에 공헌한다는 점에서 공공이익에도 부합한다고 본다. 사회적 이유는, 저작물이 상이한 계급, 인종, 성, 연령 등을 연결시키는 기능을 한다는 점에서 저작자의 사회적 기여를 인정해야 한다는 입장이다.

저작권법의 목적은 법에 충분히 명시되어 있다. 1971년 파리에서 개최된 '세계저작권협약'은 협약 체결국 간에 어문 저작물, 음악·연극, 영화저작물, 회화, 판화와 조각 등을 포함하여 문학적, 학술적 및 예술적 저작물에 있어서 저작자 및 여타의 모든 저작재산권자의 권리에 대하여 충분하고 효과적인 보호를 부여하는 것을 목적으로 한다. 현행 한국 저작권법 제1조에서는 "저작자의 권리와 이에 인접하는 권리를 보호하고 저작물의 공정한 이용을 도모함으로써 문화 및 관련 산업 향상발전에 이바지함을 목적으로 한다"라고 명시하고 있다.

결국 저작권은 표현된 저작물에 대한 보호를 통해 저작자 권리를 보장하는 것이다. 이는 근대 민법의 기본정신인 사유재산권 존중이라는 일반원칙에 입각한 것으로 자본주의의 기본이념이 정신 영역에서 정착된 것으로 해석할 수 있다. 저작권은 지적으로 창조된 원저작물을 보호하려는 취지에서 주어지는 것이며, 저작물 그 자체, 즉 표현(expression)의 형식 또는 방법이 보호된다는 뜻이지 저작자의 사상(idea)이 보호된다는 의미는 아니다. 복제물의 대량 배포가 가능해지면서 저작권의 개념이 형성되었음을 짐작할 수 있다.[3] 이는 저작권 보호라는 것이 어쩔 수 없이 창작성 자체보다는 창작을 담는 미디어에 대한 보호로 귀결됨을 의미한다. 제품이나 용역 등 어떤 구체적 가치를 보호의 대상으로 보는 자본주의적 사고방식의 결과다. 따라서 현대사회에서 창작물은 인쇄만이 아니라 음성, 영상 등의 형식으로 복제될 수 있다. 복제기술의 혁명적 발전은 저작권 문제를 새로운 차원으로 변화시켰다.

　다른 한편으로 저작물은 다른 생산물과는 달리 다양한 정신적 산물이고, 그런 점에서 현대사회 문화예술 창작 영역의 주된 장이자 직접적 구성물이다. 인류가 쌓아온 여러 문화생산물들은 대부분 저작권이라는 재산 가치의 대상이지만, 사회적 효용이라는 큰 틀에서 보면 공공재산이기도 하다. 저작권 보호의 근본 취지가 사회 발전의 원동력이 되는 문화적 생산을 활성화하는 데 있다는 점을 상기할 필요가 있다. 사회 문화적 창작은 보호를 통해서도 확대되지만 참고(reference)와 모방(imitation)을 통해서도 활발해질 수 있기 때문이다. 후자를 창작물의 사회적 효용성이라 본다면 정신적 산물의 공적 이용은 장려해야 한다. 창조라는 것은 다양한 사회적 협력 과정에서 이루어지기 때문에, 창작과 이용은 동전의 양면이다.

　현대인의 삶 속에는 국가나 기업의 체계(system)와 가정과 같은 일상적 생활세계가 교직되어 있다. 현대 사회에서 화폐와 미디어는 공적 삶으로 참여하게 하는 가장 대표적인 수단이다. 하버마스는 이러한 공적 삶을 중재하는 미디어의 기능에 주목했다. 근대적 미디어를 통한 의사소통이 합리성의 근간을 이루는 것이고 미디어는 가정이라는 사적 공간과 사회라는 공적 공간을 매개하기 때문이다. 이 과정에서 우리는 기자나 PD 혹은 영화감독이나 작가 등이 제작한 미디어 콘텐츠를 소비하거나 이용하게 된다.

---

3) 김기태(1996), 『저작권법의 해석과 적용』, 누림, pp.13~14.

저작권법상 저작자 권리 보호라는 민법적 보호 논리와 사회적 공유를 통한 문화 발전 논리는 충돌할 가능성이 크다. 개인의 재산권 측면을 강화하면 저작물이 늘어나겠지만 문화유산으로서의 기능은 약화될 것이며, 반대로 문화유산으로서의 기능을 강화한다면 저작물의 창작 자체가 줄어들 수 있다. 따라서 양자의 조화는 시대적 상황, 국가 체제에 따라 상이하게 나타난다.[4]

결론적으로 저작권 논의는 재산권 보호와 사회 공익의 보호라는 상충될 수 있는 공적 가치를 어떻게 균형 있게 보장할 것인가 하는 문제와 관련된다. 이런 이유로 저작권의 역사는 저작재산권의 범위를 확정하는 문제와 저작물 유통과 공정이용을 보장하기 위한 국가의 역할 문제를 동시에 해결하기 위한 과정이기도 했다. 디지털 시대를 맞아 카피레프트, 공공도서관, 디지털 아카이브, CCL과 같은 저작권 공유방안에 관한 제도적 논의가 활성화되고 있는 것은 바람직한 일이다.

2. 근대 저작권 개념의 형성 과정

기술적으로, 저작권은 복제(copy)할 수 있는 권리(right)를 말한다. 저작물의 기술복제는 구텐베르크가 인쇄술을 발명한 근대 이후 법적인 문제로 대두되었다. 고대에는 저작물에 관한 소유권으로서의 인식보다는 남의 저작물을 베끼는 행위를 도덕적 비난 대상으로 삼았다. 기술적인 면에서 다른 사람의 저작물을 이용하는 것도 직접 혹은 사람을 사서 필사하는 것이 고작이어서 저작물에 대한 어떤 금전적 측면에서의 관심은 부족하였다.[5]

---

4) 허희성(1988), 「저작권 제도의 발전을 위한 본 위원회의 역할」, 『계간 저작권』, 1988년 봄호, pp.8~10.
5) 김기태(1996), 『저작권법의 해석과 적용』, 누림, p.15.

오히려 고대와 중세에는 저작권보다 소유권에 대한 의식이 강하여, 표현 매체 소유자(왕, 귀족, 성직자)는 자신들의 권리로 창작자의 창작물을 소유할 수 있었다. 이 시기에는 창작물 자체가 희소했고 거의 모든 저작물은 창작이라는 '아우라'(aura)를 지닌 원저작물이 대부분이었다. 그림 등 저작물을 소유, 지배, 감상하는 사람들은 왕이나 귀족 등 고위층이었다. 화가나 음악가 등 예술 창작자들은 자신을 고용한 사람이 제공하는 경제적, 사회적 보상의 대가로 창작물의 권리를 양도하였다. 저작물은 그 형태가 어떠한 것이든 간에 재산권적 가치보다는 정신적 가치가 중시되었고 그것의 소유자 역시 정신적 혹은 정서적 가치의 소유자였다.

저작권 개념과 논리는 근대사회의 산물이다. 저작권이 필요하게 된 것은 저작물이 함부로 이용되거나 훼손되어서는 안 된다는 정신 이외에 저작물이 경제적 이윤을 가져다주는 주요한 원천이 되기 시작했기 때문이다. 저작권 개념은 대량 복제가 기술적으로 가능해지면서 경제적 기준이 적용되기 시작한 근대 자본주의 발전 시기에 형성되었다. 인쇄술의 발명으로 저작자나 출판권자의 허락 없는 무단 복제가 횡행하는 시대가 시작되었다.

15세기경 구텐베르크 활판인쇄술의 보급은 저작권 개념과 저작권을 둘러싼 이해관계를 근본적으로 바꾸어 놓는 계기가 되었다. 활판인쇄술은 문서의 대량 복제를 가능하게 하여 성직자와 일부 귀족에게 한정되어 있던 '읽을거리' 혹은 '볼거리', '들을거리'를 대중화했다. 무단 복제로 피해를 보게 된 출판권자들은 자기의 이익을 보호하고 경제적인 독점을 보장받을 수 있는 제도적 장치의 필요성을 주장하기 시작했다. 또한 읽을거리의 대중화는 종교 지배자들이 누리고 있던 성경에 대한 해석 특권을 붕괴시켰다. '볼거리', '들을거리'의 대중화는 대중매체 시대의 서곡이었다. 전시 혹은 교환적 가치가 중시되고 대중에 대한 파급력 또한 커지게 되면서 그 힘은 막강한 것으로 간주되었다.[6] 따라서 세속 지배자들은 그들의 권위에 도전하는 내용의 저작물에 관심을 갖게 되었고, 그 내용을 검열하기 위해 '출판특허제도'를 두게 되었다.

출판특허제란 개개의 저작물마다 국왕이 특허를 부여하고, 특허를 얻은 자가 그 저작물의 출판권을 독점하는 제도를 말한다. 이익을 독점하길 원하는 출판업자에게 유리하고 국왕으로서도 특허료를 징수할 수 있고 자기를 비방하는 저작물의 출판을 사전에 막을 수 있는 검열의 효과도 거둘 수 있어 유럽 여러 나라에서 널리 채택되었다. 영국은 성청(Star Chamber)을 두고 검열을 전담하게 하여 출판을 위축시키는 결과를 가져오기도 했다. 따라서 이 제도는 기본적으로 출판자의 특권을 위한 제도적 장치였으며, 결과적으로 사상 검열을 정당화했다. 저작자의 권리는 중요한 고려사항이 아니었다.

이후 18세기 말부터 시민혁명 물결이 거세지기 시작하면서 출판특허제는 그 위력을 잃게 된다. 근대 계몽사상과 개인주의 사상의 보급, 전제군주의 권위 쇠퇴 등은 출판물에 대한 검열과 독점을 약화시켰다. 출판업자들은 영리 독점의 새로운 근거를 찾던 끝에 '정신적 소유권 이론'을 들고 나왔다. 마치 육체노동에 의해서 만들어진 물건의 소유권이 그 노동자에게 있듯이, 지적 노동의 결과인 저작물에도 일종의 소유권을 인정하여 그 창작자에게 독점 이용권을 부여해야 한다는 주장이다. 그러나 정신적 소유권은 1차적으로 저작자에게 귀속되지만 출판업자는 저작자와의 계약에 의하여 합법적으로 그 권리를 양수하는 만큼 출판에 대한 독점권 역시 출판자에게 있다는 논리였다.[7] 이것은 마치 노동자들이 그들이 노동한 결과를 소유, 통제, 처분할 수 있는 권리를 갖지 못하는 것과 같은 상황이다. 저작자는 정신적 노동자로 규정되고 출판자는 저작물을 어떤 계약을 통해 배타적으로 소유, 관리하는 자본가가 되는 것이다.

---

6) 발터 벤야민, 반성완 편역(1983), 「기술복제시대의 예술작품」, 『발터 벤야민의 문예이론』, 민음사, pp. 197~231.
7) 한승헌(1992), 앞의 책, p. 22.

정신적 소유권은 출판업자의 이익보호를 위한 주장이었으나 결과적으로 저작자들의 권리의식을 높이는 계기가 되었다. 정신적 소유권이 1차적으로 저작자인 자신들에게 귀속된다는 저작자들의 권리의식이 출판업자와 권리귀속을 둘러싼 갈등을 낳았고, 이로 인해 저작자의 권리보호를 위한 '저작권법'이 등장하였다. 근대적 저작권 개념에 근거한 최초의 법들로 1672년 북미대륙의 뉴잉글랜드에 있는 매사추세츠 식민지 의회가 제정한 저작권보호에 관한 조례와 1710년 영국에서 제정된 앤여왕법(Queen Ann Act)을 들 수 있다.[8] 이후 1790년 미국에서 최초의 연방저작권법이 제정되었고 프랑스에서는 1791년 이후에 제정되었다. 19세기 이후 각국으로 확산되었다.

앤여왕법은 저작권으로서의 복제권(copyright)을 인정하고 있으며, 이 권리를 양도받아 출판한 출판자에게 그 출판물에 대해 독점권을 부여하였다. 따라서 등록된 저작물에 대한 무단 복제에 대해서는 엄격하게 처벌하였다. 이 법의 특징으로는 등록에 따른 저작권 부여와 보호기간의 설정을 들 수 있다. 저작자가 자신의 이름으로 저작물을 등록하고 대학이나 도서관 등 공공영역에 보관할 저작물 9부의 납본을 의무조항으로 두었다. 이러한 전통은 현재 한국에서도 시행하는 것처럼 주요 국공립 도서관에 책을 납본하는 형식으로 남아 있다. 또한 문서 저작물 조합에 의해 청원된 이 법은 독점의 우려에 따라 저작권을 영원히 주장할 수 있는 권리는 인정되지 않고 복제본에 대해서는 향후 14년 동안 저작권이 인정되었다. 그러나 14년이 경과된 후에도 저작자가 살아있을 경우에는 추가로 14년간의 독점 인쇄권을 부여하였다.[9]

앤여왕법은 국가 차원에서 저작권리가 인정되고 서적에 대해서는 누구에게나 적용할 수 있게 하였다. 요컨대 저작자의 권리를 강조하지 않음으로써 창조물의 소유권이 자본력을 소유하고 있는 인쇄업자 및 출판업자가 독과

---

8) 김기태(2000), 『저작권법의 해석과 적용』, 삼진기획, p.25.
9) 류종현(2008), 『현대 저작권의 쟁점과 전망』, 커뮤니케이션북스, p.6.

점하는 계기가 되었다. 저작물을 만드는 데 본질적 창조성을 기여한 작가에게는 특별한 권리가 부여되지 않았다. 그럼에도 저작권의 유효기간을 둔 것은(그 의도와는 무관하게) 공적 영역의 사회적 효용성으로 해석될 수 있는 여지를 남겨두었다.[10)

앤여왕법 이후, 1735년에는 영국에서 화가들의 요청에 따라 조각가법이 제정되었고, 프랑스에서는 1791년에 공연권을 부여하는 저작권령이, 1793년에는 저작자에게 배타적 복제권을 부여하는 저작권령이 제정되었다. 그후 독일에서는 1794년에 프러시아 민법전에 저작권에 관한 규정을 포함시켰고, 러시아에서는 1830년의 민법전에 저작권에 관한 규정을 포함시켰다. 동양에서는 일본이 1869년에 공포한 출판 조례가 첫 번째 입법조치된다. 그후 일본에서는 출판법과 판권법이 시행되다가 1899년에 처음으로 근대적인 저작권법을 제정하기에 이르렀다.[11)

저작자에게 주어지는 권리에 있어서도, 당초에는 저작물의 복제권만 부여하였으나 19세기 초에 음악저작물과 연극저작물이 공연권 개념으로 저작권법 영역에 진입했다. 20세기 초반에는 라디오의 발명으로 방송권이 추가되었다. 오늘날에 와서는 뉴미디어의 발전으로 1980년대에는 컴퓨터 프로그램이 저작권 보호 대상에 포함되었으며, 1990년대 이후 멀티미디어에 대해 국제적으로 보호가 논의되고 있으나 아직도 보호 방법에 대해서는 논란이 이어지고 있다.[12)

10) 이순이(1997), 「문화 창작물의 공적 영역과 저작권법: 공적 영역 지형의 변화를 중심으로」, 서강대학교 석사학위논문, p.52.
11) 한승헌(1988), 『저작권의 법제와 실무』, 삼민사, p.23.
12) 허희성(1996), 『뉴미디어의 출현과 저작권 환경변화』, 한국언론연구원, p.34.

3. 디지털 시대의 콘텐츠 저작권

1) 디지털 기술의 상용화

방송의 디지털화란 디지털 기술에 기반을 둔 방송을 구현하는 것을 말한다. 디지털 기술로 인해 방송사업자들은 고화질, 고음질의 방송뿐만 아니라 일정한 대역폭에서 보다 많은 채널과 프로그램을 전송할 수 있게 되었고 편성과 편집의 유연성을 제고시킬 수 있다. 동시에 디지털화된 통신미디어와 접속 및 통합 등을 가능하게 함으로써 방송의 쌍방향화와 멀티미디어화를 촉진시킬 수 있다. 정리하자면 방송의 디지털화는 기존의 아날로그 방송에 비해 방송의 고품질화, 다채널화, 다기능화 및 타 미디어와의 융합 등을 통한 멀티미디어화를 가능하게 하는 기술적 기초를 제공하고 있다.[13]

디지털 기술 등장 이후 국내 방송 미디어 시장은 급변하고 있다. 2001년 지상파 디지털 본방송 및 디지털 위성방송 출범에 이은 케이블TV의 디지털 전환 추진으로 방송의 디지털화가 본격 진행되었다. 특히 지상파 및 위성 DMB, 데이터 방송, HDTV, PVR(Personal Video Recorder), VOD, UCC 등 쌍방향 서비스, 모바일TV, IPTV 등 새로운 기술기반 영상미디어들이 속속 등장하고 있다. 이러한 방송통신 융합형 서비스의 확산으로 콘텐츠의 부가가치도 날로 커지고 있다.

디지털 융합은 미디어 가치사슬(value chain)에 큰 변화를 가져왔다. 이전에는 콘텐츠 제작에서 유통에 이르는 일련의 과정이 수직적인 상하관계를 형성했다. 프로그램 제작부터 편성 및 서비스 제공과 배급, 그리고 유통에 이르기까지의 전 과정이 통합된 우리나라 지상파 방송의 전통적인 '수직적 통합구조'가 그 전형적 사례다. 하지만 디지털 융합에 따라 거의 모든 유형의 콘텐츠가 다양한 네트워크를 통해 제공되는 통합 플랫폼 환경에서는 개별 미디어의

---

13) 강상현 외(2007), 『디지털방송 법제론』, 커뮤니케이션북스, pp.4~5.

[그림 1-1] 디지털 융합 환경

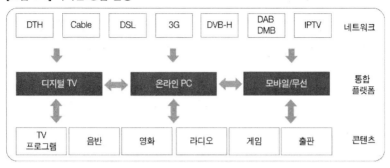

수직적 공정보다 서로 다른 미디어 산업의 가치사슬을 구성하는 유사한 공정들 간의 수평적 관계가 더욱 두드러지게 발생한다.[14]

[그림 1-1]은 DTH(direct to home), 디지털 케이블TV 등의 기반기술 및 네트워크들이 디지털TV 등의 통합 플랫폼에 수렴되고 이들 플랫폼을 통해 TV 프로그램, 음반, 영화, 게임 등 다양한 콘텐츠가 유통되는 디지털 융합 환경을 보여준다. 이러한 유통환경을 단순화하는 것은 쉽지 않다. 융합시대의 디지털 콘텐츠 가치사슬은 생산, 수집, 배급, 플랫폼 네 단계로 구분할 수 있다.[15] 중요한 것은 디지털 융합 환경의 가치사슬이 무엇인가가 아니라 그것이 콘텐츠 산업, 특히 미디어에 던지는 함의다. 핵심은 가치사슬이 통합 플랫폼을 매개로 세분화되면서 콘텐츠 유통 경로가 다원화되며 이에 따라 콘텐츠에 대한 권리가 더욱 중요한 문제로 부상한다. 이는 가치창출의 핵심 영역이 변화하고 새로운 유형의 비즈니스가 생성됨을 의미한다. 대표적으로 디지털 융합에 따른 가치사슬의 변화로 인해 미디어 콘텐츠 유통시장의 가치가 제고되고 있다.[16] 미디어 콘텐츠 특히 영상 콘텐츠의 가치가 상승할 뿐만 아니라

---

14) 김재영(2007), "드라마 저작권과 유통구조", 「한국드라마제작사협의회 세미나 드라마 저작권과 유통구조 자료집」, p.2.
15) 장용호·조은기·박소라(2004), 『디지털 문화콘텐츠의 생산, 유통, 소비과정에 관한 모형』, 정보통신정책연구원, p.53

이와 관련하여 다양한 권리문제가 발생할 수 있음을 의미한다.

디지털 기술의 발전은 전통적인 저작권법의 기반, 즉 영구 고정된 저작물을 대상으로 하는 기반을 흔들고 있다. 인터넷을 통하여 전송되는 저작물이나 콘텐츠의 일시성 또는 최종 복제물이 저작권법상의 복제물에 해당하는가의 여부, 인터넷상에서의 검색(browsing)에 의한 복제권·배포권의 침해 여부, 이용자의 컴퓨터에서 서비스제공자의 컴퓨터 및 기타 여러 컴퓨터에 정보를 올리거나(uploading) 저작물을 받는(Vploading/downloading) 경우 복제권의 침해 여부, 저작물성이 없으나 그 자료수집 및 구축에 많은 비용이 소요되는 데이터베이스의 보호 여부, 링크와 프레이밍에 의한 저작권 침해 문제, 캐싱(caching)에 의한 저작권 침해 문제 등 숱한 쟁점들이 발생한다.[17]

이전에는 복제에 큰 비용이 발생했고, 복제를 거듭하면 원본에 비해 질이 현저하게 저하되었다. 따라서 아날로그 시대 저작물이나 콘텐츠의 복제는 자연적으로 억제되는 면이 있었다. 디지털 기술의 발전과 인터넷의 일상화로 이러한 장벽은 거의 사라졌다. 디지털저작물은 또한 이를 조작하거나 수정하는 것이 용이하며 원본과 구별도 어렵다. 디지털저작물은 새로운 종류의 검색이나 연계 행위를 가능하게 하고 이것은 멀티미디어 저작물과 같은 새로운 지적 생산물 재생산 기반이 되고 있다. 디지털 기술 및 인터넷을 이용한 저작권 침해행위는 아주 쉬운 일이 되었다. 이런 혼란을 바로잡기 위해 각국은 수시로 저작권법을 개정하는 등 노력을 기울이고 있다.

2) 미디어2.0 시대 개막

복수 플랫폼의 등장, 유통시장의 경쟁 강화 등 미디어 콘텐츠 유통시장이

---

16) 김재영(2007), 앞의 글, p.6.

17) 이상진(2000), "인터넷의 멀티미디어 콘텐츠 지적재산권과 관련된 제문제 정책 방향",「한국데이터베이스진흥센터·전자신문사 주최, 디지털콘텐츠 산업 발전을 위한 지적재산권 환경 정비방안 세미나 자료집」, pp.81~82.

급변하고 있다. 산업기술 변화보다 더 중요한 것은 지식과 정보, 다양한 콘텐츠가 생산되고 소비되는 환경이 변화하고 있다는 점이다. 이는 단순히 방송 영상 콘텐츠를 제작하기 위한 기술의 변화나 디지털화만을 의미하는 것이 아니다. 보다 본질적인 것은 영상 콘텐츠 생산과 소비의 기반이 변하고 있다는 점이다.[18]

산업사회에서 일반 소비자들이 정보나 지식을 생산하는 일은 별로 없었다. 생산할 위치에 있지 않았을 뿐만 아니라 생산 수단도 가지고 있지 않았다. 나름대로 역량이 있는 개인들이 특정한 지식이나 정보를 생산할 수 있었지만 이를 시민과 공유할 방법이 없었다. 그러다보니 일정한 사회적 지위를 갖는 전문가들만이 특권을 가지고 지식을 생산, 유통할 수 있었다. 이와 같이 정보의 생산자와 소비자 간 수직적이고 일방적 관계가 안정적으로 유지되던 과거와 달리, 정보의 일방성을 극복할 수 있는 기반이 형성되고 있다. 정보를 소비하는 데 그치던 수용자들이 정보를 생산하게 되었고, 이러한 현상이 확대되면서 생산자와 소비자에 대한 고정관념도 사라지고 있다.

정보 생산자와 소비자라는 기존의 권력관계가 해체되고 이들의 관계가 수평적으로 재구성되고 있는 것이다. 디지털 시대의 수용자들은 전통적, 수동적 수용자 상에서 벗어나 소비를 하면서도 적극적인 생산자로 기능하는 참여형 소비자(prosumer)로 거듭나게 된다. 지식을 생산하고 공유하는 헤게모니가 대중에게 넘어온 새로운 시대가 열린 것이다.[19]

특히 인터넷의 일상화로 일반 수용자들이 빠르게 정보를 주고받으며 의견을 교환할 수 있는 틀이 마련되었다. 이렇게 분산된 네트워크 구조는 사람과 아이디어, 조직을 연결하는 새로운 방식을 창출하고, 새로운 방식으

---

18) 김영덕·이만제·윤호진(2007), 『방송산업 미래전망 연구』, 한국방송광고공사.
19) 김희연(2007), 「웹에서 유통되는 정보, 지식의 신뢰연구」, 『정보통신정책』, 제19권 제8호, 15~27.

로 의미와 가치를 창출하게 한다. 수평적 네트워크 구조 속에서 개인은 생산 주체로서 위상을 인정받을 수 있게 되었다.

이러한 특징을 지닌 미디어 환경을 최근 들어 웹2.0 시대라고 부르기 시작 했다. 소위 웹2.0 시대는 소수가 제작한 웹페이지를 다수가 이용하던 웹1.0 시대와 결별하고 다수가 정보 생산을 담당하는 시대가 시작되었음을 의미한 다. 방법론적인 측면에서 볼 때, 웹2.0은 네트워크를 통한 정보 공유가 폭발적 으로 증가한 현상을 지칭하며, 기술적으로는 웹이라는 플랫폼 위에서 다양한 애플리케이션을 사용자들이 자유자재로 운용하는 것을 말한다.[20]

과거 웹1.0 시대에는 소수만이 인터넷을 통한 정보 생산에 참여하였기 때문에 당연히 이용자들은 마이크로소프트닷컴(microsoft.com)이나 시엔엔닷 컴(CNN.com)과 같은 주요 사이트에 접속해야만 했다. 시간이 지나면서 더 많은 이용자들이 웹의 정보를 소비하는 동시에 정보를 남기게 되었고, 개인의 정보 생산이 사회적 정보유통의 주축이 되면서 패러다임의 변화가 불가피하게 된 것이다. 개방, 참여, 공유를 특징으로 하는 웹2.0 시대에는 보통 사람들이 자신의 필요에 따라 정보와 지식을 효율적으로 동원하여 새로운 가치를 갖는 콘텐츠를 생산할 수 있다.

국내의 적절한 사례로 네이버 '지식iN'과 '위키피디아'를 들 수 있다. 21세 기 한국의 젊은이나 네티즌은 하루에도 몇 번씩 필요에 따라 네이버에 접속하 여 정보를 찾으며 동시에 자신이 전문성이 있거나 잘 아는 영역에 대해서는 다양한 방식으로 정보를 생산한다. 위키피디아와 같은 '집단지성'의 힘을 보 여주는 사례들은 보통 사람들의 지식이 자발적으로 동원되고 조합될 때 창출 하는 효과를 보여준다. 이는 앞으로 집단지성을 활용한 협업과 지식공유를 상징하는 서비스가 폭발적으로 성장하게 될 것이라는 사실을 암시한다.

---

20) 오세근(2007), 「웹2.0의 진화, 웹3.0과 기업전략」, 『산업동향분석』.

[표 1-1] 미디어 진화의 역사 및 특징

구 분	매스미디어(1950~1990)	미디어 1.0(1990~2005)	미디어 2.0(2005 이후~)
미디어형식	소수의 신문, 방송, 라디오, 잡지 등 전통매체	인터넷 미디어 등장/ 인터넷 커뮤니케이션 툴 등장 (카페, 메신저)	오픈 플랫폼으로서의 인터넷, 1인 미디어, UCC 등
의사소통 방식	일방향 정보전달	양방향 소통 시작 (댓글 등 콘텐츠 종속성)	양방향성 극대화, 집단 지성 활성화
이용자의 정보소비행태	획일적 정보소비, 집중적 관심	관심과 기호에 따른 능동적이고 분산된 소비와 선택	콘텐츠 소비자, 중개자(펌), 생산자의 모든 역할 수행
콘텐츠 유형	프로페셔널 콘텐츠 (뉴스, 오락 등 전 영역)	프로페셔널 콘텐츠의 정보화, 틈새 콘텐츠의 등장	UCC 본격화

* 출처: 김영덕·이만제·윤호진(2007), 『방송산업 미래전망 연구』, 한국방송광고공사, p.99.

네트워크 사회로의 이동은 앞으로의 미디어 콘텐츠 소비 변화 방향을 시사한다. 지금까지는 미디어 콘텐츠 소비가 주로 1인 또는 가족 중심으로 이루어져 왔다고 할 수 있으나, 네트워크 사회에서는 네트워크 접속을 통해 콘텐츠 또는 소스(source)를 얻고 소비하고 유통시키는 일이 늘어나고 있다. 개인이 사회적 네트워크와 연결됨에 따라 미디어의 이용 역시 전통적인 미디어에서 1인 미디어로 이동하고 있다. 전통적 방송과 통신 그리고 인터넷 포털 사업 등 국내의 미디어 사업자는 UCC활성화에 큰 기대를 걸고 있다. 판도라TV, 곰TV 등 동영상 UCC 전문 업체뿐만 아니라, 다음(Daum), NHN(Naver) 등 기존 대형 포털들도 UCC 확보를 위해 치열한 경쟁을 하고 있다. 이는 동영상 서비스를 통한 수익 확보가 그만큼 잠재력을 지니고 있음을 의미한다.

웹의 출현으로 시·공간적 제약이(롱테일 법칙) 사라지게 됨에 따라 기업의 전략도 크게 달라지고 있다. 웹을 통한 새로운 패러다임은 2 : 8 파레토 법칙을 대치하는 롱테일 이론으로 대표된다. '롱테일 이론(The long tail)'이 소개될 초기에는 영화를 비치할 수 있는 공간 및 마케팅 자원의 제약 때문에 소수의 타이틀을 집중적으로 판매할 수밖에 없었다. 이에 따라 비치가 가능한 20%가 전체 매출의 대부분을 차지할 수밖에 없었다. 그러나 웹으로 주문을 받아 우편으로 유통하며, 웹을 통한 광고가 가능해짐에 따라 기존에는 중요하지 않게 여겨졌던 80%가 중요하게 되었다. 궁극적으로 롱테일 이론은 다양한 분야에서의 민주화와 자유화를 이끌어내고 새로운 패러다임을 이끌어 낼 수 있음을 의미한다.[21]

롱테일을 가장 잘 이용하고 있는 기업으로는 구글(Google)을 꼽을 수 있다. 구글은 제한된 일부 기업만이 광고를 할 것이라는 고정관념을 깨고 검색 서비스의 장점을 바탕으로 전 세계를 대상으로 광고를 하고, 블로그만 있으면 누구나 광고를 유치할 수 있도록 함으로써 오늘날과 같은 경쟁력을 갖게 되었다.

3) 웹2.0 시대의 콘텐츠 생산과 소비

웹2.0 시대의 소비자들이 콘텐츠를 통해 충족하고자 하는 욕구는 과거와 크게 다르지 않다. 그러나 프로슈머로 통칭되는 웹2.0 시대의 새로운 소비자들은 소득 증가 및 삶의 질 향상에 따라 각각의 문화적 취향 추구를 당연하게 생각하며 다양한 플랫폼은 이들의 세분화의 원인이자 결과다. X세대, Y세대, N세대, W세대, P세대, I세대, 유비티즌 등 새로운 소비층을 묘사하는 다양한 용어들은 디지털 시대 소비자들이 얼마나 세분되고 있는가를 보여주는 대표적인 예라 할 수 있다.

오늘날의 소비자들이 콘텐츠에 대해 느끼는 욕구는 크게 세 가지로 구분할 수 있다. 첫째, 특정한 필요성에 의해 적극적이고 실리적이고 합리적으로 매체나 콘텐츠를 이용하려는 실용 지향적 욕구가 있다. 둘째, 심리적인 만족이나 내면적 욕구를 충족하려는 심리 지향적 욕구다. 셋째, 편리한 이용을 지원하는 매체나 콘텐츠의 성능을 추구하는 기능 지향적 욕구다. 이러한 욕

---

21) 조산구(2007), 「웹2.0 패러다임과 의미」, 『산업동향분석』.

구는 영향을 주고받는다. 예를 들자면 외근 중 갑자기 메일 확인이 필요할 때 휴대인터넷으로 확인하면 PC방에 가지 않아도 되므로 즉시성이나 이동성 면에서 편리성을 획득할 수 있음과 동시에, 주변 사람들이 신기하게 바라봄에 따라 콘텐츠 이용에 따른 심리적 만족 역시 획득할 수 있다는 것이다. 매체나 콘텐츠 이용에 따른 충족 차원은 시대의 변화에도 불구하고 크게 변화하지 않았음을 알 수 있다.[22]

향후 소비자들은 양방향의 능동적 체험이 가능한 콘텐츠를 선호할 것으로 예측되며, 현실의 재창조가 가능한 몰입형 어뮤즈먼트(amusement) 콘텐츠에 대한 니즈가 강화될 것으로 보인다. 또한 적극적인 피드백을 통해 만족감을 느낄 수 있도록 참여 가능성을 확대한 콘텐츠, 능동적으로 꾸미고 변형하기가 가능한 콘텐츠 등에 대한 소비가 증가될 것으로 예측하고 있다.[23]

웹2.0 시대 소비자의 특징은 향후 콘텐츠 유통의 변화를 짐작하게 해준다. 앞으로의 미디어 소비를 주도할 18~24세의 매체 소비 유형을 보면, 쌍방향성이 강화된 인터넷을 통한 TV 이용이 늘어나고 있다. 미국은 물론, 유럽과 중국에서도 공통적으로 나타난다. 특히 이들 신세대의 기존 TV 이용은 다른 매체 소비의 증가분을 합한 것보다도 훨씬 빠르게 감소하고 있는 것으로 나타난다. 웹이나 모바일 등 웹2.0 세대의 미디어 소비가 기존 방식의 TV 시청 등을 점진적으로 대체하고 있다.

신세대의 자유로운 쌍방향 매체 소비 선호는 점차 주도적인 미디어 소비 경향이 될 것으로 예측된다. 웹2.0 시대의 소비 패턴은 더 이상 소수의 젊은 세대에 국한된 새로운 현상이 아니라, 전반적인 미디어 소비 현상이 확산되고 있다.

---

22) 김영덕 · 이만제 · 윤호진(2007), 앞의 보고서, pp.219~220.
23) 김사승 · 황인성(2006), "유비쿼터스시대의 콘텐츠와 이용자 개념의 변화", 「한국방송학회 '유비쿼터스 IT와 통방산업의 미래' 세미나자료집」, pp.1~23.

앞으로는 양방향 소통이 가능한 매체를 통한 소비와 재창조가 가능한 콘텐츠가 소비의 주축을 이룰 것이며, 이러한 서비스를 공급하는 사업자의 성공 기회가 확대될 것이다. 물론 웹2.0 시대의 도래로 콘텐츠의 개인적 소비가 순식간에 증가한다든가, 이에 기반한 창작 행위가 바로 보편화될 것이라고 기대하기는 어렵다. 그러나 이러한 환경의 변화가 서서히 영상물의 소비 양상을 변화시킬 것이고, 이를 서비스하는 사업자의 양태가 변화할 것이라는 사실은 분명하다.[24]

4. 미디어 콘텐츠 저작권 전망

1) 위기 속의 미디어 산업

한국의 방송관련 뉴미디어 발전 속도는 세계 최고 수준이다. 케이블TV 이후 위성방송, 인터넷 동영상서비스, 디지털멀티미디어방송(DMB)이 신속하게 상용화되었고, 지난 2008년 IPTV(Internet Protocol TV)가 허가된 데 이어 지상파 방송의 MMS(Multi Mode Service)도 가능해질 것이다.

특히 지난 2006년 후반 이후 방송통신 융합 기구 설치 논의가 탄력을 받고 이명박 정부가 출범한 이후 방송통신위원회가 출범하여 새로운 미디어 시대를 예고하고 있다. 기존의 정보통신부는 없어졌지만 방송 미디어 영역의 시장화와 경쟁 요구는 더욱 거세지고 있다. 얼마 전부터 지상파 방송사를 포함하여 모든 방송사업자들은 DMB와 IPTV, 새로운 플랫폼 등장에 따라 UCC 등 새로운 콘텐츠 확보에 사활을 걸고 있다. 향후 뉴미디어 송수신 수단이 어떤 방향으로 발전할 것인지 예측하기는 쉽지 않다. 하지만 어느 방향을

---

24) 김영덕 · 이만제 · 윤호진(2007), 앞의 보고서.

취하느냐와 무관하게 이후에도 방송 미디어의 성패, 사활을 좌우하는 핵심요소는 콘텐츠, 프로그램일 수밖에 없다.

한미 FTA가 시행될 경우 방송통신업계에도 직접 영향을 받을 수밖에 없다. 특히 타임워너(Time Warner Inc.)와 같은 미국의 거대 커뮤니케이션 관련 기업들이나 뉴스코퍼레이션(News Coporation)사와 같은 콘텐츠 업체들이 방송의 진입장벽을 피해 우회 진입을 시도할 가능성이 크다. 이미 통신업계를 비롯한 초거대 미디어 기업들이 넓어진 방송시장에 본격적으로 뛰어들 준비를 하고 있다.

한국의 지상파 방송은 공영방송이 주축을 이루고 있다. 효율성이나 경쟁력에 문제가 있다는 지적도 있지만, 한국의 공영방송사들은 경쟁력 있는 프로그램 제작의 노하우를 축적하고 있다. '한류' 열풍은 지상파 방송사의 콘텐츠 경쟁력에 힘입은 것이다. 그러나 한류는 정치적, 정서적으로는 성공했다고 평가할 수 있지만 경제적으로 실익을 얻는 데는 성공했다고 보기 어렵다. 여러 이유가 있을 수 있지만 핵심은 미디어 콘텐츠 저작권에 대한 치밀한 준비가 부족했기 때문이다. 처음에는 그저 중국에서 한국 프로그램을 틀어준다는 사실, 중국인들이 한국 것에 열광한다는 사실에 그저 감격하느라 정신이 없었다. 그러다보니 중국이나 일본에서 한국 텔레비전 드라마가 '대박'이 나도 우리 방송사나 프로그램 제작사가 얻은 수익은 그다지 크지 않았다. 이후에 저작권 인식이 확고해 지기는 했지만 아직도 체계적으로 방송 프로그램 수입, 수출이 이루어지고 있다고 보기 어렵다.

다른 한편으로 지상파 디지털 방송 실시에 따라 프로그램 제작, 송출, 저장 및 구매/판매 방식도 크게 달라지고 있다. 방송 기술이 급격하게 변화하고 콘텐츠의 창구도 크게 확대되고 있다. 하지만 프로그램 유통의 가장 중요한 요소라고 할 수 있는 콘텐츠 저작권 시스템은 아직도 불안정하다. 방송의 경우 사회적 책임이 강조되기 때문에 프로그램 저작권에 관련해서도 저작자로서 방송사의 권리보호 측면뿐만 아니라 시청자나 시민의 공정한 콘텐츠 이용 측면도 중요하다. 방송사업자 입장에서 보자면 마케팅을 강화하는 것이 수익 구조 합리화의 중요한 요소지만, 시청자 입장에서는 방송사 콘텐츠에 접근하고 이용하는 것이 중요할 수밖에 없다. 특히 공영방송사는 프로그램 저작권의 이러한 양면성을 정확하게 이해하는 것이 중요하다.

디지털 시대를 맞아 방송 콘텐츠 저작권 문제에서 고려되어야 할 핵심은 창의적 콘텐츠 생산을 촉진하고 보호하기 위한 제작자 보호와 영상저작물의 공정한 이용이라는 상반되는 가치를 조화시키는 일이다. 최근 들어 디지털 시대 미디어 서비스사업자를 보호하기 위하여, 특히 콘텐츠 사업자 수익모델 모색을 위하여 디지털 저작권(DRM: Digital Rights Management)이 적극적으로 논의되기도 한다.

2) 한미 FTA와 미디어산업

지난 2007년 4월 한미 자유무역협정(FTA)이 타결됐다. 이후 이명박 정부가 국회 비준을 서두르고 있지만 오바마 정부는 시큰둥한 상황이다. 하지만 결국 한미 FTA는 상호 비준될 가능성이 크다. 미국은 세계 1위의 경제 대국으로 한국 경제 규모의 16배에 이른다. 통계상으로 미국 시장의 규모는 중국, 일본, 동남아국가연합을 합친 것과 비슷한 수준이다. 물론 2008년 후반 금융위기 이후 미국 시장은 급속하게 위축되었다.

한미 FTA 협상 타결이 국내 방송시장의 어느 부문에 어느 정도의 영향을 미칠지 예측하기는 쉽지 않다. 여러 가지 견해가 있지만 관련 업계에서는 비관론이 대세를 이루고 있다. 한미 FTA의 서비스/투자분과 협상결과에 따르면, 현행 방송법상 49%로 제한되어 있는 일반 PP(방송채널사용사업자)에 대한 직접투자 한도는 현행을 유지하는 대신, 국내법인 설립을 통한 PP 투자는 100%까지 허용(발효후 3년 이내)하였다(보도·종합편성·홈쇼핑 제외). 외국 기업이 직접 국내 PP의 경영권을 행사하는 것은 제한하지만, 외국 기업이 100% 지분을 가진 외국계 법인도 국내 자회사를 설립해 국내 PP를 운영하거나 기존 국내 PP의 지분을 100% 보유하는 것은 허용한다.

지상파 방송에 적용되는 방송쿼터는 현행대로 유지했으나, PP 등에 적용되는 국산 프로그램 의무편성 비율(방송쿼터)을 완화했다. 영화 부문은 현행 25%에서 20%로, 애니메이션 부문은 현행 35%에서 30%로 낮추었다. 또한 특정 국가의 프로그램이 전체 외국산 프로그램 방영 비율의 특정 비율 이상을 점유하지 못하게 하는 1개국 쿼터를 현행 60%에서 80%로 확대하기로 했다. 이런 1개국 쿼터 완화는 지상파, 위성방송, 케이블(SO)에도 적용된다. 이외에 외국방송 재송신에 대해서는 미래유보하고 더빙 및 지역광고를 불허하기로 하였다.[25]

시민단체들은 한미 FTA로 현재 성장 중인 뉴미디어 업계의 콘텐츠 제작 기반이 무너질 것을 우려하고 있다. 미국 프로그램 수입이 늘어나고 국내 프로그램 제작이 줄어들 수밖에 없는 현실을 우려하는 것이다. 그나마 국내 프로그램을 제작했던 PP들조차도 지상파로부터 프로그램을 사서 여러 차례 편성함으로써 거의 자체 제작을 하지 않을 가능성도 제기되고 있다.

결과적으로 한국이 미국 프로그램 시장으로 편입될 가능성이 크다. 시간이 지나면 미국 프로그램 유통회사들은 지금보다 훨씬 더 높은 가격에 프로그램을 팔 수 있게 됨으로써 국내 PP의 수익구조가 악화되는 악순환의 고리가 형성될 수도 있다. 국내 기업이 막대한 비용을 투입해 구축한 뉴미디어 플랫폼을 통해 미국 콘텐츠가 무제한 유통됨과 동시에 프로그램 제작사의 존립 기반이 붕괴될 수 있다는 것이 문제의 핵심이다. 상당수의 PP가 의존하고 있는 미국 프로그램의 판권 가격이 상승하는 데 따른 부담으로 플랫폼 사업자

---

25) 최용준 외(2007), 「한·미 FTA가 방송 산업에 미치는 영향과 대응방안」, 『KOBACO연구보고서』, pp.13~14.

들도 콘텐츠 수준 제고를 위한 투자를 줄일 수밖에 없고, 장기적으로 사업발전 전망도 불투명해질 가능성이 크다.

이런 상황에서 한국케이블TV방송협회(KCTA)는 시장이 본격적으로 개방되는 2011년 약 5조(홈쇼핑 제외)의 매출 증가를 예상하고 있다. 그러나 KCTA는 FTA의 직접적인 피해가 매출액 중 약 70%에 이를 것으로 예측하면서 미국 자본의 영향에 우려를 표하고 있다. 결국 외국자본의 국내 유입과 미국 미디어 그룹의 국내 시장 진출은 PP산업, 플랫폼 산업의 경쟁 심화로 인한 수익성 감소, 미국 프로그램 직배로 인한 수익 감소, 미국 프로그램 판권료의 인상으로 인한 비용 증가, 영화, 애니메이션 쿼터 완화로 인한 수익 감소, 국내 PP의 2차 유통 창구화, 영세 규모 PP의 도산, M&A 등으로 인한 고용 인력의 감소, 마지막으로 해외 수출 시장의 축소로 이어지는 결과를 가져온다는 평가다.[26]

가장 큰 문제는 국내 방송 콘텐츠의 제작 영역이 붕괴될 가능성이다. 실제로 일부 군소 PP의 경우 외국 자본에 회사를 넘기기를 희망하거나, 자체 제작보다는 값싼 미국 프로그램 구입에 적극 나설 전망이어서 국내 방송 콘텐츠 산업이 기반부터 붕괴할 우려가 있다. 결국 PP뿐 아니라 SO들에게도 영향을 미쳐 단기적 투기자본의 유입을 가속화할 수도 있다.

동시에 외국 자본의 유입을 통해, 미국의 거대 미디어 그룹이 한국의 케이블TV와 위성방송에서 그들이 직접 소유, 경영, 편성 운용할 수 있는 채널을 가질 수 있도록 하여 한국의 중소 PP들과 무제한 경쟁을 벌이는 상황을 예상할 수 있다. 온미디어나 CJ미디어 같은 국내 대형 PP사들은 미국 프로그램 배급회사와의 경쟁이 가속화할 경우 심각한 타격을 입을 수도 있다. 그 결과 초기 단계의 자체 제작을 해 오면서 부가가치가 높은 방송 콘텐츠 산업의 핵심

---

26) 정인숙(2007), 「한미FTA체결에 따른 PP시장 전망과 활성화 방안」, 『디지털 미디어트렌드』, 5월호.

성장 동력이 되어 오던 국내 PP들은 자체 제작을 포기하게 되어 독립제작사들의 붕괴와 함께 연쇄적으로 국내 콘텐츠 제작시장의 위축이 예상된다. 이는 FTA 협상에 따라, 간접투자가 100% 이루어지고 쿼터제가 축소됨과 아울러 1개국 쿼터가 확대되는 상황으로 인해 미국의 거대 미디어 기업이 높은 협상력과 앞선 마케팅 능력으로 경쟁력 있는 콘텐츠를 직접 제공하는 기회를 얻기 때문이다.[27]

국내 방송 콘텐츠 시장이 붕괴할 경우 대량의 미국 프로그램이 국내 시장을 지배하게 될 가능성이 크다. 방송의 종속은 곧 문화주권의 상실을 의미할 수 있다. 이런 시각에서 한미 FTA를 경제적 측면보다 사회·문화적 영향 측면에서 평가해야 한다는 주장이 힘을 얻고 있다. 이와 관련하여, 유사한 콘텐츠의 증가에 따른 내용의 다양성 감소와 쿼터제 완화에 따른 국내 영상물 제작·편성 감소, 저가 수입 콘텐츠 급증 그리고 공익 프로그램의 감소가 예상된다. 이런 문제에 대해서는 별다른 진전된 논의가 없다는 것은 심각한 문제다.

정부는 한미 FTA협상이 타결이 가시화되자 지난 2006년 말 저작권법을 전면 개정한 바 있다. 저작권을 포함한 지적재산권 분야는 전체 한미 FTA협상 의제 중 미국 측이 집요하게 관철하고자 한 주요 의제 중의 하나였다. 그러나 한국 정부는 지적재산권 분야를 농업, 문화 등의 영역과 함께 한미 FTA 체결을 위한 희생양으로 삼았다는 평가도 있다.[28] 어찌되었든 한미 FTA협상에서 한국은 저작권 보호기간 연장(50년에서 70년으로), 일시적 저장에 대한 복제권 인정, 기술적 보호조치 신설 및 확대, 온라인서비스제공자 처벌 강화, 비친고죄 적용 범위 확대, 법정 손해배상제도 도입 등에 동의함으로써 많은 미디어 이용자나 네티즌이 범죄자가 될 수 있는 길을 열게 되었다. 한미 FTA 체결에

---

27) 신태섭(2007), "한미FTA 방송분야 협상결과 평가, 문제점과 과제", 「김희선 국회의원 주최 한미FTA 방송분야 협상 결과 평가 및 대책 마련을 위한 토론회 자료집」.
28) 박석규·전상권·이경희(2008), 『IPTV와 디지털 콘텐츠 저작권의 이해』, 진한, p.122; 오병일(2007), 「한미 FTA협상 저작권 분야, 협상은 없었다!」, 『offACT』, 제7호, p.37.

구체적으로 대비해야 하고 동시에 보다 적실성 있는 저작권 보호 조치의 필요성이 다시 제기되고 있다.

3) 디지털 콘텐츠 시대의 도래

이제 방송과 통신 서비스를 동일한 네트워크상에서 접하는 것은 특별한 일이 아니다. DMB는 음성, 영상 등 다양한 멀티미디어 신호를 디지털 방식으로 변조하여 휴대폰이나 PDA 등에 제공하는 방송서비스다. 이동 중에 개인 휴대 단말기나 차량용 단말기를 통해 고음질, 고화질 수신이 가능하다. DMB는 전송 수단에 따라 프로그램을 위성으로 송출하고 위성이 이를 전국의 DMB 단말기에 뿌리는 형식의 위성DMB와 지상에서 주파수를 이용해 프로그램을 전송하는 지상파 DMB가 있다.

데이터 방송은 방송 전파에 디지털 신호를 실어 전송하는 경우 수신 장치가 부호나 데이터를 자동으로 해독, 처리해 그 결과를 수신자가 직접 받아보거나 그 정보에 의해 다른 기계 장치 등을 제어하는 방송 형식이다. 데이터 방송은 방송망을 통해 방송 프로그램을 전달할 뿐만 아니라 프로그램과 관련 없는 인터넷, 이메일, 전자상거래까지 제공하는 대화형 TV 서비스를 가능하게 한다. 또한 T-Commerce, 실시간 여론조사, 대화형 교육, T-Banking 등을 가능하게 하는 융합형 서비스다. 데이터 방송은 텔레비전 전파를 사용한 무선 전달 시스템이자 인터넷의 양방향 기능이 결합된 멀티미디어형 정보 서비스라고 할 수 있다.

IPTV의 경우 지난 2008년 관련법이 발효되고 KT(Qook TV), SKT(브로드앤TV), LG텔레콤(마이 LGTV)이 각각 사업 허가를 받아 서비스를 시작했다. IPTV는 비디오 스트리밍 기술을 이용해 VOD, 디지털 녹화, 쌍방향 멀티미디어 프로그램 안내, 방송 계획표, 즉각적인 채널 변경 등의 서비스를 제공한다. PC, 전화, 게임기, 모바일기기 등 여러 장치에 인터넷상에서 제공되는 TV 프로그램을 서비스하며, 셋톱박스를 통해 이용자들은 콘텐츠를 다운로드 받거나 스트리밍에 의해 콘텐츠를 이용할 수 있다.

인터넷 방송은 인터넷을 통해 불특정 혹은 특정 다수에게 음성, 동영상 등 멀티미디어 정보를 제공하고 이용자의 능동적인 참여를 요구하는 서비스로 주문형 서비스 등 쌍방향 서비스를 제공한다. 전화선 XDSL, HFC, 위성망 등 다양한 망으로 제공된다. 인터넷 방송은 스트리밍 기술을 이용한 웹캐스팅과 다운로드 방식을 이용한 팟캐스트가 있다.

인터넷과 온라인 미디어 발전으로 콘텐츠 생태계가 크게 변하고 있다. 콘텐츠 생태계 변화는 아주 복합적으로 나타나면서 생산 개체가 고립되는 창작자와 사업자 생존의 문제, 미디어 교체 비용으로 콘텐츠 가치를 매기고 환수하기 힘든 유통과 거래의 문제, 원형 콘텐츠의 진정성을 해체, 왜곡하는 문화권력 문제, 무단 사용하는 이용자 문화의 문제, 문화 생산과 소비가 다시 새로운 창조로 이어지기 힘든 생태계 순환 동맥경화 문제, 근본적인 미래 불확실성 문제 등이 수면 위로 떠오르기 시작했다. 게다가 이른바 방송통신 융합의 시장 획정 문제, 콘텐츠 개념의 문제, 한미 FTA 국면의 개방 이슈와 디지털 콘텐츠 또는 디지털 프로덕트의 세계 교역 문제 등이 깔때기처럼 모여 압력으로 작용하면서 상황은 한층 더 복잡해지고 있다.[29]

이러한 난맥상은 우리 사회가 정보화 시대 이후는 물론 그 이전 후기산업 사회에서부터 기술과 문화, 문화와 기술의 균형을 맞추지 못한 데서 기인한다. 급기야 포스트 IT, 디지털 시대의 정점을 맞아 기술 미디어는 난개발되고 과잉공급이 되는 반면, 정작 미디어의 꽃이요 핵심이고 껍질 속 내용물인 콘텐츠 문화와 아우라는 시드는 부조화가 초래되고 있다.[30] 결정적으로 콘텐

---

29) 심상민(2008), "콘텐츠 재시초화(Content Reinitialize)로 가는 길: IPTV 콘텐츠 수급 전략 분석", 「한국언론학회 2008 가을철 정기학술대회 'IPTV 상용화와 방송시장 환경변화' 자료집」.
30) 심상민(2007), "방송통신융합 시대 콘텐츠생태계 변동과 대응: 콘텐츠 제작과 유통환경의 변화 양상", 「한국방송학회 2007 봄철 정기학술대회 자료집」, pp.207~211.

츠 산업 여건도 크게 악화되고 있다. 지상파 독과점으로 인한 콘텐츠 유통 위축은 여전한 상황이고 다양한 채널이 늘고 있지만 방송사업 종사자가 줄고 있는 것도 심각한 문제다.

독립제작사와 유통 채널의 갈등도 심화되고 있다. 독립제작사는 제작비 과소 지급, 포괄적인 저작권 계약, 계약 내용의 일방적 변경 등 지상파 방송사의 불공정 거래행위 개선을 요구하고 있다. 2007년 외주제작물 1만 3160편 중 외주제작사가 저작권 일부라도 보유한 경우는 758편(5.8%)에 불과하다. 지난 2008년 2월 드라마 제작사들은 방송 3사를 상대로 1회 방영 후 저작권 소멸, 아시아 지역에 대한 판매 권한 3년 만기 40%의 분배율, 지상파계열사를 위한 20%의 고정 판매대행 수수료 등이 불공정하다고 공정거래위원회에 신고한 바 있다. 저작권 배분 등의 문제는 방송 콘텐츠 제작과 관련된 실질적인 기여분에 따라 계약을 통해 정해야 한다는 입장이다.

방송 콘텐츠의 경쟁 기반이 취약하다는 것도 문제다. 기본적으로 콘텐츠 제작사 규모가 영세하고 경영 시스템이 취약하다. 뉴미디어 콘텐츠를 제작하고 있는 PP의 경우 홈쇼핑사업자, 지상파 계열 PP와 MPP(복수방송채널사용사업자)가 장악하고 있다(매출액 비중 76.3%). 이들을 제외한 대부분의 PP는 경영이 아주 어렵다. MPP를 제외한 독립 PP 영업이익률은 지난 2006년에는 -2.4%였고, 2007년에는 -5.6%로 더욱 악화되었다. 규모도 대단히 영세하다. 2006년 말 현재 전체 PP 중 36.1%(169개 업체 중 61곳)의 연간 매출액이 10억 원에 미달하고 있으며, 종업원 수가 10명 미만인 업체도 34.3%(169개 업체 중 58곳)에 달한다.[31]

한 때 대표적인 킬러 콘텐츠였던 방송 드라마 시장도 어렵다. 국내시장이 협소하고 제작과 유통 인프라도 크게 부족하기 때문에 발전 전망도 불투명하다. 주목도가 높아 드라마가 많은 것처럼 보이지만 실제 국내에서 1년 동안

---

31) 방송통신위원회(2008), 『방송통신콘텐츠 종합계획』, 방송통신위원회.

[표 1-2] 우리나라 방송 콘텐츠 산업의 SWOT

강점 (Strength)	약점 (Weakness)
고도화된 방송통신 네트워크 한류로 인한 콘텐츠 부문의 국민적 자신감 콘텐츠 부문에 대한 국가적 관심 방송 영상의 해외수출 기회 확대 문화적 할인의 감소	제작 부문의 영세성 및 경영 구조의 취약성 협소한 국내 방송영상시장 회계 및 거래질서상의 불투명성 취약한 방송 콘텐츠 수익구조 법/제도적 뒷받침 미흡 창의적 방송 콘텐츠 인력 부족
기회 (Opportunity)	위기 (Threat)
방송의 디지털화 및 다양한 뉴미디어 출현 고품질 방송 콘텐츠 수요 급증 디지털화에 따른 세계적 콘텐츠 부족 현상 한국적 콘텐츠에 대한 외국의 관심 확대 국가 간 방송 콘텐츠 유통 활성화	대형 콘텐츠 제작·유통사의 시장진입 글로벌화의 급속한 진전 지적재산과 수익구조의 급속한 위축 방송 콘텐츠의 공공적 기능 저하 우려 문화적 할인의 감소 반한류 분위기

* 자료: 방송통신위원회(2008), 『방송통신콘텐츠 종합계획』, 방송통신위원회.

제작되는 드라마는 100편 내외고 평균 20회 내외 방송된다. 국내 드라마의 편당 제작비는 평균 2억 원 정도다. 적은 액수가 아니지만 미국의 인기 드라마의 경우 편당 40억 원 이상의 제작비를 투입한다.

국내 방송시장은 인구와 지리적 제한 이외에도 광고시장의 저성장·강한 규제, 유료 방송시장의 저가 구조 등으로 단위 프로그램에 투입할 수 있는 제작비 규모가 주요국에 비해 상대적으로 적은 상황이다.

국내 문화 콘텐츠 전체의 창조성 약화, 생산력 저하도 심각한 상황이다. 음악, 영화 부문에서 시작된 투자 위축과 창작 에너지 감소라는 악순환이 세계적인 경기 침체 국면을 맞아 전체 콘텐츠 산업으로 확산되고 있다. 방송 콘텐츠의 속성상 연관 콘텐츠 시장과 상호작용이 강할 수밖에 없다. 국내의 음반 산업과 방송 콘텐츠 산업이 약화된 핵심 이유가 디지털 저작권 시스템의 부재에 있다고 보는 사람들도 많다.

온라인 디지털 콘텐츠는 복제가 용이하고, 복제품이 원본과 동일하며,

복제된 디지털 콘텐츠는 정보통신망을 통해 어느 곳으로나 전송이 가능해 투자회수가 어렵다. 따라서 기존의 법으로는 온라인 디지털 콘텐츠를 보호하는 것에 한계가 있으며 새로운 입법에 대한 요구가 비등하였다. 이에 따라 2006년 7월 1일부터 온라인디지털콘텐츠산업발전법이 시행되고 있다.

이는 디지털 콘텐츠 제작자에 대한 보호의 문제에 대해 온라인 디지털 콘텐츠 제작자의 투자를 보호하되 디지털 콘텐츠의 자유로운 이용을 보장할 수 있도록 법적으로 규정하는 데 의미가 있다. 온라인디지털콘텐츠산업발전법 제21조에서는 온라인 콘텐츠 제작자가 저작권법 또는 컴퓨터프로그램보호법의 보호를 받는 경우 저작권법 또는 컴퓨터프로그램보호법이 이 법에 우선하여 적용된다고 명시되어 있다. 제5조에는 온라인콘텐츠산업발전위원회의 설치에 관해 규정하고 있으며, 온라인 콘텐츠 산업 기반 조성을 전반적으로 기술한 3장에서는 정보통신진흥기금을 활용한 창업 활성화, 전문 인력 양성, 기술 개발 촉진, 표준화 추진, 유통 촉진 등 온라인 콘텐츠 산업의 기반 조성을 위한 사업 추진을 지원할 수 있도록 규정하고 있다.

4장에서는 온라인 콘텐츠 제작자의 보호를 위해 "누구든지 정당한 권한 없이 타인이 상당한 노력으로 제작하여 표시한 온라인 콘텐츠의 전부 또는 상당한 부분을 복제 또는 전송하는 방법으로 경쟁 사업자의 영업에 관한 이익을 침해해서는 안 된다고 적시하고 있다. 단, 온라인 콘텐츠를 제작하여 표시한 날로부터 5년이 경과할 경우에는 그러하지 아니하다"고 규정하여 제작일로부터 5년 동안은 경쟁사업자의 무단 복제, 전송으로부터 보호할 수 있게 했다(제18조 금지행위). 이 규정에 위반할 경우, 위반행위의 중지나 예방 및 그 위반행위로 인한 손해배상을 청구할 수 있도록 규정하고 있다.

2장

미디어와 저작권의 이해

● 이승선

1. 전통적 출판저작권

　　인류는 유사 이래 수많은 저작물을 창작해왔다. 더 많은 창작을 도모하려는 정책적 판단에 따라 저작자에게 배타적인 권리를 부여한 법적 보호의 역사도 500여 년이 흘렀다.[1] 본격적인 저작권 입법을 촉진한 것은 활판인쇄술의 발명·보급과 관련이 깊다. 서적을 비롯한 각종 출판물의 대량 생산이 가능해지자 출판자와 저작자, 저작권자의 법적 지위 확립과 관계의 조정이 법의 대상으로 되었기 때문이다.[2]

　　저작물의 대량복제가 가능해지고 저작물의 이용으로부터 커다란 수익이 발생하면서 비로소 저작자의 권리라고 하는 것이 구체적으로 대두되었다. 그런데 15세기 활판인쇄술 이후 주목받은 것은 저작권자 보호가 아니라 출판업자 보호였다. 인쇄가 용이해지면서 이미 출판된 서적의 복제판을 무단으로 작성하여 부당이익을 취하는 업자들이 속출하고 많은 비용과 노력을 들인 최초의 서적 출판업자가 경제적 타격을 크게 받게 되었다. 이러한 부정경쟁

---

1) 최진원·남형두(2006), 「매체기술의 변화와 저작권법: 그 도전과 응전의 역사」, 『커뮤니케이션이론』, 제2권 제2호, p.151.
2) 허희성(1982), 『저작권법개설』, 범우, p.30.

으로부터 출판업을 보호하기 위해 출판특허제도가 생겨났다. 특허를 받은 출판업자는 독점적으로 인쇄·출판할 권리를 보장받고, 특허 부여자는 사전 검열을 통해 출판물을 검열할 수 있다는 이점과 동시에 특허료를 징수함으로써 국고도 충실히 하는 이익을 얻었다.[3] 이 제도는 저작자의 권리를 직접적으로 보호하는 것이 아니라 출판업자의 독점적·특권적 권리를 통해 간접적으로 저작자의 이익을 보호하려 했다는 점에서 의미는 제한적이었다.[4] 문예 부흥으로 촉발된 인간성의 자각이 개인주의와 권리사상을 크게 발전시켰고 그로 인해 인간의 지적, 정신적 활동의 성과물로서의 저작물에 대하여도 저작자가 당연히 권리를 가진다고 하는 이른바 '저작권 사상'이 세력을 넓혀가기 시작했다.[5]

18세기에 이르러 이러한 생각은 상당한 힘을 얻게 되었다. 출판업자들도 자신들이 누리는 독점 출판권의 근거를 저작자에게 주어지는 정신적 소유권을 저작자로부터 양도받았다는 데에서 찾기 시작했다. 저작자도 저작물의 정신적 소유권이 당연히 자기들에게 귀속되어야 한다는 것을 주장했다.[6] 이런 맥락에서 세계 최초의 저작권이 1709년 영국에서 제정되었고, 1886년 저작권의 국제적 보호를 위한 베른협약(Berne Convention)이 체결되었다. 1952년에는 또 다른 중요한 국제저작권 협약이 체결됐는데 바로 '세계저작권협약'(Universal Copyright Convention)이다.

한국은 일본의 저작권법을 의용하였다. 일본 저작권법은 당초 문서·연술·회화·조각과 같은 언어적·회화적·조형적인 사람의 정신활동의 소산만을 규율의 대상으로 하였다. 그 후에 저작물의 열거 중에 연주·가창과 같은 실연

---

3) 오승종·이해완(2004), 『저작권법』, 박영사, p.13.
4) 법적인 견지에서 저작자와 저작권자는 동의어가 아니다. 저작자는 창작활동을 통해 자신의 저작물에 대한 권리를 원시적으로 취득하는 주체이나 저작권자는 양도 등을 통해 저작권을 취득한 자를 포함하는 넓은 개념이다(최진원·남형두, 2006, p.151).
5) 이해완(2007), 『저작권법』, 박영사, p.10.
6) 오승종·이해완(2004), 앞의 책, pp.13~14.

을 포함시키고 레코드 사조가 삽입되고 다시 영화·방송의 발명 보급과 함께 이들에 의한 저작물의 이용 형태가 저작권법의 영역에 편입됨으로써 저작권법의 대상이 되었다.[7] 한국에서 시행된 최초의 저작권 제도는 1908년 8월 12일 체결된 '한국에서의 발명, 의장, 상표 및 저작권의 보호에 관한 일미조약'에서 비롯됐다. 이 조약에 따라 한국 저작권령이 1908년 8월 12일 공포되었는데, 이 칙령에서 한국의 저작권에 관해서는 1899년 제정된 일본 저작권법을 적용한다고 규정했다. 1948년 정부수립 후에도 일본 저작권법이 시행되다가 1957년 최초의 우리나라 저작권법을 제정, 공포하게 되었다. 거의 새로운 제정이라고 할 만한 정도의 전면적 개정은 1986년에 이뤄졌다.[8] 이후 수차례의 개정을 거쳐 현행 저작권법에 이르고 있다.

2. 방송과 저작권

저작권법상 '방송'은 공중송신 중 공중이 동시에 수신하게 할 목적으로 음(音)·영상 또는 음과 영상 등을 송신하는 것을 말하며 '방송사업자'란 방송을 업으로 하는 자를 말한다.[9] 이러한 '방송'의 정의는 세 가지 차원에서 비교 검토를 요한다. 하나는 방송관련법상의 '방송'과 저작권법상의 '방송'이 어떤 점에서 유사하고 차이가 있는지를 살펴보는 것이고, 다른 하나는 저작권법상 유사한 개념으로 논의될 수 있는 전송 등과 방송이 어떤 차이가 있는지 검토하는 것이다. 세 번째는 저작권법상 '공연'과 어떻게 구별되는지 여부다.

우선, 방송법상 '방송'은 방송 프로그램을 기획·편성 또는 제작하여 이를

---

7) 허희성(1982), 앞의 책, pp.30~31.
8) 이해완(2007), 앞의 책, pp.12~13.
9) 저작권법 제2조 8, 9호.

공중에게 전기통신설비에 의하여 송신하는 것으로서 텔레비전 방송, 라디오 방송, 데이터 방송, 이동 멀티미디어 방송 등으로 구분된다.10) 2008년 11월 17일부터 본격 서비스에 돌입한 IPTV 관련법의 규정에 의하면 '인터넷 멀티미디어 방송'은 광대역 통합정보 통신망 등을 이용하여 양방향성을 가진 인터넷 프로토콜 방식으로 일정한 서비스 품질이 보장되는 가운데 텔레비전 수상기 등을 통하여 이용자에게 실시간 방송 프로그램을 포함하여 데이터·영상·음성·음향 및 전자상거래 등의 콘텐츠를 복합적으로 제공하는 방송을 말한다.11)

둘째, 저작권법상 '방송'은 전송, 디지털음성송신과 함께 저작재산권인 '공중송신권'을 구성한다. 저작권법상 '공중송신'은 저작물, 실연·음반·방송 또는 데이터베이스를 공중이 수신하거나 접근하게 할 목적으로 무선 또는 유선통신의 방법에 의하여 송신하거나 이용에 제공하는 것을 말한다. 앞서 살펴본 대로 '방송'은 공중송신 중 공중이 동시에 수신하게 할 목적으로 음·영상 또는 음과 영상 등을 송신하는 것을 말한다. '전송'은 공중송신 중에서 공중의 구성원이 개별적으로 선택한 시간과 장소에서 접근할 수 있도록 저작물 등을 이용에 제공하는 것을 말하며 그에 따라 이루어지는 송신을 포함한다. '디지털음성송신'은 공중송신 중 공중으로 하여금 동시에 수신하게 할 목적으로 공중의 구성원의 요청에 의하여 개시되는 디지털 방식의 음의 송신을 말하며, 전송을 제외한다.12)

---

10) 방송법(일부개정 2008.2.29 법률 제8867호) 제2조 1호. 방송법에 의하면 '텔레비전 방송'은 정지 또는 이동하는 사물의 순간적 영상과 이에 따르는 음성·음향 등으로 이루어진 방송 프로그램을 송신하는 방송, '라디오 방송'은 음성·음향 등으로 이루어진 방송 프로그램을 송신하는 방송, '데이터 방송'은 방송사업자의 채널을 이용하여 데이터(문자·숫자·도형·도표·이미지 그 밖의 정보체계를 말한다)를 위주로 하여 이에 따르는 영상·음성·음향 및 이들의 조합으로 이루어진 방송 프로그램을 송신하는 방송(인터넷 등 통신망을 통하여 제공하거나 매개하는 경우를 제외한다. 이하 같다), '이동 멀티미디어 방송'은 이동 중 수신을 주목적으로 다채널을 이용하여 텔레비전 방송·라디오 방송 및 데이터 방송을 복합적으로 송신하는 방송을 말한다.
11) 인터넷멀티미디어방송사업법(일부개정 2008.2.29 법률 제8867호). 이때 광대역통합정보 통신망의 자가 소유 또는 임차 여부를 불문한다.

'공중송신' 개념은 2006년 개정 저작권법에서 신설되었다. '공중송신권'은 디지털미디어 시대가 만들어 낸 상징적 개념으로서 디지털 시대의 모든 저작물을 포괄하고 있다는 점에 주목할 필요가 있다.[13] 송신의 동시성(同時性)과 이시성(異時性)이 방송과 전송의 구분 기준이며 '디지털음성송신'은 온라인 상의 실시간 라이브 방송과 같이 송신의 동시성을 갖춘 것으로 '음의 송신'에 한하는 한정된 개념이다. 구 저작권법 개념으로 보면 '방송'에 해당하는 송신 행위 중의 하나로 개정법에서는 매체의 쌍방향성을 중시하여 일반적인 방송이나 전송과 다르게 취급하기 위해 따로 규정한 것이다.[14] 즉 전송이 방송과 다른 점은 방송의 경우 일방향성인 반면, 디지털저작물의 전송은 접근이 통제 가능하다는 점에서 개별성이 있으며 쌍방향이라는 점에서 분명한 차이가 있다.[15]

세 번째로 '방송'과 '공연'의 구별에 대해 살펴보자. 저작권법상 '공연'이란 '저작물 또는 실연·음반·방송을 상연·연주·가창·구연·낭독·상영·재생 그 밖의 방법으로 공중에게 공개하는 것을 말하며 동일인의 점유에 속하는 연결된 장소 안에서 이루어지는 송신(전송은 제외)을 포함'한다.[16] 각본이나 무보 기타 연극적 저작물을 무대 위에서 실현시키는 것이 '상연'이며 음악저작물을 악기로써 실연하는 것이 '연주', '음성'으로 실연하는 것이 '가창', 동화·만담·야담 등을 흥미롭게 말로 표현하는 것이 '구연'이며 시동을

---

12) 저작권법 제2조 7, 10, 11호. 전송권은 2000년에 도입되었는데 이 권리는 당시 저작자에게 부여된 것으로 2004년 법 개정으로 실연자와 음반제작자에게 확대 부여되었다. 전송권의 주체는 실연자와 음반제작자인데 WPPT가 실연자와 음반제작자에 한정하여, 이용제공 행위에 국한하여 독점·배타적인 권리를 부여한 것과 정확하게 일치한다. 저작자는 이보다 넓은 공중송신권을 독점·배타적으로 가지기 때문에 전송행위에 대해서도 물론 독점·배타적인 권리를 가진다(최경수, 2008b).
13) 류종현(2008), 앞의 책, p.64.
14) 이해완(2007), 앞의 책, p.311.
15) 류종현(2008), 앞의 책, p.64.
16) 저작권법 제2조 3호.

소리 내어 읽는 것이 '낭독'이고 영화와 같은 영상저작물을 영사막에 영사하는 것이 '상영'이다. 2006년 개정법에서는 '재생'의 방법도 '공연'의 방법에 나열함으로써 판매용 음반이나 DVD 등을 기계적으로 재생하는 방법으로 공중에게 틀어주거나 보여주는 것도 공연에 해당한다. 공연에 '동일인의 점유에 속하는 연결된 장소에서 이루어지는 송신이 포함'됨으로써 공연의 상대방인 공중이 반드시 동일한 장소에 있어야 하는 것은 아니지만 동일인의 점유에 속하는 연결된 장소에 있어야만 공연의 요건을 충족하게 된다. 이는 공연의 의미를 다소 넓게 해석해 온 판례의 입장을 수용하면서 '공연'의 개념을 인접 개념인 '방송'과의 관계에서 보다 명확하게 규정하려고 한 것이다.[17]

위에서 살펴본 대로 저작권법상의 방송,[18] 전송,[19] 디지털음성송신,[20]

---

[17] 공중이라고 함은 불특정 다수인을 말하며 (특정 다수인을 포함) 따라서 가족·친지 등으로 참석범위가 한정되는 결혼식이나 피로연에서의 연주, 오케스트라단원들의 연습을 위한 연주, 가정에서 수인의 동호인을 위한 연주·상영 등에는 공연권이 미치지 아니한다. 또 '전송'과의 경합관계를 해결하였으므로 호텔에서 각 객실에 제공하는 VOD 서비스는 현행법상 공연이 아니라 '전송'에 해당함이 분명해졌다. 공연이 반드시 관람료나 시청료 등의 반대급부를 받을 것을 요건으로 하는 것은 아니며 다만 영리를 목적으로 하지 아니하고 청중·관중·또는 제3자로부터의 반대급부를 받지 아니하고 '공표된 저작물'을 공연할 경우에는 공연권 제한 규정에 따라 공연권 침해를 구성하지 아니한다(이해완, 2007, pp.309~310).

[18] 방송은 다음과 같은 몇 가지 요건을 갖추어야 한다. 첫째, 일반 공중이 수신하도록 의도된 송신이어야 한다. 따라서 전화, 아마추어 통신, 방송국 간의 신호 송출은 여기에 해당하지 않는다. 둘째, 일반 공중이 방송을 수신하기 위해서는 일정한 장치를 가지고 있어야 하고, 그 장치는 '주어진 것'만을 받을 수 있을 뿐이다. 셋째, 방송은 전자기파, 즉 헤르츠파를 통한 신호의 전달을 의미하는데 이 요건은 국제조약상의 정의 규정에서 도출된 것으로 우리 법에서 요구하는 것은 아니다. 우리 저작권법은 유선의 방법에 의한 송신도 방송의 범주에 속하도록 하고 있다(최경수, 2000a, pp.84~88).

[19] 전송은 법적·기술적 요건으로 다음 세 가지를 만족하는 개념이다. 첫째, 컴퓨터 네트워크를 통한 통신이어야 한다. 둘째, 이용제공 행위가 존재해야 한다. 이용제공이란 서버와 클라이언트 구조 하에서 클라이언트에게 일정한 정보를 보내기 위해서 해당 정보를 서버에 올려놓는 것을 말하며 공중 구성원의 실제 접근 여부는 묻지 않는다. 셋째, 공중의 구성원이 개별적으로 선택한 시간과 장소에서 접근할 수 있도록 저작물 등을 제공하는, 즉 주문형 이용제공 내지 송신이 존재해야 한다(최경수, 2000a, pp.84~88).

[20] 디지털음성송신의 특징은 다음과 같다. 첫째, 동시성 요건으로 공중이 동시에 수신할 수 있는 경우에 한정하고 있다. 둘째, 공중의 구성원 중 누군가 요청을 해야 한다. 셋째, 디지털음성송신은 소리를 전달하는 경우에 한정한다(최경수, 2008a, pp.44~49).

[표 2-1] 저작권법과 방송법의 주요 개념 비교

구분	정의	특성	비고
저작권법	공연	저작물 또는 실연·음반·방송을 상연·연주·가창·구연·낭독·상영·재생 그 밖의 방법으로 공중에게 공개하는 것을 말하며, 동일인의 점유에 속하는 연결된 장소 안에서 이루어지는 송신(전송 제외)을 포함	● 판매용 음반 재생 ● DVD 재생
	공중송신	저작물, 실연·음반·방송 또는 데이터베이스를 공중이 수신하거나 접근하게 할 목적으로 무선 또는 유선통신의 방법으로 송신하거나 이용에 제공하는 것	
	방송	공중송신 중 공중이 동시에 수신하게 할 목적으로 음·영상 또는 음과 영상 등을 송신하는 것	● 생방송, 재방송, 녹음 녹화에 의한 방송, 원방송의 수신 중계 방송을 포함
	전송	공중송신 중 공중의 구성원이 개별적으로 선택한 시간과 장소에서 접근할 수 있도록 저작물 등을 이용에 제공하는 것을 말하며, 그에 따라 이루어지는 송신을 포함	● 호텔 VOD 서비스 ● 인터넷 방송 VOD, AOD 서비스
	디지털 음성송신	공중송신 중 공중으로 하여금 동시에 수신하게 할 목적으로 공중의 구성원의 요청에 의하여 개시되는 디지털 방식의 음의 송신을 말하며, 전송을 제외	
방송법	방송	방송 프로그램을 기획·편성 또는 제작하여 이를 공중에게 전기통신설비에 의하여 송신하는 것으로 텔레비전 방송, 라디오 방송, 데이터 방송, 이동 멀티미디어 방송으로 구성됨. 방송사업은 지상파, 종합유선, 위성, 방송채널사용 사업으로 분류됨	
IPTV법	IPTV	광대역통합정보통신망 등을 이용하여 양방향성을 가진 인터넷 프로토콜 방식으로 일정한 서비스 품질이 보장되는 가운데 텔레비전 수상기 등을 통하여 이용자에게 실시간 방송 프로그램을 포함하여 데이터·영상·음성·음향 및 전자상거래 등의 콘텐츠를 복합적으로 제공하는 방송	

공중송신, 공연 등의 정의와 방송법상의 방송, 인터넷 멀티미디어 방송 사업법상의 방송 개념을 정리하면 [표 2-1]과 같다.

현행 저작권법 제64조는 저작인접권을 규정하면서 '방송'이 동법의 보호를 받는다는 점을 명확히 하고 있다. 또 방송사업자는 자신의 방송을 복제할 권리를 가지며[21] 자신의 방송을 동시 중계방송할 권리를 가진다고 규정하고 있다. 22) 이 법의 보호를 받는 방송은 대한민국 국민인 방송사업자의 방송, 대한민국 내에 있는 방송설비로부터 행하여지는 방송, 대한민국이 가입 또는 체결한 조약에 따라 보호되는 방송으로 체약국 국민인 방송사업자가 당해 체약국 내에 있는 방송설비로부터 행하는 방송 등으로 정하고 있다. 23)

저작권법은 방송사업자의 복제권과 동시중계방송권을 인정하고 있는데 이러한 권리는 방송사업자로서 방송을 하기만 하면 발생하는 것으로서 그 방송의 내용이 저작물인지, 비저작물인지를 불문하고 생방송인지 녹음 또는 녹화 방송인지도 묻지 아니한다. 또 방송 내용이 다른 방송사업자가 방송한 것을 받아서 하는 것이라고 하여 그 권리가 부정되지도 아니한다. 일시적이며 무형적 방송신호인 음 또는 영상을 유형물에 고정하는 것이 복제이며 이러한 복제는 그 방송을 송출한 방송사업자의 배타적인 권리에 속하게 되므로 누구든지 이 복제행위를 할 때에는 방송사업자의 허락을 받아야 한다는 것이다. 방송 내용 중 일부를 이용해 제작한 UCC의 경우 약관에 의한 승인 등의 특별한 사정이 없는 한 방송사업자의 복제권 침해일 가능성이 높다. 그리고 영상저작물로서의 창작성을 가진 경우에는 방송사 또는 기타의 영상제작자가 가지는 저작재산권을 침해하는 행위가 될 수도 있는데 그 때 방송된 내용을 복제한 경우라면 그 방송 내용을 송출한 방송사업자의 저작인접권(복제권)을 동시에 침해한 것이 된다. 24)

방송 콘텐츠 저작권 문제 중 가장 큰 논란거리는 외주제작 프로그램의

---

21) 저작권법 제84조.
22) 저작권법 제85조.
23) 저작권법 제64조 3호.
24) 이해완은 방송사업자의 저작인접권 침해 사례를 다음과 같이 설명하고 있다. 예를 들어 A가 작사·작곡한 음악저작물을 B라는 가수가 노래하고 이를 C가 책임지고 음반으로 제작하였는데 그 음반을 D회사가 방송하여 이를 E가 누구의 허락도 받지 않고 녹음한 후 공중에게 배포하였다고 가정하면 E는 음악저작물의 저작자인 A의 저작재산권, 실연자인 B와 음반제작자인 C의 저작인접권을 침해함과 동시에 D의 방송사업자로서의 권리(복제권)를 침해한 것이 된다(이해완, 2007, pp.552~554).

저작권 귀속 문제다. 방송의 외주제작과 관련해 저작재산권과 금융의 원활한 결합을 막고 있는 '선제작 후정산과 이에 따른 반대급부로서의 저작권의 포괄적 양도'에 대해 법적 제한이 필요하다. '독점규제 및 공정거래에 관한 법률'을 적극 적용하여 제작과 배포시장의 분리를 막는 관행을 시정할 필요가 있다.[25] 현행 저작권법의 해석론상 제작된 영상저작물의 활용에 대한 재량권은 방송사업자에게 인정하더라도 모든 수익의 독점까지 인정할 수 없기 때문에 공동제작자로서의 지위를 가진 독립제작사에게 수익 배분을 강제하는 것은 정당화될 수 있으며, 그것이 궁극적으로 서로에게 제작과 유통시장에서의 경쟁력 제고를 위해서도 도움이 된다.[26] 방송저작물의 유통 활성화를 위한 저작권 집중관리 방식에 대해서는 후술하기로 한다.

3. 디지털 · 포털 미디어와 저작권

테크놀로지 발전에 따른 디지털 미디어 환경은 문화 콘텐츠의 복제·유통·배급 구조를 원활하게 만들고 새로운 비즈니스 모델을 창출할 수 있는 토대를 제공했다. 손쉬운 콘텐츠 복제환경이 조성돼 이전보다 훨씬 저렴한 비용으로 다양한 문화 콘텐츠를 소비할 수 있게 되었다. 더욱이 디지털화된 원본 텍스트를 토대로 새로운 문화 콘텐츠를 생산할 수도 있게 되었는데, 이러한 복제 기능은 생산자에게 유통·제작비용의 절감 혹은 새로운 사이버 시장 창출과 같은 긍정적인 효과를 주게 되었다. 한편 디지털 복제 기능으로 인해 이용자들의 무단 복제가 확산됨으로써 오히려 콘텐츠 시장의 축소를 가져올 수도 있게 되었다.[27]

---

25) 방석호(2007), 『디지털 시대의 미디어와 저작권』, 커뮤니케이션북스, p.130.
26) 방석호(2007), 위의 책, p.140.

온라인 공간에서 문화 콘텐츠의 유통을 활성화하는 데 가장 중요한 전제는 문화 콘텐츠 저작권을 관리하는 시스템을 구축하는 것이다.[28] 디지털 기술은 저작물의 흐름을 전면적으로 바꿔 놓았는데 디지털 콘텐츠는 누구나 쉽고 저렴하게, 또 원본과 동일한 품질의 복제본을 만들 수 있다. 나아가 개작이나 멀티미디어적 융합도 용이해져 2차적 저작물이나 표절의 개념도 달라져야 한다. 단기간에 매우 저렴한 비용으로 대량유통까지 가능해졌지만 유형 매체를 필요로 하는 특성상 책임 소재를 규명하기는 더욱 어려워졌다.[29] 1980년대 이후 미국 지식생산물이 세계적으로 유통, 확산되면서 미국 정부와 업계가 교역 협상에서 가장 주안점을 두었던 분야가 바로 '저작권' 보호였다는 점은 매체 환경의 변화에 따라 저작권 문제가 연동한다는 점을 잘 보여준다.

온라인 공간에서 저작권이 사회적 이슈로 부상한 것은 2000년 이후로, 인터넷이 급속히 확산되고 MP3라는 간단한 음악파일 구동방식이 보편화된 시기다. 특히 개인들끼리 파일을 직접 공유·교환할 수 있는 P2P 기술이 개발되면서 저작권 문제는 더욱 심각해졌다. 인터넷 업체들이 MP3 음악파일 공유 프로그램을 개발·보급해 이용자들이 무료로 음악을 업로드하거나 다운로드할 수 있게 되자 음반 관련 협회를 비롯한 저작권자들은 법원에 권리구제를 요청하고 저작권 침해소송을 제기하게 되었다. 국내에서는 2000년부터 '소리바다'에 대한 소송이 시작되었고, 미국은 1999년부터 운영됐던 '냅스터'가 2001년에 폐쇄명령을 받았으며 '그록스터'(Grokster)도 2005년 7월 연방대법원으로부터 저작권 침해 판결을 받고 폐쇄됐다.[30] 여기서는 디지털저작물, 혹은 포털 등으로 대변되는 디지털 공간의 저작권 문제 특성을 살펴보기로 한다.

---

27) 최민재(2005), 『온라인 뉴스콘텐츠 비즈니스 모델』, 한국언론재단, p.12.
28) 심상민 외(2006), 『디지털 뉴스 유통과 저작권』, 한국언론재단, p.147.
29) 최진원·남형두(2006), 앞의 논문, p.154.
30) 고흥석·박재영(2008), 「온라인저작권 소송 사례 비교분석」, 『한국언론학보』, 52권 1호, p.32.

디지털저작물은 컴퓨터로 작성한 음악저작물, 영상저작물 그리고 소프트웨어로 표현되는 컴퓨터프로그램 저작물과 같은 것이다. 광속의 전송이 가능하고 질의 저하 없이 무제한 복사도 가능하다. 디지털저작물은 경합성이나 배제성, 혹은 희소성의 문제를 유발하지 않는다. 정보재로서 초기 고정비용이 많이 든다는 것 외에는 복사와 이동에 따르는 비용이 거의 들지 않는다. 또 디지털 정보 검색은 그 정보를 열람하는 것 자체가 무제한 복사와 같은 상황으로 연결될 수 있기 때문에 디지털 매체에서 '정보의 공개'는 곧 복제를 의미하며 이러한 복제는 디지털 정보의 특성에 의한 '완전 복제'라는 점에서 문제의 심각성이 있다.[31] 디지털 정보는 저작권 침해를 쉽게 하고 저작권의 독점권을 무력화하거나 저작인접권자의 투자 회수를 불가능하게 만드는 등 종전에는 볼 수 없었던 심각한 문제를 야기한다.[32] 디지털 기술의 발달은 네트워크를 통한 정보전달의 활성화를 낳았으나 반면 무한 복제와 복제 속도의 광속화로 대규모 무단 복제가 가능하게 되었다.[33]

디지털 콘텐츠와 관련한 저작권 분쟁의 주요 요인으로는 무료에 길들여진 인터넷 이용자, 파일 공유가 활발하게 이루어질 수 있는 환경을 제공하는 인터넷 파일 공유 서비스업자, 온라인상에서도 기존의 독점적 저작권을 수호하려는 저작권자 및 신탁업체, 온라인 수요의 폭발적 증가현실을 여실히 반영하지 못하고 있는 법 제도 등을 꼽을 수 있다.[34] 디지털 공간, 특히 포털 등과 관련해 3가지 핵심적인 문제가 제기된다. UCC와 저작권의 충돌 문제, 인터넷 이용자의 다수가 활용하는 포털 제공 뉴스서비스로 인한 저작권 갈등 문제, 온라인서비스제공자의 저작권 책임 문제 등이다.

첫째, UCC와 저작권의 충돌에 관한 문제는 영리를 목적으로 하는 '상업

---

31) 류종현(2008), 앞의 책, pp.24~26.
32) 심상민 외(2006), 앞의 보고서, p.102.
33) 지성우·김영욱(2005), 『뉴스저작물의 저작권』, 한국언론재단, p.83.
34) 박현주(2006), 「일본 저작권법 개정 동향」, 『정보통신정책』, 18권 7호, pp.35~36.

성' 여부 차원을 넘어 '사적 복제인가 공유를 위한 것인가'의 문제로 집약되고 있다. 대부분의 UCC는 기존의 콘텐츠를 수정하거나 변형한 편집물이라는 점에서 2차적 저작물작성권이나 복제권 혹은 동일성유지권 등의 저작권 침해 문제를 야기하고 있다. 편집저작물로서 UCC를 제작하는 경우 그 소재가 저작권에 의하여 보호받는 저작물이라면 UCC 제작자는 저작자의 동의를 받아야 한다. 동의를 받지 않고 UCC를 제작하는 경우 UCC 제작자는 저작권법에 규정된 저작자나 소재 저작권자의 편집저작물작성권을 침해할 우려가 있다.[35]

둘째, 포털의 뉴스 제공과 관련한 저작권 갈등 문제다. 한 신문사의 기사를 전재계약을 맺은 포털사가 기사의 표제와 소제목을 사전 동의 없이 수정해서 게시할 때 저작권법상 동일성유지권을 침해한다.[36] 포털의 경우, 뉴스에 한정해 볼 때 검색서비스는 기본이고 외국에서는 활성화되지 않은 포털의 저널리즘 활동이 기존의 미디어 영향력과는 비교가 되지 않을 정도로 커지면서 저작권 문제가 심각해졌다. 또 편집기자를 두고 매일 매일의 뉴스를 편집, 가공한다고 인식되고 있고 실시간 동영상 중계까지 하게 되면서 그 지위를 일반 미디어와 같이 인터넷을 기반으로 하는 방송사업자로 볼 수 있을 것인지, 뉴스와 같은 편집저작물에 대한 저작권까지 갖는 것인지, 검색 정보를 둘러싼 데이터베이스 제작자의 지위에 그치는 것인지, 온라인서비스제공자의 책임

---

35) 류종현(2008), 앞의 책, pp.106~108; UCC와 관련한 저작권 문제는 상당부문 방송 프로그램을 활용하고 있다는 점에서 '방송저작권'과 관련된다. 따라서 이 부분은 방송 프로그램의 유통활성화 차원에서 후술하기로 한다.

36) 양재규(2008), 「기사저작권 관련 법적 쟁점」, 『신문과 방송』, 2008년 12월, pp.130~133; 한국언론재단이 저작권자들로부터 수탁을 받아 운영하는 온라인뉴스저작권서비스의 「뉴스 저작권 사용계약약관」은 제4조에서 이용자들이 저작자의 저작인격권을 존중해야 함을 명시하고 있다. 구체적으로는 ① 이용자는 저작권을 이용할 경우 해당 저작권 저작자의 성명 또는 명칭을 표시하여야 한다. ② 이용자는 뉴스저작물의 동일성을 변경해서는 아니된다. ③ 공표되지 아니한 뉴스저작물을 제공한 경우에는 이용자에게 공표를 동의한 것으로 본다(제4조 뉴스저작권 사용계약약관, http://www.newskorea.or.kr/data_center/data_rule_list.php? board_id=bd _pds&mode=view&row_id=7&num=2&page=1&query_field=&query_key=&sub_type_par m=&s_title=&s_desc=&s_writer=).

제한규정의 적용을 항상 받을 수 있을 것인지 등등의 의문이 제기될 수 있다.[37]

더불어 디지털 뉴스에 대한 저작권 침해 행위가 빈번히 일어나는 이유는 인터넷 사이트에서 뉴스가 무료로 제공되고 있고 언론사도 이러한 뉴스저작물에 대한 저작권 인식이 부족했기 때문이다. 디지털화된 뉴스저작물의 생산·가공·서비스를 위해 투입되는 비용을 회수하는 수익모델로 '이용자가 많으면 광고수입이 증가'할 것을 구상하였다. 공짜 뉴스를 보기 위해 자사 사이트를 방문한 이용자를 대상으로 전자상거래, 여행, 엔터테인먼트 사업 등을 벌일 계획이었으나 이러한 부가사업은 뉴스 콘텐츠 비즈니스와 무관하거나 시너지 효과를 얻는 데 실패했다.[38]

한편 포털을 통한 뉴스저작권 침해행위가 발생할 때 그 법적 책임은 어떻게 되는가? 만약 포털이 신문사의 기사를 무단 이용할 때, 그 기사가 저작권법의 보호를 받는 기사라면 민사적으로 저작권법상의 침해정지청구 및 손해배상청구를 당하거나 형사적으로 저작권법위반죄의 책임을 져야 할 것이고, 그 기사가 저작권법적인 보호를 받지 못한 기사라면 형사적으로는 문제가 없겠지만 민사적으로 손해배상청구를 당할 염려가 있다. 따라서 포털의 입장에서는 신문사에서 제공하는 기사가 저작권법의 보호를 받는 기사인지 여부에 관계없이 신문사가 생산해내는 모든 기사에 대해 일정 대가를 지급하고 이용하는 것이 바람직하다.[39]

셋째, 온라인서비스제공자는 저작권 침해와 관련해 어떤 책임을 부담하는가? 현행 저작권법은 온라인서비스제공자와 관련해 '책임제한' 규정(제102조), '복제·전송의 중단'(제103조), '특수한 유형의 온라인서비스제공자 의무 등'(제104조)을 규정하고 있다. 현행법에 의하면 저작권의 침해를 주장하는 자가 이를 소명

---

37) 방석호(2007), 앞의 책, pp.201~202.
38) 심상민 외(2006), 앞의 보고서, pp.105~106.
39) 박범석(2007), 「신문사와 포털의 이용허락계약」, 『세계의 언론법제』, 통권 22호, p.71.

[표 2-2] 저작권법상 온라인서비스제공자의 저작권 관련 책임 규정

제102조 (온라인서비스제공자의 책임 제한)

① 온라인서비스제공자가 저작물 등의 복제·전송과 관련된 서비스를 제공하는 것과 관련하여 다른 사람에 의한 저작물 등의 복제·전송으로 인하여 그 저작권 그 밖에 이 법에 따라 보호되는 권리가 침해된다는 사실을 알고 당해 복제·전송을 방지하거나 중단시킨 경우에는 다른 사람에 의한 저작권 그 밖에 이 법에 따라 보호되는 권리의 침해에 관한 온라인서비스제공자의 책임을 감경 또는 면제할 수 있다.

② 온라인서비스제공자가 저작물 등의 복제·전송과 관련된 서비스를 제공하는 것과 관련하여 다른 사람에 의한 저작물 등의 복제·전송으로 인하여 그 저작권 그 밖에 이 법에 따라 보호되는 권리가 침해된다는 사실을 알고 당해 복제·전송을 방지하거나 중단시키고자 하였으나 기술적으로 불가능한 경우에는 그 다른 사람에 의한 저작권 그 밖에 이 법에 따라 보호되는 권리의 침해에 관한 온라인서비스제공자의 책임은 면제된다.

제103조 (복제·전송의 중단)

① 온라인서비스제공자의 서비스를 이용한 저작물 등의 복제·전송에 따라 저작권 그 밖에 이 법에 따라 보호되는 자신의 권리가 침해됨을 주장하는 자는 그 사실을 소명하여 온라인서비스제공자에게 그 저작물 등의 복제·전송을 중단시킬 것을 요구할 수 있다.

② 온라인서비스제공자는 제1항의 규정에 따른 복제·전송의 중단요구가 있는 경우에는 즉시 그 저작물 등의 복제·전송을 중단시키고 당해 저작물 등을 복제·전송하는 자 및 권리주장자에게 그 사실을 통보하여야 한다.

③ 제2항의 규정에 따른 통보를 받은 복제·전송자가 자신의 복제·전송이 정당한 권리에 의한 것임을 소명하여 그 복제·전송의 재개를 요구하는 경우 온라인서비스제공자는 재개요구사실 및 재개예정일을 권리주장자에게 지체 없이 통보하고 그 예정일에 복제·전송을 재개시켜야 한다.

제104조 (특수한 유형의 온라인서비스제공자의 의무 등)

① 다른 사람들 상호 간에 컴퓨터 등을 이용하여 저작물 등을 전송하도록 하는 것을 주된 목적으로 하는 온라인서비스제공자는 권리자의 요청이 있는 경우 당해 저작물 등의 불법적인 전송을 차단하는 기술적인 조치 등 필요한 조치를 하여야 한다. 이 경우 권리자의 요청 및 필요한 조치에 관한 사항은 대통령령으로 정한다.

② 문화체육관광부장관은 제1항의 규정에 따른 특수한 유형의 온라인서비스제공자의 범위를 정하여 고시할 수 있다(개정 2008.2.29).

하여 해당 저작물의 복제·전송 중단을 요구할 경우 해당 저작물의 복제·전송을 중단시키도록 했으며 '다른 사람들 상호 간에 컴퓨터 등을 이용해 저작물을 전송하도록 하는 것을 주된 목적으로 하는 온라인서비스제공자' 즉, 특수한 유형의 온라인서비스제공자는 권리자의 서비스 중단 요청이 있을 경우 불법 전송을 차단하는 기술적인 조치를 취해야만 한다.

온라인서비스제공자는 저작권을 직접 침해하지 않는 경우에도 저작권 침해 공범으로 민형사상 책임을 질 수 있다. 소위 기여침해(contributory negligence)라는 것이다. 벅스뮤직, 소리바다 사건 등에 대한 민형사상 절차의 근거이기도 하다.[40] 한국 저작권법은 온라인서비스제공자가 웹페이지에 타인의 저작물을 무단으로 게시한 경우에 저작물을 복제·배포한 것이 되어 저작자의 복제권과 배포권을 침해한 것으로 보고 있다. 또 온라인서비스제공자가 자신의 서버에서 무단으로 타인의 저작물, 실연·음반·방송 또는 데이터베이스를 공중이 수신하거나 접근하게 할 목적으로 온라인서비스이용자에게 공중송신하는 행위는 공중송신권을 침해하는 것으로 보고 있다.[41]

온라인서비스제공자의 책임을 경감하거나 면제하는 것은 이른바 "notice and take down" 원칙으로 표현의 자유를 보장하고 인터넷의 발전을 도모하기 위해 발전된 법리다. 이 원칙은 저작권뿐만 아니라 명예훼손과 관련해서도 거의 동일하게 적용되는 법리라고 할 수 있는데 우리나라의 판례 역시 정도의 차이는 있지만 이 원칙을 나름대로 사례에 따라 변형해서 적용하고 있다.[42] 온라인의 경우 침해소송은 최초의 침해 행위자를 찾는 것이 쉽지 않기 때문에 결국 온라인사업자의 책임을 묻는 경향이 있다. 또 내용물을 일일이 통제하는 것이 기술적으로 불가능하며, 또한 표현의 자유 등의 다른 법익을 고려하여 사업자의 책임을 경감하는 특별법들을 낳게 된다.[43]

현행 저작권법은 복제·전송으로 인하여 저작권자의 권리가 침해된다는 사실을 알고 당해 복제·전송을 방지하거나 중단시킨 경우에는 그의 책임을 감경 또는 면제할 수 있도록 정하고 있다. 더불어 복제·전송을 방지하거나

---

40) 박경신(2008), 「순수한 인격권으로서의 초상권은 가치인가, 규범인가」, 『창작과 권리』, 2008년 여름호(제51호), pp.2~34.

41) 이동훈(2007), 「국내 포털의 UCC서비스전략 현황」, 『KBI 포커스』, 통권 24호, pp.1~24.

42) 정상우(2007), 『포털사이트 관련 법제의 현황과 과제』, 한국법제연구원, p.58; 김기중(2007), 「한국의 인터넷 관련법제: '인터넷포털'에 대한 규제를 중심으로」, 『언론과 법』, 6권 2호, p.169.

43) 방석호(2007), 앞의 책, p.244.

중단시키고자 했으나 기술적으로 불가능한 경우에는 온라인서비스제공자의 책임을 면제하도록 했다(동법 제102조).

그러나 온라인서비스제공자(OSP)의 책임이 감면되기 전에 발생하는 책임의 근거, 즉, 온라인서비스제공자의 일정한 작위의무의 근거를 직접적으로 규정하지는 않고 있어 여전히 그 근거와 작위의무의 범위에 대해서는 해석상 논란의 여지가 있다.[44] 또 저작권법은 온라인서비스사업자가 위와 같은 조치를 취한 경우에도 필요적 감면이 아니라 임의적 감면을 할 수 있다고 규정하였기 때문에 실제 온라인서비스사업자의 책임이 문제되는 사안에서 법원은 위 책임감면규정을 적극적으로 고려하기 보다는 OSP의 과실 유무를 판단하는 한 요소로만 고려하고 있어 OSP의 책임감면규정의 의미가 큰 것은 아니라는 비판을 받고 있다.[45]

4. 광고와 저작권

광고물은 일반적으로 인쇄매체광고, 영상매체광고, 음향매체광고, 전시시설 및 선전물 등으로 나누어 볼 수 있는데 어느 형태의 광고이든 간에 그 구성요소는 복합적인 경우가 많다. 만일 어떤 광고가 저작물이라면 그 대부분은 음악·미술·사진·영상 등을 포함할 것이다. 하나의 광고물을 구성하고 있는 개개의 요소가 저작물 요건을 갖추고 있을 경우 그것은 별도 저작권 보호 대상이 된다. 또한 광고물 자체가 소재의 선택과 배열에서 창작성을 발휘한 편집물이라면 그것은 그 구성물인 소재가 저작권법의 보호대상인

---

44) 정경석(2004), 『엔터테인먼트 비즈니스 분쟁사례집』, 청림, p.664.
45) 김기중(2007), 「한국의 인터넷 관련법제: '인터넷포털'에 대한 규제를 중심으로」, 『언론과 법』, 6권 2호, p.169.

저작물인가 아닌가에 관계없이 저작권법에 따라 구성요소인 소재와는 별개의 독자적인 편집저작물로 보호된다.[46]

신문이나 TV의 광고처럼 상업성이 강한 경우라 하더라도 저작물로 인정받는 데 있어 큰 문제는 없다. 상업성이나 음란성, 이적성 등은 저작물의 내용에 관한 것으로 '창작성'과는 별개다. 광고가 저작물인가 아닌가는 창작성 여부로 판단할 수 있다. 광고의 경우 대개 소비자의 이목을 집중시키기 위해 짧고 강한 표현이나 문구를 쓰기 때문에 그와 같은 표현은 그 양의 적음으로 인해 창작성이 인정되기 어려울 수 있다.[47] 또한 광고의 내용이 사진이나 이미지로 표현된 경우 사진저작물과 비슷하기도 하나, 대개 유사광고는 사진이나 이미지를 선행 광고를 그대로 복제하여 만드는 경우보다는 그 사진이나 이미지에 표현된 아이디어를 차용하여 다른 방법으로 표현하기 때문에 아이디어와 표현의 구별이 쉽지 않아 저작권 침해 여부를 판단하기 어려울 때가 많다.[48]

그렇다면 광고물의 저작자는 누구인가? 광고물 제작 방식은 다양하다. 첫째, 광고주의 해당 부서에서 제작한 경우, 둘째, 광고회사에서 만든 경우,

---

46) 김기태(2008), 『웹2.0 시대의 저작권 상식100』, 커뮤니케이션북스.
47) 광고의 저작물성을 인정하는 것과 인정하지 않는 것은 각각 다음과 같은 장점을 갖는다. 우선, 광고의 저작물성을 인정할 때, 첫째, 제3자에 의한 표절이나 도용을 막는 데 도움을 준다. 둘째, 광고 작품이 저작물이라면 크리에이터는 저작자이며 재산권으로서 저작권뿐만 아니라 저작인격권을 향유한다. 광고를 제작한 사람이나 기업은 예술가로서 긍지를 가져, 작품의 품질을 높이는 데 도움을 준다. 반면, 광고의 저작권법적 보호를 부정하면 이미지를 강조하는 광고보다는 정보전달 위주의 광고가 지배적인 형태의 광고로 등장할 것이다. 정보전달 위주의 광고는 소비자에게 많은 도움을 주는데, 광고를 통해 얻게 되는 풍부한 정보를 이용하여 소비자들은 보다 합리적인 선택과 소비를 할 수 있고 장기적으로는 가격경쟁을 촉진시켜 가격을 하락시킴과 동시에 품질 향상을 위한 기업들의 노력을 더욱 촉진시킬 수 있기 때문이다. 다시 말해서 가격탄력성이란 충분히 소개되고 잘 알려진 상품들 사이에서만 존재할 수 있는 것이고 따라서 그러한 가격탄력성은 현실적으로는 광고의 도움 없이 존재하기 어려울 것이다. 이러한 관점에서는 저작권법의 보호를 통하여 이미지 전달형의 광고를 주장하는 것보다는 저작권법적인 보호를 부인함으로써 정보전달 위주의 광고를 촉진시키는 것이 더 바람직하다는 결론에 이르게 된다(한국지적소유권학회, 1994, p.51).
48) 정경석(2006), 앞의 책, p.286.

셋째, 제작 프로덕션에서 만든 경우, 넷째, 위의 둘 혹은 세 주체의 공동 제작에 따른 경우다.

첫째 경우에는 당연히 광고주 기업이 원작품의 소유권을 가지며 그 원작품이 저작물인 경우 그 전체의 저작자는 역시 광고주 기업이며 그 전체의 저작권도 원시적으로는 그 기업이 될 것이다.[49] 두 번째와 세 번째 경우는 원작품의 소유권도, 그 광고제작물이 저작물인 경우의 저작권도 계약에 의해 그 귀속을 결정해야 한다. 다만 광고제작물의 저작자는 원칙적으로 두 번째 경우는 광고회사, 세 번째 경우는 제작 프로덕션이다. 네 번째 경우는 그 제작과정을 누가 주관했는가에 따라 달리 보아야 할 것이나, 그 광고제작물이 저작물이고 각 사람이 창작한 부분을 분리해서 이용할 수 없을 때 그것은 공동저작물이다. 공동저작물의 저작자는 창작에 참가한 전원이고 원작품의 소유권과 공유저작권은 각각 계약에 의해 누군가에게 귀속시킬 수 있다.[50]

일본의 광고저작물 귀속에 대한 판례를 보면 광고주의 담당자가 소재 대부분을 제공하고 디자인 일부에 관해 지시하고 소재의 배치에 관해 의향을 나타내고, 광고사의 담당자가 이들을 광고 디자이너에게 알리고 광고 디자이너가 예술적 감각으로 기술을 구사해서 광고 원화를 완성한 경우, 이 저작물을 광고주와 광고 디자이너 공동저작물로 인정하고 있다.[51]

미국 판례와 영미에서 활용되는 각종 계약서식도 참고할 수 있다. 미국의 경우 직무저작에 속하는 것으로 보아 광고주에게 저작권을 귀속시키던

---

49) 다만 그 광고제작물 중에 타인 저작물을 사용하고 있는 경우에는 각각 그 부분의 저작자는 그 저작물이 직무상 작성한 저작물이 아닌 한 각각 창작한 사람이며 저작권자도 원시적으로는 그 저작자다. 직무상 작성한 저작물의 경우는 그 기업이 저작자이며 아울러 저작권자다. 또 저작자는 각각의 저작물을 창작한 사람이라고 하더라도 그 저작권은 계약에 의해 스폰서 기업에게 양도할 수 있으므로 그 경우는 저작권자는 그 스폰서 기업이 될 수 있다(한국지적소유권학회, 1994, pp.58~59).

50) 한국지적소유권학회(1994), 앞의 책, pp.58~59.

51) 長尾治助(1993), p.45.

초기의 판례도 있지만, 1976년 연방저작권법이 개정된 이후 종업원이 직무상 창작한 경우와 독립한 창작자로서 창작을 위탁받아 창작한 경우를 엄격히 구별하고 있다. 이와 같이 당연히 광고주에게 저작권이 귀속되는 것이 아니라고 해석되는 저작권법하에서는 광고주와 광고를 제작한 회사 간에 계약에서 광고물 등에 관한 저작권의 귀속을 명료하게 해 둘 필요가 있다.[52] 이 문제에 관한 한 뉴스와 저작권 부문에서 살펴보듯, 현행 저작권법이 제9조에서 '업무상저작물'을 규정하면서 단서조항을 삭제하였고, 그 저작행위가 직무상 행한 요건을 갖추게 되면 마찬가지 직무상 저작물성을 인정하는 데 별 무리가 없을 것으로 보인다.

광고저작물에 대한 침해는 언제, 어떻게 발생하는가? 인용이 비영리적인 목적에 국한되는지에 대해 상업적 성질의 인용은 불가한지에 대해 논란의 여지가 있으나 광고에서처럼 영리 목적의 인용은 정당한 범위에 속하지 않는다고 보는 것이 다수의 견해다.[53] 광고제작물이 저작물인 경우 원작품의 소유권과 저작권이라고 하는 재산권은 계약에 의해 특정인에게 귀속시킬 수 있다. 저작물의 저작자는 그 광고제작물을 창작한 자(또는 기업)이며 저작인격권은 일신 전속적 권리이기 때문에 다른 사람에게 양도·상속할 수 없다.

다음과 같은 상황을 가정할 수 있다. A가 원작품의 소유권을 가지고 있고, B가 그 저작권을 가지고, C가 저작자로서 저작인격권을 가지는 경우를 생각해 볼 수 있다. A는 원작품을 소유하고 있더라도 B의 허락이 없으면 이것을 사용할 수 없고, C의 허락이 없으면 일부분이라고 그것을 변경할 수 없다. B는 저작권을 가지고 있기 때문에 그 저작물을 그대로라면 자유로이 사용할 수 있으나 원작품으로부터 직접 복제한다든지 원작품을 전시하는 경우는 A의 허락을 얻어야 하고 일부분이라도 변경하여 사용하려면 C의 허락을 얻어

---

52) 서울대학교 법학연구소(1998), 『광고와 저작권: 외국의 법과 제도』, 공보처, p.183.
53) 김기태(2008), 앞의 책.

야 한다. C는 저작인격권을 가지고 있으므로 타인이 공표권이나 성명표시권, 동일성유지권을 침해한 경우는 권리 주장을 할 수 있으나 그 밖의 재산권 등은 행사할 수 없다.[54]

특정 제품을 찍은 사진의 경우 비록 사진작가의 기술로 촬영했다고 하더라도 피사체인 제품 자체만을 충실하게 표현하여 광고라는 실용적인 목적을 달성하기 위한 것에 불과하다면 그 사진에는 저작권이 주어지지 않는다. 그러나 당사자 사이에 특별한 약정이 없는 한 이미지 사진에서처럼 사진작가의 창의성이 내재된 제품사진은 저작권법의 보호대상이 된다. 그 경우 사진저작물로서 저작재산권의 각종 권리가 생겨나게 되어 허락의 범위를 벗어나 이용할 수 없다.[55] 그동안 광고업계에 공공연히 만연되어 있던, 소유권은 곧 저작권이라는 오해를 하루 빨리 불식해야 한다. 예컨대 미술저작물의 경우만 보더라도 특정한 화가로부터 그림을 산 사람은 그 미술저작물에 대한 소유권만을 획득한 것이지 저작재산권까지 사들인 것은 아니다. 사진저작물 역시 마찬가지다.[56]

5. 뉴스와 저작권

뉴스 저작권 문제는 첫째, 저작권법의 보호를 받는 뉴스저작물의 범위는 어디까지인가, 둘째, 뉴스저작권은 누구에게 귀속되는가, 셋째, 뉴스저작물의 권리행사는 어떻게 제한될 수 있는가 하는 점 등이다.[57]

---

54) 한국지적소유권학회(1994), 앞의 책, pp.59~60.
55) 김기태(2008), 앞의 책.
56) 김기태(2005a), 『매스미디어와 저작권』, 이채, p.171.
57) 이대희(2008)는 뉴스와 저작권법에서 현재 문제가 될 수 있는 쟁점을 3가지로 제시하고 있다. 첫째, 뉴스가 신문 등의 기사로서 보도되는 경우 그 기사는 저작권에 의한 보호의 대상이 되는데, 그렇다면 그 기사에 대하여 신문사와 작성자(기자) 중 누가 저작권자가 되는가다. 이 문제는

현행법상 '뉴스'라는 용어에 관한 법적 정의는 존재하지 않는다. 다만 '뉴스통신진흥에 관한 법률'에 기존 '통신'의 개념을 보다 분명히 하기 위하여 '뉴스통신'이라는 개념을 사용하고 있다. 신문법에 의하면 신문·잡지 등 정기 간행물이란, '정치·경제·사회·문화·시사·산업·과학·종교·교육 등에 관한 보도, 논평, 여론 및 정보 등을 전파하기 위하여 발행된 간행물'을 뜻한다. 방송법 제2조에 의하면 방송도 이러한 논평, 여론 및 정보제공 역할을 하는 것을 예정하고 있으므로 방송 역시 뉴스전달 매체가 된다고 볼 수 있다.[58] 이러한 신문법·방송법 정의 규정에 의하면 '뉴스'란 '시사 보도, 여론 형성, 정보 전파를 목적으로 하여 발행되는 간행물(전자매체 포함)과 방송에 수록된 정보'를 의미한다.[59] 이 점에서 '뉴스저작물'이란 '시사보도, 여론형성, 정보전파 등을 목적으로 발행되는 정기간행물, 방송 또는 인터넷신문에 수록된 저작물'이다.[60]

저작권법상 뉴스(news)와 뉴스저작물(news work)은 그 의미가 다르다. 뉴스 저작물은 저작권의 보호대상이지만 뉴스 그 자체는 단순한 사실(fact), 사건

저작권법상 업무상저작물에 관한 규정의 적용에 의해 해결될 수 있을 것이다. 그러나 프리랜서 작가의 경우에는 업무상저작물의 규정이 적용될 수 없을 것이다. 이 문제에서 파생되는 것으로서 신문지와 같은 매체에 게재되었던 기사가 인터넷이나 데이터베이스에 사용되는 것과 같이 새로운 매체에 이용되는 경우 발생하는 문제. 둘째, 스포츠 중계를 독점 방송하는 TV를 통하여 경기 내용을 문자로 생중계하는 경우와 같이, 사실 자체는 저작권에 의하여 보호되지 않지만 이러한 최신 뉴스 또는 시간적으로 민감한 뉴스(hot news)를 이용하는 것에 대하여 독점 방송하는 TV 방송국이 이의를 제기할 수 있는 법적 근거가 있는가, 있다면 무엇인가의 문제다. 셋째, 정보통신망의 발달에 힘입어 포털 등이 신문을 검색 결과로서 제공하는 경우, 포털이 어떠한 책임을 부담하는가의 문제다. 포털이 신문사의 뉴스를 제공하는 경우, 신문사와의 기사의 이용에 관한 계약에 의하는 경우에는 저작권 문제가 있을 수 없다. 그러나 신문사와의 계약이 체결되지 않은 경우에는 포털이 뉴스 검색서비스를 제공하기 위해 로봇 프로그램을 이용하여 일률적으로 로봇 프로그램에 의하여 검색되는 모든 뉴스를 자신의 서버에 저장하는 경우가 있으며, 또한 이용자의 요구에 따라 캐싱(system caching)의 형태로 자신의 서버에 일시적으로 저장하는 경우도 있을 수 있다. 이러한 경우에는 모두 저작권 문제가 발생할 수 있다.

58) 심상민 외(2006), 앞의 보고서, p.153.
59) 김기중(2005), 앞의 글; 심상민 외(2006), 앞의 보고서, p.153에서 재인용.
60) 지성우·김영욱(2005), 앞의 책, p.81.

(event)으로 그렇지 않다. 사실이나 사건은 그날의 역사이기 때문에 누구나 이용할 수 있는 공유재산에 해당한다.[61] 현행 저작권법은 '단지 사실의 전달에 불과한 시사보도'는 보호받지 못하는 것으로 규정하고 있다. 그러나 뉴스라고 하더라도 기자의 사상·감정이 표출된 보도기사는 저작물로서 저작권법의 보호를 받는다. 또 기사는 취재하는 즉시 개별적으로 보도되는 것이 아니라 선택과 배열이라는 편집 과정을 거치는 과정에서 신문 전체로서 편집저작물이 되는 것이다.[62]

판례에 의하면 뉴스가 저작권법의 보호를 받는 저작물로 인정되기 위해서는 "기사의 내용인 사실을 단순히 전달하는 데 그치지 않고 사실을 기초로 한 작성자의 비판, 예상, 전망 등이 표현되어 있고, 그 길이와 내용에 비추어 볼 때 이를 작성한 기자가 그 수집한 소재를 선택, 배열, 표현할 수 있는 다양한 방법 중 자신의 일정한 관점과 판단 기준에 근거해 소재를 선택하고 이를 배열한 후 독자의 이해를 돕기 위한 어투, 어휘를 선택해 작성자의 창조적 개성이 드러나 있어야 한다"고 보고 있다. 반면, "기사의 내용이 기사 작성을 할 때 전형적인 표현이 사용되고 기사의 길이가 비교적 짧고 기사의 내용을 구성하는 사실의 선택, 배열 등에 있어 특별한 순서나 의미를 가진다고 보이지 않고 그 표현 자체가 지극히 전형적으로 이뤄지고, 깊이 있는 취재에 의한 것이 아니라 단순한 관계기관의 발표, 자료 등에 의존해 간단하게 구성되어 그 작성자가 다양한 표현 방법 중 특별한 방법을 선택했다고 보이지 않는 기사는 저작권법에 의해 보호되는 저작물이라고 할 수 없다"고 판단했다.[63]

한편 신문기사에 따르는 사진 등이 학술·예술적 창작성을 지니고 있다면 그 사진은 별도의 보호대상이 된다.[64] 칼럼·평론·사설·기고문 등 기자나

61) 문재완(2008), 「인터넷에서의 표현의 자유와 그 한계」, 『외법논집』, 31집, p.334.
62) 이상정(2007), 「기자의 뉴스에 대한 권리」, 『세계의 언론법제』, 통권 22호, pp.10~11.
63) 서울고등법원 2006.11.29.선고 2006나2355 판결.
64) 사진저작물은 사진 및 이와 유사한 제작방법으로 인간의 사상 또는 감정을 일정한 영상의

필자의 사상이나 창조적 노력에 의한 기사도 당연히 저작물로써 보호를 받으며 신문에 게재된 소설이나 만화 등도 창작성 등의 요건을 갖추면 당연히 저작물로 성립할 수 있고 저작권법의 보호를 받는다.[65)

언론의 제호와 제목이 저작권법의 보호를 받는지에 대해서도 살펴볼 필요가 있다. 한국의 통설·판례에 의하면 일반적인 저작물의 경우 제호에 대한 저작권을 보호하기 어렵다. 한국의 판례는 공통적으로 제호는 저작권법 · 부정경쟁방지법 · 상표법상 어느 법으로도 보호받을 수 없다고 판시하고 있다.[66) 그런데 뉴스의 제목은 저작자가 자기 기사에 대하여 부여한 명칭으

형태로 표현한 저작물을 말하며 사진기 등의 기계를 이용한다는 점에서 미술저작물과 구별되며 '일정한' 영상의 형태로 표현한다는 점에서는 '연속적인' 영상의 형태로 표현하는 영상저작물과 구별된다. 사진이란 광선의 물리적, 화학적 작용을 이용하여 피사체를 필름 등에 재현함으로써 제작하는 것을 말하며 '이와 유사한 방법'이라고 하는 것에는 그라비아 인쇄, 사진 염색 등이 포함된다(이해완, 2007, p.101). 디지털 카메라로 촬영한 데이터도 사진저작물에 해당하는지가 문제가 되는데, 프린트에 있어서 화학적인 프로세스를 취하지 않는다는 점에서 기존 사진과 제작방법에 있어서 약간의 차이가 있는 것을 제외하고는 대체로 동일하거나 적어도 유사하다고는 할 수 있으므로 '디지털 카메라'로 촬영한 데이터도 사진저작물에 해당한다고 볼 수 있다(이해완, 2007, pp.101~102).
사진의 저작물성 여부를 판단함에 있어서 고려되는 점에 대하여 살펴보자. 사진이 저작권법에 의해 보호되는 저작물에 해당하기 위해서는 "문학·학술 또는 예술의 범위에 속하는 창작물이어야 할 것인 바, 사진의 경우 피사체의 선정, 구도의 설정, 빛의 방향과 양의 조절, 카메라 각도의 설정, 셔터의 속도, 셔터 찬스의 포착, 기타 촬영 방법, 현상 및 인화 등의 과정에서 촬영자의 개성과 창조성이 있으면 저작권법에 의하여 보호되는 저작물에 해당"한다(대법원 2006.12.8.선고 2005도3130판결; 대법원 2001.5.8.선고 98다43366판결). 그러나 사진은 누구든지 사진기로 촬영을 하고 현상과 인화 등의 처리과정을 거쳐 피사체를 찍은 사진이 완성되는 것이므로 사진촬영은 기계적 작용에 의존하는 부분이 많고, 정신적 조작의 여지가 적으므로 촬영자의 창작성이 발휘되는 부분이 많지 않다는 점에서 다른 저작물과 차이가 있는 것은 부정할 수 없으므로 어떠한 사진이 저작권법에서 보호하는 사진저작물에 해당하는지 여부를 판단함에 있어서는 그와 같은 사정을 고려하여야 한다(서울중앙지법 2007.6.21.선고 2007가합16095판결). 하지만 사상이나 감정 또는 사실을 표현하는 방법이 하나밖에 없거나 또는 극히 한정되어 있는 경우에는 누가 저작하여 표현하더라도 거의 마찬가지의 표현이 되지 않을 수 없으므로 표현에 있어 저작자의 개성이 발휘될 여지가 없다. 또한 표현방법에 있어 선택의 여지가 없지는 않고, 저작자가 스스로 생각하여 표현한 경우에도 그 표현이 평범하고 흔한 것인 경우에는 개성이 발휘되어 있지 않다. 따라서 이와 같은 경우에는 창작성을 갖추지 못하여 저작물로 인정할 수 없다(서울중앙지법 2007.6.21.선고 2007가합16095판결).
65) 지성우 · 김영욱(2005), 앞의 책, pp.30~31.

로서 저작권법상 창작의 일부인 면이 있고, 또 다른 측면으로는 거래상 특징으로서 다른 기사자료와 구별되는 기능을 갖고 있다. 기자가 기사문을 작성할 때 기자는 긴 문장으로 구성된 기사를 독자에게 선명하게 각인시킬 수 있는 촌철살인적인 제목 선택을 고심할 수밖에 없게 되며, 대개는 매우 강도 높은 정신적 고뇌의 산출물로써 제목을 작성하게 된다. 따라서 기사 제목을 저작권 영역에서 보호해야 할 필요가 있다. 특히, 뉴스저작물의 경우 저작권으로서 제목을 보호하지 않는다면 다른 언론기관들은 새로운 제목을 창조하기보다는 기존 기사에서 사용하는 제목을 모방하게 될 것이고 결과적으로 고의적·상습적인 제호의 표절이 횡행하게 될 것이다.[67]

뉴스저작물의 저작권자가 누구인지 살펴보자. 뉴스에 관한 권리귀속의 문제는 크게 뉴스에 저작권이 인정될 수 있는가 하는 문제와 저작권이 인정된다면 누가 저작권자인가의 문제로 나눌 수 있다. 뉴스의 저작권 인정은 사실과 정보 전달이라는 고유의 특징에 의해 쉽게 허용될 수 없을 뿐 아니라 그 인정 범위도 제한된다. 뉴스의 저작권자 역시 뉴스 작성 과정에 참여하는 사람들의 기여 형태와 뉴스의 종류에 따라 다르게 결정될 수 있다.[68]

어떤 저작이 저작물로 인정되기 위한 요건은 사상이나 감정을 표현하는 창작성이지만 그러한 창작성은 완전한 의미의 독창성을 말하는 것은 아니다. 외부적 표현에 저작자의 창작과 노력에 따른 개성이 어떠한 형태로든 나타나 있으면 '충분'하다는 것이 우리 대법원의 판단이다.[69] 저작자란 원칙적으로

[표 2-3] 업무상저작물에 대한 저작권법 규정 변화

개정 전 저작권법	개정 후 현행 저작권법
제9조(단체명의저작물의 저작자) 법인·단체 그 밖의 사용자(이하 이 조에서는 "법인 등"이라 한다)의 기획 하에 법인 등의 업무에 종사하는 자가 업무상 작성하는 저작물로서 법인 등의 명의로 공표된 것(이하 "단체명의저작물"이라 한다)의 저작자는 계약 또는 근무규칙 등에 다른 정함이 없는 때에는 그 법인 등이 된다. 다만, 기명저작물의 경우에는 그러하지 아니하다.	제2조(정의) 31. 업무상저작물은 법인·단체 그 밖의 사용자(이하 "법인 등"이라 한다)의 기획 하에 법인 등의 업무에 종사하는 자가 업무상 작성하는 저작물을 말한다. 제9조(업무상저작물의 저작자) 법인 등의 명의로 공표되는 업무상저작물의 저작자는 계약 또는 근무규칙 등에 다른 정함이 없는 때에는 그 법인 등이 된다(단서 삭제).

그 작품을 창작한 사람이다. 그 예외가 '직무저작물'이다. 직무저작물의 경우 저작권자는 실제 창작자가 아니라 고용주 또는 그 작품이 완성된 후 제공되는 사람이다. 고용주는 회사일 수도, 단체일 수도, 그리고 개인일 수도 있다.[70]

뉴스저작물은 한 사람의 기자가 작성하는 것이 아니고 기자·사진기자·편집부·윤전부·데스크 등 수많은 언론 종사자들의 공동 작업으로 완성된다. 통상의 공동 작업에서는 당사자에게 모두 저작권이 인정되지만 뉴스저작물과 같이 기자 등의 피용자와 사용자인 언론사가 지배·복종 관계에 있는 경우, 이와 같은 관계에서 그 사용자에 대한 업무로써 작성하는 저작물을 '업무상저작물'이라고 한다. 업무상저작물 관련 규정은 최근 저작권법에서 개정되었다. 그 조문은 [표 2-3]과 같다.

그렇다면 업무상저작물로 인정받기 위해 어떤 요건이 필요한가? 첫째, 고용된 근로자가 창작한 저작물이어야 한다. 여기서 '근로자'란 고용계약에 의하여 회사나 단체 등의 업무를 위하여 고용된 자를 말한다. 예컨대 각종

이 필요하고, 이러한 창작성은 표현의 내용인 사상이나 감정에 관해 요구되는 것은 아니고 표현의 구체적인 형식에 관해 요구되는 것으로 이는 완전한 의미의 독창성을 말하는 것은 아니며, 외부적 표현에 저작자의 창작·노력에 따른 개성이 어떠한 형태로든 나타나 있으면 충분하다(대법원 1995.11.14. 선고 94도 2238 판결, 2003.10.23. 선고 2002도 446 판결 등 참조).
70) 문재완(2008), 앞의 책, pp.357~358.

회사원·공무원·교사 등을 말하며, 프리랜서는 해당되지 않는다. 둘째, 법인 등의 기획하에 업무상 창작한 저작물이어야 한다. 즉, 법인 등을 위한 업무로서 창작한 저작물이어야 한다는 뜻이다. 근로자가 근무시간에 창작한 저작물일지라도 회사의 업무가 아닌 개인적 취미로 창작한 저작물은 개인 저작물이다. 셋째, 법인 등의 이름으로 공표되어야 한다. 여기에는 법인 등의 이름으로 공표할 것을 예정한 것도 포함된다.[71] 넷째, 근로계약이나 근무규칙에 업무상 창작한 저작물의 저작자를 근로자로 한다는 약정이나 규정이 없어야 한다. 만약 그러한 약정이나 규정이 있는 때에는 비록 법인 등의 이름으로 공표할 것을 예정한 것일지라도 그 업무상저작물의 저작자는 근로자가 된다.[72] 창조적 성격을 지니는 신문기사의 저작권은 원칙적으로 그 기사를 작성한 기자에게 귀속되지만 저작권법상 업무상저작물의 요건이 충족되는 경우에는 사용자인 신문사가 저작자가 되고 저작권은 신문사에 귀속된다.[73]

2007년 개정 저작권법에서는 그동안 근로자에게 유리하게 작용하였던 단서 규정이[74] 삭제됨에 따라, 공표된 업무상저작물에 근로자가 저작자로

---

71) 따라서 법인 등의 이름으로 아직 공표되지 않고 법인 등의 이름으로 공표할 것을 예정하지도 않은 업무상저작물의 경우 그 저작자가 누구인지에 대해서는 법리 다툼이 존재할 수 있다. 다만, 법인 등의 명의로 공표를 예정하지 않은 저작물이 존재하는가에 대해서는 논외로 하고, 만약 공표를 예정하지 않은 저작물이 존재한다면 그 저작물의 저작자는 고용된 근로자가 될 개연성이 높다. 왜냐하면 업무상저작물에 대하여 법인 등을 저작자로 의제하는 것은 창작자주의의 예외로써 인정되는 것이고, 저작권법 제9조는 법인 등을 업무상저작물의 저작자로 보기 위한 충족요건을 규정한 것인데 그 요건을 충족하지 않은 업무상저작물은 일반원칙, 즉, 창작자주의의 원칙이 적용되어야 하기 때문이다(채명기, 2008; 지성우·김영욱, 2005).
72) 채명기(2008), 위의 글; 지성우·김영욱(2005), 앞의 책, p.96.
73) 2006년 12월 법률 제8101호 전부 개정된 저작권법은 기존의 '단체명의저작물'을 '업무상저작물'로 바꾸고 '기명 저작물의 경우에는 그러하지 아니하다'라는 단서조항을 삭제하였다. 저작권법 제9조(업무상저작물의 저작자) 법인 등의 명의로 공표되는 업무상저작물의 저작자는 계약 또는 근무규칙 등에 다른 정함이 없는 때에는 그 법인 등이 된다(지성우·김영욱, 2005, pp.30~31).
74) 어떠한 약정이나 규정에도 불구하고 업무상저작물의 공표시 근로자를 저작자로 하여 공표된 저작물은 근로자가 저작자로 간주된다는 규정.

표시되었다는 이유만으로 근로자를 해당 저작물의 저작자로 간주할 수는 없게 되었다.[75]

취재와 기사작성은 그것이 스스로 기획하고 추진한 것이든, 상부의 지시로 된 것이든 기자의 통상적인 업무이므로 그 결과물인 기사 역시 종류를 불문하고 업무상저작물이다. 따라서 특별한 사정이 없는 한 기사의 저작권은 언론사에 귀속된다고 보아야 할 것이다. 그러나 외부 필자는 언론사의 직원이 아니기 때문에 상명하복의 관계에 있지 않으며 기고문 작성 또한 업무라고 보기 어렵다. 프리랜서 기자라도 마찬가지다. 따라서 외부 필자가 쓴 글 내지 기사의 저작권은 계약상 특별히 언론사에 귀속된다고 정해두지 않는 한 해당 필자에게 귀속된다.[76]

뉴스저작권신탁관리를 하고 있는 한국언론재단의 '뉴스저작권 신탁계약약관' 제2조에 의하면 뉴스저작물의 저작권자란 '신문법'에 의하여 등록된 정기간행물사업자(인터넷신문사업자를 포함), '뉴스통신진흥에 관한 법률'에 의한 뉴스통신사업자, 방송법에 의한 방송사업자로서, '뉴스저작물'에 관하여 저작권을 보유하고 있는 자 또는 그 사업자로부터 그 권리를 승계한 자를 말한다. 그리고 '뉴스저작물'이란 시사 보도, 여론 형성, 정보 전파 등을 목적으로 발행되는 정기간행물(신문법에 의한 '인터넷신문'을 포함)에 수록되어 공표된 저작물(위탁자가 시사보도, 여론 형성, 정보 전파 등을 목적으로 정기간행물에 수록하지 않고 공표한 저작물을 포함), '뉴스통신진흥에 관한 법률'에 의한 뉴스통신 및 방송법상 '보도에 관한 프로그램' 등을 말한다. 이 계약약관에 의하면 신탁하는 저작권의 범위는 '위탁자가 발행하거나 방송한 뉴스저작물 중 저작권법 제7조 제5호의 사실의 전달에 불과한 시사보도, 칼럼 등 외부기고문, 각 기관의 보도자료 등 저작권이 인정되지 않거나 저작권이 위탁자에게 없는 저작물은 관리대상에서 제외'하고 있다.[77]

---

75) 채명기(2008), 앞의 글.
76) 양재규(2008), 「기사저작권 관련 법적 쟁점」, 『신문과 방송』, 2008년 12월, pp.130~133.

신문기사의 경우 기사의 마지막에 'ㅇㅇㅇ기자'라는 표식과 기자의 이메일 주소를 병기하고 있는데 이러한 크레디트가 붙어 있을 때 해당 기사의 저작권자를 그 기자로 볼 수 있는가에 대해 살펴보자. 판례는 크레디트가 기사 작성자를 나타내는, 혹은 내부 분담의 표시라고 본다. 즉, "각 기사의 상단과 하단에 기자의 이름 및 이메일 주소를 기재하는 것은 그 기사에 대한 책임과 평가를 전적으로 그 기자에게 돌리기 위한 것으로 볼 수는 없고, 다만 신문사 내부의 업무분담을 표시하고 독자로 하여금 제보사항이나 기사 내용과 관련된 문의사항이 있을 경우 그 작성 기자를 확인할 수 있도록 그 작성 기자에 대한 정보를 제공하는 데 불과하다"고 판시했다.[78]

그러나 다른 견해도 있다. 그에 의하면 신문기사나 논설은 대부분 업무상저작물이라면서 업무상저작물이라도 원칙적으로 당해 기사의 저작자는 그 기사를 작성한 기자라고 본다. 기자의 개성이 표출된 뉴스기사는 당연히 기자가 저작자이며 원시적으로 저작권이 발생한다는 것이다. 결국 신문기사의 끝에 붙는 'ㅇㅇㅇ기자'라는 표시가 있으면 특단의 사정이 없는 한 당해 기자가 저작자라는 것이다. 이러한 표시가 기사의 신빙성을 나타내기 위한 내부분담의 표시로 보고 있으나 이러한 목적이 있었다고 하여 당해 기자를 저작자로 보는 데 지장이 있는 것은 아니라는 것이다. 크레디트 표시도 저작자의 성명 표시이므로 기사의 저작자는 기자 개인이며 신문사는 저작자와 명시 또는 묵시의 저작재산권 양도계약 혹은 저작물 이용계약에 따른 저작재산권 혹은 저작물 이용권만을 가진다는 것이다.[79] 문제는 저작권법 개정에 의해 단서가 삭제됨으로써 신문사를 기사의 저작자로 보는 것이 입법적으로

77) http://www.newskorea.or.kr/data_center/data_rule_list.php?board_id=bd_pds&mode=view&row_id=6& num =1 &page=1&query_field=&query_key=&sub_type_parm=&s_title=&s_desc=&s_writer=.
78) 서울고등법원 2006나2355판결.
79) 이상정(2007), 앞의 글, pp.11~21.

더 명확해졌다는 점이다. 나아가 업무상저작물로 볼 수 있는 기사에 대해 저작권법의 개정으로 신문사를 저작자로 볼 수 있게 되어 기사의 이용허락 주체가 더 명확하게 되었다.[80]

6. 음반과 저작권

음악 산업은 공연, 악기 제조, 악보 출판 등과 같은 기존 분야뿐만 아니라 TV와 라디오 등에서 방송되는 음악, 영화나 게임에 삽입되는 음악, 휴대폰의 벨소리와 통화연결음, 인터넷 음악을 포함하고 있다. 음악 산업은 음반을 주축으로 하고 있으며 이러한 음반 산업은 음반 상품의 기획·제작 및 판매뿐만 아니라 레코딩된 재산권과 공연까지 포괄하고 있다.[81]

음악저작물이라 함은 '음의 높이와 길이, 세기 등으로 인간의 감정을 표현한 창작물'이라 정의할 수 있다. 음악저작물은 음의 전달과 감흥의 발생과정에서 특정한 음의 배열을 청각으로 인식하고 그에 따라 감성적인 반응을 보인다는 점에서 감성적 저작물로 여겨지기도 한다.[82] 즉 음악저작물은 음에 의해 인간의 사상, 감정을 표현한 창작물을 말하며 교향곡·현악곡·오페라·재즈·샹송·대중가요·동요 등 표현 방법을 묻지 아니하고 모두 이에 포함된다. 또한 우리 저작권법상 유형물에의 고정은 저작물성의 요건이 아니므로 악보에 고정되지 아니한 즉흥 연주, 즉흥 가창 등의 경우도 그에 의해 표현된

80) 박범석(2007), 「신문사와 포털의 이용허락계약」, 『세계의 언론법제』, 통권 22호, p.73; 2006년 저작권법 개정 이전에는 법인 등의 명의로 '공표된' 것만이 업무상저작물이 되었으나, 개정에 의하여 이제는 아직 공표되지 않았더라도 '공표될 예정'인 경우에도 업무상저작물이 된다(이대희, 2008).
81) 권상로(2008), 「인터넷공유사이트를 통한 음악파일교환에 관한 법적 연구: 소리바다 서비스의 음악저작권침해 여부를 중심으로」, 『법학연구』, 30호, pp.427~428.
82) 류종현(2008), 앞의 책, pp.194~195.

악곡 및 가사 등이 음악저작물로 인정될 수 있다.[83]

판례에 의하면 음악저작물은 "일반적으로 가락(melody), 리듬(rhythm), 화성(chord)의 세 가지 요소로 구성되고, 이 세 가지 요소들이 일정한 질서에 따라 선택·배열됨으로써 음악적 구조를 이루게 되는데, 음악저작물의 경우 인간의 청각을 통하여 감정에 직접 호소하는 표현물로 논리적인 인식 작용이 개입될 여지가 적다는 점에서 기능적 저작물과 구분되고, 시각작용과 함께 별도의 지각작용을 요구하는 어문저작물과도 차이가 있으며, 또한 음악저작물이 인간의 감정에 호소할 수 있도록 하기 위해서는 사람들이 선호하는 감정과 느낌을 불러일으킬 수 있는 음의 배합을 이루어야 하는데, 음의 배열 가능성은 이론상으로 무한대이나 그중 듣기 좋은 느낌을 주는 경우는 한정되고 나아가 대중의 취향에 부합하는 경우는 더욱 한정되며, 사람의 목소리가 포함되는 가창곡의 경우 더욱 제한된다".[84]

오페라·대중가요·가곡 등의 경우와 같이 음뿐만 아니라 가사가 결합되어 있을 경우에 그 가사도 악곡과 함께 음악저작물의 일부가 되는 것으로 보고 있다. 가사와 악곡의 관계는 '공동저작물'에 해당하는 것이 아니라 '결합저작물'에 해당한다. 악곡과 결합하여 사용된 가사는 그것이 원래 다른 용도로 작성된 것이었는지를 불문하고 그와 같이 악곡과 결합되어 사용되는 범위 내에서는 음악저작물로서의 성질을 가지지만 어문저작물로서의 성격도 함께 가지는 것으로 보아야 한다.[85]

음반제작자에게는 저작인접권이 부여된다. 저작권법이 음반제작자에게 저작인접권으로 일정한 권리를 부여한 것은 단지 상품으로서의 음반을 제작함에 있어서 기술적인 숙련만이 아니라 음의 최초 고정행위가 예술적인

---

83) 이해완(2007), 앞의 책, p.54.
84) 수원지법 2006.10.20. 선고 2006가합8583판결.
85) 이해완(2007), 앞의 책, pp.54~55.

상상력을 요하는 것이므로 최초의 고정행위에 창작성에 준하는 가치를 부여한 것이다. 음반제작자의 주요한 권리 중의 하나는 자신의 음반을 복제 및 배포할 수 있는 권리, 즉, 자신의 음반에 수록된 음에 대한 복제 및 배포를 허락할 수 있는 배타적인 권리다.[86] 즉, 음반제작자는 저작물의 직접적인 창작자는 아니지만 저작물의 해석자 내지는 전달자로서 창작에 준하는 활동을 통해 저작물의 가치를 증진시켰으므로 음반제작자는 그 음반을 복제·배포할 권리를 가진다는 것이다.[87]

오프라인에서 표절과 관련된 저작권 분쟁이 잇따르고 있으나 인터넷의 보급 이후 음악 부문의 저작권 침해 분쟁은 주로 온라인상의 음악파일 공유와 관련해 제기되는 경향이 크다. 음악저작물 침해의 요건은 무엇인지, 그리고 국내 온라인음악서비스와 관련한 판례의 특성은 무엇인지를 살펴보자.

우선, 음악작품을 구성하는 여러 요소 중에서 '표현의 자유도'가 가장 높고 악곡을 가장 잘 특징짓는 것이 바로 가락(멜로디)이라고 할 수 있다. 그에 비하여 리듬이나 화성은 표현의 자유도가 현저히 떨어져서 그것만 따로 떼어서는 창작성을 인정하기가 쉽지 않다. 따라서 음악저작물의 창작성 및 침해 여부를 판단할 때에도 우선적으로 가락에 창작성이 있는지, 또는 그 가락의 창작적 표현이 침해된 것인지를 따지게 된다. 그러나 가락 외에 리듬이나 화성도 가락과 결합됨으로써 악곡의 특징적인 면을 구성하고 3요소나 5요소 외의 템포, 박자, 악센트, 다이내믹 등의 부수적 요소들도 때에 따라서는 악곡의 창작적인 특징에 중요한 영향을 미친다. 따라서 침해 여부를 판단함에 있어서 가락의 비교를 우선하되, 이러한 여러 요소들을 아울러

---

86) 정경석(2004), 『엔터테인먼트 비즈니스 분쟁사례집』, 청림, pp.296~297.
87) 권상로(2008), 「인터넷공유사이트를 통한 음악파일교환에 관한 법적 연구: 소리바다 서비스의 음악저작권침해 여부를 중심으로」, 『법학연구』, 30호, pp.425~443.

고려해야 할 것이다.[88]

　법원의 판례에 의하면 음악저작물에 대한 저작권의 침해가 성립하기 위해서는 첫째, 피고가 원고의 저작물을 이용하였을 것, 즉, 창작적 표현을 복제하였을 것, 둘째, 피고가 원고의 저작물에 '의거'하여 이를 이용하였을 것, 셋째, 원고의 저작물과 피고의 저작물 사이에 실질적 유사성이 있을 것 등이다. 음악저작물의 저작권 침해 여부를 판단할 때, 구체적으로 각 곡을 대비하여 유사성 여부를 판단함에 있어서는 "해당 음악저작물을 향유하는 수요자를 판단의 기준으로 삼아 음악저작물의 표현에 있어서 가장 구체적이고 독창적인 형태로 표현되는 가락을 중심으로 하여 대비 부분의 리듬, 화성, 박자, 템포 등의 요소도 함께 종합적으로 고려하여야 하고, 각 대비 부분이 해당 음악저작물에서 차지하는 질적·양적 정도를 감안하여 실질적 유사성 여부를 판단"하여야 한다.[89]

　한편, 인터넷의 발달로 P2P 서비스 및 스트리밍서비스를 통한 음악파일 전송을 위한 기타 소프트웨어의 전파가 급격히 확산되자 음반제조업자들이나 기타 소프트웨어 보유자들은 이러한 인터넷서비스로 인해 저작권(인접권)이 침해당하였다는 소송을 제기하였고 이에 대한 각국 법원의 판단은 향후 기술 발전과 저작권의 보호를 어떻게 균형잡을 것인가에 대한 중요한 분수령이 되고 있다.[90] 한국의 소리바다 사건은 미국의 냅스터 판결과 견줄 수 있다.[91] 소리바다 사건의 특징은 저작권의 직접침해자가 아닌 온라인서비스제

---

88) 이해완(2007), 앞의 책, pp. 55~56.
89) 수원지법 2006.10.20. 선고 2006가합8583판결.
90) 서헌제(2006), 「온라인 환경에서의 음악저작물 보호와 강제허락」, 『법학논문집』, 30권 1호, p. 299.
91) '소리바다' 사건에 대해서는 권상로(2008), 서헌제(2006), 이훈종(2005), 이창배(2003), 홍성태(2003) 등을 참고 바람. 언론학 분야에서 소리바다 사건을 탐색한 연구로는 고흥석·박재영(2008), 김경호(2002)를 참조. 냅스터의 음악파일공유시스템은 기술적인 측면에서 인터넷을 통한 파일의 전달에 있어서 획기적인 기술적 진보를 이룬 것으로 평가받았다. 음반업계는 냅스터 이용자들의 저작권 침해행위를 전제로 하여 냅스터의 간접침해를 주장하는 소송을 제기했는데

공자에게 그 간접책임을 묻기 위한 시도를 하였다는 점인데 그 이유는 음반제 작자가 소리바다 이용자들에게 책임을 추궁하는 것이 현실적으로 용이하지 않기 때문이다.[92]

　'소리바다' 판결과 '인터넷제국' 판결, '벅스뮤직' 판결 모두 저작인접권자 인 음반제작자의 복제권과 전송권이 문제였다. 법원은 "음반에 수록된 음을 mp3, vqp, ASF 파일로 변환하여 이를 서버 등 전자적 기록매체에 저장하는 행위 자체는 복제의 개념에 해당하고 설령 그것이 전송의 방법으로 이루어졌 다고 하더라도 전송의 방법에 의해 복제권이 침해될 수도 있는 것이고, 따라 서 복제권의 침해금지를 구할 수 있는 것이며, 결국 음반제작자에게 전송권을 인정한 것과 같은 결과가 발생한다고 하더라도 그것이 저작권법에 위배되지 않는다"고 판단했다.

　저작재산권의 가장 기본적인 권리가 복제권으로서 다른 저작재산권의 개념도 결국은 복제를 그 기본전제로 해야만 성립한다고 본 법원의 견해는 타당하다고 할 수 있다.[93] 가령 권상로는 소리바다 운영자가 P2P 방식에 의한 MP3 파일의 공유 및 교환기능을 수행하는 프로그램을 개발하였다는 점, 이를 이용한 소리바다 서비스를 통해 저작인접권 침해행위를 충분히 예견하거나 예견할 수 있었음에도 동 서비스를 제공한 이상 그에 대한 방조책임을 면할 수 없다고 판단하였다.[94]

제9항소법원은 음악공유시스템의 개발과 운영자인 냅스터에 대해 대위책임과 기여책임을 인정 하였다(서헌제, 2006).
92) 권상로(2008), 「인터넷공유사이트를 통한 음악파일교환에 관한 법적 연구: 소리바다 서비스 의 음악저작권침해 여부를 중심으로」, 『법학연구』, 30호, pp.425~443.
93) 정경석(2004), 앞의 책, p.297.
94) 권상로(2008), 앞의 논문.

7. 영상저작물과 특례

저작권법상 영상저작물은 "연속적인 영상이 수록된 창작물로서 그 영상을 기계 또는 전자장치에 의하여 재생하여 볼 수 있거나 보고 들을 수 있는 것"을 말하며 음의 수반 여부는 가리지 않는다. 그리고 '영상제작자'란 영상저작물의 제작에 있어 그 전체를 기획하고 책임지는 자를 말한다.[95] 영상저작물은 완성에 이르기까지 많은 저작자들의 참여 또는 기여를 필요로 하는 저작물이다. 제작과정에 있어서 다수의 창작자의 기여가 필요하다는 점에서 흔히 '공동저작물'로 설명되고 또한 영상저작물은 음악·미술·각본 등의 1차 저작물을 이용한다는 점에서 '2차적 저작물'의 성격을 갖기도 한다. 그리고 배우나 가수와 같은 실연자들이 참여하는데 이들을 어떻게 보호할 것인가도 저작권법상 큰 문제이고 영상저작물을 기획·제작하고 자금의 공급을 책임지는 '제작자'를 저작권법상 어떻게 처리할 것인가 하는 것도 커다란 문제다.[96] 저작권법상 영상저작물에 해당하기 위해서는 첫째, 연속적인 영상으로 구성되어야 하고, 둘째, 녹화테이프 등 일정한 매체에 수록되어야 하며, 셋째, 기계 또는 전자장치에 의하여 재생할 수 있어야 한다. 두 번째 요건은 '고정'의 요건으로 볼 수 있는 바, 우리의 저작권법이 다른 저작물에 대해서는 '고정'을 저작물의 성립요건으로 규정하고 있지 않지만 영상저작물에 대해서는 '고정'을 요건으로 규정한 것으로 본다.[97]

이러한 영상저작물에는 극장에서 상영되는 극영화뿐만 아니라 뉴스영화, 문화영화, 기록영화, TV방송용 영상물 등이 모두 포함되며 광학필름이 아닌 자기테이프를 사용하여 연속영상물을 수록한 비디오테이프, 온라인상

---

95) 저작권법 제2조 13, 14호.
96) 김경숙(2008), 「영상저작물의 권리귀속 문제에 관한 일 고찰」, 『창작과 권리』, 2008년 여름호(제51호), pp.35~36.
97) 이해완(2007), 앞의 책, p.110.

의 동영상 파일 등에 수록된 것이라도 창작성 등의 요건만 갖추면 영상저작물에 해당한다.[98] TV생방송이 영상저작물에 해당하는지 여부에 대해서는 의견이 엇갈린다. 류종현은 동영상의 생성원리로 매체에 고정되어야만 영상저작물이라고 할 수 있기 때문에, 매체에 고정되지 아니한 생방송 화면은 당연히 영상저작물에 포함되지 않는다고 본다.[99] 반면 이해완은 우리 저작권법의 영상물 특례조항에 의하면 영상저작물은 '고정'의 요건으로 규정하고 있다는 데 동의하면서 TV 생방송도 영상이 나감과 동시에 기계장치에 수록되는 것이므로 영상저작물에 해당한다고 본다.[100]

영상저작물은 통상 2차적 저작물인 경우가 많다. 예컨대 드라마, 영화, 코미디 등의 경우 소설 또는 시나리오, 기타 대본 등과 같은 원저작물을 토대로 배우나 코미디언의 실연에 의하여 만들어지고, 가요나 쇼프로그램은 작곡가, 작사가의 저작물을 가수가 실연함으로써 만들어진다. 2차적 저작물도 독립적인 저작물로서 원저작물과 별도로 보호되기 때문에, 영상저작물의 저작권 속에는 원저작자의 저작권이 병존하고 있다. 뿐만 아니라 배경으로 사용된 각종 음악이나 미술에 관한 저작자의 권리도 마찬가지다.[101] 하나의 영상저작물이 만들어지기 위해서는 많은 분야에서 많은 사람들이 서로 협력해야 하므로 권리관계가 복잡해질 수밖에 없다.

영상 제작에 이용되는 저작물의 저작재산권자뿐만 아니라 통칭 '실연자'(實演者)로 불리는 감독이나 프로듀서, 촬영 및 미술이나 편집에 관여하는 사람, 조명 및 소품담당, 그리고 연기자 등이 영상제작에 관여하는 것이다.[102] 즉, 영상저작물 저작에는 다양한 사람들이 관여하게 되는데, 이는 권

---

98) 이해완(2007), 앞의 책, p.110.
99) 류종현(2008), 앞의 책, p.201.
100) 이해완(2007), 앞의 책, p.110.
101) 남형두(2004), "위성방송사업자의 지상파재송신과 저작권문제", 「한국언론정보학회 '디지털시대의 저작권보호 및 위성방송의 매체경쟁력 강화 방안' 세미나 자료집」, pp.133~136.
102) 최영묵 외(2004), 『방송콘텐츠와 저작권에 관한 연구(연구보고서)』, 한국방송광고공사, p.30.

[표 2-4] 영상저작물에 관한 특례

규정	내용
제99조 저작물의 영상화	①저작재산권자가 저작물의 영상화를 다른 사람에게 허락한 경우에 특약이 없는 때에는 다음 각 호의 권리를 포함하여 허락한 것으로 추정한다. 1. 영상저작물을 제작하기 위하여 저작물을 각색하는 것 2. 공개상영을 목적으로 한 영상저작물을 공개상영하는 것 3. 방송을 목적으로 한 영상저작물을 방송하는 것 4. 전송을 목적으로 한 영상저작물을 전송하는 것 5. 영상저작물을 그 본래의 목적으로 복제·배포하는 것 6. 영상저작물의 번역물을 그 영상저작물과 같은 방법으로 이용하는 것 ②저작재산권자는 그 저작물의 영상화를 허락한 경우에 특약이 없는 때에는 허락한 날부터 5년이 경과한 때에 그 저작물을 다른 영상저작물로 영상화하는 것을 허락할 수 있다.
제100조 영상저작물에 대한 권리	①영상제작자와 영상저작물의 제작에 협력할 것을 약정한 자가 그 영상저작물에 대하여 저작권을 취득한 경우 특약이 없는 한 그 영상저작물의 이용을 위하여 필요한 권리는 영상제작자가 이를 양도 받은 것으로 추정한다. ②영상저작물의 제작에 사용되는 소설·각본·미술저작물 또는 음악저작물 등의 저작재산권은 제1항의 규정으로 인하여 영향을 받지 아니한다. ③영상제작자와 영상저작물의 제작에 협력할 것을 약정한 실연자의 그 영상저작물의 이용에 관한 제69조의 규정에 따른 복제권, 제70조의 규정에 따른 배포권, 제73조의 규정에 따른 방송권 및 제74조의 규정에 따른 전송권은 특약이 없는 한 영상제작자가 이를 양도 받은 것으로 추정한다.
제101조 영상제작자의 권리	①영상저작물의 제작에 협력할 것을 약정한 자로부터 영상제작자가 양도 받는 영상저작물의 이용을 위하여 필요한 권리는 영상저작물을 복제·배포·공개상영·방송·전송 그 밖의 방법으로 이용할 권리로 하며, 이를 양도하거나 질권의 목적으로 할 수 있다. ②실연자로부터 영상제작자가 양도 받는 권리는 그 영상저작물을 복제·배포·방송 또는 전송할 권리로 하며, 이를 양도하거나 질권의 목적으로 할 수 있다.

리관계가 복잡하게 얽힐 수 있고, 따라서 저작을 위한 과정이 원활하게 이뤄지지 않을 가능성이 높다. 현행 저작권법은 영상물 저작과정에서 발생할 수 있는 복잡한 권리관계를 조정할 필요에서 특례규정을 두고 있다. 이를 살펴보면 [표 2-4]와 같다.

영상저작물 속에 녹아 있는 수많은 저작권을 방치할 경우 다양한 이해관계의 대립으로 영상저작물의 원활한 이용은 사실상 불가능하게 된다. 영상저작물의 제작에는 많은 사람들이 복합적으로 관여하기 때문에 일반적인 저작권법 규정에 의할 경우 영상저작물의 원활한 이용을 저해할 위험이 있다. 동시에 영상저작물의 제작에는 많은 자본과 노력이 들어가고 제작에 참여한 모든 사람들을 전체적으로 종합·관리하는 특수한 기술과 노하우가 필요하다. 따라서 영상저작물에 있어서는 저작자뿐만 아니라 이러한 기여도를 가진 영상제작자도 보호할 필요가 있는 것이다. 저작권법은 영상저작물의 저작에 참여한 자들의 권리관계를 규율하고 영상저작물의 원활한 이용을 도모하는 한편, 영상제작자의 투하자본 회수를 쉽게 하려는 특례규정을 두고 있다.[103]

특례규정이 의미하는 것은 다음과 같다. 첫째, 저작재산권자가 그 저작물의 영상화를 다른 사람에게 허락한 경우 특약이 없는 때에는 영상저작물을 제작하기 위하여 저작물을 각색할 권리, 영상저작물의 복제·배포권, 공개상영권, 방송권, 영상저작물의 번역물을 그 영상저작물과 같은 방법으로 이용할 권리 등을 포함하여 허락한 것으로 추정하게 된다. 둘째, 영상저작물의 제작에 협력할 것을 약정한 자가 영상저작물에 대하여 저작권을 취득한 경우에 그 영상저작물의 이용을 위하여 필요한 권리는 영상제작자가 양도받은 것으로 추정한다. 셋째, 영상저작물의 제작에 협력할 것을 약정한 실연자의 그 영상저작물의 이용에 관한 복제·배포·방송 또는 전송권은 특약이 없는 한 영상제작자에게 양도된 것으로 본다.[104]

이러한 양도추정주의는 영상저작물의 저작자가 누구인지에 대해서는 명문의 규정이 없지만 기본적으로 저작권이 창작적 기여자(=저작자)들과 영상제작자 간의 '계약'에 의해 양도될 수 있음을 전제로 하는 것으로 미국의 '업무상 저작주의'나 일본의 '법정귀속(법정양도)주의'처럼 영상제작자의 저작권의 귀속이 '법정'되어 있는 입법주의와 구별된다.[105] 이는 제3자가 영상저작물

103) 오승종·이해완(2004), 앞의 책, p.435; 이해완(2007), 앞의 책, p.615; 최영묵 외(2004), 앞의 보고서, p.84.
104) 남형두(2004), 앞의 글, pp.133~136; 오승종·이해완(2004), p.442; 최영묵 외(2004), 앞의 보고서, pp.84~85; 이해완(2007), 앞의 책, p.623.

을 이용할 때 누구의 동의를 얻어야 하는지를 판단하는 데 곤란이 생길 수 있고 결국 영상저작물의 원활한 이용을 활성화하고자 했던 애초의 목적 달성에 장애가 될 가능성이 있다. 또 한국의 영상제작자가 미국이나 일본과 같이 영상저작물 산업이 발전한 국가들의 영상제작자와 경쟁하기에 충분한 법적 무기를 갖추고 있는가 역시 고려해 보게 만든다.[106]

한편, 디지털 영상 콘텐츠의 저작권 문제와 관련해 제기될 수 있는 문제는 첫째, 개념상의 문제로 방송 영상 콘텐츠에 대한 저작권법적 시각이 시대적 변화를 충분히 반영하고 있는가 하는 것이다. 둘째, 누가 영상 콘텐츠의 저작권을 소유할 것인가라는 보다 고전적인 문제인데 외주제작물의 저작권 귀속문제 논쟁이 대표적이다. 셋째, 저작물의 관리제도로서 저작권집중관리의 역할 및 기능에 관한 문제다.[107] 이에 대해서는 후술하기로 한다.

---

105) 김경숙(2008), 앞의 글, pp.54~55.
106) 김경숙(2008), 앞의 글, p.66.
107) 정윤경(2006), "디지털 영상저작물의 집중관리제도 개선방안에 관한 연구", 「한국언론학회 세미나 자료집」.

3장

한국 저작권법의 역사와 전망

● 최영묵

국내에서 저작권 개념이 형성된 것은 1884년 박문국이 폐지된 이후다. 한국 저작권법의 기원은 1908년 일본의 요구로 제정한 '한국저작권령'에서 찾을 수 있다. 1908년 8월 12일저작권 관련 일·미조약이 체결됨으로써 이에 따라 같은 날 한국저작권령(칙령 200호)이 공포되고, 한국 정부는 다음날 내각 고시 제4호로 이를 공포하였다. 이로써 1908년 8월 16일부터 이른바 우리 저작권법이 시행되었는데, 본문과 부칙으로 구성된 전문 7개조에 불과한 것이었다.[1]

정부수립 이후에도 한동안 일본 저작권법을 원용하다가 1957년에야 비로소 최초의 저작권법이 제정되었다. 이후 30여 년간 저작권과 관련한 별다른 사회적 논의는 없었다. 1980년대 중반 이후 국제교역과 관련하여 저작권 문제가 본격적으로 제기되기 시작한다. 우선 1987년 한미통상협정 과정에서 미국이 저작물 보호를 요구함에 따라 저작권법을 전면 개정한다. 이후 한국 저작권법은 UR 타결(1993), 베른협약 가입(1996), WCT 발효(1997), 한미FTA 협상(2007) 등에 따라 개정을 거듭하며 오늘에 이르고 있다.

이렇듯 저작권법은 1957년에 제정 이후 2000년까지 국제조약을 통한

---

1) 박성호(2006), 『저작권법의 이론과 현실』, 현암사, p.50.

국제사회의 요구와 외국 정부의 직접적인 압력으로 개정이 이루어지다가 2000년 이후에는 문화 콘텐츠에 대한 권리보호의 주장이 확대되면서 저작권자의 권리를 강화하는 방향으로 개정되었다. 그러다가 지난 2006년 말에는 방송통신 융합 환경에 부응하여 전면 개정되었다.

2003년 신설된 온라인서비스제공자의 책임 제한에서는 온라인서비스제공자의 서비스를 이용한 저작물 등의 복제, 전송에 의해 저작권 그 밖에 저작권법에 의해 보호되는 권리에 대한 책임 제한을 규정하고 있다. 온라인서비스제공자가 저작물을 서비스하면서 저작권법에서 보호되는 다른 사람의 권리를 침해하는 경우와 이를 알고 복제·전송을 중단시킨 경우에 온라인서비스제공자의 책임을 감경 또는 면제할 수 있도록 규정하고 있다. 또한 중단시키고자 하였으나 기술적으로 불가능한 경우 온라인서비스제공자의 책임을 면제하도록 규정하고 있다.

2009년에도 저작권법이 개정되었다. 지난 4월 1일 국회 본회의를 통과한 개정안에서는 저작권법의 목적에 '산업 향상 발전'을 추가했으며, 온라인상의 불법 복제를 방지한다는 명분으로 ISP/OSP 사업자와 네티즌을 강력하게 규제하는 조항을 담고 있어 많은 논란을 불러 일으키고 있다.

1. 저작권법 제정(1957)

한국 정부는 1957년 1월 28일 학문적 또는 예술적 저작물의 저작자를 보호하여 민족문화의 향상발전을 도모하고자 저작권법을 제정·공포하였다 (법률 432호). 법전의 체계는 총 5개의 장으로 나누고 75개조 및 부칙으로 구성되어 있었다. 1957년 제정한 저작권법의 주요 내용은 다음과 같다.[2]

첫째, 저작권의 원시적 취득에 대해서는 특별히 납본, 등록을 요구하지 않는 무방식주의를 취했다(법 제2장).

둘째, 저작권의 보호기간은 사진저작물(10년)을 제외하고 저작자가 사망한 날로부터 30년간 보호하는 것을 원칙으로 하였다(제30~37조). 동시에 저작자의 인격권에 대해서는 영속성을 인정하였다(법 제29조).

셋째, 저작인접권은 따로 규정하지 않았다. 타인의 촉탁에 의하여 제작된 사진, 초상의 저작권은 그 촉탁자에 속하는 것으로 규정하였다(법 제43조).

넷째, 선의로 과실 없이 저작권을 침해하여 이익을 얻고 그로 인하여 타인에게 손실을 가한 자는 그 이익이 현존하는 한도에서 그 이익을 반환하도록 하였다(법 제66조).

다섯째, 외국인의 저작권에 관해서는 조약에 규정이 있는 경우에는 그 규정에 의하고 없는 경우에는 이 법의 규정을 적용하도록 하였다. 다만 저작권 보호에 관하여 조약에 규정이 없는 경우에는 국내에서 최초로 그 저작물을 발행한 자만 이 법의 보호를 받을 수 있도록 제한하였다(법 제46조).

1957년 저작권법은 일본 저작권을 모방했다는 한계가 있었다. 저작자나 이용자의 권리 보호를 위한 법의 해석이나 적용에 어려운 점이 많았다. 더구나 일본 메이지 연간에 주로 사용되었던 '판권'이라는 용어를 아직도 사용하는 경우가 종종 눈에 띄는데, 이것은 일본의 '판권조례'가 시행되던 때의 판권등록효력을 유지하기 위해 요구되던 '판권소유'에서 유래한 것이다.3)

요약하면, 1957년 저작권법은 일본의 저작권법을 기반으로 베른협약의 새로운 내용을 가미하였으나 여러 가지 면에서 불완전한 법으로, 법정허락이나 단체명의 저작, 저작권 위탁관리업 제도에 대한 규정이 없고 저작권 제한 규정이나 보호기간이 불철저하거나 불충분하다는 문제가 있었다. 동시에 귀속권, 전람권, 합저작권, 별도출판권과 같은 부적절한 법률 용어 등 수정

---

2) 서달주(2007), 『한국저작권법』, 박문각, p.69.
3) 류종현(2008), 앞의 책, pp.16~17.

보완해야 할 부분이 적지 않았다.[4]

2. 세계저작권협약과 저작권법(1987)

저작권법 제정 이후 세월이 흐르면서 저작권의 내용과 이용관계가 복잡해지기 시작했다. 1957년 저작권법으로는 규율에 한계가 있을 수밖에 없었다. 그럼에도 저작권법이 개정된 것은 내적 필요성이라기보다는 미국 등의 요구에 따라 한국이 세계저작권협약(UCC: Universal Copyright Convention)에 가입하게 되었기 때문이다. 불법 복제 천국이라는 이야기를 들을 정도로 당시 한국은 저작권 개념 없이 많은 저작물들이 복제, 유통되는 상황이었다. UCC 가입에 따라 국내 저작권법을 국제 기준에 준하도록 개정하고자 했다. 1986년 개정법에서는 저작권자의 권익 신장과 공공이익을 조화시킨다는 원칙을 명확하게 밝혔다. 1986년 12월 31일 개정한 법의 주요 내용은 다음과 같다.

첫째, 세계저작권협약 가입에 따라 외국인 저작물에 대한 보호를 강화하였다. 한국 저작물을 보호하지 않는 나라에 대해서는 상호주의 원칙에 따라 대응하도록 하였고, 세계저작권협약상 불소급의 원칙도 도입하였다(법 제3조).

둘째, 단체명의 저작물을 규정하였다. 법인 등 사용자의 기획하에 그 업무에 종사하는 자가 업무상 작성한 저작물로 그 단체 명의로 공표된 저작물의 경우 다른 계약이나 근무규칙 등에 다른 정함이 없는 한 법인 등이 저작자가 되도록 했다(법 제9조).

셋째, 저작재산권을 이용 형식에 따라 세분하고 보호기간을 연장했다. 저작재산권을 구체적으로 복제권, 공연권, 방송권, 전시권, 배포권, 2차 저작

---

4) 서달주(2007), 앞의 책, p.70.

물 작성권 등으로 세분했다. 저작권 보호 기간은 외국의 입법례에 따라 사망 후 30년에서 50년까지로 연장했다(법 제16~21조).

넷째, 법정허락을 인정하였다. 공표된 저작물을 이용할 필요가 있지만 저작재산권자와 협의가 성립되지 아니한 경우에는 문화공보부장관(현 문화체육관광부 장관)의 승인을 얻어 상당한 보상금을 공탁하거나 지급한 후에 이용할 수 있도록 하였다(법 제47~50조).

다섯째, 저작인접권과 그 보호기간을 신설했다(법 제61조, 62조). 실연자에게는 녹음·녹화 및 방송권을, 음반제작자에게는 복제·배포권을, 방송사업자에게는 복제권·동시중계방송권을 인정하고 20년의 보호기간을 인정하였다(법 제67~70조).

여섯째, 영상저작물의 특성(종합예술, 다수의 공동저작)을 고려하여 특례규정을 신설했다(법 제74~77조). 또한 저작권법에 의해 보호되는 권리를 그 권리자를 위하여 대리·중개 또는 신탁 관리하는 것을 업으로 하는 저작권 위탁관리업에 대한 규정도 신설했다(법 제78~80조).

끝으로 저작재산권자 허락 없이 저작물을 복제하는 경우 그 부정 복제물의 부수 산정이 어려운 때에는 출판물을 5000부, 음반은 1만 매로 추정하도록 하였다(법 제94조).[5]

3. WTO 체제와 저작권법(2000)

1) 개정의 배경

저작권법은 1986년 전면 개정된 후 2000년에 새로 발생하는 많은 저작권

---

5) 서달주(2007), 앞의 책, pp.71~72.

문제에 대응하기 위해 전면 개정되었다. 물론 2000년 이전인 1994년, 1995년에도 저작권법이 일부 개정되었다.

1994년 1월에는 음반업계의 요구에 따라 음반대여권 제도를 도입하기 위해 저작권법을 부분 개정한 바 있다. 동시에 저작인접권의 보호기간을 연장하고 침해에 대한 벌칙도 강화하였다. 구체적으로 음반의 배포권자, 실연자 및 음반제작자에게 판매용 음반의 영리목적 대여를 허락할 수 있는 권리를 인정하였다. 새롭게 등장한 데이터베이스라는 편집저작물의 권리도 인정하였고, 저작인접권 보호기간을 20년에서 50년으로 연장했다.

1995년 12월에도 WTO 체제 출범과 베른조약 가입에 대비하기 위하여 주로 외국인저작물 관련 조항을 정비하는 차원에서 저작권법이 부분 개정되었다. 가장 중요한 것은 베른조약 가입에 따라 외국인저작물 등에 대하여 소급 보호를 인정하였다는 점이다(부칙 제3조). 이 밖에도 단체명의 저작물과 영상저작물의 재산권 보호기간을 공포 후 50년으로 연장하였고 실연자의 녹음, 녹화뿐만 아니라 복제할 권리도 인정하였다.

지난 2000년 7월 1일에 발효된 개정 저작권법은 기존 저작권법의 문제점을 해결하고 디지털 시대를 맞아 효율적인 저작권 보호를 위해 상당수의 조문을 개정하거나 신설하는 것을 내용으로 하고 있다. 저작물의 종류 및 개념에 있어서는 응용미술저작물의 의미를 명확히 했다. 저작권의 내용에 있어서는 '전송권'을 신설하고 공연과 방송의 개념을 보다 구체화했다. 이 밖에 저작권의 제한에 있어서는 도서관에서의 복제와 사적 이용에 관한 규정을 개정하고 동시에 사적복제 보상금에 관한 규정을 신설하였다. 또 저작권 등록제도를 개선하고 저작권 등록에 대해서 과실 추정의 효과를 부여하게 되었으며, 저작권 위탁 관리 개념을 보다 명확히 하고 문서 제출 명령에 관한 명문 규정과 저작권 침해에 관한 벌칙의 강화 등 권리 침해에 대한 구제를 강화했다.

또한 2000년 6월 개발도상국으로서는 처음으로 세계무역기구(WTO)의 지적재산권 법령심사를 받았다. 지적재산권 법령심사는 WTO 각 회원국의 국내 지적재산권 법령이 이 분야의 국제 규범인 무역관련지적재산권협정(WTO/TRIPs)에 부합되는지 여부를 따지는 것으로, 이를 통과함으로서 국제적으로 통용할 수 있는 지적재산권 관련 법령과 집행 제도를 갖추게 되었다. 이후에도 법령의 개정을 둘러싸고 관련 정부 부처 및 저작자와 이용자 측의 여러 의견이 개진되었다. 결국 저작권법령이 저작권자의 권리를 보호하고 저작물의 공정한 이용을 증진하고자 하는 저작권제도의 목적에 정확하게 부합할 수 있는지 여부는 권리자와 이용자의 협력적인 사고와 행동에 달려 있다.

당시 문화관광부는 저작권법 개정이 '완전한' 법체계의 완성이 아닌 디지털 시대의 의제를 일부 수용하되 아날로그 시대의 미진한 부분을 보완 개선하는 것을 목적으로 한다고 밝혔다. 저작권법 운용상 나타난 문제점을 개선하고 저작물이 창작·유통·이용되는 현실을 따라잡기 위한 목적으로 개정이 이루어졌으며, 더 나은 법·제도의 정비를 위한 중간 단계로서 미비한 권리보호의 개선 작업은 추후에 이어졌다.[6]

2) 주요 개정 내용

(1) 온라인 유통관련 '전송권' 신설

'전송'이란 일반 공중이 구성원이 개별적으로 선택한 시간과 장소에서 수신하거나 이용할 수 있도록 저작물을 무선 또는 유선 통신의 방법에 의하여 송신하거나 이용에 제공하는 것(저작권법 제2조 제18호의 2)으로 저작자는 그 저작물을 전송할 권리를 가진다(법 제18조의 2). 이는 통신기술의 발전에 따라 이용자의 주문에 의하여 인터넷 등을 통하여 저작물의 이용자가 원하는 시간과 장소에

---

6) 김태훈(2000), 「개정저작권법 해설」, 『계간 저작권』, 봄호(제49호), p.11.

따라서 저작물을 전달받는 형태의 저작물 이용이 급증하는 현실을 고려하여 저작자에게 권리를 부여한 것이다. 세계지적재산권기구저작권조약(WIPO Copyright Treaty)의 '공중전달'의 개념을 수용한 것이다. 전송은 기존의 공연·방송·배포 개념과 달리 1대 1, 시간대별, 쌍방향성 등의 특성을 가지고 있다.

1996년 12월에 채택된 '세계지적재산권기구저작권조약'과 '음반·실연조약'(WIPO Performances and Phonograms Treaty)은 디지털저작물의 유통에 대응하여 '공중전달권'(Right of Communication to the Public)에 관한 규정을 두고 있다. 전송권은 쌍방향 통신에 관한 권리라는 점에서 정보의 일방 전달을 특징으로 하는 기존의 방송권과 다르다. 이러한 전송권은 1998년에 개정된 컴퓨터프로그램보호법에 먼저 도입되었다. 전송에는 직접 송신뿐만 아니라 이용 제공 행위도 포함되지만, 단순히 송신 설비만을 제공하는 부가통신사업자의 행위는 제외된다.[7]

전송권은 기존의 배포권과는 달리 전통적인 의미의 점유 이전이 없기 때문에 최초 판매의 원칙이 적용되지 않는다고 해석되며, 전송에 있어서 공중의 개념은 다수인을 전제로 한 것이기 때문에 개인에게 전자우편 등의 방식으로 통신을 하는 것은 전송에 해당되지 않는다. 따라서 전송은 직접 송신 및 이용제공 행위가 포함되며, 단순히 송신 설비만을 제공하는 부가통신사업자의 행위는 제외된다. 이러한 취지의 '전송권'의 신설과 관련하여 기존의 방송권과 배포권, 공연권과의 관계가 명확하지 않고, 저작인접권자에게 전송권이 주어지는지, 제한되는지 등이 불분명하다는 지적이 있었다.[8]

---

7) 인터넷을 통한 저작물의 송신은 대부분 송신자와 수신자의 컴퓨터에 동일한 내용의 디지털 파일이 복제되기 때문에, 컴퓨터 통신을 복제권이나 배포권의 문제로 파악할 수도 있고 일반 공중을 대상으로 이루어진다는 점에서 방송권 문제로 파악할 수도 있다. 그러나 복제는 전송에 수반되는 행위일 뿐이고, 배포는 유체물의 점유 이전을 수반하지 않는 전송에는 적합하지 않은 개념이며, 방송도 쌍방향적인 정보의 유통을 특징으로 하는 전송과는 상이한 개념이기 때문에, 컴퓨터 통신을 통한 저작물의 유통에 적합한 새로운 개념으로 전송권이 신설되었다고 볼 수 있다.
8) 정상조(2000), 『인터넷과 법률』, 현암사, pp.104~111.

이에 대해 저작인접권자에게는 전송권을 부여하지 않았는데, 이는 현행 저작물 전송계약 관행상 '복제권'으로 저작인접권자의 권리보호가 가능한 점, 국내법상의 실연자가 국제법상 인정되는 청각 실연 외에 시청각 실연까지 포괄함으로써 영상저작물의 원활한 이용관계가 저해될 가능성, WIPO 실연·음반 조약에서도 저작인접권자에게는 공중전달권이 아닌 이용제공권(Right of making available to the Public)만을 인정하고 있는 점을 고려한 입장이라는 주장이 제기된 바 있다.[9] 전송권에 대한 이해가 부족한데다 법적 일관성이 부족한 탓에 저작권자와 이용자 사이에 갈등이 빈발했다. 저작권자들은 권리의 확대만을 입법화함으로써 이용자들과 마찰을 일으킨 대표적인 사례다.

(2) 도서관의 디지털 복제 및 상호전송 허용

요즘은 도서관에서 자체 구축한 시스템을 통하여 아날로그 형태가 아닌 자료를 열람할 수 있도록 서비스하는 경우가 일반적이다. 2000년 법 개정 당시에는 도서관의 디지털 복제 및 자료 공유 허용 여부가 큰 쟁점 중의 하나였다. 특히 국가전자도서관 구축사업과 함께 도서관에서의 디지털 복제 허용의 필요성이 높아졌기 때문이다. 기존 저작권법에서는 도서관 원문정보서비스를 위해 저작권자의 허락 없이 저작물을 디지털화하는 것을 저작권 침해로 보았기 때문에 DB 구축이 어려웠다. 국가전자도서관 구축 사업에 참여하는 국립중앙도서관, 국회도서관, 법원도서관 등은 저작권에 문제가 없는 저작권 소멸도서나, 고문서·정부문서·법령정보 등 저작권 비보호 대상 자료를 중심으로 DB를 구축할 수밖에 없었다.

2000년 저작권법은 디지털 환경하의 전자도서관 구축을 지원하기 위하여 저작자의 복제권과 전송권을 일부 제한해 도서관 내에서 열람을 목적으로

---

9) 김태훈(2000), 앞의 글, p.3.

한 디지털 복제 및 다른 도서관으로의 전송을 허용하였다. 이 과정에서 도서관이 저작자의 권리를 침해하지 못하도록 출력과 저장(다운로드)시 저작권, 출판권, 저작인접권 보호를 위해 이용허락을 받지 않은 저작물은 출력 및 복제가 이루어지지 않도록 적절한 조치를 취하게 했다.

특히 제28조 제2항은 2000년 개정법에서 신설한 것으로 디지털 환경에서의 전자도서관 구축을 지원하기 위해 저작자의 복제권과 전송권을 일부 제한하여, 도서관 내에서 열람을 목적으로 디지털 복제 및 다른 도서관으로의 전송을 허용하는 내용이다. 동시에 도서관 등이 저작권, 출판권 및 저작인접권 보호를 위해 필요한 조치를 취하도록 규정하고 있다. 제1항의 아날로그 복제가 가능한 시설로서 대통령령이 정하는 시설의 범위와 제2항의 디지털 복제 및 전송이 가능한 시설의 범위가 다르다. 제1항과 달리 제2항에서는 저작권법시행령 제3조 단서 규정에 따라 "컴퓨터 등 정보처리능력을 가진 장치를 통하여" 복제 및 전송이 가능한 시설은 국립도서관[10] 등으로 제한했다.

복제할 수 있는 시설의 범위를 제한한 것은 저작자의 허락 없이 자유롭게 저작물을 이용할 수 있는 도서관을 정한 것으로, 저작권자가 허락한 범위와 이용방법 내에서는 이용자가 도서관, 가정, 직장 등에서 도서관의 저작물을 이용할 수 있다는 뜻이기도 하다. 이를 위해 새로 출범한 '한국복사전송권관리센터'에서는 저작자의 권리를 신탁받아 전송계약을 체결함으로써 전자도서관 서비스를 활성화하는 동시에 이용자의 편의를 도모하는 역할을 담당하게 되었다.[11]

---

10) 국립도서관은 국립중앙도서관, 국회도서관, 법원도서관, 그리고 국립학교 설치령에 따라 설립된 국립대학교·산업대학교·전문대학 등의 도서관을 가리킨다. 국립도서관 이외에 가능한 곳으로 한국교육학술정보원법에 의하여 설립된 한국교육학술정보원도서관, 한국과학기술원법에 의하여 설립된 한국과학기술원도서관, 정부출연연구기관 등의 설립·운영 및 육성에 관한 법률에 의하여 설립된 산업기술 정보원 및 연구개발 정보센터의 도서관 등이다.
11) 신창환(2000), "개정 저작권법령 해설", 「저작권 심의 조정위원회 개정 저작권법시행령 및 시행규칙 설명회 자료집」, p.9 참조.

하지만 제28조 제2항에서는 "이 경우 도서관 등은 이 법에 의하여 보호되는 권리를 위하여 필요한 조치를 하여야 한다"고 규정함으로써 도서관을 벗어난 관외 이용자에 대한 전송은 물론 관내에서 컴퓨터 등을 이용한 출력과 전산 기억장치에의 저장 등은 허용되지 않는다는 점을 분명히 했다. 사실 디지털저작물의 특성상 일단 저작자의 통제에서 벗어나는 경우 복제의 용이성과 신속성, 광범위한 전파 가능성 때문에 권리 침해 정도는 기존 저작물과는 비교할 수 없을 정도로 심각할 수 있다는 점을 고려한 것이다.

이러한 우려를 불식하기 위해 시행령 제3조의 2에서는 권리보호에 필요한 사항을 다음과 같이 적시했다. 첫째, 불법 이용 방지를 위해 필요한 네 가지 기술적 조치다.[12] 둘째, 저작권법에 의해 보호되는 권리의 침해를 예방하기 위한 직원 교육이다. 셋째, 컴퓨터 등에 경고 표지의 부착이다. 여기서 첫 번째로 규정한 기술적인 조치는 곧 복제방지장치, 암호화 조치, 이용 및 변경 확인 조치와 판매용 전자기록매체의 이용을 방지할 수 있는 장치 등의 설치로 요약할 수 있다.

복제방지장치란 저작물에 대한 접근을 통제하지는 않지만 이용방법 중에서 자료현시(screen display) 이외의 목적으로 복제하거나 전송하는 것은 막는 장치를 말한다. 암호화 조치는 저작물이 당해 도서관과 다른 도서관 이외의 장소로 유출되지 않도록 저작물을 특정한 형태로 변환한 뒤 이를 다시 읽을 수 있는 형태로 회복시키는 장치로, 도서 등을 디지털 복제가 가능한 도서관 이외로 유출되는 것을 막기 위한 것이다. 또한 이미 CD-ROM 등 전자기록매체의 형태

---

12) 첫째, 당해 시설과 저작권법 제28조 제2항의 규정에 의한 다른 도서관 등의 이용자가 컴퓨터 등의 화면에 자료를 나타나게 하는 자료현시(資料現示) 이외의 방법으로는 도서 등을 이용할 수 없도록 하는 복제방지장치를 설치한다. 둘째, 당해 시설과 다른 도서관 등의 이용자 외의 자가 도서 등을 이용할 수 없도록 하는 암호화 조치를 취한다. 셋째, 컴퓨터 등의 화면상의 자료현시 이외의 방법으로 도서를 이용하거나 그 내용을 변경한 경우 이를 확인할 수 있는 조치가 있어야 한다. 넷째, 판매용으로 제작된 전자기록매체의 이용을 방지할 수 있는 장치의 설치해야 한다.

로 유통되는 판매용 저작물은 저작자 및 매체 제작자가 이미 상당한 투자를 기울인 결과물임을 고려해서 도서관에서는 사용하지 못하도록 규정했다.

(3) '디지털 복제' 개념 수용

복제(reproduction)는 저작재산권 중에서 가장 중요한 권리이며, 저작물 이용의 가장 기본적인 형태이기도 하다. 디지털 기술 발달과 관련하여 자료의 디지털화는 현행 복제 개념에 포함되는 것으로도 해석될 수 있으나, 개정 법률은 '유형물로 다시 제작하는 것' 외에 '유형물에 고정하는 것'을 복제의 개념에 포함시켜 디지털 복제 개념을 도입하였다. 멀티미디어 환경에서 복제개념을 명확히 하기 위한 조치였다. 하지만 인터넷 이용과정에서 램에 저장되는 것 등 일시적 저장을 저작권법상 복제로 보아야 할 것인지에 대한 논란이 벌어졌다. 법은 일시적 저장을 복제의 범주에 넣느냐 빼느냐의 획일적 접근보다는 일시적 저장행위가 저작자의 권리를 실질적으로 침해하는지에 대한 구체적인 판단으로 접근해야 한다는 입장을 취했다.[13]

정리하자면, 디지털 시대의 저작권 개념의 변경 필요성이 대두되었고, 이를 부분적으로나마 반영한 것이 2000년 개정 저작권법이다. 저작권법 제16조부터 21조까지의 복제권, 공연권, 방송권, 전시권, 배포권, 전송권, 2차적 저작물 등의 작성권 가운데 방송권을 제외하고는 미국 저작권법에 규정된 저작권자의 배타적 권리와 동일하다. 지적소유권의 본질을 배타적 재산권으로 파악하여도 지적소유권의 침해는 여타의 재산권에 대한 침해와 달리 입증이 어려운 점이 있기 때문에 보호의 실효성을 위한 입증 책임 등의 개별적 문제가 발생하는데, 문제는 침해의 입증을 직접 증거보다는 정황 증거(circumstantial evidence)에 주로 의존할 수밖에 없다는 점이다. 이러한 정황 증거를

---

13) 김태훈(2000), 앞의 글, p.7 참조.

통해 저작권의 침해를 입증하는 간접적 방법으로는 영미법에서 발달되어 온 것으로 상당한 유사성(substantial similarity)과 원본에 대한 접근기회(opportunity for contact wit the original)의 증명을 들 수 있다.14)

저작권법은 정보나 아이디어를 표현한 저작물을 보호 대상으로 하고 있다. 이러한 취지는 정보, 아이디어는 모든 사람이 공유할 수 있다는 사실과 법을 통해 저작자의 창의성 및 지적 노력을 보호한다는 이율배반적인 논리를 법적으로 구체화하는 방식으로 정보와 아이디어 공유를 통한 사회 전체의 이익 증대를 위한 방안을 마련한 것이다.15)

4. 디지털 융합과 저작권법(2007)

1) 개정 배경

한국 정부는 지난 2006년 12월 28일 저작권법을 전면 개정했다. 개정 저작권법은 2007년 6월 29일부터 공식 발효됐다. 저작권법은 1957년 처음 제정된 이후 2차례의 전면 개정을 포함해 총 14차례 바뀌었다. 2007년 개정은 1986년에 이어 두 번째 전면 개정이다. 방송과 통신 융합 등 디지털 시대의 급진전에 따라 발생하는 많은 문제에 총체적으로 대응하기 위해서는 저작권법 전면 개정이 불가피한 상황이었다.

지난 2003, 2004년에도 각각 저작권법의 부분 개정이 있었다. 2003년

---

14) 방석호(1995), 『미디어법학』, 법문사, p.297.
15) 반면에 특허법은 새롭고 유용하고, 독특한 기술적 정보의 구체화에 대한 투자의욕을 자극하기 위한 법으로 주 보호대상은 발명이다. 이 법에서 발명이란 자연법칙을 이용한 기술적 사상의 창작으로서 실용적(utilitarian)이고, 새로움(novelty)과 특이성(non-obviousness)을 갖춘 것을 의미한다. 상표법의 경우 경쟁자가 자신의 제품이나 서비스에 동일한 표식(identification)을 사용하지 못하게 함으로써 상징적 정보(symbolic information)를 통한 투자를 보호하는 법이다.

개정은 디지털화된 데이터베이스에 대한 수요가 급증함에 따라 이에 대한 투자를 촉진하고 불법 복제로부터 보호하기 위한 것이었다. 데이터베이스 제작자에게 일정기간 데이터베이스의 복제, 배포 및 전송권을 부여했다. 온라인서비스제공자의 법적 책임에 대한 면책 요건을 신설하였고 기술적 보호조치에 대한 침해를 막기 위한 조항도 신설되었다. 2004년 10월에는 법개정을 통해 실연자 및 음반제작자에게 그의 실연 및 음반에 대한 전송권을 부여함으로써 인터넷 등을 이용한 실연 및 음반의 이용에 대한 권리를 명확히 하였다.16)

2) 주요 내용

문화부에 따르면, 개정 저작권법은 달라진 시대 상황을 두루 반영한 것이다. 특히 디지털 기술 발달 및 방송통신 융합 등에 따라 새로 나타난 저작물 이용 행태에 대해 적절한 규범을 마련했다. 아울러 개정 저작권법은 저작권 보호를 보다 강화함으로써 건전한 저작물 유통 환경을 조성하는 데 초점을 맞췄다. 개정 저작권법의 주요 내용은 다음과 같다.17)

첫째, 저작물의 개념이 확대되었다(법 제2조). 저작물의 정의를 기존의 '문학, 학술 또는 예술의 범위에 속하는 창작물'에서 '인간의 사상 또는 감정을 표현한 창작물'로 보다 폭넓게 바꿨다. 이는 최근 데이터베이스, 컴퓨터 프로그램 등 문학이나 학술의 범위에 포함되지 않는 것도 저작물로 인정하는 등 저작물의 범주가 확대되고 있는 추세를 반영한 것이다. 개정 저작권법은 어떤 사람이 자신의 사상이나 감정을 '독창적'인 방식으로 특정한 '형식'에 담아 다른 사람이 알 수 있을 정도로 외부에 '표현'한 것은 모두 저작물로 인정하며

---

16) 서달주(2007), 앞의 책, p.75.
17) 서달주(2007), 앞의 책, pp.76~79; 김윤현, "개정 저작권법, 달라지는 것들", 「한국아이닷컴」 (2007.7.3).

또한 그 권리를 보호한다. 다시 말해 독창성을 가진 표현물이라면 예술성이나 품격에 관계없이 저작물로 인정되는 것이다.

둘째, 공중송신 및 디지털음성송신 개념을 신설했다(법 제2조, 제18조). 방송, 전송뿐 아니라 디지털 기술 발달에 따른 새로운 송신 영역을 모두 포괄하는 이른바 '공중송신'이라는 개념을 새로 도입했다. 이전 저작권법이 방송과 전송의 두 가지 영역만 송신으로 규정하고 있어, 새로운 저작물 이용 행태로부터 저작권을 보호하는 데 한계가 있었던 점을 해결하기 위한 조치다. 또 개인 인터넷방송이나 방송사 웹캐스팅 등이 방송이냐 전송이냐는 논란이 분분했던 점을 감안해 이런 방식의 송신을 '디지털음성송신'이라는 새로운 개념으로 묶어 저작권 처리 기준을 명확히 했다.

셋째, 비친고죄를 도입하였고 저작권 침해 행위에 대한 처벌이 강화되었다. 개정 저작권법에서 가장 민감한 부분은 비(非)친고죄 적용 범위의 확대라고 할 수 있다. 기존 저작권법에서는 저작권자가 고소를 해야만 저작권 침해 행위에 대해 형사 처벌할 수 있었다. 개정법은 '영리를 위해 상습적으로' 저작권을 침해하는 행위 등에 대해서는 권리자의 고소가 없어도 형사 처벌할 수 있도록 비친고죄를 도입했다(법 제140조). 이에 따라 저작권자의 허락을 얻지 않고 불법적으로 저작물을 이용해 사업을 벌이는 인터넷 업체들은 처벌 대상이 된다. 뿐만 아니라 불법적인 다운로드를 통해 확보한 음악, 영상을 틀어주는 업소들도 제재를 받을 수 있다. 정당한 대가를 지불하고 구입한 판매용 음반이나 합법적 스트리밍 서비스를 이용해 음악 등을 튼다면 문제가 되지 않는다. 이미 그 구입비용 안에 저작물 사용료가 포함돼 있기 때문이다. 다만 예외가 있는데, 저작권법 시행령 제11조(판매용 음반 등에 의한 공연의 예외)에서 규정하는 영업 시설들은 판매용 저작물을 구입해 음악, 영상을 틀더라도 별도 저작권 사용료를 지불해야 한다. 대표적인 것으로 단란주점, 경마장, 스키장, 에어로빅장, 항공기 및 선박, 백화점 및 쇼핑센터 등을 적시하고 있다.

넷째, 온라인서비스제공자의 책임을 크게 강화했다(법 제104조). 온라인상의 불법복제물 범람을 막기 위한 조항들도 강화됐다. 이전 법에서는 권리주장자가 저작물의 복제 및 전송 중단을 요구하는 경우 온라인서비스제공자는 '지체 없이' 중단하도록 규정돼 있었으나, 개정법에서는 '즉시' 중단하도록 변경했다. '즉시'는 '지체 없이'보다 시간적 즉시성이 훨씬 강한 것으로 이는 온라인서비스제공자가 가능한 한 가장 신속한 대응을 할 것을 강제한 것으로 풀이된다. 또한 P2P(개인 간 파일공유)나 웹하드 업체 등 특수한 유형의 온라인서비스제공자는 권리자의 요청이 있는 경우 불법저작물 전송을 차단하는 '기술적 조치'(DRM: Digital Rights Management)를 취하도록 의무화했다. P2P와 웹하드가 특히 불법복제물 유통의 주요 통로가 되고 있다는 판단 때문이다.

다섯째, 실연자(實演者) 권리 보호 조항을 크게 강화했다(법 제68조, 제70조). 가수나 연주자, 연기자 등의 실연자가 자신의 실연에 대해 이름을 표시할 수 있는 '성명표시권'이 신설됐고, 실연자의 동의 없이 실연 내용이나 형식 등을 임의로 바꿀 수 없도록 한 '동일성유지권'도 도입됐다. 이는 세계지적재산권기구(WIPO) 실연음반조약이 저작인접권자인 실연자의 권리를 폭넓게 인정하고 있는 추세에 따른 것이다. 아울러 실연의 복제물(음반 등) 유통에 대한 실연자의 권리도 크게 강화해 배포권, 대여권, 공연권을 실연자에게 부여했다. 실연자는 자신의 라이브 공연을 그 공연 장소 밖에서 확성기, 멀티비전 등을 통해 전달할 수 있는 권리를 갖게 됐다. 어떤 가수가 예술의 전당에서 라이브 공연을 할 때 회관 밖에서도 멀티비전을 통해 볼 수 있도록 했다면, 이에 대해 금전적 권리 등을 행사할 수 있다는 것이다.

여섯째, 시사적인 기사 및 논설의 복제를 허용했다(법 제27조). 신문, 통신 등에 실린 시사적인 기사 및 논설은 국민의 알 권리 충족과 여론 형성에 기여하는 바가 크기 때문에 특별히 이용을 금지하는 표시가 없는 한 언론기관 간에 재이용할 수 있도록 하는 전재(轉載) 규정도 신설됐다. 다만 정기간행물

중 잡지는 시사성이 약하다는 이유로 제외됐으며, 방송의 시사보도는 매 프로그램마다 이용금지 표시를 하기 어렵다는 현실적 이유로 역시 전재 대상에서 빠졌다. 하지만 현재 많은 언론기관이 자사의 기사에 대해 포괄적 또는 개별적으로 무단 복제 및 전재를 금지하는 경우가 많아 실제 적용 사례는 많지 않다.

5. '인터넷 검열' 시대의 저작권법(2009)

1) 개정 배경

문화체육관광부는 이명박 정부 출범 직후인 지난 2008년 4월부터 불법으로 저작물을 유통시키는 포털·P2P·웹하드 등 온라인서비스제공자와 상습적인 불법 게시자(헤비 업로더)의 책임을 강화하는 형태로 저작권법 개정을 시도했다.

실제 개정안이 마련된 것은 2008년 9월이다. 최초 저작권법 개정안에는 불법저작물을 유통시키는 사이트를 폐쇄하고, 개인 계정의 경우 삭제조치하는 등 불법저작물에 대한 강경한 조치 등을 담았다. 문화부는 이전부터 사회적 관심의 제고 차원에서 콘텐츠 산업 육성이라는 명분을 걸고 인터넷 포털사이트나 P2P와 웹하드 관련 사이트 등 온라인에 대한 대대적인 단속을 하기도 했다. 지난 2006년 12월 저작권법 개정으로 문화부장관이 불법복제물을 수거·폐기 및 삭제할 수 있는 권한을 갖게 되었기 때문이다. 동시에 문화부 관계자들은 이러한 단속만으로 인터넷을 통해 빠르고 광범위하게 유포되는 불법복제물로 인한 폐해를 막는 것은 한계가 있다고 주장하면서 보다 강력한 규제조치의 필요성을 역설하기 시작했다. 주로 음반사업자 등의 강력한 요구에 따른 것이었다고 볼 수 있다.

콘텐츠 업계에 따르면 지난 2006년 불법 복제로 인한 음악 산업계의 누적 피해액은 전체 음악 시장의 4배에 가까운 1조 5000억 원 규모에 이른다고 한다. 지난 2007년 한 해 동안 웹하드 업체, P2P사이트와 포털사이트 등을 통해 유통된 불법영상물이 114억 편이나 된다는 충격적인 발표도 있었다. 소프트웨어도 전체 시장의 45%정도를 불법복제물이 차지하고 있다는 주장도 제기되었다. 이에 따라 관련 학계 및 저작권 관련 단체들이 불법 복제에 대한 처벌 수위를 높여 온라인 등을 통한 저작권 침해 여지를 원천봉쇄해야 한다는 주장이 비등하기도 했다.

일부 출판업자들은 불법 복제로 학술저작물들이 서점에 배포되면 1년 내에 85%가 반품되어 사장되고 있으며, 온라인에서 포털사업자 등이 저작물 불법 유통을 통해 막대한 부당이익을 얻고 있다고 주장한다. 나아가 이러한 불법과 관련하여 저작권 소송을 건다고 해도 사안의 복잡성과 최종 판결까지 걸리는 시간 때문에 실효성이 없기 때문에 저작권법 개정을 통한 강력한 규제가 불가피하다고 보고 있다. 이러한 업계의 요구는 나름대로 타당성이 있다. 하지만 2009년 저작권법 개정은 '촛불시위' 이후 강력한 여론 형성 매체로 성장한 포털사이트와 네티즌에게 재갈을 물리기 위한 조치라는 비판에 직면해 있다.

2) 주요 내용

저작권법 개정 필요성을 역설한 것은 문화체육관광부였지만, 실제 법 개정은 의원입법 형태로 이루어졌다. 지난 4월 1일 한나라당 강승규 의원이 대표 발의한 '저작권법 일부개정법률안'이 국회 본회의에서 의결되었다. 강 의원이 2008년 11월 27일 최초 발의한 이 개정안은 사실 문화체육관광부 법안이다. 문화체육관광부가 2008년 7월 16일 입법 예고한 법안이 일부 수정되어 의원 입법 형식으로 처리된 것이다.

이 법안은 소위 '삼진아웃' 제도를 주 내용으로 한다. 불법복제물을 반복적으로 게시한 이용자의 계정을 일정기간 동안 정지하거나, 불법복제물 삭제 명령을 반복적으로 받은 게시판을 저작권위원회의 심의를 거쳐 일정기간 정지하도록 명령할 수 있는 권한을 문화체육관광부장관에게 부여하였다[18]. 이 개정안은 2009년 7월 23일부터 발효되어 시행중이다.

강승규 의원 등은 저작권 보호정책의 일관성 유지와 효율적인 집행을 도모하기 위하여 컴퓨터 프로그램에 대한 보호 업무를 이 법에 통합하고자 하는 한편, 온라인상의 불법 복제를 효과적으로 근절하기 위하여 온라인서비스제공자 및 불법 복제·전송자에 대한 규제를 강화하기 위해 법을 개정한다고 이유를 밝혔다. 강승규 의원 등이 밝힌 주요 개정 내용을 보면 다음과 같다.

첫째, 저작권법의 목적에 '관련 산업'이라는 말을 추가했다(제1조). 기존 저작권법에서는 저작자의 권리와 이에 인접하는 권리를 보호하고 저작물의 공정한 이용을 도모함으로써 문화의 향상 발전에 이바지함을 목적으로 한다고 되어있었다. 여기서 '문화'를 '문화와 관련 산업'으로 수정했다. 간단한 단어의 추가지만, 이명박 정부에서 저작권법 개정을 강하게 추진한 이유가 무엇인지 짐작하게 한다.

둘째, '저작권법'과 '컴퓨터프로그램보호법'의 통합이다(제2조 제34호 등). 현재 일반저작물과 컴퓨터 프로그램에 대하여 '저작권법'과 '컴퓨터프로그램보호법'으로 나누어 각각 보호하는 이원적인 체계를 유지하고 있으나, 저작권 보호 및 저작물의 공정한 이용을 도모하기 위한 정책 수립과 집행에 있어 효율성이 떨어지므로 동일하거나 유사한 규정을 일관성 있고 체계적으로 통합하기 위해 '컴퓨터프로그램보호법'을 이 법에 통합했다고 한다. 이를 위해 법 제5장 영상저작물에 대한 특례 부분에 컴퓨터프로그램저작물에 대한

---

18) 애초에는 반복적인 저작권 위반을 근거로 특정 온라인서비스를 폐지(즉, 사이트 폐쇄)할 수 있도록 하는 내용도 있었으나, 상임위 논의 과정에서 이 조항은 삭제되었다.

특례 조항을 추가 신설했다(제5장의 2 제101조의 2부터 제101조의 7까지).

셋째, 기존 저작권위원회를 확대 강화한, 한국저작권위원회를 설립하도록 했다(제112조 및 제112조의 2). 저작권 관련법의 통합에 맞추어 관련 단체를 통합하고, 기존의 저작권위원회의 업무를 확대하여 효과적인 저작권 보호를 위한 조직으로 정비한 것이라고 한다. 특히 컴퓨터프로그램보호법과 저작권법이 통합됨에 따라 두 법에서 규정하고 있던 '저작권위원회'와 '컴퓨터프로그램보호위원회'를 하나의 기구로 통합하였다.

넷째, 온라인상 불법 복제 방지대책을 강화했다(제133조의 2 및 제133조의 3 신설). 2009년 4월 저작권법 개정의 핵심 내용이다. 구체적으로 온라인상 불법 복제를 효과적으로 근절한다는 명분으로 온라인서비스제공자 및 불법 복제·전송자에 대하여 아주 강력한 규제체제를 도입했다. 온라인상에서 불법복제물을 반복적으로 전송하는 자의 개인 계정을 정지할 수 있도록 하고, 전송된 불법복제물이 게시되는 정보통신망에 개설된 게시판 서비스를 정지할 수 있도록 하며, 정보통신서비스제공자로 하여금 온라인서비스제공자의 취급을 제한하도록 명할 수 있게 되었다는 점에 주목할 필요가 있다. 온라인에서 활동하는 개인이나 사업자를 사실상 통제할 수 있는 조항이라서, 많은 논란을 불러일으키고 있다.

3) 개정법의 문제점

이번 저작권법 개정의 핵심은 법 제 133조(불법복제물 수거·폐기 및 삭제)에 대한 개정이다. 기존 법에 따르면 문화부장관이 불법복제물이나 저작물에 대한 기술적 보호조치를 무력화할 수 있는 기기나 장비, 프로그램 등을 발견할 경우 수거하여 처리하도록 명령할 수 있었다. 개정안에서는 온라인상의 불법 저작물 유통 근절을 위한다는 명분으로 온라인서비스제공자와 일반 인터넷 이용자를 강력하게 통제할 수 있는 조항을 담았다.

[표 3-1] 저작권법 133조(불법복제물 수거·폐기 및 삭제) 개정의 주요 내용

기존 133조	개정 133조
① 문화관광부장관, 시·도지사 또는 시장·군수·구청장은 저작권 그 밖에 이 법에 따라 보호되는 권리를 침해하는 복제물(정보통신망을 통하여 전송되는 복제물은 제외한다) 또는 저작물 등의 기술적 보호조치를 무력하게 하기 위하여 제작된 기기·장치 및 프로그램을 발견한 때에는 대통령이 정한 절차 및 방법에 따라 관계 공무원으로 하여금 이를 수거하여 폐기하게 할 수 있다. ②~③ 생략 ④ 문화체육관광부장관은 정보통신망을 통하여 저작권 그 밖에 이 법에 따라 보호되는 권리를 침해하는 복제물의 전송 등으로 인하여 저작권 등의 이용질서를 심각하게 훼손한다고 판단되는 경우 제112조의 규정에 따른 위원회의 심의를 거쳐 대통령이 정하는 바에 따라 복제·전송자 또는 온라인서비스제공자에게 이를 삭제 또는 중단하도록 명할 수 있다.	① 문화체육관광부장관, 특별시장·광역시장·도지사·특별자치도지사 또는 시장·군수·구청장(자치구의 구청장을 말한다)은 저작권 그 밖에 이 법에 따라 보호되는 권리를 침해하는 복제물(정보통신망을 통하여 전송되는 복제물은 제외한다) 또는 저작물등의 기술적 보호조치를 무력하게 하기 위하여 제작된 기기·장치·정보 및 프로그램을 발견한 때에는 대통령령으로 정한 절차 및 방법에 따라 관계 공무원으로 하여금 이를 수거·폐기 또는 삭제하게 할 수 있다. ②~③ 생략 ④ 삭제(대신 제133조의 2, 제133조의 3 신설) 제133조의 2(불법복제물의 삭제 및 운영 정지 명령 등) ① 문화체육관광부장관은 정보통신망을 통하여 저작권 그 밖에 이 법에 따라 보호되는 권리를 침해하는 복제물, 저작권 등을 침해하는 정보를 제공하는 게시판 및 기술적 보호조치를 무력하게 하는 프로그램 등(이하 "불법복제물 등"이라 한다)이 전송 또는 제공되는 경우에 위원회의 심의를 거쳐 대통령령이 정하는 바에 따라 온라인서비스제공자에게 다음 각 호의 조치를 명할 수 있다. 1. 불법복제물 등의 복제·전송 및 정보제공자에 대한 경고 2. 불법복제물 등의 삭제 또는 전송 및 정보 제공의 중단 ② 문화체육관광부장관은 제1항 제1호의 경고를 받은 복제·전송 및 정보제공자가 3회 이상 반복적으로 불법복제물 등을 복제·전송 및 정보를 제공하는 경우에 위원회의 심의를 거쳐 대통령령으로 정하는 바에 따라 온라인서비스제공자에게 해당 복제·전송 및 정보 제공자의 계정을 정지 또는 해지할 것을 명할 수 있다. 이 경우 온라인서비스제공자는 해당 복제·전송 및 정보 제공자가 다른 계정의 신설을 허용하여서는 아니 된다. ③ 문화체육관광부장관은 온라인서비스제공자에게 정보통신망에 개설된 영리를 목적으로 운영하는 게시판(「정보통신망 이용촉진 및 정보보호 등에 관한 법률」 제2조 제1항 제9호의 게시판을 말한다. 이하 같다) 중 제1항 제2호의 명령이 3회 이상 내려진 게시판에 대하여 위원회의 심의를 거쳐 온라인서비스제공자에게 해당 게시판을 폐지할 것을 명할 수 있다. ④ 문화체육관광부장관은 온라인서비스제공자가 다음 각호의 어느 하나에 해당하고, 해당 서비스의 형태, 전송되는 복제물의 양이나 성격, 제공되는 정보의 침해 정도 등에 비추어 해당 서비스가 저작권 등의 이용질서를 심각하게 훼손한다고 판단되는 경우에는 위원회의 심의를 거쳐 대통령령으로 정하는 바에 따라 정보통

신서비스제공자(「정보통신망 이용촉진 및 정보보호 등에 관한 법률」 제2조 제1항 제3호의 정보통신서비스제공자를 말한다)에게 해당 온라인서비스제공자에 대한 관리 · 운영을 정지 또는 해지할 것을 명할 수 있다.
1. 제104조 제1항에 따른 필요한 조치를 하지 아니하며 제142조 제1항에 따른 과태료 처분을 2회 받고 다시 과태료 처분의 대상이 된 경우
2. 제1항 제2호, 제2항 또는 제3항의 명령을 이행하지 아니하여 제142조 제1항 제2호에 따른 과태료처분을 3회 받고 다시 명령의 대상이 된 경우
제133조의 3(시정 권고)

①위원회는 불법복제물 등이 정보통신망을 통하여 복제 · 전송 또는 정보가 제공된 경우에 이를 심의하여 온라인서비스제공자에 대하여 다음 각 호에 해당하는 시정 조치를 권고할 수 있다.
1. 불법복제물 등의 복제 · 전송 또는 정보 제공자에 대한 경고
2. 불법복제물 등의 삭제 또는 전송 및 정보 제공의 중단
3. 반복적으로 불법복제물 등을 복제 · 전송 및 정보를 제공하는 자의 계정 정지 또는 해지
②~④생략

[표 3-1]에서 알 수 있듯이 기존 저작권법 133조의 1항과 2항, 3항은 부분 수정되었고, 기존 4항을 대신하여 OSP의 사업을 중단시키거나 온라인이용 자를 추방할 수 있는 상세한 내용을 담은 제133조의 2(불법복제물의 삭제 및 운영 정지 명령)와 제133조의 3(시정권고)이 신설되었다.

개정안을 구체적으로 보면 핵심은 문화부장관에 의한 OSP에 대한 강력 한 규제, OSP사업자에 의한 인터넷 이용자 및 게시판 등의 통제, 정보통신서 비스제공자를 통한 OSP 규제 강화 등이라 할 수 있다. 특히 주목할 것은 OSP 가 불법복제물을 반복 전송하는 자의 개인 계정을 정지할 수 있도록 했고, 나아가 전송된 불법복제물이 게시되는 정보통신망에 개설된 게시판 서비스 를 정지시킬 수 있도록 했다. 계정이 정지된 개인은 이후에도 그 온라인 사이 트에서 새로운 계정을 발부받을 수 없게 된다.

개정 저작권법 133조 2항에 따르면 정부로부터 3차례 불법복제물 삭제 나 전송 중단 조치를 받은 게시판에 대해 저작권위원회의 심의를 거쳐 6개월

간 게시판을 정지 또는 폐쇄할 수 있도록 했다. 문제는 '게시판 정지 혹은 폐쇄' 관련 판단을 정부가 임의로 할 수 있다는 데 있다. 불법저작물을 유통하다 3번 이상 적발된 게시판은 피해자 의사에 관계없이 정부 뜻에 따라 최대 6개월까지 폐쇄 또는 정지될 수 있다.[19]

현실적으로 하루 수백만 건씩 게시물이 올라오는 포털사이트 입장에서 불법저작물의 업로드와 다운로드를 100% 근절하는 것은 사실상 불가능하다. 최근 네이버, 다음 등 주요 포털 사업자들이 많은 모니터요원을 선발하여 불법 게시물 차단에 부심하고 있지만 역부족이다. 언론사의 기사를 퍼가거나 특정 블로그의 글을 허락 없이 개인 블로그나 홈페이지로 퍼갈 경우 '불법 게시물'이 될 수 있다. OSP인 포털사업자가 저작권법의 이러한 규정을 준수하기 위해서는 모든 블로그 등을 뒤져서 관련 자료를 삭제해야 한다. 많은 경우 게시물의 불법성 여부의 판단 자체가 고도의 전문성을 요구한다. 마음만 먹으면 정부가 얼마든지 포털 내 특정 게시판을 대못질할 수 있게 된 것이다.

개인 홈페이지나 블로그도 단속 대상이 될 수 있다. 새로 추가된 133조의 2 제3항에 따르면 '영리를 목적으로 하는 게시판'으로 한정하고 있다. 하지만 게시판의 개념을 '정보통신망 이용촉진 및 정보보호 등에 관한 법률'(정보통신망법)에서 규정하는 '게시판'으로 보고 있다. 정보통신망법에서는 "게시판이란 그 명칭과 관계없이 정보통신망을 이용하여 일반에게 공개할 목적으로 부호·문자·음성·음향·화상·동영상 등의 정보를 이용자가 게재할 수 있는 컴퓨터

---

19) 불법 다운로드 적발시 이용자의 인터넷 접속을 강제 차단하려는 세계 각국 정부의 계획이 거의 수포로 돌아갔다. 지난 2009년 4월 12일 뉴질랜드 정부가 음악이나 영화를 유포시킨 사용자의 인터넷을 차단할 수 있도록 한 법안을 철회한 데 이어, 프랑스 의회에서도 유사 법안이 부결됐다. 지난 4월 9일 프랑스 의회는 찬성 15, 반대 21표로 인터넷판 '삼진아웃제'를 부결시켰다. 프랑스와 같은 '삼진아웃제'를 검토한 영국도 지난 2009년 1월 도입 계획을 중단했으며 3월에는 뉴질랜드 역시 한시적이긴 하지만 각계의 반대 여론에 밀려 관련 법안을 철회한 바 있다. 그러나 한국 국회는 지난 4월 1일 강력한 '삼진아웃제'를 포함한 저작권법 개정안을 통과시켰다(「전자신문」 2009년 4월 13일자).

프로그램이나 기술적 장치를 말한다"[20]고 명시하고 있다. 공개된 인터넷 공간 전체가 사실상 적용 대상이 된다는 뜻이다. 해석하기에 따라 규제대상 범위가 달라질 수 있다.

문화부장관에게 과도하게 권한이 집중된 점과 법규정 자체에 모호한 점이 있다는 것도 문제다. 문화부장관의 의지에 따라 대한민국의 주요 언론 기관 중의 하나인 인터넷 포털의 운명이 좌우될 수 있는 상황이다. 규정이 명확하지 않다는 것도 문제다. "해당 게시판의 형태, 게시되는 복제물의 양이나 성격 등에 비추어" "이용 질서를 심각하게 훼손한다고 판단되는 경우"와 같은 추상적인 규정들은 법률의 자의적인 해석을 낳을 수 있다. 특히 이 법에서 정하고 있는 규제조치가 해당 게시판 서비스의 전부 또는 일부의 정지, 이용자 계정의 영구 정지와 같은 극약 처방에 가깝기 때문에 더 문제다.

이번 개정으로 저작권 관련 소송이 더욱 빈발할 가능성이 크다. 로펌이나 변호사들 배만 불릴 가능성이 더욱 커졌다는 점이다. 이미 인터넷상의 저작권 침해 게시물이나 불법저작물은 차고 넘치는 상황이다. 로펌이나 변호사들이 아르바이트 인력을 고용하여 불법 사례를 모은 후 저작권자를 대신하여 소송을 하는 일이 빈발하고 있다. 일부 공공기관의 게시판이나 개인 블로그, 홈페이지 등이 주요 대상이 되고 있다. 향후에는 인터넷상의 저작권 침해 소송이 더욱 빈발하게 될 것이다. 저작권법을 잘 모르는 청소년이나 이용자들이 희생양이 될 가능성이 크다. 지난 2007년 한 고교생이 저작권법 위반 혐의로 고발된 것을 비관하여 자살하기도 했다. 대학이나 기업 등의 사이트를 중심으로 소송협박이 이어지고 있다.

저작권법의 목적은 문화생산물의 유통과 저작자의 권리를 보호하는 데 있다. 법 개정으로 유통이 억제된다면 최소한 저작자의 권리, 혜택이 강화되

---

20) 정보통신망 이용촉진 및 정보보호 등에 관한 법 제2조 1항 9호.

어야 한다는 것은 이론의 여지가 없다. 이번 개정안은 온라인상의 불법저작물 유통 제한을 위한 것이다. 하지만 이러한 제한이 저작자의 권리 강화에 기여할 것인지는 알 수 없다. 분명한 것은 포털사이

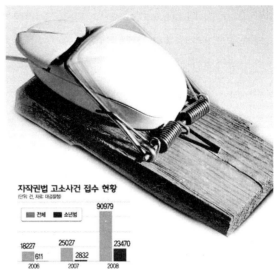

자작권법 고소사건 접수 현황
(단위: 건, 자료: 대검찰청)

출처: 「경향신문」 2009년 4월 16일자

트 등 OSP사업자를 강하게 규제하기 때문에 유통되는 콘텐츠의 절대량이 줄어들 가능성이 크다는 것이다. 새로운 콘텐츠 시장 형성 자체를 차단할 수도 있다. 예를 들자면 음반업계에서는 블로그에 무료로 음악을 올릴 수 없기 때문에 네티즌이 CD나 음원을 구입할 것이라고 가정하고 있다. 역으로 블로그 등에 올라갔을 때 발생하는 홍보 효과 등이 없어지기 때문에 음반 시장이 더 위축될 가능성도 배제할 수 없다.

4) 전망과 과제

이러한 내용을 담고 있기 때문에 이번 저작권법 개정안이 '인터넷 계엄령'이라는 평가도 나온다. 포털을 비롯한 인터넷 사업자와 이용자에게 지나치게 과도한 부담을 안기고 있기 때문이다. 현행법을 준수하기 위해서는 포털은 댓글 기능 등을 통한 네티즌 참여를 아예 금지하고, 이용자들은 글쓰기를 포기하는 것이 바람직할 수도 있다. 이런 규제만능주의는 인터넷 문화

전반의 위축을 불러올 가능성이 크다. 인터넷 여론에 대한 강한 통제 의지를 피력해온 이명박 정부의 행태로 볼 때 다음 '아고라'처럼 정부에 비판적인 글이 자주 게재되는 게시판에 대해 정부가 불법 게시물 제재를 빌미로 이용을 정지시키는 일도 벌어질 수 있다.

이렇듯 이번 저작권법 개정은 네티즌과 인터넷 언론사인 포털이 누려야 할 표현의 자유를 심각하게 침해하고 있다. 그럼에도 표현의 자유로 먹고 사는 일간신문을 비롯한 대부분 기득권 언론사들은 침묵하고 있다. 어찌 보면 당연한 일이다. 신문, 방송 등 기존의 언론사들은 포털사업자들이 별다른 자체 콘텐츠 생산도 없이 부당하게 이익을 챙기고 있다고 비판해 왔기 때문이다. 하지만 언론사들은, 포털서비스에 대한 정치권력의 간섭과 통제를 인정한다는 것은 곧 다른 언론에 대한 개입을 인정하는 것과 마찬가지라는 사실을 기억할 필요가 있다.

미디어2.0 시대의 저작권 보호의 의미는 분명히 달라져야 한다. 온라인 시장은 불법 복제 등으로 문화 콘텐츠 산업에 악영향을 끼치기도 하지만 거스를 수 없는 시대의 흐름이다. 저작권을 활용하는 사업자들은 단기적 수익보다는 새로운 시장 형성에 눈을 돌려야 한다. UCC 등 왕성한 콘텐츠 생산이 이루어져야 미디어 콘텐츠 시장 전체가 확대, 강화될 수 있다는 점을 이해할 필요가 있다. 온라인 불법 유통에 의한 저작권 침해가 심각하다고 해도 처벌을 강화하는 것이 근본적 해결책은 아니라는 것이다. 특정한 음악을 올린 열성 팬을 고소하고 사이트를 폐쇄시킨다고 1990년대 음반 시장은 돌아오지 않는다. 음반 시장뿐 아니라 모든 산업은 새로운 디지털 시대를 맞이하고 있다. 쌍방향 참여가 가능한 디지털 시대 정신에 부응하여 단순한 법의 강화만 할 것이 아니라 유연한 해결방안을 모색할 필요가 있다.

한나라당의 저작권법 일방 개정에 반발하여 민주당 최문순 의원 등은 지난 4월 2일 다음과 같은 내용의 저작권법 추가 개정안을 제출했다. 최문순 의원의 저작권법 개정안에는 공정이용 확대, 온라인서비스제공자 면책 등의 내용이 담겼다. 디지털도서관 원격 열람 허용, 정부저작물의 제한 없는 이용 등 저작물의 공정한 이용 확대, 온라인서비스제공자 법적 책임에 대한 불확실성 제거 및 과도한 모니터링 부담의 완화, 영리를 목적으로 타인의 저작권을 침해할 경우에만 형사처벌 등도 포함되었다. 구체적 내용은 다음과 같다.

· 공표하지 아니한 저작물을 제31조의 도서관 등에 기증한 경우 공표된 것으로 보도록 함(안 제11조 제5항 신설).

· 공중의 사용에 제공하기 위하여 설치된 복사기기에 의한 복제를 허용하도록 함(안 제30조 단서 삭제).

· 도서관 등은 판매용으로 발행된 도서 등이 발행일로부터 5년이 경과하면 컴퓨터 등을 이용하여 도서관 등의 안, 다른 도서관 등의 안, 도서관 등의 밖에서 이용할 수 있게 복제하거나 전송할 수 있도록 함(안 제31조 제2항).

· 국가 또는 지방자치단체에서 업무상 발간한 저작물은 저작권자의 허락 없이도 이용할 수 있도록 함(안 제37조의 2 신설).

· 저작물의 성질, 저작물의 이용목적 또는 저작물의 이용행위가 공정한 관행에 부합하고, 부당한 손해를 입히지 아니하는 경우 저작권자의 허락 없이도 저작물을 이용할 수 있도록 함(안 제37조의 3 신설).

· 제23조부터 제37조의 3까지의 규정에 따른 저작물 또는 보호기간이 만료된 저작물은 이용자의 요청에 따라 기술적 보호조치를 해제하도록 함(안 제37조의 4 신설).

· 온라인서비스제공자가 책임을 면하기 위하여 온라인에서 권리침해가 의심되는 행위를 사전에 관찰 또는 조사하여야 하는 것은 아니라는 조항을 신설하여 사전 관찰 또는 조사가 온라인서비스제공자의 의무행위가 아님을 확인함(안 제102조 제3항 신설).

· 특수한 유형의 온라인서비스제공자를 특정하기 어렵고 실시간으로 저작물을

완전히 필터링할 수 있는 기술조치가 현존하지 않으며, 위반시 벌칙이 수반되는 조항이 구체적인 내용 없이 포괄 위임토록 하는 것은 포괄위임 금지원칙에 위배될 수 있으므로 이를 삭제함(안 제104조 삭제).

· 저작재산권 등에 대한 권리침해의 범죄 구성요건에 영리의 업으로 할 경우로 목적을 추가함(안 제136조).

　가능성은 높지 않지만 최문순 법안이 국회를 통과하면 도서관 정보를 일반인이 훨씬 편리하게 이용할 수 있고, 외국저작물 등에 대한 복제가 더 편리해지며, 인터넷서비스사업자들도 100% 실시간 게시물 모니터링 의무라는 실현 불가능한 강제 업무에서 벗어날 수 있을 것이다. 물론 현 정부의 성격으로 볼 때 자발적으로 인터넷 규제를 포기할 가능성은 별로 없다. 촛불을 켜서 미국산 불량 쇠고기 수입에 대항했듯이, 네티즌들이 자발적으로 부당한 탄압과 통제에 공동 대응해 나갈 수밖에 없다.

2부

저작권과 미디어의 쟁점

4장
카피라이트와 카피레프트: 정보공유 패러다임

● 이광석

1. 카피라이트와 카피레프트

저작권이라는 저자에 대한 최소 보상 권리는 인류에 공헌할 지식의 저장고로 기능함을 원칙으로 삼아 발전했다. 그러나 현실 속에선 지나치게 사적 재산권 행사의 장이 되고 있다. 저작물 이용자들의 권리를 보호한다고 마련한, 저작권 내 '공정이용' 혹은 '저작권의 제한' 조항도 실제 법적 소송이나 분쟁에서 항상 수세적 위치에 놓여 왔다. 저작권은 새로운 기업의 논리와 결합하면서 그 힘을 배가하는 반면, 이를 재창작에 이용하는 이들의 이용권을 위축하는 현상을 초래했다.

저작물 창작자와 저작권 소유자 중심의 저작권 논리를 뒤흔드는 새로운 기술과 문화가 함께 등장하고 있다. 하나는 공유 분산형 디지털 기술의 발달이다. 2000년대 초 각광을 받던 미국의 냅스터(Napster)나 한국의 소리바다 등 중앙 서버의 중개 없이 음악파일(주로 mp3 확장자를 지닌)을 이용자들이 주고받을 수 있는 개인파일교환(P2P) 방식이 그 대표적 모델이다.[1] 이에 대해 음반·영화

---

[1] 미국의 숀 패닝(Shawn Fanning)이란 학생이 1999년 5월 시작한 냅스터란 파일교환 시스템은, 2001년 무렵 등록된 이용자만 6000만 명에 육박했다. 양씨 형제가 이로부터 아이디어를 얻어 2000년 중반 서비스를 개시한 소리바다는 2001년 같은 시기 500만 명의 이용자를 지녔다. 기술적으로, 냅스터는 중앙 서버에 의해 이용자들의 음악 파일 목록을 검색할 수 있게 만든 '리스트 서버'

저작권자들은, 법적 소송과 온라인 비즈니스 모델 개발, 이 양자 모두를 통해 저작물 공급을 통제하려 하고 있다. 다른 하나는 웹2.0의 확산을 들 수 있다. 90년대 중반 이래 시작된 인터넷의 대중화는 2000년대 들어오면서 이용자들의 정보이용 패턴을 확실히 바꿔놓았다. 단순 저작물의 파일 교환뿐만 아니라, 이용자들 스스로가 다양한 미디어를 사용하여 이미지를 생산하고 의견을 피력하고 공유하는 생산자의 위치로 상승했다. 즉 이용자 스스로 UCC, 블로그, 미니홈피를 통해 수많은 글, 이미지, 동영상을 만들어내고 있는 것이다. 그러나 인터넷 누리꾼들의 제작물에 저작권의 보호를 받는 창작물들이 쓰이면서 저작권 문제가 다시 새로운 이슈로 등장함과 동시에, 저작권자에 의한 법적 기소로부터 이를 방어할 이용자들의 권리보호 기제가 없는 것이 문제로 떠오르고 있다.

법과 기술적 코드로 점점 강해져가는 '사유의 저작권'(카피라이트)에 맞서, 이렇듯 새로운 공유의 문화적 흐름 또한 크게 상승하고 있다. 이는 구태의연한 저작권의 잣대만으로 설명할 수 없는, 누리꾼들의 새로운 디지털 정보 이용의 방식과 태도에 대한 관찰이 필요함을 말한다. 이 장은 변화의 시점에 서있는 저작권을 바라보는 시각에 있어서 그 균형점을 찾기 위한 시도다. 즉 새로운 경제 시장의 지배적 경제가치로 추앙받고 기술과 문화의 변화에 더디게 반응하는, 전통적 개념의 저작권 제도에 대해 문제를 제기하는 동시에 이에 대한 대안 논의의 흐름도 점검한다.

이 글에서 전통적 저작권에 문제 제기를 하는 그 반대의 공유 시각을 '카피레프트'(copyleft)로 뭉뚱그려 정의할 것이다. 즉, 카피레프트는, "정보는 자유롭길 원한다"는 기본 전제를 받아들이고, 자유와 개방성의 디지털 특성을

가 존재하나, 소리바다는 그도 갖지 않은 분산형 개인파일교환 시스템이었다. Lee, K. S.(2001), *Technical Codes of Dominance and Resistance: A Case Study of the Peer-to-Peer Music-sharing Service*, MA Thesis, University of Texas at Austin.

옹호하는 입장을 견지하고, 저작권자의 소유권보다는 저작물을 이용하는 공익을 강조하는 관점을 통칭한다.

카피레프트는 간단히 말해 정보공유론의 시각이며, 이 장은 그에 대한 역사적 검토이다. 전통적인 사회주의적 시장 접근은 논외로 한다. 사회주의 시각에서, 정보와 지식에 대한 접근은 대체로 공동 소유와 공공재로서의 역할을 강조한다고 볼 때, 이 시각에서 저작권은 의식 독점의 자본주의 시장 메커니즘에 불과하다. 이 글에서 논의할 내용은 자유주의적 전통이다. 미국을 중심으로 초기 컴퓨터 문화를 주도했던 해커들의 자유로운 협업과 공유의 철학을 카피레프트의 출발점으로 본다. 그래서 논의의 초점은 전통적인 저작권 옹호론과 자유주의적 카피레프트 간의 차이와 대립에 맞춘다. 인식론적 입장에서, 전자는 저자 혹은 창작자란 무에서 유를 만들어내는 창작 행위자이며, 생산된 지적생산물에 동기 부여를 위해서라도 저자에게 적절한 보상 체제를 지불해야 한다는 입장이다. 후자는, 저작권이란 기본적으로 타인의 창작 행위를 방해하지 않는 범위 내에서 유효해야 하며, 저작물이 개인의 지적 작업에 의한 산물이긴 하나 외부 자원과의 관계망을 통해서 지적 자극과 혜택을 입은 것이기에 궁극적으로 공공의 자산으로 봐야 한다는 입장이다. 전자의 입장은 모두에게 친숙한 시장 논리요 법리적 주장에 기댄 것이지만, 후자는 이용자와 공익을 중심에 놓는 정보 권리와 다양성의 문화 논리다.

이 장에서는 이 두 입장의 새로운 저작권 해석과 적용의 개념, 역사, 그리고 발전 방향을 미국과 한국의 예를 통해 관찰한다. 우선 카피레프트 출현의 역사적 배경과 이의 대중화의 조건을 살핀다. 무엇보다 카피레프트가 확대되는 근저에, 해커 출신 리처드 스톨만의 역할과 리눅스 프로그램의 역할을 중요하게 본다. 이어서 현재 저작권을 보완할, 미국과 한국에서 시도되는 대안적 라이선스 모델들에 대한 소개와 향후 이들의 발전적 전망을 볼 것이다.

2. 카피라이트의 수사학적 오류들

무엇보다 저작권을 정당화하는 전통은 서구의 자연권(natural rights) 사상에서 비롯되었다. 아직까지 저작권의 주요 철학은 작가 혹은 저자와 작품의 특수 관계, 그리고 무에서 유를 만들어내는 독창의 창작 행위를 강조하는 '낭만적 저자'(romantic authorship)의 개념에 기초해 있다. 그러나 이러한 전통적 저작권 옹호 논리는 사실상 '전자복제' 기술의 발전과 디지털 혁명에 의해, 한때 확고한 듯 보였던 저작권의 신화에 도전장을 내밀고 있다. 대중매체의 시대를 넘어 인터넷 혁명은, 이러한 창작자의 원본 이미지가 지닌 고유의 '아우라'(aura)를 철저하게 소멸시키고,[2] 무한히 복제되어 자유롭게 이용되고 누구나 정보 생산의 주체로 등장함에 따라 기존의 저작권이 지녔던 가정들을 약화시키고 있다.

인식을 하고는 있으나 쉽게 받아들여지지 않는 저작권 진영의 오류는, 첫째로, 아직까지 디지털이 물질 재화의 논리와 다르다는 점을 인정하지 않는 경향이다. 무한히 닮은꼴을 만들어 추가 비용이 거의 없고(0에 가까운 한계비용), 한 번 퍼지면 제어 불가능하고(개방성), 타인의 이용이 자신의 이용을 전혀 거스르지 않는다는(비경쟁적) 점 등은 정보가 지닌 특성 중 기본 사항에 해당한다. 그런데도 과거 물질재의 잣대로 정보재를 바라보고, 물질재에서 써오던 똑같은 방식으로 대부분이 재산권을 행사하려 한다. 저작권에는 보호기간이 있고 보호 범위가 있고 그것의 제한 항목이 존재한다. 물질재처럼 영구적인 사적 점유와 다르게, 한시적 법의 규약을 통해 창작자의 권리를 보장한다는 약속이다. 물론 그 기간이 만료된 저작물들은 공적 영역에 들어가 제2, 제3의 창작자에게 자유롭게 유통될 운명에 처한다. 아날로그의 물질재 시장에 존재할 수

---

2) Benjamin, W.(1969), "The Work of Art in the Age of Mechanical Reproduction"(1935), *Illuminations: Essays and Reflections, Schocken*, pp.217~252.

있는 하딘(Garrett Hardin)의 '공유지의 비극'[3]은 불가하다. 무한 복제의 디지털 상품의 특징을 고려한다면, 공유지가 개인의 비윤리적 탐욕과 욕망에 의해 무너질 수 없기 때문이다. 다시 말해 디지털의 공유지에서 퍼오고 퍼나르는 행위는 자멸의 비극을 낳기보다는, 미디어2.0 시대의 새로운 시장과 문화의 가능성을 낳는다. 디지털은 아날로그의 현실과는 무척 다르다.

둘째, 창작은 '백지 상태에서'(ex nihilo) 완전히 새로운 것을 만들어내는 행위라는 '낭만적 저자'의 가정이다. 낭만적 저자의 가정은, 사실상 이용자들의 파일교환 행위를 막기 위한 절대적인 신화로 기능했다. 일부 가수들과 배우들이 소속사들과 함께 '불법' 근절 캠페인을 벌일 때, 흔히 창작자의 권리로 잘 내세우는 논리기도 하다. 그러나 저작권의 기본 전제는, 인류의 지적 자원으로부터 창작자의 저작물이 혜택과 영감을 얻듯, 그렇게 영감을 받아 만든 저작물을 다시 인류에 되돌려 주는 데 있다. "내가 남들보다 조금 더 멀리 보고 있다면, 이는 내가 거인의 어깨 위에 올라 서있기 때문"이라는 아이작 뉴턴의 겸손은 바로 이를 지칭한다. 즉 뉴턴은 인류의 지적 자원이자 공적 영역인 "거인의 어깨 위"로부터 창작의 영감에 이르렀음을 스스로 본다. 이는 저작자와 인류의 지식 간에 밀접히 주고받는 '삼투 효과'(seepage effects)가 존재함을 뜻한다. 뉴턴의 지식 또한 인류의 다음 세대에 영감을 줄 토대로 쓰여

---

3) Hardin, G. (1968), " The tragedy of the commons", *Science,* 162(3859), pp. 1243~1248 참고. 하딘의 '공유지의 비극'이란, 공유지에서 목축업자들이 자신의 소에게만 더 많은 풀을 먹이려는 이기적 행동으로 인해, 공동체의 목초지가 황폐해진다는 관점이다. 인터넷의 불법 개인파일 교환을 막기 위해, 2006년 문화관광부와 저작권위원회가 지원했던 '무인가게' 광고캠페인은 그 적절한 예다. 전남 장성 신촌마을에서 운영되는 주인 없는 구멍가게에는, 마을 주민들이 필요한 물건을 가져가고 양심껏 돈을 내 차후의 물건 구비를 위해 쓰이는 자율의 공유지다. 그런데 물건을 '공짜'로 가져가기만 하고 돈을 남기지 않자 무인가게에 위기가 찾아온다. 결국에는 마을 이장이 폐쇄회로 텔레비전(CCTV)을 설치하기까지 이른다. 공유지의 비극인 셈이다. 이러한 행위는 인터넷상 비윤리적 '불법' 행동으로 연결되어 자본주의 시장을 파괴한다고 보는 철학적 근거로 이용됐다. 하지만 하딘과 무인가게의 논리는 현실 공간에서 적절한 이론일지 몰라도, 정보 이용의 비배제성과 비경쟁성을 특성으로 하는 가상의 공간에 적용하기에는 거리가 있다.

[그림 4-1] 삼투 효과의 예

왔기에 창작물의 공익적 효과는 상호적이다.

예를 들어 [그림 4-1]에서 보여주듯,[4] 개인 창작의 위상은 언제나 개인 저자와 인류의 지적 자산과의 상호 참조로 이뤄짐을 알 수 있다. 첫 번째 그림은 1928년 완성된 코미디언 버스터 키튼(Buster Keaton)이 주연한 영화 "증기선 빌 쥬니어"의 재킷 사진이다. 두 번째 그림은 "증기선 윌리"란 코믹 영화로, 지금의 미키 마우스 모델의 근원이 됐다. 마지막은 론 잉글리쉬(Ron English)란 예술가가 그린 마를린 먼로의 초상이다. 이 셋은 시대를 달리하지만, 상호간에 문화적 '삼투'를 보여주는 적절한 사례다. 지금의 저작권 연장(미국의 경우 저자 사후 70년)이란 반영구적 저작물 보호 기간이 마련된 데는 미키 마우스의 공이 컸다. 모두들 미키 마우스라는 캐릭터의 발생이 디즈니의 탁월한 창작이라 여기지만, 그보다 앞서 제작된 키튼 작품의 패러디물이라는 것을 아는 이는 많지 않다. 잉글리쉬란 작가 또한 대중문화를 비판하는 소재로 미키 마우스를 이용하고 있다. 잉글리쉬의 그림에서 미키 마우스는 마를린 먼로의

---

4) 본문에 소개되는 예제는 레식의 책에서 일부 가져왔다. Lessig, L. (2004), *Free Culture: How Big Media Uses Technology and the Law to Lock Down Culture and Control Creativity*, NY:Penguin Press. pp.22~23.

가슴을 대치함으로써, 자본주의 상품 문화의 욕망을 미키 마우스로 형상화하는 효과를 갖는다. 키튼의 작품 또한 당시 산업화의 한복판에서 신속한 물류와 인구 이동을 촉진했던 증기선의 중심적 역할로부터 많은 지적인 시사를 얻었으리라 짐작할 수 있다. 서로가 서로를 참조하고 끝없이 외부로부터 아이디어를 얻는 삼투 효과를 쉽게 발견할 수 있다.

이미 1960년대부터 프랑스의 철학자들도 낭만적 저자의 허구와 문제점을 지적한 바 있다. 프랑스의 구조주의 기호학자인 바르트(Roland Barthes,)는 '저자의 죽음'을 거론하면서, 저자가 만들어내는 텍스트란 단지 인용의 조합이요, 저자란 선행하여 이뤄진 것을 그저 흉내낼 뿐 어디에도 '오리지널'이란 존재하지 않는다고 단언한다.[5] 바르트는 "저자의 능력이란 그저 저작들을 뒤섞고 어느 하나를 다른 것과 대칭됨을 보여주는 것 이외에 아무것도 아니다"라고 덧붙인다.[6] 미셸 푸코(Michael Foucault) 또한 바르트와 비슷하게 '저자 기능'(author function)이란 개념을 끌어들여,[7] 한 사회 내 저자의 이름은 사회와 문화에 의해 구성되고 만들어진 "담론들의 양상"[8]으로 간주한다. 다시 말해 저자의 창작 행위를 순수하게 보지 않고, 구조적 차원과의 관계 속에서 찾고 있는 것이다. 이같이 낭만적 저자를 뒤흔드는 철학적 개념들은 사실 전혀 새롭지 않다. 이미 우리는 위키피디아와 같이 누리꾼들의 '집단지성'에 의해 형성되는 협업의 개방된 작업을 통해, 창작이란 외부와의 상호적 과정에 의해 형성됨을 잘 파악하고 있다.

마지막으로 지적될 것은, 많은 저작권 옹호론이 자본주의 생산과정 내 위치되는 저자의 위치를 외면한다는 점이다. 기술복제시대의 예술을 바라보

---

5) Barthes, R.(1977), "The Death of the author"(1968), in Stephen Heath(trans.), *Image-Music-Text,* London: Collins, pp.142~148.

6) Barthes(1977), Ibid., p.146.

7) Foucault, M.(1984), "What is an Author?"(1969), in Paul Rabinow(ed.), *The Foucault Reader*, Pantheon, pp.101~120.

8) Foucault(1984), Ibid., p.107.

면서 아우라의 상실을 얘기했던 벤야민(Walter Benjamin)은 예술가 등 창작자는 생산관계 속에 편입됨으로써 시장의 상품처럼 취급된다고 봤다. 예를 들어, 미국의 할리우드 시스템의 생산과정은 대단위의 협업과 거대한 공장 시스템으로 이루어지고, 영화감독의 역할은 그저 전체를 디자인하는 구상 노동자 역할로 떨어진다. 감독의 위상이 노동자의 지위로 떨어지는 반면, 대부분의 권력은 투자사, 배급사, 제작사로부터 나온다. 이렇듯 자본주의의 생산과정 내에 저작자를 놓는 이유는, 현실 저작권 실세 관계를 드러내는 작업이기도 하다. 즉 문화 콘텐츠에 열광하는 후기 자본주의 시장에서, 창작자와 저작권 소유자 혹은 저작인접권자 간에 이권의 분리가 어떻게 이루어지고, 누가 대부분의 이익을 가져가는가에 대한 질문이 빠져 있다.

저자의 권리만을 옹호하는 측은 주로 문화산업에 참여하는 대기업들에 의해 저작권의 독점화 현상이 벌어진다는 점을 망각한다. 다시 말해 법률상 창작자의 작품이 원저자로부터 대리인(문화산업)으로 위탁, 양도되는 시장의 법칙을 간과한다. 그럼으로써 저작권의 효과로 인해 실제 부의 집중은 저자에서 저작권 실소유자인 기업으로 가게 되는 것이다. 이는 저자에게 적절한 보상이나 인센티브를 부여해야 한다는 논리가 시장에서는 별로 신빙성이 없음을 말한다.

전통적 저작권 개념에서 드러나는 크게 세 가지의 수사학적 오류들은 여전히 저작권자들이 많이 드는 방어 논리이기도 하다. 이 같은 오류들은 시장의 민주적 질서를 기대하는 이들에게 더욱더 신뢰감을 떨어뜨리는 명분을 가져다주었다. 다음의 절에서는, 상업적 질서와 그를 지탱하는 저작권의 부적절한 적용에 반기를 들고 등장하는 카피레프트의 성장 배경과 그것의 역사적 발전에 주목한다.

3. 카피레프트의 태동과 배경

인터넷은 사회의 지식 자원의 이용 방식을 뒤바꿔놓았다. 저작, 권위, 기밀, 전문, 보안 등의 수식어가 따라붙는 정보에는 의례 이중 삼중의 철통 같은 가로막이 놓여 있기 십상이었다. 이렇듯 위계된 정보도 잠금 장치가 한번 풀리면 무한히 복제돼 손을 쓸 수 없는 상황에 이른다. 누리꾼들 간의 소통이 협업의 가치를 배양하고 있는 것이다. 하나의 정보를 가지고 수백, 수천이 모여 지속적으로 갈고 닦아 쓸 만한 형태로 발전시키기도 한다. 이것이 네트에서 자생적으로 성장했던 정보공유 운동의 모습이었다. 카피레프트의 본격화된 운동은 무엇보다 소프트웨어 프로그램 영역에서 시작되었다. 이는 60년대 컴퓨터 역사의 초창기 해커들의 철학적 개방성과 자유에서 그 흔적을 발견할 수 있다.

'해크'(hack)라는 말은 해커들의 본산지 매사추세츠 공대(MIT)에서 통용된 은어로, "작업과정 그 자체에서 느껴지는 순수한 즐거움 이외에는 어떠한 건설적인 목표도 갖지 않은 프로젝트나 그에 따른 결과물"을 지칭한다. '해커'(hacker)는 컴퓨터 코드와 전자 하드웨어를 해크하길 즐겨하는 이를 말한다. 이들의 기본 철학은 컴퓨터를 가지고(PC-related) 이를 통하여(PC-mediated) 누군가에 의해 굳게 닫혀 있는 정보를 자유롭게 하는 것이다. 그래서 이들의 슬로건은 "스스로 생각하고, 권위를 의심하라"(TFYQA: Think for yourself Question Authority)이다.[9] 디지털 시대의 탈권위적 자유를 신봉하는 프로그래머들이 바로 해커 정신의 출발이었다.

당시 자유주의적 해커의 전형적 모델로는, 1960년대 합법적 해커들이자 1세대 해커들인 MIT대학의 인공지능연구소의 '테크모델철도클럽'(TMRC: Tech Model Railroad Club)을 꼽을 수 있다. 이들이 정초한 '해커 윤리'에는 다음과 같은

---

9) 해커와 관련된 내용은 이광석(1998), 『사이버문화정치』, 문화과학사, pp.72~85에서 인용 혹은 재인용.

내용을 담고 있다. ① 컴퓨터 접근권에 대한 완전한 보장, ② 정보의 공개성, ③ 권력에 대한 불신과 분권화, ④ 해커의 평등성, 즉 그들의 능력은 사회적 능력에 의해 평가되어선 안 된다, ⑤ 디지털 기술의 적극적 활용, 즉 컴퓨터는 인류를 보다 나은 방향으로 변화시키는 데 기여한다. 디지털 기술에 대한 상당한 낙관론을 보여주기는 하나 이들의 '해커 윤리'는 디지털 시대의 정보통신 다국적 기업들의 운동 방식과는 다른 새로운 공동체주의적 전망을 보여준다.

테크모델철도클럽 이후로도 여러 해커 그룹들이 출현하지만, 정부와 기업, 특히 IBM에 의한 컴퓨터 시장의 독점에 도전하여 1975년에 만들어진 컴퓨터 전문가 해커 단체인 '홈브루 클럽'(Homebrew Computer Club)을 당대의 대표적인 경우로 꼽을 수 있겠다. 비록 당시 해커들이 개별적, 백인주의적, 엘리트주의적 단점을 노출했지만, 그들의 가치는 새로운 전자기술 환경에서의 개방과 자유에 기반을 둔 사회 공동체의 실현이었다. 그 기본 이념을 '해커 윤리' 혹은 '해커주의'를 통해 보여주었던 당시 프로그래머들의 철학은, 80년대에 오면 구체적으로 카피레프트의 대안적 모델을 만들면서 자본주의 시장 모델에 대한 체계적인 도전을 꾀하게 된다. 이의 핵심에는 2세대 해커 출신의 리처드 스톨만(Richard Stallman)과 그의 자유소프트웨어 재단(FSF: Free Software Foundation)이 존재했다.

1980년대 버클리대학과 AT&T는 공동으로 유닉스(Unix) 컴퓨터 프로그램을 개발하고, 이로부터 이익을 내기 위해 AT&T는 유닉스 프로그램을 쓰는 이들에게 "비공개 협정"에 서약하도록 종용했다. 프로그램의 소스 코드를 매우 제한적인 이들만 읽고 교환할 수 있도록 협정문을 꾸몄던 것이다. 모든 연구자들이 이를 당연한 것으로 받아들였으나, 받아들이지 않았던 인물이 스톨만이었다.[10] 해커의 자유주의 전통에 영향을 받았던 스톨만에게 유닉스

---

10) R, van Wendel de Joode, J, A, de Bruijn, & Michel van Eeten(2003), *Protecting the Virtual Commons; Self-organizing Open Source and Free Software Communities and Innovative Intellectual Property Regimes,* The Hague: T.M.C. Asser Press, pp.8~9.

협정은 중앙의 권위적 통제로 보였다. 이에 스톨만은 대학 연구소를 떠나 자유소프트웨어 재단을 만들고 독자적으로 '그누'(GNU) 프로젝트란 것을 시작한다. 이 프로젝트의 핵심은 컴퓨터 운영 체제의 제작이었고, 1990년대에 들어 리누스 토발즈(Linus B. Tovalds)에 의해 리눅스(Linux)가 나오면서 그누/리눅스라는 소스 공개형 운영체제 소프트웨어를 개발하는 데 이른다.

스톨만의 그누 프로젝트는, 그누/리눅스와 같은 운영체제뿐만 아니라 모든 소프트웨어의 자유와 공유에 그 목표를 두었다.[11] 그가 설명하듯, '프리'(free)는 공짜 맥주(free beer)를 말할 때 그 공짜가 아니라, 표현의 자유(free speech)에서의 자유를 의미한다고 강조한다. 구체적으로 ① 소프트웨어 프로그램을 어떤 목적에서든 자유롭게 이용하고, ② 작동 원리를 연구하여 이를 자신의 필요에 맞게 변경시킬 수 있고, ③ 공동체를 위해 이의 복제 및 재배포를 할 수 있고, ④ 공익과 공동체에 이익이 되도록 개작 및 향상을 도모할 수 있는 데 그 자유의 의미가 있다고 봤다. 이를 실현하는 구체적 전제 조건은 프로그램 소스코드를 공개하되 영리적 이용을 금하는 새로운 라이선스 모델을 취하는 것이었다.[12] 이는 저작권의 양도에 관한 실정법 아래 'GPL'(General Public License)이란 대안적 라이선스를 두는 식이다.

스톨만의 기본 철학은 GPL의 '공유조건의 승계: 이차적 저작물의 동일조건 변경허락(share-alike) 조항'에서 잘 드러난다. 즉, GPL하에서 제작된 프로그램의 개작된 버전들은 최초 만들어진 소스 코드의 공개 원칙에 따라야 한다. 다른 말로 하면, 공유 조건의 승계 조항을 통해, 추가로 프로그래밍 작업에 참여하는 저자들 스스로가 소유 권리를 포기하게 함으로써, 공개화된 소스들을 GPL의 지속적 영향권 아래 놓이도록 라이선스 협정을 유지하는 효과를

---

11) 스톨만의 그누 프로젝트의 철학에 관한 페이지에서 "What is free software?" 혹은 "The Free Software Definition" 페이지 참조. 출처: http://www.gnu.org/philosophy/free-sw.html
12) Stallman, R.(2002), *Free Software, Free Society; Selected essays of Richard M, Stallman,* MA, Boston: GNU Press, Free Software Foundation, p.41.

얻는다.13) 이와 같이 급진적 공유철학으로 대변되는 스톨만과 FSF의 카피레프트 정신은, 정보재의 고유한 특성을 인위적으로 억누르는 재산권 옹호론자들에 대한 구체적인 대응이 가능할 수 있음을 알리는 신호탄이 됐고, 저작권이 단지 사유재산을 보호하기 위해 고안되었다는 상식 자체를 다시 생각하게 만든 전환점이 됐다.14)

1990년대 후반에 이르러, 소프트웨어 개발에 있어 GPL의 엄격한 적용을 행했던 스톨만의 자유 소프트웨어운동(Free Software Movement)과 차별을 두고, 협업화된 자율의 프로그램 개발 방식에만 주목해 이를 시장 활성화에 응용하려는 입장이 등장했다. 에릭 레이먼드(Eric Raymond)가 바로 그인데, 실용주의와 시장주의에 입각해 소프트웨어 개발의 개방성과 협업성에 기초해 오픈소스 운동(Open Source Movement)을 주창한다. 그의 시각을 집대성해 1997년 펴낸『성당과 시장』이란 책에서,15) 레이먼드는 소수 프로그래머에 의해 프로그램을 제작하는 폐쇄적이고 엘리트주의적 방식을 '성당'이란 은유를 통해 비판하고, 리눅스처럼 인터넷을 통해 일반 이용자들이 개방성과 협업에 기초해 소프트웨어를 개발하는 모습을 '장터'에 비유해 견주어 보고, 후자의 모범을 따를 것을 주장했다. 당연히 레이먼드는 소스코드의 공개화된 발전 방식에는 긍정했지만, GPL의 공유조건의 승계 조항에 불만을 가졌다. 레이먼드가 지닌 "산업화를 추구하는 실용주의 혹은 시장주의"16)적 관점하에선, 엄격한 GPL의 적용은 오히려 프로그램 개발의 폐쇄성을 증가시킬 뿐이고, 이보다는 프로그램 개발 방식에

---

13) Guibault, L. & Ot van Daalen (2006), *Unravelling the Myth around Open Source Licences,* The Hague, T.M.C.Asser Press, p.21.
14) 주철민(2000), 「인터넷은 자유다: 자유 소프트웨어 운동」, 홍성태·오병일 외,『디지털은 자유다: 인터넷과 지적 재산권의 충돌』, 이후, pp.250~265; 홍성태(2002), 「현실 정보사회의 이해」,『현실 정보사회의 이해』, 문화과학사, pp.184~234 참고.
15) Raymond, E. S.(1998), *The Cathedral and the Bazaar: Musing on Linux and open source by an accidental revolutionary,* Cambridge: O'Reilly. pp.27~78 참고.
16) 손수호(2006), 「디지털 환경과 저작권 패러다임의 변화에 관한 연구: 레식의 카피레프트 이론을 중심으로」,『출판학연구』, 통권 51호, p.231.

[표 4-1] 8~90년대 카피레프트 진영 내부의 분화

자유소프트웨어 운동	오픈소스 운동
리처드 스톨만	에릭 레이먼드
자유소프트웨어 재단(그누 프로젝트)	오픈소스 이니셔티브
도덕적/윤리적	실용주의적
정보의 자유	시장 인센티브
정치/사회적 접근	경제적/시장주의적 접근
공동체 복지를 위한 소프트웨어	시장 경쟁을 위한 소프트웨어

있어서 개방의 자유로운 협업 과정을 통해 시장 성과를 내는 것이 중요하다.

스톨만은 레이먼드의 오픈소스 운동을 "반푼의 자유" 운동으로 규정했다. GPL이 적용되지 않으면 사적 이익 앞에서 쉽게 공유의 정신이 포섭되거나 멍들 수 있다고 봤기 때문이었다. 스톨만의 비판과 상관없이, 레이먼드의 주장은 시장에 큰 반향을 불러일으켰고, 이윽고 1998년 웹브라우저를 제작하던 넷스케이프사가 마이크로소프트의 시장지배에 맞서 '장터'의 오픈소스운동을 차용하는 계획을 발표하게끔 유도했다. 이후 레이먼드는 자신의 유명세를 발판을 삼아 '오픈소스 이니셔티브'(Open Source Initiative)를 만들어 초대 의장이 되면서 오픈소스운동을 보다 대중화시킨다. 그때 이후로 리눅스(운영프로그램)는 물론이요,[17] 아파치(웹서버 어플리케이션), 펄(프로그래밍 언어), 센드메일(프로그램을 다루는 메일) 등 마이크로소프트 등의 독점적 시장 지배에 맞서 다양한 대중적인 오픈소스 프로그램들이 등장한다.

카피레프트 진영 내에 존재했던 자유소프트웨어 운동과 오픈소스 운동간 철학의 차이는 [표 4-1]에서처럼 미묘한 대립구도를 보여준다. 이처럼 두 운동간의 불편한 동거에도 불구하고, 이 둘이 지니고 있던 "정보 공유의 당위 및

---

17) 정보공유 운동의 최대 성과 중 하나인 운영 시스템(OS) 리눅스는 1991년 핵심 소스 코드(커널)를 무료로 공개한 이래, 2009년 2월 현재 전 세계 2900만 명이 넘는 자발적인 프로그램 개발자와 이용자 그룹을 확보하고 있다. 리눅스 이용자의 숫자는 http://counter.li.org/에서 시시각각 확인할 수 있다.

효용, 이용자들의 자발적 협력에 기초한 지식증진 모델, 그리고 저작자의 권리를 역이용해 소스코드의 사유화를 막는 (대안의) 라이선싱 전략 등은 정보 사유화를 우려하던 이들에게 이 운동의 이념이 소프트웨어뿐만 아니라 여타 부문의 지적창작물에 (혹은 사회/문화 영역에 확장) 응용될 수 있다는 영감을 주었다".18) 지금에 와서 대부분의 연구자들이 이 두 진영을 포괄하여 '자유/오픈소스 소프트웨어'(Free/Open Source Software, FOSS) 운동이라 통칭하는 것도, 이 둘의 대립보다는 양자가 지닌 장점을 다같이 살리자는 의미로 받아들어야 할 것이다.

카피레프트 내부 두 진영의 영향력은 사실상 소프트웨어 영역 안에서만의 이슈였다. 그런데, 2000년대에 접어들면서 자유주의자들을 중심으로 서서히 이 운동 모델을 사회의 여타 영역에 도입하고자하는 움직임들이 벌어졌다. 예컨대『해커, 디지털시대의 장인들』이란 책을 쓴 핀란드의 철학자 페커 히메넌(Pekka Himanen) 또한, 소프트웨어의 공유와 나눔의 철학을 배워 전사회적인 복지모델로 확대할 필요가 있다고 주장한다.19)

히메넌은, 컴퓨터 프로그램의 공유 철학을 모든 가치 있는 자원을 서로 나누는 자원공유의 사회모델로 키우자는 복지모델을 염두에 두고 있다. 즉, 공유 철학을 언론·법·디자인·교육 등으로 확산해 사회적 자원공유의 기초로 삼자는 의미다. 히메넌의 아이디어는 이미 카피레프트 운동 진영에서 당시 널리 공유된 논리였고, 대체로 물질재의 공공 소유를 주장하는 마르크스주의자들과 지식에 대한 공리주의적 시각을 가진 이들로부터 범사회 차원에서 정보공유 모델에 대한 도입 요구가 점차 확산되기 시작했다. 주축은 미국의 스탠포드 법대 레식(Lawrence Lessig) 교수와 듀크대학 법대 제임스 보일(James Boyle) 등 미국 내 자유주의적 법학자들의 모임과 정보운동에 개입하는 전자프

---

18) 김남두·이창호(2005), 「정보 사유와 공유의 레퍼토리와 은유적 내러티브: 저작권의 사회적 구성과 자유 소프트웨어/열린 소스 운동의 이해」, 『한국언론학보』, 49권 6호, p.59.
19) Himanen, P. (2001), *The Hacker Ethic*, Random House, 신현승 역(2002), 『해커, 디지털시대의 장인들』, 세종.

런티어재단(Electronic Frontier Foundation)과 같은 시민운동 진영 등이었다. 저작권의 법리적 해석 문제와 함께, 기술 장치를 통한 저작권 통제를 지칭하는 '기술적 코드'(technical code)란 개념으로 유명했던 레식 교수는 바로 스톨만의 GPL을 참조하여 'Creative Commons 라이선스', 일명 CCL을 2002년 12월에 정식으로 발표한다. GPL이 소프트웨어 개발과 관련된 정보공유라이선스라면, CCL은 저작권법에 적용되는 저작물을 위해 만들어진 대안적 라이선스라 볼 수 있다.

결국 1960~70년대 미국에서의 해커 윤리, 그리고 1980~90년대 자유/오픈소스 소프트웨어 운동(FOSS), 그리고 2000년대의 CCL로 이어져 내려오는 역사적 전통이 지금의 카피레프트 진영의 주류를 형성한다고 봐야 할 것이다. 물론, 역사적으로 한때 반문명주의적(Luddism-driven)이고 무정부주의적(anarchist)인 혁명을 주장했던 언더그라운드 해커 그룹들과 마르크스주의자들도 어느 정도 카피레프트의 정치적 스펙트럼의 다양성에 일조했다고 보여지지만, 이제까지 본 것처럼 실제 정보 이용자들의 공유 문화에 영향을 미쳤던 힘은 자유주의적 카피레프트 운동으로 봐야 할 것이다. 실제 대안적 라이선스 개념 자체가 저작권의 법리 아래서 작동하는 시장 기제라는 점을 감안하면 더욱 그러하다. 이제까지 권위와 독식에 기반했던 저작권에 또 다른 시각과 대안을 주었다는 점에서 자유주의자들이 미친 영향은 지대하다.

4. 카피레프트 운동의 현황

1) 미국 카피레프트 현황: 창작공유라이선스CCL

불과 얼마 전만해도 소수 컴퓨터 개발자들의 우상으로만 여겨졌던 리눅스 개발자인 리누스 토발즈가 디지털 문화와 비지니스의 경전인 미국의 『와 이어드』 잡지 표지를 장식하는 때에 이르렀다. 그도 이젠 스티브 잡스나 빌 게이츠만큼이나 소프트웨어 업계의 스타다. 세계 소프트웨어 시장의 90% 이상을 쥐락펴락하는 마이크로소프트조차 리눅스 등 오픈소스 운동을 자신 의 최대 적으로 꼽는 세상이 됐다. 독일, 프랑스 등 서유럽 국가들은 물론이고 중국, 브라질, 아르헨티나 등 남미나 아시아계 정부들도 기술종속을 벗어날 기회를 자유/오픈소스 소프트웨어 정책에서 찾고자 한다.[20] 정보공유 운동 의 정점에서, 그리고 현실 제도와 법이 변화된 디지털 현실을 따라잡지 못하 는 상황에서, 결국 대안적 라이선스 모델인 CCL이 등장했다. 레식 등은 '창작 공유터'(Creative Commons)라는 비영리 법인을 만들고, CCL을 개발하여 보급하 는 데 크게 성공한다.[21]

CCL은 우리말로 '창작공유 라이선스' 정도로 옮길 수 있을 것이다. 즉, 창작을 통해서 생성되는 저작물들에 대한 대중의 접근도를 크게 향상시키기 위해 마련된 대안의 라이선스 모델이다. CCL은 정보와 미디어 콘텐츠의 무리 한 사유화와 불공정의 관행에 제동을 걸기 위한 또 다른 공정 시장 기제라 보면 된다. CCL은 저작권법 제42조의 '이용허락'(license)을 위한 일종의 표준 계약서로서 현행 저작권법 체계에서 저작물 이용을 규율한다.[22] 즉 기존의 저작권 제도 안에서 작동하는 라이선스이며, 새로운 공유매체로서 인터넷상 에서 창작물의 유통을 방해받지 않기 위해 고안된 라이선스 모델이다.[23] 이 는 저자 스스로가 자신의 저작물 생성과 관련된 권리를 선택적으로 유지하게

20) 자유/오픈소스 프로그램 운동을 국가 정책화하여 도입하려는 움직임에 대해서는 Lee, K. S.(2006), From Underground Cult to Public Policy for Citizens: Democratizing an Open Source Artifact at a Policy Level in South Korea, *The Journal of Policy, Regulation, and Strategy for Telecommunications, 8(1)*, pp.4~15 참고.
21) 창작공유터에 관한 내용은 http://creativecommons.org/about/ 참고할 것.
22) 한국데이터베이스 진흥센터(2006), 『웹2.0은 지식정보 해방공간인가? 웹2.0 시대의 정보자 유문화, CCL』, 커뮤니케이션북스, p.43.
23) 이광석(2002), "지식 공유의 새로운 구상", 「한겨레신문」 5월 17일자, 10면.

[그림 4-2] CCL의 표기 방식 예제

	(가) 저작자표시(Attribution): 창작자는 이용자에게 저작물과 이에 기초한 2차적 저작물의 복제·배포·전시·상연을 인정. 그러나, 이 경우에 원저자의 성명이나 이명을 표시해야 한다.
	(나) 비영리(Noncommercial): 창작자는 이용자에게 저작물과 이에 기초한 2차적 저작물의 복제·배포·전시·상연을 인정. 그러나, 이용자의 저작물 이용을 오직 비상업용 목적에 한정한다.
	(다) 변경금지(No Derivative Works): 저작물을 이용하여 새로운 2차적 저작물을 작성하는 것뿐만 아니라 저작물의 내용, 형식 등의 단순한 변경도 금지. 단, 공정이용의 범위 내에서는 가능하다.
⊙	(라) 동일조건 변경허락(Share Alike): 저작물을 이용한 2차적 저작물의 작성을 허용하되, 그 2차적 저작물에 대하여는 원저작물과 동일한 내용의 라이선스를 적용한다. (앞서 언급한 스톨만의 GPL 조항 응용)

(cc) ① BY	① 저작자표시	(cc) ① ⊙ BY SA	④ 저작자표시·동일조건 변경허락
(cc) ① ⑤ BY NC	② 저작자표시·비영리	(cc) ①⑤⊜ BY NC ND	⑤ 저작자표시·비영리·변경금지
(cc) ① ⊜ BY ND	③저작자표시·변경금지	(cc) ①⑤⊙ BY NC SA	⑥ 저작자표시·비영리·동일조건 변경허락

함으로써, 제3의 창작자에게 저작물의 변경과 사적 이용의 자유를 크게 신장하는 효과를 발휘한다.

　다양성과 창작 과잉의 미디어2.0 시대에 걸맞는, 저작물에 대한 최소한의 권리 모델인 셈이다. 다시 말해 CCL은, '공공의 영역'에 창작자 권리의 일부를 기탁하고 그 안에서 이용자들이 저자와의 협의 없이도 마음 놓고 저작물을 쓸 수 있게 하는 무상계약 라이선스 모델이다. 그래서 레식은 CCL이 '기존의 저작권 영역'(all rights reserved)과 '저작권이 아예 미치지 않는 공공의 영역'(public domain) 사이에 위치해, '일부 권리만 인정되는 영역'(some rights reserved)으로 기능한다고 본다.24) 결과적으로 CCL에 적용받는 저작물을 늘릴수록, 공공의 영역을 확대하는 방향으로 나가는 효과를 얻는다.

---

24) Lessig(2004), op. cit., p.277.

구체적으로 CCL이 창작자와 사용자의 권리 회복을 강조하는 방식은, 저자들 스스로가 만든 창작물의 사용 방식을 자신과 이용자의 권리에 맞춰 폭넓게 '의사표시'를 하는 것이다. 즉 원저자가 자신의 권리와 사용자의 창작물 이용 범위를 직접 콘텐츠에 명시한다. 이는 저작자의 지분권 중 일부를 '특정 조건'하에서 이용할 수 있도록 하는 것을 의미한다.[25] 보통 저작물의 이용허락은 당사자(저작자와 사용자) 간의 계약을 통하여 이루어지나, CCL에서는 사용자의 자유로운 이용을 허용하되 몇 가지 단서 아래 개방형 이용허락 방식을 취한다. 다음에 설명되는, CCL이 제공하는 4개의 기본 라이선스 표시를 가지고 창작자가 조건을 혼합하여 단서를 달 수 있다. 구체적 라이선스 조건 표시 방식은 [그림 4-2]와 같다.[26]

CCL은 위 네 가지 요건의 결합에 의해 만들어지는데, 조건 중 "변경금지"와 "동일조건 변경허락"은 동시에 적용 불가능한 논리이기 때문에 이용허락의 경우 숫자는 총 11가지로 추려진다. 허나 저작자표시가 모든 라이선스에 기본 삽입돼, 실제 6개의 라이선스를 쓰고 있다. 저작권자는 이 여섯 중 원하는 라이선스를 선택하여 저작물에 첨부하고 이용자는 첨부된 라이선스를 확인 후 저작물을 이용함으로써, 당사자 사이에 개별적인 접촉 없이도 그 라이선스 내용대로 이용허락의 법률관계가 효력을 얻는다.[27]

'창작 공유터'는 사업 철학을 "좀 더 건강한 첨단기술 경제"의 건설에 두고 있다. 시장과 맞선 정보의 완전한 해방이 비현실적 해법이라면, 저작권의 남용 또한 시장을 경직시켜 이를 좀먹는다는 점에서 마찬가지라고 본다. 이

---

25) 김병일(2004), "저작물 자유이용마크제도와 정보공유라이선스", 「정보공유라이선스와 학술연구성과의 공유방안' 토론회 발제문」 11월 5일, 국가인권위 배움터, 출처: http://www.freeuse. or.kr/info/conference.html.
26) 창작공유 라이선스(CCL)의 기본 표시와 실제 이용되는 옵션은 http://creativecommons. org/about/licenses/ 참조.
27) CCL의 적용에 관한 국문판 요약, http://www.creativecommons.or.kr/info/about 참조.

둘을 절충한, 시장 친화적이고 공유 가치를 도모할 수 있는 저작권의 좀 더 유연하고 새로운 적용을 CCL에서 찾고 있다. 자유주의자들의 비전과 모델은 비록 아직 주류가 되진 못하지만, 상당한 영향력을 갖고 전 세계적으로 퍼져나가고 있다. 2009년 7월 현재 한국을 포함해 전 세계 40여 개 나라에 CCL지부들이 만들어지고 이에 새로 가입 중이다.[28] 각국의 CCL 적용은 국가 고유의 법체계에 따른 부분 수정이나 추가가 이루어질 뿐 기본적으로 미국에서 만들어진 라이선스 내용과 방식을 따르고 있다.[29]

이들의 구상은 창작자 개인에게 라이선스 조건을 결정하게 한다는 약점이 존재한다. 공익 수준에서 이용자들이 창작자에 의해 생성된 라이선스 변경에 개입할 여지가 없다는 것이 문제다. 게다가 이미 저작권의 적용을 받는 저작물에 대한 개입이 어려워, 변방에서 벌어지는 소극적인 방식의 라이선스 운동이기 쉽다. 또한 GPL은 '동일조건 변경허락'을 고집해 상당히 급진적인 라이선스인 반면, CCL은 그것을 하나의 선택 사항으로 둠으로써 보다 약화된 면모를 보여준다. 하지만 정보공유에 기초해 지나친 저작권의 적용에 현실적인 방안을 갖고 대응했다는 점에 그 의의가 있다. 8, 90년대 소프트웨어 영역에 머물렀던 정보공유 운동을, 2000년대 CCL은 사실상 디지털 사회의 전면적인 공유정신으로 확대하고 실제로 조직화한 사업으로 볼 수 있다.

그 외 스톨만과 FSF의 정신을 계승한, 또 다른 형태의 공유 라이선스들의 개발들도 그 와중에 눈에 띈다. 공개 콘텐츠 라이선스(OCL: Open Contents Lincese),

---

28) CCL의 국제적 확대 양상은 http://creativecommons.org/international/에서 확인할 수 있다.
29) 사실상 CCL의 전 세계적 영향력의 확대는 일면 긍정적이긴 하나 각국의 지역 저작권 문화를 고려하면, 일종의 '패권화'하는 경향을 보여주기도 한다. 일례로, 남아프리카 공화국의 원주민들은 애초에 저작권 개념이 없는데다 공유 개념이 널리 퍼져 있는 채로 살아왔다. 이런 곳에 CCL지부를 만들어 CCL의 논리를 펼친다는 것은, 자칫 저작권으로부터 좀 더 자유롭고 급진적인 문화 유형을 정착시킬 수 있는 후진적 지역이나 국가에 처음부터 공유의 보이지 않는 '유리 천장'을 만들어놓는 부정적 효과를 주는 것이 아니냐는 논란이 있을 수가 있다. 혹은 한국처럼, 이미 국내 시민단체에 의해 자생적으로 정보공유라이선스가 개발된 국가에 미국의 CCL이 수입되면서 빚어지는, 국외 - 국내 간 정보공유라이선스 마찰 등도 그 문제점 중의 하나라 볼 수 있다.

공개 출판 라이선스(OCL: Open Publication License), 공개 음악 라이선스(OML: Open Music License), 공개 오디오 라이선스(OAL: Open Audio License), 자유 예술 라이선스(FAL: Free Art license) 등이 그 예들이고, 이는 콘텐츠 일반, 출판, 음원, 예술, 교육 등 영역에서 개발 응용되었다.[30]

2) 한국 카피레프트: 정보공유라이선스

1990년대 말부터 대외 무역 개방의 파고와 저작물 보호에 대한 전방위적 압력이 미국을 중심으로 국제 저작권 기구들과 무역기구를 통해 크게 증가되기 시작한다. 대외 경제개방의 파고로 변화된 정보기술 현실에 조응한다는 명목으로, 한국 정부는 저작권 강화 쪽으로 지난 2005년 1월 저작권법 개정을 단행한다. 개정된 법에서는 저작권자뿐만 아니라 저작인접권자(실연자 및 음반제작자)에게 전송권을 부여함으로써, 인터넷상에서 게시판, 블로그 등에 자의적으로 '펌질'해 놓은 배경 음악, 기사 등의 저작물이 저작권 위반의 시비 대상에 오르게 된다. 같은 해 3월에는 열린우리당 국회의원들이 저작권자의 권리를 더욱 몰아주는 개정안을 발의하면서, 누리꾼들의 표현의 자유와 이의 공익적 접근에 대한 논의들이 일어나기 시작한다.

무엇보다 그 해 전 국민의 공익과 관련해 저작권에 대해 다시금 생각해보는 계기가 된 사건이 발생했다. 이름하여 '애국가 저작권 문제'였다. 저자 사후 50년을 적용하는 국내법에 따르면 애국가를 작곡한 고 안익태 선생의 "환상 교향곡"의 저작권이 스페인에 거주하는 유족들에 2015년까지 주어진다. 이 사실이 알려지면서 국민들의 공분을 샀다. 자유롭게 어디서든 부를 수 있고 이용할 수 있는 한 나라의 국가가, 실제 공공재가 아닌 개인 소유, 그것도 외국에 거주하는 유족 소유라는 점에 모든 국민들이 놀랐다. 당시 정황으로는

---

30) 정보공유연대 IPLeft(2004), 『2004년 개발보고서: 정보공유라이선스 필요성과 국내모델』, 출처: http://freeuse.or.kr/info/report.html.

축구 경기장 혹은 학교에서 저작권료를 내지 않고 애국가를 부르는 행위는 불법에 해당했다. 결국 부정적 여론에 밀려 유족이 저작권을 반환하고 국가 차원에서 적절하게 저작자 가족들에게 보상함으로써 종결됐다. 이 사건으로 인해 대다수 국민들은 한 나라의 애국가도 한국음악저작권협회의 신탁을 통해 저작료 징수 대상일 수 있으며, 이로 인해 표현의 자유가 크게 위축될 수도 있음을 깨달았다.

당시의 저작권과 관련한 국내의 불미스런 정황을 고려하면, 시민사회 내부에서 이에 대한 체계적 반응이 없을 리가 만무했다. 특히, CCL의 국내 도입이 유치된 것도 이 무렵이다. 국내 법학자들의 모임인 한국정보법학회를 중심으로 그해 3월 21일에 CCL코리아가 공식적으로 문을 연다.[31] CCL코리아의 개소 후, 인터넷 누리꾼들의 표현 자유와 관련해 국내 주요 포털사이트들과의 CCL 라이선스 협정에 상당한 진척을 보았다. 예를 들어 2006년 2월 다음커뮤니케이션과 협업하에 다음의 블로그에, 그리고 2008년 3월에는 다음 카페에 CCL 시스템을 도입하는 데 합의한다. 같은 해에 네이버와 작업하여 CCL 도입에 합의했다. 이로써 2008년 10월 현재, 매일 200만 개 정도의 UCC에 CCL이 적용되고 있고, 총 16만 개의 블로그 중 1만 2000개가 CCL을 적용 중이다.[32]

2005년 초 보여줬던 강한 저작권 경향과 국제적으로 CCL의 대중화가 국내에 CC코리아를 세우는 데 큰 역할을 했지만, 국내 토종의 카피레프트 운동은 이미 1990년대 말부터 존재했다. 우선 2002년부터 시작된 '정보트러스트' 운동은, "사라지는 인터넷 문화유산을 전자 공공도서관에 보존하자"는 기치를 갖고 진행돼 왔다.[33] 여러 시민관련 단체들이 참여하여 사이버공간에서 사라지는 디지털 역사와 정보를 복원해(예컨대, 2005년 최초의 문화웹진 「스키조」의

---

31) CC코리아에 대해서는 http://www.creativecommons.or.kr/info/about 참조.
32) 윤종수(2008), "디지털 시대의 저작권과 CCL", 「제1회 한국 오픈엑세스 포럼 추계 세미나 자료집」, 10월 22일, 한국학술진흥재단 대강당, pp.5~19, 출처: http://www.openaccess.or.kr/.
33) 정보트러스트의 역사와 활동 내역은 http://webarchive.or.kr/blog/ 참고.

복원 등) 시민의 공공 자산화하는 운동을 벌였으나 사실상 그 성과가 미흡하다. 2003년 3월, 한 교수의 시한부 프로젝트로써 기획된 '프리뱅크 프로젝트'를 들 수 있다. 인터넷뱅킹을 사용하지 못하는 20만 명의 리눅스, 매킨토시 사용 자들에게 은행들이 그에 걸맞는 범용 시스템을 갖춰야 한다는 요구였다.[34] 비익스플로러 이용자들에게는 반응이 좋았으나, 현실적으로 그 성과는 미미 했다. 비록 큰 성과는 없었지만, 국내 은행들과 기관들의 인터넷 익스플로러 종속과 그에 딸린 액티브 X 플러그인의 무절제한 사용에 대한 환기용으로 관심을 끌기에 충분했던 캠페인이었다.

이렇듯 정보공유 철학을 구현하기 위한 초창기 노력들이 저작권 질서에 공공 개념을 불어넣기에는 역부족이었다. 그러면서 국내에서도 정보공유를 실현하기 위한 라이선스를 개발해야 한다는 움직임이 서서히 일기 시작한다. 마침내 2002년 정보운동단체인 정보공유연대 IPLeft가 만들어지고, 이들 주 도로 2004년 10월에 최초 공개 라이선스인 '정보공유라이선스 1.0'이 그 첫 선을 보인다. 최초 라이선스 발표 이후로 이의 토착화 작업을 위해 정보공유연 대는 국가인권위원회 등의 후원으로 공유라이선스를 확대하려는 캠페인과 토론회를 이끌었다. 그러는 사이에 정보공유연대는 저작권심의조정위원회 와 공동으로 4~5개여 월의 작업을 거쳐, 2005년 9월에 수정, 보완을 거쳐 '정보 공유라이선스2.0'을 발표하게 된다.

국내의 정보공유라이선스도 CCL과 마찬가지로 창작자들이 자신의 요 구에 맞게 저작물에 의사표시를 하게끔 하고 있다. 다만, 저작권자가 영리적 이용허락 여부 및 2차적 저작물 허용 여부만 선택할 수 있도록 하고 있다. 2차적 저작물 작성을 허용할 경우, 2차적 저작물의 저작자는 원저작물과 동

---

34) 곽동수(2003), "토론문 1: 비(非) 인터넷 익스플로러 사용자의 접근권 문제: freebank.org 프로 젝트의 사례", 「정보공유연대 IPLeft/진보네트워크센터 공동주최, 정책토론회 자료집: 공유 정보 영역(Public Domain)의 확대와 전자 정부」, pp. 27~31 참조.

[그림 4-3] 정보공유라이선스 2.0의 표기 방식 예제

(W)	허용: 모든 범위에서 허용하는 형
(X)	개작금지: 번역, 편곡 등 2차적 저작물 작성을 금지하는 형
(X)	영리금지: 영리적 이용은 금지하는 형
(X)	영리금지 · 개작금지: 영리와 개작을 금지하는 형

일한 조건의 라이선스를 채택해야 한다. 그래서 [그림 4-3]에서처럼, 라이선스의 유형은 '허용, 영리금지, 개작금지, 영리금지/개작금지'의 4종류다.[35] 현재 국내 사이버공간에서 재미있게 관찰되는 모습은, CCL코리아와 국내 정보공유라이선스 간의 불편해 보이는 동거다. 우선 대개의 누리꾼들이 이용하는 상업적 포털 관련 서비스들, 그리고 법조계와 학술진흥재단 등 학술 집단에서는 CCL이 점차 영향력을 발휘하는 모양새를 띤다. 반면 국내 여러 시민, 노동단체들과 진보적 성향의 개인들을 아우르는 진보네트워크와 지역 도서관 등이 중심이 돼 정보공유라이선스가 쓰이고 있다. 역사적으로 보면, CCL이 저작권 강화의 국내 환경 아래서 법학자들이 의기투합해 만든, 달리 말해 밖으로부터 돌연 이식된 미국식 대안모델이라면, 정보공유라이선스는 탄생 과정에 있어서 1990년대 후반부터 지속된 국내의 저작권 강화 경향에 맞서 자생적으로 만들어진 토종 모델이라고 볼 수 있다. 현재 상황은 상업

---

35) 정보공유라이선스 소개는 http://freeuse.or.kr/htm/main1_1.htm; 오병일(2009), "제3강: 디지털 환경에서의 저작권 문제", 「(사)문화사회연구소, 정보공유연대 주최 2009 동계 문화사회 아카데미: 저작권을 둘러싼 쟁점들 자료집」.

포탈 서비스업체들을 중심으로 CCL 보급이 늘어나면서, 국내 토종의 정보공유라이선스의 대중화 작업이 약화되는 경향이 있는 것이 사실이다.

5. 공유 문화의 미래

국내에서 '공유영역'(public domain)이라 번역되어 쓰이는 용어가 있다. 이는 저작권법이 만료가 되든 저작자가 자신의 권리를 포기하든 이의 사정권이 미치지 않게 되어 자유롭고 누구나 접근이 용이한 공간을 지칭한다. 확실히 공간의 메타포를 지닌 서구적 개념이다. 원래 공유영역이란 영국 왕실이나 미국 연방정부가 국민에게 제한적으로 빌려줘 쓰도록 했던 토지를 일컫던 말로, 역사적으로 19세기 유럽에 널리 알려진 비슷한 개념은 '공공재'(public property) 혹은 '공유재산'(common property)이었다.[36] 그것이 1886년 베른협약에서 불어로 'domaine publique'라는 개념으로 최초 지적 재산에 이용되고, 20세기에 접어들면서 미국 저작권법(1909)에 정보와 지식의 '공유영역'이란 개념으로 정착돼 쓰이게 된다.[37] 그런 이유로 국내에선 비물질재 개념으로 '정보'란 말을 삽입해, '공유정보영역'이라 쓰기도 한다. 이제는 저작권의 시장 권역으로부터 자유로운 지적 산물의 독립된 그린벨트 영역을 상징하는 은유로 이용된다. 레식의 '창작 공유터'(creative commons) 혹은 보일의 '마음 공유터'(the commons of the mind)란 개념은 바로 이 18세기 '공유영역' 개념의 현대적 변용인 셈이다.

큰 흐름에서 보자면, 이제까지 논의됐던 외국의 해커주의로부터 출발해

---

36) Ochoa, T. (2003), "Origins and meanings of the public domain", *University of Dayton Law Review*, 28(2), pp.215~267.

37) Littman, J. (1990), "The public domain", *Emory Law Journal*, 39(4), pp.965~1023.

국내 정보공유라이선스 모델에 이르는 카피레프트 운동의 핵심은 바로 이 공유영역을 가꾸는 방식에 대한 고민들과 연계돼 있다. 보일의 말을 빌리자면,38) 가진 것 없는 유럽 농민들이 나눠 경작하던 공유영역에 대한 재산권 소유자들의 역사적 '종획운동'(enclosure movement)과 현대 저작권 옹호자들이 또 다시 정보와 지식의 공유영역을 사적인 이윤의 전쟁터(the second enclosure movement)로 만드는 데 대한 정보 공유의 저항 정신이 담겨 있다. 보일은 이를 지식과 정보의 생태주의적 시각에서, 마치 공해산업으로부터 환경을 보호하듯 정보와 지식의 공유영역을 저작권의 공해로부터 보호하여 그린벨트화하고, 더 나아가 그린피스와 같은 환경운동 그룹들처럼 저작권의 지적 공해 현상을 적극적으로 공론화하는 작업을 확대해야 한다고 주장한다.39) 그것이 보일이 얘기하는 '정보환경주의'론이다.

보일과 비슷하게, 그의 최근 저술에서 레식은 현대의 디지털 문화 층위를 둘로 구분한다. 하나는 'RO(Read Only) 문화'요, 다른 하나는 'RW(Read & Write) 문화'다.40) 혹은 그는 이를 '자유 문화'(free culture)와 '허가 문화'(permission culture)로 대별하기도 했다.41) 말 그대로 'RO'는 '읽기전용 문화'요, RW는 '변용가능 문화'다. 물론 그는 후자로부터 창작이 꽃을 피운다고 본다. 'RW'를 보듬어 안아야, 표현의 자유는 물론이요 자본주의 시장의 미래가 있다는 뜻이다. 이러한 'RW' 문화의 핵심에 누리꾼들의 웹2.0 문화가 있음은 주지의 사실이다. 그는, 단순히 강압의 논리로 시장의 법칙을 세우기보다는, 적극적 미디어 생산자이자 소비자인 누리꾼들의 'RW 문화'가 어찌 변해나가는지에 대한

---

38) Boyle, J. (2003), "The Second Enclosure Movement and the construction of the public domain", *Law and Contemporary Problems*, 66(1&2), pp. 33~74.

39) Boyle, J. (2008), "An Environmentalism for Information", *The Public Domain: Enclosing the Commons of the Mind*, New Haven & London: Yale University Press, pp. 230~248 참조.

40) Lessig, L. (2008), *Remix: Making Art and Commerce Thrive in the Hybrid Economy*, NY: The Penguin Press.

41) Lessig, L. (2004), *Free Culture*, NY: The Penguin Press.

[표 4-2] 카피레프트와 카피라이트의 기본 관점 비교

카피레프트	카피라이트
열림/개방성 (openness)	닫힘 (enclosure)
분산 (distribution)	집중 (centralization)
프로토콜 (protocol)	통제 (control)
접근 (access)	동기부여 (incentive)
공공재/ 정보재	물질재
RW (Read & Write) 문화	RO (Read Only) 문화
협업과정/이용자 강조	창작자/낭만적 저자 강조
정보의 자유로운 흐름	창작에 대한 대가 지불 (유인incentive이론)
정보 복지 /공익/ 사회적 책무	시장주의/개인 권리
사회적 공리주의(utilitarianism) 전통	자연권(the natural rights) 전통
특권(privilege)	재산 (property)
후발주자 국가들의 보호주의 논리	선진국(미국)의 경제/정책 논리

추이를 살피는 노력이 선행해야 한다고 본다.

레식의 'RW 문화'와 보일의 '정보 환경주의'는 사실상 동일한 논리선상에 있다. 즉 정보 공유의 확대를 통한 표현의 자유 신장이라는, 소박하지만 성취하기 쉽지 않은 목표가 있는 것이다. 이는 해커 윤리, 스톨만의 PCL, 레식의 CCL, 국내 토종의 정보공유라이선스, 그 외 정보공유를 신장하기 위해 개발된 기타 라이선스들에 새겨져 있는 가치이기도 하다. 이제까지의 논의를 근거로, [표 4-2]에서는 해커주의로부터 이어진 정보공유 정신이 어떻게 전통적 저작권의 논리와 대별되는지를 구성해 봤다.

이제 우리는 기술과 문화의 교배 혹은 잡종의 시대에 살고 있다. 유저들의 새로운 미디어2.0 기술 체계의 응용, 그리고 이를 아우르는 카피레프트의 정서 구조는 이제까지 상업화된 정보 생산과 보급의 방식을 혁명적으로 뒤바꾸고 있다. 카피레프트 운동이 전통적 저작권 옹호론에 미친 영향은 제약으로부터 멀수록 창작 과잉과 풍부한 상상력이 발휘된다는 것, 그리고 미래 문화산업의 관건은 융통성과 상식에 근거해야 한다는 것이다. 오로지 저작권자

의 권리만을 강조하는 것 이외에도 대안적 라이선스 체계들이 존재할 수 있음을 확인했다. 또한 카피레프트 운동의 역사를 보면서, 우리는 컴퓨터의 대중화 시대와 인터넷 시대, 그리고 지금의 미디어2.0 시대까지의 지속적인 정보 공유의 여러 흐름을 관찰할 수 있었다.

1. 저작권의 이중성

저작권법은 그 시작부터 위험스러운 딜레마를 안고 있었다. 독창적 표현
물의 창조와 전달을 독려하기 위해서는 작가에게 배타적인 재산권을 부여해
야 하지만, 공공 교육과 창조적 교류를 증진시키기 위해서는 시민이 사회에
존재하는 다양한 문화 창작물을 자유롭게 이용할 수 있게 해야 한다. 따라서
배타적 권리를 어느 선까지 적용시켜야 하는지에 대한 정책 결정이 문화상품
의 생산과 유통 환경이 변할 때마다 이루어져야 했다.

저작권이 너무 좁게 적용된다면 작가는 창조적 저작물 생산 의욕을 상실
할 수 있다. 반면, 저작권을 너무 넓게 확장하면 저작권 소유자는 이미 존재하
는 저작물의 비판적 사용 등에 검열적 통제를 행사하거나 접근에 대해 독점적
요금을 설정하여 사회 내 담론과 문화 발전을 냉각시킬 수 있다. 대체로 저작권
법에 의해 경제적 이익을 확대하고자하는 자들은 보호의 확대를 주장하고,
공중의 자유로운 접근에 의의를 두는 사람들은 보호 영역의 축소를 주장한다.

실제 저작권법은 저작자의 정신적 창작물에 대한 보호와 진작이라는
전제하에 '재산권적 보호 장치'를 설정하고 있다. 저작권은 무한정 보장되는
것이 아니라 시대의 여건에 따라 제한을 받게 된다. 이때 기준으로 제기되는

것이 '사회적 효용'이다. 사회적 효용은 저작권자 개인의 경제적, 정신적 이익의 보호라는 '사적 효용'이 시민의 정신적 계발, 국가와 시민사회의 공적 정신의 계발을 위한 지식체계의 구축이라는 측면에서 일정하게 제한될 수 있는 근거가 된다. 왜냐하면 그러한 공적 영역은 개인도 국가도 아닌 공중의 지적, 정신적 기반이 민주주의 발전의 중요 자원(source)이기 때문이다. 저작권법에 포함되어 있는 저작물의 공정이용(fair use), 이용에 대한 강제허락, 내포된 접근권(implied access right), 제한된 보호원칙 등은 역사적으로 저작권의 사적 전유 범위를 제한하는 제도적 원칙과 장치였다.

개인적 효용성과 사회적 효용성은 어느 하나만을 일방적으로 주장할 수 없다. 특히 방송 미디어와 같이 시민의 이성적, 정서적 공유에 근거하는 특수 영역의 경우, 개인적 효용성을 일방적으로 주장하다보면 문화 창작물을 시장의 메커니즘에 맡김으로써 사회 자원의 효율적 분배에 실패하는 이른바 '시장실패'를 가져오기 십상이다. 역으로 사회적 효용만을 강조하다 보면 시장 자체의 경직과 함께 정부 및 공적 영역의 지나친 개입으로 '정부실패'를 초래할 수 있다.

공공 영역에서의 저작물 관련 논란은 '공적 영역에 위치한 문화 창작물'에 대한 시각에서 비롯된다. 크게 두 가지 방식으로 이해되는데, 첫 번째는 공적 영역이 저작권법의 보호를 받지 않는 일체의 것, 혹은 누구든지 허락 없이 사용할 수 있는 일체의 것으로 이해하는 것이다. 카피레프트(copyleft) 운동[1]을 하고 있는 상당수의 사람들은 공적 영역을 저작권이 설정되어 있지

---

1) 모든 정보가 디지털화되면서 저작권에 대한 논란도 커지고 있다. 카피라이트에서는 디지털 복제가 아날로그의 복제보다 고도의 품질을 보장하기 때문에, 또한 인위적 조작을 통해 원판보다 더 원판 같은 복제물이 가능하기 때문에 저작권을 더 강화해야 한다는 입장이다. 반면, 카피레프트에서는 지식이란 기본적으로 공유되어야 하고, 디지털 정보와 인터넷이라는 망의 기본 속성상, 그리고 생산자와 수용자가 하나가 되고 있는 상황에서 과거와 같은 배타적 저작권을 인정하는 것은 사실상 무리라고 보면서 정보의 자유로운 유통으로 사회적 차별화를 거부하려는 입장이다.

[표 5-1] 문화 창작물을 보는 두 입장

구 분	사적 영역	공적 영역
소유의식	사적 재산	공유재산
개인의 생산물 소유기간*	영구소유	한정소유
보호의 대상	표현	아이디어
텍스트의 성격	독창성	신화, 스토리, 관용구
이용제한 정도	배타성	개방성
이용방식	유료이용	무료이용

않은 작품으로 상정하는 반면, 리트만(J. Litman)같은 법학자는 저작권이 설정되어 있는 작품이지만 저작권법이 보호하지 않는 측면까지를 포함한 공유지로 이해하고 있다.[2] 따라서 리트만은 공적 영역을 저작권법의 외부에 존재한다고 보면서 독창성 자체가 애매하여 독창성의 유무에 따라 보호를 받을 것인지 여부를 결정해야 한다고 주장하였다. 반면 후자는 저작권법 자체가 공공영역을 포함하고 있다고 보는 입장으로 저작물의 공적 이용의 메커니즘, 즉 앞서 말한 제도적 원칙과 장치 등이 지속적으로 개발되어 왔다는 점을 근거로 제시한다.

[표 5-1]에서는 문화 창작물을 사적 영역으로 보는 입장과 공적 영역으로 보는 입장을 비교해 본 것이다.[3] 저작권 보호를 요구하는 사적 영역 입장에서는 사적재산권에 기반하여 보호의 대상을 표현 그 자체, 즉 책, 신문, 필름, 카세트테이프, CD 등과 같이 유형물에 고정된 것으로 전제하고, 그것은 창작성이 있는 것으로 본다. 따라서 소유를 원하는 사람은 누구나 유료로 구매해야 하고 그러한 구매는 타인에게 양도될 수 없는 배타성과 영구히 소유할 수 있는 권리를 의미한다. 그러나 공적 영역으로 보는 입장에서는 공유 재산이

---

2) Litman, J. (1990), "The Public Domain", *Emory Law Journal*, 39, pp.975~976; 이순이(1997). 앞의 논문, pp.11~12에서 재인용.
3) 이순이(1997), 앞의 논문, p.11에서 수정.

라는 시각에서 문화 창작물을 바라보고 있고, 보호의 대상은 창작적 아이디어 그 자체로 한정시킨다. 누구에게나 개방되어 있어 무료로 이용할 수 있으며 개인이 창작물을 소유할 수 있는 기간은 정해져 있다.

디지털 환경에서는 문화 창작물을 한 번 이용함으로써 영구히 소유할 수 있다. 즉 전통적인 아날로그 환경에서 보면, 사적 영역은 개인의 경제적 능력에 준해서 저작물을 영구히 소유하게 되는 반면 공적 영역의 저작물은 한정적으로 소유하였다. 그러나 디지털 환경에서는 공적 영역 역시 한 번의 이용으로 영원한 소유가 가능하다. 영원한 소유는 다시 말하면 지속적인 복제와 전유가 가능하다는 점을 의미한다. 바로 이 점에서 디지털저작물은 저작권의 기본정신과 직접 충돌한다.

2. 공공영역, 공공재, 저작물

문화 창작물 저작권과 공적 영역의 관계에 관한 문제는 공적 영역과 공익, 공익성을 어떻게 개념화하고 그 실체를 어느 범주로 한정하며, 그것의 기본 논리를 어떻게 규정해 왔는가 하는 역사적 맥락과 관계가 있다. 이 절에서는 공공영역, 공공재와 저작물의 관계에 대하여 인간이 역사적으로 어떤 관심을 기울여 왔는지 정리하고자 한다.

어떤 사회에 공익이 존재한다고 가정할 때, 우리는 그 의미 속에 흔히 보편화된 가치, 공동체의 권익, 재화나 용역의 사회적 효용가치 극대화, 미래의 이익이나 효용성, 다수의 이익, 사회적 약자의 이익과 같은 요소들을 포함시킨다.[4] 공익에 대한 이러한 주장들은 아리스토텔레스 이후 정치철학에서

---

4) 백완기(1981), 「정책결정에 있어서 공익의 문제」, 『한국정치학회보』, 15권, pp.144~149.

말하는 '일반이익'(general interest)과 유사하다.

저작권법의 기본정신이 문학, 학문, 예술의 활성화를 통한 사회 문화의 발전을 한 축으로 한다고 볼 때, 이는 사회의 일반이익 개념과 상통하는 면이 있다. 시민의 이성적, 정서적 계몽은 일반이익으로 나아가는 첩경이기 때문에 이성적, 정서적 문화 창작물의 사회적 유통을 규정하는 저작권 관련 논의는 일반이익의 범주 내에서 설정할 수 있다. 국가기반 시설이나 공공재에 의존하는 대부분의 미디어저작물은 사유재산이라기보다는 공유재산의 성격이 더 강하다고 볼 수 있기 때문이다.

디지털저작물의 공익성은 디지털저작물이 공공재적 성격을 띠고 있다는 데에서 찾을 수 있다. 특히 방송 미디어는 공공재 산업으로 공적으로 소유되고 그 이용에 있어서도 공적인 목적을 달성하기 위한 사회제도다. 자본주의 사회의 근간이 사적 소유 제도라고 볼 때, 공적 소유와 공적 이용은 공익성 담보를 위한 특수한 요소이자 필요불가결한 요소라고 볼 수 있다.

공공재로 언급되는 사례로는 공원이나 박물관, 도서관, 전기나 전파자원, 철도나 가스 등을 들 수 있다. 공유란 특정 자원이나 재화에 대한 배타적인 소유나 사용의 권리가 존재하지 않는 상황을 의미한다. 따라서 공공재 혹은 공유재들은 공적 소유에 기반하여 특정의 조건(입장료 지불, 신분증 제시 등)에 따라 누구든지 이용할 수 있는 공유지의 성격을 띤다. 이때 지불되는 대가가 공적 영역을 유지하기 위한 세금으로 간주되며 신분증 제시 등도 공적 영역의 원활한 유지를 위해 필요한 것으로 이해된다.

특히 전파 미디어에 있어 공공재 개념은 공익성의 개념을 지지하는 바탕이었다. 방송의 공익성은 전파 매체가 처음 등장하던 20세기 초 전파의 상호 간섭 배제, 전파의 희소성과 허가권의 할당 등과 함께, 그리고 사회에 대한 강력한 영향력 면에서 공중통신 모델이나 사적 소유 모델을 거부하면서, 정치적으로 결정되고 구현되어온 당연한 원리이자 이념이었다.[5] 전파라는 특수한 물리적 조건이 부여하는 공공재(public goods)로서의 방송 주파수는 물, 공기와 같이 자유로운 접근이 허용되는 자유재와 대비되는 의미를 갖는다.[6] 누구도 주파수를 소유할 수 없기 때문에 이를 공공의 이익에 부합되게 하기 위해서는 국가나 공공기관이 직접 소유하거나 국가가 공공재에 대한 한시적 운용 권한을 개인에게 수탁하고 그 대가로 서비스의 가격이나 내용을 규제하는 방식이 있다.

방송 미디어에 있어 공공재적 특성을 환기하는 이유는 방송이 담고 있는 프로그램이라는 저작물이 외형적, 구조적인 측면에서의 공공재 이상으로 공공재적 성격을 띠고 있음을 강조하기 위한 것이다. 방송 미디어 콘텐츠는 그것을 실어 나르는 전파의 희소성으로 인해 공공재 성격을 가질 뿐만 아니라 그 사회적 존재방식 측면에서도 공공재 성격이 농후하다. 방송 콘텐츠는 현대 사회의 가장 강력한 문화 형식(form) 중의 하나이기 때문이다. 이 때 문화적이라는 말은 일상적 삶의 방식뿐만 아니라 그 시대의 정신과 정신적 생산물을 포함하는 개념이다. 미디어 콘텐츠는 의도적 혹은 비의도적인 메시지를 담고 있으며 이는 우리 사회의 문화를 구성하는 중요한 자원이자 근간이다.

이러한 미디어 콘텐츠는 우리사회의 여론을 좌우하는 담론의 중심축이기도 하다. 만약 텔레비전이나 영화와 같은 영상저작물이 우리가 살아가는 사회에 특별한 의미를 전달하는 내용을 담지 않는 것이라면 지금과 같은 높은 관심은 애초에 형성되지 않았을 것이다. 방송 콘텐츠는 공기이기는 하지만 균질한 공기는 아니고 나름의 색깔을 가진 공기인 셈이다. 그 영상저작물 양식(mode)이 무엇이든 간에 사회의 공적 관심의 대상이기 때문에 전파 자원 희소성 차원뿐만 아니라 콘텐츠의 사회적 성격 차원에서도 공공재 성격이

---

5) Ithiel de Sola Pool(1983), *Technologies of Freedom*, The Belknap Press, pp.108~150.
6) 조은기(1995), 「방송의 공익성과 시장에 관한 연구: 사유성, 외부성, '장르'효용」, 서강대학교 일반대학원 박사학위논문, p.93.

강제될 필요가 있다.

그렇다고 미디어 콘텐츠를 생산한 주체가 그것을 사적으로 소유할 수 없다는 것은 아니다. 하나의 미디어 콘텐츠를 생산하기 위해서는 엄청난 노동과 자본이 투여되는 만큼 투자에 대한 회수는 당연히 인정되어야 한다. 문제는 모두가 공유하는 문화생산물의 사회적 효용이라는 측면에서 공공적 이용이 보장되어야 한다는 데 있다. 결국 미디어 콘텐츠는 사회 구성원 누구든지 접근할 수 있고 이용할 수 있는 공공재 성격을 갖는다고 보아야 한다는 것이다.

방송을 비롯한 미디어 콘텐츠에 대한 공공영역으로서의 접근은 영상저작물 자체가 공적 담론의 창작물이자 그것 자체가 공적 영역을 구성한다는 데에서 출발한다. 사실 공공영역(public domain)은 역사적으로 구성되어온 사회적 지향성의 원리이자 이념이다. 중세에서 근대로 넘어오던 17~19세기에는 부르주아 경제의 부흥으로 시장, 종교, 가정생활과 같은 '시민사회' 체제가 등장하여 국가로부터 상대적 자율성을 확대하게 된다. 공공영역은 국가라는 경직되고 관료화된, 그럼으로써 오히려 생활세계의 식민화를 조장하는 '체계'(system)와 구별되고, 개인적 사안과 사적 이익 추구를 위한 시장경제에만 관심을 두는 사적 영역과도 구별된다.7)

달리보면 공공영역은 사적 영역이 국가 영역인 체계로 침투하면서 생긴 공간으로 일종의 중립지대다. 이 영역은 공동생활에 영향을 미치는 광범위한 관련 정보에 접근할 수 있으며, 국가로부터 자유로운 토론이 가능하고, 공적 토론에 참여하는 모든 이들이 평등한 기반 위에서 행위할 수 있는 공간이다. 여기서 시민들은 합리적인 토론을 거쳐 그들이 원하는 사회발전 방향으로 나아가기 위해 자신들의 삶을 집합적으로 결정하고 국가 정책으로 이어지게 할 수 있다.

---

7) Nerone, John C.(ed, 1990), *Last Rights: Four Theories of the Press*, Urbana & Chicago: University of Illinois Press, pp.153~180.

예컨대, 타운미팅(town meeting)은 미국 초기 역사에서 주민들이 직접 대화를 통해 지역사회 문제를 논의하고 합의를 도출했던 공간이다. 이때 중요한 것은 이들은 정해진 규칙에 따라서 저마다의 주장을 제기해야 하고, 그렇지 못하면 공적 영역의 집단에서 방출되는 것을 감수해야 한다는 점이다. 타운미팅 내의 '게임의 법칙'은 이들이 공적 문제를 제기하고, 논의하고, 해결하는 하나의 중요한 지침이었다.[8]

미디어가 공공영역으로 기능한다는 생각은 미디어 자체를 공공영역으로 본다거나 미디어가 공공 포럼을 당연히 제공해야 한다고 보는 것은 아니다. 오히려 미디어는 여타의 공론을 위한 정보원을 제공하는 역할을 하기 때문에 서구에서 공공영역의 법칙과 논리는 미디어에 그대로 적용되어 왔다. 현대사회의 미디어 공공영역은 분석적, 개념적 이성 작용뿐만 아니라 정서적, 직관적 경험의 작용이 동시에 의사소통에 관여하는 그런 공간이 되어야 한다.

스캐널(Paddy Scannell) 같은 사람은 영국에서의 공공서비스 방송 발전을 영국 사회에서의 공공영역 구조 변동으로 파악한다. 그는 방송 이전에 영국에 존재했던, 누구나 접근할 수 있도록 개방돼 있었던 공적 영역인 공원, 도서관, 공회당, 교회, 극장, 가두연설 등은 라디오로 다시 텔레비전으로 확대되었다고 말한다.[9]

정리하자면, 공공영역은 현대인들이 가지고 있는 정신적, 정서적 정보와 자원을 소통시키는 중심이다. 이곳은 누구든지 참가하여 원하는 것을 보고 듣고 말할 수 있으며 그럼으로써 민주주의의 약한 고리인 이원화된 생활세계와 체계를 이어주고 교섭해 주는 허리와 같은 부분이다. 따라서 현대사회에서 공적 영역의 안정적 확보는 민주주의는 물론이고 문화적 창작성, 사회적

---

8) Garvey, J. & Frederick Schauer(1992), *A First Amendment: A Reader,* St. Paul, Mn: West Publish, pp.101~104.
9) Scannell, Paddy.(1989), "Public Service Broadcasting and Modern Public Life", *Media, Culture and Society*, p.145.

효율성을 높이기 위한 전제라고 할 수 있다. 공적으로 축적된 미디어 콘텐츠는 사람들의 새로운 창작을 유도하는 기반이 된다. 사실 오랫동안 우리의 일상생활과 함께 하는 창작물은 문화 유산에 가깝다고 하겠다. 생일날 부르는 축하노래, 결혼식 행진곡, 어린이들이 즐겨보는 로봇 태권V, 수퍼맨, 미키마우스, 산타클로스 등은 이미 저작권의 이름을 대기조차 민망할 정도로 일상화된 창작물들이다.[10) 이런 영역이 축소되면 대중의 문화, 창작은 크게 위축될 수 밖에 없다.

비단 원초적으로 공적 생활과 관련된 것뿐만 아니라 사적 보호 영역의 저작물이라 하더라도 공적 필요에 의해서 저작권은 제한될 수 있다. 이와 관련하여 한국 저작권법은 저작권이 제한될 수 있는 예외를 인정하고 있다. 그 내용을 보면, 재판 절차 등에서의 복제, 학교교육 목적 등에의 이용, 시사보도를 위한 이용, 공표된 저작물의 이용, 영리를 목적으로 하지 아니하는 공연·방송, (비영리를 목적으로 하는) 사적 이용을 위한 복제, 도서관 등에서의 복제, 시험문제로서의 복제, 점자에 의한 복제·배포, 방송사업자의 일시적 녹음·녹화, 미술저작물 등의 전시 또는 복제, 번역 등에 의한 이용, 출처의 명시에 따른 이용 등이다. 이러한 규정들은 저작권에 영향을 미치지 않는 것으로 본다.

3. 저작물의 공정이용

저작권 제도는 최초의 창작물 보호를 목적으로 하는 것이 아니라 창의적 표현 활동을 장려함으로써 문학·예술·과학·문화 등의 발전을 도모하고자 하는 데 근본 목적이 있다. 그런 면에서 저작권이란 창의성을 나타내기 위한

---

10) 이순이(1997), 앞의 논문, p.18.

노력에 대하여 주어지는 법적 대가[11]라고 정의할 수 있다.

그럼에도 현실적으로 저작권은 저작권자의 인격적, 재산적 권리를 보호하기 위한 제도적 장치임에 틀림없다. 하지만 저작권법을 제정한 목적이 저작자의 권리와 이에 인접하는 권리를 보호하는 것은 물론, 저작물의 공정한 이용을 도모함으로써 문화의 향상 발전에 이바지하는 데 있으므로 공공성 또한 무시할 수 없다. 저작재산권은 물권(物權)과 같은 소유권에 속하는 배타적인 지배권이므로 법에 따라 보호되는 저작물은 그 보호기간이 지나지 않은 이상 저작재산권자의 허락 없이 함부로 이용할 수 없는 것이 원칙이지만, 저작권 역시 다른 사권(私權)과 마찬가지로 일정 부분에 있어서는 공익적인 차원의 제한이 불가피하다.

저작권법에서 규정하고 있는 저작재산권의 제한 사유에 해당되는 경우에는 법이 정하는 조건에 따라 저작재산권자의 허락 없이도 저작물을 자유롭게 이용할 수 있는데, 이를 '공정이용'이라고 한다. 저작권을 제한하는 이유는 다음과 같이 유형화할 수 있다. 첫째, 저작물 이용의 성질에 비추어 보아 저작권이 미치는 것으로 해석해서는 타당하지 않은 것, 둘째, 공익적인 측면에서 저작권을 제한할 필요가 있다고 인정되는 것, 셋째, 다른 권리와의 형평을 위해 저작권을 제한할 필요가 있는 것, 넷째, 사회적 관행처럼 이미 행해지고 있으며, 저작권을 제한해도 저작권자의 경제적 이익을 부당하게 해치지 않는다고 인정되는 것 등이다.[12] 제한하는 이유는 다르지만 한 사회의 저작물은 그 사회의 문화적 생산물이기도 하기 때문에 그 사회 구성원들이 공정하게 이용할 권리 또한 중요하다는 점을 분명히 하고 있다. 하지만 공정이용 문제는 디지털 멀티미디어 시대를 맞아 여러 국면에서 문제를 야기하고 있다.

공정이용 규정과 같은 경우 혁신적인 정보 기술 또는 매체가 등장할 때마

---

11) 김기태(2000), 『저작권법의 해석과 적용』, 삼진기획, pp.17~18.
12) 김기태(2000), 앞의 책, p.131.

다 저작권 제도가 저작권자의 권리를 지속적으로 강화하는 방식으로 대처하면서 결과가 항상 저작권 보호로 귀결되어 온 것에 대한 보완장치라고 할 수 있다.[13] 불가피하게 소외되는 수용자를 보호하기 위한 조치라고 할 수 있다. 공정이용의 제도의 목적은 이와 같이 저작물 이용자의 편의를 도모하기 위한 것이다.[14] 다시 말해 누구나 저작물을 이용하고자 할 때는 저작재산권자의 허락을 받아야 한다. 그러나 이를 엄격히 적용할 경우 저작물의 유통이 줄어들어 그 사회적 가치가 제한되고 문화발전에 악영향을 줄 수 있다. 예컨대, 남의 저작물을 한 줄도 인용할 수 없다면 교육·학문연구·뉴스보도 그 어느 것도 제대로 수행될 수 없게 된다. 그래서 '저작권법'은 제3자의 공공성이 높은 이용에 대해서는 12가지의 특례를 두어 제적권자의 허락 없이 마음대로 이용할 수 있도록 규정하고 있다(표 5-2] 참조).

　　이를 저작재산권의 제한이라고 부르는 이유는 공익적 목적에 의해 저작자의 권리가 제한적으로 작동하게 되기 때문이다. 그러나 저작권 제한에 대한 의견은 입장에 따라 극단적으로 다르다. 저작권을 가진 측의 경우 자신의 저작권이 사적으로 이용될 경우 이에 대해 반대할 수밖에 없으며, 반면 공적인 이유 등으로 타인의 저작물을 이용해야 하는 측에서는 공익적인 이용이라는 시각에서 저작물을 자유롭게 이용하고 싶어 할 것이다. 따라서 공정이용의 기준을 세울 때 중요한 것은 각각의 사례와 정황을 살펴 과연 그것이 공정이용에 적합한 지를 따져보는 일이다. 상황에 따라 적합한 판단을 내릴 수 있다면 공정이용 제도를 활용해 많은 이들과 저작물의 가치를 공유할 수 있을 것이다.

　　이러한 저작권의 기본원리에 따라 현행 저작권법은 사회 공공이익을

---

13) 우지숙(2002), 「디지털저작물에 대한 정당한 이용(Fair Use) 원칙의 새로운 개념화를 위한 연구」, 『방송연구』, 2002년 겨울호, pp.229~256.
14) Lemley, Kevin, M.(2005), "The innovation medium defense: A doctrine to promote the multiple goals of copyright in the wake of advancing digital technologies", *Pennsylvania State Law Review, 110*, pp.111~162.

[표 5-2] 저작권법상 저작재산권의 제한

사례	세부내용
재판 절차 등에서의 복제(23조)	제판·입법·행정의 목적으로 내부 자료로 필요한 경우에는 그 한도 안에서 저작물의 복제가 가능하다.
학교교육 목적 등에서의 이용(24조)	고등학교 이하 학교의 교육목적상 필요한 교과서 도서에는 공표된 저작물을 게재할 수 있다.
시사보도를 위한 이용(26조)	방송·신문 등의 시사보도 과정에서 보이거나 들리는 저작물은 보도를 위한 정당한 범위 안에서 복제·배포·공연·방송 또는 전송할 수 있다.
시사적인 기사 및 논설의 복제(27조)	신문이나 인터넷신문, 뉴스통신에 게재된 시사적인 기사나 논설은 다른 언론기관에 복제 배포할 수 있다. 다만 이용금지표시 없을 경우에 한한다.
공표된 저작물의 인용(28조)	공표된 저작물은 보도·비평·교육·연구 등을 위해서는 적당한 범위 안에서 공정한 관행에 합치되게 이를 인용할 수 있다.
영리를 목적으로 하지 않는 공연·방송(29조)	영리를 목적으로 하지 않은 공연·방송은 공표된 저작물을 사용할 수 있으나 실연자(가수, 악단, 연기자, 무용수 등)에게 통상의 보수를 주는 경우는 이에 해당되지 않는다.
사적 이용을 위한 복제(30조)	개인이 개인적 이용이나 가정 및 이에 준하는 한정된 범위 안에서 비영리적으로 이용하는 경우에도 이를 복제할 수 있다.
도서관에서의 복제(31조)	도서관에서 이용자의 조사·연구를 위한 요구와 도서관 자체의 자료보존 등을 위한 자료를 복제할 수 있다.
시험문제 복제(32조)	학교 입학시험 및 그 밖의 각종 시험 또는 검증을 위해 필요한 범위 안에서 공표된 저작물을 복제할 수 있으나 영리를 목적으로 하는 시험은 이에 해당하지 않기 때문에 시험을 업으로 하는 학원 등의 모의시험 등은 그 적용을 받을 수 없다.
점자 등 복제·배포(33조)	공표된 저작물을 시각장애자를 위해 점자로 복제·배포가 가능하고 이들의 복지를 위한 시설에서는 녹음이나 시각장애인 전용 기록방식으로 복제·배포 또는 전송도 가능하다.
방송사업자의 일시적 녹음·녹화(34조)	방송사업자는 저작물을 스스로의 방송을 위해 자체 수단으로 녹음 또는 녹화할 수 있다.
미술저작물 등의 전시 또는 복제(35조)	미술저작물 등의 원작품 소유자는 그 동의를 얻은 자라고 하더라도 가로·공원 등 공개 장소에 항시 전시하는 경우에는 저작권자의 허락을 받아야 한다.
번역 등에 의한 이용(36조)	학교교육, 비영리 공연, 사적 이용을 위해 저작물을 이용하는 경우에는 그 저작물을 번역·편곡 또는 개작하여 이용할 수 있다.

위한 정책적 고려에서 일정한 저작물을 저작권법에 의해 보호받지 못하는 저작물로 규정하고 있다. 개인적 창조물의 성격보다는 사회적으로 광범위하게 유통되는 것에 의미를 두는 콘텐츠일 경우 저작권 적용의 대상에서 제외됨을 의미하는 것이다.[15] 이러한 저작물의 공정한 이용에 대해 이영주와 송진[16]은 정보의 광범위한 확산, 창조적인 자기표현, 표현의 자유 증진을 위해 필요하다고 본다. 특히 콘텐츠의 유통이 중요한 현실에서 미디어 간의 관계에 초점을 두고 저작권을 살펴본다면, 사적재산권과 공적 이용 간의 극한 대립을 조정하는 문제가 핵심으로 부각된다.

공정이용 원칙은 정보·아이디어의 원활한 유통에서 발생하는 사회적 효용이 표현 형식의 보호로 인해 약화되지 않도록 고안된 제도다. 정보 자체는 저작권법에 의한 보호대상이 될 수 없다는 판례와 재산권 법리에 의한 배타적 보호를 받지만 헌법상 보장된 언론자유와의 관계상 일정한 한계를 설정한 필요성과의 절충으로 존재하는 것이 '공정이용' 개념이다.[17]

미국의 공정이용 원칙(fair use doctrine)[18]이 형성된 배경을 살펴보면 다음과 같다. 공정이용 원칙은 1800년대부터 시작되어 관습법을 통해 발전해 왔다. 미국 법원은 저작권 소유자의 단일한 권리와 정보의 보급과 관련해서 공공이익이 상호 균형을 이뤄야 한다는 입장을 견지해 왔다. 이러한 입장은 1976년 저작권법이 개정됨에 따라 공식적으로 성문법에 통합되었다. 미국 저작권법 제107조에서는 저작권 소유자의 배타적인 권리에도 불구하고, 비평과 코멘트, 뉴스 보도, 교육, 학문, 또는 연구와 같은 목적으로 보호되는 작품을 이용하는 것은 저작권 침해가 아니라고 규정하고 있다.

---

15) 김윤명(2007), 「퍼블릭도메인의 이해를 위한 개략적 고찰」, 『창작과 권리』, 2007년 겨울호(49호), pp.131~172.

16) 이영주·송진(2005), 「온라인 뉴스 웹사이트의 이용 약관에 관한 연구: 계약적 구속력과 저작물 이용 허용범주를 중심으로」, 『한국언론학보』, 49권 6호, pp.373~400.

17) 방석호(1995), 『미디어법학』, 법문사, p.299.

18) 미국은 fair use, 영국은 fair dealing, UR 지적소유권 협정은 fair Practice로 표기하고 있다.

미국의 공정이용 방식에서 핵심적인 것은 결국 재산권으로서 저작권과 표현의 자유의 대립구조 측면이다. 한국의 경우는 공정이용을 재산권의 보장과 표현의 자유의 대립 측면 중심으로 판단하는 경향이 있다. 미국의 공정이용 원칙 가운데 가장 중점을 두고 있는 사항이 경제적 손실 부분이라고 할 때, 한국의 경우도 저작권법을 통해 저작자의 이익을 보호하는 것과 공익과의 관계를 비교 형량하는 다양한 모색이 필요하다고 하겠다. 정보사회에서는 정보 생산자와 정보 공급자의 입장에서는 정보를 한 단위 파는 것보다 먼저 고객과의 관계를 형성하는 것이 더 중요하다. 한국에서 저작권 관련 논의는 주로 저작재산권의 강화와 이용자 규제를 위한 방법을 찾는 데 주력해 왔고, 공공의 이익에 부합되는 방안 모색에 대해서 별다른 논의가 없다는 것은 심각한 문제다.

4. 공정이용의 판단: 미국의 경우

미국의 경우 어떤 경우에 공정이용이 되는지 여부는 다음의 요소를 고려하여 결정한다.[19] 첫째, 이용의 목적과 성격(purpose and character of use)이다. 상업적인 이용인가 비상업적인 교육적 목적인가를 고려하는 것으로 허가받지 않고 이용하는 것이 저작물 생산과 공공이익에 부합하는 정도가 어느 정도인지를 파악한다. 또한 법원은 허가받지 않은 이용이 상업적인 목적인지, 자기보존적 목적(self-serving purpose)인지, 혹은 비상업적 교육적 목적인지를 조사한다.

둘째, 보호되는 작품의 본질(nature of copyright work)이다. 이용 허가를 받지

---

19) Zelezny John D.(1997), *Creative Property, Communication Laws*, 2nd eds., Wardsworth Publishing Company, pp. 299~300.

않고 작품이 출판되었는지의 여부, 보호되는 작품이 사실인가 허구인가의 여부, 인쇄되었으나 더 이상 구매가 가능하지 않은지 여부 등을 고려하여 법원은 공정이용에 반하는지 여부를 결정한다. 즉 출판되지 않은 작품을 무단으로 이용하였을 경우에는 공정이용에 반하는 것으로 고려하며, 보호되는 작품이 사실인 경우에는 공정이용으로 받아들여질 가능성을 더 높게 본다. 또한 작품이 인쇄되었으나 더 이상 구입할 수 없는 경우에는 공정한 이용으로 인정한다.

셋째, 보호되는 작품과 관련하여 실제 이용된 부분의 정도(portion of work used)다. 이를 파악하기 위해서는 양적 측면과 질적 측면 모두를 고려하여 판단한다. 법원은 보호되는 작품의 양이 어느 정도 이용되었는가를 조사한다. 이용된 양이 적을수록, 공정한 이용이 될 가능성은 크다. 그러나 적은 양이라도 무단 이용된 부분이 명확하게 가장 중요하고 시장성이 있는 부분이라고 판단되면 공정한 이용에 반하는 것으로 판단한다.

넷째, 잠재적인 시장과 관련된 이용의 효과(economic effect) 문제다. 요컨대 허가되지 않은 이용이 저작권 소유자에게 얼마나 불리한 영향을 끼쳤는가를 조사하여 고려하는 것이다. 무단 이용이 시장의 일부분을 명확하게 빼앗은 것으로 판단되면 공정한 이용이 되지 않는다.

이러한 원칙이 성문법 체계로 이루어졌다고 해도 공정한 이용을 적용하기는 쉽지 않다. 법원은 특별한 사실과 공공의 관심에 대해 심사숙고하여 이를 기초로 사례별로 결정한다. 법원이 네 가지 성문법상의 규정을 통해 공평한 판결을 내려야 하는 책임을 안고 있다고 볼 수 있다. 또한 네 가지 원칙 가운데 법원은 첫 번째와 네 번째 요소를 중요한 것으로 보며, 공정이용을 결정하는 가장 중요한 기준은 경제적 영향의 정도다.[20]

---

20) Zelezny John D. (1997), op. cit., pp. 301~302.

[표 5-3] 공정이용 관련 판례의 경향

판단기준	사건개요	판결내용
보편적 콘텐츠이용	TV 프로그램제작자인 유니버설사는 베타맥스(Betamax) VCR의 제조사인 소니사를 유니버설사가 제작한 TV 프로그램을 VCR이용자가 녹화함에 있어 기여적인 저작권 침해를 했다는 이유로 소송을 제기(도준호, 2001)	이 소송에서 미국 연방법은 VCR을 이용한 TV 프로그램의 녹화는 공정이용에 해당하는 것으로 판결
이용자 복지	미국의 DVR 사업자인 케이블비전(Cablevision)이 N PVR(Network PVR)서비스[21]를 실시하자 할리우드 제작사들과 주요 방송사들이 저작권 침해 소송을 제기(스트라베이스, 2008. 8. 21)	저작권의 보호만을 위해 소비자나 사업자 모두에게 유용한 서비스가 사장되는 것은 옳지 않다는 것으로 저작권 침해 여부가 없다는 것으로 판결
창작적 자유이용	1999년경 개봉된 이와이 순지 감독, 나카야마 미호 주연의 영화 "러브레터"의 주요장면을 한 국영화 "해피 에로 크리스마스"에서 저작권자의 허락없이 이용한 점에 대해 소송을 제기	"러브레터"에 관한 저작권을 침해하였다고 단정하기 어려울 뿐만 아니라, 저작권법 25조에 규정된 공표된 저작물의 인용에 해당한다고 볼 여지가 전혀 없는 것은 아니라고 하여 신청인의 이 사건 신청을 기각

저작권법상 저작물에 대한 사적재산권을 인정하는 동시에 미디어 콘텐츠의 공적 기능과 사회적 활용까지 염두해 두어야 한다는 관점에서 어떤 상황 및 기준에서 저작권 침해 여부의 예외로 규정할 수 있는지를 검토할 필요가 있다. 미디어 콘텐츠를 둘러싼 쟁점과 기존 판례를 통해 저작권 침해 여부의 판단기준을 살펴보았다.

디지털 콘텐츠가 사회적으로 혁신적인 문화로 그 힘을 발휘하는 주된 이유는 무한 복제 가능성에 기인한다. 이로 인한 가장 심각한 문제는 저작권 침해다. 하지만 문제는 저작권 침해를 구성할 만한 행위의 범위를 어떻게 누가 규정하느냐에 따라 저작권 침해 여부의 판단기준은 다르게 설정될 수 있다는 점이다. [표 5-3]에 제시한 판례들을 검토한 결과, 저작권 침해 여부의 예외기준은 저작권법에 명시된 공정이용을 통한 문화 발전이라는 측면에서 살펴볼 수 있다. 구체적인 저작권 침해 여부의 예외기준으로 보편적 콘텐츠 이용, 이용자 복지, 창작적 자유 이용 세 가지를 들 수 있다.

우선 유니버설사 대 소니사 사건에 대해 법원은 TV 프로그램을 이용하는 것은 그 성격과 본질을 비추어 볼 때 공정이용에 해당한다고 판시했다. 이러한 판결에 따라 이용자는 공정이용 원칙에 근거하여 저작권자의 허락을 받지 않고도 저작물을 정당하게, 제한적으로 이용할 수 있다. 특정한 상황에서 이용허락을 통해 저작물에 대한 저작권자의 통제와 균형을 이루려는 면책 성격을 지니고 있다. 공정이용 조항은 우리나라 저작권법에서는 명확하지 않지만 TV 프로그램을 이용하고자 할 경우 방송 콘텐츠에 대한 시간적·장소적 제약에서 벗어나 자유롭게 이용할 수 있는 것으로 보인다.[22] 유니버설사 대 소니사의 판결에 나타나듯 방송 콘텐츠의 이용은 이용자가 원하는 시간(time shifting)과 장소(space shifting)에서 자유롭게 이용할 경우, 이는 저작권 침해로 간주하기보다는 저작물 이용의 활성화 측면에서 판단한 것으로 보인다.

다음으로 케이블비전의 원거리 디지털 콘텐츠 녹화서비스에 대한 저작권 침해 소송에서 연방 항소법원의 판결은 디지털 콘텐츠의 이용과 관련하여 상당한 사회적 의미와 산업적 파급력을 가져올 수 있다. 디지털 문화가 가져올 더 많은 혁신적인 기술·사회적 가능성은 서비스제공자의 이해와 관리를 위해 존재하는 것이 아니라 그 가능성을 만들 디지털 콘텐츠의 이용자들에게 우선 인식되어야 한다는 점이다. 이러한 원칙의 바탕에는 저작물에 대한 이용자의 복지 측면이 강조되고 있다. 디지털 미디어 융합 환경에서 이용자는 보다 다양한 미디어를 통해 대량으로 콘텐츠를 선택할 수 있는 기회가 생겼고, 미디어 간 경쟁은 수용자의 선택 가능성을 확대했다. 공익

---

21) 가입자가 원하는 프로그램을 중앙 서버에 녹화해 뒀다가 언제든 다시 재생해 볼 수 있는 네트워크 DVR서비스임. 개인이 가정에 보유하고 있는 기기가 아닌 케이블사업자의 서버에 TV 프로그램을 녹화하고 재생할 수 있다는 것이 서비스의 핵심.

22) 조연하(2006), 「PVR(Personal Video Recorder)을 이용한 방송저작물 녹화의 법적 성격: 사적복제 및 공정이용의 관점에서」, 『한국언론학보』, 50권 4호, pp.328~353; 조연하, 김미라(2006), 「공정이용 관점에서의 개인용 비디오녹화기(PVR) 이용 연구: 디지털 방송저작물의 복제 및 전송을 중심으로」, 『한국방송학보』, 20권 4호, pp.302~336.

이라는 개념이 편의성보다는 주권의 개념으로 확장되면서 이용자 복지가 제고된 것이다.[23)]

현실에서, 방송 콘텐츠의 활용도 이용자 측면에서 풀어가야 한다. 이용자 복지 문제가 방송 콘텐츠 저작권 문제를 해결하는 중요한 판단 기준이라는 것이다. 다양한 미디어와 수많은 콘텐츠를 소비할 수 있는 미디어 환경에서 이용자는 자신의 원하는 콘텐츠를 선택하고 이용할 수 있고, 그러한 선택을 돕기 위한 유통은 공정이용 측면에서 저작권의 예외 대상이 될 수 있다.

마지막으로 "러브레터"와 "해피 에로 크리스마스"의 판결에서 나타나듯 새롭게 창작된 저작물이라 하더라도 그것은 기존의 문화유산을 바탕으로 하여 창작된 것이라 할 수 있고, 따라서 새로운 인류문화 발전을 위해 창작된 저작물은 공정한 범위 내에서 공중이 자유롭게 이용할 수 있는 기반이 마련되어야 한다. 저작권자의 이용허락을 받지 아니하고 기존의 저작물을 이용하는 경우에도 이를 무조건 저작권 침해라고 볼 수는 없고, 저작물의 성질, 이용된 부분의 비율 등을 감안하여 저작권 침해 여부를 판단할 필요가 있다. 법원도 저작물의 특성, 인용한 분량, 내용, 새로운 저작물의 창작성 정도 등 여러 요소를 종합적으로 고려하여 구체적 사안에 따라 침해여부를 결정해야 한다고 보고 있다. 저작물의 자유로운 이용은 다른 창작물을 생산하기 위한 전제 조건이다. 저작자의 권리를 인정해 주는 것과 동시에 창작의 의지를 고취시킬 수 있다.

저작권법은 기술 발전과 맥락을 같이 하고 있다. 문제는 기술 발전에 따라 권리자의 이익침해와 이용자의 공정이용 간에 균형을 찾는 것이 점점 어려워지고 있다는 점이다. 이러한 양자 간의 충돌 현상은 양자 간의 입장 또는 기대이익의 차이라고 볼 수 있다. 기대이익을 합리화하는 것은 쉽지 않은데 이는

---

23) 임성원·성동규(2008), 「MMS 채널정책에 관한 연구: 공영방송의 사회적 역할을 중심으로」, 『언론과학연구』, 8권 1호, pp.222~260.

서로가 기대하는 범위의 설정이 어렵거니와 설정이 된다고 하더라도 수용 여부가 의문이기 때문이다. 미디어 콘텐츠의 다양한 긍정적 기능을 보장하기 위해서는 지속적 논의를 통해 양자 간의 절충 방향을 찾아야 한다.

5. 사례연구: 방송에 영화 장면 삽입

지난 2007년 3월 23일에 방영된 SBS "신동엽의 있다! 없다?" 사건은 미국에 사는 시청자의 제보로 연기자 이순재가 60년대 괴수 영화 "대괴수 용가리"에 출연했다는 사실의 유무를 "스타 UCC" 코너에서 확인하는 차원에서 영화 DVD판을 입수하여(미국에서 DVD판으로 제작됨) 약 3분 정도의 분량을 TV를 통해 내보냈다. 이를 두고 영화 저작권자가 자신의 허락 없이 영화를 무단 인용하여 상업적 이익을 추구했다는 이유로 저작권 침해 소송(손해배상 청구 및 저작권 침해 가처분소송) 걸었고 피고인 SBS는 프로그램의 공정이용 측면에서 저작권자의 소송은 부당하다고 주장하며 법적 논쟁이 시작되었다.

> "위 인정사실에 의하면 이 사건 영화에 대한 저작권은 그 상속인인 원고에게 있고, 피고들은 원고의 허락 없이 이 사건 영화를 무단으로 방송함으로써 원고의 저작재산권을 침해하였으므로, 원고에게 이로 인한 손해를 배상할 책임이 있다."[24]

법원은 이러한 판결의 이유로 다음 세 가지를 들었다. 첫째, 피고들은 저작권의 상속인인 원고가 이 사건 영화의 제작에 창작적으로 이바지한 바가 없으므로 저작권자가 아니라는 취지로 주장하고 있다. 하지만 영상제작자는

---

24) 서울남부지방법원 제15 민사부 판결 - 사건 2007가합18479 저작권침해금지가처분 및 손해배상(2008.6.5)

실연자로부터 저작물의 권리를 양수한 것으로 봄이 경험칙 상 상당하기 때문에 이러한 주장은 이유가 없다고 보았다.

둘째, 피고들은 이 사건 영화를 일부 인용하여 방영한 것은 구 저작권법 (2008.2.29. 법률 제8852호로 개정되기 전의 것) 제28조에 정해진 공정이용에 해당한다고 주장한 바 있다. 구 저작권법 제28조는 공표된 저작물의 경우 보도·비평·교육·연구 등을 위해서는 정당한 범위 안에서 공정한 관행에 합치되게 이를 인용할 수 있다고 규정하고 있다. 여기서 정당한 범위 안에서 공정한 관행에 합치되게 인용한 것인가의 여부는 인용의 목적, 저작물의 성질, 인용된 내용과 분량, 피인용저작물을 수록한 방법과 형태, 독자의 일반적 관념, 원저작물에 대한 수요를 대체하는지 여부 등을 종합적으로 고려하여 판단할 수 있는 것이다. 여기서 물론 비영리적인 목적을 위한 이용만 인정될 수 있는 것은 아니지만, 영리적인 목적을 위한 이용의 경우 자유이용이 허용되는 범위가 상당히 좁아질 수밖에 없다.[25]

판결문에 따르면 피고들이 그 프로그램에서 이 사건 영화를 일부 인용한 것이 시청자들에게 정보와 재미를 주기 위한 목적이었다고 하더라도 그 이용의 성격은 상업적이고 영리적인 행위였다는 점, 피고가 자신의 인터넷 홈페이지를 통하여 유료로 이 사건 프로그램을 방송한 점, 피고들이 원고로부터 이 사건 영화의 인용에 대한 동의를 받는 것이 그리 어려운 일이 아니었다는 점 등이 사건 변론에 나타난 여러 사정을 고려하여 볼 때, 피고들의 위 행위가 공정이용에 해당한다고 보기 어렵다고 하였다.

셋째, 피고들은 원고가 이 사건 영화의 일부 인용 사실을 알고서 이의를 제기하였다가 이를 철회하는 등 그 인용을 추인하였다는 취지로 항변을 한다. 그러나 원고가 피고들의 주장과 같이 인용을 추인한 사실을 인정하기에

---

25) 대법원 1997.11.25. 선고 97도2227 판결 등 참조.

[표 5-4] "신동엽의 있다! 없다?" 관련 소송 개요

구 분	내 용
원고	차○○(영화 저작권자 상속인)
피고	① (주)SBS 서울방송/ ② 윤○○(신동엽의 있다! 없다? 담당PD)
주 문	① 피고들은 각자 원고에게 3,000,000원과 이에 대하여 2007. 10. 25.부터 2008. 6. 5.까지는 연 5%의, 그 다음날부터 다 갚는 날까지는 연 20%의 각 비율로 계산한 돈을 지급하라. ② 원고의 피고들에 대한 각 나머지 청구를 기각한다. ③ 소송비용 중 4/5는 원고가, 나머지는 피고들이 각 부담한다. ④ 제1항은 가집행할 수 있다.
청구 취지	피고들은 연대하여 원고에게 110,000,000원과 이에 대하여 이 사건 소장 부본 송달 다음 날부터 다 갚는 날까지 연 20%의 비율로 계산한 돈을 지급하라.
신청 이유	원고인은 1967년경 개봉된 영화 "대괴수 용가리"(이하 '이 사건 영화'라고 함)의 저작권자인데, 피고인들이 2007. 3월경 제작, 방송한 "신동엽의 있다! 없다?"(이하 '이 사건 프로그램'이라고 함)에 무단으로 영화 장면 중 일부를 삽입하여 상영하고, 이를 자사 인터넷 홈페이지(www.sbs.co.kr)를 통하여 유료로 이 사건 프로그램을 방송·판매함으로써 원고인의 저작권을 침해하였거나 침해할 우려가 있으므로 이로 인한 원고인은 회복하기 어려운 손해를 막기 위하여 시급히 청구취지 기재와 같은 가처분을 구한다는 것.

부족하기 때문에 위의 항변은 이유가 없다고 보았다.

손해배상에 대해서는 다음과 같이 결정했다. 피고 (주)SBS 서울방송이 자신이 소장하고 있는 드라마 등 영상자료의 이용료로 최고 기본 30초당 600,000원, 추가 10초당 100,000원을 책정한 점, 또한 원고의 항의를 받자 인터넷을 통한 이 사건 프로그램의 방송을 중단한 점, 원고가 현재 이 사건 영화의 필름을 소지하고 있지 아니한 점, 피고들이 미국에서 출시된 이 사건 영화 DVD를 구하여 방송한 점, 피고들의 침해행위의 형식과 인용 시간 등 이 사건 변론에 나타난 여러 사정을 고려하여 볼 때, 피고들이 배상할 손해액은 3,000,000원으로 정함이 상당하다고 보았다.

법원은 SBS 프로그램에 삽입된 영화의 인용 장면들이 원고인의 저작권을 침해했다고 보았다. 피고인들이 주장한 공정이용의 원칙에서 바라보더라도 영리를 추구하는 기업의 프로그램(상품) 제작이었다는 점에 무게를 두었다고 할 수 있다. 또한 원고에게 허락을 구할 수 있음에도 이를 무시한 채 프로그램을 제작·방영했다는 점도 인정했다.

위 사건과 관련하여 법리적으로는 영화와 같은 영상물 등에서 다른 영화 등의 저작물을 인용하는 경우에 어느 정도의 인용이 저작권자의 허락 없이 가능한지에 대한 법원의 판단 기준을 보여주고 있다.

"다른 영화의 일부 장면을 권리자의 동의 없이 이용할 수 있는지 여부는 일률적으로 판단할 수 있는 문제가 아니다. 이는 다른 저작물의 표현을 어느 정도 차용하여야 저작권 침해를 인정할 수 있는가의 문제다. 일반적으로 차용된 표현의 양이 많으면 실질적으로 유사하다고 인정될 가능성이 높겠으나, 차용된 표현의 양과 실질적 유사성의 관계가 반드시 비례하는 것은 아니다."26)

또한 저작권법 제12조(성명표시권) 2항에서는 "저작물을 이용하는 자는 저작자의 특별한 의사표시가 없는 한 원칙적으로 성명 혹은 이명을 표시하지만 저작물의 성질이나 이용 목적 및 형태 등에 비추어 부득이한 경우 표시할 필요는 없다"고 명시하고 있다.

이와 같이 문제된 프로그램에서 위 영화를 인용한 이유는 그 영화를 광고하거나 이용하려 한 것이 아니라 이순재 씨가 과거 괴수영화에 출연한 사실이 있는지 그에 관한 정보를 제공하는 데 있었다. 다시 말해, 이순재 씨의 출연 경력에 관한 정보 제공이 주이고 영화 장면의 삽입은 그와 같은 정보 제공을 위한 필요수단에 그치는 것이다. 다만 이것이 상업적 이익을 추구하는 오락 프로그램이라는 형식을 빌려 전달했다는 것에 대해서 논쟁의 여지가 있고 법원은 이러한 점에서 원고의 손을 들어주었다고 볼 수 있다.

---

26) 문화체육관광부(2007), 『영화 및 음악 표절 방지 가이드라인』, 문광부, pp.16~17.

이러한 결정에 대하여 SBS는 오락물의 본래 목적에서 벗어나 위와 같은 기획 의도(정보전달)에 비추어 문제된 영화 장면을 새로운 의미와 시각에서 인용하였다는 주장을 할 수 있다. 그러나 법원의 판결문에서는 이러한 논점에 대하여 구체적으로 논의하지 않고 있다.

SBS 측에서는 위 영화를 일부 인용하여 방영한 것은 저작권법상의 공정이용에 해당한다고 주장했지만, 법원은 "구저작권법 28호"를 근거로 이를 받아들이지 않았다. 법원의 판결 내용은 다음과 같다.

구 저작권법 제28호는 공표된 저작물은 보도, 비평, 교육, 연구 등을 위하여는 정당한 범위 안에서 공정한 관행에 합치되게 이를 인용할 수 있다고 규정하고 있는바, 정당한 범위 안에서 공정한 관행에 합치되게 인용한 것인가의 여부는 인용의 목적, 저작물의 성질, 인용된 내용과 분량, 피인용저작물을 수록한 방법과 형태, 독자의 일반적 관념, 원저작물에 대한 수요를 대체하는지 여부 등을 종합적으로 고려하여 판단하여야 할 것이고, 이 경우 반드시 비영리적인 목적을 위한 이용만이 인정될 수 있는 것은 아니라 할 것이지만, 영리적인 목적을 위한 이용은 비영리적 목적을 위한 이용의 경우에 비하여 자유이용이 허용되는 범위가 상당히 좁아진다.[27] 살피건대 피고들이 이 사건 프로그램에서 이 사건 영화를 일부 인용한 것이 시청자들에게 정보와 재미를 주기 위한 목적이었다고 하더라도 그 이용의 성격은 상업적, 영리적인 점, 피고 SBS가 자신의 인터넷 홈페이지를 통하여 유료로 이 사건 프로그램을 방송한 점, 피고들이 원고로부터 이 사건 영화의 인용에 대한 동의를 받는 것이 어렵지 아니하였던 점 등을 고려할 때, 피고들의 위 행위가 공정이용에 해당한다고 할 수 없다.

---

27) 대법원 1997.11.25. 선고 97도2227판결 등 참조.

법원은 프로그램이 상업적 성격을 띠고 있다는 점과 저작권자의 허락을 쉽게 받을 수 있었다는 점을 판단 근거로 하면서, 저작권자의 저작권 보호에 보다 무게를 두고 판단한 것으로 보인다. 물론 이는 원고가 정당한 저작권자임을 전제로 하는 것이다.

그런데 SBS 입장, 또는 공정이용의 폭넓은 적용을 주장하는 입장에서는 반론의 여지가 있다. 위 영화가 인용되어 방영된 프로그램은 "신동엽의 있다! 없다?" 중 "스타 UCC 코너"라는 스타의 숨은 이야기를 발굴하는 꼭지인데 당일 방송한 내용은 연기자 이순재 씨 이야기였다. 미국의 어느 시청자로부터 '이순재 씨가 어느 괴수 영화에 출연하였다'는 제보를 받고 이를 확인한 내용이다. 요컨대 오락 프로그램의 본래 목적과는 달리 단순 사실 확인과 시청자에게 정보 전달을 목적으로 제작한 별개의 꼭지 프로그램이라고 주장할 수도 있다는 것이다.

다른 면에서 과연 3분이라는 시간이 과연 공정이용을 부인할 만큼의 분량인지, 애당초 우리나라에서는 대중적으로 알려져 있지 않고 필름조차 한국 내에 존재하지 않는 영화 장면을 미국에서 입수하여 방영한 것을 두고 저작권자의 경제적 이용가치를 침해하였다고 볼 수 있는 것인지, SBS가 인터넷을 통해 해당 프로를 유료로 판매한 것이 민영방송이 제작한 프로그램의 공정이용 여부를 판단하는 데 있어 본질적인 부분인지에 대해서도 법원의 구체적인 설명은 나와 있지 않다.

미국에서도 유사한 소송 사례가 있었다.[28] 지난 1997년 미국의 유명 영화배우 로버트 미첨(Robert Mitchum) 사망뉴스 사건이 사망한 뉴스를 당시 미국의 방송사들(ABC, CNN, CNN)은 뉴스 프로를 통해 전하면서 미첨이 출연한 "지. 아이. 조(G.I. Joe)"의 주요 장면을 삽입해 방영했다. 그런데 "지. 아이. 조(G.I. Joe)"의

---

28) [Entertainment Media Business&Law], www.wiclaw.wordpress.com/category/공정이용 fair-use

저작권을 보유한 회사는 자신들의 동의 없이 영화 장면을 무단으로 방영한 것이므로 저작권 침해라는 주장했다.

결론부터 말하자면, 미국 법원은 '공정이용'을 이유로 저작권 침해가 아니라고 판결했다. 위 사건의 경우 방송사의 의도는 로버트 미첨이라는 유명 배우의 사망 소식을 전하며 시청자들의 이해를 돕기 위해 그가 출연한 대표적 영화의 한 장면을 보여준 것이기 때문이다. 여기서 중요한 것은 "지.아이.조(G.I. Joe)"라는 영화가 아니라 그 영화에 출연한 적이 있는 로버트 미첨이라는 배우라는 것이다. 로버트 미첨이라는 배우의 사망소식을 전하면서 그가 누구인지 설명하는 과정에서 부수적으로 영화 장면이 일부 삽입되었다는 것이다.

미국 법원 역시 "방송사의 행위는 로버트 미첨이 사망 소식을 시청자들에게 전달하고자 한 것이지 영화 자체를 대체(supersede)하려 한 게 아니다. 이와 같이 이 사건에서의 영화 장면의 방영은 본래의 영화에는 없던 전혀 새로운 목적과 시각에서 이루어진 것이므로 공정이용의 범주에 해당된다"고 판단했다.

그렇다면 영화 장면을 이용한 방송사는 영리적, 상업적 성격을 지녔다는 점은 어떻게 보아야 하는 것일까? 공정이용은 비영리적 목적의 경우에만 인정되는 것은 아니다. 이는 우리 대법원도 분명히 하는 점이라 할 수 있다. 미국의 경우는 비영리성의 범위를 매우 넓게 보는 편이다. 영화나 코미디, 토크쇼 같은 오락프로그램의 경우와 같이 얼핏 보면 영리적 성격이 짙어 보이는 경우에도 공정이용을 인정한 예가 많다.

6장

전통적 미디어 저작권의 쟁점

● 임성원 · 최영묵

1. 미디어 저작권의 개념 및 범위

저작권은 저작권자의 이익을 보호하기 위해 존재하는 것이라 할 수 있지만, 더 근본적으로는 저작권자의 이익을 보호함은 물론, 저작물의 질을 높이고 문화 발전에 기여하기 위해 탄생한 것이라 할 수 있다.[1] 미디어에 관한 저작권이 발생하고 발달하게 된 것도 이와 같은 맥락에서 이해할 수 있다. 미디어 저작권은 미디어 콘텐츠를 창작한 사람의 권리를 지켜줌으로써 다른 미디어 콘텐츠 생산자들이 자신만의 독창적인 콘텐츠를 만들어낼 수 있도록 도와줌으로서 양질의 미디어 콘텐츠를 만들어내는 데 기여해 왔다. 여기서는 미디어와 관련된 저작권을 중심으로 미디어와 관련된 저작권에서 다루는 것이 무엇인지 또한 그것이 어떻게 다루어지는 지에 관해 살펴보고자 한다.

미디어와 관련된 저작권을 이해하기에 앞서 '저작권' 개념에 대해 살펴볼 필요가 있다. 왜냐하면 미디어와 관련된 복제권, 공연권, 방송권, 전송권, 전시권, 배포권, 2차적 저작물 작성 및 이용권 등 다양한 권리가 저작권과 관련을 맺고 있기 때문이다.[2] 일반적으로 지적재산권은 저작물에 대한 저작자의

---

1) 김기태(2007), 『신저작권법의 해석과 적용』, 세계사, p.14.
2) 방석호(2007), 『디지털 시대의 미디어와 저작권』, 커뮤니케이션북스, pp.57~64.

재산적 이익을 의미한다.

미디어와 관련된 저작권은 크게 복제권, 공연권, 방송권, 전송권, 전시권, 배포권, 2차적 저작물 작성·이용권 등으로 분류해 볼 수 있다.[3] 복제권은 인쇄·사진·복사·녹음·녹화 그 밖의 방법에 의하여 형체가 있는 물건(유형물)에 고정시키거나 유형물로 다시 만드는 권리를 말하며 모든 저작자가 갖는 가장 기본적인 권리라고 할 수 있다. 다시 말해 저작물을 복제할 수 있는 권리를 의미하는 것이 복제권이라고 할 수 있다.

공연권은 "저작물을 상연·연주·가창·연출·상영 혹은 그밖에 방법으로 공중에게 공개하는 것과 그 복제물을 재생하여 일반 공중에게 공개"하는 권리를 말한다.[4] 즉, 저작자가 자신의 저작물을 스스로 공연하거나 다른 사람에게 공연을 하도록 허락하거나 하지 못하도록 할 수 있는 권리를 의미한다.

방송권은 "일반 공중으로 하여금 동시에 수신하게 할 목적으로 무선 또는 유선통신의 방법에 의하여 음성·음향 또는 영상 등을 송신"할 수 있는 권리를 말한다.[5] 방송권이라는 것은 쉽게 말하면 방송을 할 수 있는 권리다. 방송의 경우 사회·문화적 파급력이 크기 때문에 전통적으로 강한 규제를 받아왔고 아무나 쉽게 방송권을 취득할 수 없다는 것이 특징이다.

전송권은 "일반 공중이 개별적으로 선택한 시간과 장소에서 수신하거나 이용할 수 있도록 저작물을 무선 또는 유선통신의 방법에 의하여 송신하거나 이용에 제공하는" 권리를 말한다.[6] 전송이란 것은 공중이 이용할 수 있는 것을 제공한다는 것을 의미하고 이와 더불어 일반 공중이 이용할 수 있도록 송신하는 것을 의미한다. 일반인이 미디어 콘텐츠를 활용할 수 있도록 전달하고 수용자들이 이를 활용할 수 있는 권리를 의미하는 개념이 전송권이다.

3) 김옥조(2005), 『미디어 법』, 커뮤니케이션북스, p.860.
4) 김병일(2005), 「음악공연권과 그 제한에 관한 고찰」, 『산업재산권』, 17권, pp.215~256.
5) 김옥조(2005), 앞의 책, p.861.
6) 정상기(2005), 「소프트웨어의 일시적 복제와 전송권」, 『산업재산권』, 17호, pp.257~282.

전시권은 "미술저작물 등의 원작품이나 그 복제물을 전시할 권리"를 말한다.[7] 여기서 전시란 저작물이 담겨져 있는 물체를 공중이 관람할 수 있도록 진열하거나 게시하는 것을 의미한다.

배포권은 "저작물의 원작품이나 그 복제물을 배포할 권리"를 의미한다. 여기서 배포라 함은 저작물이 담겨 있는 물체를 일반 공중에게 대가를 받거나 받지 않고 양도 또는 대여하는 것을 의미한다. 배포란 저작물을 시장에 유통시키는 일반적인 방법이라고 볼 수 있다.

2차적 저작물 작성·이용권은 "저작물을 원저작물로 하는 2차적 저작물 또는 그 저작물을 구성 부분으로 하는 편집저작물을 작성하여 이용할 권리"를 의미한다. 2차적 저작물 작성·이용권에 대해 쉽게 설명하면 1차적 저작물을 사용할 수 있는 권리라고 이해해 볼 수 있다.[8] 소설이 영화화된다고 했을 때 소설을 각색하거나 다른 미디어 상품에 이용할 수 있는 권리 등을 설명하는 권리다.

위와 같은 권리들을 근거로 미디어에 저작권 개념이 적용된다. 미디어의 저작권을 얘기할 때 거론되는 대표적인 것 중 하나가 뉴스다. 뉴스의 경우 발생한 사고, 사건, 대화 내용 등도 '사실'이기 때문에 저작물의 대상이 되지 못한다. 언론의 자유에 따른 원칙상 마음대로 보도할 수 있어야 하지만 뉴스거리를 가공하고 표현하는 방법과 과정을 거치게 되면 저작권 개념이 적용될 수 있다. 보도 과정에 저작자의 노력이 들어가고 그에 따라 독창성을 부여받게 되면 뉴스도 하나의 저작물이 될 수 있다는 것이다.[9]

미디어와 관련된 대표적인 저작물로 영상저작물을 들 수 있다.[10] 현행 저작권법은 영상저작물을 "연속적인 영상이 수록된 창작물로서 그 영상을

---

7) 김기태(2007), 앞의 책, pp.89~90.
8) 김기태(2007), 앞의 책, pp.91~92.
9) 김옥조(2005), 앞의 책, pp.894~895.
10) 방석호(2007), 앞의 책, pp.85~120.

기계 또는 전자장치에 의하여 재생하여 볼 수 있거나 보고 들을 수 있는 것"으로 정의하고 있다. 따라서 '연속성'과 '재생가능성'의 두 가지 요건을 갖춘 영화, TV드라마, 애니메이션은 물론이고 인터넷을 이용, 여러 사람이 동시에 접속하면서 게임을 즐길 수 있는 인터넷게임 프로그램의 경우도 영상저작물에 포함될 수 있다.

영상저작물의 경우 제작자가 혼자가 아니기 때문에 저작권을 적용하는 데 모호한 부분이 있고 이러한 이유 때문에 분쟁이 발생하는 경우가 있다. 가령, 지상파 방송사와 독립제작사 간에 벌어지는 저작권 귀속에 관한 갈등도 이러한 예에 해당된다.[11] 이러한 경우 방송을 제작하는 독립제작사와 방송을 내보내는 지상파 방송사 사이에 소유권을 놓고 갈등이 벌어지는 경우가 많다. 또한 영상저작물의 경우 다른 저작물보다 표절 여부를 가려내기가 어려운 특징이 있다. 표절을 했는지 가려내기가 다른 저작물보다 어렵기 때문

---

11) 최민재·지성우(2006), "다매체 환경에 적합한 방송프로그램 2차 저작권 집중 관리시스템에 관한 연구", 「한국언론학회 주최 방송 환경변화와 디지털 저작권 학술세미나」, pp.58~64.

이다.[12] 이는 영상이 갖는 특성에 근거하는 것으로 드라마 표절시비가 빈번한 것도 바로 이 때문이다. 최근에는 KBS에서 방영된 "대왕세종"과 관련하여 표절시비가 제기되기도 하였다.[13]

인터넷이 등장하면서 저작권에 있어 가장 큰 관심과 논란이 된 것은 음악 콘텐츠다. 음악 콘텐츠는 인터넷이 등장하기 이전에 음반판매로 막대한 이윤 창출이 가능한 미디어 콘텐츠였지만 인터넷의 등장으로 불법 유통이 성행하면서 저작권자는 자신의 권리를 지키기 어렵게 되었다.

음반제작자에게는 저작권과 유사한 저작인접권이 부여되고 있다. 이는 음반제작자가 저작물의 직접적인 창작자는 아니지만, 저작물의 해석자 내지는 전달자로서 창작에 준하는 활동을 통해 저작물의 가치를 증진시키는 것으로 인정되기 때문이다. 음반제작자는 그 음반을 복제·배포할 권리를 가진다.[14] 이 때문에 과거 음반제작자는 엄청난 이윤을 창출해 왔다. 하지만 온라인상의 음악 콘텐츠 유통이 보편화되면서 음반제작자는 쇠락의 길을 걷게 되었다. 현재는 음반제작사보다 음원 사업을 하는 이동통신사와 그와 관련된 사업자들이 음악시장 내에서 음반제작사보다 더 큰 사업자가 되게 되었다. 이 과정에서 음악 콘텐츠에 관한 저작권 및 저작인접권을 가진 이들과 온라인상에서 음악 콘텐츠를 유통시키는 사업자들 간의 대립이 격화 되었다.

국내에서는 소리바다 사건과 관련하여 P2P 방식으로 공유파일을 다운로드 받는 이용자와 서비스제공자에게 저작권 침해책임을 부과할 수 있는가가 법적으로 크게 이슈가 되었다.[15] 소리바다가 마지막 저작권 분쟁사였던 엠넷미디어와 음원공급계약을 체결함으로써 저작권 분쟁을 완전히 종결짓

---

12) 편석환(2007), 「영상저작물의 저작권 침해에 관한 연구」, 『한국콘텐츠학회논문지』, 7권 6호, pp.107~118.
13) 정서린, "드라마 '대왕세종' 표절 논란", 「서울신문」(2008. 10. 30).
14) 오승종·이해완(2006), 앞의 책.
15) 권상로(2008), 「인터넷공유사이트를 통한 음악파일교환에 관한 법적 연구: 소리바다 서비스의 음악저작권침해 여부를 중심으로」, 『법학연구』, 30호, pp.425~443.

[그림 6-1] 소리바다 서비스

* 출처: 백민재, "소리바다 "저작권 분쟁 끝 … 옛 명성 되찾겠다", 「고뉴스」(2008.10.9).

기는 하였지만, 앞으로도 소리바다와 같은 사례는 계속 나올 것으로 보인다. 음악 분야의 사례를 통해 알 수 있는 것은 앞으로 미디어 분야에서 주목해서 보아야 할 부분이 온라인을 통해 유통되는 디지털 콘텐츠와 관련된 저작권이라는 것이다.

인터넷이 등장하면서 문제가 되고 있는 디지털 콘텐츠 유통과 관련된 저작권 문제는 아직까지 인터넷(유선) 쪽에서 큰 이슈가 되고 있다. 물론 무선 인터넷에 대한 관심도가 높아지고는 있으나 이보다는 아직은 유선인터넷 쪽에서 더욱 큰 문제가 되고 있다고 볼 수 있는 것이다. '정보의 디지털화'와 '정보 전송의 네트워크화'가 가능해 지면서 컴퓨터에 의한 정보의 수집·가공·편집의 용이성과 아무리 복제를 해도 열화되지 않는 장점이 부각되었다. 또한, '전송의 네트워크화'는 디지털화된 정보를 아무런 물리적 매개체 없이 순식간에 전 세계 어디에나 전파할 수 있도록 함으로써 이러한 용이성과 불변성을 더욱 가속화하게 되었다.[16] 지금은 음악뿐 아니라 영화, 방송 등이 온라인상에서 불법적으로 유통되고 있다.

지금까지 미디어와 관련된 저작권의 범위와 뉴스, 방송, 음악 등 미디어 영역에서 저작권과 관련된 매체들을 살펴보았다. 또한 인터넷의 등장으로 인해 문제가 되고 있는 온라인 콘텐츠를 둘러싼 저작권 관련 이슈와 그 규제 문제에 대하여 알아보았다. 디지털화와 그에 따른 융합 현상 그리고 네트워크의 확대는 미디어 분야에서 저작권과 관련하여 여러 분쟁가능성을 높이고 있다. 이러한 상황에서 미디어와 관련된 저작권 문제는 계속 관심의 대상이 될 것이고, 이에 대한 진지한 논의도 계속 이어져야 할 것이다.

2. 미디어와 저작인접권

저작인접권(neighbouring rights)은 저작물 창작자가 가지는 권리와는 달리 창작된 저작물의 배포에 기여한 관계자에게 주어지는 일종의 경제적 대가로서의 제한적 권리라고 할 수 있다.[17] 저작인접권은 한마디로 "저작권에 준하는 권리"라고 할 수 있다.[18] 저작권과 저작인접권의 가장 큰 차이는 저작인접권은 창작자에게 주어지는 권리가 아니라는 점이다. 저작권과 저작인접권은 위와 같은 별개의 것이긴 하지만 저작권자와 마찬가지로 저작인접권자에게도 권리가 부여된다는 점에서 저작권자와 저작인접권자 양자 사이에 갈등이 벌어질 수도 있다.

---

16) 김옥조(2005), 앞의 책, p.847.
17) 방석호(2007), 앞의 책, p.8.
18) 김기태(2007), 앞의 책, p.186.

저작인접권이 미디어와 관련된 저작권 문제에서 중요한 이유는 저작인접권으로 인해 음반사나 방송사가 저작물에 대한 권리를 인정받기 때문이다. 만약 저작인접권이 인정되지 않는다면, 방송사나 음반제작사는 이윤 창출이 어려워지게 된다. 배우 혹은 연주가 등을 의미하는 실연자, 음반제작자, 방송을 제작하는 PD가 속한 방송사의 경우 등이 저작인접권을 가지고 있다.[19] 저작인접권이 적용되는 사례를 보면, 가령 방송사업자가 실연이 녹음된 판매용 음반을 사용하여 방송한 경우 그 실연자에게 그에 해당하는 보상을 해주어야 한다. 하지만 실연자가 방송사와 같은 저작인접권자에게 권리를 위임한 경우 저작인접권자가 자신의 권리를 마음껏 행사할 수 있다. [표 6-2]의 사례는 저작인접권 중 하나다. 이 표의 사례에서 알 수 있듯이 저작인접권으로 인해 과거부터 여러 가지 갈등이 있어 왔다.

저작인접권과 관련된 대표적 사업자는 방송사업자와 음반사업자다. 방송법은 방송을 "방송 프로그램을 기획·편성 또는 제작하여 이를 공중에게 전기통신 설비에 의하여 송신하는 것"으로 정의함으로써 편성권 중심으로 규정하고 있는 반면 저작권법은 방송을 "공중송신중 공중이 동시에 수신하게 할 목적으로 음·영상 또는 음과 영상 등을 송신하는 것"이라고 규정함으로써 '불특정 다수를 대상으로 하는 송수신'의 전통적 입장에서 파악하고 있다.[20] 방송사업자가 가지는 저작권법상의 권리인 저작인접권은 복제 및 동시중계방송권으로 규정되어 있다. 방송사업자가 저작인접권을 획득하기 위해서는 방송을 해야만 한다.

한편, 음반제작자는 그 음반을 복제·배포·전송할 권리를 가진다.[21] 하지만 현행 저작권법상 음반 제작은 복제 또는 배포라는 음반의 유형적 이용

---

19) 김옥조(2005), 앞의 책, pp.882~883.
20) 방석호(2007), 앞의 책, pp.182~183.
21) 김옥조(2005), 앞의 책, p.883.

[표 6-2] 실연자와 저작인접권

사례1 [대법원, 1997. 2. 14, 95가합77875]

실연자가 영상제작자와 뮤직비디오에 출연하기로 하는 계약을 체결함에 있어 실연자는 연기만 담당하고 그 이외의 편집 등 다른 제작과정은 그 영상제작자가 전적으로 담당하여 뮤직비디오를 제작하고 이를 복제·판매할 수 있도록 하면서 그 영상제작자에게 횟수를 제한하지 않고 편집권한을 부여하였다면 영상 제작으로부터 그 영상저작물에 관한 권한을 양수한 자들에게도 그 실연을 편집할 수 있는 권한이 있으므로, 그 실연을 재편집, 제작한 것이 실연자의 저작인접권을 침해한 것이 아니다.

사례2 [서울지법, 1994. 9. 2, 서태지와 아이들 녹화 자막 사건]

서태지와 아이들의 1993년 12월 23-25일 라이브 콘서트를 녹화한 사람이 1994년 1년 동안 이를 비디오테이프에 복제하여 팔 수 있도록 복제권과 배포권을 양도하면서 일체의 편집과 수정을 할 수 있도록 조건을 붙였는데 이들이 비디오테이프 제작 과정 곳곳에 자막을 넣은 사건에서 재판부는 자막을 넣은 행위는 영상물의 동일성을 해치지 않는 한 원고의 저작인접권을 침해했다고 볼 수 없다고 판시했다.

* 출처: 김옥조(2008), 『미디어 법』, p.882.

을 통제할 수 있는 권한만을 가지고 있을 뿐, 방송 또는 공연 등의 무형적 이용에 대해서는 배타적 금지권을 가지고 있지 않다. 온라인상에서의 음악 유통이 활발해지면서 음반제작자의 입지가 약화되자 음반제작자의 권리를 확대해야 한다는 주장도 나오고 있다.[22] 음반 산업의 경우 소리바다와의 갈등은 해결하였지만 최근에는 포털과 갈등을 일으키고 있어 문제가 되고 있다. 한국음원제작자협회가 네이버와 다음 등 포털의 블로그에서 대중음악 콘텐츠가 무단으로 사용되고 있는 것에 대해 문제를 제기한 것이다. 한국음원제작자협회 측에서는 이에 대해 포털이 저작인접권을 침해한 것이라며 법적 대응을 하였다. 이러한 사례는 온라인상에서의 음악 콘텐츠를 둘러싼 갈등의 소지가 아직도 상당함을 보여주는 것이다.

저작인접권의 경우 저작권 관련 문제와는 다른 양상의 2차 저작권(가령, 소설이 영화화 되는 경우 발생하는 권리) 문제를 유발시킬 수도 있다. 특히 뒤에서 살펴볼

---

22) 안효질(2007), 「저작인접권자의 공연권 도입 여부에 대한 고찰」, 『재산법연구』, 23권 3호, pp.433~465.

방송과 관련한 저작인접권 때문에 여러 가지 문제들이 발생하고 있는 상황이다. 저작인접권과 저작권의 차이를 이해하고 저작인접권과 문제에 접근할 필요가 있다.

3. 미디어 콘텐츠와 법정허락

법정허락(statutory license, legal license)이란, 저작권 사용료의 지급을 전제로하여 법으로 특정의 방법과 조건을 정하여 저작권 보호를 받는 저작물을 사용할 수 있도록 하는 허락을 말한다. 법률이 정하는 일정한 요건이 충족될 경우 저작물을 이용할 수 있도록 국가 혹은 기관에서 저작물 이용을 허용하는 제도라고 볼 수 있다.[23] 법정허락과 유사한 개념으로 강제허락(compulsory license)을 들 수 있다. 강제허락제도는 저작물의 이용을 희망하는 사람과 저작권자 사이에 협의가 이루어지지 않았을 경우, 저작권자의 허락이 없더라도 제3자인 정부기관이나 특정 단체의 허락을 받고, 그 허락 조건에 따라 다른 사람의 저작물을 이용할 수 있도록 해주는 제도다.

반면, 법정허락이란 저작권자의 허락은 물론 제3자의 허락도 필요하지 않으며 다만 법률이 정하는 조건에 따라 일정의 사용료만 내면 다른 사람의 저작물을 이용할 수 있는 것을 말한다. 따라서 우리 저작권법에서 규정하고 있는 법정허락이란 국제적인 추세에 의하면 강제허락에 해당하고, 넓은 의미의 강제허락에는 법정허락도 포함된다. 법정허락이 갖는 의의는 저작물을 공적으로 이용하고 저작물의 사회적 가치를 공유할 수 있도록 한다는 점에 있다.[24]

---

23) 김기태(2005), 『한국 저작권법 개설』, 이채, pp.126~130.
24) 김기태(2007), 앞의 책, p.151.

정리해보면 '법정허락' 내지 '강제허락'은 정신적 창작물에 대한 이용을 보장해 주는 제도라고 볼 수 있다. 이러한 제도는 지적소유권자의 시장 지배력에 의한 것보다는 훨씬 낮은 수준으로 지적 산물의 보상결정을 하고 이를 지적소유권자에게 받아들이게 함으로써, 지나치게 강력한 독점적, 배타적 지배권 부여로 인한 사회적 손실과 지적 산물의 창조에 기울인 노력을 보상받지 못하는 데서 오는 창조적 투자 위축을 최소화하고자 하는 것이다.

특히, 디지털 기술 발전에 따라 등장하는 인터넷, 케이블TV, 위성 등에서 지적창작물을 적절하게 보호하기 위해 이러한 법적허락 내지 강제허락제도는 창작자 보호를 통한 사익과 자유로운 이용의 확대를 통한 공익을 조화시킬 수 있는 대안으로 거론되고 있다. 25) 유료방송이 등장하면서 이용자들이 경우에 따라 지상파 방송에서 소외되는 경우가 발생한다. 법정허락이나 강제허락제도를 활용하면 시청자들에게 보편적 접근권을 보장할 수 있다.

법의 집행 측면에서 법정허락에 대해 살펴보면, 저작물을 이용하려는 자는 원칙적으로 저작권자의 허락을 받아야 한다. 26) 이 원칙이 너무 강조되면 저작물이 사장되거나 제 구실을 다하지 못하는 경우가 발생한다. 이 법은 저작물의 사회성을 보장하기 위해 저작재산권자가 누구인지 쉽게 알 수 없거나 불분명하여 이용허락을 받기 어려운 경우 또는 저작재산권자와의 협의가 좀처럼 성립하기 어려운 경우 등에 대비하여 3가지 법정허락제도를 마련하고 있다. 저작물을 이용하려는 자가 법정허락을 받기 위해서는 문화체육관광부장관의 승인을 얻은 후 일정한 보상금을 저작재산권자에 지급하거나 공탁을 한 뒤 이용하도록 하고 있다. 법정허락이 가능한 세 가지 경우란 [표 6-3]과 같다.

---

25) 정인숙(2006), 「지상파 재전송 정책의 변화 방향과 정책 목표에 대한 평가 연구」, 『한국언론학보』, 50권 2호, pp.174~198.
26) 김옥조(2005), 앞의 책, p.874.

[표 6-3] 저작권법정허락제도

① 저작재산권자가 누구인지, 그의 거소가 어디인지 알 수 없는 경우(제47조)
어느 경우든 객관적으로 보아 인정받을 만한 노력을 기울였으나 알 수 없었기 때문에 이용의 허락을 받을
수 없었다는 것의 입증책임은 이용자에게 있다. 이용하려는 저작물은 공표된 저작물이어야 한다.

② 방송을 위한 협의가 성립되지 않은 경우(제48조)
방송사업자가 공익상 필요에 의해 방송하려고 하나 저작재산권자와 협의가 되지 않은 경우를 말하는데 방송
사업자는 이용하려는 저작물이 공익을 위해 방송하기에 적합한 대상임을 소명해야 한다. 이 경우도 공표된
저작물에 한하고 사전협의가 반드시 먼저 있어야 한다.

③ 음반 제작을 위한 협의가 성립되지 않은 경우(제50조)
국내에서 처음으로 제작 및 판매된 음반을 그로부터 3년이 지난 후 그 음반에 녹음된 저작물을 녹음하여
다른 판매용 음반을 제작하고자 하는데 저작재산권자와 협의가 되지 않은 경우를 말한다. 이는 음반의 독점적
제작·판매를 막기 위한 제도라고 할 수 있다.

　

최근 국내에서 법정허락을 받은 대표적인 사례로 "다찌마와 리"와 관련
된 사례를 꼽을 수 있다. 2008년 8월 14일 개봉하한 "다찌마와 리"는 원작인
인터넷판 "다찌마와 리"의 저작권자가 불분명해 제작과 개봉에 난항을 겪었
다. 저작권위원회의 법정허락제도를 통해 저작권 문제를 해소하고 개봉할
수 있었다. 인터넷판 "다찌마와 리"는 류승완 감독이 각본과 감독을 맡았지만
제작사나 투자사와의 저작권 계약관계가 명확하지 못했다. 또 당시 제작사인
수다와 투자사 관계자들 대부분이 해외에 체류하고 있어 접촉이 어려웠을
뿐더러 이들 역시 분명한 저작권 정보를 알고 있지 못했다. 새 영화의 제작사
외유내강은 법정허락제도를 통해 실마리를 풀었다. 저작권법시행령 제18조
에서 정한 저작권위탁관리업자 조회, 일간신문 또는 문화체육관광부 정보통
신망과 저작권위원회의 인터넷 홈페이지 공고가 해당한다.

미국에서는 지상파 방송의 재전송에 대한 두 종류의 저작권 강제허락
제도가 시행되고 있다.[27] 케이블TV 방송 사업을 위한 강제허락제도는 케이
블TV 방송사업자가 지상파 방송과 라디오 방송을 유료시청자에게 재전송하

[그림 6-2] 법정허락을 통해 개봉된 영화 "다찌마와 리"

* 출처: "다찌마와리가 '흥행지옥'행 급행열차를 탄 까닭", 김용호, 「NEWSIS」(2008.8.20).

는 것을 허용하고 있다. 위성방송사업자는 위성 안테나를 소유한 시청들에게 라디오 방송을 제외한 지상파 재전송을 할 수 있다. 강제허락제도에 관해서는 찬반이 엇갈리고 있으며, 특히 매체별로 강제허락제도를 어떠한 방식으로 하느냐에 따라 입장이 갈리고 있다. 한국과 같이 뉴미디어의 도입이 급속하게 이루어지고 있는 상황 속에서 강제허락제에 관한 논란은 계속될 가능성이 크다. 특히, 최근 지상파에서 케이블 측에 지상파 재전송에 대한 사용료를 요구하면서 강제허락제도를 둘러싼 논란이 심화될 것으로 보인다.

법정허락 및 강제허락제도에 있어 중요한 것은 수용자 복지를 제고하면서 사업자들의 불이익을 최소화시키는 것이다. 특히, 국내에서 법정허락 및 강제허락과 관련하여 문제가 되고 있는 지상파 재전송의 경우 수용자 복지

---

27) 도준호(2001), 「인터넷방송의 규제에 관한 연구: 저작권 강제허락제도 적용을 중심으로」, 『정보사회연구』, 2호, pp.89~106.

제고에 원칙을 두면서 방송 산업 내의 공정 경쟁을 도모하는 차원에서 정책이 입안될 필요가 있을 것으로 보인다.

4. 방송 콘텐츠 저작권

1990년대까지만 해도 국내에서 방송 관련 저작권 분쟁은 거의 발생하지 않았다. 지상파 3사의 독과점 시장이 오랫동안 유지되어 온 데다가, 지역방송이나 케이블TV 등이 지상파 방송 프로그램을 동시재전송해왔기 때문에 사업자들 사이에는 복잡한 저작권 분쟁이 발생할 소지가 거의 없었다. 방송사와 방송작가, 독립제작사, 음반제작자, 연기자 등 실연자(performer) 사이에는 심심치 않게 논란이 벌어졌지만 대체로 양 이해 당사자 간에 원만하게 합의하는 선에서 마무리 되는 것이 관례였다.

하지만 최근들이 방송 콘텐츠 저작권 문제가 심심치 않게 뉴스로 등장하고 있다. 특히 한류열풍의 영향으로 국내에서 제작한 영상물의 부가가치가 급격하게 상승함으로써 최근에는 지상파 방송사와 독립제작사 주체들 간의 갈등이 표면화되고 있기도 하다. 최근에는 디지털 기술의 발전으로 미디어 간, 미디어 내의 경계가 허물어지고 이에 따른 영상저작물의 권리관계는 한층 복잡해지고 있다.

저작권법상 방송 프로그램과 관련하여 쟁점이 될 수 있는 부분으로는 대체로 다음 다섯 가지를 들 수 있다.[28] 첫째, 공개 전달의 문제다. 일반적으로 방송 프로그램은 가정 내에서 개인적인 수신을 위하여 송신되는 것인데, 이를 수신하여 공개 장소 예컨대 호텔, 카페, 공원, 광장 등에 확성기나 영상 스크린

---

28) 허희성(1994), 「우루과이라운드의 타결과 저작권 관계」, 『방송문화』, 8월호, 1994년 pp.59~60.

을 설치하여 공중에게 전달하는 것에 대하여 각국의 보호 형태는 다양하다. 독일이나 일본의 경우 공개 전달을 인정하지만 우리 저작권법에는 공개전달권이 없기 때문에 형태에 따라 다른 규정 적용이 불가피하다. 예를 들어 공개전달이 동시중계인 경우에는 방송사업자의 동시중계권이 작용하고 재방송인 경우에는 녹음, 녹화물 작성에 관한 방송사업자의 권리가 작용하며, 그 콘텐츠가 영상물일 경우 영상제작자의 이용권이 작용한다.

둘째, 방송 프로그램의 일부를 이용하는 경우 권리 문제다. 예컨대, 야구의 실황을 중계방송하면서 방송사의 해설이 부가되는 경우에 다른 방송사나 혹은 후일에 어떤 기록영화를 작성하면서 그 해설만 무단으로 이용하는 경우다. 국내 저작권법은 실황중계의 경우 저작권을 인정하지 않고 있다. 프랑스의 경우 이런 경우 저작권을 인정하고 있으나 미국의 경우 방송사업자의 저작권법상의 권리가 아니라 일반원리에 의한 부당한 권리사용이라고 보고 있다.

셋째, 뉴스와 방송에 관한 것이다. 일반적으로 뉴스는 보호받지 못하는 저작물이므로 어느 누구나가 자유롭게 이용할 수 있는 것으로 본다. 그러나 어느 방송사에서 보도한 뉴스를 신문이나 다른 방송사에서 지속적으로 무단 이용하는 경우에는 문제가 된다. 미국에서는 부정경쟁의 법리를 적용하여 보호하고 있으며, 이탈리아의 경우 저작권법에서 뉴스의 경우도 영리를 목적으로 하는 조직적인 복제에 대해서는 불법행위로 보고 있다.

넷째, 방송 프로그램 제호에 관한 것이다. 일반적으로 제호 자체만으로는 보호대상이 되지 않으나, 방송에 의하여 유명하게 된 제호를 영화, 연극혹은 책의 제호로 그대로 사용한 경우에는 문제가 될 수 있다. 영국, 이탈리아 등에서는 이를 부정 경쟁 행위라고 판시한 사례가 있으며 멕시코에서는 잡지나 방송의 프로그램 제호를 저작물로 보고 있다. 국내에서도 얼마 전 종영한 문화방송의 "대장금"에 대하여 한 사업자가 그 이름을 사용할 권리를 구매하기도 했다.

다섯째, 방송 프로그램의 구상이나 패턴의 보호문제다. 구체적으로 방송 프로그램의 표절시비가 발생하는 이유 중 대표적인 것이 패턴 혹은 형식에 대한 모방이다. 오락 프로그램의 경우 일본에서 방송하는 포맷을 그대로 차용하여 내보내고 있다는 비판이 어제 오늘의 일이 아니다. 외국 것들뿐만 아니라 경쟁사업자의 포맷을 모방하기도 하고, 지상파 방송사와 케이블TV 간에도 발생할 수 있는 개연성이 높다. 패턴이나 형식 모방에 대한 국내의 판례는 아직 나온 것이 없다. 하지만 어떤 프로그램의 패턴이나 포맷이 저작물의 구체적 형식으로서 창작성이 있다면 저작권법상의 보호대상이 되어야 한다는 것이 통설이다.

방송 프로그램은 그 속성상 스포츠 생중계 방송이나 정시 뉴스를 제외하고는 대부분 녹음, 녹화해서 내보내기 마련이다. 녹화방송일 경우 복제와 보관이 불가피하기 때문에 권리관계가 복잡해 질 수 있다. 더 중요한 문제는 그 프로그램이 방송사에서 자체 제작한 것이냐 아니면 외부에서 제작한 프로그램을 내보내는 것이냐 하는 점이다.

먼저 방송사 내부에서 자체 제작한 프로그램의 권리관계를 정리할 필요가 있다. 방송사 자체제작 프로그램은 다시 순수 내부 인력으로 제작하는 경우와 토론이나 대담 프로그램처럼 관련 전문가를 초청하여 방송사 직원과 함께 제작하는 경우다.[29] 최근에는 외주제작 프로그램 비율이 늘어나고 있고 다양한 전문가가 방송 프로그램 제작에 관여하고 있지만 과거에 방송 프로

---

[29] 프로그램 제작에 있어 외부 전문 인사를 초청하여 제작하는 경우에는 주로 위임, 위탁, 혹은 위촉 등의 계약에 의한 것이다. 이는 전문가의 유형에 따라 첫째, 전적으로 전문가가 모든 행위를 주도하는 경우, 둘째, 전문인사와 방송사가 공동으로 기획하여 제작하는 경우, 끝으로 방송사가 주도하면서 외부 전문가의 특수 기능만을 지원받는 경우 등이다. 첫 번째 경우 저작권은 외부전문가에 있다. 두 번째 경우 저작권은 공유된다고 볼 수 있다. 이 경우 방송사의 이후 저작권 행사에 문제가 생길 수 있다. 이를 방지하기 위해서는 위탁계약서에서 모든 권리가 방송사에 귀속된다고 명문화하는 것이 필요하다. 세 번째 경우 전문가는 방송 프로그램 제작에 조력한 것에 불과하기 때문에 방송 프로그램에 대한 저작권이나 이용권의 일부를 주장하기는 어렵다. 애초 계약 당시 방송 프로그램 제작에 협력하는 것으로 약정하였다면 전혀 문제될 소지가 없어진다.

그램은 방송사들의 전유물이었다. 순수 내부 고용인인 종업원에 의해 제작된 프로그램의 경우 사용자인 방송사가 저작자가 되어 권리를 행사할 수 있다. 그러기 위해서는 몇 가지 요건이 필요하다.[30]

첫째, 법인 등의 사용자가 저작물의 작성을 기획하여야 한다. 여기서 기획이란 저작물의 작성의사 표명이라 할 수 있으며, 직접이든 간접이든 사용자의 판단에 의한 제작이라는 것이 입증되면 된다.

둘째, 법인 등의 업무에 종사하는 자가 작성해야 한다. 여기서 종사자란 피용자로서 법인 등의 지배하에 작업을 하는 사람을 말한다.

셋째, 종업원이 업무상 작성하여야 한다. 여기서 업무상이란 자기에게 주어진 업무로서 저작물을 작성하는 것을 의미한다. 예컨대 기자가 보도기사를 작성하고 프로듀서가 오락 프로그램을 제작하는 것을 들 수 있다.

넷째, 법인 등의 명의로 공표된 것이어야 한다. 이것은 작성된 저작물이 사용자인 법인 등의 명의로 공표되는 것인데, 일반적으로 방송 프로그램은 방송사에 의한 방송의 송신으로 공표되는 것이므로 방송이 되는 것으로 법인 명의 공표 요건이 충족된다고 하겠다.

다섯째, 법인 등의 사용자와 종업원 사이에 계약이나 근무 규칙 등에 다른 정함이 없어야 한다. 여기서 계약이란 고용계약이나 저작물의 작성 계약 등을 말하며, 근무규칙이란 방송사의 내부적인 업무규칙, 근로규칙, 취업규칙 등을 말한다.

외부에서 제작한 방송 프로그램 영역에는 음반이나 영화처럼 사전에 외부에서 완제품으로 제작한 것을 방송하는 경우와 외부 즉, 독립제작사와 같은 단체에 제작을 의뢰하는 경우로 나눌 수 있다. 음반의 경우 저작권법상 판매용 음반을 방송에 이용하는 것은 관련 저작권자나 저작인접권자에게

---

30) 허희성(1994), 「방송저작권 판례연구 3」, 『방송문화』, 1994년 10월호.

아무런 사전 동의나 허락 없이 이용하고 음반제작 단체, 실연자 단체, 및 저작권자 단체와 방송사 간의 단체 협약에 의하여 사후에 보상할 수 있다. 영화의 경우도 영상제작물에 해당하기 때문에 영상제작자의 허락만 받으면 된다. 다만 극장 상영용으로 제작한 영화를 방송에 내보내는 것은 주의를 요한다. 저작권법상 저작물의 복제권과 방송권을 구분하고 있기 때문이다. 이에 따라 영상물의 원저작자가 있을 경우 이의를 제기할 수 있기 때문에 영상제작자와 계약 단계에서 이에 대한 권리관계를 명확히 하는 것이 필요하다.

최근에 가장 크게 쟁점이 되고 있는 것은 방송사에서 외부의 독립제작자나 비디오저널리스트(VJ) 등에게 제작을 의뢰하였을 경우다. 제작물의 권리관계는 제작의뢰 계약에 따르게 되기 때문에 이 계약서 내용이 중요하다. 독과점 상태인 지상파 방송사가 강하게 힘을 행사하던 과거에는 별 논란이 되지 않았으나 최근 영상 콘텐츠의 부가가치가 높아지고 국가가 제작자를 적극 지원하는 방향으로 미디어 정책을 펴가고 있기 때문에 한층 권리관계가 복잡해지고 있다.

방송사 입장에서 외부에 의뢰한 영상저작물을 단지 본방송과 재방송 정도로만 이용할 경우에는 영상저작물의 이용권까지 취득할 필요가 없다. 하지만 국내 외주제작 시장을 보면 대체로 방송사가 제작 프로그램에 대한 이후의 모든 권리도 취득하는 것이 일반적이다. 요컨대 방송 외에 복제, 배포, 공개 상영까지 고려한다면 계약으로 영상제작자의 권리를 취득해야만 한다.

방송사업자와 관련한 저작권의 쟁점은 저작인접권과 관련한 연기자 집단, 음반제작사협의회나 작가, 작가단체, 외주제작사 등과 관련해서 다양하게 존재하지만 외주제작사의 저작권 문제를 제외하고는 크게 사회적 쟁점이 되는 경우는 별로 없다. 작가들의 열악한 지위와 작가에 대한 방송사나 제작사의 약탈적 계약 문제는 사실 저작권법의 문제로 풀기가 쉽지 않다. 하지만 앞서 정리했듯이 방송사업자와 관련해서 '을'의 위치에서 종속되었던 독립제작사들이 자기 목소리를 내기 시작했다는 것은 주목할 만하다.

최근 독립제작사들의 저작권 확보 움직임에 대하여 지상파 방송사들은 불편한 심기를 감추지 않고 있다. 외주제작사는 열악한 구조 때문에 방송사의 단순한 하청업체로 전락하고 말았다는 피해의식을 갖고 있고, 지상파 방송사들은 정부의 방송정책에 의한 강제규정으로 인해 외주비율을 확대할 수밖에 없다는 피해의식을 갖고 있다. 이러한 상황에 대하여 "외주제작사에 대한 합리적이고 현실적인 육성정책은 도외시되고 있고, 지상파 방송사의 지원과 희생만을 강요하는 현행 제도가 과연 방송영상산업의 발전을 위한 최적의 길이라고 믿는지 묻고 싶다"는 것이 방송사업자들의 솔직한 심정이기도 하다.

방송제작자들도 최근 외주제작사의 움직임에 대하여 우려의 시각을 가지고 있다. 한국방송프로듀서연합회(PD연합회)를 비롯한 방송사 현업 단체들이 외주제작사가 저작권을 갖겠다고 주장하는 배경에는 최근 성공한 드라마의 대부분이 외주제작사라는 점이 주요하게 작용한 것으로 보고 있다. 여기에 점차 강화되고 있는 '한류 흐름'을 고려했을 때 저작권 활용으로 인한 경제적 이익까지 감안한 '계산된' 주장이라고 보고 있다.

지금 드라마와 관련된 대부분의 기획을 방송사에서 하고 있고, 제작비 또한 방송사가 대부분 부담하는 데다, 프로그램 성공 여부에 따른 위험부담까지 고스란히 방송사가 안고 있는 상황에서 저작권을 외주제작사가 갖고 방송사에게는 방영권만 주겠다는 것은 지나치다는 것이다. 그럴 경우 방송사는 단순히 채널사업자로 전락할 가능성이 높고 그럼으로써 장기적으로 방송의 상업화가 더욱 촉진될 가능성이 크다고 주장했다.

반면 저작권 보호 목적에는 생산자의 창작 의욕 고취도 포함되어 있다. 같은 의미에서 드라마에 관한 권리 또한 제작자에게 주어지는 것이 당연하다고 보는 것이 외주제작업체의 일반적 입장이다. 기획·제작·감독과 배우의 섭외 등 드라마의 제반사항을 대부분 외주제작사들이 하고 있는 것이 현실인

데 방송사가 제작비의 일부를 지원한다는 이유만으로 2차 저작권과 해외저작권 이익의 상당 부분을 가져가는 것은 문제가 있다는 것이다.

이러한 문제의 원인은 방송사와 외주제작사 간에 힘의 불균형 때문이라고 볼 수 있다. 방송사들이 제작과 송출 등 기형적으로 수직 결합된 시스템을 갖고 있었기 때문에 기본적인 생각이 변화하는 방송환경에 미치지 못하고 있는 데다, 자신들의 입장을 얘기할 수 있는 김종학프로덕션 등 덩치가 큰 몇 개의 외주제작사를 빼면 대부분은 방송사가 외주를 주는 것만으로도 황송해 하는 것이 현실이기 때문이다. 예컨대, 한국 드라마가 최근 국내는 물론 해외시장에서 비싼 값에 팔리고 있지만 외주제작사의 수입원이 간접광고(PPL) 밖에 없고 그나마도 쉽지 않아 정작 드라마를 만든 외주제작사 사람들은 매우 열악한 환경에서 일을 하고 있다.

미국의 사례를 보면 외주제작사가 저작권을 갖고 있으며 방영권을 방송사에 파는 형태에 가깝다. 그런 면에서 방송사가 보유한도(방송횟수)를 늘릴 수는 있어도 저작권까지 갖는 것은 무리라고 할 수 있다. 외주제작사들이 정당한 부가가치를 창출할 수 있을 때, 외주 영역이 활성화될 수 있고 궁극적으로 영상제작물의 전반적 수준이 향상될 수 있다는 것이 관련 전문가들의 주장이다.

연기자 등 실연자와 관련한 권리관계도 복잡하다. 실연자란, 저작권법 제2조 제4호에 의하면 "저작물을 연기·무용·연주·가창·구연·낭독 그 밖의 예능적 방법으로 표현하거나 저작물이 아닌 것을 이와 유사한 방법으로 표현하는 실연을 하는 자를 말하며, 실연을 지휘, 연출 또는 감독하는 자를 포함하는 개념"이다. 이러한 실연자에게 주어지는 권리는 크게 보아 복제권, 실연방송권, 방송사업자에 대한 보상청구권, 음반의 대여허락권 등으로 나눌 수 있으며, 이러한 권리는 로마 인접권협약과 각국의 입법례에 따른 것이다.

실연자에는 우선 그 실연을 복제할 권리가 있다. 이렇게 실연자가 자신의 실연을 복제하거나 복제하도록 허락함에 있어서 가능한 구체적인 방법을 생각해 보면 녹음, 녹화, 사진촬영 등을 예로 들 수 있다.

저작권법 제75조는 실연자의 방송사업자에 대한 보상청구권과 그 행사 방법 및 보상금의 금액 등에 관한 규정이다. 먼저, 방송사업자가 실연이 녹음 된 판매용 음반을 사용해서 방송하는 경우에는 그 실연자에게 일정의 보상을 하도록 규정하고 있다. 여기서 보상의 의무가 있는 사람은 방송사업자다. 시중에 발매된 판매용 음반을 사용해서 방송했다면 그에 상당한 보상을 할 의무가 있다. 그런데 이러한 보상청구권이 미치는 범위가 저작인접권자인 실연자에게는 실연이 녹음된 판매용 음반을 방송에 사용하는 경우로만 한정 되지만 저작권자의 경우에는 다르다. 즉, 저작권자는 자신의 저작물이 수록 된 판매용 음반이 방송에 사용된 경우는 물론이고, 유흥음식점을 포함해서 음악의 감상을 영업의 주요내용으로 하는 영업장소에서 판매용 음반이 사용 된 경우에도 저작권을 행사할 수 있다.

실연자는 또한 자신의 실연을 방송할 권리가 있다. 저작권법에서 방송이 란, 일반공중으로 하여금 수신하게 할 목적으로 무선 또는 유선통신의 방법에 의하여 음성·음향 또는 영상 등을 송신하는 것을 말한다. 또한 실연의 방송에 대한 권리는 인정하면서 공연에 대한 권리를 언급하지 않은 것은 공연의 특성 이 실연자의 직접적인 실연에 있으므로 공연에 출연할 것을 실연자가 허락하 지 않는 한 공연 자체가 불가능하기 때문이며, 출연에 따른 계약을 통해 실연 자의 권리행사가 가능하기에 별도의 규정을 두지 않은 것으로 보인다. 반면 에 방송은 실연자의 의사가 미치지 않는 상황에서 그의 실연이 이용될 수 있다 는 점에서 별도의 규정을 둔 것이다. 이러한 실연방송권은 실연자의 복제권 에서와 마찬가지로 실연자가 행한 실연 자체에만 주어지는 것이므로 다른 사람의 모방실연에까지 미치는 권리가 아니라는 점에서 저작권자에게 주어 지는 방송권과는 다르다.

지난 2006년 개정 저작권법 제100조 '영상저작물에 대한 권리'를 보면 제1항에서 "영상제작자와 영상저작물의 제작에 협력할 것을 약정한 자가 그 영상저작물에 대하여 저작권을 취득한 경우 특약이 없는 한 그 영상저작물의 이용을 위하여 필요한 권리는 영상제작자가 이를 양도받은 것으로 추정한다"고 규정하면서도 제2항에서는 "영상저작물의 제작에 사용되는 소설 · 각본 · 미술저작물 또는 음악저작물 등의 저작재산권은 제1항의 규정으로 인하여 영향을 받지 아니한다"고 규정하고 있다.

　　텔레비전용 방송 프로그램 제작에 참여하는 집필자들의 경우 영상저작물로서의 방송 콘텐츠의 이용에 관한 권리는 방송사에 양도한 것으로 볼 수 있으나, 그 원작이라고 할 수 있는 어문저작물로서의 대본에 대한 저작권은 집필자에게 여전히 남아 있다고 볼 수 있다. 하지만 라디오용 방송 콘텐츠의 경우에는 영상저작물에 관한 특례 조항에 해당하지 않으므로 개별적인 계약 내용에 따라 규율된다고 하겠다. 방송용 콘텐츠에 대한 저작권적 권리는 방송사에 양도되는 것으로 볼 수 있지만, 방송용이 아닌 출판물 혹은 기타 공연물로서의 활용에 대한 권리는 집필자에게 존속한다는 점에서 방송 콘텐츠 제작에 참여하는 집필자들의 권리는 다중적이다.

　　물론 단순한 큐시트 작성 및 출연진 섭외, 그리고 애드립(ad lib)에 의존하면서 창작성이 없는 대사 작성 업무를 주로 수행하는 구성작가들이라면 방송 콘텐츠 제작에 기여하는 저작인접권자로서의 입장 이외에는 저작권자로서의 권리 주장이 어려울 것으로 판단된다. 다만, 드라마의 대본을 집필하거나 각색에 종사하는 작가, 또는 드라마의 원작을 집필한 작가 등에게는 별도의 저작권이 얼마든지 존재할 수 있으므로 계약 단계에 있어서 권리 관계의 확인이 필수적이라고 하겠다.

5. UCC와 저작권

참여·공유·개방의 정신을 근간으로 하는 웹2.0 시대가 도래하면서 인터넷에 있어 이용자의 참여는 갈수록 중요한 것이 되어 가고 있다. 특히 웹2.0 서비스로 인해 블로그와 미니홈피 같은 1인 매체의 보급과 인터넷 이용자들의 참여가 활발해지면서 이용자들이 각종 정보를 생산하게 되었다.[31] 이용자들이 생산한 정보는 이용자 제작 콘텐츠(UCC)의 형태로 인터넷 이용자들 사이에서 유통되고 있다.

UCC란 'User Created Contents'의 약자로 단어 그대로 이용자가 창작해 낸 콘텐츠라고 할 수 있다. 사실 UCC라는 것은 이전부터 존재해오던 개념이고 UCC라는 단어가 새로 생긴 것도 아니다. 신문의 독자투고와 같은 아날로그의 형태의 UCC도 있었고 방송사에 시청자들이 만들어 보내는 시청자 비디오도 대표적인 UCC라고 할 수 있다. 인터넷상에서 이용자들이 올리는 수많은 댓글, 오마이뉴스의 시민기자들이 쓴 기사들, 네이버의 '지식iN'이나 이용자가 만들어가는 백과사전인 위키피디아, 미니홈피와 블로그에 등장하는 다양한 형식과 장르의 콘텐츠들, 패러디 사진, 이용자들이 만들어 올리는 플래시 애니메이션들도 모두 UCC에 해당된다.[32]

UCC는 기술 발전과 함께 텍스트 기반에서 이미지 기반으로 다시 동영상 기반으로 진화해 왔다. 초기의 UCC는 단순히 보고 즐기는 글과 사진 위주의 엔터테인먼트 콘텐츠 형태로 시작하여 이제는 동영상 위주의 정보 콘텐츠, 정보와 오락이 결합된 형태의 콘텐츠로 발전하고 있다. UCC는 이용자가 직접 만들어 공유하는 다양한 형식의 콘텐츠와 정보를 통칭한다. 형식과 장르,

---

31) Jenkins, H.(2006), 「Convergence Culture: Where Old and New Media Collide」, 김정희원·김동신 역(2008), 『컨버전스 컬처』, 비즈앤비즈. pp.264~265.
32) 김영주(2007), 「지상파 방송의 UCC 활용전략과 참여」, 『방송문화연구』, 19권 1호, pp. 9~42.

[그림 6-3] 판도라TV의 큐피서비스

* 출처: "판도라TV의 새로워진 서비스를 만나보세요", 「연합뉴스」(2008.10.29).

내용, 유통에 있어서 UCC의 종류는 매우 다양하다.

　최근 몇 년 사이에 주목받고 있는 것은 동영상 UCC라고 할 수 있다. 국내의 경우 판도라TV, 곰TV, 아프리카, 아우라, 엠군, 엠엔캐스트, 프리챌큐 등과 같이 UCC가 중심이 되는 동영상 전문 포털사이트들이 빠르게 성장해 왔고, 네이버나 다음과 같은 포털사이트들도 UCC를 활용하는 다양한 비즈니스 전략을 펼쳐왔다. 인터넷 미디어뿐 아니라 지상파 방송을 비롯한 기존의 미디어 기업들도 UCC를 활용한 시청자의 참여, 프로그램 제작에 적극 나서고 있다. 동영상 전문 포털이나 기존의 포털사이트에서 제공하는 UCC들이 선풍적인 인기를 끌면서 지상파 방송 역시 닷컴사를 중심으로 UCC를 통한 시청자 참여와 콘텐츠 확보를 위해 다양한 이벤트를 벌이고 있다.

　하지만 UCC가 등장하면서 저작권과 관련한 여러 문제가 이슈로 떠오르고 있다.[33] 웹2.0의 근본정신이라고 할 수 있는 참여, 공유, 개방은 필연적으로 소유권의 문제를 쟁점화시키기 때문이다. 특히, 타인의 저작물을 자유롭게 활용하여 제작하는 UCC는 전통적인 저작권 개념과 충돌할 수 있다. 또한 UCC가 선거에 활용되어 문제를 일으키기도 하였다.

UCC의 저작권 문제에 대해서는 법조계 내부에서도 논쟁이 벌어졌고 논란은 계속되고 있다.[34] 특히, 원저작자가 존재하는 저작물을 이용하여 UCC를 만드는 경우 UCC의 저작권을 어떻게 봐야 할지가 논란의 핵심이었다. 한 쪽에서는 인터넷이라는 공간의 특성과 웹2.0의 정신을 인정하고 UCC에 대해 관대한 입장을 보이는 반면, 다른 한 쪽에서는 원저작자의 권리를 충분히 보장해야 한다고 맞서고 있기 때문이다.

저작물로서 UCC는 크게 세 가지 정도의 성격을 갖는다. 첫째, 제작에서 있어 '창작성'이 인정되는 콘텐츠라는 점이다. 원저작자가 존재하는 콘텐츠를 재활용한 경우라 할지라도 UCC는 이용자의 창의성에 의해 탄생한 것이라 볼 수 있기 때문에 창작성이 인정된다. 둘째, 상업적 목적이 없는 콘텐츠라는 점이다. 간혹 상업적으로 만들어지는 UCC도 있지만 대개의 경우 UCC는 창작자의 순수한 의도에 의해 만들어지기 때문에 상업적인 의도가 없는 경우가 많다. 셋째, UCC는 인터넷상에 올려진 이후의 유통이 자유롭다는 것이다. UCC의 유통이 자유로운 이유는 창작자가 상업적인 의도로 UCC를 만드는 것이 아니기 때문이다.[35]

현재 저작권법상 문제가 되는 UCC 제작은 크게 4가지로 분류될 수 있다. 첫째, 타인의 저작물 전체 또는 일부를 그대로 이용하여 UCC를 제작하는 경우로 현재 UCC 관련 저작권 문제의 다수를 차지하고 있다. 이러한 UCC는

---

33) 황성기(2007), 앞의 논문, p.103.
34) 홍석희, "'UCC 저작권 범위' 판사 - 검사 논쟁", 「파이낸셜 뉴스」(2008. 8. 27).
35) 황성기(2007), 앞의 논문, pp.108~109.

단순 복제물에 가깝기 때문에 저작권법상 문제를 일으킬 수 있다. 둘째, 타인의 저작물을 이용하고 이에 창작성을 가미하여 2차 저작물로서 UCC를 제작하지만 타인의 저작물과 실질적 유사성이 인정되어 저작권 문제가 발생하는 경우다. 이러한 경우에는 창의성이 인정된다고 하더라도 원저작자의 콘텐츠와 지나치게 유사한다면 문제를 일으킬 수 있다. 하지만 이러한 2차적 저작물은 저작권 침해에도 불구하고 창작성을 가미하여 새로운 저작물을 만들어낸다는 측면에서 단순 복제물과는 그 가치나 의미를 달리한다.[36] 결국 UCC에 관한 저작권 문제는 UCC 창작자가 얼마나 원저작자의 콘텐츠를 창의적으로 재창조해 내었느냐가 관건이 된다고 할 수 있다.[37]

셋째로는 보도·비평·교육·연구를 위하여 타인의 저작물을 이용하여 UCC를 제작하였지만 타인의 저작물에 대한 UCC의 종속성이 인정되어 문제가 되는 경우다. 현행 저작권법 제25조는 기존의 저작물을 정당한 범위 내에서 인용한 UCC는 적법하다고 규정하고 있지만, 법적으로 '정당한 범위 안에서 공정한 관행에 합치되는' 인용 정도와 범위는 여전히 논란거리다. 넷째, 기존의 저작물을 이용하여 UCC를 제작하였지만 UCC와 저작물 사이에 실질적 유사성이나 종속적 관계가 부인되는 경우 저작권 문제가 발생하지 않는 경우다. 하지만 지금까지 논의된 기준들은 명확하게 확립하기가 어려워 앞으로도 UCC를 둘러싼 논란은 계속될 전망이다.

UCC 저작권과 관련해서 지속적으로 문제가 되는 것은 UCC 서비스제공자가 가지고 있는 법적 책임 문제라고 할 수 있다. UCC 서비스제공자란 UCC 전문 사이트 혹은 UCC 서비스를 제공하는 기존 포털 등을 말한다. 즉, UCC의 유통창구가 되는 인터넷 사이트들의 법적 책임이 논란이 되고 있는 것이다.

---

36) 윤종수(2007), "불법복제 UCC를 유통한 ISP의 책임", 「2007년 한국언론법학회 춘계 학술세미나 발제문」, pp.5~19.
37) 이대희(2007), 「UCC와 저작권」, 『정보처리학회지』, 14권 3호, pp.69~74.

이 문제는 구체적으로 타인의 저작권을 침해한 UCC를 이용자들에게 제공한 경우에 매개서비스제공자에 대해서도 저작권 침해의 책임을 인정할 수 있는지의 문제, 음란한 내용의 UCC라든지 타인의 명예를 훼손하는 등 UCC의 내용에 논란의 여지가 있는 UCC를 이용자에게 제공했을 경우에 이들에게 어떻게 법적인 책임을 물어야 하는 지가 문제시 된다. 특히, 최근 유통되는 UCC의 많은 부분이 방송국이나 영화사에서 제작한 방송 프로그램이나 영화의 일부를 복제하여 편집하고 수정하여 제작된 것들이어서 UCC 서비스 제공자의 저작권 침해에 관한 논란은 앞으로도 끊이지 않을 것으로 예상된다. 현재 국내에는 온라인서비스제공자의 법적 책임을 묻는 규정은 존재하지 않는다.[38] 다만 개별 영역에서 온라인서비스제공자의 법적 책임의 범위를 설정하고 있는 조항이 있을 뿐이다.

지금까지 UCC의 의미와 UCC와 관련 저작권 문제를 살펴보았다. UCC는 웹2.0의 근본정신이라고 할 수 있는 참여, 공유, 개방의 정신을 가장 잘 구현할 수 있는 수단으로서 최근에 많은 주목을 받고 있다. UCC를 통해 인터넷 이용자들은 수동적인 미디어 수용자에서 벗어나 주체적인 이용자로서 탈바꿈하고 있으며, 이에 따라 많은 긍정적인 현상들이 나타나면서 산업적으로도 큰 주목을 받았다. 하지만 UCC가 산업적으로 큰 성공을 거두지 못하면서 이것이 UCC에 대해 기존의 저작권법을 기계적으로 적용했기 때문이라는 비판이 나오고 있다. 반면에 이미 저작권이 있는 콘텐츠를 활용하여 만들어진 UCC에 대해서는 법적으로 엄격하게 규제해야 한다는 입장도 있다. 이들은 UCC 때문에 저작권자들이 피해를 보고 있을 뿐 아니라 서비스제공자들이 자신들의 법적 책임을 회피하고 있다고 비판하고 있다.

종합해 보면, UCC 관련 저작권에서 문제가 되고 있는 것은 원저작물을

---

38) 박준석(2007). "개정 저작권법 하의 ISP 책임", 「서울대학교 기술과법센터 2007년도 제2회 워크숍(개정 저작권법과 디지털 기술) 발표문」.

활용하여 제작한 UCC에 대해 원저작물의 권리를 보장해 줄 것이냐 말 것이냐 하는 것이라고 할 수 있다. 즉, 인터넷 특유의 자유정신 그리고 웹2.0의 근본정신이라고 할 수 있는 참여, 공유, 개방의 정신을 살려 UCC 저작권 문제를 개방적으로 놔둘 것이냐 아니면 원저작자의 권리를 보장해 줄 것이냐 하는 것에 있다. 여기에서는 온라인서비스제공자의 입장도 얽혀 있으며, 법조계 내부에서의 갈등도 나타나고 있는 상황이다.

이상의 논의에서 중요한 것은 UCC 제작 및 이용 그리고 UCC 산업이 건전하게 발전할 수 있도록 저작권 제도가 마련되어야 한다는 것이다. UCC 저작권 문제에 있어 어느 한쪽의 입장을 극단적으로 비판하거나 옹호하기는 어렵다. 중요한 것은 이용자의 참여정신을 살리면서 원저작자의 권리가 지나치게 침해당하지 않을 수 있는 방안을 모색하는 일이다.

6. 매체기술 발전과 미디어 저작권

매체 기술은 끊임없이 발달해 왔으며 저작권법 역시 그에 대응하기 위해 계속적으로 수정 및 보완되어 왔다.[39] 다시 말해 매체 기술의 발전에 따라 저작권법이 그에 대해 적응하여 왔다는 것이다. 현재의 매체기술 수준으로 봤을 때, 저작권자나 이용자 어느 한쪽에 유리하다고 단정지을 수 없는 상황이다.[40] 흔히 정보와 지식의 공유를 주장하는 측의 주장에 의하면 저작권법은 종이 매체 시대에 통용되던 규범으로서 인터넷, 디지털 매체 시대에 와서는 새로운 패러다임이 요구된다. 이들에 따르면 저작권법은 마치 낡은 규범 또는 기술 발전을 저해하는 거추장스러운 장애물 정도다.

---

39) 최진원·남형두(2006), 앞의 논문.
40) 최지원(2006), 「디지털, 저작권 패러다임의 전환」, 『ENTER』, 124, pp.7~12.

그러나 문화의 향상발전을 목적으로 하는 저작권법의 정신과 취지가 기술 발전이 달라진다고 변하는 것은 아니다. 다만 미디어 이용환경 변화에 따라 저작권법도 변화를 수용할 필요가 있다. 저작권자의 이익과 이용자들의 요구 사이의 적절한 균형을 찾기 위한 노력이 필요하다. 특히, 디지털화로 인한 매체 환경의 변화는 저작권법과 관련하여 새로운 대안 마련의 필요성을 높이고 있다.

앞서 살펴본 것처럼 인터넷 등장을 계기로 디지털 콘텐츠가 불법적으로 유통되는 경우가 많아졌다. 이러한 디지털 콘텐츠의 불법 유통을 막기 위해 등장한 것이 DRM(Digital Rights Management)이다. 일반적으로 DRM은 콘텐츠 제공자의 권리와 이익을 안전하게 보호하기 위하여 적법한 사용자만 허용된 권한에 따라 콘텐츠를 이용하도록 하는 기술이다. 각종 디지털 콘텐츠를 불법 복제로부터 보호하고 요금을 부과하여 저작권 관련 당사자의 이익을 관리하는 상품 또는 서비스라고 할 수 있다. 따라서 단순 보안기술이라기보다는 좀 더 포괄적인 개념으로 저작권 승인과 집행을 위한 소프트웨어와 보안기술, 지불, 결제기능 등을 모두 포함하는 개념이라고 할 수 있다.[41] DRM은 디지털화와 네트워크의 발달로 인해 늘어난 콘텐츠의 불법유통을 방지하기 위한 기술적, 제도적 대책이라는 점에서 주목하여 살펴볼 필요가 있다.

디지털 기술이 발전함에 따라 저작권의 침해가 손쉬워진 반면, 침해를 규제하기는 쉽지 않기 때문에 저작자들은 저작권을 보호하기 위해 '법'뿐 아니라 DRM을 포함한 '기술'에 관심을 갖게 되었다. 그러나 기술에 의한 저작권의 보호도 완벽하지 못하며, 저작권 보호 기술을 회피하기 위한 기술도 빠르게 발전하고 있다. 이러한 배경하에 미국, 유럽 등 주요국들을 중심으로 DRM 기술을 보호하는 법 체계가 성립되었으며, 현재 전 세계적으로 확산되고 있

---

41) 이재영·임준·유선실·권지인·정현준(2005), 『디지털컨버전스 하에서의 콘텐츠산업 발전과 공정경쟁이슈: 시장 봉쇄 이론 및 사례』, 정보통신정책연구원 연구보고서, pp.134~171.

다. 이 과정에서 DRM에 대한 법적 보호의 필요성과 보호의 범위에 대해 많은 논란이 있어 왔다.[42] 한편, DRM을 통해 저작권을 보호하고 통제하는 것이 과연 합당한가에 대한 논란도 끊이지 않고 있다.

DRM과 관련하여 로렌스 레식[43]은 반대 입장을 제기한다. 레식은 DRM 와 같은 인위적인 저작권 통제행위를 반대하고 사용자 스스로 저작물을 이용할 수 있도록 하는 것이 옳다고 주장한다. 레식의 입장에서 봤을 때 DRM 같은 기술 및 제도를 도입하는 것은 사용자 스스로 자신을 통제하는 것이며 인터넷과 같은 혁신적 기술의 등장은 오히려 우리 자신을 억압한다고 본다. 레식은 디지털 기술(기술코드)을 통해 저작권이 오히려 확대되었고, 이에 따라 모든 사람이 창작의 작업을 하기 위해서는 허가를 받게끔 되었다고 주장하며 이러한 상황을 바꾸어야 한다고 역설한다.

로렌스 레식의 논의는 최근 국내에서 이동통신사들이 DRM을 해제한 것과 연관지어 생각해 볼 수 있다. 인터넷 도입 당시 저작권자에 대한 저작권 침해가 도에 지나치게 되어 DRM과 같은 장치가 도입되었지만, 오히려 이것이 이용자는 물론 저작권자와 저작인접권자의 발목을 잡는 꼴이 되어 버린 것이다.

국내에서는 DRM을 활용하여 DRM 음원은 각 통신사의 휴대전화로만 감상할 수 있도록 되어 있었다.[44] 기존의 모바일 음악 서비스 즉, 이용자가 모바일 무선인터넷을 통해 음악을 다운로드 받아 감상하거나 통화연결음 또는 벨소리 등으로 휴대전화를 꾸밀 수 있는 서비스는 휴대전화와 같은 모바일 기기에 국한되어 있고, 휴대폰으로 다운받은 음악을 PC나 다른 기기로

---

42) 손상영·김사혁·황지연·안일태·이철남(2007), 『디지털저작권관리(DRM) 정책과 사회후생』, 정보통신정책연구원연구보고서, pp.1~2.
43) Lessing, L.(2005), 「The Architecture of Innovation」, 정필운·심우민 역(2005), 「혁신의 구조」, 『연세법학연구』, 11권 2호, pp.291~316.
44) 심민관, "이통시장, DRM 해제가 대세", 「아시아 데일리」(2008. 7. 30).

이동하는 행위는 제한되어 있었다. 하지만 휴대전화 이용자들이 이에 대해 불만을 표시하고 모바일 음원에 대한 호감도가 떨어지게 되자 사업자 스스로 DRM 정책을 포기한 것이다.

국내의 위와 같은 상황은 DRM 역시 저작권 보호에 있어 완전한 해결책이 될 수는 없다는 것을 시사해 준다. 국내 이동통신사들의 폐쇄적인 DRM 정책은 많은 비판을 받았으며 산업적으로 큰 성공을 거두지 못했다. 이러한 현실은 이동통신사가 DRM을 포기하게 만들었다. 중요한 것은 저작권자를 보호하기 위해 만든 기술이나 법률이 오히려 그들에게 피해를 줄 수도 있다는 사실이다.

살펴본 것처럼 매체 기술 발전에 따라 저자권자를 보호하고자 하는 노력을 계속해 왔고, 그러한 노력은 DRM과 같은 기술적, 법적인 결실로 나타났다. 하지만 그러한 노력이 항상 성공적이지만 오히려 자신들에게 피해로 돌아올 수 있다는 것도 드러났다. 중요한 것은 새로운 기술이 등장했다고 하더라도 모든 것이 변하는 것은 아니라는 사실이다.[45] 합리적인 대안을 모색하여 저작권자의 권리를 침해를 최소화하면서 미디어 이용자의 권리를 확대해야 한다.

---

45) Lessing, L.(2004), *Free Culture*, 이주명 역(2005), 『자유문화』, 필맥.

7장
디지털 시대 방송 콘텐츠 저작권

● 임성원

1. 방송 콘텐츠와 가치사슬 변화

전 세계적으로 방송 산업은 2000년을 전후로 한 20여 년 동안 구조 변화에 시달려 왔다. 1980년대 초반까지 방송 산업은 단순한 형태를 가지고 있었고, 방송사들은 제한되어 있었다. 과거에 방송은 전국을 대상으로 하는 지상파 방송을 의미하는 경우가 대부분이었으며, 미국 등 선진국과는 달리 국내에서는 이러한 경향이 더욱 심했다고 할 수 있다.[1] 과거에 방송이라고 하면 무료로 방송되는 지상파에 국한되어 있었으며 지상파 방송에 의해 제작 및 유통 등 방송과 관련되는 모든 과정이 이루어졌다고 할 수 있다.[2]

케이블과 위성방송 등 유료 방송의 등장은 방송 산업에 큰 변화를 가져다주었다.[3] 유료 방송 등장은 방송 콘텐츠를 유통시킬 수 있는 경로가 다양해졌음을 의미한다. 지상파 방송만이 존재하던 시절에는 방송사에서 자체적인 제작을 통해 자신들이 만든 방송 콘텐츠를 편성하는 것이 방송 콘텐츠

---

1) 성동규·노창희(2008), 「국내 방송 콘텐츠 유통 활성화 방안 도출에 관한 연구: 플랫폼 별 전문가 조사를 중심으로」, 『언론과학연구』, 8권 3호, pp.271~313.
2) 김동규(2002), 「한국 TV 방송프로그램의 유통메커니즘 연구」, 『한국방송학보』, 16권 4호, pp.40~73.
3) OECD(2004), "THE IMPLICATIONS OF CONVERGENCE FOR REGULATION OF ELECTRONIC COMMUNICATIONS", *DSTI/ICCP/TISP(2003)5/FINAL*, 2004.7.12.

의 유일한 활용가치였으나, 유료방송이 등장하면서 방송 콘텐츠를 여러 경로로 판매할 수 있게 되었다. 이는 방송 콘텐츠와 관련된 저작권 문제에 있어서도 중요한 의미를 가진다.[4] 왜냐하면 단일한 창구에서 제작되고 유통되는 방송 콘텐츠의 경우 저작권의 문제를 두고 벌어질 논란이 많지 않다. 하지만 방송 콘텐츠가 다른 창구로 유통될 경우 지상파와 유료방송 사이의 갈등, 2차 저작권 문제를 둘러싼 갈등 등 다양한 갈등 요소들이 발생할 가능성이 커지기 때문이다.

국내의 방송 산업 역시 세계적인 흐름과 유사하게 외형적인 성장을 거듭해 왔다. 1995년 케이블TV가 등장한 이후 지속적으로 새로운 방송 플랫폼이 등장했고, 기존의 방송플랫폼 사업자들은 후속창구를 넓혀 나갔다. 이후 2002년에 위성방송이 도입되면서 유료방송 시장의 확장은 탄력받게 되었다.[5] 이러한 외형적 성장은 방송·통신 융합 환경에서 더욱 가속화되고 있다. 2005년에 DMB가 도입된 이후 통신사업자들이 방송 산업 진출을 모색하면서 IPTV(internet protocol tv)까지 도입되었고, 작금의 상황은 그야말로 멀티 방송 플랫폼 환경이 도래한 것이다.[6]

이런 상황 속에서 방송 콘텐츠 유통에 대한 관심은 지속적으로 증대되어 왔다. 방송 플랫폼의 확대는 방송 콘텐츠 유통의 후속 창구가 확대되었다는 것을 의미하기 때문이다. 과거 국내의 방송산업은 지상파 3사가 프로그램 제작에서 배급에 이르는 모든 과정을 수직 통합한(vertical integration) 구조를 활용하여 통제해 왔다.[7] 하지만 방송 유통의 후속 창구가 확대됨에 따라 상황은 변화

---

4) 정윤경(2000), 『국내 지상파 텔레비전 프로그램의 후속 시장 진입 성과에 관한 연구』, 이화여자대학교 일반대학원 박사학위논문.
5) 이상우·이인찬(2005), 『다채널 유료방송시장의 경쟁에 관한 연구』, 정보통신정책연구원 연구보고서.
6) 강재원·이상우(2007), 「프리어나운싱 상황 하에서 IPTV의 선택: 구매의도에 영향을 미치는 선행 요인 및 혁신 수용자 특성 탐구」, 『한국방송학보』, 21권 3호, pp.7~46.
7) 김동규(2002), 앞의 논문, pp.41~42.

하기 시작한다. 케이블TV를 중심으로 한 유료 방송 플랫폼의 등장과 외주정책의 도입 이후 꾸준히 성장해온 독립제작사의 영향으로 지상파가 방송 산업을 독식하던 체제에 균열이 가기 시작한 것이다. 이러한 변화의 이면에는 '매체 간 균형 발전'이라는 거시적인 정책적 흐름이 있다.[8] 방송시장에 대한 진입규제를 완화한 것과 외주정책은 그 대표적인 사례가 될 수 있을 것이다. 이러한 변화에 따라, 저작권의 소유 주체가 중요한 문제로 부각되었다.

방송 콘텐츠와 관련된 저작권 문제를 살펴보기 전에 디지털화가 이루어지고 방송과 통신이 융합되면서 변화한 방송 산업의 가치사슬을 살펴볼 필요가 있다. 방송 산업의 가치사슬은 방송 콘텐츠가 어떠한 경로로 유통되는지를 보여주는 것이고, 이러한 흐름이 정리되어야 방송 산업을 둘러싼 저작권 문제를 이해하기 수월해지기 때문이다.

방송 산업의 가치사슬 변화를 이해하기 전에 선행되어야 할 것은 디지털화와 방송과 통신 융합의 기술적, 사회·문화적 파급력에 대한 이해다. 디지털화와 방송과 통신의 융합은 방송 콘텐츠 유통 방식을 변화시켰고 방송 산업의 가치사슬에 큰 영향을 주었을 뿐 아니라 저작권 문제와도 결부되어 있기 때문이다.[9] 디지털화가 방송을 포함한 콘텐츠 유통에 있어 중요한 의미를 갖는 이유는 디지털 콘텐츠는 매체와 플랫폼에 상관없이 전송 및 유통이 용이하여 이동하는 과정에서 손상이 거의 일어나지 않기 때문이다.[10] 방송과 통신 융합이 가능해 진 것도 바로 이러한 디지털화 때문이다.[11] 아날로그 시대에

---

8) 정윤경(2007), "콘텐츠 제작 및 유통 활성화를 위한 정책적 지원방안", 「한국방송학회 디지털 시대에 콘텐츠 제작 및 유통 활성화를 위한 바람직한 정책방안 학술세미나 자료집」.

9) 조은기(2005), 「방송통신융합시대의 영상 콘텐츠 산업: 가치사슬의 재편과 다중플랫폼 유통」, 『방송문화연구』, 17권 2호, pp.45~66.

10) OECD(2006), "Digital Broadband Content: Digital Content Strategies and Policies", SDTI/ICCP/IE(2005)e/FINAL, 2006. 5.

11) 주정민(2006), 「방송통신 융합에 따른 산업구조의 변화와 공익성」, 『한국언론정보학보』, 36호, pp.109~134.

[그림 7-1] 방송통신 융합으로 인한 콘텐츠 환경의 변화

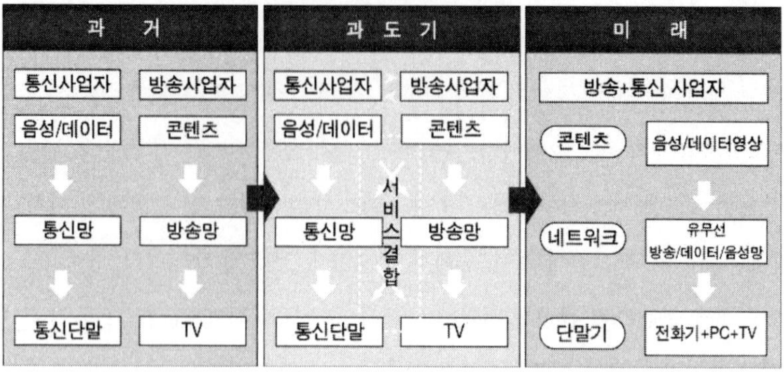

* 출처: 「통신망 이용 방송서비스 도입방안 마련을 위한 토론회 자료집」(2006), 서울: 방송위원회, p.1.

방송은 텔레비전 수상기와 라디오를 통해서만 접할 수 있었다. 하지만 콘텐
츠가 디지털화됨에 따라 인터넷과 이동전화 등의 매체에서 방송을 접할 수
있게 된 것이다. 콘텐츠의 전송 및 유통이 자유로워지면서 통신매체를 통해
서도 방송을 접하는 것이 가능해진 것이다.

　　디지털화와 이에 따른 방송과 통신 융합 현상이 심화되면서 방송 콘텐츠
유통 방식은 과거와는 판이하게 달라졌다. 디지털화가 진전되면서 생산, 가
공, 처리, 저장, 묶음, 전달, 소비 등 방송 콘텐츠 유통의 전 과정이 디지털화의
영향을 받게 된 것이다. 한편, 정책적인 측면에서도 방송·통신 융합 환경에
따라 수직 규제에서 수평 규제로의 전환이 일어나게 되었다.[12) [그림 7-1]에
서 나타나는 것처럼 디지털화에 따른 방송과 통신의 융합은 각 영역의 사업자
들 사이의 결합을 가져왔다. 이러한 상황에서는 과거와 같은 미디어에 대한
수직적인 규제가 불가능해지게 된다. 과거에는 방송, 신문, 통신 등 각각의
영역에 국한된 규제를 시행해 왔으며, 이를 수직 규제라고 칭해 왔다. 하지만

---

12) 오용수·정희영(2006), 「방송·통신 융합에 따른 규제체계 전환의 정책방향」, 『방송연구』,
2006년 여름호, pp.137~169.

현재는 방송과 통신의 융합으로 인해 각 영역의 사업자들이 통합되게 되었으므로 이에 따른 수평 규제가 필요한 상황이 되었다.[13] 이러한 변화가 저작권과 관련해서도 문제가 되는데 이제는 방송과 통신을 포괄하는 전 분야의 사업자들이 저작권 문제를 두고 갈등을 빚게 될 가능성이 커졌기 때문이다.

방송과 통신 융합으로 하나의 콘텐츠, 네트워크, 단말기로 통합된 융합 서비스가 가능해지면서 방송 산업의 가치사슬도 크게 변화했다. 변화된 방송 산업의 가치사슬을 콘텐츠, 플랫폼, 네트워크, 단말기로 분류하여 설명해 볼 수 있다.[14] 여기서 콘텐츠가 의미하는 것은 방송과 통신이 융합되면서 나타난 다양한 형식의 내용을 의미한다. 또한 플랫폼이라는 개념은 디지털화에 따른 광대역 네트워크를 통해 소비자가 콘텐츠를 전달받는 창구를 의미한다.[15] 하지만 플랫폼은 반드시 광대역일 필요는 없고, 지상파와 케이블 같은 방송 플랫폼도 여기서 논의하는 플랫폼의 영역에 해당된다. 이제 방송과 통신의 구분 없이 콘텐츠가 생산되고 플랫폼에서 가공 및 처리될 뿐 아니라 네트워크를 통해 단말기에 전달되는 형태로 산업이 재편되고 있다고 볼 수 있는 것이다. 또한 이러한 가치사슬 단계별로 분화된 이용자가 필요한 것을 선택하여 이용하는 형태로 변화되고 있는 것이 특징이라고 할 수 있다. 이렇게 방송통신 산업의 가치사슬이 분화되면서 콘텐츠 제작과 서비스 전송, 단말기 부문이 분리되어 경쟁하면서 보다 활발한 산업구조를 형성하게 되었다.[16] 전통적인 방송환경에서 벗어나 시청자가 디지털화된 방송 콘텐츠를 이전보다 수월하게 접할 수 있게 된 것이다.

지금까지 방송 산업의 확대, 디지털화에 따른 방송과 통신의 융합으로

13) 윤석민(2005), 『커뮤니케이션 정책 연구』, 커뮤니케이션북스, pp.187~236.
14) 오용수(2006), 「수평적 규제체계의 이해와 적용을 위한 소고」, 『Digital Media Trend』, 4호, pp.5~19.
15) 조은기(2005), 앞의 논문, pp.50~52.
16) 이상우·곽동균(2004), 「방송·통신 융합서비스의 적정 규제 방안: 서비스의 공공재적 속성과 양방향적 특성을 중심으로」, 『한국언론정보학보』, 27호, pp.213~246.

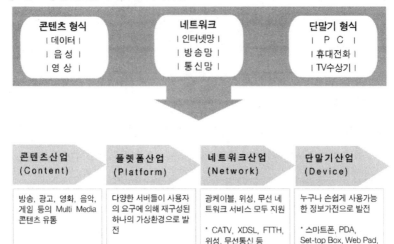

[그림 7-2] 방송산업의 새로운 가치사슬

콘텐츠 형식	네트워크	단말기 형식
ㅣ데이터ㅣ ㅣ음성ㅣ ㅣ영상ㅣ	ㅣ인터넷망ㅣ ㅣ방송망ㅣ ㅣ통신망ㅣ	ㅣPCㅣ ㅣ휴대전화ㅣ ㅣTV수상기ㅣ

콘텐츠산업 (Content)	플렛폼산업 (Platform)	네트워크산업 (Network)	단말기산업 (Device)
방송, 광고, 영화, 음악, 게임 등의 Multi Media 콘텐츠 유통	다양한 서버들이 사용자 의 요구에 의해 재구성된 하나의 가상환경으로 발 전 * 전자결재, 보안, 인증, 콘텐츠제작 솔루션 등	광케이블, 위성, 무선 네 트워크 서비스 모두 지원 * CATV, XDSL, FTTH, 위성, 무선통신 등	누구나 손쉽게 사용가능 한 정보가전으로 발전 * 스마트폰, PDA, Set-top Box, Web Pad, Internet TV

* 출처: 「통신망 이용 방송서비스 도입방안 마련을 위한 토론회 자료집」, 2006, 서울: 방송위원회, p.3.

나타난 가치사슬 변화에 대해 살펴보았다. 방송 산업이 확대되면서 방송 콘텐츠가 유통될 수 있는 창구가 늘어나게 되었고, 디지털화와 방송과 통신의 융합으로 인해 방송 플랫폼을 넘어 통신 플랫폼에까지 유통될 가능성이 생겨났음을 알 수 있다. 이와 더불어 디지털화로 인해 방송 콘텐츠의 유통 경로 및 방식이 단순해지면서 방송 콘텐츠의 유통은 더욱더 활발히 이루어지게 된다. 동시에 향후 방송 콘텐츠를 둘러싼 저작권 문제는 더욱 중요한 쟁점이 될 것이다.

2. 지상파방송 재전송 '논란'

국내에서 새로운 방송매체가 도입될 때 가장 중요한 이슈는 지상파 방송

[표 7-1] 방송사 - 케이블 간의 지상파 재전송 문제

방송사 - 케이블, 지상파 재전송 갈등 깊어져

지상파 재전송을 놓고 지상파 방송사들과 케이블 방송사업자들 간의 갈등의 골이 점점 깊어지고 있다. 관련 업계에 따르면 지난 22일 한국방송협회는 한국케이블TV방송협회에 공문을 보내 지상파 콘텐츠에 대한 저작권료 지불 협상이 8월까지 이루어지지 않을 경우 각 케이블 사업자에 대한 개별 소송을 진행하겠다는 입장을 전달했다.

방송협회는 공문을 통해 방송의 보편성과 난시청 해소 등을 얘기하는 케이블 사업자들의 주장에 대해 "지상파 방송 환경을 통한 방송의 보편성이지 유료 방송사업자에게 콘텐츠 무상제공은 아니다"라며 "유료매체에 프로그램을 무상 공급해 시청자들이 유료매체에 가입해야만 지상파 방송을 볼 수 있는 것이야 말로 지상파 방송의 유료화"라고 주장했다.

특히 위성방송과 IPTV까지 등장하는 상황에서 케이블만 무상으로 프로그램을 제공하는 것은 사업자 형평성 에도 맞지 않다고 덧붙였다.

하지만, 이에 대해 케이블협회측은 아직 방송협회와는 상반된 지상파 방송의 보편성, 난시청 해소, 콘텐츠 저작권에 대한 기본 입장을 고수하고 있어 8월 이내에 협상이 성립될 가능성은 높지 않을 것으로 전망되고 있다.

조정형 기자(「전자신문」 2008.8.25)

의 재전송 문제였다. 최근 각 사업자가 지상파 사업자와 입장을 조율하는 데 성공하기는 했지만 IPTV 도입을 둘러싸고 가장 큰 문제가 된 것도 지상파 방송 콘텐츠 이용 문제였다.[17] 국내 방송 산업에서 지상파 방송의 재전송 문제가 항상 뜨거운 감자가 되는 이유는 방송 콘텐츠가 풍부하지 않은 가운데 뉴미디어들이 길지 않은 시간을 두고 계속적으로 도입되었기 때문이다.[18] 신규 뉴미디어들의 경우 지상파 재전송이 허가되지 않으면 사업 자체가 실패 할 위험이 크다. 위성DMB 사업이 기대만큼의 성과를 거두지 못하면서 시장 실패 조짐이 가시화되었다. 국내에서 새로운 뉴미디어가 도입될 경우 지상파 방송의 콘텐츠를 이용할 수 있느냐의 문제는 매우 중요하고, 그러한 차원에서

---

17) 송영규, "IPTV 재전송 협상 '평행선'", 「서울경제」(2008.11.26).
18) 윤석민(2005), 앞의 책, pp.322~352.

지상파 재전송 문제의 핵심 의제가 되었다.

　지상파 재전송이 케이블 등 유료 방송에 실시되는 근거는 지상파 콘텐츠가 공익적 성격을 가지고 있고, 국내에서 케이블 등 유료방송 매체는 난시청 해소라는 목적에서 도입된 측면이 강하기 때문이다.[19] 하지만 지상파 재전송 문제는 끊이지 않고 '사업자 간의 갈등', '상황에 따라 변화하는 정책' 등으로 문제가 되고 있다. 또한 지상파 재전송이 타당한가에 대한 문제부터 지상파 재전송의 근거, 매체별 적용 수위 등 지상파 재전송과 관련하여 다양한 이슈들이 제기되고 있기 때문에 방송 콘텐츠의 저작권과 관련하여 지상파 재전송 관련 논란은 끊이지 않고 있다.

　지상파 재전송과 관련해서는 두 가지 흐름에서 논의가 진행되어 왔다. 첫 번째는 앞서 언급한 대로 새로운 방송매체가 도입되었을 때마다 지상파 재전송 문제가 어떻게 논란을 불러일으켜 왔는지에 관한 것들이다.[20] 두 번째는 지상파 재전송 문제를 저작권 문제와 연관시켜 살펴본 논의들이다.[21] 이러한 두 가지 흐름 속에서 지상파 재전송 목표에 관한 논의가 여러 차원에서 있어 왔고, 디지털화와 다채널화라는 방송산업의 변화와 맞물려 디지털 다채널 의무재전송에 관한 논의도 활발하게 이루어져 왔다. 동시에 법 차원에서 강제허락에 대해서는 논의가 있었다.

---

19) 조은기(2004), "방송통신융합과 공정경쟁: 융합시장의 특성과 기업결합을 중심으로", 「제2회 방송통신포럼: 방송과 통신의 공정경쟁 방안 세미나 발제문」.

20) 김도연(2001), 「디지털 시대 지상파 방송 재송신 정책에 관한 연구」, 『방송문화연구』, 13권, pp.223~255; 김영주(2006), 「지상파 재전송 이슈를 통해 본 DMB 콘텐츠 공급과 공정경쟁」, 『한국방송학보』, 20권 2호, pp.119~156; 윤석민·김수정(2005), 「지상파TV 재전송 정책의 도입과 발전: 미국과 우리나라의 사례 비교」, 『방송과 커뮤니케이션』, 6권 1호, pp.33~69; 윤상길·홍종윤(2004), 「지상파 위성동시재송신 정책의 논쟁과정과 그 평가」, 『방송연구』, 2004년 겨울호, pp.251~252; 송종길(2001), 『다매체 다채널시대 국내 재송신정책수립 방안에 관한 연구』, 한국방송진흥원.

21) 남형두(2004), "위성방송사업자의 지상파 재송신과 저작권 문제", 「한국언론정보학회 국제세미나 디지털시대의 저작권 보호 및 위성방송의 매체경쟁력 강화 방안 발제문」; 방석호(2005), "방송법상의 의무재송신 제도와 저작권", 「방송과 통신 융합시대의 저작권 대책 세미나」.

[표 7-2] 지상파 재전송과 관련된 쟁점사항

쟁점	세부적 논의
지상파 재전송 정책 목표에 대한 논의	난시청 해소 차원 시청권(보편적 접근권) 확보 차원 시장지배력 억제 차원 프로그램의 다양성 확보 차원 콘텐츠의 자유로운 유통 차원 지역성 보호 차원
디지털 다채널 의무재전송에 대한 논의	디지털 콘텐츠에 대한 정의 문제 의무재전송의 범주 문제
디지털 의무재전송과 저작권에 대한 논의	저작권을 보상을 면제하는 강제허락방식의 문제 의무재전송에 대한 보상 문제(재전송 동의)

* 출처: 정인숙(2006), 「지상파 재전송 정책의 변화 방향과 정책 목표에 대한 평가 연구」, 『한국언론학보』, 50권 2호, p.177.

수용자 복지와 관련하여 보편적 서비스(universal access)라는 관점에서 지상파 재전송 이슈를 볼 수 있다. 보편적 서비스는 통신영역에서 모든 사람들에게 저렴한 요금으로 공평하게 기본적인 전화 서비스를 제공하는 것에서부터 시작되었다.[22] 방송 영역에서 보편적 서비스는 기술적으로 난시청 지역을 제거하여 모든 사람들이 방송 서비스에 접근할 수 있다는 개념이 기본이 된다. 윤석민[23]은 이러한 특성을 포함하여 보편적 서비스의 하위 개념을 다음과 같은 세 가지로 본다. 그것은 '방송 신호 도달의 보편성', '서비스 이용에 있어서의 보편성', '서비스 내용 차원의 보편성' 등이다. 보편적 서비스가 달성되기 위해서는 디지털 전환 후에 확보되어 있는 방송용 주파수 대역 외에 추가적인 주파수 확보가 필요하다. 기술 발전으로 충분한 주파수 대역만 확보된다면 진정한 보편적 서비스가 실현될 수 있기 때문이다. 보편적 서비스라는

---

22) Dordick(1990), "The Origin of universal service", *Telecommunication Policy*, pp.223~231.
23) 윤석민(1999), 「다채널 상황하의 수용자 복지와 보편적 방송영상서비스」, 『한국언론학보』, 44권 1호, pp.287~327.

논리를 근거로 한다면 지상파 방송의 재전송은 수용자 복지 구현 차원에서 의미를 가질 수 있다. 하지만 이러한 논리는 지상파 사업자들의 입장에서 보면 자신들의 저작권을 침해하는 행위일 수도 있다.

지상파 재전송에 대해 구체적으로 논의하기 전에 재전송(retransmission)에 대해 알아볼 필요가 있다. 재전송이란 특정 방송사가 자신의 시설을 이용하여 다른 국내 방송사 또는 외국 방송사의 프로그램을 수신하여 그대로 송출하는 것을 의미한다.24) 재전송은 '동시재전송'과 '이시재전송'으로 나누어 볼 수 있다.25) 동시재전송은 방송을 수신하여 방송 편성을 변경하지 않고 동시에 재전송하는 것을 말한다. 이에 따라 동시재전송을 할 경우 방송편성(순서)을 변경하는 편집행위는 금지된다. 또한, 동시라는 것은 연결에 필요한 시간 등 기술적인 요인에 의한 최소한의 시간을 제외하고 인위적으로 시간을 지연하지 않는 경우를 말한다. 기술적 요인으로 시간이 지체되는 예를 든다면, 위성방송의 경우 기술적인 문제로 지상파 본방송보다 1~2초 정도 방송이 지연된다. 반면, 이시재전송이란 방송을 수신하여 방송 편성을 변경하지 않고 녹음 및 녹화 방송을 일정한 시차를 두고 재전송하는 것을 의미한다.

지상파 재전송이란 개념은 케이블이나 위성방송과 같은 유료방송사업자가 지상파 방송의 프로그램을 다시 송출하는 것을 말한다.26) 보다 쉽게 설명하자면, 유료 방송사업자가 자신의 플랫폼에서 지상파 방송 프로그램을 지상파에서와 거의 유사하게 이용할 수 있도록 하는 것이라고 할 수 있다. 즉, 다른 유료 방송들이 지상파 방송 서비스를 할 수 있게 해주는 방식이라고 볼 수 있는 것이다.

---

24) 방석호(2005), 앞의 논문.
25) 김정태(2007), 『방송법 해설』, 커뮤니케이션북스.
26) 정인숙(2006), 「지상파 재전송 정책의 변화 방향과 정책 목표에 대한 평가 연구」, 『한국언론학보』, 50권 2호, pp.174~198.

지상파 재전송을 실시하는 목적은 수용자 측면과 매체 측면으로 나누어 볼 수 있다.[27] 먼저 수용자 복지라는 차원에서 케이블TV, 위성방송 등 유료 방송 매체를 이용하는 이용자들에게 지상파 방송 신호의 접속을 법적으로 보장함으로써 수용자에게 제공되는 프로그램의 다양성을 보장해 준다는 측면을 들 수 있다. 즉, 수용자에게 매체에 대한 접근권을 확보해 줌으로써 수용자 복지를 도모하는 것이다. 매체적인 측면에서 보면 특정 매체의 과도한 시장지배력을 억제하고 신규 방송매체의 안정적인 진입을 도와준다는 면이 있다. 이러한 측면은 '매체 간 균형 발전'이라는 정책적 목표와도 부합하는 것이라 할 수 있다.

한편, 지상파 재전송을 콘텐츠의 자유로운 유통을 보장해주는 수단으로 보는 시각도 있다.[28] '난시청 해소'는 이러한 시각의 근간이 된다.[29] 난시청 해소는 케이블TV 도입의 주된 이유 중 하나였다. 산악 지역이 많은 우리나라의 경우 지역적 특수성으로 인해 난시청 지역이 존재한다. 케이블TV는 이러한 난시청 지역에 방송을 송출할 수 있기 때문에 뉴미디어로서 도입 근거를 확보했던 것이라고 할 수 있다. 이러한 이유 때문에 케이블TV를 비롯한 다른 유료 방송 매체에도 지상파 재전송을 의무화해야 한다는 시각이 존재하는 것이다. 난시청을 해소하기 위해 유료방송매체를 신청했는데, 지상파 방송이 나오지 않는다면 큰 의미를 찾기 어려워지기 때문이다. 방송법에서는 의무재전송 제도의 취지를 방송의 공익성 구현(건전한 여론 형성 및 국민문화의 발전)을 위해 일정한 공영 방송 채널을 유료 방송 가입자에게도 별다른 제한 없이 시청할 수 있도록 기회를 보장하기 위함이라고 밝히고 있다.[30]

---

27) 유의선·이영주(2001), 「의무전송규정에 대한 법적 해석과 그 타당성 분석」, 『한국언론학보』, 45권 4호. pp.353~392.
28) 조은기(2004), 앞의 논문.
29) 송종길(2001), 앞의 보고서.
30) 김정태(2007), 앞의 책, pp.317~331.

국내에서 지상파 재전송 정책에 대한 논의는 케이블TV 도입을 앞두고 케이블TV와 기존 지상파TV 간의 관계를 어떻게 볼 것이냐는 문제로부터 시작되었다고 할 수 있다. 법률적인 차원에서는 1991년 제정된 종합유선방송법 제27조 제1항에서 케이블TV에 의한 공영방송(KBS, EBS) 동시재전송이 의무화되면서 제도화되었다고 할 수 있다.31) 즉, 케이블이라는 새로운 유료방송이 도입되면서 재전송 문제가 이슈화되었으며 구체적으로 제도화되었다고 볼 수 있다.

본격적으로 재전송 문제가 이슈화 된 것은 역외재전송 문제의 대두로, 각 사업자 간의 갈등이 심화되면서부터라고 할 수 있다.32) '역외재전송'은 RO(중계유선)와 SO(종합유선)가 자신의 허가구역 외에서 허가받은 지상파 방송사의 지상파 방송 채널을 방송통신위원회의 승인을 받아 재전송하는 행위를 뜻한다. 역외재전송이 갖는 의미는 지역 지상파 방송사가 제작한 양질의 프로그램이 사장되지 않고 다른 지역에 있는 시청자에게 제공되도록 한다는 점에서 지역방송 육성 정책의 의미를 가지고 있었다.33)

역외재전송을 둘러싼 갈등의 첫 번째 사례는, 위성방송 도입 전후에 벌어진 지역방송, 케이블TV 그리고 위성방송사 간의 대립이다. 당시에 위성방송의 경우 전국 방송사업자이기 때문에 타 지역의 지상파 방송을 포함시킬 경우 지역방송사의 입장에서는 역외재전송이 된다. 지역방송 측은 지상파 방송이 위성을 통해 재전송될 경우 방송의 균형발전이 저해되고 기존 채널이 재전송됨에 따라 전파 낭비라는 입장을 펼치면서 위성방송에 대한 역외재전송을 반대했다. 또한 케이블의 경우 위성방송의 지상파 재전송을 허용할 경우 전국을 대상으로 하는 위성방송과의 경쟁에서 케이블이 불리해진다는 이유

31) 윤석민(2005), 앞의 책, pp.322~352.
32) 유의선 · 이영주(2001), 앞의 논문.
33) 김정태(2007), 앞의 책.

[표 7-3] 지상파 재전송의 매체별 차별성

	중계유선방송	종합유선방송	위성방송	위성DMB
의무재전송	- KBS1, EBS - 지역지상파채널	- KBS1, EBS - 지역지상파채널	-KBS, EBS	-
역외재전송	-	-	권역별(local into local) 허용	자율계약에 의한 승인
의무재전송 보상	저작권 면제	저작권 면제	저작권 면제	-
특징	역외재전송 허용 안 함	-SO는 당해 방송구역 내에서 허가받은 지상파 방송사업자의 텔레비전 방송채널 의무재전송하여야 함 - 경쟁력 있는 방송 콘텐츠의 유통 활성화를 위해 역외재전송 허용	타 지역의 지상파 방송 신호를 수신 제한하는 수신제한시스템(CAS)의 완비가 요구되며, CAS 기능 입증 및 관리가 선행조건임	- 방송사업자 간 자율계약을 전제로 약정서 체결을 통한 재전송 승인(2005.4.19.) - 지상파 4사, 위성DMB 재전송 유보. 지상파 DMB 전국권 서비스 가능할 때까지(2005.5.)

* 출처: 정인숙, 「지상파 재전송 정책의 변화 방향과 정책 목표에 대한 평가 연구」, 『한국언론학보』, 50권 2호, p.190.

때문에 위성방송에 대한 재전송을 반대했다.[34]

역외재전송을 둘러싼 또 다른 갈등은 인천을 방송권역으로 하는 경인방송(ITV) 사례다. 경인방송은 타 지역민방과는 달리 계열사나 직할국과의 연계 없이 100% 자체 편성을 실시하면서 두 가지 방식으로 수도권 및 전국으로 권역 확대를 시도하였다. 첫째는 지상파 방송 권역 자체의 확대이고, 둘째는 케이블 SO를 통한 역외재전송 추진이었다. 당시 경인방송에 의해 역외재전송 문제가 쟁점으로 부각되면서 대부분의 지역 민방과 지역 네트워크 방송사

---

34) 윤석민(2005), 앞의 책.

는 종합유선방송의 지상파 방송 역외 재전송을 반대했다. 이들은 위성방송에서 KBS1과 EBS만을 의무재전송(실질적으로 역외재전송)으로 규정한 것에 비추어볼 때 종합유선방송의 지상파 역외재전송도 같은 맥락에서 엄격한 기준을 통해 결정해야 한다고 주장하였다.[35] 이후 위성 DMB에 지상파 방송을 재전송하는 것이 쟁점이 되었다. 당시 신규 매체였던 위성DMB의 입장에서는 지상파 재전송이 반드시 필요한 상황이었지만 지상파 방송사들의 반대로 큰 갈등을 빚은 가운데 결국 위성DMB에 대한 지상파 재전송은 무산되었다.[36] 지금까지 살펴본 것처럼 국내의 지상파 재전송은 여러 가지 갈등과 마찰을 빚어오면서 매체별로 다소 다르게 적용되고 있는 실정이다(표 7-3 참조).

한편, 최근에는 IPTV와 지상파 방송사 간의 콘텐츠 협상이 문제가 되어왔으나 KT, SK, LGT 등 세 개 사업자와 지상파 사업자의 협상이 이루어져 IPTV를 통해서도 지상파 콘텐츠를 접할 수 있게 되었다. 이상의 사례들이 보여주는 것은 국내에서 지상파 재전송 이슈가 가지고 있는 중요성이다. 국내 방송산업의 경우 지상파가 가지고 있는 영향력이 절대적이고,[37] 지상파 방송사의 콘텐츠를 확보하지 못한다면 새로운 유료방송매체의 경우 사업을 성공적으로 수행하기 어려워지기 때문이다. 이러한 상황 속에서 지상파 방송사가 케이블TV의 지상파 재전송을 유료화해야 한다는 입장을 펴고 있어 지상파 재전송 문제는 앞으로도 지속적인 관심의 대상이 될 것으로 보인다. 다만 무엇보다 중요한 것은 지상파 방송의 본질적 함의를 플랫폼별 기능(재전송하고자 하는 플랫폼의 사회적 역무)과 함께 고려하여 시청자 복지에 우선되는 방향으로 논의를 이끌어야 한다는 것이다.

---

35) 송종길(2001), 앞의 보고서.
36) 현재는 MBC 등 일부 지상파 콘텐츠가 위성DMB에 제공되고 있는 상황이다.
37) 김도연(2001), 앞의 논문; 김영주(2006), 앞의 논문.

[표 7-4] 콘텐츠 동등접근 관련법(IPTV법 시행령)

제19조(콘텐츠 동등접근) 방송통신위원회는 법 제20조 제1항에 따라 인터넷 멀티미디어 방송 콘텐츠사업자가 제공하는 실시간 방송 프로그램에 대하여 주요 방송 프로그램을 다음 각 호의 기준을 고려하여 고시한다.

1. 해당 실시간 방송 프로그램의 시청률 또는 시청점유율이 방송통신위원회가 정하는 비율 이상인지 여부
2. 해당 실시간 방송 프로그램의 공익성
3. 해당 실시간 방송 프로그램의 접근·이용 또는 거래를 거절·중단 및 제한할 경우 인터넷 멀티미디어 방송 제공사업자의 경쟁력이 현저히 저하됨으로써 다른 사업자와의 공정한 경쟁이 저해되는지 여부

3. 방송콘텐츠접근권

방송 플랫폼이 확대되고 방송 콘텐츠의 가치가 증대하면서 기존 방송사업자들과 신규 방송사업자들 간에 갈등이 심화되고 있다.[38] 이는 방송 플랫폼 증대에 따른 필연적인 결과라고 할 수 있다.[39] 90년대 중반 이전에 지상파 방송사 외에 별다른 방송 콘텐츠 공급원이 없던 국내의 상황에서 지난 10여 년 사이에 계속적으로 새로운 방송 플랫폼이 생겨났기 때문이다. 플랫폼은 많아지는데 콘텐츠는 부족한 상황이 이어지다 보니 필연적으로 사업자 간의 갈등은 심화될 수밖에 없었다.

이 같은 상황이 지속적으로 이어지자 방송통신위원회는 '콘텐츠 동등접근' 규정 마련을 검토하고 있다.[40] 콘텐츠 동등접근은 주요 프로그램으로 지정된 실시간 방송 채널의 경우 모든 IPTV 사업자에 차별 없이 제공되도록 한 규정이다. 방송통신위원회의 이와 같은 움직임이 보이면서 IPTV뿐 아니라 유료방송 전반이 사태의 추이에 주목하고 있다. 2008년 8월에 제정된 IPTV법 시행

---

38) 이상우(2006), 「다채널 방송 시장에서 배타적 프로그램 거래 행위에 관한 연구: 미국과 한국 사례의 비교 분석」, 『한국방송학보』, 20권 1호, pp.322~359.
39) 강명현(2007), "유료방송 콘텐츠의 다양화 및 안정적 공급을 위한 법제도적 연구", 「2007년 한국언론학회 봄철정기학술대회 발제문」.
40) 나혜선, "방송법에 '콘텐츠 동등접근' 허용하나", 「디지털타임스」(2008.10.30).

[표 7-5] MPP와 스카이라이프 사이의 갈등 사례 5

일 시	갈등 내용
2002. 11. 29	온미디어, 12월 31일자로 OCN ACTION, 투니버스, MTV 공급중단 통보
2002. 12. 16	CJ미디어, 12월 31일자로 홈CGV 공급중단 통보
2002. 12. 30	스카이라이프, 공정위에 씨앤앰커뮤니케이션(MSO)와 온미디어·CJ미디어(MPP) 3개사의 채널공급 관련 불공정행위 신고
2003.1.1	온미디어의 투니버스, OCN ACTION, MTV 송출중단
2003.2.1	홈CGV 채널 공급 중단
2004.9.9	공정위, 스카이라이프 신고사건에 대한 무혐의 처리
2005.1. 13	CJ미디어, 2월 1일자로 XTM(계약기간 만료전 중도 해지), mnet(05년 재계약 포기) 공급 중단 통보
2005.2.1	XTM, mnet 공급 중단
2005.3.3	스카이라이프, CJ미디어를 상대로 한 XTM 채널공급중단 가처분 소송
2005.4.1	CJ미디어의 FOOD채널(현채널명 O'Live) 공급중단
2006. 11. 29	tvN 채널공급계약 종료에 따른 공급중단 통보
2007.1. 18	스카이라이프, 방송위원회에 tvN 관련 분쟁조정 신청 이후, 현재까지 방송위원회 실무조정 및 분쟁조정위원회(총 6차 개최) 개최
2007.4. 30	tvN 최종 송출중단 통보

* 출처: 강명현(2007), "유료 콘텐츠의 다양화 및 안정적 공급을 위한 법제도적 연구", 2007년 한국언론학회 봄철정기학술대회 발제문, p.35.

령상 콘텐츠 동등접근이 명시되어 있다.

    방송통신위원회에서는 지난번 방송법 시행령 개정안 마련 당시, 이와 비슷한 PAR(Program Access Rule) 도입을 검토했으나 현행 규정을 유지하기로 한 바 있다. 현행 방송법에는 국민의 보편적 시청권을 위해 올림픽대회 등 국민 관심 행사의 중계방송을 차별 없이 제공하도록 하는 '보편적 접근 규칙'(UAR) 개념만 적용하고 있다. 보편적 시청권과 관련한 규제대상은 '국민적 관심사가 매우 큰 체육경기대회, 그 밖의 주요 행사'(국민관심행사)로서 방송통신위원회가 고시한 것들을 의미한다.[41] 국민들의 요구가 큰 프로그램에 대해서는 필

---

41) 김정태(2007), 앞의 책, pp.332~335.

수적으로 보편적 접근을 하도록 방송법상으로 규정해 놓은 것이다. 하지만 채널 공급에 대한 규정은 없었다. 이에 따라, 국내에서는 과거부터 프로그램 접근 때문에 사업자 간에 큰 갈등이 빚어져 왔으며 그중 대표적인 것이 MPP들과 스카이라이프 사이의 갈등이었다.

위성방송 스카이라이프의 경우 [표 7-5]에서 보여주는 것처럼, 출범한 지 채 1년이 되지 않은 지난 2003년 1월, 온미디어의 핵심적인 채널이었던 투니버스, MTV, 수퍼액션 등 인기 채널의 공급을 중단하여 갈등을 빚었다. 이후 선발 주자격인 온미디어의 경영방식을 주목해온 CJ미디어 역시 2003년 3월, 홈 CGV채널의 공급을 중단하여 큰 문제가 된 바 있다. 이후 CJ미디어는 또다시 스카이라이프에 자사 인기음악채널인 m-net과 영화채널인 XTM에 대해 2005년 2월 1일자로 공급 중단을 선언하였으나 조정과정을 거쳐 XTM은 계속 송출하는 대신 m-net과 푸드채널은 재계약하지 않기로 하였다. 그 이후 2007년에 tvN이 채널공급 계약 종료에 따라 스카이라이프에 채널공급을 중단하겠다고 선언하여 프로그램의 배타적 공급 문제가 다시금 불거져 나와 문제가 되었다.[42]

위와 같은 문제는 비단 위성방송에 국한된 것이 아니라 국내 상황에서 볼 때 새로운 방송 플랫폼이 등장할 때마다 야기될 수 있는 문제라고 볼 수 있다. 앞서 언급했던 것처럼 IPTV 도입이 본격화되면서 최근에는 케이블과 IPTV 사이에 콘텐츠 동등접근과 관련하여 심각한 대립 양상을 보여주고 있다. IPTV법 시행령을 제정하는 과정에서 '콘텐츠 동등접근권'은 지속적으로 핵심 쟁점으로 여겨져 왔다.[43] 콘텐츠 동등접근권은 콘텐츠의 경쟁력 확보와 이용자의 선택권 보장을 위한 제도라고 할 수 있다. 특정한 플랫폼 사업자와 특수 관계에 있는 방송채널사업자로 하여금 정당한 프로그램 공급 대가를

---

42) 「연합뉴스」(2007.4.22).
43) 김정섭, "IPTV '콘텐츠 동등접근권' 적용 논란", 「경향신문」(2008.6.1).

[표 7-6] IPTV법 시행령의 공정경쟁 촉진 관련 조항

제8조(공정경쟁의 촉진)

①법 제12조 제1항에 따라 다른 사업의 지배력이 인터넷 멀티미디어 방송 제공사업으로 부당하게 전이되지 아니하도록 하기 위하여 인터넷 멀티미디어 방송 제공사업자는 방송통신위원회가 정하여 고시하는 바에 따라 인터넷 멀티미디어 방송 제공사업의 회계를 다른 사업과 구분하여 처리하여야 한다.

②인터넷 멀티미디어 방송 제공사업자는 제1항에 따라 작성한 회계에 관한 사항이 포함된 영업보고서를 매 회계년도 종료 후 3개월 이내에 방송통신위원회에 제출하고, 관련 장부와 근거자료를 비치하여야 한다.

③방송통신위원회는 제2항에 따라 제출된 영업보고서의 내용을 검증하여야 한다.

④방송통신위원회는 인터넷 멀티미디어 방송 제공사업자에게 제3항에 따른 검증을 위하여 필요한 자료의 제출을 요구하거나 사실 확인에 필요한 검사를 할 수 있다.

제공하는 다른 플랫폼 사업자의 공급 요구를 부당하게 거절하지 못하도록 하는 것으로 유료 방송 시장이 가장 발달된 미국에서 시행하고 있는 제도다.[44] 앞서 살펴보았던 것처럼 이를 둘러싸고 IPTV 사업자와 케이블 업계 간에 지속적인 대립이 있어 왔다. IPTV 사업자들은 IPTV 사업자에게 기존 방송의 콘텐츠가 전송되어야 시청자가 늘어 사업이 조기에 안착할 수 있다며 콘텐츠 동등접근권의 적용을 지속적으로 요구해 왔다. 방송통신위원회도 시행령 초안에 이 규정을 포함시킨 바 있다.

미국의 경우 1992년 다채널 비디오 프로그램 배급시장에서의 시장 성과를 높이기 위해 수직적 봉쇄행위를 법으로 금지시키는 프로그램 접근 규칙을 제정하였다. 미국에서는 1992년 이전까지 거의 모든 케이블 사업자들이 다채널 비디오 프로그램 배급시장에서의 지역적 독점을 누리고 있었다. 이러한 상황에 대응하기 위해 미국 의회는 1992년 "케이블 텔레비전 소비자 보호

---

44) 이상우(2006), 앞의 논문.

및 경쟁에 관한 법"을 제정함으로써 케이블 텔레비전 서비스의 가격, 조건 및 기타 운용에 관련한 규제를 하였다.[45]

프로그램 접근 규칙[46]은 1992년 법령화된 이후 현재까지 적용되고 있다. 미국에서 프로그램 접근 규정이 나오게 된 배경은, 1980년대부터 미국의 케이블TV 시장에 급속히 수직적 결합이 번지고 수직적으로 결합된 케이블 사업자들이 배타적으로 프로그램을 공급하기 시작하면서부터다.[47] 필수설비 이론과 반경쟁법에 위배된다는 프로그램 배타적 거래행위의 부당성이 제기되었다.[48] 필수설비이론이란 필수설비를 보유한 시장 지배적 사업자가 경쟁사업자에게 정당한 이유 없이 시설의 제공을 거부하거나 차별적 조건을 제시한다면 이를 불법으로 보고 규제한다는 논리를 설명하는 이론이다. 이를 필수설비 개방의 원리라고 하는데, 이것은 필수설비와 관련된 불공정거래 행위를 단속하고 독점적으로 보유하고 있는 시설을 경쟁사업자에게 개방할 의무를 부여함으로써 경쟁을 촉진하는 방안이라고 할 수 있다.[49]

여러 차례의 소송이 있었으나, 법원의 판결은 대부분 배타적 프로그램의 거래행위로 인한 반경쟁적 폐해보다는 친경쟁적 효과가 더 높다고 판단하였다. 그럼에도 1992년에 이러한 규정이 도입된 것은 프로그램 배급시장에서의 시장 성과를 높이기 위해 시장 봉쇄 행위를 법적으로 제한해야 한다는 논리 때문이었다.[50] 국내에서도 이미 방송통신위원회가 콘텐츠 동등접근권 규정

45) 이상우·나성현·정은옥·김원식(2006), 『다채널 방송시장에서의 프로그램 접근에 관한 연구』, 정보통신정책연구원.
46) 콘텐츠 동등접근권과 프로그램 접근규칙은 같은 의미다. 여기서 두 가지 용어를 혼용한 것은 당시 미국에서 적용된 프로그램 접근규정의 의미를 살리기 위해서다.
47) 이상우·박민수(2007), 「다채널 유료방송시장에서 배타적 프로그램 거래행위에 대한 실증적 분석」, 『한국언론학보』, 51권 5호, pp.243~267.
48) Olson, J., & Spiwak, L.(1993), "Can short-terms limits on strategic vertical restrains improve long-term cable industry market performance?", *Cardozo Arts & Entertainment Laq Journal*, 13, pp.282~315.
49) 이상우(2006), 앞의 논문, pp.329~331.
50) FCC(2002). "Implementation of the cable television consumer protection and competition

을 도입하기로 결정하고 이를 준비 중이기는 하지만 이에 관한 성과에 대해서는 의견이 분분한 상황이다. 더욱이 콘텐츠 동등접근권에 대해 공정경쟁이나 방송의 공익성 구현과 같은 거시적인 목표하에 논의되고 있다기보다는 사업자의 입장에 초점이 맞추어져 합리적인 논의가 미진한 것도 문제다.

방송 콘텐츠 접근권에서 중요한 점은 방송시장 내에 공정거래 질서를 확립하고 공정경쟁을 도모하는 차원에서 이루어져야 한다는 것이다. 공정거래의 경우 현행 방송법에도 명시되어 있다. 방송법의 내용을 살펴보면, 방송사업자는 다른 방송사업자에게 방송 프로그램을 공급할 때 공정하고 합리적인 시장가격으로 차별 없이 제공해야 한다.[51] 또한 IPTV법도 공정경쟁에 관한 규정이 포함되어 있다. 현행법에 명시되어 있듯이 방송 콘텐츠 동등접근과 관련된 문제는 공정거래 및 공정경쟁 촉진을 도모하는 차원에서 이루어져야만 도입의 의의를 충분히 살릴 수 있을 것이다. 또한 단순히 프로그램의 동등제공을 강제할 경우, 사유재산제를 인정하는 우리법의 기본 틀에 위배될 것이며, 플랫폼의 차별성이 사라져 다매체 경쟁의 순기능적 역할을 이끌어내지 못함에 따라 시청자 복지에도 위배될 수 있다.

4. 저작권 귀속 문제

외주정책이 도입되고 이에 따라, 독립제작사의 영향력이 커지면서 저작권의 소유권이 방송사에 있는 것인지 외주제작사에 있는 것인지에 대한 문제가 논란을 일으켜 왔다.[52] 이것이 문제가 되는 이유는 독립제작사에서 제작

---

act of 1992, development fo competition and diversity in video programming distribution", *Section 628(c)(5) of the Communications Act*, 17 FCC Red 12158.

51) 김정태(2007), 앞의 책, p.331.
52) 윤석민(2005), 앞의 책.

한 프로그램이 지상파 방송사에서 방영된 이후의 판권을 누가 가져야 하는가에 관해서 논란의 소지가 있기 때문이다. 특히, 저작권 귀속 문제는 2차 저작권의 문제와 결부되어 있기 때문에 매우 민감한 사안이다. 지상파와 독립제작사 간의 저작권 귀속 문제를 살펴보기에 앞서 둘 사이의 관계와 독립제작사의 성장배경이 된 외주정책에 대해 살펴볼 필요가 있다.

현재 국내 방송산업에서 지상파의 영향력에 관한 논의는 지상파 측에서는 각종 뉴미디어들의 등장과 독립제작사의 성장으로 자신들의 입지가 매우 좁아졌다고 주장하는 반면, 독립제작사들은 여전히 지상파와의 관계에서 '갑과 을'식의 불편부당한 관행이 이어지고 있다고 비판하는 상황이다. 국내의 방송 산업은 지상파의 지배적 영향력이 아직까지 유지되고 있는 상황이다.[53] 지상파의 전체적인 매출액이 유료 방송 플랫폼의 매출액보다 떨어진다고는 하지만,[54] 유료 방송 플랫폼에서 큰 비중을 차지하는 PP들 중 상당수가 지상파 계열의 자회사들이고, 다른 PP들의 콘텐츠 역시 지상파에 대한 의존도가 높다. 이러한 지상파의 영향력은 앞서 살펴본 지상파 재전송 논의에서 잘 드러난다.

이렇듯 국내에서는 지상파의 영향력이 막대하며, 영세한 미디어 기업들은 지상파의 움직임에 민감할 수밖에 없다. 콘텐츠 유통시장은 유통 단계에 따라 1차 유통시장과 멀티 유즈 시장으로 구분할 수 있다.[55] 1차 유통시장은 최초로 콘텐츠를 소비하는 플랫폼을 의미하고, 멀티 유즈 시장은 초기 콘텐츠 배급 이후 다른 플랫폼이나 다른 목적으로 1차 콘텐츠가 활용되는 시장을 의미한다. 국내에서 1차 유통시장은 지상파 3사라고 할 수 있다. 1차 유통시장 즉, 지상파 방송사의 지배적인 영향력은 지상파 방송사와 독립제작사 간의

53) 강명현(2007). 앞의 논문.
54) 방송위원회(2007), 『방송 콘텐츠의 제작 및 유통실태 조사』, 방송위원회,
55) 전범수(2007), 「영화 소비 창구의 구조와 특성」, 『한국언론정보학보』, 40호, pp.221~249.

심각한 갈등을 야기시켜 왔다.[56) 지상파가 자신들의 영향력을 바탕으로 프로그램 제작 및 구매 과정에서 자신들에게 유리한 방향으로 거래하는 것이 관행화되어왔기 때문이다. 반대되는 상황으로서 최근에 독립제작사의 영향력이 커지면서 지상파에서 이것을 문제로 삼고 있다. 지상파 방송사의 가장 핵심적인 콘텐츠인 드라마 등 상품가치가 높은 콘텐츠를 독립제작사가 독점하고 있다는 것이 쟁점이 되고 있기 때문이다.[57) 이는 후속 시장에 방송 콘텐츠를 판매할 경우에 누가 2차 저작권을 소유할 수 있느냐 하는 것이 문제가 되기 때문에 지속적으로 논란이 되어 왔다.

위와 같은 상황을 이해하기 위해서는 국내에서 독립제작사가 어떻게 성장하여 왔는지 살펴볼 필요가 있다. 국내에서 독립제작사가 성장하게 된 배경에는 외주정책이 자리한다. 1991년부터 시행된 외주제작 의무편성 제도는 독립제작사를 육성하여 다매체·다채널 시대에 급증하는 방송 프로그램의 질과 수요를 충족하며, 국내 유통 및 해외 수출의 활성화를 위해 수립된 정책이다.[58) 외주정책을 통한 독립제작사의 외형적 성장은 지상파 방송사의 대표적 킬러 콘텐츠라고 할 수 있는 드라마의 비율을 통해 가시적으로 드러난다. 2002년 약 40%에 불과하였던 외주제작이 최근 100% 외주제작으로 채워졌고, 2006년의 경우 월화 미니시리즈가 100%, 수목드라마가 75%, 주말연속극이 100% 등 주요 거점 드라마의 91.5%가 외주제작이었다. 이러한 상황은 외주정책 자체에 대한 비판[59)과 함께 외주제작에 대한 다른 형태의 접근에 관한 논의를 촉발시킨다.

---

56) 정윤경(2007), 앞의 논문.
57) 정성효(2007), 「기형적 제작시스템 전체 콘텐츠 산업 위험」, 『방송문화』, 2007년 4월, (On-line), Available: http://www.kba.or.kr/.
58) 김재영(2003), 「국내 외주제작 정책에 대한 평가와 반성」, 『방송문화연구』, 15권 2호, pp.161~183; 은혜정·성숙희(2006), 『방송영상물 공정거래 확립 방안 연구: 저작권을 중심으로』, 한국방송광고공사.
59) 정성효(2007), 앞의 글.

이에 대한 대안적 논의로는 외주 전문 채널의 설립[60]이나, 의무편성 중심에서 저작권이나 공정경쟁 중심으로 외주정책을 재편해야 한다는[61] 논리로 정리해 볼 수 있다. 하지만 지상파와 독립제작사의 불편부당한 관계가 지속되고 있고, 독립제작사에 대한 지원정책 역시 지상파에 유리한 결과를 낳고 있다는 논의를[62] 고려해 봤을 때, 외주정책의 성과로 독립제작사의 위상이 지상파와 유사해졌다는 식의 판단을 내리기는 어렵다. 다만 과거에 비해 독립제작사의 위상이 다소 높아졌으며, 몇몇 대규모 독립제작사가 경우에 따라 지상파보다 유리한 입장을 견지할 수 있게 되었다고 보는 편이 보다 타당한 접근일 것이다.

위와 같은 독립제작사의 성장은 지상파와의 계약관계에서 마찰을 불러 일으키는 원인으로 작용하였다. 독립제작사가 성장하면서 자신의 목소리를 낼 수 있게 된 것이다. 지상파와 독립제작사 간 갈등의 핵심에 있는 것이 바로 저작권 귀속 문제다. 프로그램의 저작권이 누구에게 귀속되느냐를 놓고 방송사, 특히 지상파 방송사와 독립제작사 간의 갈등이 계속되어 왔다.[63] 저작권 귀속 문제가 갈수록 첨예한 이슈가 되고 있는 까닭은 2차 저작권 문제와 맞물려 있다고 볼 수 있다.

2차 저작물이란 원저작물을 바탕으로 새로운 저작물을 만들어내는 것을 의미한다.[64] 2차 저작물에는 여러 가지 형태가 있을 수 있는데 방송저작물과 같은 영상저작물도 2차 저작물의 형태로 제작될 수 있다. 방송과 같은 영상저작물은 작가, 프로듀서, 촬영자, 편집자, 성우 등 다양한 유형의 사람들에

---

60) 김재영(2003). 앞의 글.
61) 임정수(2007), 「방송사 외주사 모두에게 이득없는 외주정책」, 『방송문화』, 2007년 10월, (On-line), Available: http://www.kba.or.kr/.
62) 정윤경(2007), 앞의 논문.
63) 최민재·지성우(2006), "다매체 환경에 적합한 방송프로그램 2차 저작권 집중 관리시스템에 관한 연구", 「한국언론학회 주최 방송 환경변화와 디지털 저작권 학술세미나」.
64) 김기태(1996), 앞의 책.

[표 7-7] 독립제작사와 지상파방송사의 갈등

하얀거탑, MBC 甲 - 제작사 乙

공중파 3사의 외주제작사 편법운영이 심각하다는 지적이 나왔다. 독립제작사협회 등 다양한 채널을 통해 끊임없이 제기된 문제점이다. 한나라당 나경원 의원은 13일 MBC 국정감사에서 "방송사 외주제작, 편법운영이 심각하다"고 밝혔다. 외주제작 시스템이 보편화 하고 있는 시점에서 저작권 귀속 문제, 방송사와 독립제작사의 하도급적 관계 등 문제점은 반드시 짚고 넘어가야 할 과제라는 것이다.

나 의원은 "외주제작 프로그램의 저작권이 대부분 방송사에 귀속되고 있다. 최근 3년간 KBS, MBC 외주제작 프로그램의 저작권이 100% 방송사에 귀속되고 있는 것으로 나타났다"는 통계를 근거로 "방송사의 우월적인 지위를 남용, 독립제작사의 안정적인 정착을 저해하고 있다"고 주장했다.

외주제작 대부분이 방송사의 발주에 의해 제작되는 구조 역시 하도급적 관계를 고착하고 있다며 날을 세웠다. "방송사의 비위 맞추기에 급급한 소위 하청업체로 격하될 수 있다"는 우려다. 실제 드라마 '"하얀거탑"의 제작사 김종학프로덕션과 MBC 간 체결한 '영상저작물 외주계약서'에도 MBC를 '갑', 김종학프로덕션을 '을'이라고 명시하고 있다.

창조한국당 이용경 의원 역시 MBC 외주제작 시스템의 문제점을 지적했다. 외주제작 비율이 증가하는데도 불구하고 PD 숫자는 줄지 않고 오히려 늘었다는 점을 꼬집었다. 2002~2008 드라마 자체제작과 외주제작 비율을 살펴보면 2002년 32.7%였던 외주제작 비율이 올 상반기 78.3%까지 증가했다. 그러나 드라마 PD는 2005년 61명에서 2008년 62명으로 줄기는커녕 오히려 늘었다.

이 의원은 "외주제작 비율은 증가하고 있는데 담당 PD숫자가 함께 증가하고 있다는 것은 MBC 내부 인력들이 제대로 배치되지 않았다는 것을 의미한다"며 "인력 재배치를 통한 효율적 인력운용이 필요하다"고 강조했다.

윤근영 기자(「뉴시스」 2008.10.13)

의해 제작되기 때문에 영상물의 경우 영상물의 저작권을 방송사에 귀속시키는 특별한 규정이 존재한다. 첫째, 방송영상물의 경우 지적재산권자가 저작물의 영상화를 다른 사람에게 허락한 경우에 특약이 존재하지 않는다면 상영, 방송, 전송, 복제, 배포 등 다양한 권리를 포괄적으로 양도해야만 한다. 또한 방송사는 다양한 제작 주체들에게 완성된 방송극의 이용을 위한 권리에 대해 '법정양도' 받는다. 또한 영상제작자는 영상저작물이 수록된 녹화물을 복제 및 배포하거나 공개상영 또는 방송에 이용할 권리를 가지고, 이를 양도할 권리를 가지게 된다.[65]

2차 저작권 문제의 경우 방송사가 제작자이기는 하지만 다른 독립제작사에 하청을 주어 제작하는 경우, 방송사와 독립제작사의 공동제작명의로 하되 이후 시장에서는 방송사가 모든 권한을 갖게 되는 경우가 많아 독립제작사들의 불만이 많았다.[66] 독립제작사들의 경우 방송 제작 이후 2차 저작권을 통해 벌어들일 수 있는 수입을 얻지 못하기 때문에 큰 불만을 표시해 온 것이다.

[표 7-7]의 기사에서 볼 수 있듯이 실질적으로 독립제작사 보다는 지상파 측의 영향력이 월등히 크며 이에 따라 갑과 을식의 불편부당한 계약관행이 이어지고 있다는 지적이 나오고 있는 상황이다. 2008년 10월 13일에 행해진 국정감사에서 방송사 외주제작의 편법운영이 심각하다는 것이 지적되었으며, 최근 3년간 KBS, MBC 외주제작 프로그램의 저작권이 100% 방송사에 귀속되는 것으로 나타나 심각한 문제라는 비판이 나왔다. 방송사의 우월적인 지위를 남용하여 독립제작사의 안정적인 정착을 저해한다는 것이다. 독립제작사 중 규모가 크다고 평가받고 있는 '김종학프로덕션'의 경우도 MBC와 체결한 '영상저작물 외주계약서'를 보면 MBC가 갑, 김종학프로덕션이 을로 명시되어 있어 비판의 대상이 되었다.

위와 같은 부작용을 극복하기 위해 저작권 집중관리 필요성을 얘기하기도 한다. 저작권 집중관리(collective management of copyright and related rights)란 개별관리(individual management)에 대응하는 개념으로 "저작권자들이 개별적으로 저작권을 행사하지 아니하고 단체를 구성하여 단체(collective society)에서 저작권을 관리하는 제도"를 얘기한다.[67] 저작권 집중관리제도의 경우 저작물의 저작자 및 기타 관련 권리자의 허락이나 참여를 필요로 하는데 개별적인 이용허락을 통해 해결하는 것이 어렵다는 점에서 유용성을 인정받고 있다.[68] 음반,

---

65) 최민재 · 지성우(2006), 앞의 논문.
66) 최민재 · 지성우(2006), 앞의 논문.
67) 최민재 · 지성우(2006), 앞의 논문.
68) 안계성 · 조소연(1999), 『저작권 집중관리기관 현황 조사보고서』, 한국데이터베이스진흥센터.

영화 등 다른 미디어에서는 이미 체계화되고 있는 상황이지만 방송에서는 이러한 형태의 체계적인 관리가 미흡한 상황이다. 저작물 집중관리와 같은 경우 독립제작사와 같이 영세한 규모를 가지고 있는 경우에 규모가 큰 지상파 측에 집합적 행동을 취할 수 있다는 측면에서 유용할 수 있다.

저작권 귀속에 따른 문제는 방송 콘텐츠의 유통시장이 확대되면서 생긴 문제라고 할 수 있다. 특히, 한류의 바람이 불면서 국내 방송 콘텐츠의 수출이 활발해지면서 문제가 되기 시작했다. 중요한 것은 제작자의 참여 비중만큼 그에 따른 권리가 돌아가야 한다는 것이다. 특히, 과거처럼 지상파가 자신의 독점적 지위를 이용하여 독립제작사를 윽박지르는 식의 계약 관행이 이어져서는 안 될 것이다.

5. 프로그램 포맷과 저작권

최근 몇 년 사이 KBS "해피 투게더 프렌즈"와 "상상플러스", MBC의 "무한도전"과 "우리 결혼했어요", SBS의 "진실게임"과 "반전 드라마" 등의 프로그램이 해외에 판매되면서 프로그램 포맷에 관한 관심이 높아지고 있다. 프로그램 포맷이라는 것은 다양하게 정의될 수 있다. "프로그램에 대한 일종의 약식 기획으로 프로그램의 시작부터 종료까지 연출자가 보고 지시할 내용을 이야기하듯 서술해 놓은 스토리 형식",[69] "프로그램 체제나 구성 등을 포함하여 다른 프로그램과 구별할 수 있을 정도의 프로그램 계획"[70] 등이 프로그램 포맷에 관한 정의의 예들이다. 포맷이란 용어는 사실 매우 모호하

---

69) 하윤금(2005), 「왜 프로그램 포맷을 이야기 하는가」, 『방송문화』, 2005년 5월호, (On-line), Available: http://www.kba.or.kr/.
70) 정용준(2003), 「떠오르는 아시아의 프로그램 포맷시장」, 『방송문화』, 2003년 1월호, (On-line), Available: http://www.kba.or.kr/.

[표 7-8] 국내 방송 프로그램 포맷 수출 및 수입 현황

방송사	수출	수출 진행 중	수입
KBS	도전 골든벨	해피투게더 프렌즈, 쟁반노래방, 상상플러스, 풀하우스, 스펀지	1 VS 100
MBC	러브하우스, 남자 셋 여자 셋, 논스톱, 인어아가씨, 보고 또 보고, 황금마차, 맹가네 전성시대	무한도전, 환상의 짝꿍, 우리 결혼했어요, 커피프린스 1호점, 궁	브레인 서바이버, 브레인 배틀
SBS	마이걸, 천국의 계단, 파리의 여인, 반전드라마, 소금인형, 진실게임	여왕의 조건, 쩐의 전쟁	결정 맛대맛, 슈퍼바이킹, 솔로몬의 선택, 작렬 정신통일

* 출처: 송민섭, "프로그램 포맷, 수입은 '봇물' 수출은 '찔끔'", 「세계일보」(2008.10.26).

고 유동적인 개념이라고 할 수 있다. 포맷이라는 용어는 본래 출판업계에서 책의 규격을 의미하는 것이었다. 이것이 라디오와 텔레비전 방송용 용어로 사용되면서, 시리즈물 프로그램에서 각각의 에피소드를 통틀어 시리즈물 내내 변하지 않고 꾸준히 유지되는 요소들을 집합적으로 칭하는 용어로 사용되게 되었다.[71]

프로그램 포맷의 거래가 활발해지기 시작한 배경은 포맷 개발 과정에서 등장한 리얼리티 프로그램의 강세가 크게 기여했다고 할 수 있다. 리얼리티 프로그램의 중요한 특징 중 하나는 미리 철저하게 계산된 대본에 의해서 움직이는 것이 아니라 진행자와 프로그램 참가자들이 그때그때 상황에 맞게 대처하는 모습 자체가 프로그램이 된다는 것이다. 포맷 시장에서 거래되고 있는 많은 프로그램들은 이런 형태를 보여주고 있다.[72] 이와 함께 대본이 미리 작성된 형태로 프로그램이 진행되는 형식의 프로그램에 대해서도 거래가

---

71) Moran, A.(1998), *Copycat TV: Globalisation, program formats and cultural identity. Bedfordshire*, UK: Univ. of Luton Press.
72) 은혜정·성숙희(2006), 앞의 보고서.

이루어지고 있다.

좀 더 구체적으로 프로그램 포맷을 유형화해보면, 프로그램 포맷의 형태는 앞서 언급한 것과 같이 두 가지 형태로 이루어지는데 첫째는 '리얼리티 프로그램'이라 불리는 유형이다. 여기에는 뉴스, 토크쇼, 게임쇼 등이 포함된다. 리얼리티 프로그램의 경우에는 해당 프로그램의 진행과 대본과 규칙, 프로그램에 사용되는 주요 캐치프레이즈, 미술장치와 무대 디자인 설계도면, 프로그램에 사용되는 컴퓨터 그래픽 제작을 위한 소프트웨어 등이 포함된다.[73] 최근 들어서는 이러한 포맷 유통이 국제적으로 크게 확대되고 있는 상황이고 국내의 경우도 포맷에 관한 수출 및 수입이 증가하고 이에 대한 관심이 증가하고 있다. 프로그램 포맷은 저작권에 저촉되지 않으면서 프로그램 포맷을 활용할 수 있다는 점과 새로운 형태의 방송 상품이라는 점에서 주목해 볼 가치가 있다.

프로그램 포맷이 새로운 저작물로 주목받고 있는 상황 속에서 과연 프로그램 포맷을 저작물로 볼 수 있는가에 관한 고민이 필요하다. 국내의 저작권법은 문학, 학술 및 예술을 포함하고 독창적인 사상이나 감정이 외부로 표현된 '저작물'만을 보호 대상으로 한다. 국내의 관련 판례에 따르면, 표현에 해당하고 저작자의 창작성이 드러난 개인적인 부분까지 인정했을 때에 한해 표절이 인정되는 것으로 되어 있다. 이에 따라 프로그램 포맷은 저작권법상의 보호 대상이 될 수 없다는 견해도 있다.[74] 하지만 프로그램 포맷이 단순한 아이디어를 넘어 프로그램의 구성방식에 대한 구체적이고 세부적인 묘사를 포함한다면 저작권이 적용될 수 있는 여지도 있다.[75]

---

73) 홍원식·성영준(2007), 「방송 콘텐츠 포맷 유통에 관한 탐색적 연구: 포맷 유통 실무진 심층 인터뷰를 중심으로」, 『방송문화연구』, 19권 2호, pp.151~179.
74) 하윤금(2005), 앞의 글.
75) 배진아(2008), "국내 포맷 비즈니스의 현황과 문제점", 「문화체육관광부 주최 뉴미디어콘텐츠 포맷 비즈니스 현황과 전망 세미나 발제문」.

[표 7-9] 프로그램 유형별 포맷 패키지 구성요소

구분	리얼리티 프로그램	드라마, 시트콤
포맷패키지	진행스크립트 게임 등의 규칙 프로그램 타이틀과 주요 캐치프레이즈 미술장치 및 무대 디자인 설계도면 CG 소프트웨어	프로그램 타이틀 줄거리 개요 및 스크립트 등장인물 캐릭터에 대한 설명 CG 소프트웨어
부가정보 및 기타 서비스	시청률 정보, 타깃 시청층 분석, 편성 스케줄 프로그램 기획 및 제작 컨설팅	

* 출처: 홍원식·성영준(2007), 「방송 콘텐츠 포맷 유통에 관한 탐색적 연구: 포맷 유통 실무진 심층 인터뷰를 중심으로」, 『방송문화연구』, 19권 2호, p.155.

국내에서는 외국, 특히 일본의 프로그램을 모방하였다는 것이 지속적으로 이슈가 되어 왔다. 저작자의 포맷에 대한 권리는 'changed format', 'format rights'로 구분된다. 전자는 '2차적 저작물작성권'(저작권법 제22조)이 구체화된 것으로서 기존 드라마나 프로그램을 주로 외국의 제작자에게 팔면서 스크립트와 완성 프로그램까지 넘겨줌으로써 현지 환경에 맞게 수정할 수 있도록 하는 것이며 후자는 주로 게임쇼나 아침 드라마와 같은 곳에서의 프로그램 아이디어 또는 이보다 더 다듬어진 형태의 프로그램 제공 형식을 일컫게 된다. 따라서 우리 방송 환경에서는 저작권법상 자주 논란을 빚는 '포맷'의 특별한 보호 문제는 주로 후자에 집중되는 경향을 보인다.[76] 프로그램 포맷을 수입하여 프로그램에 활용할 경우 창의성을 발휘하여 독창적인 방송 콘텐츠를 만들어내는 일이라고 할 수 있다.

프로그램 포맷 문제가 이슈화 되고 있는 것은 방송 콘텐츠 유통이 활발해지고 이에 따른 새로운 형태의 비즈니스 모델이 창출되면서 저작권 문제가

---

76) 방석호(2007), 『디지털 시대의 미디어와 저작권』, 커뮤니케이션북스.

쟁점화되는 것으로 이해할 수 있다. 프로그램 포맷이 주목받는 것은 앞으로는 단순히 프로그램을 통으로 거래하는 것뿐 아니라 방송 콘텐츠와 연관된 모든 것이 저작권상으로 문제될 수 있음을 시사한다.

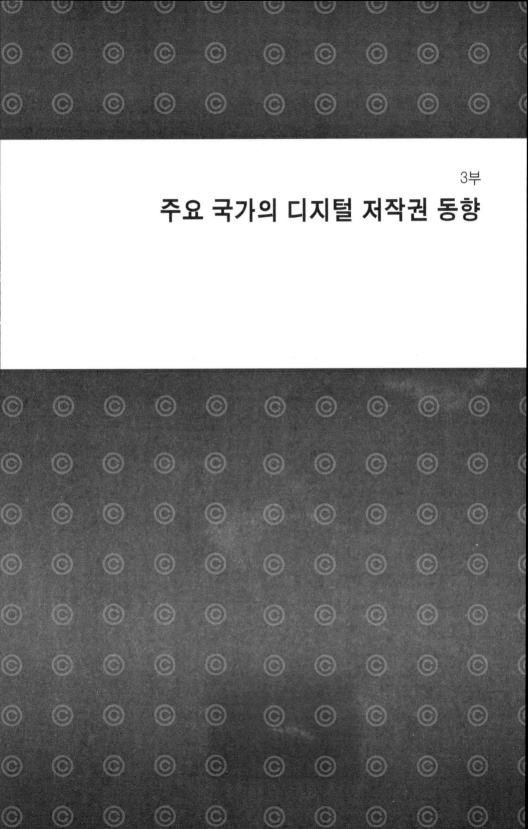

3부
주요 국가의 디지털 저작권 동향

8장

미국의 디지털 미디어와 저작권

● 이광석 · 노동환

1. 미국 저작권법의 글로벌화

1990년대부터 저작권은 미국을 중심으로 한 주요 콘텐츠 수출국들의 관심이 반영된 세계지적재산권기구(WIPO: World Intellectual Property Organization) 등 국제기구들의 강화로 특징화된다. 저작권을 둘러싼 국제 정세는 네트워크를 타고 흐르는 정보와 지식에 기반한 부의 창출이 근본이 되는 자본주의 사회의 변화, 그리고 점차 이로부터 정보 콘텐츠 수출 대국으로 성장하는 미국의 위상이 중첩돼 있다. 당시 미국을 비롯한 선진국들은, '베른협약'(1886)과 '세계저작권협약'(1952)의 국제 협정문들이 지적소유권에 대한 보호를 각국의 국내법에 위임하는 데 그쳤고, 기술에 의해 변화하는 저작권 정세를 따라잡기가 어렵다고 판단한다. 그런 가운데 저작권 수출국으로서 미국은, 국제표준의 제재나 벌칙에 대한 포괄적인 협정을 요구하면서 저작권 적용 방식의 국제화를 꾀했다. 미국이 자국 문화 콘텐츠를 국가 정책의 최우선으로 정한 후 국제표준이란 강제력을 마련하는 데 성공한다.[1]

1993년 미국에서는 이러한 일련의 변화와 맞물려서 클린턴 - 고어 행정

---

[1] 당시 미국 등 국제 저작권 기구와 관련된 정세에 대해서는, 문화관광부 저작권위원회(2007), 『한국저작권 50년사』, 저작권위원회, pp.26~31 참고.

부에 의해 '국가정보기간망'(NII: National Information Infrastructure), 일명 '정보초고속도로'(Information Superhighway) 사업이 제안된다. 대선 공약으로 이 젊은 두 콤비가 늘 주장했던 것은, 한마디로 인터넷 전자공간의 시장화였다. 광통신으로 초고속망도 깔고 그곳에다 돈되는 사업을 기획해 자본주의의 새로운 도약을 꾀해보자는 야심이 깔렸었다. 물론, 클린턴 행정부는 디지털 공간에서 교환되는 정보에 관한 지적재산권 문제의 해결 없이는 효율적인 정보망 운영이 어렵다는 사실을 인식했다. 미 정부는 이의 해결과 효율적인 NII망을 구축하기 위해, 1993년 정보인프라 전담팀(IITF: Information Infrastructure Task Force)을 발족하게 된다.[2] IITF 내 작업반 중 하나인 '지적재산권 실무단'(Working Group on Intellectual Property Rights)은 바로 새로운 초고속망 아래 저작권 문제를 해결하기 위한 두뇌 정책단위로 성장한다. 즉, 이 실무단은 새로운 초고속 전자망의 저작권 현실에서 어떠한 새로운 저작권법들이 필요할지에 대한 청사진을 짜는 역할을 수행했다.[3]

미국의 사이버 시대 저작권 구상은, 국제 무대에선 미국이 주도하는 국가 간 협의기구들을 통해 그 힘을 얻기 시작한다. 미국 중심의 지적소유권에 대한 국제 표준과 시장 조성을 위해 마련된 최초 논의는 '관세 및 무역에 관한 일반 협정'(GATT) 체제내의 우루과이라운드(UR) 협상이었다. 이후 논의는 1993년 'WTO 무역 관련 지적재산권 협정'(TRIPs)으로 체결되고, 이 협정에 의거하여 한국 등 참여국들이 동의한 저작권 관련 조항들을 어길 경우 강력한 국제 제재 수단을 발동할 수 있는 강제력까지 부여한다. 1994년 3월 부에노스아이레스에서 개최된 '세계 텔레컴 발전 국제회의'에서 앨 고어 부통령은 미국의 정보초고속도로를 전 세계로 확장하는 '글로벌 정보 인프라'(Global Information Infrastructure;GII)

---

2) Information Infrastructure Task Force(1993), *The National Information Infrastructure: Agenda for action*. Washington, DC.
3) Davies, G.(2002), *Copyright and the Public Interest*(2nd Ed.), London: Sweet & Maxwell, p.91.

에 대한 비전으로 확대하여 제시한다.4)

　네트워크로 연결된 새로운 세계 경제 질서에 대한 미국의 강조는, 관련 저작권 기구들을 통해서도 서서히 힘을 얻어가기 시작한다. WIPO는 이 협정의 결과에 능동적으로 반응하면서, 1996년 12월 '세계지적재산권기구저작권조약(WCT: WIPO Copyright Treaty) 및 실연·음반 조약(WPPT: WIPO Performances and Phonogram Treaty)'을 체결한다. 30개국 이상의 가입 조건으로 인해 2002년부터 발효가 늦어진 이 두 조약은 온라인상에서의 저작자 권리의 강화와 저작인접권자의 보호 수준을 저작권자 수준으로 격상하면서, 인터넷 시대의 문화·예술 저작권 보호의 본격화를 알리는 신호탄 구실을 했다.5) 달리 말해 이 두 조약은 인터넷 등 디지털저작권 현실에 반응한 국제 움직임이자, 국제 수준에서 지적재산권자들의 권리를 보다 강화하는 표준 작업에 가까웠다.

　국제 저작권 강화와 표준화 경향은, 주도국으로서 미국 내부의 법 개정 작업과 변화를 자연스레 유도했다. 1998년의 미국 내 '디지털밀레니엄저작권법'(DMCA: Digital Millenium Copyright Act) 제정은 대표적 결과물이었다. 무엇보다 DMCA는 '기술적 보호 조치'(technological protection measures) 등 저작권법 바깥에서 작동하는 기술적 보안 장치들을 통해 이용자들의 공정이용을 막는 실정법으로 기능했다. 이후에 자세히 살펴보겠지만, DMCA는 인터넷 기술의 발달로 인해 사적 복제와 전파가 상상을 초월할 정도로 그 영향력이 커져가는 상황에 위기감을 느끼고, 사후적 법률 구제 수단만으로 효과적으로 저작권 문제를 해결하기 어렵다는 인식에 의해 고안된 법률이었다. 저작권자가 자신의 저작물을 보호하기 위해 만들어놓은 방어적 기제가 바로 '기술적 보호 조치' 혹은 기술 코드(technical codes)라 불리는 것이며, 미국의 새로운 법 현실에서 저작권

---

4) Gore, A.(1994, March 21), "Remarks Prepared for Delivery By Vice President Al Gore", *International Telecommunications Union*(ITU), Buenos Aires, Argentina.
5) 김원석(2007), 『알기 쉬운 음악 저작권(개정판)』, 은행나무, pp.41~44.

자의 권리는 이 기술을 통해 무소불위의 힘을 갖게 되었다.

스탠퍼드대 로스쿨의 로렌스 레식 교수가 "코드가 법이다"라고 선언한 것은 DMCA의 기술 조치를 염두에 둔 말이다. 이는 특별히 허가된 이용자에 한해서 접근을 허락하는 기술적 코드를 개발해 부착시킴으로써, 마치 법이 기술화하여 저작물에 대한 의도하지 않은 접근을 차단하는 효과를 발휘하는 경우다. 더구나 자신의 저작물 소재를 추적할 수 있는 장치까지 마련해 정보에 대한 저작권자의 배타적 통제권을 확대할 수 있다. '디지털저작권관리'(DRM: Digital Rights Management)는 이와 같은 기술 배제적 특성을 가진 기술적 보호 조치의 대표적 예이다.

미국은 이렇듯 미디어 콘텐츠 수출국으로서의 위상 변화와 디지털 미디어 환경 아래 기술코드에 의해 저작권 개념을 변화시키는 상황에 이른다. 이 장에서는 미국 고유의 저작권에 대한 역사적 접근과 지금까지 저작권법이 어떻게 변모 돼왔는지를 거슬러 짚어본다. 먼저 1790년 미국에서 최초 저작권이 생긴 이래 그 이념과 철학이 어떻게 진화했는지 간단히 점검할 것이다. 특히, 사익와 공익의 균형을 추구했던 초기 저작권 모델이 창작자의 인센티브를 강조하는 쪽으로 법리 해석이 강조되고, 급기야 콘텐츠 저작물이 수출 품목화하면서 과도한 시장주의로 흐르는 부정적 경향에 대해 볼 것이다. 또한 미국의 저작권 역사의 변화와 맞물려 저작물의 보호 범위와 기간이 반영구적으로 늘어나게 되는 상황과, 이의 극단적 저작권자 중심주의에 기반한 법률 모델인 1998년의 DMCA를 중심으로 다국적 콘텐츠 기업의 권리가 어떻게 강화되어 왔는지를 살펴본다.

2. 사익과 공익 조정에서 시장주의로

미국 저작권법은 1790년 최초로 저작물에 대한 저작자의 권리를 보호하기 위해 제정된다. 이는 1710년 영국의 앤여왕법에 그 뿌리를 두고 있으며, 영국의 저작권법과 같이 저작권자들의 특권을 옹호하는 자연권의 전통과 공익을 지향하는 전통이 함께 반영되었다. 그러나 미국의 저작권법은 영국의 강한 자연권 전통과 달리 성문법상의 권리에 그 방점을 두었다.[6] 이는 공익을 고려해 저작권자에게 주어지는 권리의 범위를 상당히 제한하는 밑바탕이 되었다. 달리 말해 저작권자에게 자신의 창작물에 대한 독점적 사용 권리를 부여하지 않고, 다만 저작권자에게 저작물의 불법 복제행위를 금지할 수 있는 권리와 저작물의 사용을 일정하게 제한할 수 있는 권리만을 부여하는 방식을 취한다.[7]

미국 연방의회 도서관에 위치한 '저작권청'(U.S. Copyright Office)은 현재 미국 내 모든 저작물 등록을 포함한 전반적인 저작권 관련 행정업무를 전담하고 있다. 하지만 별도의 저작권만을 위한 정책을 수립하지는 않는다. 미국 내 지적재산권 정책은 미국 특허청(USPTO)이 주도한다. 특허 및 상표분야뿐만 아니라 저작권 정책도 담당한다.[8] 저작권법에 의해 법적 보호를 받는 저작물의 범위에는 문학적, 예술적 표현물을 포함하고 있으며, 구체적으로는 어문, 음악작곡, 연극, 무용, 사진, 회화, 조각, 영화, 음반, 컴퓨터 프로그램, 건축물 등을 말한다. 이들 저작물의 법적 충족요건으로는 저작자의 창작에 의한 표현물(work)이어야 한다는 점, 독창성(originality)을 가지고 있어야 한다는 점, 그리고 특정한 유형 매체에 고정되어야 한다는 고정성(fixation)이 제시되고 있

---

6) 남형두(2008), 「저작권의 역사와 철학」, 『산업재산권』, 제26호, pp.245~306.
7) 저작권심의조정위원회(2006), 『미국 저작권 선진시장 정책연구』, 저작권심의 조정위원회, p.38.
8) 저작권심의조정위원회(2006), 앞의 책, pp.78~79.

다.[9] 이후 창작물의 요건이 세분화되긴 하지만 대체로 이 세 가지 조건에 의해 저작물의 충족 요건이 결정되고 있다.

초창기 미국의 저작권법은 저작권자의 창작물에 대한 특권과 공공이익 간 갈등과 조정의 산물이었다. 무엇보다 미국 건국의 자유 이념에 기초하여 미국인들은, 정보와 아이디어를 국민 모두에 의해 소유되는 사회적 부로 간주한다. '제퍼슨식 민주주의'(Jeffersonian democracy) 개념은, 바로 아이디어에 대한 시민들의 공적 소유에 기초해 있다. 즉 미국 시민사회에서는 사실이나 아이디어가 개인적 소유 혹은 법적 규제 대상이 아닌 것으로 깊게 자리잡고 있다. 이는 소위 '아이디어와 표현의 이분법'으로 일컬어지고, 아이디어(idea)는 저작물로 보호되지 않고 표현(expression)만이 저작물 보호 대상으로 간주되는 전통으로 확립된다. 창작물의 독창적 표현만이 저작물의 대상이지, 아이디어는 인류의 공유 자산이자 원천임을 분명히 한다.[10]

이와 같은 이분법은 미 연방대법원의 Baker 대 Seldon(1879) 사건 판결에서 비롯된 이래 미국 판례로 확립되었다.[11] 현행 미국 저작권법 제102조(b)는 이 사건 판결의 요지를 입법화한 것으로 "어떠한 경우에도, 독창적인 저작물에 대한 저작권 보호는 그것이 당해 저작물에 묘사, 설명, 예시, 또는 수록되는 방법에 관계없이 아이디어, 절차, 공정, 체제, 조작 방법, 개념, 원칙, 또는 발견에는 미치지 아니한다"고 명시하고 있다.[12] 미국에서 저작권은 사유 재산권의 보루가 아니었다. 이는 정부, 시민, 기업이 함께 만나는 공공의 국가

---

9) 저작권심의조정위원회(2006), 앞의 책, p.37.

10) 1991년에 있었던 미 연방대법원의 페이스트(Feist) 판결은, 저작권법상의 '독창성'의 의미를 분명히 한 판결로 기록된다. 즉 전화번호부와 같은 정보 혹은 사실의 묶음은 저작물로서의 창작성을 발견하기가 힘들다는, '최소한도의 창작성' 논리를 확인했다. 자세한 논쟁에 대해서는, 방석호 (2007), 『디지털 시대의 미디어와 저작권』, 커뮤니케이션북스, pp.27~28 참고.

11) 박성호(2006), 『저작권법의 이론과 현실: 정보공유와 인권을 위한 모색』, 현암사, pp.65~67 참고.

12) 저작권심의조정위원회(2000), 『미국 저작권법(2000)』, 저작권심의조정위원회, p.28 번역본 참조.

정책이었다. 정책이란 힘없고 다수인 시민의 공적 영역을 기본으로 삼고 출발한다.

창작자들은 본인 창작물의 권리를 유지하는 데 크나큰 통제력을 가지긴하나, 명목상 저작권법은 제3의 창작자들이 새로운 저작물을 생산하기 위한 방편으로, 그리고 지식의 보급과 증진을 위해 복무하는 데 그 무게 중심을 두고 있다. 그래서 미국의 저작권법은 보통 공리주의(utilitarianism)의 전통에 기대고 있다고 본다. 저작물을 창작한 저자와 그것이 제3의 창작자에게 미치는 사회적 상호작용이 중심에 선다. 이렇듯 초기 미국 내 저작권의 발전은 저작물의 창작 특권과 함께 이용자들의 이용 권리가 같이 강조되는 특징을 보인다.

1990년대 초부터 미국은 UN 산하기관으로 만들어진 세계지적재산권기구(WIPO)하에서 저작권 보호 선진국으로서 국제사회에서 서서히 주도적인 역할을 시작한다. 식민모국인 영국으로부터 자신의 공정이용을 방어하려던 과거와 달리 점차 저작권 수출 주도국으로써 자리매김하게 된다. 지적재산권은 국제 무역의 화두로 떠오르고, 국제 교역의 중심인 '세계무역기구'(WTO)가 국제 지적재산권 보호 문제를 떠안으면서 지적재산권 논의가 가속화한다. 미국은 그 배후에서 가장 강력한 지적재산권 보호국으로 떠오르면서 소프트웨어, 음악, 영화, 출판, 통신 등을 포함하여 저작권 관련 산업 분야의 정책 내용을 결정하는 국가로 성장한다. 이때부터 미국의 저작권 정책은 창작자의 사익과 사회의 공익 간에 맺어지는 힘의 균형이나 협상의 결과도 아니요, 단지 외국 무역을 통해 돈벌이가 되는 지적 상품을 파는 저작권 수출지상론이 득세하게 된다.

미국의 실물 경제에서 저작권이 차지하는 규모는 1990년대 중반 이후 크게 성장한다. 일례로, 저작권 규모는 1997년 미국 국민총생산(GDP)의 약 4.84%를 차지하고, 2001년에는 5149억 달러로 미국 GDP의 5.10%에 달하는 것으로 나타났다. 이는 연 평균 약 3.8%의 성장률로, 같은 기간 동안 미국 GDP의 상승률 2.47% 보다 높은 수준이다. 한편 미국 전체 저작권 산업 규모는, 1997년에 8038억 달러, 2001년에 9627억 달러, 그리고 2002년에는 1조 56억 달러의 규모를 보이면서 꾸준한 증가세를 보이는 것으로 나타났다.[13] 이미 1990년대 초반부터 저작권 산업의 수출 규모가 자동차산업 다음으로 성장한 것을 보면, 저작물이 미국의 수출산업에 미치는 영향력과 국제 시장에서의 불법 복제에 대한 미국의 정책적 관심은 당연하다 하겠다. 더불어 미 정부의 지적재산권 정책 전반이 특허청의 주도로 이뤄졌다고 언급했지만, 지적재산권의 수출과 관련된 대외 정책은 '미국무역대표부'(USTR)의 권력 아래서 움직이는 모습도 특이할 만하다.

1990년대 초 등장한 클린턴 행정부에서, 저작물의 해외 수출 그리고 해외의 불법적인 복제 방지를 통해 미 기업들의 경제적 이익을 확보하는 것은 가장 큰 당면 과제였다. 이를 위해서는 일방적 무역압력 행사도 불사했다. 클린턴 행정부는 주로 WTO, APEC, NAFTA 등과 같은 다자간 국제 무역 협의체를 중심으로 한 국제 저작권 및 지적재산권 보호 정책의 기준 준수를 다른 나라에게 요구했다. 반면 부시 행정부는 다자간 협상과 더불어, 미국무역대표부 등을 앞세운 무역 제재/경고 등을 통해 국가 대 국가의 쌍무협상(가령 한미 FTA 협상)을 통해 지적재산권 보호 조치를 강화해 나간 것이 특징이다.[14] 이로써 저작권 무역을 통해 미국의 저작권이 국제 규범이 되고, 미국의 이권이 세계무역기구(WTO)와 세계 저작권보호기구(WIPO) 등 국제기구를 통해 타 국들에 행사되는 시대에 이르렀다. 미국의 저작권 정책과 법안이 국제무역기구, 정치 회담, 비공식 창구, 법적 선례, 무역 제재 등 다양한 경로를 통해 한국을 포함해 다른 나라들의 저작권법 현실에 크게 영향을 미치고 있다.

---

13) 저작권심의조정위원회(2000), 같은 책, p.67.
14) 저작권 심의 조정위원회(2000), 앞의 보고서, p.77.

[표 8-1] 미국 저작권 관련 법제의 변화

주요 연도	주요 내용
1790.05	저작권법 제정(저작권 보호기간 14년, 14년 추가 연장 가능)
1831.02	저작권법 개정(저작권 보호기간 28년, 14년 추가 연장 가능)
1870.07	저작권법 개정(파생물derivative works에 대한 권리 부여)
1909.07	저작권법 개정(저작권보호기간 28년, 28년 추가 연장 가능)
1974.07	세계저작권협약 가입
1978.01	저작권법 개정(저작권보호기간 저작자 생존기간 + 사망 후 50년)
1980.12	저작권 보호대상으로 컴퓨터 프로그램 추가
1989.03	문학 및 예술작품의 보호에 대한 베른협약 서명
1992.10	디지털 오디오 홈 레코딩 법안 발효
1997.11	전자절도 반대법 (The No Electronic Theft Law) 발효
1998.10	소니보노 저작권 기간연장법(저작권의 생존기간 + 사후 70년 연장)
1998.10	디지털 밀레니엄 저작권법(DMCA) 발효

* 출처: U.S. Copyright Office, A Brief Introduction and History, http://www.copyright.gov/circs/circ1a.html.

미국 저작권 수출 지상주의는 미국 내의 저작권 문제에도 많은 영향을 미쳤다. 우선 창작자의 일시적 특권으로 여겨졌던 저작권은 점차 반영구의 재산권으로 자리매김해 간다. 또한 저작권의 산업주의라는 틀 안에서 시민들이 함께 누릴 공공의 철학은 점차 사라져간다. 저작권의 산업 논리와 함께, 저자에 대한 인센티브와 보상의 논리가 저작권 기간 연장의 근거가 된다. 법 제정 이후 저작자의 권리는 지속적으로 강화되고 있고, 그 범위 또한 디지털 형식의 매체를 포함해 인터넷 공간을 흐르는 대부분의 컨텐츠를 법리 해석의 대상으로 포함시키고 있다.

[표 8-1]은 미국에서 1790년 첫 저작권법이 제정되어 1998년 DMCA에 이르기까지 개정된 저작권 관련 주요 법안들의 연대기를 보여준다. 사실상 미국의 저작권법은 그 적용 기간이 점차 길어지고, 적용 범위는 점점 늘어가고, 그 적용 대상 또한 구체화해가고, 법 조항 자체는 점점 이해하기 어려워지는 추세다. 표에서 저작권 기간의 변화만을 보더라도, 최초 저작물의 보호기

간이 14년에 14년 추가 연장에서, 1831년부턴 28년 기본에 14년을 추가 갱신하는 것으로, 1909부터 1978년 사이에는 아예 저작권자의 생존 기간에 사후 50년으로 늘렸다. 마침내 미국 의회는 디즈니 등 문화 콘텐츠 산업의 로비에 굴복해 1998년에는 저자 사후 70년(고용 저작물의 경우 80년)까지 늘리기에 이른다. 미국 연방대법원은 1998년 할리우드 업계 등 저작권 지상론자들의 로비와 압력에 굴복해, 수정된 저작권 연장 법안인 일명 '소니 보노 저작권 보호기간 연장법'(CTEA: Sonny Bono Copyright Term Extension Act)의 정당성을 재차 인정했던 것이다. 기업과 의회는 저작권 수명을 저자 사후 50년에서 20년 늘려 70년으로 만들어 '제한된 시기'만 저자의 권리를 지켜주자는 저작권 게임의 원칙을 깨뜨렸다.

표에서 드러난 것처럼, 지난 수십년간 그 기간을 늘리면서 미국 저작권은 어느새 반영구적 권리가 되었다. 미국의 CTEA 입법 과정은 사실상 디즈니를 위시한 거대 다국적 문화산업의 로비의 결과로 보는 견해가 지배적이다. CTEA를 통한 보호 기간의 연장이 없었다면, 디즈니사의 캐릭터 중 미키마우스는 2003년, 플루토는 2006년, 구피는 2008년에 이미 저작권이 만료될 상황이었다.[15] 혹자는 그래서 이 법을 '미키마우스법'이라고 비꼬아 부르기도 한다.

미국에서 사익과 공익의 조화로운 공존이 근래에 아예 없었던 것만은 아니다. 예컨대 역사적으로 잘 알려진 '소니 대 유니버설스튜디오 사건'(1984)은 소비자 공익의 측면에서 판결을 내렸던 희귀한 사례 중 하나다. 이 사건은 1976년 당시 가전업체인 소니가 개발한 VCR을 두고 콘텐츠 업체이자 할리우드 업체인 유니버설이 저작권 소송을 걸었던 경우다. 소니 VCR의 녹화 기술의 공정이용 승소 판결로 차후 복사기, 컴퓨터, 미니디스크 레코더 등 새로운 기술이 저작권자의 소송 위협 없이 개발될 수 있는 발판이 마련되었다.

---

15) 조용순(2008), 『문화 콘텐츠와 저작권』, 전략과 문화, pp.226~227.

미국에서 사익과 공익의 공존이 확실히 깨지기 시작한 계기는, 저작권자를 위한 법 개정이나 해석도 존재하나 가장 큰 불행은 기술을 통해 저작권이 행사되기 시작하면서 부터다. 앞서 얘기한 기술 코드 혹은 '기술적 보호조치'의 강화 경향이다. 즉 이제까지 무수한 대화와 협상을 통해 저작권 적용 범위와 그 힘을 결정하던 의회 내 시스템이, 저작권자를 위한 기술적 보호 장치로 인해서 그 협상의 기본 룰조차 깨버리는 사태가 온다. 미국에서 최초 기술조치가 적용된 사례는 1992년에 발효된 '오디오 홈 레코딩 법'(AHRA: Audio Home Recording Act)이다. 이 법은 디지털저작물의 무단 복제를 방지하기 위해 디지털 오디오 제품에는 반드시 복제 관리 시스템을 설치하도록 강제하고 있다. 그나마 이 법안은 음반업계, 가전업계, 소비자단체들 사이의 끊임없는 대화와 타협의 산물이었다.16)

당시 음반업계의 주요 관심사는 완전한 음질의 사운드를 재생하는 가전제품의 범람을 막기 위해 디지털 음반의 디지털 복제본이 다른 복제물의 원판(master)으로 사용되는 것을 통제하기 위한 기술적 보호조치를 만드는 것이었다. 이는 저작물에 대한 접근을 막기 보다는 복제를 통제하는 방식이었다. 또한 소비자는 구매한 미디어의 사적인 이용(미디어의 무한 복제 등)에 대한 소비자의 권리 혹은 '안전한 피난처'(safe harbor)를 보장받았다.17) 이를 시발로 1996년 세계 저작권기구(WIPO)의 WCT 제11조는 각국이 불법적 침해 행위를 제한하고, 저작권을 '효율적으로' 행사할 수 있는 기술적 보호조치를 두도록 규정한다. WCT의 기술적 보호조치는 불법적 침해 행위에 대한 법적 규제일 뿐 학술

---

16) 미시간 법대 교수, 제시카 리트만(Jessica Litman)은 적어도 이 AHRA가 발효되는 시기까지는 그나마 공익과 사익을 대변하는 입장들 간의 끊임없는 충돌과 협의 과정이 미국의 저작권법을 지탱했다고 평가한다. Litman, J. (2006), *Digital Copyright*, Amherst, NY: Prometheus Books, pp.35~69 참고.

17) 황성운(2007), 『디지털저작권관리(DRM): 소유에서 사용 권리로의 이동』, 진한M&B, pp.165~166.

적 혹은 기술적 목적의 정당한 이용 행위까지는 규제하지 않는 것으로 해석됐다. 그나마 각국에 기술적 보호와 관련된 재량권을 부여하는 측면이 있었던 것이다. 그러나 1998년 미국의 DMCA가 발효되면서, 기술적 보호 조치에 대해 보다 강경한 입장이 등장한다. 즉 저작물 접근에 대한 효율적 기술 조치를 법제화하고 또한 이러한 기술 조치에 대한 법적 보호까지 분명히 함으로써, 이 둘 모두를 저작권법으로 보호함을 밝힌다.[18] 저작권을 법뿐만 아니라 기술 논리에 의해 반영구화하게 된 것이다.

3. 저작권 개념 변화: DMCA를 중심으로

1) 입법 배경

DMCA(Digital Millenium Copyright Act) 초기 모델은, 1995년 국가정보인프라(NII) 혹은 정보초고속도로 사업을 성공적으로 수행하기 위해 마련된 저작권 관련 '백서'(White Paper)로부터 출발한다. 백서의 주된 목적은 저작권의 배타적인 권리침해를 방지하거나 금지하기 위한 과정, 처리방법, 기계적 작용 또는 시스템을 저작권자의 허락 없이 회피, 우회, 제거, 무력화, 기타 좌절시키는 도구나 제품 등을 수입·제조·배포하거나 서비스를 제공하는 것을 금지시킬 것을 제안하였다. 백서는 또한 이를 금지하는 것이 공익에 해당하는 것이며 저작권법이 추구하는 목적에 부합한다고 설명하고, 기술적 보호조치의 이용은 이용자에게도 더 많은 저작물에 접근할 수 있게 되어, 공정이용이나 일반인의 공유영역에 있는 저작물이 위협받게 될 것이라는 주장을 일축했다.

보고서는 기존 저작권을 디지털 환경에 맞춰 수정하고, 디지털 네트워크

---

18) 방석호(2007), 앞의 책, pp.51~52.

를 통해 상업적으로 이용될 수 있도록 저작권자의 권리를 최대한 보장해야 한다고 피력했다. 가령 백서는 컴퓨터 램 메모리상의 일시적 저장도 복제권 침해가 될 수 있다고 주장하거나 인터넷서비스 제공업자의 면책권을 명시적으로 반대하는 입장 등 강경론으로 일관해 많은 문제를 불러일으켰다.[19] 당시 미국이 얼마나 사이버공간을 저작권 수출을 통해 국익을 도모하는 동력으로 삼으려 했는지, 그 욕망을 읽을 수 있는 대목이다.

이후 백서의 쟁점은 인터넷/온라인서비스제공자(I/OSP: Internet/Online Service Provider)[20]의 책임과 기술적 보호조치로 모아졌다. 이처럼 시장주의와 저작권 보호론에 입각한 백서의 내용을 그대로 반영해, 미국 상·하원에 상정된 '정보 인프라 저작권 보호 법안'(NII Copyright Protection Act of 1995)은 교육계, 도서관, I/OSP, 가전업체 등의 반대에 직면하여 통과하지 못하였다. 1997년 또다시 I/OSP에 대한 면책과 보호를 담은 두 종류의 법안이 의회에 상정되었다. 하나는 공화당의 하워드 코블(Howard Coble) 의원이 제출한 '온라인저작권 책임 제한 법안'(The Online Copyright Liability Limitation Act)이고, 다른 하나는 존 애쉬크로포트(John Ashcroft) 상원의원이 제출한 '디지털저작권 확정과 기술교육법안'(The Digital Copyright Clarification and Technology Education Act)이다. 하워드 법안은 저작권 침해에 있어서 특정의 경우에 I/OSP의 저작권 책임에 예외를 인정하였고, 애쉬크로포트(Ashcroft) 법안에서는 전자메일, 음성메시지 및 기타 실시간 통신과 같은 형태의 가입자를 위한 연결을 제공하는 경우, 하이퍼링크, 색인 및 검색엔진과 같은 정보도구 서비스를 제공하는 경우, 그리고 내용물에 대하여 편집권을 행사하지 않는 경우에 I/OSP를 보호하는 면책 내용을 담았다.

1998년 10월 28일 하워드법과 애쉬크로포트 법안을 토대로 DMCA가

---

19) 이대희 (2002), 『인터넷과 지적재산권법』, 박영사, pp.348~350.
20) 백서와 DMCA법에서는 단지 서비스제공자(service provider)라는 표현을 쓰는데, 이는 인터넷 접속서비스 업체와 포털 등의 온라인서비스업체 모두를 통칭하는 개념이다(박준석 2006, pp.85~86 참고). 그래서, 이 글에선 이후 통칭하여 I/OSP로 표기한다.

제정되었다. 법안은 서비스 이용자들의 저작권 침해사실만 잘 통지하는 의무를 지킨다면 I/OSP의 저작권 손해배상 책임을 면제하여 주는 조항을 넣었다. 물론 이는 저작권 침해 방지에 관심을 가졌던 저작권자가 I/OSP에게 면책조항을 줌으로써 온라인 상거래 등 시장 활성화를 꾀하고자 했던 이유에서 출발했다. 하지만 DMCA의 기술 우회 조항은, 포털과 P2P관련 업체(OSP)와 인터넷 접속서비스 업체(ISP)에 저작권 침해의 직·간접 책임으로부터 면책조건을 달아 차후 저작권 책임 판정의 틀을 제시했으나, 실제 소송에서는 대체로 인터넷/온라인서비스업자들의 족쇄로 작용했다.

2) 주요 내용

DMCA는 크게 두 가지 배경이 있다. 하나는 1996년 WIPO에서 결의한 두 개의 저작권 조약, 즉 WIPO의 저작권조약(WCT)과 실연·음반조약(WPPT)에 가입하여 그 의무 이행을 위하여 미국 국내법을 정비하는 것이다. 다른 하나는 디지털 환경에 맞는 저작권법을 개정하기 위해서였다. 다음에 볼 DMCA 제1편에 규정된 내용은 바로 WCT와 WPPT에 조응하기 위해 포함된 측면이 크다. 여기서 핵심은 기술적 보호 조치와 저작권 침해시 서비스제공자의 면책 조건에 대한 법률적 문제로 모아진다.

● 강화된 기술적 보호조치

무엇보다 기술적으로 DMCA는 '접근 통제'(access control)와 '이용·복제 통제'(use/copy control) 양자를 모두 법제화한 경우다. 1201조를 보면, 저작권에 의거 설치된 기술적인 보호 조치를 '우회'(circumvention)하여 저작물에 허락 없이 접근하는 행위를 금하고 있다. 이것이 접근을 통제하기 위한 기술적 보호 조치다. 기술적 보호조치에 관한 DMCA 1201조는 첫째, 접근을 통제하는 기술을 우회하는 행위를 금지하고 있으며(우회행위 규제), 둘째, 접근을 통제하거나 저작권을 보호하는 기술적 보호조치를 우회하는 장치의 유통을 금지하며 (도구 및 서비스규제 - 접근 통제), 셋째, 저작권을 보호하는 기술적 보호조치를 우회하도록 하는 도구 등의 거래 금지(도구 및 서비스 규제 - 이용 통제)로 구성돼 있다.

DMCA는 기술적 보호조치의 보호 범위에 WCT에서 규정한 기술적 보호조치인 복제 등 이용 통제는 물론, 접근 통제에 관한 기술조치까지 포함하고 있다. 다른 나라에 비해 보다 강력하게 저작권자를 보호하고 있는 것이다. 기술적 보호조치에 관한 DMCA의 주요 문제점은 네 가지다. 첫째, 일정 기간 이후에 공공 영역(public domain)으로 들어가 자유롭게 이용해야 할 저작물이, 실제 기술적 보호 조치가 부착된 저작물이 된 경우 해당 법적 유효기간이 지나더라도 작동하는 반영구적 독점 권리 문제가 발생할 수 있다. 둘째, 저작권자에게 새로운 형태의 배타적인 권리인 접근권이 인정된다는 점이다. 공공의 접근권이 상실된 공백에 저작권자의 기술적 보호 조치에 의한 배타적 접근권만이 남을 수 있다. 즉, 기술적 보호조치에 관한 규정이 공중의 검색 권리조차 부정하는 최악의 상황을 만들 수 있다. 셋째, 저작권을 인정하는 잣대로써 창작성을 고려하면, 창작성이 부족한 콘텐츠조차 기술적으로 보호하는 결과를 초래하기 쉽다. 넷째, 저작권법의 적용과는 다른 용도로 이용될 수 있다. 즉 DRM의 경우처럼 쉽게 추적이 가능하다 보니, 이용자와 관련된 정보를 수집하는 데 사용될 수 있다.[21)]

● 서비스제공자의 책임 제한

DMCA 제2편은 저작권 침해에 대한 서비스제공자(I/OSP)의 책임을 제한하기 위한 것으로 '온라인 저작권 책임제한법'(Online Copyright Infringement Liability Limitation Act)으로도 명명된다. DMCA가 부여하는 책임으로부터의 면책 조항

---

21) 기술적 보호조치의 부작용에 대해서는, 오승종(2007), 『저작권법』, 박영사, pp. 1336-1337; 그리고 이대희(2002), 앞의 책, pp. 520~521.

은, I/OSP가 기존의 저작권법이나 기타 법에서 가능한 방어 수단에 부가적인 성격을 가진다. 한마디로 DMCA 2편은 특정한 I/OSP 행위에 대한 면책 조항(safe harbor)을 제공한다고 볼 수 있다. 만일 어떤 행위가 그러한 피난처 범위에 속한다면, 해당 I/OSP는 책임으로부터 면책을 받는다. 그렇지 않은 경우에는 그 행위가 침해를 구성하는지 여부와 해당 I/OSP가 어떤 방어 수단을 가질 수 있는지 여부가 기존의 전통적 저작권 분석에 의해 결정된다.

먼저 해당 I/OSP는 다음 두 가지 일반 면책의 조건을 따라야 한다. 첫째, I/OSP의 시스템 가입 혹은 계정 이용자에게 반복적으로 저작권을 침해할 경우 그들의 서비스가 종료될 수 있다는 방침을 알려야 한다. 둘째, I/OSP는 저작물을 식별하고 보호하기 위하여 채택된 '표준'(standard)의 기술적 보호 조치를 수용하고 이를 방해해서는 안 된다. 그러한 기술 조치들로는, 디지털 인증(watermark)이나 저작물 복제를 방지하기 위한 기술적인 방법들 모두가 포함될 수 있다. 여기서 '표준'이라는 조건은 저작권자들과 I/OSP들 사이에 공정한 과정을 통하여 광범위한 공감대를 가지고 기술 조치들을 개발해야 하고, 누구에게나 합리적이고 비차별적인 조건에서 이용될 수 있고, I/OSP에 과도한 비용이 들거나 이들의 시스템에 상당한 부담이 되어서는 안 된다는 점을 모두 지칭한다.

앞서 두 가지 일반 면책 요건과 함께, 개별 면책 요건은 다음 네 가지 경우로 본다.

첫째, 일시적 디지털 네트워크 통신에서의 책임 제한(제 512조a): I/OSP가 타인의 요청에 의해서 단순히 디지털 정보를 네트워크의 한 지점에서 다른 지점으로 송신하는 통로(conduit)를 제공하는 경우다.

둘째, '시스템 캐싱'(system caching)에서의 책임제한(제 512조b): 이는 이용자들이 자주 접속하는 특정 사이트의 내용을 앞선 이용자가 이용할 때 I/OSP의 서버 시스템에 잠정 저장한 다음, 향후 다른 이용자가 접속했을 경우 즉각 제공하여 전송 트래픽을 줄이는 방법으로 이뤄지는 '캐싱'(proxy caching)에 해당한다. 다시 말해, 서비스제공자는 같은 내용물에 대한 이용자의 계속적인 요구에 대해 네트워크상의 원본에서 내용물을 불러오는 것이 아니라, 보유하고 있던 복사물을 전송하기 위해 캐싱을 하는 것이다. 이 경우 I/OSP 이외의 자에 의해 게재되어 그의 지시로 가입자에게 전송된 내용물의 복제물을 일정기간 보관하는 관행에 대하여 I/OSP에게 면책을 주고 있다.

셋째, 이용자 지시에 의해 시스템이나 웹사이트 상에 저장(storage)된 정보에 대한 책임제한(제512조c): 서비스제공자의 시스템에서 운영하는 웹사이트 상에서 이용자의 명령에 의해 저장된 저작권 침해 내용물에 대해 서비스제공자의 책임을 제한하고 있다.

넷째, 정보소재 확인도구(검색 엔진)에 대한 책임제한(제512조d): 하이퍼링크, 온라인 디렉토리, 검색엔진 등과 같은 '정보소재 확인도구'(information location tool)를 이용해서 저작권 침해 내용물을 담고 있는 사이트를 이용자에게 제시하거나 링크시키는 업자의 경우에 면책을 주고 있다.

3) DMCA의 의미와 파장

DMCA의 '기술 조치'는 인터넷 시대에 저작권 침해의 법적 효과가 낮다고 보고 기술을 통해 저작권을 보호한다. 기술 조치에 사용되는 기술적 원리 내지 기반이 그대로 저작권 침해 사례에 적용(예컨대, 기술조치를 무력화 혹은 우회하는 기술 혹은 방법)될 수 있어 기술 조치를 또 다시 법률로 보호하는 지경에 이르렀다.[22] 그것이 WCT 및 WPPT에 포함된 이래, DMCA에 의해 '기술 조치'를 정당화하는 관련법으로 보다 강화되는 계기가 되었다. 이로써 DMCA는 미국 저작권 지상주의의 결정판이 된다. DMCA는 사실상 미국 최초로 저작권자들

---

22) 김현철(2004), 『저작권 연구자료 46: 디지털환경하의 사적 복제 문제에 관한 비교법적 고찰』, 저작권심의조정위원회, pp. 24~25.

이 인터넷과 사이버 공간의 출현에 대한 두려움을 반영한 법안으로 볼 수 있다. 즉 인터넷의 출현과 P2P 파일 교환으로 위기에 놓인 저작물의 보호를 소프트웨어나 기술을 통해 방어하는 기제를 합법화하기 위한 최초 법안이자 가장 강력한 법안이 되었다.[23] 어떤 논자는 DMCA를, 저작권을 둘러싼 사익과 공익 간에 균형을 중재할 능력을 잃은 국가 정책의 현실을 보여준다고 개탄한다. 미 의회, 법원, 시민, 예술가 등이 지닌 모든 협상의 민주주의 권리를 박탈하고, 그 해당 공적 권리를 몇몇 다국적 사기업들에 넘겨준 대표적 법안이라는 것이다.[24]

4. 미디어 콘텐츠 저작권 쟁점

미국의 저작권은 할리우드와 음반업계로 대표되는 저작권자들에 의해 좌우되고 있다. 무엇보다 그 중심에는 저작권자들을 대신하여 법적 공방을 이끄는 미국 음반산업협회(RIAA: Recording Industy Association of America)와 미국 영화산업협회(MPAA: Motion Picture Association of America)가 있다. 저작권 강화 경향은, 앞서 본대로 1995년 클린턴 행정부의 백서 기획, 이를 바탕으로 만들어진 1998년의 DMCA의 입법화, 그리고 P2P 정보공유 프로그램의 상징이었던 냅스터 사망 판결(2001)로 본격화됐다.

냅스터는 DMCA법 해석 가운데 서비스 제공업자의 권리를 보호한다는 면책 조항에 의해 피해를 본 경우다. 냅스터를 만든 숀 패닝(Sean Fanning)은, DMCA 512조a항에 기대어 자신의 서비스가 네트워크 이동 경로만을 제공하

---

23) Lessig, L.(2004), 앞의 책, p.157.
24) Vaidhyanathan, S.(2001), *Copyrights and Copywrongs: The Rise of Intellectual Property and How It Threatens Creativity*, NY: New York University Press, pp.174~177.

는 수동적 서비스업이라고 항변했다. 그러나 음반업계와 법원은 냅스터가 음악 파일을 검색하는 서버 리스트를 보관해 이용자들이 범법을 저지르는 것을 방기했다고 봤다. 결국 저작권자들의 승리로 끝난 이 사건으로 냅스터는 상업 서비스로 전환되는 비운을 겪고 국내 P2P 서비스인 소리바다 판결에까지 부정적 여파를 미쳤다.[25]

　　RIAA와 MPAA의 저작권 침해 소송은 이렇듯 P2P 서비스 업체를 고소하는 수준을 넘어선다. 일례로 2002년에는 이용자들의 실제 인터넷 접속서비스를 제공하는 통신업체(ISP)들 중 버라이즌(Verizon)과 소송을 벌인다. 음반업계는 P2P 파일공유 프로그램인 카자아(KaZaA) 등을 통해 대량의 음악파일들을 교환하는 강성 이용자들의 명단을 버라이즌 통신 회사에 요구했다. 당시 1심에서 DMCA에 의거 버라이즌이 단순 서비스제공자이기에 면책 사유에 해당되지만 정보제출 명령을 수행할 의무가 있음을 밝혔다. 그러나 항소심은 원심을 뒤집어 단순히 파일전송을 위한 도관(the conduit) 역할로서의 버라이즌을 인정하면서 사건은 종결된다.

　　버라이즌 판결로 통신 회사를 통한 압박이 어려워지자 할리우드와 음반업계는, 2003년 6월경부터 개별 이용자들에 대한 손해배상 소송으로 접어든다. 2004년 말까지 RIAA가 제기한 개별 소송은 7000건에 달했고, 2005년 5월까지 1만 건에 육박했다. 그럼에도 불구하고, 냅스터의 중앙 서버 집중형 모델과 달리 100% 분산형 P2P 시스템의 등장은 더욱더 이용자들의 기술적 우회나 저작권 적용을 어렵게 만들었다. 예컨대, 중앙 서버나 캐시 작업을 필요로 하지 않는 카자아(KaZaA), 라임와이어(LimeWire), 그누텔라(Gnutella), 그록스터

---

25) 미국의 통신 관련 법적 판결이 국내 판결에 어떻게 영향을 미치는 지(미국 냅스터 판결이 한국 소리바다 판결에 미치는 영향력 분석 등)에 대해서, 이광석은 이를 '헤게모니적 법적 선례 효과'(the hegemonic effect of the US precedents over the Korean legal cases)란 말로 표현한다. Lee, K-S. (2005), "The Momentum of Control and Autonomy: A Local Scene of Peer-to-peer Music Sharing Technology", *Media, Culture & Society* 27(5), pp.799~809.

(Grokster), 토렌트(Torrent) 등 파일교환 프로그램들은 사실상 통제 자체가 어려 웠고 저작권 침해를 입증하기도 쉽지 않았다.26) 음반업계와 할리우드의 냅 스터 판결 이후 파일공유 프로그램의 숨통을 끊기 위해 벌였던 제2라운드전, 즉 2005년 MGM 등 28개의 엔터테인먼트 기업들과 그록스터의 법적 판결은, 저작권 침해 책임을 인정하는 전원일치 판정으로 저작권자들의 손을 들어주 며 종결됐다.

이렇듯 2000년대 이후 미국 저작권 동향은, 정보 공유의 문화와 저작권 침해로 인한 각종 소송들로 얼룩져 있다. 저작권 옹호론자들은 대학가의 이 용자들을 중심으로 무작위 선별해 저작권 소송을 걸어 벌금을 물리거나, DMCA법에 기반해 간접적으로 이용자들의 파일 교환 행태를 규제하기 위해 서비스 공급업자를 위협하거나, 컴퓨터, 가전 등 실리콘밸리 업계에 보다 강 한 기술 보호 조치를 결합해 판매하도록 강요하는 등 전방위의 저작권 강화론 을 펼쳤다. 현실적으로 오디오, 영상을 막론하고 복제를 가능하게 한 실리콘 밸리의 새 기술들은 무조건 할리우드와 음반업계의 검열 대상이 되었다.

다른 무엇보다 DMCA의 효과는, 저작권자들이 저작권 침해 사건들을 대개 법적 소송으로 풀었던 방식에서 냅스터 등 초창기 P2P 파일교환 서비스 들을 기술 보호조치 조항을 통해 업체들을 위법화하는 경향에 있다. 일례로 2000년에 있었던 MP3.com 판결은 이같은 부정적 효과를 잘 보여준다. 온라 인 콘텐츠 서비스 업체인 MP3.com은, 돈을 지불해 CD를 구입했던 이용자들 에게 저장 매체와 공간 이동 가능한 mp3 파일 형식의 라이브러리 서비스를 제공했다. MP3.com은 소비자를 위한 공정이용이라 봤으나, 법원은 CD에 적용된 기술 보호 조치를 이유 없이 우회했다고 음반업계의 손을 들어줬다.

또 다른 예로는 2000년에 시작된 유니버설스튜디오 대 코올리(Eric Corley)

---

26) Matsuura, J. H. (2003), *Managing Intellectual Assets in the Digital Age*, Boston: Artech House, pp.119~121.

사건을 들 수 있다. 할리우드는 당시 DeCSS라 불리는 DVD 암호 해독 프로그램에 골머리를 앓고 있었다. '콘텐츠암호화체계'(CSS: Content Scramble System) 기술은, 지역 코드와 함께 미국 영화사들이 복제를 막기 위해 가정용 DVD 보급용으로 개발한 암호화 보호 기술이다. 그런데 코올리가 운영하던 '해커 2600'이라는, 해커들 사이에서는 잘 알려진 홈페이지에 이 CSS를 해독하는 '디스크램블러'(descrambler) 프로그램을 링크로 연결시켜 놓았던 것이 화근이 됐다. 법원의 판결에서 DeCSS는 접근과 이용 통제 양자 모두의 기술 조치를 우회하는 대표적인 도구로 인정됐다. 그러나 이 사건은 단순히 DeCSS의 내려받기 출처를 알리고 링크를 걸었던 사례다. 이 때문에 저작권 침해를 문제삼을 수 있는지, 그리고 코드를 우회하는 기술에 대한 불법화가 정당한지에 대한 명쾌한 답을 주지 못했다.

이들 할리우드와 음반업계는 DeCSS 등과 같이 기술 보호 조치의 자체 개발을 통해 저작권을 행사하는 소위 '유사저작권'(paracopyright)들을 지속적으로 개발해 왔다. 이것이 '유사'저작권인 이유는 법적 공방의 영역과 별개로 강제적으로 그리고 반영구적으로 저작물에 대한 소유권을 일방적으로 지정하는 경향이 있기 때문이다. 가장 대표적으로 '디지털저작권관리'(DRM)는, 가전 업체나 실리콘 업체들과 음반업계 등이 기술 표준화 단체로 시작해 복제를 막는 기술로 발전한 저작권의 기술적 보호 조치의 일종이다. 디지털 음악의 보안코드 개발을 목표로, 이용자들의 공유 문화를 기술적으로 막고 추적하려고 했다. 또 다른 유사 저작권 적용 사례는, 2003년 11월 미 연방통신위원회(FCC)가 도입하려했던 '브로드캐스트 플래그 명령'(Broadcast Flag Mandate)이다. 아날로그에서 디지털 텔레비전으로 전환하면서, 불법 재유포되는 디지털 방송 저작물을 차단하기 위해 FCC는 방송수신기에 제어 장치를 장착하려 했다. 하지만 연방법원은 이 명령이 FCC의 규제 권한 밖으로 보고, 이를 무효화하는 판결을 내렸다.[27] 하지만 '브로드캐스트 플래그'와 같은 기술 보호조치들이 MPAA 등에 의해 다시 제안되거나 로비스트들에 의해 재등장할 가능성이 있다.

5. 미국 저작권의 향배

저작권법의 법리해석에 덧붙여서 유사저작권과 기술 조치 등은, 미국의 초창기 저작권법 전통인 공익과 사익의 균형 논리가 어떻게 기업들이 직접 그 법을 쓰는 시기로 바뀌었는지를 입증한다. 비유컨대 자본주의 초창기 영국 농민들을 토지에서 폭력으로 내쫓아 무산자로 만들었던 당시 대지주들의 소위 '엔클로저' 운동만큼이나, 현대 미국의 다국적 엔터테인먼트 기업들은 사이버공간의 엔클로저 운동을 새로운 기술적 보호 수단을 가지고 단행하고 있다. 과거나 지금이나 둘 다 가두고 막을수록 저작권자들의 부를 키운다는 점에서 동색이다. 강제로 농민들을 농토에서 내쫓던 자본의 시초 축적 시절만큼이나, 현대 기업들은 나서서 인간 혼과 지식을 빼앗아 독점하려 한다. 엔클로저 운동의 현대판 부활이다.

이제까지 논의했던 미국의 저작권법 현실에 따르면 새로운 디지털 기술의 출현으로 이용자들이 자율적인 소통과 공유 문화를 꽃피우긴 했지만, 정반대로 미국 내 혹은 전 세계적 저작권 강화 경향 또한 읽을 수 있음을 확인했다. 미국 안에서 저작권 강화는 크게 두 방향에서 지속되었다. 하나는 기간의 반영구적 연장이었다. 소니보노 저작권 기간 연장법과 같은 미 대법원의 판결은, 정보와 지식의 반영구적 독점을 합리화했고, 이로써 디즈니 등의 기업은 그저 앉아서 수백 억, 수천 억 달러를 더 벌어들일 기회를 얻었다. 물론 이러한 부정적

---

27) 방석호(2007), 앞의 책 pp.112~113,; 황성운(2007), 앞의 책, pp.172~174 참고.

법안들은 미국 내 뿐만 아니라 한국과 같은 국제 저작권 가입국들의 지식과 정보 시장 전반에 동일한 부정적 파장을 몰고 왔다.

다른 하나는 법리적 해석을 넘어서는 기술을 통한 통제 증가를 들 수 있다. 법학자들의 저작권법리 해석으로 주요 판례들이 생성되었고, 미 의회 협의를 통해 이루어진 저작권 발전의 역사는, 이제 관련 기술자들과 저작권자들이 보호 조치를 통해 직접 자신의 법을 기술 속에 삽입하는 지경에 이르렀다. 즉 법 이전에, 그리고 공익과의 사회적 합의 이전에, 기술(코드)이 법이 되는 세상이 됐다. DMCA의 출현은 기술을 통한 저작권 통제 방식의 서막이다. 그러면서 저작권자 중심의 법 해석뿐만이 아니라, 저작권자 중심의 기술적 보호 조치들이 더 큰 문제로 떠오른다.

저작권 침해의 기술 우회에 대한 정의 또한 대단히 모호해 이용자 누구나 불법의 위협에서 자유롭지 못하다. DMCA는 급기야 학문의 자유까지 위협하고 있다. 비암호 기반 워터마킹 기술, 컴퓨터 바이러스 연구, 프라이버시 보호와 보안 연구 등은 DMCA 적용 예외 경우임에도 불구하고, 실제 법 해석은 그리 간단하지 않다. 기술 보호조치에 대한 우회 조항 때문에 학문 연구자들이 구속되거나 학문적 자유를 박탈당하는 상황까지 발생한다. 한 러시아 청년이 소프트웨어업체 어도비(Adobe)의 전자책 암호를 푸는 프로그램을 개발해 이를 발표하러 미국 라스베가스를 방문했다가 구금된 경우나 프린스턴대학의 한 교수가 음악 파일의 해킹 기술을 연구한 논문을 발표하려다 미국음반협회의 압력으로 중단한 경우가 대표적인 사례들이다.

'웹2.0' 시대의 이용자 문화에 대한 저작권자들의 법 적용과 대처 방식도 앞으로 새로운 쟁점이 될 전망이다. 닷컴 버블 이후에 살아남은 기업들의 특징들을 바라보며, 이들이 가진 질적 특징들을 우리는 통칭해 '웹2.0'으로 표현한다. 이 새로운 인터넷 문화는 단순히 먼저 있었던 저작물 파일의 교환이나 복제문화와 달리 이용자 스스로 미디어가 되어 제작한 작품들을 널리 알리고 공유하는 문화로 업그레이드하고 있다. 특히 동영상 UCC 문화 속에서, 누리꾼들이 기존의 저작권법에 보호를 받는 이미지와 음악 등을 패러디 등 아마추어리즘에 기초한 다양한 창작 활동에 이용함으로써 많은 법적 소송을 야기하고 있다. 최근 들어 포털과 동영상 UCC 전문회사, 그리고 개별 UCC 생산자들에 대한 미디어 업체들의 소송이 눈에 띄게 증가하고 있다. 대표적으로 미디어업체인 비아컴(Viacom)은 2007년 3월 구글과 구글의 동영상 공유 사이트인 유튜브를 상대로 10억 달러의 손해배상 청구소송을 제기한 바 있다. 이 같은 웹2.0 관련 소송들은 누리꾼들의 표현의 자유 침해와 맞물리면서 저작권 침해 이상의 문제를 드러내고 있다. 이는 향후 저작권이 기업재산권을 넘어 시민들의 공적 권리로 부각될 수 있음을 시사한다.

9장
일본의 디지털 미디어와 저작권

● 김경환

1. 전통적 저작권 개념

일본 저작권법은 저작물의 보호와 이용 활성화를 도모하고 문화 발전에 기여할 목적으로 1899년 제정되었다. 일본 저작권법에서는 저작물을 "사상 또는 감정을 창의적으로 표현한 것으로 문예, 학술, 미술 또는 음악의 범주에 속하는 것"으로 규정한다. 구체적으로는 소설, 음악, 미술, 영화, 컴퓨터 프로그램 등이 이에 해당된다.[1] 저작물의 창작자인 저작자에게는 해당 저작물에 대한 저작자의 권리로서 인격적 이익을 보호할 수 있는 저작인격권과 재산적 이익을 보호할 수 있는 저작권이 부여된다. 또한 저작자의 권리와 더불어 실연, 레코드, 방송 및 유선방송에 관한 실연가(實演家), 레코드 제작자, 방송사업자 및 유선방송사업자의 권리(저작인접권) 등도 인정된다.

일본의 저작물 보호기간은 영화를 제외하면 통상 사후 50년이다. 미국이나 유럽 같이 보호기간을 70년으로 연장해야 한다는 주장이 콘텐츠 기업과 권리자 단체를 중심으로 제기되고 있지만, 저작물의 이용 보호라는 관점에서

---

1) デジタルコンテンツのネットワーク流通市場形成に向けた研究会(2001),「デジタルコンテンツの著作権等の保護とネットワーク流通の円滑化に向けて」, デジタルコンテンツのネットワーク流通市場形成に向けた研究会配布資料.

[표 9-1] 일본 저작권법의 권리체계

		내용
저작권	저작자 인격권	인격권, 성명표시권, 동일성보유권
	저작권	복제권, 상연권·연주권, 공중송신권, 구술권, 전시권, 배포권, 양도권, 대여권, 번역권·번안권, 이차적 저작물의 이용에 관한 권리
저작인접권	실연가의 권리	녹음권·녹화권, 방송권·유선방송권, 송신가능화권, 양도권, 대여권, 방송에 대한 2차 사용료를 청구할 권리, 대여 레코드에 대해 보수를 청구할 권리
	레코드제작자의 권리	복제권, 송신가능화권, 양도권, 대여권, 방송에 대한 2차 사용료를 청구할 권리, 대여 레코드에 대해 보수를 청구할 권리
	방송사업자의 권리	복제권, 재방송권·유선방송권, TV방송의 전달권
	유선방송사업자의 권리	복제권, 방송권·유선방송권, 유선텔레비전 방송의 전달권

＊ 출처: デジタルコンテンツのネットワーク流通市場形成に向けた研究会(2001), 「デジタルコンテンツの著作権等の保護とネットワーク流通の円滑化に向けて」, デジタルコンテンツのネットワーク流通市場形成に向けた研究会配布資料로부터 재작성.

보호기간의 연장에 반대하는 의견이 아직은 다수다. 특히 저작권 보호기간 연장을 주장하는 측이 논거로 삼는 저작자의 존중과 저작물에 대한 배려가 저작권과 저작인격권을 동일시하는 주장이라는 점에서 전문가들은 부정적이다. 하지만 이러한 여론에도 불구하고 현재 저작물의 보호기간 연장의 필요성에 대해서 일본 정부 차원의 논의가 진행되고 있다.[2]

한편 일본의 저작권법은 저작권 등의 권리를 보호함과 동시에 저작물의 공정한 이용을 도모한다는 관점에서 사적 이용을 위한 복제와 인용을 위한 이용, 도서관, 학교, 기타 교육기관의 복제, 방송사업자에 의한 일시적 고정 등 개별적 케이스에 따른 권리제한 규정을 두고 있다. 사적 이용을 위한 복제란 가정 내 사용을 목적으로 한 저작물의 복제를 허용하는 것으로 사적 이용을

---

2) 中山信弘(2007), 『著作権法』, 有斐閣. p.344.

허용하는 대신 권리자 보호 차원에서 저작물을 복제할 수 있는 디지털 방식의 녹음녹화 기기 구입시 권리자를 위한 보상금을 지급한다. 교육기관의 복제란 교육(수업)을 위해 사용할 목적으로 저작물의 복제를 허용하는 것이 해당된다. 교육기관의 복제는 원칙적으로 합법이나, 참고서나 방송 프로그램의 라이브 러리처럼 저작권자에게 경제적 불이익이 발생할 소지가 있을 때는 교육기관 의 복제라도 불법이다. 방송사업자에 의한 일시적 고정은 방송사업자 및 유선 방송사업자가 방송을 위한 기술적 수단으로서 저작물을 일시적으로 녹음·녹화할 수 있도록 허용하는 것을 말한다.

이 외에도 권리제한 규정에 직접적으로는 해당되지 않는 이용이지만 재판의 이용과 같이 저작물의 공정한 이용이라고 판단될 경우에는 저작권법 의 복제권과 권리제한 규정을 유연하게 해석하여 적법으로 판단한다.[3] 그러 나 일본의 경우 저작물의 공정한 이용과 관련해서 저작권법의 권리제한 규정 에 명기되지 않은 채 자의적 해석으로 저작물의 권리를 제한함으로써 결과적 으로 법률 구성의 불명확성을 초래한다는 점과 통일된 기준에 기초하지 않고 개별 사례마다 판단을 해야 한다는 문제점이 대두되고 있다.

반면, 일본의 저작권법은 공중에 의한 사용을 목적으로 설치되어 있는 자동복제 기기를 이용하여 실시한 복제에 대해서는 권리 제한 규정의 대상으 로 삼지 않는다.[4] 자동 복제기기를 이용하여 영리를 목적으로 복제를 실시하 는 것은 저작권, 출판권 또는 저작인접권의 침해 대상인 것이다. 따라서 자동 복제 기기를 영리 목적으로 저작물 또는 실연 등의 복제에 사용한 사람은 처벌 된다. 일본 저작권법의 이러한 규정은 공중을 위해 설치된 자동복제 기기를 이용한 사적 복제에 대해서는 가정과 같은 사적 영역에서의 영세복제를 허용

---

3) デジタルコンテンツのネットワーク流通市場形成に向けた研究会(2001), 앞의 글.
4) 文化審議会著作分科会(2006), 「法制問題小委員会(私的複製共有関係及び各ワーキングチムに おける検討結果)報告書」, 文部科学省.

하는 당초의 취지를 넘는다고 판단하여, 권리 제한 규정의 대상으로부터 제외한 결과다.[5] 공중의 이용을 목적으로 설치된 자동복제 기기를 규제한 1984년 저작권법 개정으로 CD 대여점의 고속복제 기기를 이용한 복제도 저작자의 허락을 받아야 한다.[6] 다만 복사기를 이용한 문헌 복사에 대해서는 문헌은 권리집중처리의 체제가 갖추어지지 않았기 때문에 임시적 조치로서 권리 제한의 대상으로부터 제외하였다.

방송과 관련된 저작권의 권리로는 저작인접권으로서 복제권 및 재방송권, 유선방송권, TV 방송의 전송권이 부여된다.[7] 일본의 경우, 방송국이 자체 제작한 프로그램은 방송사가 전송권, 복제권, 전송가능화 등의 권리를 갖는다. 그러나 한국과 결정적으로 다른 점은 외주 프로그램의 저작권이다. 외주 프로그램의 경우, 저작권은 모두 외주 프로덕션에 귀속된다. 방송사와 외주 제작사가 공동으로 제작한 프로그램의 저작권은 양자가 공유하게 된다.

방송 프로그램은 다수의 창작자와 저작물을 사용하여 제작되는 일종의 공동창작물의 성격이 짙다. 따라서 소설, 각본, 시나리오 등의 원작자, 방송 프로그램에 삽입되는 음악(작사가, 작곡가), 미술품의 저작권은 물론이고, 배우와 가수 등이 실연가에 주어지는 저작인접권, 레코드 제작자의 저작인접권도 인정된다.[8] 저작권법상에 규정된 권리는 아니지만 초상권 등의 퍼블리시티권 또한 고려 사항의 하나다. 이 밖에도 제작, 감독, 연출, 촬영, 무대, 조명 등 방송 프로그램의 전체적인 제작에 창조적으로 기여한 사람의 저작권 문제가 복잡하게 얽혀 있다.

일반적으로 방송 프로그램은 비용 등의 문제로 동일한 매체에서 2~3회

---

5) 文化審議会著作分科会(2006),「文化審議会著作分科会報告書」, 文部科学省.
6) 半田正夫(2008),「デジタル・ネットワーク社会と著作権」, 社団法人著作権情報センター, p.6.
7) デジタル・ネット時代における知財制度専門調査会(2006),「デジタル・ネット時代における知財制度の在り方について」, 知的財産戦略本部.
8) デジタルコンテンツのネットワーク流通市場形成に向けた研究会(2001), 앞의 글.

[표 9-2] 방송 프로그램 2차 활용시 적용되는 저작권 처리 체계

	권리의 종류	권리의 내용
음악	작사가·작곡가의 복제권, 공중송신권	방송 프로그램의 제작 및 방송에 관한 JASRAC의 사용료규정에 기초한 권리 처리(NHK, 민방, 방송대학의 사용료를 개별 산정)
각본	각본가의 복제권, 공중 송신권	일본각본가연맹과 일본시나리오작가협회와 별도 계약
소설	원작자의 복제권, 공중 송신권	방송 프로그램의 제작·방송에 관한 권리처리는 일본문예저작권보호동맹이 집중관리(위탁자 본인의 의향을 확인한 후 계약)
미술	원작자의 방송권	일본미술연맹이 방송사업자와 협정을 체결
실연	배우의 녹음권·녹화권, 방송권, 방송 2차 사용료를 받을 권리	예술단체협회 산하의 일본배우연합과 최저요금·출연조건에 관한 협정을 체결하여 타 실연가 단체에도 이를 적용 방송사업자 및 방송제작자와 실연가가 개별적 계약으로 권리처리하는 것이 기본 출연료에 관해서는 방송사업자 및 방송제작자가 실연자에게 직접 지불 단, 재방송의 경우 실연자에게 지급되는 실연가 리피트료는 예술단체협회를 통해 지급
	배우의 녹음권·녹화권, 방송권, 방송 2차 사용료를 받을 권리	NHK, 민간방송연맹 등의 예술단체협회와 계약(일부 실연가 단체는 독자 또는 에이전트를 통해 방송사업자와 개별 계약)
상업용 레코드	레코드 제작자의 복제권, 방송 2차사용료를 받을 권리	NHK, 민간방송연맹 등이 레코드협회와 계약
기타	일반 개인의 초상권, 주최자의 흥행권	

* 출처: 郵政省(2000),
「ストリーミング技術等の新技術を用いたコンテンツ流通ビジネスに関する研究会配布資料」.

의 재방송 단계까지만 사전에 저작권 문제를 해결한다. 방송 프로그램의 전부 또는 일부를 인터넷 등에 별도로 유통시키고자 할 때는 별도로 권리 문제를 해결해야 한다. 일본에서는 앞에 열거한 문제들을 전부 해결했을 때만 방송 프로그램의 2차적 이용이 가능하다는 점이 디지털 시대의 콘텐츠 유통에 걸림돌로 작용하고 있다.

[표 9-3] 저작권 관련 실연가 권리

	영상실연	음악실연(레코드 제작자와 동일)
통신	허락권	허락권
방송	허락권	보수청구권
케이블TV	보수청구권	보수청구권

※허락권: 실연을 이용하려는 경우, 사전에 실연자의 허락을 얻는 것이 필요한 권리처리방식.
※보수청구권: 실연을 이용하려는 경우, 사전에 실연자의 허락을 얻지 않고 보수만을 지불하면 되는 권리처리방식
* 출처: 森脇信治(2006).

　　방송 프로그램을 CD 또는 DVD 등의 패키지 등에 복제하는 경우에는 실연가의 허락이 필요하다. 국내 제작 프로그램의 경우, 실연가는 저작권법 상 녹음·녹화권을 갖기 때문이다. 일본에서 방송 프로그램을 재방송하거나 타사에 프로그램을 판매하는 경우에는 실연가에게 추가 보수를 지불한다. 따라서 일본 국내 제작 프로그램의 경우 당연히 저작권법상 추가 보수를 지불해야 하며, 심지어 저작권법상 추가 보수의 지불을 필요로 하지 않는 국외 제작 프로그램일지라도 방송사업자가 추가 보수를 지불하는 경우도 있다. 반면 국외 제작 프로그램의 경우 실연가는 저작권법상의 허락권을 갖지 않지만, 실제로는 국내 제작 프로그램과 같이 실연가의 승낙을 얻는 것이 필요한 경우도 있다. 외주제작의 TV 프로그램이지만 제작비는 방송사업자가 부담하고 방송국이 외주사에 발주하는 경우가 적지 않기 때문에 방송 프로그램의 자체 제작과 외주제작의 구분이 불명확한 경우도 발생한다. 법적으로 권리 관계가 다르지만, 이로 인해 외주제작 프로그램의 재방송이나 2차적 이용에 있어 방송사업자는 자체제작 프로그램과 같이 실연가의 권리 처리 및 추가 보수를 지불해야 하는 문제점이 발생하기도 한다. 일본에서 실연가 단체가 권리 처리 창구로서 충분히 기능하지 않고 있기 때문에, 권리 처리와 처리 비용의 지불 시스템도 매우 복잡하다.

　　일본에서는 방송을 수신해 유선(케이블TV)으로 방송하는 경우 비영리·

무료이면 저작권자, 저작인접권자(실연가, 레코드 제작자, 방송사업자, 유선방송사업자)의 허락 없이 방송이 가능하다. 유선방송의 저작권법 적용이 논의된 1970년 당시 비영리·무료 유선방송은 난시청 해소를 위한 공청사업자와 같이 소규모 방송사업자밖에 없었기 때문에 권리자의 허락 없이 유선으로 방송하는 것이 용인되었다. 그 결과 유선방송의 대규모화로 유료인 케이블TV가 등장했음에도 1986년 저작권법 개정시까지 권리의 제한과 관련해 이러한 입장은 견지되었다.

유선방송사업자(케이블TV)에 대해서는 방송사업자에게 저작인접권을 인정한 것처럼 방송 프로그램의 제작·편성에 저작물의 창작성에 준하는 창작성이 인정되고, 그로 인해 많은 시간과 노력 및 경비를 필요로 하므로 제3자에 의한 이용에 대해 권리를 인정하지 않는 것은 불공평하다는 점 때문에 1986년 저작권법 개정시 유선방송사업자에게도 저작인접권이 부여되었다.[9] 다만 중계유선방송사업자와 같이 자동공중송신을 업으로서 실시하는 사업자에 대해서는, 저작인접권을 부여하지 않았다. 자동공중송신사업자에게도 저작인접권을 부여하자는 의견이 있었지만, 프로그램 편성과 같은 준창작적 행위가 존재하는지 등을 문제 삼는 의견이 있어 결국 보류되었다. 지상파 방송의 의무재송신은 지상파 방송의 사회적 영향력과 난시청 해소 목적의 공청시설까지 권리제한을 없애는 것은 문제가 있다는 지적에 따라 권리가 제한되지 않는다. 방송을 수신해 '자동공중송신'하는 자동공중송신사업자의 경우는 원칙적으로 각 권리자의 개별 허락을 필요로 한다.[10]

---

9) 文化審議会著作分科会(2006), 「IPマルチキャスト放送及び罰則·取締り関係報告書」, 文部科学省.
10) 앞의 글.

2. 디지털화와 저작권 변화

저작권은 창의적 표현물을 보호하고, 이러한 표현물의 합리적 이용을 보장해야 한다. 저작권법 논의에 있어 창의적 표현물의 정의, 전달방법 및 경로, 이용형태 등이 중요한 비중을 차지하는 이유가 여기에 있다. 아날로그 시대의 정보유통은 창의적 표현물을 문자는 인쇄물, 음악은 레코드처럼 콘텐츠 유형별로 정보기록장치(매체)에 수록·보관·고정한 뒤, 이를 공중에 배포하는 유통형태가 주류를 이루었다.

반면, 디지털 시대는 창의적 표현물을 수치화된 정보 그 자체로서 전송, 배포, 복제한다는 점이 특징이다. 디지털화로 인해 모든 콘텐츠는 0과 1이라는 디지털 수치로 표준화되면서, 디지털 콘텐츠의 유통에 있어 저장매체의 구분은 이제 무의미해졌다. 또한 디지털 콘텐츠는 아날로그 콘텐츠와 비교하여 복제의 용이성과 더불어 콘텐츠의 가공 및 변형도 손쉽다. 다양한 장르가 통합되어 하나의 저작물로 만들어지는 디지털저작물의 특성은 소수 전문가가 창작한 표현물을 다수의 일반인이 이용하는 것을 전제로 만들어진 기존의 저작권 체제를 무력화시켰다. 디지털 기기의 발달과 인터넷의 보급으로 일반인들이 기존의 전문가와 비슷한 창작 능력을 발휘할 수 있는 환경이 조성되었기 때문이다. 인터넷의 광대역화로 P2P 이용이 활발해지면서 개인이 저작물의 제작, 유통, 소비까지 모두 담당하는 것도 가능해졌다.[11] 디지털 기술이 콘텐츠의 제작뿐만 아니라 유통 방식에까지 혁신을 불러일으킨 것이다.

디지털 기술이 초래한 저작권의 문제점은 크게 특정 저작물을 디지털화하는 경우와 디지털화된 저작물로부터 발생되는 것으로 구분할 수 있다. 특정

---

11) 林 紘一郎(2004), 『著作権の法と経済学』, 勁草書房, p.51.

저작물 디지털화에 따른 문제점은 아날로그 형식 저작물의 디지털화가 저작 권법상의 복제에 해당되는 것인가 하는 논란에서 시작된다. 현재 일본에서는 아날로그 저작물의 디지털화와 관련해서는 아날로그에서 디지털로 복제기 술이 변했지만 LP레코드의 CD화처럼 복제권의 적용 대상으로 간주한다.

디지털화된 저작물로부터 발생되는 문제점들은 주로 저작물의 종류 및 이용범위, 저작자의 지위부여와 관련된 것들로부터 야기된다.

첫째, 디지털화로 다양한 장르의 저작물이 융합되어 새롭게 만들어진 디지털저작물을 종합적으로 규정한 저작권 조항이 부재하다는 점이다. 일본 저작권법은 특정 장르의 저작물만을 상정하여 개별적인 규제를 적용하거나 컴퓨터 프로그램과 같은 특정 저작물은 예외로 하는 방식을 취한다. 때문에 저작물의 종류별로 규제 내용이 다르다. 과거처럼 저작물 전달매체가 출판, 레코드, 영화, 방송 산업으로 명확하게 구분되면 저작권법도 각 산업별로 저 작자와 저작물의 유통업자, 이용자의 이익을 조정할 수 있지만, 디지털화는 이들 산업을 융합시키면서 새로운 이익 조정의 기능을 요구하는 목소리가 대두되는 것이다.

둘째, 디지털 콘텐츠는 0과 1이라는 이진법를 기반으로 한다는 점에서 저작물과 단순 정보를 구별하는 것이 어렵다. 음악이 레코드나 CD와 같은 매체에 고정되어 유통되었을 때 이용자는 레코드를 통해 저작자의 음악을 복제하기 때문에 저작자를 보호하기 위해서는 개별 저작물인 레코드에 대한 복제만을 상정한 규제로 충분했다. 하지만 디지털화는 음악을 구성하고 있는 음과 리듬, 멜로디 등의 각 개별 단위별로 분리해서 이용이 가능하다. 분리된 음악의 개별 단위 자체가 저작물인지 단순한 데이터에 불과한지가 불명확함 에도 경제적 가치를 창출한다.

셋째, 디지털 기술을 활용한 첨단 콘텐츠의 제작일수록 다양한 기술과 권리를 주장할 수 있는 다수의 인물들이 참여하여 콘텐츠를 제작한다. 다수의 인물이 저작물의 창작에 관여할 경우는 공동 저작물과 2차적 저작물로 간주하면 되지만, 제작에 관여한 인물의 관여가 창작행위라고 인정하기 힘들거나 모호한 경우도 적지 않다. 디지털 콘텐츠의 경우, 저작자의 지위를 어디까지 인정할 것인가에 대한 사회적 합의가 필요하다.

일본은 1990년대 이후 디지털화와 인터넷의 보급으로 저작물 규율의 한계에 봉착하여 많은 문제점이 노출되면서, 저작권법의 전면 재검토에 착수한다. 그 결과 일본 저작권법은 1992, 1997, 1999년의 3차례에 걸쳐 대폭 개정되었다. 먼저, 1992년 개정된 일본 저작권법은 사적 복제 가운데, 디지털 방식의 사적 녹음·녹화에 대해서는 법령으로 정하는 기기 및 기록 매체에 의한 녹음 또는 녹화를 실시한 사람은 이에 상당한 액수의 보상금을 권리자에게 지불하도록 규정했다. 이러한 규정은 디지털 방식의 사적 녹음·녹화가 광범위하게 대량으로 실시된다는 점과 시판되는 CD 등과 동등한 고품질의 복제물을 제작할 수 있다는 점으로 인해 사적 녹음·녹화를 자유롭게 하는 대가로서 법령으로 정하는 기기 및 기록 매체에 의한 녹음 또는 녹화를 실시하는 사람은 그에 상응한 금액의 보상금을 권리자에게 지불해야 한다는 취지다. 사적녹음·녹화 보상금 제도의 도입으로 디지털 방식의 녹음기기인 CD-R 및 CD-RW와 녹화기기인 DVD-RW, 그리고 이러한 녹음·녹화기기에 사용되는 기록매체에 대해 구입시, 권리자 이익을 보호할 수 있도록 보상금 지급이 의무화되었다.

방송과 관련된 저작권법 개정은 1997년 이루어졌다. 1997년 저작권법 개정에서는 '공중송신', '자동공중송신', '전송가능화'라는 개념을 도입했다.[12] '공중송신'이란 공중에 의해 직접 수신을 목적으로 하는 무선통신 또는 무선전기통신의 송신을 의미한다. 이러한 '공중송신'에는 무선통신에 해당

---

12) 文化審議会著作分科会(2006), 앞의 글.

하는 방송과 유선전기통신의 송신인 케이블TV가 포함된다. '공중송신'이 동일한 내용을 공중에게 동시에 수신하도록 하는 것을 목적으로 한다면, '자동공중송신'은 공중의 요청에 따라 개별 송신을 자동으로 한다는 것이 다르다. '자동공중송신'에는 같은 내용을 동시에 전송하는 행위는 공중전송권을 침해하지 않는다고 간주하여, 방송과 케이블TV가 포함되지 않는다. '전송가능화'란 자동공중송신을 할 수 없는 상태의 것을 자동공중송신을 할 수 있는 상태로 만드는 행위를 의미한다. '전송가능화'에는 네트워크에 접속된 서버에 정보를 기록·입력하거나 정보가 기록·입력된 서버를 네트워크에 접속하는 것이 해당된다. 타인의 저작물을 무단으로 '자동공중송신'하는 행위는 공중송신권 침해에 해당된다. '전송가능화'권 도입으로 송신이 입증되지 않고 실제 송신이 되지 않았을지라도 권리자는 '자동공중송신'을 하려고 시도한 이러한 행위 자체만으로도 공중송신권 침해로 송신을 제한하는 가처분신청도 가능해졌다.

1999년 개정된 일본 저작권법의 핵심내용은 저작물의 보호를 위해 설치된 기술적 보호수단을 회피한 사적복제를 권리 제한 규정의 대상에서 제외시켰다는 것이다. 사적복제일지라도 기술적 보호 수단의 회피를 통해 만들어진 복제의 경우, 기술적 보호 수단에 의해 제한되어 복제가 불가능하다는 것을 전제로 저작권자 등이 시장에 제공하고 있다는 점과, 기술적 보호 수단이 회피되면 저작권자 등이 예기치 않게 복제가 자유롭게 그리고 사회 전체적으로 대량으로 행해지는 것이 가능하게 되기 때문에 저작권자 등의 경제적 이익을 현저하게 해칠 우려가 있다고 판단한 결과다.[13]

인터넷 시대에는 매체 간 장벽을 뛰어넘는 영상 콘텐츠의 자유로운 이용이 예상된다. 관건은 콘텐츠에 관련된 권리자와 이용자가 저작권 등의 권리 처리를 얼마나 신속·간편하게 할 수 있는가이다. 이러한 시스템의 구축이

---

13) 文化審議会著作分科会(2006), 「法制問題小委員会(私的複製共有関係及び各 ワ: キングチ ムにおける検討結果)報告書」, 文部科学省.

[표 9-4] TV드라마 인터넷 유통시 사용료율안

분야	협의단체	합의내용(해당분야의 요율의 합계)
문예	일본문예가협회 일본각본가연맹 일본시나리오작가협회	콘텐츠 수입의 2.8%
음악	일본음악저작권협회(JASRAC)	콘텐츠 수입 및 광고수입의 1.35%(※1)
레코드	일본레코드협회 예단협 · CPRA(※2)	콘텐츠 수입의 1.8%
실연	예단협 · CPRA	콘텐츠 수입의 3.0%

(※1) 사용료 규정 및 세칙을 적용한 요율. (※2) 일본예능실연가단체협의회 · 실연가저작인접권센터.
* 출처: 일본경제단체연합회(2005).

결국 권리자와 이용자의 권익 증진과 콘텐츠 산업 등 관련 비즈니스 발전으로 이어지기 때문이다.

하지만 권리자와 이용자 모두 저작권 처리에 있어 가장 큰 걸림돌은 언제나 이용료율이었다. 문제해결을 위해 일본경제단체연합회(이하, 게이단렌)가 중재자로 나섰다. 게이단렌은 2005년 3월 22일 음악, 게임, 애니메이션, 영화, 방송 등의 관련 기업과 함께 영상 콘텐츠의 브로드밴드 배급에 관해 저작권 단체와 사용료율의 합의안을 발표했다. 게이단렌은 인터넷 유통을 상정한 방송국 제작의 TV드라마에 대한 이차적 활용의 권리요율을 저작권 단체와 합의한 것으로 콘텐츠 수입의 1.8%에서 최고 3.0%까지를 저작권을 집중관리하고 있는 권리단체에 지불하도록 했다.[14]

---

14) ブロードバンドコンテンツ流通研究会(2005.3.23), 「映像コンテンツのブロードバンド配信に関する著作権関係団体と利用者団体協議会との合意について」, 日本経済団体連合会報道資料.

3. 미디어 콘텐츠 저작권의 쟁점

　　일본의 영상물과 관련된 저작권 처리는 현재 권리자 단체와 이용자 단체 사이의 단체 간 협약 등에 근거한 룰이 있기 때문에 원활한 상황이다. 하지만 텔레비전 방송이나 DVD 이용 등 지금까지도 행해져 온 이차적 이용일지라도 기존의 단체에 소속되지 않은 비회원에게는 단체 간 협약이 적용되지 않기 때문에 저작권 처리를 위해서는 권리를 소유한 권리자와의 별도 권리 처리가 필수적이다. 특히 디지털 네트워크를 이용한 인터랙티브 유통에 있어서는 시장이 형성된 지 얼마 안 된 상황이기 때문에 단체 간 협약이 존재하지 않는다. 참고가 될 룰도 없다. 이용자들이 개별적으로 알아서 권리 처리를 해야 하는 상황이다.

　　이러한 문제점을 감안하면 향후, 인터넷상에서의 영상물 유통 촉진을 위해서는 영상물 등의 네트워크 유통의 사례 등을 참고하여 일정한 권리 처리 시스템을 구축하는 것이 절실하다. 영상물의 유통 촉진을 위한 저작권의 정비 방법으로는 단체 간 협약 등을 한층 더 정비하는 것에 의해 권리 처리, 디지털·네트워크 기술을 이용하여 개별 권리 처리 등이 고려될 수 있다.

　　먼저, 단체 간 협약 등을 정비하여 권리를 처리하는 것으로는 기존의 집중관리 시스템을 활용하는 방법이 있다. 이러한 저작권의 집중관리는 권리자가 이용자에 대한 권리 허락 권한을 일괄 위탁하는 일임형과 권리자가 이용자에 대한 권리의 허락 여부와 사용료율 등을 사안별로 결정하는 비일임형으로 구분된다.15) 일임형 집중관리사업자는 일본 문화청 등록 및 사용료 규정의 신고가 필요하다. 일본의 일임형 집중관리사업자로는 음악 부문의 일본음악저작권협회·e-lisence16)·Japan Rights Clearance17)의 세 단체, 원작과 관련

---

15) デジタルネット時代における知財制度専門調査会(2008), 「デジタルネット時代における知財制度の在り方について」, 知的財産戦略本部.

한 일본문예가협회, 각본과 관련한 일본각본가연맹·일본시나리오작가협회의 두 단체, 실연(實演)과 관련된 일본예능실연가단체협의회, 레코드와 관련된 일본레코드협회 등이 있다. 일임형 집중관리를 담당하는 사업자는 '저작물 등 관리사업법' 제16조에 따라 정당한 사유가 없이 이용자의 저작물 이용을 거부할 수 없다.

한편, 비일임형 집중관리는 저작권법 적용 대상이 아니다. 비일임형 집중관리를 실시하는 단체로는 미술저작권협회, 번역 에이전트, 실연의 일부분을 관리하는 일본음악사업자협회18) 등이 존재한다.

디지털·네트워크 기술을 활용한 권리 처리의 원활화를 방안으로 콘텐츠 권리정보 및 이용실태를 파악할 수 있는 허락코드 방식 채택이 검토되고 있다. 허락코드 방식이란 1990년대 후반 굴지의 광고사인 덴쓰(電通)사가 고안한 디지털 콘텐츠 유통을 위한 권리허락 정보의 관리 방법으로 다양한 콘텐츠의 사용목적·조건 등 세분화된 권리자의 복잡한 허락정보를 휴대전화·휴대단말, 가정용 TV, 셋톱박스, PC 등 이용자의 기기가 해독할 수 있도록 콘텐츠를 특정하는 '콘텐츠ID', 권리자 등을 특정하는 'From ID', 이용자를 특정하는 'To ID', 이용허락 조건을 표현하는 'N허락코드'라는 4개의 간소화된 수치코드로 나타냄으로써 저작물의 정보를 관리하는 기술규격이다.19) 콘텐츠에 포함된 허락코드는 콘텐츠 유통 과정에서 콘텐츠 사용실적을 콘텐츠 소유자·권리자에게 전달함과 동시에 관련 권리 단체에도 동일 정보를 전달하여 보다

---

16) e-license는 2001년 음악의 저작권 집중 관리를 목적으로 하코도미디어파트너즈·오릭스·도요타통상 등의 기업이 출자한 일본음악저작권협회(JASRAC)가 독점하고 있던 음악저작권관리사업에 신규로 진출한 사업자다.

17) Japan·Rights·Clearance 역시 2000년 음악저작권 집중관리는 목적으로 설립된 회사로 주로 영화·비디오·게임·광고 등의 음악녹음권에 관한 저작권 관리와 인터넷상의 음악 유통에 관한 저작권 관리업무를 담당한다.

18) 일본음악사업자협회는 1964년 음악프로덕션들이 중심이 되어 설립한 저작권 관리단체다.

19) 瀬尾太一(2008.2.25), 「国際技術標準 許諾コード方式について」, 文部科学省文化審議会著作分科会 第25回 配布資料.

정확하고 투명한 권리배분이 가능하도록 한다.

한편, 일본의 방송 프로그램은 DVD제작이 일반화되어 있는 드라마를 제외하면 제작단계부터 2차적 이용까지 고려한 계약이 이루어지는 경우는 드물다. 최근 제작된 프로그램은 권리처리를 위해 권리자의 정보를 사전에 축적해 놓지만 과거 제작된 프로그램은 대부분 권리정보가 없기 때문에 이러한 방송 프로그램의 2차적 이용을 위해서는 권리자의 정보를 새로 파악하여 각본, 음악, 레코드, 실연가, 미술, 사진 등 모든 권리자로부터 다시 허락을 받아야 한다. 실제로 NHK는 자사의 프로그램을 인터넷에 유통시키기 위해, 제작 중인 프로그램은 인터넷 유통까지 포함된 계약서 작성은 물론, 과거 방송된 프로그램의 경우 관련된 권리자와 권리문제 해결을 추진 중이다. 각본, 음악, 실연, 레코드와 같은 주요 권리단체가 존재하는 곳은 논의가 가능하지만, 집중관리가 이루어지지 않고 있는 분야나 계약 룰이 확립되어 있지 않은 분야에 있어서는 권리자의 허락을 얻을 수 없기 때문에, 해당 화면을 삭제하거나 대체하는 식으로 재편집하여 사용하며 일부 프로그램은 아예 서비스를 못하고 있다.

저작자가 불명일 경우는 저작권을 담당하는 문화청의 중재제도를 이용하여 저작물 사용이 가능하다.[20] 문화청의 중재제도를 이용하기 위해서는 우선 이용자는 권리자를 찾기 위해 상당한 노력을 기울였다는 것을 입증해야 한다. 문화청의 중재신청 후 저작물 이용허가 여부의 결론을 내리기까지는 통상 3주 정도가 소요되며, 문화청의 중재결정으로 저작물의 이용허가 결정이 나더라도 이용자는 사용료에 상응하는 소정의 보상금을 공탁해야 한다. 실연·레코드의 저작인접권은 중재제도의 적용대상이 아니다. 하지만 대부분 프로그램 전체 중에 사용되는 부분은 극히 일부에 지나지 않는다는 점을

---

20) 文化審議会著作分科会(2006), 「文化審議会著作分科会報告書」, 文部科学省.

감안하면 문화청의 중재제도는 프로그램에서 사용되어 얻어지는 효과에 비해 필요 이상의 시간과 노력이 요구된다는 점에서 비효율적이라는 지적도 적지 않다.

한편, 일본에서는 유튜브(YouTube)를 이용하여 자신이 만든 동화 등을 투고하는 경우 저작권법상의 대상으로 삼지 않는다. 저작권은 동영상 작성자 자신이 갖고 있기 때문이다. 다만 이 동영상에 타인이 만든 음악을 삽입하면 작곡자의 자동공중송신권이나 송신가능화권에 저촉하기 때문에 사전에 권리자의 허락을 얻을 필요가 있다. DS동영상 속에 타인의 모습을 인식할 수 있는 부분이 있는 경우 초상권이 적용될 수 있기 때문에 사전에 미리 본인의 승낙을 얻어둘 필요가 있다. 더욱이 타인의 사생활을 무단 촬영한 경우 프라이버시 침해가 될 수 있다.

반면, 타인이 만든 영화나 텔레비전 프로그램 등을 투고하는 경우 사전에 영화제작자나 방송국의 허락을 받아야 한다. 영화의 저작권은 통상 영화제작자가, 텔레비전 프로그램의 저작권은 방송국이 갖고 있기 때문이다. 구체적으로 업로드한 영상 파일이 이용자에게 액세스되어 다운로드된 경우 저작권으로부터 파생적으로 생기는 자동공중송신권이 작용하여 권리 침해가 성립하며 다운로드 되지 않아도 업로드한 단계에서 송신가능한 상태가 되었으므로 저작권으로부터 파생된 송신가능화권이 적용될 수 있다.[21] 그러나 실제 언제, 누가, 어떻게 다운로드 했는가를 권리자가 파악하는 것이 곤란하므로 자동공중송신권의 침해로 처리하는 것은 현실적으로 어렵다. 물론 업로드 되어 있는 단계라면 간단하게 검색할 수 있으므로 권리자로서 공중송신가능화권의 침해로서 처리하는 것이 가능하다. 또한 라이브 연주를 무단으로 녹음·녹화하여 유튜브에 투고하면 음악 저작권의 침해가 될

---

21) 牛田正大(2008), 앞의 글, p.16.

뿐만 아니라 연주한 실연가에게 인정되는 저작인접권(특히 일부인 송신 가능화권)의 침해도 인정된다.

지상파 TV 방송의 디지털화로 아날로그 방송은 2011년 7월 종료된다. 일본 총무성의 정보통신 심의회의는 2011년까지 한정된 시간에 지상파 방송의 디지털 이행 완료와 디지털 난시청 해소를 위한 방안으로 케이블TV와 더불어 IPTV에 의한 지상파 디지털 방송의 재송신을 추진하고 있다.[22] 2001년 사업자가 전기 통신 역무를 이용해 방송을 실시하는 것을 가능하게 한 전기통신 역무 이용 방송법이 제정되면서 저작권법에 근거하는 IP 기술을 활용한 유선전기통신의 송신이 저작물 등의 유력한 전달 수단이 되고 있다.

IPTV는 통신회선을 이용한 방송이지만, 대량의 정보를 안전하게 시청자에게 송신할 수 있는 미디어 이용 형태라는 점에서, 종래의 유선방송과 거의 같은 서비스다. 하지만 IPTV는 시청자의 요구에 응하고 가까운 전화국 등에 설치된 IP장치로부터 프로그램을 전송한다는 점에서 프로그램이 항상 시청자의 수신 장치까지 흐르고 있는 케이블TV와는 전송 구조가 다르다.

이러한 차이점을 감안하면, IPTV는 저작권법상 '자동공중송신', 저작권법상의 유선방송과는 다르기 때문에 여러 가지 문제점이 파생된다. IPTV는 통신회선을 이용한 '방송'서비스이며, '통신·방송의 융합'이라는 점에서 저작권법상 '자동공중송신'이라고 자리매김되어 프로그램의 '방송'에 있어서는 권리자의 허락을 얻는 것이 '케이블TV'에 비해 복잡하다.[23] 때문에 IPTV 업계에서는 '통신·방송의 융합'을 진행시키기 위해서는 저작권법상 IPTV를 케이블TV와 동등하게 취급해 줄 것을 강력하고 있다. IPTV의 저작권법상 위상에 대해서는 관련업계가 재검토를 강력하게 요구하고 있는 가운데, 일본

---

22) 김광호(2008), 「디지털방송 전환 촉진 전략 연구」, 한국전파진흥협회.
23) 文化審議会著作分科会(2006), 「IPマルチキャスト放送及び罰則·取締り関係報告書」, 文部科学省.

정부도 IPTV와 케이블TV의 이용 실태와 권리자의 보호 및 이용의 활성화라는 측면에서 저작권 제도 개선에 나서고 있다.

4. 미디어 저작권 정책 현황과 전망

미디어의 디지털화 및 네트워크화는 콘텐츠의 대량 유통과 열화가 일어나지 않는 복제를 실현시킴으로써 누구나 손쉽게 콘텐츠를 접할 수 있는 미디어 환경을 만들었다. 이러한 기술은 새로운 유형의 콘텐츠 창작과 유통창구를 제공하여 콘텐츠 비즈니스 기회를 제공하는 한편, 과거에는 볼 수 없었던 다양한 콘텐츠 유통경로를 창출하고 있다.

일본은 세계 최고 수준의 인터넷서비스가 제공되는 정보통신 인프라를 구축한 국가 중 하나다.[24] 2000년대 초반부터 방송의 디지털화와 인터넷의 폭발적인 보급에 힘입어 영상물의 네트워크 유통을 사업화하려는 시도들이 본격화되면서 언어저작물, 음악저작물의 디지털 네트워크 전송과 더불어 영상물에 대해서도 관련 저작권 처리 규정을 이용 형태 및 권리 관계자 별로 파악·정리할 필요성이 강조되고 있다.

콘텐츠의 유통을 결정하는 것은 권리자와 이용자의 계약을 토대로 한 시장의 수요와 공급 메커니즘이다. 세계 최고 수준의 정보통신 환경을 활용하여 새로운 인터넷 비즈니스의 활성화와 정보통신 기술 발전을 도모하기 위해서는 내용적 측면에서도 서비스의 다양화를 위해 창작자에 대한 인센티브를 강화하는 것이 필수적이라 할 수 있다.

일본의 현행 저작권법은 저작물의 공정한 이용을 도모한다는 관점에서

---

24) 김경환(2008.12.16), "방통융합추진기구 성과와 과제: 일본사례를 중심으로", 「방송통신 통합기구 운영성과 및 정책방향 심포지엄 발표자료」.

개별 저작물의 사례에 따라 권리제한 규정을 두고 있다. 하지만 최근 급속한 기술 발전 속도와 변화 양상을 감안하면, 권리제한 규정을 개별 저작물마다 한정하여 열거하는 방식은 적절하지 않아 보인다. 정보통신기술을 활용한 새로운 산업의 육성이라는 관점에서 보면, 포지티브 방식의 권리제한 방식은 미처 생각하지 못한 신규기술과 사업의 위축을 초래할 수 있기 때문이다. 이러한 점을 감안하면 저작권법의 규정도 사회적 저작물 이용실태 및 요구를 반영해야 한다.

일본에서는 저작권법을 통해 저작권 문제를 해결하더라도 인터넷의 유통과 배포를 위해서는 상표권, 의장권, 법률상 명문 규정이 없는 초상권과 퍼블리시티권 등의 문제를 해결해야 한다. 이를 위해서 일각에서는 다수의 권리자가 존재하는 방송 프로그램과 영화, 레코드 등을 인터넷에서 유통시키기 위해서는 저작물의 이용허락권을 방송사업자, 영화제작자, 레코드제작자에 한정 부여하는 특별법의 제정을 주장하기도 한다.[25] 특별법을 통해 인터넷상의 이용허락권을 부여하는 대신, 이들 사업자들은 제작에 참여한 권리자에게는 발생된 수익을 공정하게 분배하고, 이용자에 대해 자의적인 허락 거부권을 행사하지 못하도록 제한한다는 발상이다.

일본에 있어 방송 프로그램의 인터넷 유통을 위한 권리처리는 계약 룰의 제정과 집중관리의 확대로 점차 활성화하는 추세다. 하지만 아직도 계약 규정이 존재하지 않는 분야가 있고 집중관리에 속하지 않는 권리자 및 인터넷 유통에 소극적인 권리자로 인해 인터넷상에서 기존의 콘텐츠를 적극적으로 활용하기에는 제약이 존재한다. 이러한 문제점을 해결하기 위해서는 권리집중이 진척되지 않은 분야의 권리자 단체 등이 주체가 되어 권리의 집중관리를 실현하고, 인터넷 이용에 관한 계약 룰이 부재한 분야에 있어서는 관련 행정부처가

---

25) IT Media News(2008.3.17), 『映像·音樂配信を許諾不要に「ネット権」創設, 有識者が提言』.

콘텐츠별 특성에 부합하는 표준 허락조건을 계약 규정으로서 확립하는 등 계약에 기초한 권리처리 시스템을 도입할 필요가 있다. 한편, 방송사업자에게 는 제작단계에서부터 방송 프로그램의 이차적 활용을 전제로 권리처리를 위 한 계약을 체결하는 노력이 요구된다.

디지털 콘텐츠의 부정 복제 방지를 위한 대책은 부정 복제 방지보다 콘텐 츠의 자유로운 유통을 통한 사회적 이익을 중시하는 '복제 허용형', 부정 복제 가 불가능하도록 제어하는 '부정복제 방지형', 직접적인 부정복제를 막지는 않지만 부정복제의 사실이나 피해자를 특정함으로서 부정복제를 억제하는 '부정복제 억제형'으로 구분이 가능하다.[26]

이 중에서 어떠한 대책을 선택할지는 콘텐츠에 대한 관점에 따라 다르다. 만약 디지털 콘텐츠의 권리보호를 위해 정책적으로 '부정 복제 방지형' 및 부정 복제 억제형'을 선택하게 된다면, 콘텐츠 제작자와 이용자 개개인뿐만 아니라 이용자 상호 및 이용자 단말 간의 유통 과정까지 액세스 관리 기술, 복제 관리 기술, 디지털 워터마킹 기술, ID관리 기술, 과금기술 등 관련 기술을 확립하는 다각적인 대책을 마련해야 한다.

액세스 관리기술이란 콘텐츠 유통시 콘텐츠를 암호화함으로써 허락된 이용자만이 패스워드를 이용해 시청할 수 있도록 하는 콘텐츠 보호 방안이 다. 하지만 액세스 관리기술은 언제라도 해커에 의해 관리시스템이 무력화되 어 암호가 해제된 콘텐츠가 유통될 수 있다는 문제가 있다. 따라서 액세스 관리기술이 무력화되지 않도록 하는 것 못지 않게 액세스 관리 기술이 뚫렸을 경우의 대책을 강구하는 것이 관건이다. 특히, 디지털 콘텐츠에 사람의 눈이 나 귀로는 인식이 불가능한 저작권자의 ID식별정보를 삽입하는 디지털 워터 마킹은 부정 복제 방지에 매우 효과적인 기술로 주목된다.

---

26) デジタルコンテンツのネットワーク流通市場形成に向けた研究会(2001), 앞의 글.

방송의 디지털화로 사적 용도로 녹화된 프로그램이 무한 복제되거나 인터넷을 통해 불특정 다수에게 전달됨으로써 저작권자의 권리가 침해될 가능성이 높아졌다. 따라서 일본에서는 2004년 4월부터 지상파 디지털방송과 BS디지털방송의 프로그램 저작권 보호차원에서 사적 용도라 할지라도 1회 한정 녹화만을 허용하는 제어신호를 포함시켜 송출한다. 일본에서는 디지털 수상기 구입시 제공되는 'B-CAS카드'를 수상기에 장착해야만 지상파 디지털TV의 시청이 가능하고 'B-CAS카드'를 장착한 디지털 수상기를 통한 녹화는 1회로 한정하는 디지털 방송의 저작권 강화 정책인 'Copy Once'를 도입한 것이다.[27] 이에 따라 일본에서는 지상 디지털TV 방송을 보려면 B-CAS카드가 필요하다. 또한 B-CAS카드를 삽입하지 않은 디지털수신기에서는 디지털방송을 수신할 수 없다.

'아날로그 녹화기기'(VHS비디오 등)로 녹화하는 경우는 기존과 같은 방식으로 사용 가능하다. 이러한 정책은 시청자들의 사적 녹화를 원천적으로 봉쇄한다는 불만을 최소화하고 동시에 지상파 프로그램의 저작권을 최대한 보호하기 위한 것이 목적이다. 하지만 이러한 정책은 현재 기존과 같이 사적인 목적으로 콘텐츠를 복제하는 것에 한해서는 무제한 사적 복제를 허용하는 쪽으로 수정한 상태다. 디지털방송의 복제에 대한 저작권 정책의 완화는 이용자의 편리한 콘텐츠 이용을 도모한다는 측면과 더불어, 제어장치의 실효성이라는 측면이 동시에 고려된 결과다.

한편, IPTV의 도입으로 방송의 동시재송신과 관련해 저작권법의 개정 논의도 활발하다. IPTV는 저작권법상 유선방송이 아니라 '자동공중송신'으로 간주된다. 이러한 저작권법상의 적용은 IPTV가 지상파 디지털 방송의 동시재송신을 실시하기 위해서는 유선방송인 케이블TV에 비해 보다 광범위

---

27) 권호영(2006), 『디지털 방송 전환 촉진 전략』, 한국전파진흥협회.

한 권리 처리를 해야 하는 문제점을 발생시킨다. 저작권법상 IPTV를 유선방송과 같이 취급해야 한다는 목소리가 점차 높아지고 있다.

이에 따라 일본에서는 2006년 12월에 저작권법을 일부 개정하여 IPTV를 활용한 지상파 디지털 방송의 동시재송신을 원활하게 하기 위한 제도적 정비의 일환으로서 IPTV에 대한 저작권법을 개정하고 권리제한을 실시하였다.[28] 저작권법상의 비영리 또는 무료로 행하는 지상파 방송의 동시재송신에 관한 권리의 수정으로 IPTV에 의한 지상파 디지털 방송의 동시재송신에 관한 저작자, 실연가, 레코드 제작자 및 방송사업자의 권리는 방송대상지역 내에서의 동시재송신에 한해서 '유선방송'에 의한 방송의 동시재송신과 같이 권리제한의 대상으로 삼았다. IPTV에 대한 실연가 및 레코드 제작자의 '송신가능화권'을 제한하고 방송 대상 지역내에서의 동시재송신에 관해서는 실연가 등의 허락을 받지 않아도 되도록 하는 대신, 실연가 및 레코드 제작자에게는 이에 상응하는 보상금의 지불이 의무화된 것이다. 유선방송인 케이블TV에 의한 방송의 동시재송신에 관해서는 실연가 및 레코드 제작자에게 새로운 보수청구권을 부여했다.

디지털 콘텐츠의 원활한 유통을 위해서는 콘텐츠 생산자인 저작권자의 권리를 최대한 보호해야 한다. 하지만 과도한 저작권자 권리 보호는 콘텐츠의 원활한 유통을 저해할 수 있다는 점에서 균형점을 찾아내는 것이 중요하다. 일본의 디지털저작권 정책은 디지털 콘텐츠의 원활한 유통에 필요한 저작권자의 권리 보호에 초점이 맞추어져 있다. 법제도적인 저작권자의 권리보호도 방법의 하나다. 하지만 디지털 시대에는 저작권자의 법적 권리를 보호할 수 있는 기술적 보호 방안의 도입과 적용을 통해 디지털 콘텐츠의 유통 확산과 저작권자의 권리보호를 도모하는 쪽으로 일본은 디지털저작권 정책의 무게 중심이 쏠리

---

28) 北岡弘章(2007.3.16), "放送と通信の融合(2) 同時再送信で実演家の許諾が不要となる条件", 「IT Pro」.

고 있다. 지식과 정보의 중요성이 높아지는 21세기에 디지털 콘텐츠가 갖는 비중은 단지 문화적 측면에 한정되지 않는다. 일본의 사례는 디지털 저작권 정책이 다양한 측면을 고려해 심도 있게 결정되어야 할 사안임을 알려준다.

5. 미디어 저작권 관련 판례

1) '마네키TV' 사례

일본의 도쿄지방법원은 2008년 6월, NHK와 민방 5사가 '마네키TV'의 서비스에 대해 저작권법 위반을 이유로 서비스 정지의 가처분을 제기한 소송에 대해 원고 기각 판결을 내렸다. 이 판결은 소니가 제기했던 베타맥스 소송[29]처럼 TV의 미래에 커다란 영향을 미칠 판결로 주목할 필요가 있다.

'마네키TV'란 이용자가 스스로 구입한 소니 제품인 '로케이션 프리'를 통해 자신의 PC 등으로 인터넷을 통해서 방송을 시청할 수 있도록 해주는 서비스다. 구체적인 서비스 이미지로서는 해외 거주 일본인이 일본의 방송 프로그램을 보기 위해서 이 서비스를 이용하는 경우를 생각하면 된다. '마네키TV'는 가입료와 월 이용료를 받아 서비스를 제공한다.

과거의 소니의 베타맥스 소송은 할리우드의 영화사가 '비디오녹화기는 저작권 침해에 가담하고 있다'는 논리로 소니를 고소한 재판이었다. 소니 측이 1984년에 승소했다. 이 때 만약 소니가 졌다면 비디오녹화기는 시장으로부터 사라져 하드디스크 레코더도 iPod도 등장하지 못했을 것이다.

일본의 경우, 인터넷으로 방송을 보는 서비스는 이전에도 '녹화 넷'이라고 하는 서비스가 존재했다. 이에 대해서는 방송사들이 서비스 중지의 가처분

---

29) 30년 전 미국에서 소니의 베타맥스 소송은 이후 녹화기기에 관한 저작권과 신기술, 사적 복제에 관한 하나의 지침이 되었다.

소송을 제기하여 결국 방송사들의 주장이 인정되었다. '녹화 넷'의 경우 녹화에 대한 법적 해석이 쟁점이었지만, '마네키TV'의 경우 송신가능화권 문제가 쟁점이다. 도쿄 지방법원의 판단은 최종 판결은 아니지만 만약 '마네키TV'와 같은 서비스가 방송사의 저작인접권(송신 가능화권)을 침해하지 않는다고 하는 사법적 판단이 내려질 경우 기기의 소유권이 이용자에게 있으면 향후 유사한 서비스를 제공할 수 있는 길이 열리게 된다. 자신이 소유권을 갖는 대용량 녹화기기를 통해 자택이나 출장지에서 휴대폰으로 자유롭게 볼 수 있는 서비스가 등장할 가능성이 있다. 이미 '로케이션 프리' 이외에도 'Slingbox'나 'TV for Skype' 등이 유사한 서비스를 제공 중이다.

이러한 도쿄 지방법원의 판결에 대해서 TV업계 외부에서 획기적이라는 목소리가 적지 않다. 하우징 기능, 전송 기능, 녹화 기능을 베이스로 하는 네트워크형의 서비스가 향후 출현할 가능성이 높아진 것이다. 텔레비전은 공공의 재산인 전파를 이용하여 보다 많은 사람에게 정보를 전달하기 위해서 주어진 공중의 자산이다. 거기에 정보를 실은 이상 많은 사람에게 정보를 전하기 위한 도구인 VTR의 존재도 인정해야 한다라는 것이 베타맥스 소송 당시 소니가 주장한 논리였다.

꼭 전파를 이용하지 않아도 TV를 전송하는 시대다. VTR의 등장으로 영화산업이 망한 것이 아니라 새로운 비즈니스의 길이 열린 것처럼, TV도 인터넷을 통해 새로운 비즈니스의 기회를 얻게 될 것이 확실하다. 이번 '마네키TV'의 사례는 기술 발달이 초래하는 변화를 거부할 수 없다는 것을 법원이 인정한 또 하나의 사례로 남을 것이다.

2) 케이블TV의 저작사용료 분쟁

케이블TV는 지상 디지털/아날로그, BS디지털/아날로그의 재송신에 관한 '5 단체 계약' 이외에 CS위성방송이나 음성 라디오, 자체 채널의 방송에 관해서는 별도로 JASRAC과 이용허락 계약을 맺고 있다. 하지만 나리타 케이블TV, 조시TV 방송의 2사는 CS위성방송 등에 관한 별도의 이용허락 계약을 맺지 않고, CS위성방송의 재송신과 자체 채널 방송 등을 실시했다. 이에 대해 JASRAC, 일본극작가연맹, 예능실연가단체협의회, 일본시나리오작가협회, 일본문예가협회의 5단체가 케이블TV 사업자와 체결한 케이블TV에 의한 지상파 및 BS위성방송 동시재송신에 관한 계약(일명 5단체 계약)에 근거하여 사용료의 지불을 요구했다.

JASRAC은 CS위성방송에서의 재송신 등에 관련해 약 9,100곡의 사용 금지 악곡 리스트를 작성하여 악곡의 사용 정지를 요구함과 동시에, 손해배상을 청구했다. 이 소송의 쟁점은 저작권 등 관리 단체인 원고들이 동시재송신을 실시하는 유선방송사업자인 나리타케이블TV에 대해, 저작권 또는 저작인접권을 행사할 수 있다는 전제로서 이미 체결되었던 사용허락계약이 착오에 의한 무효 또는 사기에 의해 취득한 것인가와 그 소멸 시효 여부 등이었다.

재판 결과, 일본지적재산 고등법원은 나리타 케이블TV에 750만 엔, 조시TV 방송에 86만 엔의 배상을 명했다. 이용료 지불을 소홀히 한 교타케이블TV에 대해서는 292만 엔의 지불을 명했다. 당초 1심에서는 도쿄 지방법원이 저작권법 92조 2항 1호에 의거 케이블TV에 의해 실시되는 실연의 방송에는 실연가의 권리는 미치지 않기 때문에, "CS위성방송의 재송신에 대해서는 5단체 계약과 별도 JASRAC의 이용허락을 얻을 필요는 없다", "5단체 계약 중 예술단체 협약에 관한 부분은 착오에 의해 무효"라는 판결을 내렸다. 도쿄 지방법원이 원고인 예술단체 협약에 관한 부분은 착오에 의해 무효라고 판단하고 소멸시효의 성립 일부를 인정했지만, 그 외 나머지는 원고들의 청구가 이유 있다고 했기 때문에, JASRAC 등 권리자 단체가 일본지적재산고등법원에 제소하여 1심 판결을 뒤집었다.

3) 프로그램 불법 유통 사례

일본에서는 2001년 2월 19일, TBS계의 BS - i가 방송한 "쟈니즈 근육 순위! 불길의 체육회 NO. 1 결정전"을 녹화한 비디오를 인터넷상의 야후·옥션에 출품하여 각 6500엔에 판매한 26세의 여성이 저작권법 위반 용의로 체포되었다. 고화질·고음질의 디지털 기록 방식 'D - VHS' 규격의 비디오 데크를 사용하여 녹화한 비디오는 2000년 12월 중순부터 2001년 1 월 초순에 걸쳐 7, 8회에 걸쳐 옥션에 출품한 뒤, 판매자는 약 30명의 구매자로부터 합계 약 20만 엔의 수익을 올린 사건이다.

한편 2003년 4월, BS디지털로 방송된 "마스다 세이코 카운트다운 라이브 파티 '02~03 라이브'"를 녹화한 테이프를 인터넷 경매사이트에서 1개 4000~5500엔으로 판매한 사이타마현의 남성 역시 저작권법 위반 혐의로 체포되었다. 도쿄 지방법원은 이 남성에게 징역 3년, 집행 유예 4년(구형 징역 3년)의 판결을 내렸다.

10장

EU의 디지털 미디어와 저작권

● 이상훈

1. EU의 저작권 논의와 원칙

1) 인터넷 커뮤니케이션 자유에 관한 선언[1]

인터넷의 기반이 되는 커뮤니케이션과 정보 영역에서의 새로운 기술은 일반인들이 정보, 교육 그리고 문화에 공적으로 접근하는 방식에 새로운 지평을 열었다. 동시에 인터넷은 과거에 비해 훨씬 저렴한 비용으로 개인적 혹은 집합적인 차원에서 놀라운 표현의 도구를 제공하고 있다.

지난 몇 해 동안 EC(le Conseil de l'Europe)는 인터넷이 제기하고 있는 도전에 상응하는 여러 가지 법적 정책적 도구를 채택한 바 있다. 2001년 유럽 회원국이 서명한 사이버 범죄에 관한 협정은 컴퓨터를 사용하면서 일어날 수 있는 범죄와 관련하여 유럽의 국가들이 상호 협력할 수 있도록 하였다. 또 다른 예로는 2001년에 이루어진 사이버 콘텐츠의 자율규제에 관한 제안(Recommandation Rec 8)을 들 수 있다. 이는 커뮤니케이션과 정보의 새로운 서비스상에서 불법적으로 유포되는 콘텐츠에 대한 소비자들의 자율규제와 소비자 보호를 위한 제안이었다. 이 제안은 일반적으로 인터넷상에서 이루어지는

---

[1] 이 내용은 L. Delpart & C. Halperne(2007), *Communication et Internet:pouvoir et droit*, Lire Agir, Vuibert. pp.199~210을 기초로 하여 재정리한 것임.

불법적인 콘텐츠 문제를 다루는 것으로, 표현의 자유와 함께 사이버상에서의 또 다른 기본 가치를 보호하고자하는 자율규제에 기반한 접근 방식을 강조하는 것이다.

지난 2003년 5월 28일 제840차 유럽장관대표회의는 인터넷상에서의 커뮤니케이션 자유에 관한 선언(La declaration sur la liberte de la communication sur l'internet)을 채택하였다. 이 선언은 최근 몇몇 국가가 표현과 정보의 자유와 관련한 국제적인 규범에 적합하지 않은 방식으로 인터넷에 접근하는 것을 제한하고 통제하려는 경향이 있었기 때문에 준비되었다. 이러한 현실에 대항하기 위하여 유럽위원회의 매스커뮤니케이션 수단에 관한 집행위원회(CDMM)는 그러한 조치들, 특히 국가 차원에서의 통제가 정치적인 의도로 이루어질 경우 단호하게 처벌한다는 선언을 발표하기로 결정하였다. 또한 당시 이 선언문 채택 계획을 진행한 위원회는 이 선언이 표현과 정보의 자유에 특별히 문제가 되는 사항들에 초점을 맞추기로 하였다. 다시 말해서 개인이 정보 사회에 접근하고 참여하는 것을 막는 장애물 제거, 인터넷을 통한 서비스 제공의 자유, 그리고 익명성 보장을 포함한 중계자의 책임 등에 관련한 문제에 집중하는 것이 적합하다고 판단했다.

2) 회원국에 공통되는 원칙

(1) 인터넷 콘텐츠에 대한 규칙

회원국은 인터넷상에서 전송되는 콘텐츠를 전송하는 또 다른 방식에 적용되는 한도를 넘어서는 수준에서 제한해서는 안 된다. 이 원칙은 회원국이 콘텐츠가 인터넷에서 전송될 때 그 콘텐츠가 다른 방식으로 전송될 때 적용되는 제한 사항을 넘어서는 수준에서 금지해서는 안 된다는 원칙을 강조하고 있다. 즉, 오프라인 공간에서 전송될 때 적법한 콘텐츠는 온라인에서도 동일하게 적법해야 한다는 것을 의미한다.

이 원칙은 표현과 여론의 자유에 대한 UN의 특별보고서에서 채택한 선언, 2001년 11월 22일의 표현의 자유에 대한 OEA의 특별 보고서 그리고 미디어의 자유에 관한 OSCE의 특별보고서에 포함된 선언에서 주창되었다.

(2) 자율규제 혹은 공동규제

회원국은 인터넷상에서 전송되는 콘텐츠에 대하여 자율규제 혹은 회원국 간의 공동규제를 장려해야 한다. 자율규제와 공동규제는 이미 2001년 Recommendation Rec 8에서 강조 된 사항으로 회원국은 인터넷상에서 유통되는 콘텐츠를 한 국가 차원에서 규제하기보다는 회원국의 자율규제나 회원국 간의 공동규제를 장려하는 것이다. 인터넷콘텐츠 규제를 위한 특별한 조직을 두는 문제는 제기되지 않았다. 그러나 회원국은 이러한 특수한 규제기관을 설치하거나 혹은 기존의 규제기관에 인터넷상의 콘텐츠를 규제할 수 있는 법적 기능을 부여할 수 있다. 이 경우, 그 규제 기관은 2000년 Recommendation Rec 23[2]이 규정하고 있는 조건을 충족시켜야 한다. 이러한 규제 기관이 표현과 정보의 자유와 관련된 문제를 담당하게 됨에 따라 인권과 기본 자유 수호를 위한 협정 제10조를 준수하는 것이 무엇보다 중요하게 된다.

(3) 국가 사전 통제의 금지

공적 기관은 폐쇄나 검열을 위한 일반적인 수단을 사용하여 일반인이 정보에 접근하는 것을 막거나 인터넷상에서의 의사소통을 거부해서는 안 된다. 그러나 이러한 것이 청소년의 보호를 위한 장치까지 막는 것은 아니다.

---

2) Recommendation Rec 23(2000)은 방송의 영역에서 규제기관의 독립성과 기능, 특히 규제기관이 정치적, 경제적 권력으로부터 독립성을 지니고 규제 기관의 결정을 사법기관의 결정에 준할 수 있도록 하는 규정과 관련이 있다.

인권과 기본 자유 수호를 위한 협정의 제10조 2항이 보장된다는 조건에서, 만일 국가의 검열 기관이 일시적으로나 확정적으로 콘텐츠의 불법적인 특성에 관한 결정을 내리게 되면, 명백하게 식별되는 내용을 제거하거나 접근을 막을 수 있도록 하는 조치를 취할 수 있다. 예를 들어 청소년이 학교나 도서실에서 인터넷에 접속할 수 있을 때 공공기관은 유해한 내용에 접속하는 것을 막기 위하여 컴퓨터에 검열 장치를 설치할 수 있다.

이는 기본적으로 일반인이 인터넷상에서 검색할 수 있는 내용을 국가가 사전통제를 해서는 안된다는 원칙의 중요성을 강조하고 있다. 어떤 국가는 실제 정치적인 이유로 자국 혹은 외국의 특정 사이트의 내용에 일반인이 접근하지 못하도록 통제하는 경향이 있다. 국가가 행하는 이러한 사전 통제 혹은 이와 유사한 통제는 확실하게 비난받아야 한다.

국가가 사전 검열을 하지 못하게 하는 것은, 어떤 조치의 경우 형법의 시각에서 불법적인 콘텐츠 뿐 아니라 민법이나 행정법과 같은 다른 법에 따라 국가기관이 그 콘텐츠의 불법적 내용을 문제 삼아 콘텐츠를 삭제하거나 내용에 접근하는 것을 막기 위한 방편으로 인터넷 접속을 막을 수도 있기 때문이다. 이러한 경우가 인터넷상에서 불법적인 내용을 일반에 알리지 못하게 하는 법적 명령의 대표적 유형이다.

(4) 대중의 접근성 보장

이는 모든 사람이 자유롭게 정보 사회에 참여하는 것을 막을 가능성이 있는 장애물을 제거하고자 하는 것이다. 이 부분은 커뮤니케이션과 정보에 있어서 새로운 서비스와 관련하여 유럽 공동체의 보편적 서비스에 대한 제안사항 no.R(99)에서도 이미 제시되었던 원칙에 근거하고 있다. 유럽공동체는 각 회원국이 그들의 국민에게 커뮤니케이션과 정보 서비스를 제공할 때, 어떠한 차별도 없이 합리적인 가격으로 접근할 수 있도록 해야 한다고 권고하고 있다. 여기서 '모든 사람의 접근'란 공공적 접근이 이루어지는 지점을 통한 접근을 의미한다. 물론 각 회원국은 이 공공적 접근을 모든 개인 차원으로 확대할 수도 있다.

한 예로 공중이 활발하게 정보사회에 접근하기 위해서는 각 개인이 자유롭게 웹 사이트를 제작하고 운영하는 것을 국가가 장려해야 해야 한다는 것이다. 이는 실제로 국가가 개별적인 웹 사이트의 제작 및 운영을 복잡하고 힘들게 하는 규제정책을 사용하지 않아야 한다는 원칙을 의미하는 것이다.

(5) 인터넷을 통한 서비스 제공의 자유

인터넷을 통한 서비스의 제공은 서비스를 위해 사용된 전송 수단들에서 어느 하나의 목적에 관련되는 특별한 허가제도를 따라서는 안 된다. 회원국은 인터넷을 통해 다원적 서비스를 촉진할 수 있는 정책을 찾아야 한다. 다원적 서비스는 개인 사용자나 집단이 가지는 서로 다른 필요성에 적합한 서비스를 의미한다. 서비스제공자는 국내 혹은 국제 통신 네트워크에 비차별적으로 접속하는 것을 보장하는 규제틀 안에서 허가받을 수 있어야 한다.

위의 네 번째 항에서 언급한 대중의 접근성 보장이 서비스에 대한 접근의 개별적인 특수성을 다루고 있다면 서비스 제공의 자유는 서비스제공자의 위치를 강조하는 것이다. 이 원칙의 목적은 인터넷을 통한 서비스 제공이 인터넷이라는 간접적인 수단을 통해 제공되는 서비스라고 하는 하나의 이유에 따라 국가에서 미리 정해 놓은 허가 제도를 적용해서는 안 된다는 데 있다. 이러한 원칙이 적용되는 서비스 제공의 형태가 무엇이 되었든(예를 들어 규제를 받는 어떤 직업에 접속하는 것) 그 서비스의 제공에 적용되는 허가제의 과정을 침해하는 것은 아니다. 왜냐하면 이 과정은 특별히 인터넷에만 배타적으로 한정하는 것이 아니기 때문이다.

이 원칙은 정보사회의 서비스의 법적 양상에 대한 유럽의회의 2000/31/CE

지침 제4조와 2000년 6월 8일의 위원회에 기반을 두고 있다. 이 원칙은 특히 유럽 공동 시장에서의 전자상거래에 관련된 것이다. •

(6) 서비스제공자에 대한 최소한의 책임

회원국은 인터넷을 통해 콘텐츠 접근을 허용하고, 그 콘텐츠를 저장하고 또 전송하는 서비스제공자에게 인터넷상에 전송된 콘텐츠를 감시하는 일반적 의무를 부과하지 말아야 한다. 또한 이들에게 불법적인 행동으로 드러나는 상황이나 사실들을 적극적으로 찾아내야 하는 의무를 지우지 말아야 한다.

회원국은 서비스제공자의 행위가 국내법에 따라 인터넷 접속을 보장하고, 정보를 유포하는 것으로 한정되는 경우 그들에게 인터넷상에 유포하는 콘텐츠에 대해 책임을 묻지 않도록 주의해야 한다. 만일 서비스제공자의 기능이 좀 더 광범위하고 다른 서비스 부문에서 사용하는 콘텐츠를 저장하고 있을 때 콘텐츠를 불법적으로 사용하는 환경이나 사실이 있을 경우, 혹은 피해 소송이 제기 되거나 콘텐츠 자체가 불법일 경우, 서비스사업자가 신속하게 이 콘텐츠를 삭제하거나 일반인의 접근을 막을 수 없을 것이라는 가정하에, 회원국은 이에 대한 공동의 책임을 질 수 있다.

국내법으로 위에서 언급한 종류의 서비스제공자 의무를 규정할 때, 정보제공의 원천이 되는 사람과 정보를 사용하는 사람에게 적용하는 법은 특히 이들이 지니는 표현의 자유를 존중해야 한다.

(7) 사용자에 대한 존중과 규제균형

온라인에서의 감시로부터 보호하고 정보와 사상의 자유로운 표현을 보장하기 위해서 회원국은 인터넷 사용자가 자신들의 신분을 드러내지 않고자 하는 의도를 존중해야 한다. 이러한 원칙이 회원국으로 하여금 국내법이나 인권이나 기본적 자유를 보장하기 위한 협약, 그리고 경찰이나 법원의 요구에 따른 불법적인 행위에 대한 책임이 있는 사람들을 찾아내는 고유업무를 방해하는 것은 아니다.

이 원칙의 목적은 우선 무엇보다도 익명이고 싶어 하는 사용자의 의사를 존중해야 한다는 점을 강조하는 데 있다. 이 원칙은 두 가지 상황을 보여준다. 우선 사용자는 인터넷상에 표현을 하고자 할 때 그들의 신상을 밝히지 않고자 하는 것에 합리적인 이유를 지닐 수 있다. 그들에게 신원을 밝히기를 강요하는 것은 표현의 자유를 제한할 수 있다. 이러한 제한은 동시에 사회가 잠재적으로 질 높은 정보와 사상을 가질 수 없도록 한다는 것이다.

두 번째, 사용자는 온라인상에서 공적이든 사적이든 허가되지 않은 모든 감시로부터 보호되어야 한다는 것이다. 따라서 유럽위원회의 모든 회원국은 사용자들이 스스로를 보호할 수 있는 익명성을 위한 소프트웨어나 장치의 사용을 허가해야 한다고 본다. 물론 이러한 원칙에 한계는 있다. 즉, 회원국은 국내법이나 인권보호에 관련한 유럽 조항, 특히 제8조, 그리고 사이버 범죄에 대한 조약과 같은 국제적 협약에 의해 정해진 불법적인 행위에 책임이 있는 개인에 대한 정보를 확보할 수 있는 가능성을 가져야 한다는 것이다.

2. 프랑스의 디지털 미디어와 저작권

1) 저작물 보호의 본질

(1) 커뮤니케이션의 자유와 저작권

자동차가 산업사회의 꽃이라면 디지털 네트워크, 특히 인터넷은 1990년대 10년 동안 노동 조직과 산업의 변화 중에서 가장 상징적이라고 할 수 있을 것이다. 많은 학자들이나 정책 결정자들은 변화를 규정하기 위해 수많은 은

유적 표현을 사용했다. 후기산업사회 정보고속도로, 정보혁명, 지식사회 혹은 지식경제, 네트워크 사회, 가상 사회, 인지자본주의, 비물질적 사회 등의 표현이 그런 것들이다. 각각의 은유는 상징적으로 혹은 이데올로기적으로 그 표현을 사용하는 사람들이 상황의 진화를 보고자 하는 방식을 나타낸다. 예를 들어 과거 정보고속도로라는 표현 속에 드러나는 메시지는 국가와 대기업의 역할을 고속도로 시스템의 유지와 발전, 활용을 위해 필요한 결정 요소처럼 상정하고 있는 것이다. 반면에 커뮤니케이션 사회나 네트워크 사회가 지니는 은유는 위계적인 구조나 혹은 그 구조 밖에서 동시에 이루어지는 거래의 다양한 모습을 기반으로 한다. 권력은 유동적이고 불안정하며 비결정적이다. 이 경우 국가의 역할은 줄어들게 되는 것이다.

사회는 구조적 변화의 흐름 속에 존재한다. 정책 결정자들이 해야 할 일은 이러한 구조적 변화의 결과를 평가하고, 국민의 복지를 위한 정보 제고나 인프라 구축 그리고 네트워크로의 접근이라는 측면에서 정책적 조치들을 예측하는 것이다. 이러한 조치들은 변화가 사람들 사이에서 또 다른 격차나 배제적 상황을 야기하지 않도록 해야 한다. 그러나 대부분의 정치인들은 인터넷에 대하여 지나치게 맹목적인 환상을 지니고 있는 것 같다. 많은 나라에서 1990년대 이후 증가하고 있는 네트워크 연결 비율은 학자나 정치인들로 하여금 이 비율은 최소한 예측 가능한 미래에도 줄어들지 않을 것이라고 생각하게 하고 있다.

인터넷의 민주화와 함께 자료를 검색하고, 문서나 이미지, 음악, 영화까지 무료로 다운 받아 사용하는 것은 점점 더 단순해지고 있다. 이렇듯 인터넷에 대한 접근이 점점 더 자유로워짐에도 불구하고 이들 자료에 대한 저작권의 법적 보호는 더 강화되고 있다. 이에 따라 작품이나 자료들은 사용되는 매체에 관계없이 점차 그 사용이 독점화되고 있다.[3]

프랑스에서는 한 작품의 저자가 저작권에 의하여 보호받을 수 있다는 것을 법률로 명시하고 있다. 따라서 정신적 산물의 저자는 그가 단지 창작했다는 사실로부터 다른 모든 3자에 행사할 수 있는 배타적인 무형의 소유권을 지니게 된다. 프랑스의 저작권 보호의 원칙은 1789년 권리장전 제11조 커뮤니케이션 자유에 대한 철학을 근간으로 제정된 지적재산권법(le Code de la propriete intellectuelle) 제111조 1항에 근거를 두고 있다.[4]

디드로(Diderot)는 이미 1760년대에 그의 저작에 대한 저자의 소유권을 주장하고 그 책 속에서 '상업적 가치'를 지닌 협상 가능한 상품을 인정하고 있다.[5] 그러나 프랑스대혁명 이전에는 출판인과 서적상이 저작에 대한 권리를 독점하고 있었다. 이러한 특권은 저작권과는 관계없이 출판된 텍스트를 검열하는 기능과 함께 출판시장을 조직할 수 있도록 했다. 프랑스대혁명은 저작권을 제도화하는 분수령이 되었다. 이러한 지적소유권법은 "사상과 여론의 자유로운 소통은 인간의 가장 중요한 권리 중의 하나다. 모든 시민은 자유롭게 말하고 쓰고 인쇄할 수 있다"는 1789년 인권선언 제11조의 철학에 이어 언론이 자유에 대한 1881년 7월 29일 법을 통해 제도화되기 시작했다. 1791년 라카날(Lakanal)은 제헌 국회에서 저작물 보호를 요구하였다.[6]

프랑스의 현대 저작권법은 기본적으로 다음 네 가지 법을 중심으로 구성되어 있다. 문학과 예술적 소유에 관한 1957년의 법은 한 세기 반 동안 발전되어 온 법적 원리를 체계화하고 있다. 1985년 법은 인접권을 도입하고 있다. 1992년에는 공업재산권, 상업재산권, 문학 및 예술재산권을 관장하는 대부

---

3) L. Delpart & C. Halperne. (2007), *Communication et Internet: pouvoirs et droits,* Ed. Vuibert, Paris

4) CPI 제 11조 제 1항: 정신적 저작물의 저작자는 저작물을 창작했다는 단순한 사실만으로 그 저작물에 대하여 모든 제 3자에게 행사할 수 있는 배타적인 무형의 소유권을 가진다. 이 권리는 저작자가 저작물 위에 가지고 있는 일체의 인격적·재산적 권리를 말한다. 이 저작권의 총칙은 1957년 3월 11일과 1985년 7월 3일에 법전으로 편찬된 지적소유권법 제1부에 실려 있다.

5) F. Benhamou & J. Farchy(2007), *Droit d'auteur et copyright,* Ed. La decouverte, Paris.

6) F. Benhamou & J. Farchy(2007), 앞의 책.

분의 법들을 지적재산에 관한 법령으로 다시 통합했다. 2006년 8월 1일 법은 정보 사회에서의 저작권을 채택하였다.[7]

(2) 저작권의 성질

저작권은 창조한 모든 정신적 작품을 보호한다. 이러한 보호는 그 작품이나 저작물의 장르가 무엇이든(문학, 예술 등), 표현의 형식이 무엇이든(말, 문자 등), 작품의 기여(과학적, 일상적 등)가 무엇이 되었든, 혹은 그 저작이나 작품의 결과(일반인, 학자 등)가 무엇이 되었든 완성되지 않은 작품 모두에 적용되며, 완성되지 않은 저서, 납본이 되지 않은 저작물(납본은 법적 강제 조항은 아니다)에까지도 인정되고 있다. 저작권법의 보호 대상은 레오나르도 다빈치의 모나리자에서부터 길거리의 화가 그림에까지 모든 저작물을 대상으로 한다.

여기서 중요한 것은 이러한 상황이 바로 저작권 보호의 본질적인 기준을 보여주고 있다는 것이다. 다시 말해 여기서 언급되는 어떤 작품이라도 작가의 개성이 드러나는 독창성이 저작권, 즉 정신적 활동의 결과물을 보호하는 법의 핵심이 된다.[8]

결국 저작권법의 적용에 대한 문제는 전체적인 통일성을 지니고 있기보다는 각각의 경우에 따라, 사안에 따라 법원에 의해서 분석되고 판단되며 이는 작품에 대한 광범위한 평가의 힘이 되는 것이다.

● 재산권과 인격권 보호

저작권은 저작물의 창작자에게 자기 저작물의 이용에 관한 배타적인 권리를 부여하며, 저작물의 이용 조건을 제한하는 것을 허용한다.

저작권은 두 가지 특권을 포함한다. 저작자는 자신의 작품을 경우에 따

---

7) F. Benhamou & J. Farchy(2007), 앞의 책.
8) L. Delpart & C. Halperne(2007), 앞의 책.

라서 다른 사람에게 이용을 허락하고 적당한 대가를 받음으로써 재산상의 이익을 추구할 수 있는 재산권과 작품에 나타나는 저자의 인격을 보호하는 것을 목적으로 하는 인격권을 갖는다.

무형의 성격을 지닌 이 소유권(無形의 所有權)은 유체물상(有體物像, 예를 들어 그림)의 재산권과는 별개다. 유체물상의 저작권은 양도할 수 있으나 무형의 권리인 인격권은 양도할 수 없다.

• 무방식주의와 등록

저작물이 저작권 보호의 대상이 되기 위해서는 아무런 절차나 방식 또는 표시가 필요하지 않다. 법률상 저작권은 순수한 작품의 창작자인 저자에게 주어지는 것으로 기탁 혹은 다른 어떤 행정절차를 필요로 하지 않는다. 이와 마찬가지로 법률상 등록이 요구되는 규정 또한 저작권 발생에 대해 어떠한 영향도 미치지 못한다. 그러나 등록이나 기록의 존재는 소송의 경우 저작물의 저작자라는 것과 창작일자를 쉽게 증명해 준다. 이와 같은 목적을 달성하기 위하여 저자는 자신의 저작물을 다음과 같이 등록할 수 있다.

· 집달리나 혹은 공증인에게 등록
· INPI(국립지적소유권협회)[9]에서 판매하는 Soleau봉투에 저작물을 넣어 INPI에 보내거나, 지방에 거주하는 수탁자의 경우에는 INPI본부에 보내면 된다.

---

9) 지적재산권과 저작인접권과 관련한 다양한 기관들은 다음과 같다.
- La SPRE(Societe pour la prception de la remuneration equitable).
- L'ADAMI(Societe pour l'administration des droits des artistes et musiciens interpretes).
- La SPEDIDAM(Societe de perception et de distribution des droits des artistes interpretes de la musique et de la danse).
- La SCPP(Societe civile pour l'exercise des droits des producteurs phonographiques).
- La SPPF(Societe des producteurs de phonogrammes en France).
- La SCPA(Societe civile des producteurs associes).
- La PROCIREP(Societe de perception et de repartition de droits).

· 징세 · 분배협회에 등록

· 마찬가지로 저자는 자기 스스로에게나 혹은 제3자에게 증거가 되는 영수중과 함께 우체국 소인이 찍힌 것을 수령하여 개봉하지 않고 봉투에 넣어 보낸다.

● 민형사상의 처벌

저작권의 침해는 형사상 처벌의 대상이 된다(지적소유권법 제 335조 1-10). 저작권의 침해는 민사상 처벌 이외에, 저작권의 권리위반으로 2년간의 징역과 100만 프랑의 벌금형 가운데 하나의 벌에 처한다(지적소유권법 제335-1). 또한 형벌(시설의 폐쇄, 재산몰수, 판결문 게재) 이외에 다음과 같은 내용이 선고된다.

· 모든 복제품, 상연, 방송의 위법행위는 법(지적소유권법 제335-2)에 의해 저작권 위반으로 처벌한다.

· 저작물을 침해하는 "판매(특히 판매에 의해 표절된 상품을 발송하는 행위), 수입 및 수출 행위"는 처벌한다.

저작물을 마음대로 사용하는 저작권의 침해는 민사상 · 형사상 재판권 행사 또는 형사재판소의 재판권 행사의 대상이다. 또한 법은 저작권의 침해 증거를 제시하고, 표절 사본의 압류를 통해 모든 저작권의 침해를 신속하게 제기할 수 있는 자격이 있는 사람에게 압류나 위조물에 대한 예방절차를 갖출 수 있도록 해 준다. 국립영화센터, 저작자 단체 그리고 징세 · 법률사무소에 의해 지정된 사법경찰 및 관할 경찰은 유체물상의 침해를 증명할 권리를 갖는다.

● 저작권 보호기간

인격권이 영구적인 보호기간을 갖는 데 반해, 재산권의 보호기간은 소멸시효를 가진다. 지적소유권법 제123-1에 의하면 "저작자는 생존기간 동안 어떤 형태로든 자신의 저작물을 이용하고, 그 이용으로부터 금전적 이익을 추구할 배타적인 권리를 가진다". 저작자의 사후에 그 권리는 그 후 70년 동안을 보호기간으로 한다(1997. 3. 20). 이 기간이 지난 뒤에 저작물은 재산권을 소실하며, 저작물의 이용은 저자의 인격적 권리를 침해하지 않는 한 자유롭다. 사후 저작권 보호기간은 당해 역년부터 시작된다.

· 공동저작물: 공동저작물의 경우에 있어 기준 역년은 공동저작자 중 마지막 생존 자의 사망 연도로 한다(지적소유권법 제123-2). 시나리오 저작자, 구술 text의 저작자, 특별한 가사가 수반되었든 안 되었든 음악 작곡의 저작자에 관계되는 공동저작자 에 의한 시청각저작물은 보호기간이 제한적이다.
· 이명(異名) 또는 무명(無名)의 저작물: 이명 또는 무명의 저작물의 경우에 권리의 보호기간은 발행년도 다음 역년 1월 1일부터 기산하여 70년으로 한다. 발행일은 법의 일반원칙에 따른 입증방법 특히 법정납본으로 결정한다(지적소유권법 제123-3).
· 사후 공표된 저작물의 공동명의 권리기간(70년)이 지난 후: 저작물 발행 연도 다음 역년 1월 1일부터 기산하여 25년간으로 한다(지적소유권법 제124-4).

(3) 저작권을 지니는 대상

● 단독 저작물

프랑스 법률은 저작자에게 저작권의 특권을 부여한다. 저작자의 지위는 지적저작물을 창작한 개인 또는 복수의 개인에게 속한다. 창작과정에서 개인 의 공헌은 저작자의 지위를 부여하기 위해 필요하다. 그러나 창작하는 동안 옆에서 도와준 조력자나 아이디어를 제공한 사람은 여기(저작권 부여)에서 제외 된다. 저작자의 지위는 저작물에 성명이 공포된 개인에게 속한다고 추정한다 (지적소유권법 제113-1).

저작자는 저작권 보호를 통해 주어진 특권에서 유래하는 자격권자다. 정신적 저작물의 창작은 저작권 보호의 특권을 발휘할 자격을 갖는다. 그것은 저작자가 저작물의 양도권을 결정하는 것이지 인격권과 연관된 특권을 양도하는 것은 아니다. 이론상 지적소유권법은 지적소유권법 제111-1항 "정신적 저작물의 저작자에 의하여 체결된 사무계약은 (제1항에서) 인정한 권리의 향유에 어떤 식으로든 영향을 미치지 않는다"에 근거를 두고 있다. 따라서 저작물의 출자인 혹은 사용자는 자신의 이익을 위해 매각한 저작물에 관하여 자동적으로 저작권의 소유자가 되는 것은 아니다: 재산권 양도를 위해서는 사전에 명백한 계약 체결이 필요하다. 그러나 피고용인이 업무상 창작한 소프트웨어는 저작자에게 부여되는 모든 권리와 함께 사용자에게 귀속된다(지적소유권법 제113-9).

공무원 및 공적대리인에 의해 창작된 저작물은 설사 그들이 상술한 입법의 범위(지적소유권법 제111-1 al 3)에 등록되었다 할지라도 1972년 11월 21일 참사원의 공시(OFRATEME)에 기인하는 특별관리의 대상이 된다. 행정권에 의한 저작권은 원저작물을 창작한 목적과 같은 목적으로 사용하기 위해 부여되는 것이다. 공무원 및 공적 대리인에 의한 저작권의 승인은 앞서 말한 기능 집행에 필요한 모든 기준에 포함되어 있는 이용규정에 근거하여 권리 및 창작활동을 허락한다.

● 다수의 저작물

공동저작물과 협력저작물이 있다. 먼저 공동저작물에 대하여 지적소유권법은 저작자 상호 간의 밀접한 결합관계를 고려하여 특별한 법규를 설정하고 있다.

지적소유권법 제113-2조 1항에 의하면 공동저작물이란 "그 창작에 둘 이상의 자연인이 참여한 저작물을 말한다". 공동저작물은 복수의 저작자가 공동으로 창작행위(예를 들어 시청각저작물 혹은 노래, 구술저작물과 음악저작물)를 하는 경우를 말한다. 공동저작물의 저작권은 그 저작자들 공유로 한다. 공동저작물의 저작자들은 각자 그 지분을 가지며, 전원의 합의에 의하여 그 권리를 행사한다. 공동 저작자의 기여가 서로 다른 종류에 속할 때는 특약이 없는 한, 각 공동저작자는 자신의 개인적 기여분을 별도로 이용할 수 있다. 다만 그 이용은 전체 저작물 이용을 방해해서는 안 된다(지적소유권법 제113-3).

지적소유권법 제113-2조 3항에 의하면, 공동저작물이란 "자연인 또는 법인의 발의로 창작되고 그의 지시 및 명의로 편집되고 발행되어 공표된 저작물로서 그것의 작성에 참여한 여러 저작자의 개인적 기여가 전체 저작물에 흡수되고, 각 저작권자에게 창작된 저작물상의 여러 권리를 귀속시킬 수 없는 저작물"(예를 들어 백과사전이나 사전)을 말한다. 반증이 없는 한 공동저작물은 그것을 공표한 명의의 자연인 또는 법인의 소유로 한다. 공동저작물에 관한 저작권은 자연인 또는 법인에게 주어진다.

다음으로 협력저작물에 대해서도 상세하게 규정하고 있다. 지적소유권법 제113-2조 2항에 따른 협력저작물 또는 2차적 저작물에서 2차적 저작물이라 함은 원저작물의 저작자 동의 없이 만들어낸 새로운 저작물(예를 들어 원저작물에 대한 각색, 번역, 편곡 등의 개작물)을 말한다. 협력저작물은 새로운 저작물에 기존의 저작물을 결합한다는 것을 전제로 한다. 이 협력저작물은 무형의 저작물(소설의 한 구절에서 착상을 얻은 회화)일 수도 또는 유형의 저작물(멀티미디어저작물에 음악을 결합)일 수도 있다. 결합저작물은 기존 저작물의 저작자의 권리에 따라 그것을 작성한 저작자의 소유로 한다(지적소유권법 제113-4). 최초의 저작물 저작자의 승낙은 이 저작자가 저작권에 의해 더 이상 보호받고 있지 않는 한 필수적이다. 2차적 저작물의 저작자는 1차적 저작물의 저작자 인격권을 침해하지 말아야 한다.

• 가명 혹은 익명의 저작물

가명과 익명으로 된 작품의 저자는 작품의 익명성에도 불구하고 익명이나 가명의 작품에 대한 저자에게 귀속되는 모든 법의 적용을 받을 수 있다. 따라서 익명이나 가명 작품의 저자는 적어도 그 작품의 품질에 의해 정당화되거나 작가의 신원이 밝혀지지 않는 한 원저작의 출판사나 편집자를 통해서 법적 권리를 행사할 수 있다. 유언을 포함한 모든 수단을 통해서 이루어질 수 있다. 그럼에도 이 같은 간접적인 보호는 작가가 채택한 가명이 작가의 신원에 대해서 의혹에 따른 어떠한 분쟁도 야기하지 않을 경우에만 적용된다.

• 시청각 저작물

시청각 작품의 저자는 이 작품의 지적 창작을 실현한 사람, 즉 제작자를 말한다. 다른 사람과 같이 만든 시청각 작품의 경우, 시나리오 작가, 각색 작가, 대본 작가, 작품을 위해 특별히 만들어진 가사가 있거나 혹은 가사가 없는 음악 작곡자 등과 같은 사람들은 공동 제작자로 간주된다.

• 라디오 방송저작물

라디오 방송을 위한 작품의 지적 창작을 담당하는 모든 사람은 그 작품에 부속하는 보호와 함께 작품의 저작자로서의 지위를 가진다.

• 정신적 저작물

모든 정신적 저작물은 그것의 장르, 특징, 그 저작물이 사용하고 있는 표현 형식, 재질, 그리고 저작물의 목적을 불문하고 그 저작자의 사상과 독창성에 내재하는 개인적 특성에 따라 특수한 보호의 대상이 되어야 한다고 법률은 규정하고 있다.

1994년 5월 10일 법 no.94-361로부터 다음과 같은 것은 법을 통해서 보호를 받아야 하는 정신적 저작물로 인정된다.

· 책, 홍보인쇄물, 문학 예술, 과학 작품

· 세미나, 컨퍼런스

· 연극 작품, 드라마 - 뮤지컬

· 문서나 다른 형태로 고정되어 있는 무용작품, 서커스 공연

· 가사가 있거나 혹은 가사가 없는 음악 작곡

· 음향이 동반되거나 혹은 그렇지 않은 동영상 시퀀스로 이루어진, 시청각 작품으로 명명되는 영화 작품

· 데생, 그림, 건축, 조각, 판화, 석판화 작품

· 그래픽, 타이포그래픽 작품

· 사진 작품, 사진에 아날로그 기술이 적용되어 제작된 사진 작품

· 산업 디자인 미술

· 일러스트레이션, 지도

2) 디지털 시대의 저작인접권

멀티미디어저작물은 물질적인 매체상에서 재제작, 복제될 수 있는 지적 창조물이다. 또한 멀티미디어저작물은 독창적이어야 한다. 다시 말해서 그것을 제작한 작가의 개성이 뚜렷이 드러나야 한다는 말이다. 법원에서 저작권 심의가 있을 경우 작가의 개성이 드러나는 독창성 여부가 가장 중요한 법적 판단의 기준이 되고 있다.

'멀티미디어'라는 단어를 쓰기 시작한 것은 1980년대부터였다. 멀티미디어는 서로 다른 매체에서 여러 가지 형태로 변형된 대상물을 의미한다. 따라서 멀티미디어 작품이라는 것은 단 하나의 특정한 미디어에 한정된 작품이 아니라 여러 가지 미디어와 관계되는 것이다.

디지털 기술의 발달로 인해 그동안 경험하지 못했던 저작권 혹은 지적재산권상의 새로운 양상들, 특히 일 대 일의 매체 대 작품 관계가 한 작품이 매체에 관계없이, 그리고 한 매체의 특성에 한정되지 않고 변형되어 사용될 수 있는 가변성의 특성을 가진 멀티미디어 작품에 대해 산업부, 우편통신부 그리고 해외무역부는 1994년 3월 멀티미디어에 대한 규정을 내렸다. 이에 따르면 멀티미디어란 "텍스트, 음성 그리고 이미지와 같은 여러 가지 정보 재현의 양식들을 결합하고 있는 것"이다.[10]

따라서 멀티미디어 작품은 한 가지 동일한 작품이 변형되는 매체의 다수성과 다양성으로 특징지워진다. 이러한 멀티미디어 작품의 특성은 최근에는 정보의 디지털화로 인해 가능해지는 매체와 콘텐츠의 다양성을 구성하는 용어로 사용되고 있다.

(1) 멀티미디어저작물과 저작인접권

지적 재산은 저자의 권리, 즉 저작권에만 한정되는 것은 아니다. 왜냐하면 지적 재산은 소위 우리가 말하는 저작인접권에도 적용되기 때문이다. 저작인접권은 기본적으로 연주 예술가, 녹음물이나 영상물의 제작자에 부여되는 권리나, 시청각 커뮤니케이션 영역의 기업에 귀속되어 있는 권리를 의미한다. 저작권의 저작인접권은 예술이나 문학 재산의 특별한 한 부분을 반영하고 있다. 그러나 저작인접권은 저작권을 침해하지는 않는다. 따라서 저작인접권으로는 저작권을 제한할 수는 없다.

1985년 이전까지 예술가, 공연자, 주연배우는 그들이 참여하는 작품의 유통이나 재유통 과정에서 보상을 받지 못했다. 단지 대본 작가, 음악 작곡자, 음반 편성자만이 보상을 받았고 공연 예술가의 경우 디스크 판매에 따른 수익

---

10) Un arrete ministriel de l'Industrie, des Postes et Telecommunication, du Commerce exterieur, 1992.

의 일정 부분으로 보상받을 수 있었다.

저작인접권은 이러한 상황에서 만들어졌다. 저작자와 공연자의 균형을 맞추기 위해서 1985년에 예술 공연가, 녹음물 제작자, 영상물 제작자 그리고 시청각 커뮤니케이션 기업의 이익을 보장해 주기 위하여 인접권을 제정한 것이다.

따라서 이들 저작인접권 대상자들은 그들에게 연주나 공연의 사용과 활용을 금지하거나 허용하는 가능성을 제공하는 권리의 혜택을 받게 되며 공연이나 연주를 허락하는 것에 대한 반대급부로서 보상을 요구할 수 있다.

공연 예술가는 동시에 자신의 이름에 대한 정신적 권리를 지닌다.[11] 다시 말해서 이름은 양도할 수도 없고 시효도 없다. 따라서 예술가의 이름은 그의 행위와 결합되는 것이다. 게다가 원래의 예술가의 허가 없이는 공연에 대한 변경은 불가능하다.

실연자나 제작자가 녹음물의 사용을 위해 무조건 사전에 허가를 받아야 하는 것을 피하기 위해, 소위 1985년 'Lang'이라고 명명된 법은 '정당한 보상' 이라는 것을 구성하고 있다.[12]

이 법은 프랑스 법과 1961년 로마조약을 합쳐 놓은 것이다. 저작권법 L.241-1은 "녹음물이 상업적인 목적으로 출판되었을 때 실연자와 제작자는 녹음물이 방송되거나 케이블로 동시에 전송되거나 혹은 이 둘이 동시에 이루어지도록 사용될 수 없을 때, 녹음물이 공공장소에서 직접적인 커뮤니케이션으로 사용되는 것을 금지할 수 없다"라고 명시하고 있다.

대신에 실연자나 제작자는 미리 정해지거나 사용에 따른 수익에 근거한 공정한 보상을 받을 수 있다. 이러한 보상은 녹음물이 어디에 고정되어 있든 적용되는 것이지만 유럽연합의 회원국이나(2002년 11월 19일 지침) 로마조약에 서

---

11) L. Delpart & C. Halperne(2007), 앞의 책.
12) 저작권법 L. 214-1.

명한 다른 국가의 경우 바뀔 수도 있다(로마조약 12조에 따른 프랑스의 선언).[13]

보상의 비율은 실연자를 대신하는 조직, 제작자, 그리고 녹음물을 사용하는 사람들 간의 협약에 의해 정해지거나 혹은 그렇지 못할 경우 행정위원회에 의해서 결정된다.[14]

저작권법에서처럼 인접권의 무시는 저작권 침해의 범법 행위로서 처벌을 받는다. 따라서 고전 작품이 오래 전부터 공적 영역에서 사용되고 있다 하더라도 무조건 재생산 될 수 있는 것은 아니다.[15]

(2) 저작인접권 보호

저작인접권은 지적소유권법의 저작권에 의해 보호받는 저작자의 권리와는 별개다(저작인접권은 저작자의 권리를 해치지 못한다). 저작인접권은 실연자, 음반 및 비디오그램(비디오 테이프나 디스크에 녹화되는 영상 내용 또는 영상 제품) 제작자, 방송사업자에게 인정하는 권리다. 저작인접권의 특징은 다음과 같다.

① 저작인접권은 실연자, 음반 및 비디오그램 제작자 그리고 방송사업자에게 독점적으로 부여되는 권리다. 법률적인 보호의 수익자들은 제한적이다.

② 저작인접권의 수익자는 지분을 받고 실연자의 실연의 허가 및 금지의 독점적인 권리를 향유한다.

③ 저작인접권에 의한 인격권은 저작권에서의 인격권과는 다르며, 저작자에게 인정된 권리와는 관계가 없다(지적소유권법 제211-1).

④ 저작인접권에 의한 인접권은 일시적인 성격을 갖는다(1997년 3월 27일 수정된 지적소유권법 제 211-4).

---

13) A. Lucas & P. Sirinelli(2006), "Droit d'auteur et droits voisins", *Proprietes intellectuelles*, no. 20, p. 297~339.
14) 저작권법 L. 241-4.
15) L. Delpart & C. Halperne(2007), 앞의 책.

⑤ 저작인접권의 보호기간은 역년 1월 1일부터 기산하여 50년으로 한다.

· (실연을 위한) 저작물의 실연.

· (음반 및 비디오그램 제작을 위한) 음반 및 비디오그램의 최초 고정.

· (방송 제작자를 위한) 공중 프로그램의 최초 전달.

그러나 실연, 음반 및 비디오 그램의 고정은 공중에게 전달대상이 되며, 또한 보호기간은 공중에 최초로 전달한 해의 다음 역년으로부터 50년 동안이다.

이러한 저작인접권의 침해는 민사상·형사상 처벌대상이 된다. 허락 없이 만들어진 공연, 음반, 비디오 그램이나 프로그램의 고정, 복제, 유상이나 무상에 의한 공개 전달이나 이용 또는 방송은 2년의 징역 및 1백만 프랑의 벌금 또는 2가지 중 하나에 처할 수 있다(지적소유권법 제335-4). 제작자나 실연자의 허락 없이 음반이나 비디오 그램의 수출 및 수입도 같은 처벌을 받는다(지적소유 권법 제335-4). 이외에도 부가적인 형벌(시설의 폐쇄, 판결문 게재)을 명할 수 있다.

당연히 저작인접권자는 권리 침해에 대하여 소송을 제기할 수 있다. 침해의 입증은 국립영화센터 또는 전문 저작자 단체에 의하여 선정된 선서대리 인과 사법경찰관의 진술로 제공될 수 있다(지적소유권법 제331-2). 사법경찰관은 불법 복제 음반 및 비디오그램, 불법 제작되거나 수입된 복제품 및 물품 그리고 불법행위를 특별히 설치한 설비를 압류할 수 있다(지적소유권법 제335-1).

3) 저작인접권과 저작인격권

(1) 실연자의 권리

실연자란 연기, 가창, 낭독, 웅변을 하거나 또는 문학, 예술, 저작물, 버라 이어티쇼, 곡예 또는 인형극을 실연하는 사람을 말한다(지적소유권법 제212-1). 그 러나 직업적 관행상 보조적으로 간주되는 실연자는 여기서 제외된다. 실연자는 다음 두 가지의 특전의 실연권리를 가진다.

● 인격권(지적소유권법 제212-2)

실연자는 그의 성명, 그의 지위 및 그의 실연을 존중받을 권리를 가진다.
이 권리는 그의 실연 및 명성을 보호하기 위하여 그의 실현을 왜곡시키는 모든
것에 대항한다. 이 권리는 양도할 수 없고 시효에 의하여 소멸되지 않는다.
실연자는 계약에 의해서 그의 권리를 포기하거나 이전할 수 없다.

실연자의 사망 후 이 권리는 그의 실연 및 명성을 보호하기 위하여 그의
상속인에게 이전될 수 있다.

● 재정권(지적소유권법 제212-3)

실연의 고정, 그 고정물의 복제 및 공개 전달, 뿐만 아니라 실연의 음과
영상이 함께 고정된 경우에 실연자의 실연상의 음과 영상을 분리 이용하기
위해서는 실연자의 서면 허락을 받아야 한다.

그러나 그 계약은 시청각 저작물의 제작을 위해 제작자에게 실연권을
양도한 것으로 본다. 시청각 저작물의 제작을 위하여 실연자와 제작자의 계
약에 대한 서명은 실연자의 실연의 고정, 복제 및 공개 전달을 허락하는 것을
의미한다.

그럼에도 그 계약에서는 시청각 저작물의 각 이용방법에 대한 개별적인
보수를 정해야 한다(지적소유권법 제 212-4). 그 권리는 노동법 규정에 따라 실연자
에게 인정된 보수부분에 대하여 적용한다.

(2) 음반 제작자의 권리 및 비디오그램 제작자의 권리

① 음반제작자와 비디오그램 제작자는 보호를 받는다: 음반제작자란 일련의 음의
최초 고정을 발의하고 책임을 지는 자연인 또는 법인을 말한다(지적소유권법 제213-1).

② 비디오그램 제작자란 음이 수반되었든 안 되었든 연속적인 영상의 최초 고정을 발의하고 책임을 지는 자연인 또는 법인을 말한다(지적소유권법 제 215-1).

제작자는 최초 녹음의 실현에 필요한 방법을 사용하기 위하여 발의하고 책임 있는 역할을 통해 특징을 나타낸다.

③ 음반 및 비디오그램의 녹음매체를 이용하기 위해서는 음반제작자 또는 비디오 그램 제작자의 허락을 받아야 한다.

음반을 판매, 교환이나 대여 또는 공개 전달하여 공중의 이용에 제공하기 위해서 는 복제 전에 음반제작자의 허락을 받아야 한다(지적소유권법 215-1).

비디오그램을 판매, 교환이나 대여 또는 공개 전달하여 공중의 이용에 제공하기 위해서는 복제 전에 비디오그램 제작자의 허락을 받아야 한다(지적소유권법 제215-1).

(3) 시청각 통신업자의 권리

시청각통신사업자란 1986년 9월 30일 통신의 자유에 관한 법률에서 의 미하는 시청각 통신사업을 하는 단체(전파 혹은 케이블, 음. 영상 기록물이나 실물을 공중에게 제공하는 텔레비전 채널, 라디오 방송위원회)를 말한다.

그리고 시청각 통신 사업자는 승인권을 갖는다. 즉, 프로그램을 판매, 교환이나 대여, 방송 및 공중이 입장료를 지급하고 접근할 수 있는 장소에서 공개 전달하여 공중의 이용에 제공하기 위해서는 프로그램 복제 전에 시청각 통신 사업자의 허락을 받아야 한다.

4) 저작권과 저작인접권의 예외

(1) 저작권의 예외

예외 규정은 지적소유권법 제122-5조항에 근거를 두고 있다. 다음 각 호의 경우는 저작자가 저작물의 이용을 허락한다.

① 관중이 부모나 가족으로 제한된 가정 내에서 배타적으로 행하는 사적인 무료 공연. 협회, 기업 혹은 집단적인 구성원은 가족의 범위로 간주하지 않는다.

② 복제자의 사적 사용에 엄격히 한정되고 집단사용을 목적으로 하지 않는 복제로, 이 제한적인 사용의 예외는 개인적인 필요에 의해 이행된 복제를 말하는 것으로, 복제의 집단적인 사용(예를 들어 기업 내에서 사용)에까지 그 범위가 확대되는 것은 아니다. 원저작물을 창작한 목적과 같은 목적으로 사용하기 위한 미술저작물의 복제는 제외한다.

③ 저작자의 성명과 그 출처를 명시하는 조건하에서
· 비평, 논쟁, 교육, 학술 또는 정보적인 성격을 가지는 저작물의 요약 및 짧은 인용은 포함되지 않는다.
· 여러 기자들에게서 나온 다양한 논평이나 같은 주제와 관련된 단순한 병치 조항들에 의해 공동의 전시와 같이 이해되고 있는 신문·잡지는 이 예외규정에 포함되지 않는다.
· 공중을 위한 연설을 시사보도의 목적으로 방송.
· 프랑스에서 정부나 혹은 공무원에 의해 실행된 공매에서 판매 견본을 위한 한정된 예술 저작물의 복제.

④ 장르상의 규칙에 따른 패러디, 혼성모방 및 풍자화
필요에 의한 데이터의 기본내용 접근에 필요한 결의서(법령, 문서)와 계약에 의한 사전이용의 제한. 또한 저작권은 공안(公安)을 궁극적 목적으로 하는 행정적·사법적 절차실행에 필요한 법령을 무시·방해할 수 없다(1998년 7월 1일의 법률에 의한

지적소유권법 제331-4).

⑤ 보상

지적소유권법은 음반 및 비디오그램에 의한 저작물의 사적인 복제에 대한 보상을

받을 권리를 제정한다. 이 보상은 저작인접권의 소지자에게도 적용된다(지적인접

권법에 관해서는 fiche 9참조).

⑥ 양도

지적소유권법 제122-10 그리고 제332-1조항과 (문화부 장관이 승인한)공동관

리협회는 복제기기의 발달로 인한 저작물의 공동적인 이용을 목적으로 하는 복제

를 막기 위해 복제권의 합법적인 양도를 정하고 있다.

· 복사에 의한 사전 복제물은 문서매체(신문매체)에 관한 복제 혹은 복사 방법과

흡사한 매체 및 직접재생과 같은 방법의 매체로 해석된다(지적소유권법 제 122-10 al 2).

디지털 방법에 의한 복제는 이와 같은 정의에 한정되지 않으며, 반대로 사본 작성

을 통해 구성된 디지털화된 문서 매체에 관한 인쇄는 복제의 자격이 주어진다.

· 복사에 의한 복제권의 관리를 위하여 공인된 협회로는 책이나 신문발행을 위한

프랑스 복제권이용센터(CFC)와 악보 발행을 위한 음악작가·발행자협회(SEAM)

가 있다.

(2) 저작인접권의 예외

저작인접권이 주어진 권리의 모든 수익자에게는 공통적인 예외 규정이

있다. 실연자, 음반, 비디오그램의 제작자 그리고 시청각 통신 사업자는 지적

소유권법 제 211-3조항에 의거하여 열거된 각 호의 규정을 금할 수 없다. 이는 가정 내에서 배타적으로 실행하는 사적인 무료 공연, 복제자의 사적 사용에 엄격히 한정되고 집단 사용을 목적으로 하지 않는 복제 그리고 장르상에 따른 패러디, 혼성 모방 및 풍자화다.

또한 저작인접권은 사회공안을 도모하기 위하여 규정된 법, 1998년 7월 1일 제정한 지적재산권법 제 331-4항에 의한 사법적 행정적인 절차수행에 필요한 제한 행위를 인정한다. 실연자는 시청각 자료 또는 시청각적 자료 내에서 연속물의 주제에 부속하는 경우에는 실연의 복제 및 공개 전달을 금할 수 없다(지적소유권법 제 212-10).

영리 목적으로 발행한 음반의 경우에는 이의를 제기할 수 없다. 영리를 목적으로 발행된 음반, 음반제작자 그리고 실연자는 오락(예를 들어 디스코텍, 카페 또는 모든 공공장소에서 전파되는 음반)으로 사용되지 않는 경우에 음반의 직접적인 공개 전달, 음반의 방송 또는 그 방송의 일부로서 동시적인 유선 배포(예를 들어 텔레비전이나 라디오에 의해 방송되는 음반)의 경우에 이의를 제기할 수 없다.

영리목적으로 발행된 음반이 이와 같이 이용되는 경우 보수에 대한 권리는 지적재산권법 제124-1과 그에 따르는 조항에 의해서 실연자와 음반제작자 간에 분배된다. 실연자와 음반제작자 간에 보수는 각각 2분의 1로 한다. 그 보수는 영리 목적으로 발행된 음반의 공중전달에 대한 보수 징수를 위한 민간협회 실연자, 제작자 공동협회(SPRE)를 통해 받는다.

음반이나 비디오그램에 의해 고정된 저작물의 저작자, 실연자 및 음반이나 비디오그램의 제작자는 저작물의 사적인 복제에 대한 보수를 받을 권리가 있다(지적소유권법 311-1에서 311-8까지). 규정된 보수는 복제 기기의 제작자, 수입업자에 의하여 이들 기기가 프랑스에서 유통되기 시작한 때부터 지불된다. 그 보수액은 관리 운영회(현행 요금표는 비디오그램의 복사기기는 시간당 2.25F, 음반 복제기기는 시간당 1.50F이다)에 의해서 확정된 보수의 요율 및 방법에 따라 기기의 종류와 복제 시간을 기초하여 정해진다.

보수는 민간공동관리 협회에 의해 정해진 보수(SORECOP에 의해 받는 음반의 사적 복제를 위한 보수는 저작자에게 50%, 제작자에게 25%, 비디오 그램 제작자에게 25%가 귀속된다)에 따라서 분배되며, 비디오그램의 사적 복제를 위해 COPIE FRANCE에 의해 받는 보수는 저작자, 실연자 및 비디오그램 제작자에게 동등하게 분배된다.

교육과 연구에 대한 예외가 있다. 2006년 8월 1일의 법은 오랫동안 요구되었으나 무시해 왔던 교육과 연구에 대한 예외를 규정하고 있다.

비록 이 예외가 지금부터 인정되기는 하지만 그래도 명확한 제한 사항이 존재함에는 변함이 없다. 즉, "교육적인 목적으로 만들어진 작품이라는 조건 하에서 교육과 연구의 틀에서 예시나 설명의 목적으로, 모든 형태의 오락적 행위나 재미의 행위를 배제한, 공연이나 재창작이 대상으로 하는 대중이 대부분 학생들이나 교육자, 혹은 직접 관련된 연구자로 구성되었을 때, 그리고 그 공연이나 재창작이 어떠한 상업적인 활용을 야기하지 않고, 공연이나 재창작이 L.122-10조에 언급되어 있는 모든 형식의 복제에 의한 재창작권의 양도에 따른 손해가 없이 전체적으로 작품 사용에 대한 보상이 이루어졌을 때, 작품의 일부, 작곡의 일부, 그리고 필사본의 디지털 본의 일부에 대한 공연이나 재창작"으로 제한되고 있다.

이 외에도 예외는 작품에 대하여 한 번 보상의 협상이 이루어지면서 제기될 수 있다. 이는 주로 교육기관이나 교육부의 수준에서 이루어진다.

그러나 이 예외 조항이 2006년 8월 1일 법으로 제정되었지만 2009년 1월 1일부터 시행된다. 그동안은 이전의 법에 따른다.16)

---

16) 이전의 법은 출처명시의 요건을 충족하는 조건하에서: 비평, 논쟁, 교육, 학술 또는 정보적인 성격을 가지는 저작물의 해설 및 짧은 인용, 신문논평, 정치적. 행정적. 사법적 또는 학술적 집회, 정치성을 띤 공개 집회, 그리고 공적 의식에서 공중을 위하여 행한 연술의 방송을 예외 규정으로 두고 있다.

5) 미디어 저작권 주요 판례

• Queneau Paris 사건

크리스티앙 르르와(Christian Leroy)는 레이몽 크노(Raymond Queneau)의 시 "Cents mille milliards de poemes"를 저작권자인 갈리마르(Gallimard)사와 작가의 상속인의 허가 없이 디지털화하여 웹사이트에 띄웠다. 상속인 장 마리 크노(Jean-Marie Queneau)는 크리스티앙 르르와, 그의 사이트 관리자인 Mygale과 파리 7대학을 고소했다.

1997년 5월 5일 파리 지방법원은 불법 복제라고 인정했다. 서버 프로그램이 전체의 시 중 한 편의 시만이 한 화면에 띄워지기는 하지만 지적재산권법 제122조의 5-3이 허용하는 짧은 인용 예외 규정이 받아들여지지 않았다. "연속 인용을 통해 저작물 전체 재구성"이 가능한 방법이 사용됐기 때문이었다.

또한 판사는 지적재산권법 제122조의 5-2의 사적복제 예외도 인정하지 않았다. 이유는 인터넷에 접속한 제3자가 개인 홈페이지에 접근할 수 있으며 원하는 경우 복사를 할 수도 있기 때문에 크리스티앙 르르와는 자신의 복제물의 공통 이용을 조장했다는 것이다.

본 사건의 판결은 1996년 8월 14일 Brel & Sardou 사건과 결론이 동일하다. 고메즈(Gomez) 판사는 이로써 인터넷상에서의 문학 저작물 보호에 대한 파리 법원의 입장을 재확인시켜 주었다. 그러나 본 사건에서는 재판결과 공고를 명령하지는 않았다. 또한 분쟁을 일으키는 사이트 관리자 서버의 책임 문제에 대해서는 입장을 밝히지 않았다.

• Queneau Toulouse 사건

본 사건은 인터넷상에 띄워진 레이몽 크노(Raymond Queneau)의 저작물에 관한 또 다른 사건으로 저작권 상속인의 요구는 받아들여지지 않았다.

제롬 부(Jerome Boue)는 툴루즈에 위치한 시스템의 자동화와 분석 연구소(LAAS)의 인트라넷 서버에 크노 작품의 시를 임의적으로 콤비네이션 할 수 있는 프로그램을 올렸다. 연구소는 인터넷상에서 접속할 수도 있기 때문에 APP 측은 크노 작품 파일을 확인했고 상속인 장 마리 크노(J.-M. Queneau)는 부(Boue)씨와 LAAS 측을 불법 복제로 고소했다.

파리 지방법원은 1997년 6월 10일 판결에서 법정은 서버 검색을 오로지 연구소내로 제한하며 "프로그램의 사적 성격유지" 의사를 분명히 밝혔고 인터넷으로 검색이 가능했던 것은 "기술적 허점" 때문이었기에 불법 복제가 아니라고 밝혔다.

본 판결은 문제의 파일이 LAAS 내에서 과연 사적으로 이용되고 있는지 확인하지도 않았다고 해서 많은 비판의 대상이 되었다.

• Edirom 사건

Edirom 회사의 인터넷 사이트는 가입자들에게 CD-ROM에 편집한 정보학과 정보망 관련 상업정보 데이터 베이스에 접속할 수 있는 특권을 부여했다. 1997년 9월 26일 APP는 "에디롬 정보학과 정보망"(Edirom Informatiques et Reseaux)이 Global Market Network(GMN)회사의 사이트에 복제되어 띄워져 있음을 발견했다.

Edirom사는 GMN사가 자사의 사이트 내용을 불법적으로 사용했다며 불법 복제와 공정거래법 위반으로 GMN사를 상사재판소에 고소했다. GMN사는 Edirom사의 모든 주장을 부인했다. 편집된 정보에 대한 권리는 "Edirom Informatique et Reseau"에 나오는 회사들에게 있는 것이라고 주장했다.

낭테르 상사재판소는 1998년 1월 27일 판결문에서 문제의 작품은 독창성을 가지고 있는 저작물로써 Edirom사는 본 저작물에 대한 "배타적 비물질적 권리를 가지며 모든 이에 반대할 수 있는 권리를 갖는다"라고 밝혔다.

본 사건이 인터넷 사이트에서의 불법 복제에 대한 첫 사건이라고 판단할지 모르나 독창성을 가진 저작물의 성격이 Edirom사의 인터넷 사이트 내용뿐만 아니라 CD로 발간한 "Edirom Informatique et Reseau"에도 적용된다는 점이 중요하다.

Edirom사의 저작물과 GMN사의 사이트에 실린 내용이 거의 동일함을 인정한 법정은 GMN사의 불법 복제 행위와 위법 사실을 인정했다. GMN사가 Edirom사의 수입원을 가로챈 행위(actes de parasitismes)를 했다고 판결했다.

결국 법원은 GMN사가 Edirom에게 불법 복제 행위에 대한 피해금 15만 프랑과 손해배상으로 25만 프랑을 지급하라고 명령을 내렸다.

• Cybion 사건

인터넷서비스사인 Cybion는 1996년 1월 사이트를 열고 자사의 서비스를 선전해왔다. Qualitream사도 사이트를 만들어 Cybion사와 동종 업종에 서비스를 선전해왔다.

Cybion사는 Qualitream사의 사이트가 자사의 사이트와 구조, 내용, 서비스 제공 방식면에서 동일성을 발견하고 불법 복제와 불공정 행위로 Qualisteam를 고소했다.

Qualisteam사는 홈페이지 작성에서 일부 복제한 것은 사실이나 이는 고용주는 모르게 한 고용인에 의해 이루어진 일이기 때문에 책임이 없다고 주장했다.

파리 상사재판소는 1998년 2월 9일 판결에서 "민법 제1384조의 5에 의거하여 고용주는 고용인이 업무상 저지른 손해에 대한 책임이 있다"고 밝히며 Qualisteam사는 Cybion사의 "독창적인 저작물"을 불법 복제했으므로 5만 프랑을 Cybion사에 지급하라고 명령했다.

이 사건은 인터넷 사이트 내용만을 두고 "독창적인 저작물" 성격을 부여한 첫 사건이었다. 판결은 Edirom 사건과 맥락을 같이했다. 그러나 이 사건에서는 불법 복제 행위와 불공정거래 행위를 구별하는 행위를 규정하지 못해 불공정거래 행위 부분을 인정하지는 않았다.

• DNA & FR3 사건

1995년 이래로 신문사 DNA(Dernieres Nouvelles d'Alsace)신문사는 자사의 신문을 웹상에 싣기 위해 Plurimedia사의 서비스를 이용해왔다. 1997년 11월 FR 3 Alsace 방송사는 TV 프로그램을 인터넷으로 매일 방영하기 위해 Plurimedia의 서비스를 요청했다.

6명의 기자 및 프랑스기자노조연합(USJF)과 전국기자노조(SNJ)는 Plurimedia사가 자신들의 기사와 취재 내용을 저작자인 기자와 FR 3 방송사와 DNA사와 합의 없이 불법적으로 전파했다며 Plurimedia사를 고소했다.

Plurimedia사는 DNA사와 FR 3 방송사와 체결한 계약으로 충분하다며 인터넷상에 저작물을 전파하는데 기자들의 특별한 합의가 필요하지 않다고 항변했다. 그러나 스트라스부르크 지방법원은 고소인의 손을 들어 주었다. DNA사의 경우에 대해 판사는 웹상의 일간지 배포를 정기간행물과 같이 취급했다. 이 경우 기자들의 합의가 요구된다고 판결했고 FR 3 방송사의 경우 시청각 공동협약과 노동법에 따라 새로운 배포에 대한 특별협약이 필요하다고 판결했다. 더욱이 DNA사와 FR 3사의 기자들은 노동계약서 체결 당시 인터넷 서버 활용권을 양도하지 않았다며 Plurimedia사는 새로운 복제에 대한 저작권자의 공동계약자의 허가를 받지 않았다고 보았다.

DNA사와 France 3사 프로그램 방송을 중단하지 않을 경우 기자들과 두 법인 간에 합의가 있을 때까지 일일 5000프랑의 벌금 5000프랑을 지불하라고 명령했다. 본 사건은 저작권과 관련한 이전 판결을 바탕으로 했다. 판례상

인터넷상에서의 배포는 저작자의 재산권 보장 차원에서 허가를 받아야 하는 복제 방식이다.

본 사건 상고심은 1998년 9월 15일 열렸다. DNA사의 경우 상고법원은 인터넷 배포에 대한 기자와 DNA사 간에 합의가 이루어졌음을 확인했다. France 3사의 경우 뉴스의 인터넷 방영을 금지를 기각했다. 물론 이는 France 3사에 대한 징계가 아니라 계약관계의 배포사인 Plurimedia에 대한 것이라고 밝히며 계약에 따라 France 3는 기사와 취재에 대한 저작권을 갖고 있으며 France 2사에서도 동일한 사이트를 운영하고 있음을 지적했다. 따라서 배포에 대한 권리를 합법적으로 가지고 있다고 판단한 Plurimedia사에 의한 방영은 불법이 아니라고 판결했다

● DVD의 사적 복제에 관한 판결

지난 2006년 2월 28일 파리 최고재판소(파심원)는 2005년 4월 22일 항소심의 결정을 다시 돌려보냈다. 항소심에서는 법원이 알랭 사르드(Alin Sarde), 스튜디오 Canal+스튜디오와 유니버설픽쳐가 제작한 데이비드 린치의 '머홀랜드 드라이브'의 DVD에 복제 방지 장치를 사용하지 못하도록 하였으나 최고재판소는 이 결정을 깬 것이다.

항소심은 프랑스 법이 사적인 복제에 대한 어떤 법적 장치도 갖추고 있지 않기 때문에 DVD 영화를 개인이 복제하는 것을 제한할 수 없다고 판결한 것이다. 판결 내용은 다음과 같다.

"파심원은 다음과 같은 이유로 항소심의 결정을 파기하였다. 영화 제작의 비용을 줄이기 위하여 DVD 형태의 작품 활용이 상징하는 저작권 보호와 경제적 중요성을 지킨다는 측면에서 사적인 복제에 대한 예외에서 배제되는, 즉 작품에 대한 정상적인 활용에 끼치는 피해는 새로운 디지털 환경에 기인하는 위험 요소라는 시각에서 평가되어야 하며 이에 항소심이 상술한 내용을

어졌다고 판결한다".

　이는 결국 프랑스의 최고 재판소가 디지털 환경에서 새로운 매체가 지니고 있는 작품 활용상의 경제적 중요성을 강조하면서 개인의 사적인 복제 폭을 제한하는 판결을 내린 중요한 판례다.

3. 독일의 디지털 미디어와 저작권

1) 디지털 환경과 미디어 변화

　디지털 미디어 환경의 구조적 특성은 디지털로 전환된 콘텐츠를 다양한 플랫폼에서 유통시킬 수 있다는 점과, 무한 복제를 가능케 한다는 점이다. 따라서 디지털 미디어 환경은 미디어 콘텐츠 산업에 새로운 전기를 마련해 주었지만, 아날로그 시대와는 차원이 다른 저작권 침해 문제를 양산해 냈다. 대표적인 미디어 콘텐츠인 방송 콘텐츠의 경우도, 다양한 디지털 미디어의 등장으로 콘텐츠 유통 플랫폼은 다양해졌지만, 새로운 플랫폼 차원에서 발생되는 구조적인 저작권 침해 문제와 이용자들의 사적 이용 확산에 따른 공정이용의 문제에 봉착하게 되었다. 따라서 디지털 미디어 환경에서 방송 산업의 지속적인 발전을 위해서는 디지털 미디어의 구조적 차원에서 발생하는 저작권 문제와 이용자들의 사적 이용 과정에서 발생하는 저작권 문제에 대한 법률적 환경 조성은 반드시 필요한 과제로 평가되고 있다.

　전통적으로 독일의 방송 산업에 대한 정책적 기조는 사회적 공익성과 시장성의 균형을 중시하고 있다. 공영성을 구현하는 수단으로 공영 방송과 시장성을 구현하는 민영 방송의 이원적 규제제도를 근간으로 하면서, 시장의 규모도 균형적 구조를 유지하고 있다.[17] 디지털 미디어 환경 초기의 방송 관련 정책은 주 정부의 미디어청(Landesmedienanstalten)에서 허가와 내용,

[표 10-1] 독일의 방송 · 텔레 미디어 서비스의 법적규제변화

관할	연방정부		주정부
서비스	텔레 서비스	미디어 서비스	방송
서비스 분야	개인(P2P)정보 커뮤니케이션 서비스	대중(Point to Multipoint) 정보 커뮤니케이션 서비스	대중을 대상으로 하는 방송 서비스
서비스 사업	- 온라인 뱅킹, 이메일, - 여론에 영향력이 미미한 날씨와 교통정보 - 온라인 카탈로그 - 증권소식 등 -인터넷 사용 서비스(Access Provider) -텔레게임 이용서비스 -온라인 쇼핑몰 등	- 편집된 정보로 여론에 영향을 미칠 수 있는 서비스 - 인터넷 라디오 - Video Steaming - 텔레쇼핑서비스 - 박람회 결과나 데이터 중계 배분 사업 서비스 - 텔레비전 문자, 라디오 문자, 비디오 문자 방송 - 뉴스레터나 온라인신문 - 위키피디아 류의 웹사이트	- 공, 민영 방송사 - 지상파, 케이블, 위성방송 프로그램 - 텔레 미디어(2007년 이후) - 인터넷 방송 - Live Streaming, Webradios - 광고방송
해당법	연방법 Teledienstgesetz (2007년 3월 1일 폐지)	연방법 Mediendienststaatsvertrag (2007년 3월 1일자로 폐지) Rundfunkstaatsvertrag에 흡수	방송국가협약 Rundfunkstaatsvertrag (2007년 3월 1일자로 개정안 시행)
'07년 개정안	Telemediengesetz로 흡수(일명 "Internetgesetz") -텔레미디어, 인테넷 쇼핑몰, 경매사이트(eBay), Lycos, 웹메일, 정보(날씨, 교통 등), Podcasts, Dating-Communities, 웹포털사이트 Yahoo등, 개인 홈페이지, 개인 블로그 등 -방송, Live-Streaming, Webradios 등 -텔레커뮤니케이션, 인터넷 전화		Staatsvertrag für Rundfunk und Telemedien 미디어서비스법이 폐지되면서 방송국가협약에 통합

* 출처: 최세경, 2007. 위의 책.

그리고 광고와 관련된 정책을 수립하였고, 통신과 관련된 커뮤니케이션 (Telekommunikation) 분야는 연방정부 기구인 기술경제 연방청(Bundesministerium für Wirtschaft und Technologien, BMWi)에서 관할하였다.[18]

---

17) 김영욱(1997), 『공 · 민영 텔레비전 프로그램 편성의 차별성과 유사성』, 한국방송개발원.
18) 최세경(2007), 『통합플랫폼 환경에서의 방송서비스 개념정립과 시장확정 방안』. 한국방송영상산업진흥원.

하지만 디지털 미디어 환경이 확산되면서 방송 영역은 통신 영역과 융합된 서비스가 확장되게 되었고, 방송 개념도 확대 되었다. 2007년 3월 1일자로 실시된 제9차 방송국가협약은 공식 명칭부터 이전과 다른 '방송과 텔레미디어 국가협약'으로 바뀌면서 전통적인 방송과 더불어 개인 간의 텔레 서비스와 대중을 상대로 한 미디어 서비스를 방송의 영역으로 포함시켰고, 이러한 방송 개념의 확장은 다양하게 분화된 디지털화된 통신과 방송 컨버전스 현상에 대한 체계적 준비과정이라 평가된다.[19]

하지만 독일의 인터넷을 비롯한 방송통신융합서비스의 경우 아직까지 여타 유럽국가나 한국과 비교할 때 활성화 되어 있다고 평가하기 어렵다. 대표적인 방송통신융합 미디어 서비스인 IPTV의 경우는 2006년부터 지역별로 상용화 서비스를 실시하였고, 2007년 8월 기준 가입자는 3만 5000명 규모이고, 2011년도에는 215만 명으로 성장할 전망을 보이고 있다.[20] 또한 인터넷서비스 가입률은 2005년 현재, 가정 이용자의 62%, 기업 이용자의 94%로 EU 평균보다는 높게 나타고 있지만, 초고속인터넷 가입율은 가정 이용자의 23%, 기업 이용자의 62%로 EU 평균 수준을 보이고 있었다.[21] 전체 인터넷 이용자 규모는 2008년 현재 3860만 명으로 한국 3453만 명과 비슷한 규모이지만, kr, jp, de 등과 같은 국가코드최상위도메인(ccTLD: country code Top Level Domain) 규모는 1177만 개로, 전 세계 1위 규모이며, 한국 93만 개와 비교해 볼 때 매우 큰 규모다. 즉, 독일의 인터넷 미디어 환경은 전체적인 이용 비율은 유럽 평균수준으로 한국보다는 낮지만, 사이트 규모에서는 세계적 최고 수준을 자랑하고 있다.[22]

---

19) 최세경(2007), 위의 책.
20) 함창용 외(2008), 「IPTV 시장의 국·내외 현황 및 시사점」, 『KISDI 이슈리포트』, 정보통신정책연구원, p.23.
21) Eurostat(2006.4.6).
22) 한국인터넷진흥원(2008), 『2008 한국인터넷백서』, 한국인터넷진흥원.

[표 10-2] 유럽국가의 인터넷가입률(단위 %)

	인터넷 가입률		초고속 인터넷 가입률	
	가정	기업	가정	기업
EU25	48	91	23	63
벨기에	50	95	41	78
체코	19	92	5	52
덴마크	75	97	51	82
독일	62	94	23	62
그리스	22	92	1	44
스페인	36	90	21	76
프랑스	..	..	..	..
이탈리아	39	92	13	57
룩셈부르크	77	92	39	64
네덜란드	78	91	54	71
오스트리아	47	95	23	61
폴란드	30	87	16	43
포르투갈	31	..	20	..
핀란드	54	98	36	81
스웨덴	73	96	40	83
영국	60	90	32	65

* 출처: Eurostat(2006.4.6).

이러한 방송 및 디지털 미디어의 구조적 특성을 지닌 독일은, 콘텐츠에 대한 저작권 보호제도 측면에서는 유럽의 각종 국제적 보호 규약 보다 높은 정도의 보호 제도를 법제화하여 세계적인 모범국가로 손꼽힌다.

따라서 현재 디지털 미디어 환경에서 부각되고 있는 주요 쟁점 사안, 즉 PVR(Personal video recorder) 등의 디지털 녹화시스템 발전과 P2P 서비스 등이 확산 되고 있다. 따라서 사적 이용에 대한 법적 규정과, 이용자들의 저작권 침해 행위 발생시 ISP(Internet service provider)의 면책기준에 대한 법적인 규정에 대한 독일 저작권법상의 규정을 살펴보는 것은 의미 있는 작업이라 할 수 있다. 여기서는 디지털 미디어 환경에서 방송 콘텐츠의 저작권 보호 및 산업발전 모델에 도움을 주기 위해, 독일 저작권법상의 사적 이용의 문제와, 인터넷서비스사업자들의 책임 문제에 대한 독일 저작권법의 함의를 중심으로 살펴보았다.

2) 저작권법과 디지털 콘텐츠

독일의 현행 저작권법은 1965년 9월 16일 공표되어 1966년 1월 1일 발효된 '저작권 및 인접보호권에 관한 법률'(Gesetzüber Urheberrecht und verwandte Schutzrecht: Urheberrechtgesetz)을 그 모태로 한다. 이후 2002년 개정법에서는 저작자와 실연자가 저작권 및 저작인접권에 기반한 경제적 이익에 관여할 수 있는 방안을 구체화하였고, 2003년 개정법은 1996년 WIPO저작권협약(WCT)과 실연 및 음반협약(WPPT)상의 의무 내용을 반영한 2001년 5월 22일 통과된 유럽의회 및 이사회의 지침을 수용한 것이다.

2003년 개정법에서는 WIPO의 새로운 두 조약에서 주된 규율의 대상인 디지털 기술의 발전에 따른 저작자와 저작인접권자의 보호 및 권리자와 이용자 간의 조화를 다루었다. 먼저, 국내 저작권법상 전송권에 상응하는 개념인 공중전달권(das Recht der öffentlichen Zugänglichungmachung)이 실연자 및 음반제작자에게 인정되고 있고, 공중전달권은 구체적으로 제한되어 있다. 또한 실연자에게 저작인격권을 부여하는 등 실연자의 저작권법상 지위를 저작자의 경우와 동일시하고 있다.[23] 또한 2008년 1월부터 적용되는 개정 저작권법에서는 사적 이용과 관련하여 복제기기 제작자와 더불어 저장기기 제작자에도 보상 의무를 부과하였고, ISP에 대한 책임규정을 강화하였다.[24]

독일의 저작권법 개정을 통해 저작권 보호 규정이 강했던 독일 저작권법 전통을 이어가면서, 디지털 미디어 환경에서 구조적으로 발생되는 저작권 침해 행위들을 세부적으로 규정하였다.

미디어 테크놀로지의 발전은 이용자들의 이용 편의성을 증대시켰고, 뉴미디어 관련 기기들은 콘텐츠 저작권 환경에 큰 영향을 미쳤다. 과거 소니(Sony)가 VCR을 출시하면서, 방송 콘텐츠를 대상으로 하는 저작권 분쟁이 발생

---

23) 박익환(2004), 『독일 저작권법(2004)』, 저작권심의조정위원회.
24) 최은희(2008), 「독일 저작권법 개정에 대한 논란」, 『동향과 분석』, 통권 267권, pp.8~13.

하였다.25) 분쟁 결과 법원은 소니의 손을 들어 주었고, 상황은 미 영화사들이 제기한 것과 달리 영상 콘텐츠의 2차 유통시장을 형성하게 되었다.26) 이후 1997년 DVD가 등장하면서 미국 메이저 영화사인 워너 브러더스와 소니픽처스가 DVD 판매에 집중할 정도로 아날로그 방식의 VCR은 디지털 방식의 DVD가 영상 콘텐츠 복제 매체로 부각되었다. 하지만 아날로그 방식의 VCR이 2차 영상물 유통시장을 형성했던 것과는 달리, DVD는 VCR의 시장을 대체하지 못했다.

독일에서는 2005년부터 인터넷을 이용한 네트워크 PVR 서비스가 상용화 되었고, 방송사업자 측은 저작권 침해를 이유로 인터넷 개인 비디오 녹화기 사업자의 영업을 중지하는 소송을 제기하였고, 네트워크 PVR 서비스에 대해 독일 법정에서는 사적 복제의 요건을 중심으로 판례27)가 나왔다.

독일 저작권법 53조에서는 사적 이용 및 개인적 사용을 위한 복제를 허용하고 있는데, 법원에서는 자신이 직접 복제행위를 하지 않고 제3자를 통해 복제가 이루어짐에 주목하고, 무료 서비스를 제공하는 경우 제3자가 복제하는 경우에도 사용자가 직접 복제하는 경우와 마찬가지로 복제의 방법이나 매체의 제한을 받지 않지만, 유료로 이루어지는 경우에는 종이 등의 매체에 사진기술의 방법과 이와 유사한 효과를 내는 과정을 통한 복제만 허용한다는 해석을 내렸다. 따라서 네트워크 PVR 서비스에서 무료 서비스는 사적 이용에 해당한다고 판결하였지만, 유료 서비스는 사적 이용에 해당하지 않는다는

---

25) 1975년 11월 출시된 소니(Sony)의 베타맥스 방식의 VCR은 시청자들에게 방송통제권을 주고, 방송 프로그램에 대한 개인적인 녹화 소장이 가능 하게 만들었다. 이 VCR에 대해 '유니버설스 튜디오'를 비롯한 미 영화사들은 저작권 간접침해의 책임이 있다며 VCR 제조회사인 소니에 VCR 생산 중지를 요청하는 저작권 소송을 제기하였다. 하지만 법원은 VCR 가격이 2,395달러에 이르렀고, 테이프 당 녹화가능시간이 1시간에 불과하였기 때문에 시장 영향력이 크지 않다고 판단했다.
26) 최진원(2008), 「방송 콘텐츠의 보호와 공개 재현」, 연세대학교 일반대학원 박사학위논문.
27) OLG Köln, MMR 2006. 35- Personal Video Recorder: 인터넷 개인 비디오 녹화기 판례.

판결을 내렸다.[28] 이러한 독일 판례는 저작권법상 사적 이용의 주체와 절차가 구체적으로 명시되었기 때문에 가능한 것이다.

3) 저작물 사적 이용 논란

독일의 경우 디지털 시대에 맞추어 2003년 9월 사적 복제에 대한 내용을 중심으로 저작권법 개정이 이루어졌다. 핵심 내용은 기존의 저작권법에서 이미 논란이 되고 있던 '사본 복사에 대한 권리'가 디지털 시대로 접어들면서 더 줄어든 것이다.[29]

2003년 개정된 저작권법 제34조에 '사적 이용 및 여타 개인적 사용을 위한 복제'에 대한 규정을 하고 있는데, 앞서 언급한 저작권 제한 조항을 반복한 내용들을 하위 조항에 담고 있다. 제1항에서는 "사적 이용을 위하여 자연인이 저작물을 임의의 매체로 개개 복제하는 행위는 직·간접적으로 영업 목적이 아니며 복제를 위해 명백하게 위법 제작된 모형이 사용되지 않는 한도 내에서 허용된다. 복제할 권한이 있는 자는, 무상으로 행해지거나 종이 혹은 임의적인 사진기술적인 절차나 여타 유사한 효과가 있는 절차를 이용한 유사 매체로의 복제가 행해지는 한도에서, 복제본이 또한 타인에 의하여 작성되도록 할 수 있다"[30]고 규정하고 있다. 사적 이용은 허용하고 있지만 사용대상의 복제 형식은 위법한 절차를 사용하지 않아야 하고, 복제본을 만들 때는 저작권자 혹은 저작권을 행사할 수 있는 자로 국한하고 있다.

이때 개인이 저작물의 복제본을 사적으로 제작할 수 있는 경우는 다음과 같이 규정하고 있다. 첫째, 개인적인 학술상의 사용을 위한 목적의 경우, 둘째, 개인적인 기록 보존을 위한 목적이고, 개인적으로 소장 및 이용이 되는 경우,

---

28) 최진원(2008), 앞의 글.
29) 최은희(2008), 「독일 저작권법 개정에 대한 논란」, 『동향과 분석』, 통권 267권, pp.8~13.
30) 박익환(2004), 앞의 책, p.41.

셋째, 방송을 통하여 방송된 저작물과 관련하여서는 시사 문제에 관한 개인적인 정보에 관한 경우이며, 넷째, 발행된 저작물의 사소한 부분이거나 신문 혹은 잡지 안에 실린 기사가 개별로 관련된 경우이거나, 적어도 2년 이상 절판된 저작물이 관련된 경우로 제한하고 있다. 하지만 두 번째 항인 개인적인 기록 보존을 위한 목적인 경우도 세부적인 조건[31]을 충족시켜야 인정된다(독일 저작권법 제34조 제2항)고 규정하고 있다. 이러한 사적 복제본에 대한 세부 규정을 보면 아날로그 형태의 복제에 한정시키며, 방송 콘텐츠의 경우 시사 문제의 영역으로 국한시키고 있다. 사적 복제의 허용이 이루어지지만 이것을 하나의 콘텐츠로 구성하는 복제본의 제작 과정에서는 극히 제한적인 요구조건을 충족시켜야 한다고 규정하고 있다.

또한 제34조 제3항에서는 저작물의 작은 부분, 사소한 범위의 저작물 혹은 신문이나 잡지에서 발행되었거나 공중전달된 기사의 경우라도 비영리적인 교육시설, 재교육시설, 직업훈련시설의 수업에 필요한 규모, 국가시험 및 상기 학교들의 시험에 필요한 규모만큼으로 제한하고 있다. 저작물의 부분 복제의 경우도 공적 교육 목적인 경우에 한하고 있다.

제34조 제4항에서는 음악저작물 악보와 실질적인 전면 복제에서 도서 혹은 잡지의 복제를 다루고 있는데 필사할 경우를 제외하고는 권리자의 승낙을 얻거나, 제2항 제2호의 요건 아래서 2년 이상 절판된 서적으로 제한하고 있다. 또한 제34조 제5항에서는 데이터베이스 저작물의 사적 이용에 대해 규정하고 있는데, 제1항, 제2항, 제3항에 포함되는 단순한 사적 복제의 경우 데이터베이스 저작물의 이용이 금지되고, 교육 목적이라고 해도 영업의 목적이 없는 경우로 한정하고 있다. 이러한 사적 복제 금지조항을 구성하고 있는

---

31) 1. 종이 혹은 임의적 사진기술 절차나 여타 유사한 효과가 있는 절차에 의한 유사 매체로의 복제이거나 2. 오직 아날로그로 이용되거나 3. 기록 보존에 직, 간접적으로 학술적이거나 영업목적이 추구되지 않는 경우(박익환, 2004, p.42).

가운데, 제54조[32]에서는 방송 콘텐츠의 복제에 해당하는 녹화 및 녹음의 방법으로 복제하는 경우에는 기기 및 콘텐츠 복제 제작자를 상대로 복제권을 청구할 수 있도록 규정하고 있다.

사적 복제 영역에서 디지털 영역의 배제와 교육 영역을 제외하고는 매우 제한된 사적 복제만 가능하고, 영상물이나 음원과 같은 콘텐츠의 경우에는 사적 이용의 경우도 보상의무를 부가하고 있어 실질적인 사적 이용을 크게 제한하였다. 따라서 개인이 가정이나 자동차에서 듣기 위해 음반을 복사하는 행위조차도 금지되었다. 하지만 개인적인 사적 이용에 대한 처벌조항을 두지는 않고 있다. 법적 권리를 갖고 있는 저작권자들이 사적 이용과정에서 저작권을 침해한 이용자들을 대상으로 민사소송을 걸거나 손해배상을 청구할 수는 있지만 실제적인 감시 체제를 구축하기가 어렵다. 하지만 디지털 영역에서는 이러한 불법성의 감시가 용이하기 때문에, 제54조의 내용들은 디지털 영역, 특히 P2P 사이트의 영상물과 음원 유통을 규제하기 위한 장치로 평가받고 있다.[33]

---

32) 제54조(녹화 및 녹음의 방법으로 복제하는 경우의 보상의무).
① 저작물의 성질상, 제53조 제1항 혹은 제2항에 의하여 방송물로부터 녹화물 또는 녹음물로 수록되거나 녹화물 또는 녹음물로부터 별도의 녹화물 또는 녹음물로 옮겨져 복제될 것이 예상된다면, 당해 저작물의 저작자는 이 복제에 제공된 것으로 인정되는 1. 기기 및 2. 녹화물 또는 녹음물의 제작자를 상대로 당해 기기 및 녹화물 또는 녹음물의 판매를 통하여 생겨난, 그러한 복제가 행해질 가능성에 대한 적절한 보상의 지급을 구하는 청구권을 가진다. 제작자 이외에 기기 혹은 녹음물, 녹화물을 본법의 적용영역 내로 영업적으로 수입 혹은 역수입하는 자와 이들과 거래하는 상인은 연대채무자로 책임을 진다. 당해 상인이 반년에 6,000시간 미만의 주행시간을 가지는 녹화물 혹은 녹음물이나 100기기 미만을 거래한다면 책임을 지지 않는다.
② 수입자란 기기, 녹화물 또는 녹음물을 본법의 적용영역으로 옮기거나 옮기도록 하는 자이다. 수입이 국외자와의 계약에 근거한다면, 영업상 활동하는 한에서 본법의 적용영역 내에서 거주하는 계약당사자만이 수입자이다. 단지 운송인이거나 운송주선인 혹은 재화의 교역에 있어서 이와 유사한 지위에 있는 자는 수입자가 아니다. 목적물을 제3국으로부터 공동체의 관세 확정을 위한 1992년 10월 12일자 위원회명령(EWG) 번호 2913/92(ABl. EG Nr. L 302 S. 1) 제166조에 따라 자유무역지대나 보세창고로 옮기거나 옮기도록 하는 자는, 당해 목적물이 이 지역에서 사용되거나 관세법상 자유로이 거래된다면, 수입자로 간주된다(박익환, 2004, pp.43~44).
33) 최은희(2008), 앞의 책.

디지털 공간의 사적 이용에 대한 독일 저작권법의 규제 정책은 더욱 강화되어, 2006년 6월 개정안이 발표되고, 2008년 1월 1일부터 개정 저작권법이 적용되고 있다. 이 법에서 사적 복제의 영역을 축소하지 않았지만, 의도적으로 불법 복사된 것에 대해서는 법적 제재를 강화했다. 또한 보상의무를 지는 기기의 범위도 기존에는 복사할 수 있는 기기의 생산자에게만 보상대가의 지불의무를 부가하였으나, 개정법에서는 복사뿐 아니라 저장을 하는 기기 생산자까지도 부가하였다. 하지만 지불금액에 대해서는 당사자 간에 결정하게 하고, 분쟁발생시 신속한 재판이 이루어질 수 있게 하였다. 실제 개정법 발효 후 2008년 1월 31일에는 연방재판소에서 복사기와 복합기 제조사인 HP가 저작자 변제에 대한 항소를 근거 없다는 이유로 일축했다. 변제해야 한다고 본 것이다.

따라서 서적이나 인쇄매체 뿐만 아니라, 방송 콘텐츠와 음원에 대한 불법 다운로드와 P2P 교환 혹은 불법 복제로 인해 보았던 손해를 복사하거나 저장할 수 있는 기기를 생산하는 생산자에게 변제받는 법이 통과됨으로써 수혜를 보고 있다. 하지만 이러한 개정 저작권법이 학술적인 목적으로 저작물을 이용하는 데 있어서 지나친 제약이 가해진다는 주장이 제기되고 있고, 이를 중심으로 또 다른 개정작업이 논의 중에 있다.[34]

이러한 독일 저작권법의 사적 이용에 대한 상세한 제한 규정들은 디지털 미디어 영역에서 발생되는 저작물에 대한 불법 복제를 제공자 차원뿐만 아니라 이용자 차원에도 규제하는 것이고, 아날로그 형태의 복제보다는 디지털 형태의 복제를 강하게 제한하는 규정을 담고 있다. 따라서 이용자에게 책임을 부가하지 않음으로써 방송 콘텐츠를 비롯한 여타 문화 콘텐츠의 무분별한 복제가 만연해 있는 국내 디지털 미디어 상황을 고려할 때, 독일의 사적 이용

---

34) 최은희(2008), 앞의 책.

에 대한 법적 규정들은 국내 디지털 공간의 저작권 환경 개선을 위해 도입을
검토할 필요성이 있는 조항들이라 하겠다.

4) ISP의 면책기준에 대한 평가

독일의 경우 ISP에 대한 책임 소재는 전자적 정보통신서비스법(TDG)[35]
에 규정되어 있다. 동법에서는 자신이 생산한 콘텐츠에 대해서는 전적으로
자신이 책임을 지는 것으로 규정하고 있고, 타인의 콘텐츠를 매개하는 ISP의
경우 타인의 콘텐츠가 위법성을 지닌 것을 인지하고, 그 내용을 저지하는 것
이 기술적으로 가능한 경우로 책임을 국한한다. 즉, ISP는 단지 접속의 중개만
을 제공한 경우 책임을 지지 않아도 되지만, 그 위법한 내용을 인지한 경우에
는 사전 예고 후 그 위법한 내용에 대한 차단의무가 부가된다.

이때 차단의무 발생의 원인이 되는 위법성의 인지에 대한 해석은, 위법성
의 내용을 알아야 하는 것(Kennenmüssen)으로는 충분하지 않고, 개개의 위법성에
대한 내용을 적극적으로 인지하여야 한다. 또한 적극적 인지가 있는 경우에도
ISP의 기술적 여건들이 고려된다. 인터넷에서는 무한 복제된 자료의 양이 엄
청나게 증가하고 있기 때문에 ISP들은 이에 대한 통제가 어려워지고 있기 때문
에 위법성의 사안에 따라 개별 사안에 맞는 기술적, 경제적 지출 및 타 서비스와
이용자 간의 상호관계를 고려한 책임성으로 제한하고 있다.[36]

'전자적 정보통신 서비스법' 상에서는 타인의 콘텐츠를 주로 유통하는
ISP의 책임범위에 대한 적극적인 위법성 인지와 기술적 요건을 고려하면서
면책의 범위를 넓게 인정하고 있다. 하지만 개정된 독일 저작권법에서는 지
적재산권에 대한 보호를 강화하면서 저작권자가 법적 침해를 받은 경우 저작
권자가 이에 대한 정보 제공을 요구할 수 있는 권한을 강화하였고, 정보를

---

35) Gesetz über die Nutzung von Telediensten, Teledienstegesetz.
36) 박용상(2008), 『명예훼손법』, 현암사, pp.1384~1386.

불법적으로 이용한 자 외에도 ISP와 같은 제3자에게 책임을 물을 수 있게 하면서, 저작권 침해 문제에 있어서는 ISP의 책임을 강화하였다.[37]

전체적으로 디지털 미디어 환경에 대응하는 독일 저작권법의 변화 형태를 보면, 저작자와 저작인접권자의 권리를 보호하기 위해 저작권법을 강화하고 있다. 특히 다양한 형태의 디지털 복제 방식이 확산되면서 발생되는 모호성을 줄이기 위해, 사적 이용에 대한 개념을 구체화하고 디지털 방식의 사적 이용을 제한하는 형태를 보이고 있다.

---

37) 최은희(2008), 앞의 글.

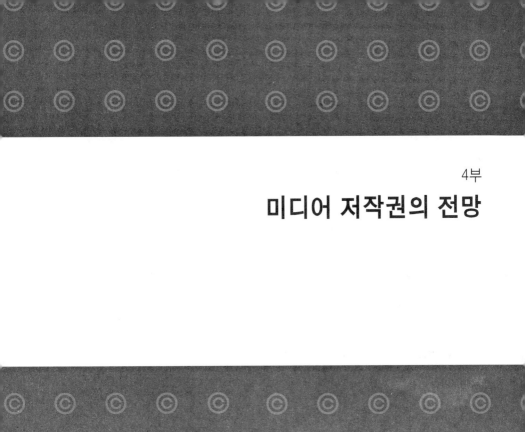

4부
미디어 저작권의 전망

11장
UCC와 온라인 저작권

● 노동환

1. UCC와 저작권 침해

1) UCC의 함의와 저작권 침해 유형

(1) UCC의 의미와 성격

레비(Pierre Levy)[1]는 웹(Web) 공간이라는 거대한 하이퍼텍스트가 점차적으로 모든 디지털 콘텐츠를 통합할 것으로 예견하였다. 그는 하나의 메시지 혹은 작품은 인간들 간의 인터페이스 수단일 뿐이고, 결국 디지털 콘텐츠가 인간 대 인간을 만나게 하고 관심이나 흥미라는 희소한 자원을 끌어 모은다고 보았다.

웹은 열린 공간으로 이용자들은 디지털 콘텐츠에 자유롭고 쉽게 접근할 수 있다. 이용자들이 웹 상에서 이용하는 디지털 콘텐츠는 복제 및 유통이 쉽고, 확산과정에 드는 비용이 거의 '0'에 가깝기 때문에 창작자들은 자신의 콘텐츠를 쉽게 업로드 할 수 있고 타인의 콘텐츠를 쉽게 향유할 수 있다. 인터넷의 쌍방향성을 이용한 활발한 의사교환으로 디지털 콘텐츠 이용자들의

---

1) Levy(2000), 「Cyberculture」, 김동윤 · 조준형 역(2000), 『사이버문화』, pp.71~112.

[표 11-1] 웹1.0과 웹2.0의 구분

웹1.0	구분	웹2.0
포털위주의 웹: 포털상의 서비스는 사용자가 변경 불가	제공서비스	플랫폼으로서의 웹: 웹은 다양한 서비스를 이용하는 수단
정보/콘텐츠의 폐쇄성	정보/콘텐츠	정보/콘텐츠의 공유/개방성 강조
기술중심: 정보전달 효율성추구	가치 제공 수단	참여, 공유: 인간의 집단적 지성을 이용한 다양성 추구
인터넷 익스플로러: 높은 OS종속성	브라우저	Firefox, RSS reader 등 웹 접속 가능한 모든 프로그램
전문가, 프로그래머, 관련업체 등	정보 제작자	개인이 중심이 되는 모든 네트워크 사용자

* 출처: 정재영(2006), 「웹2.0 시대, 사업 패러다임이 바뀐다」, 『LG주간경제』, p.28.

반응을 즉시 얻을 수 있는 동시에 이에 대한 응답도 가능하다.[2]

인터넷의 초기 패러다임인 웹1.0에서 웹2.0로의 전환은 인터넷을 이용자 중심 미디어로 만들었다. 특히 블로그(Blog)와 미니홈피 같은 1인 매체의 보급과 확산으로 인터넷 이용자들의 참여가 활발해지면서 각종 디지털 콘텐츠를 제작·가공·변형할 수 있게 되었다.

웹2.0은 '인터넷상의 불특정 다수를 능동적 이용자로 인정하고 적극적으로 관계를 맺게 하는 기술과 서비스' 혹은 '플랫폼으로서의 웹'(The Web as platform)을 의미한다.[3] 이러한 웹2.0의 특징으로 인터넷 이용자는 자유롭게 특정 서비스를 이용하거나 웹 전체의 문화 발전에 참여할 수 있다. 자유로운 참여 공간에서 이용자들은 상호작용성을 이용한 의견교환을 통해 '집단지성'(collective intelligence)을 구현함으로서 참여와 개방, 그리고 공유를 실현할 수 있다.

웹2.0 환경에서의 이용자는 단순한 소비자에 머무르지 않고, 오히려 디지털 콘텐츠나 서비스를 생산하는 '생비자'(프로슈머, prosumer)로서 자리매김하

---

2) 이호영·정은희·이장혁(2007), 『웹2.0 시대 디지털 콘텐츠의 사회적 확산 경로 연구』, 정보통신정책연구원보고서, p.33.
3) UMEDA(2006), *Web Shikaron*, 이우광 역(2006), 『웹진화론』, 서울: 재인, 재인용, p.122.

고 있다. 이용자가 생비자로서 역할을 하고 있는 현상을 단적으로 보여주는 것이 바로 UCC이고, 다양한 UCC 유형 중 동영상 UCC가 핵심적인 위치를 차지하고 있다.[4]

　　UCC는 인터넷 이용자가 직접 제작·가공·변형한 콘텐츠다. 권재웅[5]은 UCC에 대한 이용자들의 관심이 높아진 이유는 인터넷의 상호작용성과 자유로운 참여에 기인한다고 본다. 웹2.0이 새로운 패러다임을 지닌 웹의 형태라면 UCC는 바로 그러한 새로운 형태에 담겨지는 디지털 콘텐츠다.

　　새로운 콘텐츠인 UCC의 사회·문화적 의미도 함께 고려해야 할 필요가 있다. 가령 창작 목적 및 이용 형태의 차이로 UCC를 살펴 볼 필요가 있다.[6] 이전에는 창작 주체에서 소외되었던 계층이 새로운 창작 그룹으로 부상하였고 이들에 의해 디지털 콘텐츠가 생산됨에 따라 전문 창작자들의 디지털 콘텐츠와는 주체면에서 구별된다. 창작 주체가 구별된다는 의미는 창작 목적이나 활용 방법이 다르다는 것으로 볼 수 있다. 사실 새로운 창작 주체가 부상했다는 점은 창작자 그룹의 확대와 창작 문화의 대중화를 의미하는 것에 불과하지만 창작 목적이나 활용 방법의 차이는 이전에 배타적이고 독점적인 통제로부터 자유로운 디지털 문화 확대라는 근본적인 변화를 가져올 수 있다.

　　미국에서도 1인 미디어의 보급과 대중화(예를 들면 유튜브, 위키피디아, 마이스페이스 등)로 UCC에 대한 관심이 증가하고 있다. 볼프강(Wolfgang)은 블로그상의 텍스트형 UCC를 분석해 매스미디어 웹사이트에서의 UCC 활용을 상호작용 관점에서 고찰했다. 이러한 관점에서 UCC는 생산과 유통 측면에서 디지털 콘텐츠를 생산하는 이들 뿐 아니라 수동적 혹은 능동적 이용자 모두에게 부가

---

4) 김영한(2007), 『You! UCC:세상을 바꾸는 창조세대와 UCC기업 성공전략』, 랜덤하우스, pp.31~33.
5) 권재웅 (2007), 「웹2.0의 가능성과 한계: 방송 콘텐츠로서의 동영상 UCC를 중심으로」, 『방송문화연구』, 19권 1호, pp.79~81.
6) 윤종수(2007), 「UCC, 저작권의 새로운 도전」, 『SW Insight 정책리포트』, 19호, p.31.

가치를 제공하고 있다.[7] 마셜(D. David Marshall)[8]은 전통적인 미디어와 UCC에 대한 차이점을 전통적인 미디어는 '재현적 미디어'(representational media)로서 특성을 지니고 있는 반면, UCC는 '표출적 미디어'(presentational media)로서 특성을 지닌다고 설명했다. 이용자는 UCC를 통해 사상과 감정이 고스란히 표출함으로서 콘텐츠 생산을 통한 참여와 공유, 개방을 실현할 수 있다.

UCC와 저작권 문제를 논의하기 위해 현재 UCC의 한 형태인 동영상 UCC가 주목을 받게 된 이유를 살펴볼 필요가 있다. 첫째, 동영상 UCC은 다른 디지털 콘텐츠와 달리 시각을 통해 전달돼 전달력이 높다. 이는 보편성 확보, 전달 속도 증가, 전달 양의 최소화라는 장점이 있다. 둘째, 디지털 환경에서는 누구나 손쉽게 동영상을 제작해 웹에 올릴 수 있다. 즉 모바일이나 디지털 카메라와 같은 기기의 보급과 손쉬운 동영상 편집툴(Edit Tool)을 이용해 동영상 UCC를 제작할 수 있다. 셋째, 기존의 전통적인 수동적 이용자가 능동적인 이용자로 변한 것도 중요한 이유 중 하나다.[9] 하지만 자유로운 UCC 제작 및 유통이 대중적으로 확산되면서 저작권 문제가 본격적으로 제기되었다. UCC의 본질적인 성격을 저작권 문제와 관련해 다음과 같이 고려할 필요가 있다.

첫째, UCC 저작물은 '창작성'이 부여된 콘텐츠다. 국내외 영화, 드라마 등 기존 저작물을 순수하게 복제하는 것은 창작성이 없기 때문에 진정한 UCC라 할 수 없다. 따라서 기존 저작물을 활용해 새로운 내용을 가미해 어느 정도 창작성이 부여된 디지털 콘텐츠가 UCC다.

둘째, 상업성이 없는 디지털 콘텐츠다. 물론 영리 목적으로 제작되는 UCC도 존재하지만 대개 UCC를 제작하는 사람은 순수 창작물 혹은 타인의 저작물을 복제·편집하여 다른 사람의 흥미나 인기를 얻을 목적으로 유통시키

7) 김영주(2007), 위의 논문, pp.16~17.
8) Mashall(2006), *The Celebrity Culture Reader*, London and New York: Routledge, 김영주(2007), 위의 논문 재인용, p.17.
9) 김영한(2007), 앞의 책, pp.31~33.

는 것이 일반적이다.

셋째, 능동적 이용자의 진화를 고려해야 한다. 웹2.0 시대의 이용자들은 능동적·합리적인 소비자를 넘어 적극적인 생비자로 진화하고 있다. 상호작용성과 저비용으로 동영상 UCC를 제작할 수 있다는 점은 저작권 문제와 관련해 이용자들을 재정의해야 할 필요성을 제기하고 있다.[10]

넷째, 디지털 콘텐츠 유통 측면에서 자유로운 접근과 이용이 보장되는 콘텐츠다. 즉 UCC는 창작자의 배타적이고 독점적인 접근·이용 통제로부터 자유롭다.[11] 따라서 UCC의 핵심 가치는 소수 계층에 의한 정보의 독점적 소유의 공간을 새로운 개방 형태로 발현했다는 점에 있다.[12]

앞서 살펴본 UCC의 본질적인 특징으로 인해 웹2.0 환경에서는 자유로운 이용과 배타적인 권리 사이에서 저작권 충돌 문제가 첨예하게 대립된다. 특히 디지털 콘텐츠의 경우 누구나 접근하여 복제할 수 있고, 새로운 형태로 변형·재제작할 수 있다는 점에서 배타적인 권리를 주장하는 원저작물 저작권자와의 충돌 가능성이 증가하고 있다.[13]

(2) UCC의 저작권 침해유형

참여·개방·공유의 철학적 배경을 지닌 웹2.0 상에서 UCC는 새로운 문화 트렌드로 부상하면서 급속히 확산되고 있다. UCC는 전문 제작자가 아닌 일반인에 의하여 제작되어 인터넷상에서 네티즌들에 의해 이용되는 특징이 있다. 주로 텍스트, 동영상 UCC도 하나의 저작물이라고 한다면 UCC 제작은 저작물의 창작에 해당한다. 따라서 UCC 제작자가 손수 창작물을 만든

---

10) 이재진·방성복(2007), 「UCC의 방송저작권 침해에 대한 고찰 '공정이용과 OSP' 책임성을 중심으로」, 『방송연구』, 겨울호, p.64.
11) 윤종수(2007), 앞의 논문, p.22.
12) 황용석(2007), 앞의 논문, pp.22-23.
13) 황성기(2007), 앞의 논문, p.107.

경우 이를 제작한 사람은 타인의 저작권을 침해하지 않아 저작권법 상의 아무런 문제점을 야기하지 않는다.[14] 하지만 기존 저작물의 일부를 편집하거나 변형한 제작물은 저작권 문제와 충돌할 가능성이 높다.

실제로 저작권심의조정위원회 저작권보호센터가 2006년 7월~10월 6차에 걸쳐 10개 UCC 전문 포털을 상대로 실시한 조사에서 순수 창작물에 해당하는 UCC는 16% 정도에 불과했다. 나머지는 기존 저작물의 전부 또는 일부를 편집하거나 변형한 것이었다.

기존 저작물의 저작권자, 포털이나 전문 서비스 업체, 이용자들 간의 저작권 침해에 대한 갈등이 불가피한 상황이다. 특히 방송 3사와 인터넷 자회사 등 6개사가 포털과 동영상 UCC업체 등 10여 개 업체가 저작권을 침해하고 있다는 이유로 형사 소송을 제기해 양측 간 신경전이 고조된 적이 있다.[15]

UCC와 관련한 저작권 침해의 유형은 기존 저작물의 단순 복제물과 기존 저작물의 변형물로 구분할 수 있다. 기존 저작물의 변형물은 다시 2차 저작물과 인용, 패러디 등으로 나눌 수 있다.

● 기존 저작물의 단순 복제

우선 기존 저작물을 전부 또는 일부를 단순 복제한 UCC는 별다른 의미를 갖지 못하고 단지 저작권법 상 복제권·전송권을 침해하는 문제를 야기한다. 하지만 저작권법상 저작물의 단순 복제에 해당하더라도 공표된 저작물을 영리 목적이 아닌 개인적으로 이용하거나 가정 및 이에 준하는 한정된 범위에서 이용하는 경우[16]는 사적 이용에 해당하여 복제권을 침해하지 않는다.

---

14) 권형둔(2007), 「공영방송사제작 프로그램의 공공이용에 관한 헌법적 고찰」, 『언론과 법』, 6권 1호, pp. 39~43.
15) 한국인터넷진흥원(2008), 「방송 콘텐츠의 UCC제작활용에 따른 저작권 관련 논쟁점과 시사점」, 『Internet Issue Tagging』, 3호, pp. 1~2.
16) 저작권법 제 27조.

그러나 웹 서버에 복제한 콘텐츠를 올려 불특정 다수에게 이용을 제공하려는 경우 사적 이용에 해당한다고 보기 어렵기 때문에 전송권 침해 책임을 면하기 어렵다.[17]

UCC의 대부분이 기존 저작물의 전체를 복제한 경우보다 기존 저작물의 일부를 편집한 경우가 많다. 저작권법상 일부 복제에 그쳤다고 하더라도 기존 저작물의 권리자가 정책적·사업적 고려에 따라 전향적으로 판단하지 않는 한 침해 여부에 대한 유효성을 판가름 하기는 힘들다. 이는 UCC와 관련한 저작권 문제의 핵심으로 이대희[18]는 관련 주체 간의 상호 관계에서 발생하는 문제로 심각한 갈등을 수반할 수 있다고 주장한다.

● 기존 저작물의 변형

기존 저작물을 변형하는 방법으로는 2차 저작물 작성, 인용, 패러디가 있다. 우선 2차 저작물 작성은 영화나 비디오, 방송영상물 등 저작물의 전부 또는 일부를 편집하거나 변형해 제작한 UCC로 저작권 침해 여부는 사실관계에 따라 개별적으로 판단할 수밖에 없다. 하지만 황성기[19]는 다음과 같은 경우 저작권 침해를 인정하기 힘들 것으로 보고 있다.

우선 이용자가 제작한 UCC가 원저작물을 본질적으로 변형한 독립적이며 새로운 저작물인 경우 저작자의 동일성유지권과 2차 저작물작성권을 침해하였다고 볼 수 없다.[20] 기존 저작물을 가지고 2차 저작물을 제작하는 경우 새로운 창작성이 부여된 경우 저작권자의 허락을 구하지 않는 한 2차 저작물작성권을 침해한다. 그러나 원저작권자의 허락없이 제작된 2차 저작물도 그

---

17) 윤종수(2007), 앞의 논문, pp.36~39.
18) 이대희(2007), 「UCC와 저작권」, 『정보처리학회지』, 14권 3호, p.70.
19) 황성기(2007), 앞의 논문, pp.108~110.
20) 조정욱(2007), "동영상서비스와 UCC에 대한 저작권법 상 쟁점", 「서울대학교 기술과법 센터 워크샵 발표문」, pp.16~17.

자체로 독자적인 저작물로서 보호되는데, 새롭게 부여된 창작성은 별도로 보호할 필요가 있기 때문이다. 이 유형은 불법 복제 UCC와 관련해 권리 보호와 문화 발전의 사이의 갈등이 첨예하게 대립하는 영역이다. 기존 저작물에 창작성을 가미해 2차 저작물을 만드는 것은 앞서 살펴본 단순 복제물과는 그 가치나 의미가 다르며, 오히려 저작물의 창작을 유도해 문화 발전을 이끈다는 점은 저작권법의 이념과 부합하고 디지털 시대에 '리믹스'(Remix)라는 새로운 창작 방식을 창출할 수 있기 때문이다.

둘째, 인용의 경우다. 저작권법 제25조에는 '공표된 저작물은 보도·비평·교육·연구 등을 위하여 정당한 범위 안에서 공정한 관행에 합치되게 이를 인용할 수 있다'라고 저작권의 제한 규정을 두고 있어 이 경우 기존 저작물을 이용한 UCC가 현행법상 저작권을 침해하지 않는다. 그러나 정당한 범위와 공정한 이용은 기존 저작물과 인용하는 저작물이 서로 주종 관계에 있어야 하고, 인용으로 인해 원저작물에 대한 수요가 대체되지 않아야 한다. 따라서 인용에 의한 UCC 제작이 법적으로 유효하고 그 활성화 필요성도 있으나 실제 인용으로 해결 될 수 있는 경우는 많지 않다.[21]

셋째, 패러디 UCC의 경우 저작권 침해 여부를 판단하기 어렵다. 저작권법 제28조가 규정하고 있는 공표된 저작물의 인용 요건, 특히 '비평을 위한 인용'에 해당되기 때문이다.[22] 일반적으로 패러디 UCC는 원저작물의 내용과 특성을 모방하는 동시에 저작자의 이용허락을 받지 않고 제작되는 경우가 대부분이기 때문에 저작권 침해가 항상 제기될 수 있다. 물론 원저작자의 이용허락을 받지 않았다고 해서 모두 저작권을 침해하는 것은 아니다. 왜냐하면 패러디 UCC가 2차 저작물에 해당하는가 아니면 '비평을 위한 인용'에 해당하는가에 의해 저작권 침해 여부가 판가름되기 때문이다.

---

21) Lessig(2004), *Free Culture*, 이주명 역(2005), 『자유문화』, 필맥.
22) 정상조(2004), 『지적재산권법』, 홍문사, p.378.

2) 방송 프로그램과 UCC

지난 2007년 2월 20일 지상파 방송 3사와 인터넷 자회사인 KBS 인터넷, iMBC, SBSi 등은 공동으로 NHN, 다음커뮤니케이션, SK커뮤니케이션즈 등 대형 포털 운영 업체에 대해 '저작권 침해 행위 금지 등 요구'라는 제목의 경고장을 발송했다. 최근에는 지속적으로 발생하는 저작권 침해 행위에 대한 소송을 검토하고 있다. 또한 미국에서는 유튜브를 상대로 뉴스코퍼레이션, NBC유니버설, 바이어콤은 유튜브 이용자들이 영상물 제작, 뉴스 스크랩 등 불법으로 이용해 저작권을 침해했다고 주장하며 이에 대한 대대적인 소송을 검토했다. 영국 축구 프리미어리그 사무국도 2006년 10월 유튜브 측에 불법으로 게재된 축구 동영상 파일을 삭제하도록 요구한데 이어 2007년 5월에는 뉴욕 지방법원에 저작권 침해 소송을 제기해 유튜브 측과 저작권 분쟁이 확대된 사건이 있었다. 23)

현재 업계에서는 워터마크를 이용한 제작자 명시 방법으로 불법 복제를 방지하거나 저작권자로부터 불평이 제기될 경우 동영상을 삭제하는 수준으로 저작권 문제를 해결하고 있지만 이는 근본적인 해결책이 되지 못한다. 24)

저작권 위반에 대한 방송사와 인터넷 포털 업체들 간의 분쟁은 인터넷 이용 환경에 커다란 변화를 불러일으킬 수 있다. 물론 거대 인터넷 포털 업체들의 각종 불공정 거래 행위 및 저작권 침해 등에 대해 제도적 규제 장치 마련의 필요성이 높아진 것은 사실이다. 그러나 현행 저작권법상 방송 프로그램을 이용한 UCC는 지상파 방송 자회사의 인터넷 사이트에서만 합법적으로 할 수 있다. 이는 UCC 제작자 입장에서는 UCC를 올릴 수 있는 플랫폼이 축소되는 것이고 이용자의 관점에 보면 결국 사상과 표현의 자유를 누릴

---

23) 손정협, "비아콤, 유튜브와 구글 상대 10억달러 손배소", 「디지털타임즈」(2007.3.15)
24) 강상구(2007), 「공영방송사가 제작한 프로그램의 이용과 저작권 보호」, 『언론과 법』, 6권 1호, pp.31~38.

[표 11-2] 방송3사의 UCC 저작권 관련 대응추이

2006년 10월	방송3사의 인터넷 자회사는 공동명의로 불법 콘텐츠를 삭제하는 공문을 웹하드, P2P, 포털이동통신사 등 65개 업체에 발송
2007년 12월	법무법인 두우를 통해 웹하드, P2P, 포털 이동통신사 등 38개 업체를 대상으로 저작권 침해방지 경고장 발송
2007년 9월	포털(NHN, 다음)과 방송 콘텐츠 저작권 보호와 건전한 유통질서 확립을 위한 협약체결
2008년 1월	대표적인 UCC서비스 제공업체를 대상으로 저작권 위반행위 및 중지 협상을 통한 원만한 해결을 촉구하는 내용증명 발송
2008년 1월~논의중	1차 대상업체를 지정하여(7개 UCC서비스 사업자) 콘텐츠 저작권 관련 협상 및 소송진행중
2008년 3월	유튜브에게 저작권 침해 준비 및 재발 방지를 촉구하는 공문을 송부

* 출처: 「방송콘텐츠의 UCC제작활용에 따른 저작권 관련 논쟁점과 시사점」, 한국인터넷진흥원(2008), 『Issue Tagging』, 3호, 4쪽.

수 있는 플랫폼의 감소와 동시에 정보에 대한 접근이 제한되는 문제점이 발생한다.[25]

　이러한 갈등적 요소를 법적 측면에서만 바라볼 것이 아니라 공정이용 관점으로 살펴보아야 한다는 주장이 제기되고 있다. 우선 방송 프로그램과 공정이용간의 관계를 방송의 기능과 역할 측면에서 고찰해 볼 필요가 있다. 방송의 자유에는 공적 임무, 특히 민주주의 기능이 있으며 방송저작물도 공적 임무가 부여된다. 즉 방송저작물은 공적 성격을 지닌 방송 재화로서 재산권과 인격권적 특성을 동시에 지닌 문화산업재다. 이는 방송 프로그램이 이용자들에게 제공된 이후에는 일반적인 성격을 가지므로 누구나 활용할 수 있음을 의미한다고 볼 수 있다.[26]

　하지만 국내 방송의 경우 민영과 공영의 이원적 구조다. 방송저작물 이

---

25) 권형둔(2007), 앞의 논문, pp.39~43.
26) 유의선(1997), 「방송환경변화에 따른 방송저작권 이용 및 침해배상」, 『사이버커뮤니케이션학보』, 통권 1호, pp.96~105.

[표 11-3] UCC의 방송저작물 이용시 공정이용원칙 적용

성격	비상업적 부분이용	상업적 부분이용	비고
공영	공정이용 허용	공정이용제한허용	공정이용의 허용정도는
민영	공정이용 제한적 허용	대안적 허용제도	판례로 해결

* 출처 : 「UCC의 방송저작권 침해에 대한 고찰 '공정이용과 OSP'책임성을 중심으로」,
이재진 · 방성복(2007), 『방송연구』, 겨울호, p.67.

용에 있어서 공영과 민영 방송 프로그램을 이용하고 활용하는 데 차이가 발생할 수 있다. 권형둔[27)]은 공영방송은 공공의 의사 형성이라는 사회적·공적 책임이 부여되어 문화 발전의 측면에서 UCC 이용자에 대해 민영 방송과 같이 저작권법을 엄격하게 적용하는 것을 자제해야 한다고 설명한다. 경제적 이익을 목적으로 소송을 제기하는 행위는 공영방송의 성격에 비추어 볼 때 그 기본권 행위 능력이 일정부분 제한되어야 한다는 점이다. 따라서 저작권을 침해했더라도 UCC가 지닌 무한한 가능성을 고려하여 인터넷 사업자와 이용자의 자율 규제의 역량 강화 및 구축에 초점을 유도할 필요가 있다.

하지만 방송 프로그램의 저작권도 헌법상 재산권에 속하고 우리나라 헌법 제23조에서 '모든 국민의 재산권은 보장하되 그 내용과 한계는 법률로 정하도록 하고 있다'는 법적인 근거를 통해 공영 방송의 재산권도 보호받아야 한다는 상반된 주장도 있다. 헌법에서 보장하는 국민의 알권리와 표현의 자유, 공공기관의 정보공개에 관한 법률에서 공적인 정보에 대한 자유로운 접근, 저작권법에서 정하고 있는 합리적인 이용과 같은 상반하는 가치에 대한 비교 형량이 필요하다. 물론 방송 프로그램도 법에서 허용한 범위에서 이용과 활용이 가능한 것이며 운영 방식이나 소유 주체에 따라 구분한 공영과 민영

---

27) 권형둔(2007), 앞의 논문, pp.39~43.

방송에 관계없이 헌법상 부여된 재산권은 보호되어야 한다.[28]

　　최근 미국 법원은 공정이용 조항을 통해, 저작권 보호를 절대적인 가치로 여겨 이용자의 권한까지 제한하는 저작권자들의 움직임에 대해 제동을 거는 판결을 내렸다. 2007년 6월 펜실베이니아에 사는 주부가 자신의 아이가 춤추는 장면을 동영상으로 촬영해 유튜브에 올렸다. 동영상 가운데 배경음악으로 사용한 가수 프린스 곡의 저작권자인 유니버설뮤직이 저작권 침해를 이유로 UCC삭제를 요청했다. 유니버설뮤직은 이외에 200명에게도 유사한 경고장을 보내고 사이트 관리자인 유튜브에 비디오 삭제를 요구했다. 그런데 미국 법원은 판결에서 DMCA에 명시된 공정이용을 이유로 주부의 손을 들어주면서 저작권자들은 유튜브에서 동영상 삭제를 요구하기 전에 문제가 된 부분이 공정이용에 해당하는지 확인해 보아야 한다고 판시했다.

　　이러한 점에서 방송 프로그램의 UCC 이용에 관한 상반된 시각에도 UCC 이용과 활용은 기존 전통적 미디어와 같이 배타적이며 독점적일 수 없으며 규제보다는 활용이라는 점에서 공정이용을 유연하게 적용할 수 있는 대안이 고려되어야 한다.[29] UCC의 저작권 침해에 대해 적용을 완화하고자 하는 미국 법원의 입장이나 UCC를 통한 자아표현 및 가치창출을 원하는 이용자와 사업자의 입장을 고려하면 UCC와 저작권 문제에 대해 유연하게 적용하는 해석론이 정립되어야 한다. 또한 국내법에서는 공정이용 조항이 명시되어 있지 않지만 디지털 기술 발달에 따른 저작권 권리 관계가 첨예하게 대립되는 상황이 예상되는 만큼 이러한 갈등 관계를 적절하게 해결할 수 있는 법적·제도적 장치가 필요하다.

---

28) 강상구(2007), 앞의 논문, pp.37~38.
29) 황지연·성지환(2006), 「융합시대 사회문화 트렌드와 UCC 활용전망」, 『정보통신정책』, 18권 17호, pp.48~51.

2. 온라인서비스제공자와 저작권

1) OSP의 의미와 범위

인터넷 이용자가 타인의 저작물을 다운로드하여 다른 사람에게 전송하거나 자주 이용하는 전자 게시판에 무단으로 올리는 경우 1차적인 책임은 저작권을 직접 침해한 이용자에게 있다. 하지만 저작권을 침해한 이에게 책임을 질 만한 경제적인 능력이 없는 경우가 많아 저작권을 실제적으로 보호하기 위해 이를 방관한 OSP에게 책임을 물을 필요성이 있다. 이와 같이 이용자에 의한 직접적인 침해행위에 대해 OSP에게 책임을 물을 수 있는가 만약, 책임을 부과할 수 있다면 어떤 책임에 대해 물을 수 있는지에 대한 문제제기로 대두된 것이 OSP책임론이다. 30)

저작권법상 OSP는 "다른 사람들이 정보통신망31)을 통하여 저작물 등을 복제 또는 전송할 수 있도록 하는 서비스를 제공하는 자"다. 32) 저작권법상 OSP는 엄밀하게 말하면 인터넷사업자 중 인터넷콘텐츠호스트(정보매개서비스제공자)를 의미한다. 33) 박준석34)은 OSP를 인터넷에 대한 서비스를 제공하는 주체로 정의했다. 여기에서는 인터넷 접속, 메일, 웹 호스팅 등 서비스 뿐 만 아니라 콘텐츠가 직접 저장되고 관리될 수 있는 공간이나 전자게시판을 제공하는 서비스도 OSP에 포함했다. 35)

---

30) 윤선희 (2002), 「정보통신사회에서의 인터넷서비스운용자에 대한 고찰」, 『인터넷 법률』, 통권 11호, P.65.
31) 정보통신망이용촉진 및 정보보호 등에 관한 법률 제2조 제 1항 제 1호의 정보통신망을 말함.
32) 저작권법 제2조 제30호.
33) 김기태(2008), 『웹2.0 시대의 저작권 상식100』, 커뮤니케이션북스, pp.123~124.
34) 박준석(2006), 『인터넷서비스제공자의 책임』, 박영사, pp.7~10.
35) 자주 OSP라는 용어가 대신 사용되곤 하는데 특히 저작권법은 제 2조 제 22항에서 다른 사람들이 저작물이나 실연·음반·방송 또는 데이터베이스를 정보통신망을 통하여 복제 또는 전송할 수 있도록 하는 서비스를 제공하는 자를 OSP라고 규정하고 있는 바 그 개념상 ISP와 큰 차이가 없으므로 본 논문에서는 두 용어 중 어느 것을 사용해도 큰 무리가 없다고 판단된다.

일반적으로 인터넷 상에서 정보 제공과 관련된 사업자 내지 주체는 정보 제공에 대한 법적 책임을 기준으로 세 가지로 구분할 수 있다. 첫째, 인터넷콘텐츠제공자(ICP: Internet Content Provide)는 인터넷을 통해서 콘텐츠나 데이터베이스를 제작·제공하는 자로 일명 '정보제공자'다. 둘째, 인터넷콘텐츠호스트(ICH: Internet Content Host)는 타인의 정보를 매개하는 자다. 예컨대 인터넷 상 각종 포털사이트가 여기에 해당한다. 이용자가 정보를 이용하도록 정보를 관리·매개하는 자를 의미한다. 셋째, 인터넷서비스제공자(ISP: Internet Service Provider)는 타인의 정보를 매개하는 것이 아니라 정보 제공자가 제공하는 정보에 접근할 수 있도록 서비스를 제공하는 자다. 예를 들면 메가패스, 하나포스 등 광대역 초고속 통신망 서비스를 제공하는 사업자를 들 수 있다.[36]

2) 미국의 OSP 책임제한

저작권법이 제정되기 이전에 미국에서도 많은 이용자들이 저작권을 보호해야 한다는 인식이 약했다. 예를 들면 유명 만화가 개리 라슨(Gary Larson)이 자신의 저작물이 인터넷상에서 돌아다니는 것에 불만을 제기했으나 이용자들은 이를 인터넷에서 자유롭게 이용할 수 없다면 무용지물이라는 반응을 보였다. 이러한 배경으로 새로운 저작권법의 제정이 요구되었고 1998년 10월 미국 정부는 저작권 보호 시스템의 무력화를 규제하고 서비스제공자의 책임을 일정한 범위로 규정하는 내용을 포함한 DMCA을 제정하였다.

실제로 DMCA가 제정되었을 때 저작권 쟁점 중 하나는 어떠한 장치가 다른 다양한 법적 목적을 위해 이용될 수 있다면 저작권 침해에 이용될 수 있는 장치를 제작·판매하는 것을 정부가 범죄 행위로 간주할 수 있는가였다. 웹상에서 복제·전송이 순식간에 이루어져 저작권을 침해할 수 있다는 점에서

---

36) 김기태(2007), 앞의 책, p.230.

DMCA는 이러한 장치를 판매·배포하거나 방관하는 사업자를 규제하려는 특징을 지닌다.[37]

이와 관련해 이용자들이 UCC를 통해 저작권을 침해하는 경우 비록 단순한 매개 역할만을 한 경우 OSP에게 책임을 부과할 수 있는 것이 가장 큰 쟁점이었다. 적어도 현재 저작권법상 OSP의 책임에 대한 면책 조항이 있다. 결국 DMCA에서 OSP의 개념을 명문으로 규정한 취지는 이것을 책임 부과의 기준으로 적용하려는 것이 면책의 요건으로 삼으려는 것으로 판단된다.[38] 다시 말해 저작권자가 OSP를 상대로 저작권 침해와 관련해 소송을 제기한 경우 OSP는 자신이 DMCA의 OSP에 해당되고 법이 정한 면책 요건을 충족한 것이 입증되었다면 저작권 침해에 대해 면책될 수 있다.

· DMCA 제512조의 인터넷서비스제공자 면책사항

1. 일시적 디지털 네트워크통신(transitory digital network communications): 인터넷서비스제공자는 자신이 운영하는 네트워크를 통하여 저작물을 전송하는 과정에서 저작물의 일시적 저장이 이루어졌다고 하더라도 이를 이유로 저작권 침해에 대한 손해배상 및 기타 형법상의 구제에 대한 책임을 지지 않는다. 이러한 면책은 ① 저작물의 전송이 자신 이외의 자에 의하여 시작된 경우, ② 전송 또는 저장이 자동적인 기술적 과정(automatic technical process)에서 이루어졌을 것, ③ 자신이 저작물의 수신자를 선택한 경우가 아닐 것, ④ 일시적 저장과정에서 이루어진 저작물의 복제물에 제3자가 통상적인 방법으로 접근하거나 또는 전송에 필요한 시간 이상으로 시스템에서 관리되지 아니 할 것, ⑤ 저작물의 내용이 수정없이 전송될 것 등의 조건을 요한다.

---

37) 임호(2007), 「온라인상의 저작권침해에 대한 온라인서비스제공자의 책임: 미국 저작권법(DMCA) 및 판례법의 한국적 적용가능성에 관하여」, 『언론과 법』, 6권 1호, pp.58~59.
38) 임호(2007), 위의 논문, pp.59~60.

2. 전송과정에서 인터넷서비스제공자에 의한 일시적 저장(system caching): 인터넷
서비스제공자는 자신에 의하여 운영되는 시스템에 저작물의 일시적 저장이 이루
어진 경우에도 책임을 지지 아니한다. 면책을 주장하기 위해서는 ① 인터넷서비
스제공자 이외의 자가 저작물을 온라인으로 이용할 수 있을 것, ② 인터넷서비스
제공자 이외의 자가 시스템이나 네트워크를 통하여 저작물을 다른 사람에게 전송
할 것, ③ 저작물에 대한 접근을 요청한 시스템의 이용자로 하여금 저작물을 이용
할 수 있게 하는 자동적인 기술적 과정에서 저장이 이루어졌을 것의 조건을 만족
해야 한다.

 미국 저작권법은 저작권 분쟁과 관련해 OSP의 책임을 크게 직접책임,
기여책임, 대위책임으로 구분한다.[39]

 직접책임은 타인의 저작물에 대해 직접 침해행위를 한 자에게 책임을
묻는다. 미국의 판례법상 OSP에 대해 직접책임이 성립하기 위해서는 이용자
가 타인의 저작권을 침해한다는 주관적 인식과 구체적인 침해 행위가 있어야
한다. 하지만 OSP가 이용자 간 정보 교환의 통로가 되거나 그 내용을 변경할
수 있는 통제력을 가지고 있지 않은 경우 그 침해된 콘텐츠에 대하여 직접책임
은 성립할 수 없다.[40]

 기여책임은 타인의 행위가 저작권을 침해한다는 사실을 인식하면서 그
침해행위를 유인·인도하거나 또는 실질적으로 기여를 하는 행위다. 기여책
임은 타인의 저작권 침해행위를 전제로 하여 발생하는 2차 책임에 해당하므
로 타인에 의한 저작권 침해 행위가 존재하고, 공정이용에 속하지 않는다는
전제 조건이 성립되어야 살펴볼 수 있다.[41] OSP의 기여책임이 성립하기 위

---

39) 최승수(2007), 「온라인상의 저작권침해에 대한 온라인서비스제공자의 책임」, 『언론과 법』,
6권 1호, p.81; 박태일(2006), 앞의 논문, P.49.
40) 이수형(2007), 「온라인상의 저작권 침해에 대한 온라인서비스제공자의 책임」, 『언론과 법』,
6권 1호, pp.84~87.

해서는 우선 저작권 침해행위가 발생한 사실을 인식할 필요가 있지만 만약 이러한 사실을 직접 인식하지는 못하더라도 침해행위를 명백하게 알 수 있는 사실이나 정황이 있는 경우도 침해행위에 해당한다.

그러나 저작권을 침해당하였다고 주장하는 자로부터 침해행위가 존재한다는 서면 통지서를 받기 전에는 OSP는 침해행위에 대한 인식을 못한 것으로 본다. 둘째, OSP가 침해행위가 발생한 것에 대해 실질적 기여가 있어야 한다. 기여책임이 성립하기 위한 전제는 웹 상에 올려져 있는 저작물에 대해 OSP가 통제를 할 수 있어야 한다. 하지만 이용자가 올린 저작물에 대해 아무런 통제력이 없는 OSP는 저작권 침해행위에 대한 책임을 지지 않는다.[42]

기여책임이 인정되는 대표적인 판례는 냅스터(Napster) 사건이다. 이 사건은 음반을 판매하는 원고 냅스터를 상대로 피고가 음악저작물을 무단으로 복제한 뒤 이를 다운로드 하거나 업로드 또는 이를 전송하거나 배포함으로서 저작권 침해행위에 참여하거나 이를 용이하게 함으로써 기여책임이 있다고 소송을 제기했다. 냅스터는 이에 자신들의 서비스는 신기술을 비침해적 방식으로 사용한 것으로 DMCA 512조의 면책 조항에 의해 보호를 받는다고 주장했다. 하지만 법원은 냅스터가 저작권을 침해하는 행위라는 사실을 실제로 인식하고 있다는 점을 들어 기여책임을 지며 동시에 DMCA 상의 면책 조항에 해당하지 않기 때문에 원고의 저작물을 무단으로 복제·전송하는 일체의 행위를 금지하는 판결을 내렸다.[43]

대위책임은 타인이 침해행위를 하는 것을 통제할 수 있는 능력을 지니고 있고, 그로부터 경제적 이익을 취하는 것이다. 대위책임은 2차 책임으로 기여

---

41) 박태일(2006), 앞의 논문, p.51.
42) 강태영(2002), 「인터넷 시대의 저작권: MP3 음악파일을 중심으로」, 『언론과 법』, 창간호, pp.320~328; 김경호(2002), 「MP3의 진보와 온라인 음악 저작권침해: 냅스터와 소리바다 판결의 의의」, 『언론과 법』, 창간호, pp.254~257.
43) 김경호(2002), 앞의 논문, p.254.

책임과 마찬가지로 타인에 의한 침해행위가 존재하고, 그것이 공정이용에 속하지 않는다는 전제조건이 있어야만 살펴볼 수 있다.[44] 대위 책임이 성립하기 위해서는 첫째, 침해 행위로부터 경제적 이익을 얻어야 하고 둘째, 침해 행위를 통제할 수 있는 권리와 능력 가지고 있어야 한다. 하지만 두 가지의 요건이 구비되지 않는 경우 OSP가 제3자에게 판매할 콘텐츠를 게시할 수 있는 공간을 제공한 것에 불과하여 제3자가 저작권을 침해하는 콘텐츠를 판매한 사실이 밝혀졌다고 하더라도 그 침해행위를 통제할 수 없었던 OSP는 제3자의 저작권 침해행위에 대해 대위책임을 지지 않는다.[45]

앞서 살펴본 것과 같이 저작권 문제가 발생할 경우 OSP는 다음과 같은 경우에 면책 되거나 일정한 책임을 지게 된다.[46] 첫째, 저작권법에 의거하여 만약 OSP가 저작권자가 자신의 허락 없이 저작물이 게재되었다고 주장하는 저작물을 삭제하는 경우 면책된다. 둘째, 만일 OSP가 타인의 저작권을 침해하는 것을 인식하면서도 이를 유통시킨 경우에는 OSP는 면책되지 않는다. 셋째, 이용자는 비록 자신이 저작권자의 저작권을 침해하지 않았다는 사실을 증명하더라도 OSP가 그 게시물을 삭제한 행위를 문제 삼아 소송을 제기할 수 없다.

3. 온라인서비스제공자 책임논란

인터넷 디지털 콘텐츠의 유통경로에는 정보 제공자, 정보 전달자, 정보 이용자가 존재한다. OSP는 정보 전달자의 역할을 하면서 정보통신 설비를 이용하여 정보 제공자나 정보 이용자가 서로 교류할 수 있는 환경을 제공한

---

44) 박태일(2006), 앞의 논문, p.53.
45) 임호(2007), 앞의 논문, pp.58~59.
46) Trager, Russonmanno, & Ross(2007), *The Law of Journalism and Mass Communication.* New York: McGraw Hill, 최승수(2007), 앞의 논문, 재인용, pp.81~83.

다. OSP는 정보 전달자로서 정보 제공자나 정보 이용자를 매개하는 서비스를 제공하기 때문에 직접적으로 저작권 침해행위와는 관련이 없어 보인다. 하지만 디지털 콘텐츠에 의한 저작권 침해행위가 발생하는 경우 정보 전달자인 OSP의 설비를 이용하여 만들어진 웹 공간이 그 토대가 되기 때문에 OSP는 저작권 침해의 책임에서 완전히 자유로울 수 없다.[47]

OSP가 직접 저작권으로 보호되는 저작물을 정당한 권한 없이 게시판이나 사이트에 올려 타인들이 다운로드를 할 수 있게 하는 경우 OSP가 저작권자의 복제권, 전송권 및 배포권을 등을 침해하는 불법에 해당되어 OSP에게 손해배상 책임을 물을 수 있다. 또한 OSP가 이용자의 침해에 기여하는 경우가 있는데, 이때 이용자와 OSP가 협의의 공동 불법행위로써 복제권, 전송권 및 배포권을 침해한 것으로 OSP에게 책임을 물을 수 있다.[48]

인터넷의 발달로 디지털저작물을 쉽게 복제, 전송할 수 있게 되면서 OSP가 직접적으로 침해 행위를 하지 않았으나 이용자가 침해 행위에 대한 책임을 인정하지 않으면 침해 행위를 방지할 수 없게 돼 저작권 보호를 위한 새로운 문제가 제기되었다.[49] 다양한 인터넷 저작물 중 저작권 침해 행위에 대해 여러 이해 관계와 갈등이 발생하고 있는 것이 바로 UCC다.

UCC와 관련해 제기될 수 있는 법적 쟁점은 UCC 전문 사이트나 혹은 UCC 서비스를 제공하는 기존 포털 등 OSP의 법적 책임의 문제다. 즉 인터넷 이용자가 제작한 UCC를 타인들이 접근해 이용할 수 있도록 매개하는 서비스를 제공하는 사업자의 법적 책임의 인정 여부 혹은 그 범위 설정에 관한 문제를 의미한다. 이 문제는 구체적으로 타인의 저작권을 침해하는 UCC를 매개할

---

47) 도준호(2001), 「디지털 콘텐츠 유통과 저작권 보호문제에 관한 연구: 미국인터넷서비스제공자의 책임한계와 공정이용조항을 중심으로」, 『방송연구』, 2001년 여름호, p.224.
48) 박태일(2006), 「온라인서비스제공자책임에 관한 연구」, 『창작과 권리』, 2006년 가을호(제44호), p.46.
49) 박태일(2006), 위의 논문, p.46.

경우 OSP 대해서도 저작권의 침해에 대한 책임을 인정할 수 있는가에 대한 문제점, 음란한 내용의 UCC 라든지 타인의 명예를 훼손하는 내용의 UCC를 매개했을 경우에 정보통신망법 상의 음란정보 유통죄 라든지 명예훼손의 책임을 물을 수 있는지의 문제 등으로 나타난다. 특히 최근 유통되는 UCC의 대부분이 방송 프로그램이나 영화의 일부를 복제·편집·수정해 제작한 제작물로 OSP의 저작권 침해에 대한 법적 책임의 위험성은 매우 크다.[50]

　　현재 국내에서 OSP의 법적 책임에 관한 일반 규정이 존재하지 않으나 개별 영역에서 OSP의 법적 책임의 범위를 설정하고 있는 조항은 존재한다.[51] 저작권법 제102조은 OSP의 법적 책임에 있어서 가장 중요한 요소는 '인지가 능성'과 '기술적 기대 가능성'이다. 즉 현행 저작권법 제102조 제1항은 OSP가 저작물 등의 복제·전송과 관련된 서비스를 제공하는 것은 다른 사람에 의한 저작물 등의 복제·전송으로 인하여 저작권이 침해된다는 사실을 알고 당해 복제·전송을 방지·중단시킬 경우 OSP의 책임을 감경 또는 면제할 수 있도록 하고 있다. 뿐만 아니라 동조 제2항은 OSP가 저작물 등의 복제·전송과 관련된 서비스를 제공하는 것과 관련하여 다른 사람에 의한 저작물 등의 복제·전송으로 인하여 저작권이 침해된다는 사실을 알고 당해 복제·전송을 방지하거나 중단시키고자 하였으나 기술적으로 불가능한 경우 OSP의 책임은 면제된다고 규정하고 있다. 이 조항은 미국의 DMCA를 모델로 한 것으로 침해 행위에 대한 과실을 인지하지 못한 경우 기여책임행위를 묻기 위해서는 침해 사실에 대한 인식이 있어야 한다는 취지와 일맥상통한다고 할 수 있다.[52] 저작권법 제102조는 저작권 침해에서 OSP의 책임 제한 규정으로 이해되고 있다.[53]

　　한편 제103조에서 저작물 등의 복제·전송으로 인하여 저작권이 침해되도

50) 저작권법 제102조; 이수형(2007), 앞의 논문, pp.84~87; 임호(2007), 앞의 논문, p.59.
51) 김기태(2007), 앞의 책, pp.231~232.
52) 이재진·방성복(2007), 앞의 논문, pp.68~71.
53) 박준석(2006), 앞의 책, pp.7~10.

있다는 사실을 주장하는 사람이 복제·전송을 중단시킬 것을 요구하는 경우 복제·전송을 즉시 중단시키고 당해 저작물을 복제·전송하는 자 및 권리 주장자에게 사실을 통보하도록 규정하고 있다.

제103조는 개정 이전 저작권법 제 77조의 제 2항의 규정과 비교해 볼 때 거의 유사하기는 하나 차이를 보인다. 제 103조의 경우 권리 주장인의 요구가 있는 경우 OSP가 보다 신속하게 저작물 등의 복제·전송을 중단하도록 기존의 '지체 없이' 하도록 한 조항을 '즉시'로 변경해 OSP의 주의 의무를 강화했다. 이때 OSP는 권리 주장인의 요구에 따라 저작물 등의 복제·전송 중단 여부를 복제·전송자 뿐만 아니라 권리 주장자에게도 통보해야 한다.

이러한 OSP의 책임론은 인터넷상 개개인에 대한 규제보다는 인터넷에 대한 다수 당사자의 참여를 가능하게 해주는 서비스를 제공하는 OSP를 규제함으로써 간접적인 효과를 얻고자 하는 실질적인 이유에서 시작되었다. 윤종수[54]는 OSP의 책임론에는 다음과 같은 시각이 깔려 있다고 본다.

우선 위험을 창출하는 기업은 그 사업 비용으로 위험까지 인수해야 한다는, 기업 책임 내지 위험이 현실화되어 타인에게 손해를 야기한 경우 그 위험 원천의 점유자 또는 관리자는 그 손해에 대해 과실 여부를 불문하고 책임을 져야 한다는 위험책임과 유사하다. 인터넷 사업은 위험을 유발하기 때문에 이로부터 창출된 수익의 일부분을 OSP에 부담시키는 것이 합리적이라고 보는 것이다. 다른 하나는 OSP의 의도 문제다. OSP 중 특히 UCC 서비스의 수익 모델은 페이지뷰 내지 클릭수에 연동하는 광고로부터 얻는다. OSP는 최대한 많은 방문자를 확보하려 하고, 따라서 이용자들의 방문을 유도할 수 있는 콘텐츠의 공급을 고민하게 된다. 현재 저작권을 침해한 상당수의 UCC 콘텐츠들이 이러한 역할을 하고 있다. 결국 OSP에 대한 책임을 지우는 이유는 저작

---

54) 윤종수(2007), 앞의 논문, pp.36~39.

권 침해 상황을 개선하는데 별다른 의욕을 없이 이를 조장하거나 방조하고 있다는 시각에서 비롯한다.

OSP에 대한 책임을 부과하는 것과 상반된 시각도 있다. OSP에 대한 책임 전가는 불법 행위 뿐만 아니라 OSP가 제공하는 적법 행위도 함께 사라질 위험이 있고 OSP가 책임을 면하기 위한 침해행위를 저지하는 데 드는 비용이 크다는 점이다. 이러한 비용은 결국 이용자들에게 전가되고,[55] OSP는 책임 추궁을 면하려고 무분별하게 정보를 삭제하게 돼 표현의 자유를 침해, 문화 발전을 침해하는 결과를 가져온다.

현재까지 직접 관련된 판례가 나오지는 않았으나 기존의 판례들과 개정된 법적 규정들은 OSP의 책임을 강화하고 면책 요건을 좀 더 까다롭게 적용하는 경향을 보인다. 이는 OSP는 저작권 침해에 따르는 책임을 최소화하기 위해서는 끊임없이 주의 의무를 다해야 한다는 점을 의미한다.[56]

OSP는 새로운 저작물을 적절하게 배포·확산시켜 인터넷 문화 발전에 이바지할 수 있는 지위에 있는 동시에, 저작권을 침해하는 데 기여할 수 있는 위치에 있기도 하다. 그러므로 디지털화 사회에서 저작권을 적절하게 보호하기 위해서는 OSP 책임론을 명확하게 정립할 필요가 있다. 이를 위해 OSP의 법적 책임은 인지 여부와 기술적 조치 가능성을 기본적 판단 기준으로 도입하되 이를 판단하기 위하여 여러 다양한 상황적 요소들을 종합적으로 고려해야 한다. OSP에 일률적으로 법적 책임을 지우려고 하기 보다는 상황적 요소들을 종합적으로 판단해야 한다.[57] 광대역망의 발전과 디지털 기술의 진전으로 OSP가 새롭고 다양한 서비스를 제공하는 형태로 변할 것이다. 지속적으로 변화되는 인터넷 환경에서 저작권에 대한 OSP책임론 역시 새로운 국면을 맞이하게 될 것이다.

---

55) 박준석(2006), 앞의 책, pp.7~10.
56) 이재진·방성복(2007), 앞의 논문, p.76.
57) 황성기(2007), 앞의 논문, pp.110~111.

12장

디지털 시대 미디어 콘텐츠 저작권 정착방향

● 이승선 · 최영묵

1. 디지털 시대의 저작권

지난 2007년 저작권법이 전면 개정 발효된 후 언론사들이 발 빠르게 저작권 문제에 대응하고 있다. 2009년 7월부터 발효된 '3진 아웃제'를 핵심으로 하는 저작권법 추가 개정 여파에 대해서는 이 책의 3장 5절에서 상세하게 정리했다. 일부 신문사의 저작권을 대행하는 로펌들의 경우 아르바이트생을 고용하여 기업이나 대학, 그리고 개인의 홈페이지나 블로그 등에 무단 게재된 저작물들에 대하여 무더기로 형사고발에 나서고 있다. 텔레비전 방송사들의 경우도 인터넷 동영상 사이트나 포털 등을 대상으로 자사 콘텐츠 무단 이용에 대하여 저작권법에 입각하여 다양한 법적 구제조치를 강구하고 있다.

저작권위원회가 지난 2006년 조사한 바에 따르면 인터넷에 업로드된 동영상 UCC의 약 83.5%가 기존 방송이나 광고방송을 불법적으로 편집하거나 복제한 것이고, 단지 16.5% 정도가 순수 창작물인 것으로 드러났다. 이에 따라 방송사들은 포털사이트를 비롯해 전문 동영상 UCC 전문 업체들과 이 문제를 해결하기 위한 협의를 진행했다. 결국 방송 3사(KBS, MBC, SBS)와 포털 2개 사(NHN, 다음)는 지난해 9월 저작권 보호를 위해 저작권 문제 해결을 위한 전담인력을 배치하고 모니터링 인력을 확충하는 것 등을 골자로 하는 협약을

체결했다. 판도라TV 등 7개 업체와는 현재 협상을 진행 중이다.[1]

방송사들뿐만 아니다. 주요 방송국 등에 드라마를 주로 제작, 공급하는 독립제작사들도 저작권자로서 정당한 권리를 찾기 위해 적극 나서고 있다. 공정거래위원회는 지난 2008년 4월 KBS 등 3개 지상파 방송사의 드라마 제작사 저작권 침해 여부를 조사하기로 했다. 지난 달 삼화네트웍스, 김종학프로덕션, 초록뱀미디어 등 사단법인 한국드라마제작사협회 소속 25개사가 지상파 방송 3개사를 공정거래위원회에 신고했기 때문이다. 이들은 방송사가 드라마 저작권에 대한 제작사 권리를 무시해 공정거래법을 위반했다고 주장하고 있다. 드라마 제작사들은 창작 기여도, 투자 비율 등에 따라 드라마 저작권을 배분하는 것이 저작권법의 일반원칙임에도 방송사들이 드라마에 대한 모든 권리를 포괄적으로 양도받는 계약 관행을 고집해왔다고 주장하고 있다. 공정위는 방송사들이 시장 지배적 지위를 남용해 불공정한 계약 체결을 강요한 혐의가 있는지 등을 점검할 예정이다. 또 방송사들이 국외 판매권한을 특정 지역으로 제한하고 판매대행 수수료를 담합했는지 등도 조사할 것으로 보인다.[2]

UCC 관련해서는 공표권(저작물 공표 여부를 저작권자가 결정할 수 있는 권리)과 성명표시권(저작물 원본이나 복제물 또는 저작물 공표 매체에 자신의 실명이나 이명異名을 표시할 수 있는 권리), 동일성유지권(저작물의 내용·형식 및 제호의 동일성을 저작권자가 유지할 권리) 등의 '저작인격권' 침해 문제가 빈번하게 발생하고 있다. 동시에 2차 저작물 및 패러디 형태의 UCC의 경우 저작권을 정면으로 침해할 소지를 가지고 있다.

다른 면에서 누구나 제작 주체가 될 수 있지만, 영상저작물 유통에 대한 사회적 책임이 내면화된 직업인이 아니라는 점에서 비방, 폭로, 사생활 침해, 초상권 침해 등의 명예훼손이나 인격권 침해 문제도 심각하다. 또 UCC 전문

---

1) "방송 3사, 저작권 침해 더 못 참아", 「조이뉴스」(2008.1.17).
2) 박유연, "방송3사, "드라마 저작권 침해 의혹", 「매일경제」(2008.4.10).

[그림 12-1] 최근 저작권 소송 추이 및 위반사례

저작권법 위반 고소사건 입건자 추이
단위: 명
자료: 대검찰청 형사부

전체
9만979
5만2388
2만5027
1만2523
50
2831
2만3470
청소년
1만6987

2004년 2007년 2008년 2009년(6월말 현재)

저작권법 위반(불법) 사례

- 논문 작성시 충분한 인용 설명 없이 저자의 내용과 표현을 빌려온 경우
- 드라마·스포츠·오락 프로그램 캡처한 영상물을 UCC 통해 유포
- 개인 블로그에 스크랩해 놓은 게시물에 제작자로부터 허가받지 않은 배경음악 삽입
- 파일공유(P2P) 프로그램 통한 영화·음악파일 다운로드
- 불법 복제된 영화 DVD·음악CD 판매
- 정식으로 수입되지 않은 게임CD 복제본 구입 또는 인터넷 자료실에서 다운받아 사용
- 대중가요 노래 가사나 곡을 원저작자 허락없이 변경해 광고로 사용
- 게임방에서 CD 분실 방지위해 원본CD는 보관한 채 백업CD만 사용
- 직접 연주하거나 부른 타인 노래를 허가 없이 개인 블로그·미니홈피에 게시

포털이나 인터넷 포털 등과 같은 업체들이 규정하는 '이용약관'의 불공정성 문제도 심각하다. 현재의 동영상 UCC 포털 업체가 규정하는 저작권 이용약관 조항은 약관규제법상의 이용자 권리를 부당하게 제한하는 것은 물론 저작권자의 기본 권리를 제약하고 있다고 볼 수 있다. 이 밖에 UCC 제작자의 저작권 침해에 대한 OSP의 책임 범위 문제, 부정확·불건전 정보 유통, 사생활 침해 및 악성코드 유포, 공직선거법상 UCC 규제 적합성 등도 법률적 문제를 야기할 수 있다.

지난 2007년 11월 20일 IPTV 법안인 '인터넷 멀티미디어사업법안'이 국회에서 처리되었다. 법에 따르면 인터넷 멀티미디어 방송이란 "광대역통합 정보통신망 등을 이용하여 양방향성을 가진 인터넷 프로토콜 방식으로 일정한 서비스 품질이 보장되는 가운데 텔레비전 수상기 등을 통하여 이용자에게 실시간 방송 프로그램을 포함하여 데이터·영상·음성·음향 및 전자상거래 등의 콘텐츠를 복합적으로 제공하는 방송"을 말한다. 법안은 또한 기간통신 사업자의 자회사 분리를 강제하지 않는 대신 케이블TV 방송 영역인 전국 77개 권역에서 유료 방송의 3분의 1로 시장점유율을 제한했다. IPTV는 수용자

[그림 12-2] 정부가 지향하는 저작권 관리 체계

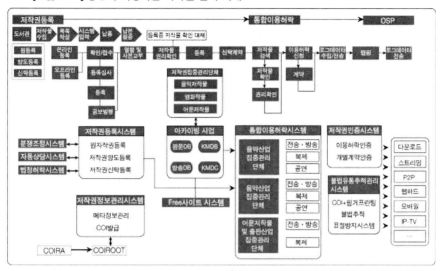

입장에서 기존의 방송, 특히 기존의 디지털 케이블TV와 본질적 차이를 이해
하기 어렵다. 하지만 작동 현실을 보면 기존 방송과는 본질적으로 다르다.
달리 IP주소만 있으면 국경과 지역에 상관없이 서비스를 받을 수 있다. 동시
에 방송의 채널 유한성과 무관하게 거의 무한대의 채널을 수용할 수 있으며
동시에 쌍방향적 소비가 가능하다는 점도 주목할 만하다.

　　지난 2007년 저작권법이 전면 개정되면서 새로 등장한 공중송신 개념은
IPTV와 밀접한 관계가 있다. 공중송신이란 저작물, 실연·음반·방송 또는
데이터베이스를 공중이 수신하거나 접근하게 할 목적으로 무선 또는 유선통
신의 방법에 의하여 송신하거나 이용에 제공하는 것(법 제2조)을 의미한다. 방
송과 통신 융합형 서비스인 IPTV는 공중송신 영역에 속한다고 볼 수 있다.
저작권자는 IPTV에 대한 공중송신권을 행사할 수 있으며, 공중송신권이 없
는 실연자나 음반제작자의 경우 IPTV 개별 서비스의 일방향/쌍방향 성격에
따라 배타적 권리 혹은 배상청구권 등을 행사할 수 있다.3)

정부 주도의 방송영상 콘텐츠 불법 복제 방지기술 도입이 지연되면서, 지상파 방송 3사는 자체적인 기술 개발을 위해 노력하고 있다. 그러나 이러한 기술의 개발을 위해서는 막대한 비용과 시간이 소요되기 때문에 어려움을 겪고 있는 것으로 파악된다. 더욱이 지상파 방송의 경우 최근 광고수익 감소에 따른 경영상의 압박이 심화되고 있고, 디지털 전환 비용, HD 제작비 상승 등 지출 확대로 기술 개발에 적극 나서지 못하고 있는 것으로 보인다.

이런 상황에서 정부의 저작권에 대한 집중 관리는 중요한 정책 과제가 된다. 문화체육관광부는 온·오프라인상의 저작물을 식별하고 체계적으로 관리하기 위한 COI(Content Object Identifier)를 도입을 시도한 바 있다(그림 12-2 참조). 이를 바탕으로 저작물의 이용을 관리하고 이용료를 분배하기 위한 통합관리시스템 구축을 시도하고 있다. COI란 상품의 바코드처럼 디지털 문화 콘텐츠에 대해 '고유한 기호'를 부여한 일종의 식별번호를 뜻한다. 하나의 콘텐츠에 대해 전 세계적으로 단일한 식별번호를 부여하기 때문에 식별번호가 부여된 콘텐츠는 위치가 변경되거나, 홈페이지 주소가 바뀌더라도 이와 무관하게 콘텐츠를 영구 식별할 수 있다. 그동안 문화부는 COI를 추진했지만 정통부는 UCI(Universal Content Identifier)를 추진해 왔다. 다행히 지난 2008년 정보통신부가 방송통신위원회로 통합되었고 정통부의 디지털 콘텐츠 관련 업무가 문화부로 이관되었다. 문화부는 국가표준 디지털 콘텐츠 식별체계의 대외적인 명칭을 UCI로 정하고, 기존 COI의 사업 목적과 방향을 계승해 나가고 있다.

디지털 문화 콘텐츠 산업의 특성상 서비스 분야에 걸쳐 서비스 모델, 콘텐츠의 장르적 특성 등이 매우 광범위하기 때문에 식별체계도 그 목적에 따라 다양하게 개발돼 활용되는 것이 국제적인 추세다. 향후 문화부의 UCI 프로젝트가 완성될 경우 디지털 방송영상 콘텐츠의 관리도 체계화될 것으로 보인

---

3) 하동철(2008), 「방송통신 융합시대의 디지털 송신에 대한 저작권 규율방안 연구: 전송과 방송의 이론구성을 중심으로」, 『미디어 경제와 문화』, 2008년 겨울호, p.125.

다. 이 책의 결론이라 할 수 있는 12장에서는 디지털 시대를 맞아 한국 저작권 체제 구축을 위한 여러 가지 방안을 제시하고자 한다. 대표적 방안으로 저작권 등록제, 미디어 콘텐츠 집중관리제도, 저작물 공정이용제도 재검토, 분쟁조정제도 강화, 저작물 유통 활성화, 한·미 FTA 적극 대응, 한류 저작물 보호를 위한 공적 지원, 저작물 교육 강화 등을 제안했다.

2. 저작권 정립을 위한 정책 방안

1) 저작권 등록제 활성화

디지털 시대에 부응하는 저작권법은 어떤 모습이어야 하는가, 그리고 디지털 환경에서 미디어 콘텐츠를 활성화하기 위한 저작권의 행사와 저작권리의 제한은 어떤 방향으로 전개되어야 하는가?

웹2.0의 핵심원리는 참여·개방·공유라고 일컬어진다. '이용자에 의해 생산, 업로드 되는 콘텐츠'가 웹2.0의 기본적인 특성이지만 다시 제3자에 의한 자유로운 활용, 리믹스, 재생산이 이어지지 않는다면 '이용자에 의한 콘텐츠'는 자칫 사업수완이 좋은 운영자의 콘텐츠 확보 방안에 그칠 위험이 있다. 결국 웹2.0을 웹2.0답게 만드는 것은 '생산의 주체'가 아닌 '활용의 주체와 자유도'이고 이것이 웹2.0이 이전 세대와 구별되는 핵심 키워드다. 콘텐츠의 저작권 문제가 중요시 되고 전통적 저작권 시스템과 구별되는 새로운 대안을 고민하는 것도 바로 여기에 있다.[4] 이러한 맥락에서 저작권의 정착 방향과 관련한 몇 가지 제언을 하고자 한다.

현행 저작권법 제53조는 저작권의 등록을 규정하고 있는데 저작자는 실

---

4) 윤종수(2008), p.29.

명이나 이명, 저작물의 제호 등을 등록할 수 있으며 저작자로 실명이 등록된 자는 등록저작물의 저작자로, 창작 연월일 또는 맨 처음의 공표 연월일이 등록된 저작물은 등록된 연월일에 창작 또는 맨 처음 공표된 것으로 추정된다. 뿐만 아니라 저작재산권의 양도 또는 처분의 제한, 저작재산권을 목적으로 하는 질권의 설정·이전·변경·소멸 또는 처분 제한을 등록할 수 있고 등록하지 아니한 경우 제3자에게 대항할 수 없도록 규정하고 있다(동법 제54조).[5]

　　즉 저작권 등록제도는 저작자가 창작한 저작물에 관한 일정한 사항(저작자 성명, 창작 및 맨 처음 공표연월일 등)과 저작재산권의 양도, 처분 제한, 질권 설정 등 권리의 변동에 대한 사항을 저작권 등록부라는 공적인 장부에 등재하고 일반 국민에게 공개, 열람하도록 공시함으로써 등록에 따른 일정한 법 효과를 누릴

---

5) 제53조(저작권의 등록) ① 저작자는 다음 각 호의 사항을 등록할 수 있다. (1) 저작자의 실명.이명(공표 당시에 이명을 사용한 경우에 한한다). 국적. 주소 또는 거소 (2) 저작물의 제호. 종류. 창작연월일 (3) 공표의 여부 및 맨 처음 공표된 국가. 공표연월일 (4) 그 밖에 대통령령으로 정하는 사항 ② 저작자가 사망한 경우 저작자의 특별한 의사표시가 없는 때에는 그의 유언으로 지정한 자 또는 상속인이 제1항 각 호의 규정에 따른 등록을 할 수 있다. ③ 제1항 및 제2항의 규정에 따라 저작자로 실명이 등록된 자는 그 등록저작물의 저작자로, 창작연월일 또는 맨 처음의 공표연월일이 등록된 저작물은 등록된 연월일에 창작 또는 맨 처음 공표된 것으로 추정한다. 제54조(권리변동 등의 등록. 효력) 다음 각 호의 사항은 이를 등록할 수 있으며, 등록하지 아니하면 제3자에게 대항할 수 없다. (1) 저작재산권의 양도(상속 그 밖의 일반승계의 경우를 제외한다) 또는 처분 제한 (2) 저작재산권을 목적으로 하는 질권의 설정. 이전. 변경. 소멸 또는 처분제한 제55조(등록의 절차 등) ① 제53조 및 제54조의 규정에 따른 등록은 문화관광부장관이 저작권등록부에 기재하여 행한다. ② 문화관광부장관은 다음 각 호의 어느 하나에 해당하는 경우에는 신청을 반려할 수 있다. 다만, 신청의 흠결이 보정될 수 있는 경우에 신청인이 당일 이를 보정하였을 때에는 그러하지 아니하다. (1) 등록 신청한 사항이 등록할 것이 아닌 때 (2) 등록 신청이 문화관광부령으로 정한 서식에 적합하지 아니하거나 그 밖의 필요한 자료 또는 서류를 첨부하지 아니한 때 ③ 문화관광부장관은 제1항의 규정에 따라 저작권등록부에 기재한 등록에 대하여 등록공보를 발행하거나 정보통신망에 게시하여야 하며, 신청한 자가 있는 경우에는 저작권 등록부를 열람하게 하거나 그 사본을 교부하여야 한다. ④ 제1항 내지 제3항의 규정에 따른 등록, 등록신청의 반려, 등록공보의 발행 또는 게시, 저작권등록부의 열람 및 사본의 교부 등에 관하여 필요한 사항은 대통령령으로 정한다. 제56조(권리자 등의 인증) ① 문화관광부장관은 저작물 등의 거래의 안전과 신뢰보호를 위하여 인증기관을 지정할 수 있다. ② 제1항의 규정에 따른 인증기관의 지정 및 인증절차 등에 관하여 필요한 사항은 대통령령으로 정한다. ③ 제1항의 규정에 따른 인증기관은 인증과 관련한 수수료를 받을 수 있으며 그 금액은 문화관광부장관이 정한다.

수 있도록 하는 저작자 권리 보호제도라고 할 것이다. 등록을 함으로써 저작권에 대한 분쟁이 생길 때 그 입증이 쉽고 저작자가 사망한 경우라도 저작권의 침해에 대하여 쉽게 대항할 수 있다.[6]

우리나라의 저작권법은 무방식주의를 채택하고 있으므로 등록이 저작권의 발생과 직접 관계가 있는 것은 아니고 저작권에 관한 사항은 이를 모두 등록하여야 제3자에 대하여 대항할 수 있는 것은 아니다. 법에 정해진 저작재산권의 양도·처분 제한이나 질권의 설정·이전 등은 등록하여야 대항력이 발생하지만 저작권의 원시 취득은 등록에 의하여 대내외적으로 공시하는 것이 바람직하나 등록하지 않아도 제3자에 대한 대항력이 있다. 현행 저작권법 제63조와 제90조는 출판권이나 저작인접권에 대해서도 저작권에 대한 등록 제도를 준용하도록 하고 있다.[7]

디지털 컨버전스 시대에는 저작권의 단순한 보호보다 효율적인 유통이 더 중요하며 유통을 억제하는 것은 창작 활동과 문화 활동을 모두 억제하는 결과를 낳을 수 있다. 개정된 저작권법이 온라인서비스제공자의 책임, 기술 보호조치 등 변화하는 환경을 어느 정도 반영하고 있긴 하지만 저작물의 디지털화와 네트워크로 인해 발생할 수 있는 복제권, 배포권, 전송권 등의 문제를 근본적으로 해결하고 있지 못하다. 해결을 위해서는 저작자가 저작권 집중관리 단체에 그들의 저작물을 의무적으로 등록하게 하여 디지털 파일로 운영되도록 하고 저작자에게 이용료를 지급하는 것도 하나의 방법이 될 것이다. 현재 저작자에게는 등록에 관한 자율권이 주어져 있는데 이는 아날로그 시대의 저작권 운영방식이라 할 것이다. 디지털 컨버전스 시대에서는 디지털과 네트워크로 인해 저작물의 유통과 소비를 효과적으로 통제할 수 없는 상황이 전개되므로 저작권 집중관리단체에 등록된 저작물만 보호받을 수 있는 '수탁

---

6) http://www.copyright.or.kr/site/page.jsp(저작권위원회).
7) 이해완(2007), pp.470~471.

자원칙'을 실현하도록 하자는 것이다.[8]

그렇다면 저작권 등록을 강제하는 것은 용이한가? 그렇지 않다. 웹2.0에서 전통적 저작권 시스템의 경직성은 현행법의 무방식주의에 많이 기인하고 있긴 하지만 무방식주의는 저작권법의 기본조약이라 할 수 있는 베른협약에서 정한 원칙이고, 대부분의 국가들이 이를 채택하고 있는 이상 방식주의로의 법 개정은 쉽게 기대하기 어렵다. 따라서 무방식주의를 전제로 하되 저작자가 자신의 의사를 적절하게 표시할 수 있는 다른 수단에 대해 생각해 볼 필요가 있고 현행 저작권법 체계와 모순되지 않으면서 저작권자의 의사를 좀 더 간편하게 반영할 수 있는 체계적인 시스템이 마련되어야 할 것이다. 이런 시스템을 통칭하여 '자유 라이선스'라고 부르는데 저작권 분야에서 나타난 최초의 자유 라이선스는 2002년 미국에서 시작된 CCL(Creative Commons License)이다. 웹2.0의 본질을 가장 잘 나타낸 사례라고 할 수 있다.[9] 이러한 유형의 시스템을 저작권법에 적극 도입, 적용함으로써 저작권 무방식주의의 한계를 극복하고 동시에 디지털 시대의 저작권 유통관리와 이용 활성화의 문제를 풀어갈 수 있을 것이다.

2) 콘텐츠집중관리제도 개선

저작권집중관리는 관리단체가 저작자의 이익과 그의 저작물의 보호를 목적으로 단체에 위탁된 권리를 저작권 사용료의 징수와 배분을 위해 관리하는 것을 말한다. 집중관리를 위한 단체는 집중관리협회, 저작권관리단체로도 명명되며 특정 권리분야에 따라 저작자협회, 공연권협회, 공연권단체, 녹음권단체, 복사복제권단체 등으로 불리고 있다. 저작권의 집중관리는 전문적인 시설과 자본을 가진 단체가 저작권을 관리함으로써 저작권자가 저작물

---

8) 안종묵(2006), pp.274~275.
9) 윤종수(2008). 이 책의 4장 pp.112~135 참조.

의 사용에 대한 정당한 수익을 얻게 하는 데 그 목적이 있다. 또한 이용자에게는 저작권 침해에 대한 우려를 제거하여 저작권 협상에 따른 거래비용을 낮추는 기능을 제공하고 있다.[10] 저작권 집중관리의 필요성은 디지털 시대라고 하더라도 별반 다를 바 없다.[11]

저작권 집중관리가 필요한 이유로 다음과 같은 여섯 가지를 제시할 수 있다. 첫째, 권리자의 이익을 효과적으로 대변한다. 둘째, 저작권 행사의 불가능성을 제거할 수 있다. 다른 재산권과 달리 지적재산권은 저작물의 이용을 감시하거나 이를 집행하기가 쉽지 않은데 저작권 집중관리를 통해 이 문제를 해결할 수 있다. 셋째, 거래비용을 감소시킨다. 넷째, 권리 행사 비용을 감소시킨다. 다섯째, 관리단체는 협상력을 제고한다. 여섯째, 기술의 비약적 발전에 신속하게 대응할 수 있다. 또한 저작권 집중관리는 이용자 입장에서도 저작물 이용과 관계된 다수의 저작권자를 찾아야 하는 불편을 제거해준다.[12]

저작권 집중관리는 저작권 집중관리 단체에 의해 이루어지는데, 집중관리 단체의 일반적인 설립목적은 첫째, 대규모로 이뤄지고 있는 저작물 이용에 대한 모니터링, 둘째, 저작권자를 대표함으로써 이용자와의 협상력 강화, 셋째, 이용자들이 소수 당사자와의 거래를 통하여 다량의 저작물을 이용할 수 있도록 이용을 편리화하는 데 있다. 집중관리 단체는 주로 첫째, 저작자의 권리를 대변하고, 둘째, 저작권에 대한 이용을 허락하며, 셋째, 이용허락된 저작물의 이용을 감시하고, 넷째, 이용료를 징수하여 이를 저작자들에게 분배하며, 다섯째, 이용허락을 받지 않은 이용자들에 대해 권리를 집행하는 일을 한다.[13]

---

10) 하동철(2008), pp.103~104.
11) 이상정(2008).
12) 하동철(2008), pp.106~107.
13) 안계성·조소연(1999), p.4; 지성우·김영욱(2005), pp.173~174.

1986년 개정 저작권법은 제78조에 '저작권위탁관리업'을 규정함으로써 저작권의 집중관리제도를 도입했다. 현행 저작권법은 제105조부터 제111조까지 저작권위탁관리업에 대해 규정하고 있는데 크게 '저작권신탁관리업'과 '저작권대리중개업'으로 구분하고 있다. 저작권 신탁관리업은 문화관광부 장관의 허가를, 저작권 대리중개업은 문화체육관광부 장관에게 신고를 하도록 규정하고 있다.14) 양자의 차이는 권리자의 권리가 집중관리 단체에 이전되느냐 여부에 있다. 저작권 신탁관리업은, 신탁에 의하여 권리가 법률상 집중관리 단체에 이전하고 집중관리 단체가 신탁자를 위하여 권리를 관리하게 된다. 이에 반해 저작권 대리중개업은 저작재산권의 대외적 귀속에는 변함이 없고 저작권자를 대리 또는 중개하는 역할만을 수행한다.15)

2008년 말 현재 저작권신탁관리업체로는 한국방송작가협회, 한국문예학술저작권협회, 한국음악실연자연합회, 한국음원제작자협회, 한국복사전송권 관리센터, 한국시나리오작가협회, 한국영화제작가협회, 한국영상산업협회, 한국방송실연자협회, 한국문화 콘텐츠진흥원, 한국언론재단, 한국음악저작권협회16) 등 12개가 있다. 또 1994년 7월 30일 어문·사진저작물을 취급하는 '북포스트에이전시' 등이 신고한 이후 2008년 말 현재 645개 업체가 저작권대리·중개업체로 신고하였다.17)

저작권을 집중 관리해야 한다는 데 이견은 없지만 그러나 구체적인 방식에 대해서는 논의가 분분하다. 즉 현행 체제처럼 특정 분야에 독점적인 신탁

---

14) "저작권신탁관리업"은 저작재산권자, 출판권자, 저작인접권자 또는 데이터베이스제작자의 권리를 가진 자를 위하여 그 권리를 신탁받아 이를 지속적으로 관리하는 업을 말하며, 저작물등의 이용과 관련하여 포괄적으로 대리하는 경우를 포함한다. "저작권대리중개업"은 저작재산권자, 출판권자, 저작인접권자 또는 데이터베이스제작자의 권리를 가진 자를 위하여 그 권리의 이용에 관한 대리 또는 중개행위를 하는 업을 말한다(저작권법 제2조 정의).

15) 윤종수(2008), p.445.

16) http://www.copyright.or.kr/site/page.jsp(2008.12.30.현재)

17) http://www.copyright.or.kr/site/page.jsp(2008.12.30.현재)

관리업체를 선정해서 운용하는 방식을 수용하는 입장과 독점 대신 다수의 업체들이 신탁 관리할 수 있도록 하는 것이 집중관리의 이점을 배가시킬 것이라는 주장 등이 대립하고 있다.

미국과 일본의 예를 보자. 미국의 경우 집중관리 단체는 계약 자유의 원칙에 따라 권리자와 계약을 체결하고 이용자와 계약을 하는 형태로 이루어지며 따라서 임의적 형태의 단체를 설립하고 이 단체를 통해 저작권자의 권리를 행사하게 되는 것이 일반적이다. 일본은 2001년 10월 1일부터 시행된 '저작권 등 관리사업법'에서 저작물 이용자와 저작권 관리 단체의 관계를 합리적으로 정립할 수 있는 여러 가지 규정을 마련하고 있다. 이 법은 기존의 1분야 1단체의 집중관리 제도를 버리고 규제 완화 및 경쟁 환경 조성을 지향하는 것을 골자로 하고 있는데 그 배경은 '디지털화'와 '네트워크화'다. 디지털화와 네트워크화는 효과적인 권리 처리 시스템의 필요성을 제기하였고 기존의 집중관리제도에 대한 재검토로 이어졌다. 특히 전자정보 처리 기술의 발달, 저작권의 집중관리 단체를 중심으로 한 저작물 이용의 네트워크 기술·관리의 발전은 저작권의 이용 실태의 파악을 용이하게 함과 동시에 반드시 그 분야에 대한 단일 단체의 독점을 요하지 않고 새로운 단체의 진입 가능성을 가져오게 되었다. 그 결과 기존의 독점적인 단체에 의한 저작권의 집중관리로부터 저작권 처리의 분산화, 다양한 권리 처리 방식의 도입이라는 방향으로 변화하게 되었다.[18]

디지털 컨버전스 상황에서는 동일 분야라고 하더라도 업무의 성격 혹은 콘텐츠의 성격에 따라 복수 단체의 허용이 필요하고 아울러 이종의 저작물이라고 하더라도 업무의 성격에 따라 권리 정보를 하나의 창구에서 운영할 필요가 있다. 이종의 저작물은 아날로그의 잣대로 분리되어 개별적인 단체에 의

---

18) 이해완(2007), pp.631~637.

해 권리 관계를 가지고 운영되고 있는 것이 현실이지만 변화된 커뮤니케이션 상황에서는 권리관계의 단체들을 재조정하여 업무의 성격에 따라 통합하는 것이 운영에 있어서 효율적일 뿐만 아니라 불법 복제로 인한 경제적 피해도 최소화할 수 있을 것이다.[19] 이에 대해 이상정,[20] 하동철[21] 등은 현행 방식에 원칙적으로 동의하면서 개선점을 모색하는 입장을 취한다.

웹2.0 이전 세대의 웹 비즈니스 모델은 대부분 콘텐츠를 독점적, 배타적으로 관리하고 개별적인 계약에 의해서 콘텐츠를 제공함으로써 수입을 얻는 것이었다. 웹2.0 비즈니스 모델의 핵심 키워드는 두 가지로서 첫째, 공유에 기초한 개인 생산이다. 둘째, 콘텐츠의 개방으로 콘텐츠 비즈니스임에도 불구하고 콘텐츠의 배타적인 관리를 하지 않는다. 운영자가 생산한 콘텐츠라고 하더라도 그로부터 1차적인 직접 수입은 포기하고 이를 자유로운 공유상태에 두는 대신 배타적인 관리비용을 절감하고 프로모션 효과나 부대적인 사업을 통해 수입을 얻는 이른바 'Loss Leader'의 전략을 구사한다.[22]

이러한 맥락에서 현행 저작권집중관리제도는 허가제의 요건에 대한 검토를 통해 다양한 분야의 집중관리 단체가 등장, 활동할 수 있도록 조정될 필요가 있다. 더불어 집중관리 단체의 독점적인 지위가 남용되지 않도록 제도적 장치를 강구해야 한다. 구체적으로 신탁관리와 대리·중개를 구분하고 규제의 정도를 달리하던 태도를 재검토해야 한다. 현재 허가를 피하기 위해 대리·중개업체로 신고만 하고 사실상 모든 문제를 도맡아 하는 경우가 적지 않기 때문에 신탁관리업과 대리·중개업자 사이에 실제로 차이가 무엇인지, 무엇 때문에 신탁관리업만 허가를 받아야 하는지에 대한 비판이 제기되고 있다.[23]

---

19) 안종묵(2006), pp.272~273.
20) 이상정(2008).
21) 하동철(2008).
22) 윤종수(2008).

3) 공정이용규정의 재검토

저작권법은 저작자의 권리를 보호하는 한편, 저작물의 공정한 이용을 도모하는 것을 아울러 추구하고 있다. 저작권을 강하게 보호할 경우 권리 침해에 대한 처벌의 위협과 함께 저작물 이용 자체를 약화시킬 수 있다. 이러한 이유에서 저작권의 이용 활성화를 도모할 수 있는 방책이 필요하고 포괄적인 공정 사용의 범위를 규정함으로써 이에 부응할 수 있을 것으로 본다.

물론 공정이용에 관한 법리 해석은 저작권법에서 가장 예민하고 첨예한 부분으로서 구체적인 열거조항으로 기준을 설정해야 한다는 견해와 일반 조항에 의한 포괄적인 이용 규정으로 규율해야 한다는 의견이 함께 제시되고 있다. 우리나라는 대륙법계 체계로 열거 조항으로 저작권을 제한하고 있으나 포괄적 공정이용 규정을 도입하면 열거 조항이 규정하지 않은 부분에 대해서도 대처할 수 있을 뿐만 아니라 법의 전반적인 역할에 관행 예견 가능성을 높여주는 장점도 있다.[24]

특히 한미 FTA 협정에서 '복제'의 정의에 '일시적 복제'가 포함되었다. 이로 인해 저작권 침해에 따른 처벌의 위협이 증대되었다. 박덕영은 현 시점에서 고민해야 할 부분은 일시적 복제권에 대한 제한 설정을 효과적으로 하여 정당한 이용자의 이익을 보호하는 것이라고 주장한다. 현재까지 국제사회에서 공정이용에 대한 적극적인 반대는 찾아보기 어려우므로 일시적 복제에 한하여 혹은 복제권 전반에 대하여 공정이용과 동일하거나 유사한 저작권 제한을 인정하는 방법을 생각해 볼 수 있다는 것이다.[25]

웹2.0 시대의 저작권은 콘텐츠의 저작권자와 이를 활용하는 사업자가 분리되고, 저작권자는 자신이 만든 콘텐츠에 모든 저작권을 행사할 절실한

---

23) 이상정(2008).
24) 류종현(2008), pp.248~249.
25) 박덕영(2007), p.147.

이유가 없다. 또 사업자는 콘텐츠에 대한 완전한 저작권을 갖지 못하므로 배타적인 권리의 행사가 아닌 부대적인 수익활동으로 비즈니스를 영위할 수밖에 없는데 전통적인 저작권 관리시스템은 이러한 상황을 적절하게 규율해 주지 못한다.[26] 즉, 기술의 급속한 변화로 새로운 매체가 등장하는 멀티미디어 시대에 기존의 열거 규정만으로 공정이용을 규율하기에는 저작자나 이용자 모두에게 모호함이 야기된다. 우리나라를 포함해 세계적으로 확산 추세를 보이는 CCL 등을 보더라도 포괄적인 공정이용 규정의 도입은 시대적 경향으로 판단된다.[27]

더불어 한미 FTA 체결로 발생할 저작권 보호수준의 강화와 자유로운 이용의 위축에 대해 저작재산권 제한 규정을 정비하여 기술의 발전에 따른 이용방식 및 과보호될 수 있는 영역을 찾아 개선하는 방안을 고려해야 한다. 저작권법의 본래 취지에 부합하도록 창작의 장려를 통한 문화발전을 위하여 저작물에의 접근을 용이하게 하고 누구나 이용할 수 있는 공동의 자산을 확보할 수 있는 현실적인 여러 제도를 강구, 시행할 필요가 있다. 협정문을 위반하지 않는 범위 내에서 공정이용제도의 도입 등 최대한의 이용자 보호제도를 수립하는 것이 저작권자와 이용자 간의 새로운 균형점을 맞추는 데 기여할 것이다.[28]

4) 분쟁조정제도 강화

현대 사회에서 분쟁은 대부분 소송을 통해 해결되고 있어 법원에 소송사건이 폭주하는 현상이 나타난다. 여러 나라에서 소송에 대한 과도한 의존은 소송 외 대안적 분쟁해결 방법을 모색하는 계기가 되었으며 조정은 그 대안으로서 가장 각광을 받고 있다.[29] 법원을 통한 분쟁 해결은 일반적으로 시간과

---

26) 윤종수(2008).
27) 류종현(2008), pp. 249~250.
28) 박덕영(2007), p. 150.
29) 조정의 개념이 무엇인지에 대해서는 여러 가지 견해가 갈리고 있으나 협상·법적 소송 등과

비용이 많이 들 뿐만 아니라 법률관계가 불명확한 경우에 입증 책임의 소재에 따라 해결하는 경향이 있다. 또 사건의 폭증에 따라 충분히 심리를 다하지 못하는 점, 판결의 확정 후에도 여전히 당사자 간에는 불만이 상존하는 등의 문제점을 내포하는 것으로 지적되고 있다.[30]

외국의 여러 나라들이 저작권 문제에 대한 분쟁해결 제도에 많은 관심을 보이고 있고, 우리나라에도 저작권위원회를 통한 분쟁조정제도가 잘 정비돼 있어 그 활용도가 높은 것으로 인정받고 있다. 저작권 분쟁이 계약 관련 분쟁보다는 침해에 관련된 분쟁, 즉 불법행위에 관련된 분쟁이 많고 따라서 중재합의를 필요로 하지 않는다는 점에서 조정이 더 효율적일 수 있다. 조정제도의 적용은 절차적으로 법의 적용이 곤란하거나 분쟁해결의 효율성 측면에서도 바람직하겠지만 미래 저작권법이 지녀야 할 유연성, 신속성, 경제성, 절차의 편리성 등에서도 큰 의미를 갖고 있다.[31]

현행 저작권법은 저작권 분쟁을 조정하는 기구로 저작권위원회 설치를 규정하고 있다. 법 제114조 내지 제118조는 저작권위원회에 '조정부'를 두고 비공개로 조종 절차를 진행하되 조정의 성립은 재판상 화해와 동일한 효력이 있도록 규정하고 있다.[32]

함께 갈등을 해결하는 한 방법이며, 간단히 말해 당사자 간 협상이나 토론을 통하여 갈등을 해결하지 못할 경우 제3자의 도움을 받으며 촉진적으로 진행하는 방법 중의 하나다. 조정은 제3자의 도움을 받으며 진행하는 협상절차로서 당사자들이 용인하고 공정하며 중립적인 결정권한을 보유하지 않은 제3자가 당사자들이 상호 수용할 수 있는 타협점에 도달하도록 도와주는 일련의 역동적이고 유연한 사회적 과정이다. 조정은 당사자들로 하여금 강제된 규칙에 얽매이지 않고 자신들의 관계를 새롭게 인식하게 하고 자신들의 태도와 성격을 재조정하게 하여 서로에 대해 재적응하도록 하는 장점을 갖는다(문용갑, 2007, PP.8~10).

30) 한귀현(2005), p.476.
31) 류종현(2008), pp.250~251.
32) 제114조 (조정부) ① 위원회의 분쟁조정업무를 효율적으로 수행하기 위하여 위원회에 1인 또는 3인 이상의 위원으로 구성된 조정부를 두되, 그 중 1인은 변호사의 자격이 있는 자이어야 한다. ② 제1항의 규정에 따른 조정부의 구성 및 운영 등에 관하여 필요한 사항은 대통령령으로 정한다. 제115조 (비공개) 조정절차는 비공개를 원칙으로 한다. 다만, 조정부장은 당사자의 동의를 얻어 적당하다고 인정하는 자에게 방청을 허가할 수 있다. 제116조 (진술의 원용 제한) 조정절

한편 정윤경은 저작권법상 '중재'를 도입할 것을 제언한다. 그에 의하면 현재 우리의 저작권법은 이용자와 저작자 간의 갈등을 해소할 수 있는 법적 구속력을 지닌 중재 기능이 부재하다. 앞으로 저작물 유통의 증가에 따라 분쟁은 자연적으로 증가할 것으로 보이는데, 이를 중재하는 권한이 강화될 필요가 있고, 따라서 저작권심의위원회에 법적 구속력을 부여함으로써 이러한 기능을 강화할 수 있다는 것이다.[33]

5) 저작권집중관리 통한 유통 활성화

저작권법은 저작자의 권리와 인접한 권리를 보호하는 한편, 저작물의 공정한 이용을 도모함으로써 문화의 향상 발전에 이바지함을 목적으로 하고 있다. 미디어 활동은 그 자체가 저작물의 저작 행위에 해당하는 한편, 다른 저작물의 이용을 기반으로 하는 경우가 많다. 따라서 저작재산권의 제한 사유 혹은 법정허락에 의한 저작물 이용 방법까지 포함한 저작물의 자유이용의 법리는 미디어 활동에 직접적인 영향을 미친다. 우리 저작권법은 제23조부터 제35조까지 저작재산권의 제한 규정들을 두고 있는데 구체적으로 4가지 조항에 대해 검토하기로 한다.

첫째, '시사보도를 위한 이용'의 경우다. 현행 저작권법 제26조는 저작재산권을 제한할 수 있는 경우로 '시사보도를 위한 이용'을 규정하고 있다. 즉, 방송·신문 그 밖의 방법에 의하여 시사보도를 하는 경우에 그 과정에서 보이거나 들리는 저작물은 보도를 위한 정당한 범위 안에서 복제·배포·공연 또는

차에서 당사자 또는 이해관계인이 한 진술은 소송 또는 중재절차에서 원용하지 못한다. 제117조 (조정의 성립) ① 조정은 당사자 간에 합의된 사항을 조서에 기재함으로써 성립된다. ② 제1항의 규정에 따른 조서는 재판상의 화해와 동일한 효력이 있다. 다만, 당사자가 임의로 처분할 수 없는 사항에 관한 것은 그러하지 아니하다. 제118조 (조정비용) ① 조정비용은 신청인이 부담한다. 다만, 조정이 성립된 경우로서 특약이 없는 때에는 당사자 각자가 균등하게 부담한다. ② 제1항의 조정비용의 금액은 위원회가 정한다.
33) 정윤경(2006).

공중송신할 수 있다. 둘째, '시사적인 기사 및 논설의 복제 등'이다. 저작권법 제27조는 정치·경제·사회·문화·종교에 관하여 '신문 등의 자유와 기능보장에 관한 법률' 제2조의 규정에 따른 신문 및 인터넷신문 또는 '뉴스통신진흥에 관한 법률' 제2조의 규정에 따른 뉴스통신에 게재된 시사적인 기사나 논설은 다른 언론기관이 복제·배포 또는 방송할 수 있도록 규정하고 있다. 다만, 이용을 금지하는 표시가 있는 경우에는 그러하지 아니하다. 셋째, '공표된 저작물의 인용'이다. 저작권법 제28조는 "공표된 저작물은 보도·비평·교육·연구 등을 위하여는 정당한 범위 안에서 공정한 관행에 합치되게 이를 인용할 수 있다"고 규정하고 있다. 넷째, '방송사업자의 일시적 녹음과 녹화'의 경우에 저작재산권의 행사가 제한된다. 현행 저작권법 제34조에 의하면 저작물을 방송할 권한을 가지는 방송사업자는 자신의 방송을 위하여 자체의 수단으로 저작물을 일시적으로 녹음하거나 녹화할 수 있다. 이러한 녹음물 또는 녹화물은 녹음일 또는 녹화일로부터 1년을 초과하여 보존할 수 없는데 다만 그 녹음물 또는 녹화물이 기록의 자료로서 대통령령이 정하는 장소에 보존되는 경우에는 그러하지 아니하다.[34]

이러한 규정 중에서 인용이란 사건을 보도하면서 사건과 관계된 사진저작물 등을 가져다 쓰는 것을 의미한다. 이 규정의 적용을 받기 위해서는 공표된 저작물이어야 하고, 보도·비평·교육·연구 등을 위한 목적이어야 하며, '정당한 범위 내의 인용'이어야 한다. 그리고 인용의 목적과 방법이 공정한 관행에 합치되는 것이어야 한다. 상업적인 광고에 타인의 저작물을 사용하는 것은 이 규정의 정당한 목적이라고 할 수 없다.[35] 한편 타인의 저작물을 이용

---

34) 저작권법 제 34조 1항 내지 2항.
35) '공정한 관행'이란 저작물의 인용행위가 특정한 목적과 방법으로 널리 행하여지고 있으며 그것이 사회통념상 공정한 것으로 승인될 수 있는 것을 말한다. 이를 살피기 위해서는 먼저 저작권자와 이용자가 소속된 학계, 언론계, 교육계, 예술계 등 집단 내에서 일반적으로 통용되는 합의 지침이 있는지 살펴보고 그러한 것이 없다면 그 집단 내에서 관행적으로 행해지고 있는 방식이

해 방송할 경우 일시적으로 저작물을 녹음·녹화하는 것이 불가피한 상황이 허다한데 그때마다 저작재산권자로부터 방송 및 복제에 대한 허락을 받아야만 하는 사업 운영상의 지장과 불편의 문제를 해결하기 위한 규정이라고 할 것이다. 이해완은 이 규정의 적용 요건으로 첫째, 방송사업자가 주체일 것, 둘째, 자신의 방송을 위하여 하는 것일 것, 셋째, 자체의 수단으로 하는 것일 것, 넷째, 일시적 녹음·녹화일 것 등을 제시하고 있다.[36]

(1) 뉴스 저작권 집중관리

　　뉴스의 본질적 특성과 생산과정에서의 특수성 때문에 뉴스의 저작물성을 인정하는 데 더욱 신중한 판단이 요구되지만, 궁극적으로는 최대한 많은 수의 양질의 정보가 대중에게 제공되도록 하는 것이 뉴스의 저작권 보호 논의가 추구하는 목표다. 이를 위해서는 창작의욕을 고취하지만 뉴스에 대한 대중의 접근과 이용을 현저히 저해하지 않을 적절한 범위와 수준의 보호가 이뤄져야 한다.[37]

무엇인지 등의 사례 등을 살펴보고 나아가 그것이 공정한 것으로 사회통념상 승인될 수 있을 것인지를 규범적인 관점에서 검토하는 순으로 판단하면 될 것이다. 인용하는 방법이 공정한 관행에 합치되기 위해서는 첫째, 인용저작물 중에서 피인용저작물이 인용된 부분이 어느 부분인지 구별될 수 있도록 해야 하고, 둘째, 그 인용 부분에 대해 출처를 명시하여야 한다. 피인용저작물을 수정·개작하여 인용하는 것은 원칙적으로 공정한 관행에 합치되지 아니하는 것으로 보아야 할 뿐만 아니라 저작인격권 중 동일성유지권 침해의 문제를 야기할 수 있다(이해완, 2007, pp.375~377).

36) 이러한 요건에 따르면, 현행법상 전송에 해당하는 경우는 물론 디지털음성송신사업자, 비주문형의 웹캐스팅사업자도 방송사업자에 포함되지 않으며, MBC와 같이 서울 본사와 지방 방송사가 별개의 법인체로 돼 있는 경우에 본 조의 요건을 충족하지 못한 것으로 보는 것이 이론적으로 타당하고, 외부 프로덕션 회사를 이용할 경우 '자체의 수단'으로 하는 것에 해당하지 않는다(이해완, 2007, p.437).

37) 한지영(2007), p.161.
　　뉴스기사는 국민의 알권리를 충족시키거나 표현의 자유와 관계된다는 것 등의 특성을 가지고 있다. 국민의 알권리를 충족시키고 표현의 자유를 보장하기 위하여서는 뉴스기사에 대해서는 저작권을 부정하는 것이 타당할 것이다. 그러나 국민의 알권리와 표현의 자유가 무제한적으로 허용되는 것은 아니다. 저작권은 저작권이라는 재산권을 인정함으로써 저작자가 저작물을 창작

[그림 12-3] 한국언론재단 뉴스저작권 뉴스코리아 신탁모형

심상민 외(2006), 『디지털 뉴스 유통과 저작권(2006-02 조사분석)』, 한국언론재단.

따라서 뉴스 저작권성을 인정하는 한편, 뉴스저작물의 이용을 활성화시킬 수 있는 한국적 모델을 개발, 응용해야 한다. 기자들을 대상으로 실시한 김경호의 연구에 의하면 응답자의 60% 정도가 보도기사의 저작권 보호가 창의적이고 심층적인 뉴스작성을 돕는다고 대답하였다. 알권리의 충족을 위해 기술과 자본, 노력 등이 투자되어 생산된 뉴스의 배타적인 상업적 가치를 인정하지 않는다면 오히려 언론의 사기를 저하시키는 결과를 초래할 것이라는 주장이다.[38]

우리나라에서는 온·오프라인에서 유통되는 언론기관의 뉴스 기사에 대한 저작권 보호 문제가 매우 심각하다. 외국의 경우 처음부터 언론사들이 일부 기사만 자사의 홈페이지를 통해 제공하고 나머지 중요 기사는 유료 회원제로 운영한다. 반면, 우리나라 언론사들은 앞 다투어 턴키(turn-key) 방식으로 인터넷 포털 등에 기사를 염가에 제공함으로써 뉴스의 정보가치를 제대로 인정받

할 동기를 가지게 되고 이에 따라 창작된 저작물이 사회에 공급되며, 사회에 공급되는 저작물에 바탕을 둔 제2의 창조가 이루어지게 됨으로써 그 사회의 문화발전이 이루어지게 하는 것을 목적으로 하고 있다. 따라서 저작권이라는 재산적인 권리가 인정되는 한도에서는 표현의 자유가 억제되는 것이라고 할 수 있다. 물론 이러한 재산적인 권리를 인정하면서도 저작권법은 아이디어 및 표현의 2분법, 저작권의 제한, 유한적인 저작권 존속기간, 법정허락 등을 통하여 표현의 자유를 보장함으로써 저작권과 표현의 자유 간에, 또는 경쟁과 독점 간에 정교한 균형(delicate balance)을 꾀하고자 하고 있다. 또한 저작권법은 국민의 알권리를 충족시키기 위하여 전재를 허용하는 규정을 두고 있다(이대희, 2008).

38) 김경호(2003).

지 못하게 됐고, 국민들로 하여금 뉴스는 당연히 공공재로서 무료로 제공되어야 한다는 그릇된 인식을 갖게 했다.[39)]

그러나 출처를 밝히지 않는 뉴스의 무단 전재나 표절의 경우는 다양한 양질의 뉴스가 생산되는 것을 막고 이용자들에게 중복되는 정보만 제공하는 결과를 가져오게 된다. 뉴스 공급자의 측면에서도 자사의 여론 영향력 확대로 이어지지 않는 경제적 손실을 초래한다.[40)]

뉴스저작물에 대한 보호를 위해서는 침해 발생 후 개별 언론사나 뉴스통신사가 취하는 적발 노력이나 법적 대응보다는 언론사들이 공동으로 저작권을 집중 위탁 관리할 수 있는 '저작권 집중보호제도'와 '저작권 신탁관리제도' 등을 적극적으로 이용할 필요가 있다. 이 방식은 일반 국민에게 뉴스저작물을 자유롭게 이용할 수 있는 길을 열어 놓아 자유로운 여론 형성이 보장되도록 하면서 뉴스저작물의 상업적 이용이나 다른 형태의 이차적 이용에서 오는 효용에 대한 경제적 가치를 생산자가 다시 환수하면서 생기는 거래 비용을 최소화할 수 있는 장점이 있다.[41)]

현재 한국언론재단은 뉴스의 원저작자인 언론사들로부터 위임 받은 뉴스콘텐츠의 유통을 집중관리하고 있다. 한국언론재단의 '뉴스코리아'(News Korea)는 국내 유일의 뉴스저작권 집중관리 기관으로 2008년 12월 20일 현재 전국종합지는 6개, 스포츠지와 경제지는 각각 3개, 지역종합지 26개, 미디어 전문지 3개, 지역주간지 5개, 인터넷신문 5개가 참여하고 있다.[42)]

여론 다양성 확보라는 측면에서 언론사들이 생산하는 뉴스 저작권, 특히 온라인 공간의 뉴스저작권 보호 방안 마련을 통한 비즈니스 모델 발굴과 뉴스 콘텐츠에 대한 저작권 집중관리제도 도입의 필요성이 제기되었다. 한국언론

---

39) 심상민 외(2006), p.170.
40) 강남준·이종영·오진연(2008), p.439.
41) 심상민 외(2006), pp.171~172.
42) http://www.newskorea.or.kr/about_us/about_speech.php(2008.12.23. 14:00)

재단은 2006년 6월 7일 문화관광부로부터 온라인상의 뉴스저작물 복제·전송권에 대한 저작권 신탁관리업 허가를 받았다. 이에 앞서 뉴스저작권자인 37개 신문사와 인터넷신문사는 2006년 4월 21일 뉴스저작권자협회를 결성하여 한국언론재단과 디지털 뉴스저작권협약을 체결했다. 디지털 영역에서 뉴스 콘텐츠에 대한 저작권 신탁사업이 국내에서 출범하게 됨으로써 온라인 공간을 기반으로 한 디지털 뉴스 유통과정에 대한 정비와 이용 환경 개선이 제도적 지원 아래 이루어지게 되었다.[43]

그런데 언론사들의 뉴스저작권 신탁관리제도는 뉴스의 저작권성, 뉴스 저작권의 귀속 등이 뉴스 제작 참여자의 기여와 뉴스의 종류에 따라 크게 달라질 수 있다는 점들에 대해 충분히 검토하고 연구하지 않은 채 뉴스의 재산적 측면에 중점을 두고 적극적으로 보호를 강화하려는 취지에서 시작됐다는 평가를 받는다. 따라서 현행 한국언론재단에 의한 뉴스신탁제도는 뉴스저작물에 대한 최초의 신탁제도라는 점, 장래 다수의 분쟁이 예상된다는 점, 뉴스에 대한 새로운 시각의 접근이라는 점에서 보다 구체적이고 세부적인 규정마련이 필요할 것이라는 지적이다.[44]

(2) 방송 프로그램 저작권 집중관리

방송 프로그램에 대한 현행 저작권법 규정은 모호할 뿐만 아니라 방송통신 융합현상에 따른 매체 환경의 변화와 방송의 사회적 책임 및 공적 성격의 상관관계가 제대로 반영돼 있지 못하다. 또 각 권리 주체별 영역도 명확하게 구분돼 있지 않다.[45] UCC와 방송 프로그램 활용의 문제와 방송 프로그램 부문의 저작권 집중관리 제도 등 두 가지 문제를 살펴보기로 한다.

---

43) 심상민 외(2006), p.148.
44) 한지영(2007).
45) 권형둔(2008), p.245.

우선 방송 프로그램을 활용한 UCC의 제작·이용과 관련된 저작권 부문을 보자. UCC 등장 이후 저작권과 관련한 다양한 논의가 개진돼 왔는데 그 흐름은 다음과 같은 특징을 갖는다. 첫째, 저작자표시 및 출처 표시의 강화다. 콘텐츠에 대한 배타적 지배권으로서 저작권 위상이 흔들리면서 자연스럽게 저작물의 정확한 귀속이 핵심적인 가치로 부각 되었다. 둘째, 저작권자에게 이미 부여돼 있는 동일성유지권과 2차적 저작물작성권을 완화해 줄 필요가 있다는 주장이다. 셋째, 저작물 이용 행위의 영리성 판단이 강조되면서 비영리적인 이용 행위의 정의와 그 확보를 위한 방안들이 주요한 논의사항으로 떠오르고 있다. 넷째, 저작권의 보상청구권으로의 변화다.46)

현재 지상파 방송사들은 인터넷 자회사를 통해 자사 방송 프로그램을 활용한 UCC 제작을 허용하고 있는데 공적 여론 형성기관으로서 방송이 시대적 조류인 UCC와 결합하여 발빠른 변신을 꾀하고 있다는 긍정적 평가를 받는다. 그러나 방송 프로그램을 이용하여 제작한 UCC의 상당수가 해당 방송사의 사이트가 아닌 다른 사이트에 탑재될 뿐만 아니라 그 내용도 불법적인 편집또는 복제물로 이뤄져 현행 저작권 제도와 갈등을 일으키는 문제가 있다. 새로운 문화현상으로서 UCC는 기존 저작물을 변형시켜 방송 프로그램과의 피드백을 통해 의사형성에 기여하고 있다. 방송통신의 융합 현상과 의사전달 구조의 쌍방향성으로 인하여 방송에서 UCC를 이용하는 사례가 증가하는 추세에 있으므로 방송사들은 지나치게 저작권 보호를 주장하기 보다는 유연하게 이 문제를 접근, 처리할 필요가 있다.47)

둘째, 방송 프로그램 부문 저작권 집중관리제도의 개선점을 살펴보면 다음과 같다. 첫째, 저작권자의 저작권 보호 문제라는 측면에서 독립제작사의 경우에는 저작권을 보호해 줄 저작권 집중관리 단체가 존재하지 않는다는

---

46) 윤종수(2008), pp.457~458.
47) 권형둔(2008).

문제가 있다. 독립제작사의 경우에는 저작권을 보호해 줄 저작권 집중관리 단체가 없기 때문에 다른 직종에 비하여 체계적인 저작권 보호가 이루어지지 않고 있다. 따라서 '독립제작사협회' 등이 저작권 집중관리 단체로 등록함으로써, 독립제작사의 저작권 보호 방안을 모색해야 하고, 이 단체가 방송사와 함께 국·내외 방송 프로그램시장을 개척하는 노력이 필요하다. 둘째, 방송사 측에서는 현재 저작권 집중관리 제도의 장점을 활용하지 못하고 있는데, 저작권집중관리제도의 장점을 제대로 파악하고 이를 적극 활용하려는 자세가 필요하다. 방송사 측에서도 콘텐츠 유통시장에서의 선순환이 장기적으로는 방송사들을 위해서도 유익하다는 점을 인식하고 새로운 시장모델의 활성화를 위해 적극 협조하여야 할 것이다. 셋째, 방송영역에서 관계자들의 저작권에 대한 인식의 전환이 필요하다. 저작권이 의미가 있는 것은 저작권이 포함된 프로그램 판매를 통하여 실제로 수익이 창출될 때이다. 따라서 저작권료가 많이 지불된다는 것은 역설적으로 프로그램과 관련된 시장이 많이 창출되고 수입이 늘어난다는 것을 의미한다. 그러므로 방송사 측에서는 현재 방송 프로그램 제작과 관련된 영역에서 저작권 문제를 합리적으로 해결한 후, 디지털 시장에서 고부가가치를 창출할 수 있는 저작물을 가공하고 이를 바탕으로 합리적인 비즈니스 모델의 도입과 아울러 방송 프로그램의 원활한 유통구조를 만드는 데 노력하여야 할 것이다.[48] 이는 UCC 이용자들로 하여금 적법하게 방송 프로그램을 이용하도록 만드는데도 기여할 것이다. 현재 어문저작물, 음악저작물 등에 대해서는 집중관리단체가 있지만 방송물과 관련해서는 이런 단체가 없다. 그런데 방송 프로그램의 경우 저작권 및 전송권이 방송사에 집중되는 경향이 있어 단일화된 체계구성이 쉽다. 따라서 인터넷 업체들이 남의 저작권을 이용하는 상황을 관리하고 과금 문제를 관리할 확대집중관

---

48) 최민재·지성우(2006).

리제도가 필요하다. [49)

6) 한·미 FTA 저작권 협상 대응

한미 FTA는 양자 간 조약이지만 한국에 있어서는 지적재산권을 보호하기 위한 모든 다자간 조약을 일시에 개정하는 것과 마찬가지일 정도로 그 범위가 넓다. 따라서 1986년 한국과 미국 간의 합의에 의해 지적재산권법을 대폭 개정한 것을 훨씬 능가할 정도로 지적재산권 보호에 막대한 영향을 줄 것이고 한국의 저작권 산업 및 소프트웨어 산업에 대해서도 중요한 의미를 가지게 될 것이다. 한미 FTA의 지적재산권 부분은 저작권, 특허, 상표 등 지적재산권 중에서 저작권에 가장 많은 내용을 포함하고 있는데 이것은 결국 디지털 환경하에서 발생하는 저작권 문제에 기인한 것이라고 할 수 있다. [50)

저작권 분야의 주요 쟁점으로는 첫째, 저작권 보호기간의 연장, 둘째, 일시적 복제권, 셋째, 접근통제 기술보호조치의 보호, 넷째, 이용자의 저작권 침해 행위와 관련한 OSP 면책과 신원확인 정보 제공, 다섯째, 상업적 규모의 저작권 침해시 비친고죄 적용, 여섯째, 법정손해배상제도의 도입 등이라고 할 것이다.

이대희는 한미 FTA의 지적재산권 부문의 협정 타결로 인한 긍정적인 측면으로 한국이 지적재산권 선진국으로 도약하는 데 일익을 담당할 것이라는 점, 외국 창작자가 아닌 국내 창작자가 최대의 수혜자가 됨으로써 국내의 지적재산 산업을 견실하게 할 수 있다는 점, 디지털 환경에 바탕을 둔 비즈니스 모델이 활성화될 것이라는 점 등을 제시한다. 따라서 국제경쟁력을 제고할 수 있는 정부의 정책집행이 매우 중요하다고 주장한다. 한미 FTA는 한국의 지적재산권 산업에 존재하는 비효율을 제거할 수 있는 훌륭한 도구이기 때문

---

49) 권형둔(2008), p.252.
50) 이대희(2007), pp.243~244.

이라는 것이다.[51]

그러나 김기태의 입장은 다르다. 저작권 보호기간 연장 등 이번 한·미 FTA 협상에서 다룬 쟁점은 매우 광범위한 것이었음에도 실질적인 효과에 있어서는 우리에게 불리하게 타결되었다는 견해가 지배적이라는 것이다. 특히 다음과 같이 두 가지 측면에서 이번 한미 FTA 저작권 분야 협상결과에 대한 우려가 증폭되고 있는 바, "저작권 제도의 근본적인 성격을 변경함으로써 제도의 순기능이 말살될 수 있다"는 주장이 그것이다. 첫째, 저작권 제도의 핵심은 '권리 보호'와 '이용' 사이의 균형인데 FTA 협상은 보호기간을 20년 더 연장함으로써 사실상 저작권 보호기간을 영구화한 것이고, 권리 제한을 통한 균형 자체를 무력화하였다. 또한 권리의 보호 강화만 나열한 한·미 FTA 협상 결과는 권리 제한을 공공정책으로 추진할 영역을 크게 축소하였다. 둘째, '일시적 저장'과 '접근 통제형 기술적 보호조치'를 통해 저작권자가 이용자를 직접 통제할 수 있도록 만들고, 집행 규정을 강화하여 개별 이용자를 쉽게 법정에 세울 수 있게 만들었다. '일시적 저장'이나 '접근 통제형 기술적 보호조치'는 경쟁자를 상대로 하는 것이 아니라 저작물의 최종 이용자를 대상으로 한다. 이렇게 되면, 원래 저작권법에서 의도하지 않았던 결과가 생긴다. 즉, 디지털 환경에서 저작물을 보는 행위나 읽는 행위, 듣는 행위가 저작권자의 통제 아래에 놓인다. 저작권법에 '출판물접근권', '독서권', '음악청취권', '영화감상권'을 집어넣는 것과 무엇이 다른가라고 묻고 있다.[52]

법정손해배상제도 역시 논란이다. 법정손해배상제도란 지적재산권 침해소송에 관하여 손해액의 상하한선을 미리 법령에 규정해 놓고 권리자로 하여금 실제손해 대신 이를 선택할 수 있도록 하는 제도다. 미국 저작권법상의 이 제도를 우리나라에 도입하는지에 관해 오래전부터 논의가 있었으나

---

51) 이대희(2007), pp.270~271.
52) 김기태(2007).

국내의 대륙법적 체계와 조화시키기 어렵다는 점에서 실제 도입되지 못하고 있었다.[53]

법정손해배상제도는 우리의 손해배상제도의 전통 법리와 거리가 있는데 헌법상의 과잉금지원칙 등에 기초해 볼 때 저작권 침해의 용이성, 침해자 수색의 어려움, 손해액의 입증이 곤란하다. 따라서 저작권 사용과 관련한 우리의 경제적 환경을 무시하고 획일적으로 법정손해배상액의 범위를 높게 책정할 경우 헌법상 과잉 금지원칙과 충돌할 수밖에 없다.[54] 한국의 저작물 사용 환경, 경제적 여건을 감안하지 않은 고액의 법정손해배상액은 전통 손해 배상의 법리와 충돌하고 헌법상 기본권의 과잉금지원칙에 반하며, 더불어, 저작물의 사적 사용의 허용 범위와 침해의 경계가 명료하지 못할 때 저작권 침해의 책임을 한국의 방송 서비스 이용자들이 고스란히 부담하게 될 가능성이 있다. 방송 서비스 이용자들의 선의의 피해 문제에 대한 구체적인 대응 체계가 이뤄질 필요가 있다는 것이다.[55] 공정 사용의 법리 등을 유연하게 조화함으로써 이 문제의 해결에 사려 깊게 대응할 필요가 있을 것이다.

7) 한류저작물 보호 위한 공적 지원

한류의 발전과정에서는 저작권 등 지적재산권 침해가 심각한 문제가 되고 있다. 중국 등에서의 한류 콘텐츠 불법 복제는 우리 기업에 걸림돌이 되고 있어 대책 마련이 시급하다. 특히 거대 방송사가 아닌 중소 문화 콘텐츠 제작업체의 경우는 개별적인 계약 체결, 권리 침해의 적발 등 관리·분쟁해결에 드는 소송비용과 절차 등으로 인해 활발한 해외 진출에 큰 불편을 겪고 있다. 한류를 형성한 방송영상·음반·영화 등 문화상품은 최근 한류국가를

---

53) 한정미(2007), pp.139~140.
54) 이종구(2007).
55) 이승선(2008), pp.139~140.

중심으로 광범위하게 진행되는 불법 복제 및 도용 등에 직접 노출되어 있다. 문화상품의 고부가가치 성장 가능성, 생산과 고용 유발 효과 등 경제적 측면을 고려해 여러 가지 입법제도 및 국가정책을 통한 보호가 요구된다.[56]

웹미디어는 오늘날 중국에서도 가장 영향력 있는 대중미디어로 발전했다. 2008년 7월 중국인터넷정보센터는(CNNIC) 제22차 '중국인터넷발전상황 통계보고'를 발표했다. 이 보고서에 의하면 2008년 6월 말 중국의 네티즌 수는 2.53억 명으로 세계 1위의 규모다. 그리고 최근 몇 년간의 인터넷상 저작권 문제에 관한 사건 대부분은 인터넷서비스제공자와 관련된다. 중국에서도 디지털 기술은 더욱 빠르게 정보를 획득하고 공유하게 하는 동시에 저작권자들로 하여금 저작물에 대한 통제권을 상실케 하여 콘텐츠가 대규모적으로 복제되고 전파되어 권리자의 이익에 손해를 가하고 있다.[57]

한류 상품의 소비국가에서 전개되고 있는 이러한 디지털 기술 환경을 고려할 때, 한류 상품의 유무형의 재산권 침해에 대해서는 기업 및 정부 차원의 공동 대응방안 모색이 필요하다. 이를테면 경쟁 업체 간 최소한의 협상 가이드라인을 통해 과다경쟁으로 인한 불이익을 사전에 방지할 필요가 있다. 지적재산권과 관련한 법규, 절차 등이 포함된 상세 메뉴얼을 작성해 관련업계에 배포하고 사후 피해가 발생할 경우 신고채널을 일원화하여 동일한 피해를 예방하여야 한다. 더불어 국가적 차원에서 지적재산권 보호를 위한 협상과 압력을 병행할 필요가 있고 정책적 접근시 미국·EU와 공동보조도 필요하다.[58]

---

56) 강미은(2008), p.152, p.156.

57) 王春燕(2008).

58) 중국 내에서의 저작권침해에 대한 대응으로는, 첫째, 기업내 중국 지적재산권 전담반 설치, 둘째, 침해자에 대한 우리기업 간 정보 네트워크 구축, 셋째, 중국과 지적재산권 보호협정 체결 등 국가적 차원의 보호정책 등이 요구된다. 또 중국에서 시장성이 있다고 판단되는 저작물에 대해서는 상표권 및 저작권 등록을 신청해야 유리한 지위를 갖게 된다. 장기적인 사업영역 보호와 제3자의 불법 상표등록을 방지하기 위해서 상표등록의신청도 필요한데, 즉 저작물에 대한 저작권과 상표권을 동시에 등록 신청하여야 한다. 또 원칙에 입각한 서면계약 및 계약 내용의 철저화가 필요한데 계약은 법에서 허용하는 원칙에 입각하여 기술하여야 하고 계약 내용에서 중재나

8) 학제 연구와 저작권 교육

학교기관에서 저작권에 대한 교육은 아무리 강조해도 부족할 것이다. 학생들은 저작물 생산자로서 저작권자의 지위를 누릴 수도 있고 혹은 저작물 사용자로서 저작권 침해의 위협과 법적 책임을 부담할 위치에 동시에 놓인다. 더불어 디지털 시대는 생산과 이용이 동시에 이뤄지는 개방과 참여, 공유를 모토로 한다. 학생뿐만 아니라 일반 사회인들 역시 마찬가지다. 특히 미디어 부문 종사자들로서는 일상 그 자체가 저작물 생성과 이용이라고 할 것이다.

세계적으로 전개되는 정보사회의 저작권법 변화에 대해 국가는 법만으로 뉴미디어의 기술적 내용을 적극적으로 규제하거나 정치적인 판단만으로 저작권법의 목적을 실현할 수는 없다. 따라서 항상 감당할 수 없는 법의 권위에 기대어 추상적 규범을 설정하려고 해서는 곤란하다. 그러한 목적을 달성하려면 오히려 기술적 협력과 논리적 쟁점에 관한 학제적 연구를 통하여 불완전한 법의 실효성에 대한 이론적 합의를 도출해 나가야 할 것이다. 특히 철학, 사회학, 정치학, 법학 등 인문학과 컴퓨터공학, 이학, 윤리학 등 관련 분야의 학제적 공동연구를 활성화하고 법과 기술의 괴리에 대한 쟁점들을 끌어내어 학제적 공감대를 형성할 수 있는 논리적 합의를 도출해야 할 필요성이 절실히 요구된다.[59]

저작권을 생산하는 저작권자나 종사자 공히 저작권을 이해하고 보호하려는 마음가짐을 갖는 것이 문화 콘텐츠의 근간을 튼튼하게 하는 일이라는 점에서 저작권 교육의 필요성이 제기될 수밖에 없다. 저작권법은 접근하기 어려운 현실이고 더욱이 사회에서 저작권법을 배우기에는 여건상 어려움이 따른다. 국내 만화·애니메이션·캐릭터 장르 대학교의 커리큘럼 조사자료에 따르면 국내 대학에는 저작권 관련의 커리큘럼이 거의 없는 실정이고 부분적

재판관할 및 준거법 지정 등에서 유리한 지위를 점하여야 한다(강미은, 2008, pp.164~165).
59) 류종현(2008), p.256.

으로 저작권을 다룰 수 있는 대학 역시 극소수에 불과하다. 이러한 근본적인 문제를 타계하기 위하여 저작권을 생산하는 저작권자나 종사자가 되기 직전의 대학 이상의 정규교육기관에서 저작권을 이해하고 보호함으로써 적극적으로 저작권을 활용할 수 있도록 교육하는 과정이 필요하다.[60]

---

60) 박경철은 저작권 관련 커리큘럼이 대학 이상에서 개설됐을 때 교육과정을 개설하기 좋은 학기는 마지막 학기, 또는 마지막 전학기라고 제언한다. 전공분야의 이론과 실기를 교육받은 상급학년에서 저작권 교육을 하는 것이 효과적이고, 취업을 나가기 전에 저작권의 생산자 혹은 종사자의 입장이 되는 것에 대비할 필요가 있기 때문이다(박경철, 2007: 665).

보론
미디어 저작권 관련 주요 판례

1. 출판과 저작권

1) 당나귀 귀 사건[61]

(1) 사건의 개요

    원고는 동화 전문 출판사인 도서출판 ○○의 대표로 2000.7.10.경 저작권자인 프랑스의 에꼴르○○출판사(이하 '원저작권자'라 함)와 독점번역출판계약을 체결해 『당나귀 귀』라는 프랑스 소설을 번역한 동일한 서명의 소설을 출판하였다. 이후 원고는 이 소설의 번역자인 박○영으로부터 이 사건 소설에 대한 번역저작권을 양수하였다.

    한편, 피고 이○경은 동화 작가로서 『날개 달린 달팽이를 보았니?』라는 제목의 동화를 저술하였고, 도서출판 ○○대표인 피고 이○은 2002.11.27. 피고 이○경과 사이의 대상 동화의 출판 계약을 체결한 후, 2003.4.1.경 대상 동화를 출판하였다.

    이에 원고는 피고 이○경이 원고가 번역한 이 소설에서 그 줄거리와 표현

---

61) 대법원 2007.3.29.선고 2005다44138 판결.

들을 베껴 대상 동화를 저술하고 피고 이ㅇ은이 이를 출판하여, 원고의 소설에 관한 번역저작권을 침해해 침해금지 및 손해배상(각자 위자료 1000만원)을 청구하였고, 선택적으로 피고들의 대상 동화는 원저작권도 침해해 원저작권자는 피고들에 대하여 저작권 침해금지 청구권을 가지므로 원고는 이 소설의 한국어 번역물에 대한 독점번역출판권자로서 원저작자를 대위하여 피고들에게 저작권 침해금지를 구하였다.

(2) 판결내용

대법원은 우선 번역저작권의 침해 여부를 가리기 위하여 번역 저작물과 대상 저작물 사이에 실질적 유사성이 있는지 여부를 판단해야 함을 제시했다. 번역 저작물의 창작성은 원저작물을 언어체계가 다른 나라의 언어로 표현하기 위한 적절한 어휘와 구문의 선택 및 배열, 문장의 장단 및 서술의 순서, 원저작물에 대한 충실도, 문체, 어조 및 어감의 조절 등 번역자의 창의와 정신적 노력이 깃든 부분에 있다. 그리고 그 번역저작물에 나타난 사건의 전개, 구체적인 줄거리, 등장인물의 성격과 상호 관계, 배경 설정 등은 경우에 따라 원저작물의 창작적 표현에 해당할 수 있다. 그러나 번역저작물의 경우 이들은 창작적 표현이라 할 수 없으므로, 번역저작권의 침해 여부를 가리기 위하여 번역저작물과 대상저작물 사이에 실질적 유사성이 있는가의 여부를 판단함에 있어서는 위와 같은 번역저작물의 창작적인 표현에 해당하는 것만을 대비하여야 한다.

둘째, 유사 어휘나 구문이 사용되었음을 이유로 번역저작물과 대상저작물 사이의 실질적 유사성을 인정하기 위한 요건이다. 번역저작물의 각각의 번역 표현들을 구성하고 있는 어휘나 구문과 부분적으로 유사해 보이는 어휘나 구문이 대상 저작물에서 드문드문 발견된다는 사정만으로 바로 번역저작물과 대상 저작물 사이에 실질적 유사성이 있다거나 번역저작물에 대한 번역

저작권이 침해되었다고 단정할 수는 없다. 그 실질적 유사성을 인정하기 위해서는 대상 저작물에서 유사 어휘나 구문이 사용된 결과 번역 저작물이 갖는 창작적 특성이 대상 저작물에서 감지될 정도에 이르러야 한다.

셋째, 독점 번역 출판권의 법적 성질 및 제3자가 작성한 저작물이 원저작물의 번역물이라고 볼 수 없는 경우, 독점적 번역출판권자가 저작권자를 대위하여 그 제3자를 상대로 침해정지 등을 구할 필요성이 있는지 여부다. 저작권자와 저작물에 관하여 독점적 이용허락계약을 체결한 자는 자신의 권리를 보전하기 위하여 필요한 범위 내에서 저작권자를 대위하여 저작권법(2006.12.28. 법률 제8101호로 전문 개정되기 전의 것) 제91조를 통해 침해정지청구권 등을 행사할 수 있지만, 저작권자와의 이용허락 계약에 의해 취득한 독점적 번역출판권은 독점적으로 원저작물을 번역하여 출판하는 것을 내용으로 하는 채권적 권리이므로, 제3자가 작성한 저작물이 원저작물의 번역물이라고 볼 수 없는 경우 독점적 번역출판권자가 저작권자를 대위하여 그 제3자를 상대로 침해정지 등을 구할 보전의 필요성은 없다.

2. 사진과 저작권

1) 달력사진 무단 전시 사건

(1) 사건의 개요

원고인 사진작가는 1996~1997년 사이에 한라산, 금강산, 설악산 등의 사진을 찍었고 그 중에는 자신의 사진집 『강산 아리랑』에 게재하고 자신의 사진 전시회에 전시를 하였다. 2000년에는 달력에 게재할 사진으로 이 사진 11점을 한 해 동안 사용 계약을 체결했다. 이 때 사진의 사용료는 1점당 80만원으로 사용 기간은 2000년 1월 1일부터 12월 31일까지다. 그리고 이 달력을 ㅇㅇ문화사라는 상호로 제작해 거래처와 시중에 판매하였다.

피고 병원 소속 직원인 박씨는 서울 시내의 가게에서 이 달력을 구입하여 병원에 걸어 두었다. 2000년 11월 말경 병원의 환경미화 작업을 실시하던 중 이 달력의 1월부터 11월까지 게재된 사건 사진을 각각 오려낸 후 액자에 넣어 병원 복도의 벽에 걸어두었다. 이것은 원고에게 별도의 허락을 얻지 않은 것으로, 같은 해 12월 4일 이 사진이 전시된 장면을 목격한 원고의 항의를 받고 사진을 철거했다. 이 사진을 전시함에 있어 원저작자에 대한 정보나 언급은 전혀 없었다.[62]

(2) 판결내용

이 사건의 가장 큰 쟁점은 달력에 쓰인 사진 사용의 허용 범위 문제다. 법원은 다음과 같은 이유를 들어 원고에 손을 들어주었다.

첫째, 원고는 사진저작물을 대여하는 데 있어서 용도와 매체에 따라 사용 가격에 차별을 두고 있었고 달력 사진에 비해 액자용 사진의 대여료가 더 고가이며, 사진저작물을 사용하는 데 있어 사용 범위와 내용을 변경해서 사용할 때는 저작권자에게 통보하도 했다.

둘째, 원고가 달력의 계절적 특성에 맞는 11점의 사진을 달력 제작자에게 대여하였고, 각 사진을 원고가 달력에 게재하는 용도로만 그 사용을 허락하였다.

셋째, 달력 사진은 그 계절적 특성을 표현한 것으로 달력으로부터 분리된

---

62) 제12조(성명표시권) ① 저작자는 저작물의 원본이나 그 복제물에 또는 저작물의 공표 매체에 그의 실명 또는 이명을 표시할 권리를 가진다.
② 저작물을 이용하는 자는 그 저작자의 특별한 의사표시가 없는 때에는 저작자가 그의 실명 또는 이명을 표시한 바에 따라 이를 표시하여야 한다. 다만, 저작물의 성질이나 그 이용의 목적 및 형태 등에 비추어 부득이하다고 인정되는 경우에는 그러하지 아니하다.

사진은 이런 효과가 없고, 분리된 사진만으로는 날짜와 요일을 알 수 없으므로 이는 달력이 아니라 독자적인 사진 예술품으로 인식된다.[63] 달력에서 사진을 분리해 전시한 것은 달력의 일부라기보다는 새로운 사진 작품에 해당한다고 보는데 인쇄 기술의 발달로 필름으로부터 인화된 사진과 구별이 어렵기 때문이다. 그러므로 피고 행위는 허락된 범위를 넘는 행위로 원고의 전시권을 침해하였다.[64]

이에 피고는 또한 '상업적 목적 없이 병원 환자들의 정서 함양이라는 공익적 목적을 위하여 사진을 전시한 것으로 원고의 허락 없이 이 사진을 자유롭게 이용할 수 있으며 이런 범위 내에서 원고의 사진에 대한 저작권은 제한되어야 한다'고 주장했다.

법원은 이에 대해 "저작권법의 취지는 저작물의 공정하고 원활한 이용을 통해 문화 발전에 기여하는 것을 목적으로 하지만, 현행 저작권법은 학교 교육 목적, 시사 보도, 사적 이용 등을 위하여 일정한 범위에서 저작물의 자유이용을 허용하지만 피고의 사유만으로는 해당하기 어렵다고 본다"며 피고의 주장을 이유 없다고 했다.

원고는 저작권 침해로 인한 사진의 사용료와 위자료를 합해 2100만원의 손해 배상을 청구하였으나, 법원은 달력에 사진을 게재하는 용도로 1점당 사용료 80만원을 이미 받았고, 필름 인화가 아닌 달력 사진을 오려서 사용했고, 전시 기간이 1주일이라는 점에서 달력을 사용하도록 한 기간에 해당함으

---

63) 제5조(2차적저작물) ① 원저작물을 번역·편곡·변형·각색·영상제작 그 밖의 방법으로 작성한 창작물(이하 "2차적 저작물"이라 한다)은 독자적인 저작물로서 보호된다.
② 2차적 저작물의 보호는 그 원저작물의 저작자의 권리에 영향을 미치지 아니한다.
제6조(편집저작물) ① 편집저작물은 독자적인 저작물로서 보호된다.
② 편집저작물의 보호는 그 편집저작물의 구성부분이 되는 소재의 저작권 그 밖에 이 법에 따라 보호되는 권리에 영향을 미치지 아니한다.
64) 제35조(미술저작물 등의 전시 또는 복제) ① 미술저작물 등의 원본의 소유자나 그의 동의를 얻은 자는 그 저작물을 원본에 의하여 전시할 수 있다. 다만, 가로·공원·건축물의 외벽 그 밖에 공중에게 개방된 장소에 항시 전시하는 경우에는 그러하지 아니하다.

로, 150만원으로 손해액을 인정하였다.

3. 게임과 저작권

1) 게임 신야구 사건[65]

(1) 사건의 개요

게임 "신야구" 사건은 서울 중앙 지방 법원 제 63민사부가 지난 2006년 7월 20일 내린 판결이다. 일본 게임업체 코나미사(원고)와 승계 참가인 주식회사 ㅇㅇㅇ이 자신들이 만든 "실황 파워풀 프로야구"의 캐릭터를 표절했다며 한국 온라인게임 "신야구" 제작사인 네오플과 유통사인 한빛 소프트(피고)를 상대로 낸 저작권 침해금지 소송에서 패소한 사례다.

(2) 판결내용

원고는 '피고들은 원고 실황 야구 캐릭터와 실질적으로 유사한 피고 신야구 캐릭터가 등장하는 신야구 게임을 제작, 제공하여 원고 승계 참가인의 원고 실황 야구 캐릭터에 대한 복제권을 침해했기에 이의 금지를 구한다'고 주장했다. 반면 피고는 '원고 실황 야구 캐릭터는 창작성이 없어 저작권 보호 대상이 아니며, 피고 신야구 캐릭터는 그 표현 형식에서 원고 실황 야구 캐릭터와 실질적으로 유사하지 않다'고 주장했다.

법원은 저작권 침해 여부를 판단하면서 먼저 침해자가 원저작물에 의거하여 제작되었는가를 따졌다. 법원은 "원고 실황 야구 게임은 일본 내에서

---

65) 2005가합76758 저작권침해금지.

시판되는 게임이지만, 피고 네오플이 신야구 게임을 제작하기 전에 국내에 널리 유포되었고, 피고 네오플 구성원들도 제작 전 원고 게임을 접했던 사실을 인정할 수 있으며, 원고와 피고 캐릭터의 유사점을 더해 보면 피고 신야구 캐릭터는 원고 실황 야구 캐릭터에 의거하여 제작되었다고 보는 것이 상당하다 할 것이다"고 밝혔다. 법원은 피고 신야구 캐릭터는 원고 실황 야구 캐릭터를 볼 수 있는 상황에서 제작되었을 가능성이 상당하다고 판단한 것이다.

두 번째로 법원은 두 캐릭터 간 실질적 유사성 여부를 판단했다. 법원은 "원·피고 각 캐릭터는 둘 다 어린 아이의 모습이며, 큰 머리와 작은 몸체를 가졌고, 머리 부분의 형태가 타원형이며, 몸체는 어깨와 목이 없으며, 하체 부분으로 갈수록 넓어지는 원추형에 가까운 모양이고, 하단부에 허리벨트를 배치하여 상, 하체를 구분했으며, 양손은 원모양이고, 발은 가로로 긴 큰 타원형이며, 다리가 생략되었고, 야구 게임에 필요한 장비 모양, 타격과 투구 등 정지 동작이 유사"하다고 판단했다.

그러나 위와 같은 캐릭터의 유사성은 '귀여운 이미지의 야구 선수 캐릭터라는 아이디어에 기초한 것'으로 '이와 같은 표현[66]은 원고 실황 야구 캐릭터 이전에 이미 만화, 게임, 인형 등에서 귀여운 이미지의 어린아이와 같은 캐릭터들을 표현하는데 사용되었다'고 밝혔다. 다시 말해 법원은 두 게임이 '귀여운 이미지의 야구 선수 캐릭터란 아이디어'가 유사하다고 판단했고, 이런 아이디어에 기초한 표현들은 이미 만화, 게임 등에 사용되었기 때문에 창작성이 없다고 판단한 것이다.

그리고 "장비 형태, 경기 동작은 야구 게임의 특성상 필연적으로 유사하게 표현될 수밖에 없으며 결국 이와 같은 유사점들만으로 원·피고 각 캐릭터

---

66) 판례는 이것의 예로써 '각 신체 부위는 2등신 정도의 비율로 하여, 머리크기는 과장하고, 얼굴 모습을 부각하고, 역동성을 표현하기 위해 다리는 생략하되 발을 크게 표현한 데' 등으로 들고 있다.

의 표현 형식이 실질적으로 유사하다고 할 수 없다"고 판단했다. 법원은 게임 형식, 경기 동작 등을 야구 게임이라면 유사할 수밖에 없는 아이디어 혹은 창작성이 인정되지 않는 표현 형식으로 판단했다.

다만 법원은 '원고의 얼굴의 생김새와 의상, 신발, 구비 장비 등을 디자인 하여 구체적으로 형상화한 실황 야구 캐릭터의 모습은 다른 기존 캐릭터와 구별되는 창작적인 미감을 갖는다'고 판단했다. 이제 법원은 피고 신야구 캐 릭터가 창작적 미감에서 원고 실황 야구 캐릭터와 실질적으로 유사한지 판단 하게 된다.

법원은 결국 "원고 실황 야구 캐릭터와 피고 신야구 캐릭터 사이에 실질 적인 유사성을 인정하기 어려우므로 피고의 신야구 캐릭터는 원고의 실황 야구 캐릭터와는 별개의 창작성 있는 저작물에 해당한다"고 판단했다. 법원 은 실질적 유사성의 판단 근거로 밝힌 창작적 미감 여부에서 두 게임이 유사하 지 않다고 본 것이다.

4. 영화와 저작권

1) 로스트 메모리즈 사건[67]

(1) 사건의 개요

원고는 1987년 4월경 『비명을 찾아서: 경성, 쇼와 62년』이라는 장편 소 설을 저작하여 출판한 작가이고, 피고는 2002년 2월 1일 개봉한 "2009 로스트 메모리즈"라는 영화의 제작자다. 원고는 피고의 영화가 1909년 안중근 의사

---

67) 서울고등법원 2003.12.16. 선고 2003나6530 손해배상 판결.

의 이토 히로부미 암살기도가 실패로 끝나서 한반도가 아직도 일본의 식민지라고 가정하는 동일한 상황 설정을 통해 역사의 전개 과정을 재구성하는 대체 역사기법을 이용하여 구성했다. 대체 역사의 분기점인 안중근 의사의 암살기도 실패 이후 시대상과 주제 및 이야기의 전개 과정 등이 원고 소설의 많은 부분을 모방하여 실질적으로 동일하므로 피고가 원고의 저작권을 침해하였다고 주장하였다

(2) 판결내용

두 저작물 사이에 역사적 배경이나 주제, 소재에 있어서 유사점은 인정되나 상황 설정이나 배경만으로 실질적 유사성이 있다고 할 수 없다. 소설에 있어서 대체 기법은 외국에서 1950년대부터 사용된 것이고, 피고의 영화가 대체 역사의 분기점이 되는 상황과 역사적 배경을 원고 소설과 동일하게 설정하고 이러한 가정하에 역사가 전개됨을 전제로 하더라도 이는 아이디어에 속하는 부분으로 이러한 아이디어가 외부에 창작적인 표현 양식으로 나타나 구체화되지 않는 한 이러한 소설 기법을 차용한 것만으로 실질적 유사성을 인정할 수 없으며 두 저작물은 저작물 성격이나 구체적인 인물 설정 관계, 사건의 전개 및 결말, 사건의 표현 방식 및 갈등의 해결 방식 등에 있어서 상당한 차이가 있고, 그 구체적인 표현 형식도 다르다고 보았다.

법원은 원고가 영화기획자 김○○으로부터 시나리오 완성 전 기획 단계 퍼스트 트리트먼트를 교부받아 원고 소설의 기본적인 상황 설정을 퍼스트 트리트먼트에 기재된 수준에서 차용하도록 허락하였고, 그 후에도 피고에게 원격적으로 토대로 삼았다는 표현을 사용하도록 하였으며, 영화의 퍼스트 트리트먼트나 시나리오는 영상화를 전제로 할 뿐만 아니라 김○○은 영화기획자였던 점 등을 비추어 원고의 동의는 영화 제작에 대한 동의까지 포함하는 것이고, 원고도 영화기획자 개인 이외에 제작사가 개입되리라는 점을 충분히

예상할 수 있었다고 보았다. 영화기획자 김○○이 제출한 기획안으로 채택하여 제작사가 된 피고에 대하여도 위 이용허락의 효과가 미친다고 보았다.

2) 해피 에로 크리스마스 사건[68]

(1) 사건의 개요

신청인은 1999년 경 개봉된 이와이 순지 감독, 나카야마 미호 주연의 영화 "러브레터"의 저작권자이고, 피신청인들은 2003년 12월 영화 "해피 에로 크리스마스"의 제작자와 배급자다. 신청인은 피신청인들이 "해피 에로 크리스마스"에 무단으로 "러브레터"의 주요 장면 중 일부를 삽입하여 상영했다고 주장했다. 이를 비디오·DVD로 제작·판매함으로써 신청인의 저작권을 침해하였거나 침해할 우려가 있으므로 피신청인들을 상대로 영화의 상영 금지, 복제 및 배포의 금지 등 저작권 침해금지 가처분을 신청하였다.

(2) 판결내용

"해피 에로 크리스마스"에서 문제된 장면의 표현 형식상 두 영화가 별개의 저작물임을 쉽게 알 수 있는 점, "해피 에로 크리스마스"에 인용된 "러브레터"의 장면을 알지 못하는 사람은 소수일 것이며, 위 인용 부분은 원작 그대로 일반적으로 누구라도 신청인의 저작물임을 쉽게 알 수 있는 점, 위 인용 부분은 "해피 에로 크리스마스"의 총 상영 시간 110분 중 불과 30초가량으로 극히 일부이며, 그 자체로 어떠한 의미 전달 능력을 가지고 있다고 할 수 없어 삽입으로 인하여 "해피 에로 크리스마스"의 실질적 가치가 높아졌다고 보기 어려운 점 등을 고려하면, 청중의 입장에서 "러브레터"의 주요 장면의 삽입으로

---

68) 서울중앙지방법원 2004.3.18. 자2004카합344 저작권침해금지가처분 결정.

인하여 "해피 에로 크리스마스"가 "러브레터"를 부당하게 이용하였다는 판단을 할 것이라고 보기 어려우므로 피신청인들이 "러브레터"에 관한 신청인의 저작권을 침해하지 않았다고 보았다.

"해피 에로 크리스마스"는 이미 개봉관에서 상영이 완료되고 비디오의 배포까지 이루어진 단계에서 즉시 영화의 상영금지, 복제 및 배포의 금지 등과 같은 가처분을 발령할 만한 보전의 필요성을 인정하기 어렵다고 보았다.

3) 왕의 남자 '나 여기 있고 너 여기 있지' 사건[69]

(1) 사건의 개요

신청인은 1996년 11월경 희곡 「키스」를 저작한 희곡작가 겸 대학교수이고, 피신청인들은 2005년 12월 29일 국내 개봉한 영화 "왕의 남자"의 제작사(피신청인 1, 2), 영화 감독(피신청인 3), 배급사(피신청인 4)이다.

희곡 「키스」의 제1부에서 주인공 남녀가 서로 떨어져 서 있는 가운데 별지 제3목록 기재와 같은 대사(그 중 밑줄 그은 부분인 '나 여기 있고 너 거기 있어'라는 대사가 영화 "왕의 남자"에서 표절하였다는 부분. 이하 '이 사건 대사라 함)를 하고 있는데, 희곡 「키스」는 '소통의 부재'라는 주제를 효과적으로 나타내기 위하여 이 사건 대사와 이 사건 대사의 변주된 표현들을 치밀하게 배열하여 반복 사용하고 있다.

영화 "왕의 남자"의 초반부 제8장과 마지막 제83장에서는 조선 시대의 광대인 두 주인공 장생과 공길의 장님놀이 장면이 나오는데, 그 장면과 대사는 별지 제2목록 기재와 같고, 그 중 제83장은, 장생과 공길이 외줄을 위에서 줄을 힘껏 튕겨 하늘 높이 띄우는 영화의 마지막 장면(제82장) 이후에, 엔드크레딧(End Credits: 어느 영화의 제작에 관여한 모든 사람들의 이름을 자막으로 보여주는 것)이 오르면서,

---

69) 제1심 결정 서울중앙지방법원 2006년 4월 3일 결정, 최종 결정 서울고등법원 제4민사부 2006년 11월 14일 결정.

장생, 공길, 칠득, 팔복 등이 꽹과리와 북을 치며 걸어가는 장면과 영화의 한 장면이었던 장생과 공길의 장님 놀이가 재연되고 있다.

영화 "왕의 남자"의 원작 희곡인 「이(爾)」는 말장난, 성대 모사, 흉내 내기, 재담, 음담 패설 등 언어 유희를 이용하여 시정을 풍자하고 정치적 비리를 고발했던 조선시대의 소학지희(笑謔之戱)를 통하여 극의 갈등과 인물 관계를 전개하고 있는데, 그 중 장생과 공길의 장님 놀이 장면에서 이 사건 대사가 사용되고 있다.

(2) 판결내용

어문저작물이 저작권법에 의하여 보호를 받기 위해서는 우선 그것이 '창작성 있는 표현'에 해당하여야 하고, 또한 저작권 침해를 인정하기 위해서는 주관적 요건으로서, 침해자가 저작권 있는 저작물에 의거하여 그것을 이용하였을 것, 객관적 요건으로서 침해저작물과 피침해저작물과의 실질성 유사성이 인정되어야 한다. 특히 어문저작물의 경우 작품 속의 특정한 행이나 절 또는 기타 세부적인 부분이 복제됨으로써 양 저작물 사이에 문장 대 문장으로 대칭되는 부분적 문자 유사성(fragmented literal similarity) 뿐만 아니라 작품 속의 본질 또는 구조를 복제함으로써 전체로서 포괄적인 유사성(comprehensive nonliteral similarity)도 감안하여야 할 것이다.

이 사건 대사의 창작성 여부는 일상 생활에서 흔히 쓰이는 표현으로서 저작권법에 의하여 보호받을 수 있는 창작성 있는 표현이라고 볼 수 없고, 또한 ○○○에 의하면, 시(詩) 등 다른 작품에서도 이 사건 대사와 유사한 표현들이 자주 사용되고 있음을 알 수 있다.

실질적 유사성 여부 판단에 앞서 신청인의 어문 저작물인 희곡 「키스」 제1부에서는 이 사건 대사 및 이 사건 대사의 변주된 표현들을 치밀하게 배치하여 이러한 일련의 표현들의 결합을 통하여 인간 사이의 '소통의 부재'라는 주제를 표현하고 있는 반면, 영화 "왕의 남자"에서 사용된 이 사건 대사는 영화 대본 중의 극히 일부분(영화대본은 전체 83장으로 되어 있는데, 그 중 2개의 장의 일부에 인용되고 있다)에 불과할 뿐만 아니라, 이 사건 대사는 장생과 공길이 하는 '맹인들의 소극'(笑劇)에 이용되어 관객으로 하여금 웃음을 자아내게 하거나(8장), 영화가 끝난 뒤 엔딩 크레딧과 함께 '맹인들의 소극' 장면을 보여줌으로써 관객으로 하여금 영화 "왕의 남자"가 광대들의 눈을 통하여 조선 시대 제10대 왕인 연산군을 둘러싼 갈등과 이로 인한 죽음을 표현하고자 하였던 다소 무거운 이야기에서 벗어나 다시 일상으로 돌아가 웃을 수 있게 만드는 것이다. 이 사건 대사가 '소통의 부재'라는 주제를 나타내기 위한 표현으로 사용되었다고 볼 수 없으므로, 양 저작물은 실질적인 유사성이 없다고 할 것이다.

보전의 필요성에 대한 판단에서 이 사건 대사의 창작성이 인정되고 피신청인이 신청인의 저작권을 침해하여 그 피보전 권리가 인정된다고 하더라도, 위 소명 사실에서 본 바와 같이 이 사건 대사가 영화 "왕의 남자"에서 차지하는 비중이 크지 않은 점 등에 비추어, 현 단계에서 피신청인들로 하여금 영화의 상영 중단을 비롯하여 영화 "왕의 남자"에 대한 사업 활동을 중단하도록 하는 결과를 가져오는 신청 취지와 같은 가처분을 발령하여야 할 만한 보전의 필요성이 있다고 보기 어렵다.

다시 말해, 일상생활에서 흔히 쓰이는 표현인 이 사건 대사는 저작권법에 의하여 보호받을 수 있는 창작성 있는 표현이라고 볼 수 없다. 기존의 판례에 따라, 저작권 침해를 인정하기 위한 주관적 요건으로서 침해자가 저작권 있는 저작물에 의거하여 그것을 이용하였을 것, 객관적 요건으로서 침해저작물과 피침해저작물과의 실질적 유사성이 인정되어야 하고, 특히 '어문저작물'의 경우에는 작품 속의 특정한 행이나 절 또는 기타 세부적인 부분이 복제됨으로써 양 저작물 사이에 문장 대 문장으로 대칭되는 부분적 문자 유사성(fragmented literal similarity) 뿐만 아니라 작품 속의 본질 또는 구조를 복제함으로써 전체로서 포괄적인 유사성(comprehensive nonliteral similarity)도 감안하여야 한다고 판단했다.

5. 드라마와 저작권

1) 여우와 솜사탕 사건[70]

(1) 사건의 개요

원고는 1991년 11월 23일부터 1992년 5월 31일까지 방영한 "사랑이 뭐길래"라는 드라마의 대본을 집필한 드라마 작가이고, 피고들은 2001년 10월 27일부터 2002월 4월 27일까지 제작·방영한 "여우와 솜사탕"이라는 드라마의 대본을 집필한 드라마 작가, 담당 PD, 방송국이다. 원고는 "여우와 솜사탕"의 대본 및 드라마가 "사랑이 뭐길래"의 대본에 관한 원고의 저작권을 침해하였다고 주장했다.

(2) 판결내용

법원은 "여우와 솜사탕"과 "사랑이 뭐길래"가 모두 남자 주인공과 여자 주인공의 사랑과 결혼을 둘러싼 두 집안의 이야기가 주된 줄거리인 바, 이는 아이디어로서 이 부분이 실질적 유사성이 있다고 보기는 어렵다고 전제하면서도 "여우와 솜사탕"은 남자 주인공과 여자 주인공의 사랑이야기 부분의 구체적인 줄거리나 사건 전개의 측면에서 "사랑이 뭐길래"와 포괄적, 비문자적 유사성을 인정할 수 있다고 보았다.

피고인들이 가공적 저작물에서 아이디어가 전형적으로 예정하고 있는

---

70) 서울남부지방법원 2004.3.18 선고 2002가합4017 손해배상 판결.

전형적 장면이나 필수 장면에는 저작권이 인정되지 않는다는 이른바 '표준적 삽화(Scences a Faire)이론'을 주장했다. 법원은 위 내용을 아이디어 부분이라고 볼 수 없고 극적 저작물의 경우 일정한 소재나 주제 또는 추상적인 줄거리에 대하여 표현 방법이 매우 다양할 수 있다는 점에서 전형적인 필수 장면에 해당한다고 볼 수도 없다고 보았다.

또한 법원은 등장 인물들의 갈등의 구체적 내용이나 조합은 저작권법의 보호 대상이라고 전제한 후, 양 작품의 포괄적·비문자적 유사성을 인정할 수 있다고 보았고 "여우와 솜사탕"이 구체적인 에피소드에서 "사랑이 뭐길래"와 장면이 동일하거나 유사한 방식으로 표현된 점을 인정하였다.

그리고 법원은 "여우와 솜사탕"에서 "사랑이 뭐길래"와 비슷한 상황에서 동일하거나 거의 유사한 대사가 등장하는 예가 발견됨으로써 부분적·문자적 유사성도 인정되는 점을 들어 여우와 솜사탕이 "사랑이 뭐길래"와 실질적 유사성이 인정된다고 보았다.

2) 태왕사신기 사건[71]

(1) 사건의 개요

원고는 『바람의 나라』라는 만화의 저작권자, 피고는 드라마 "태왕사신기"를 집필한 드라마 작가다. 원고는 피고의 시놉시스가 『바람의 나라』와 작품의 줄거리, 패턴, 신시 개념의 사용, 사신 캐릭터 사용 등에 있어서 실질적으로 유사하므로, 피고는 원고의 저작인격권 중 성명표시권과 동일성 유지권, 2차적저작물작성권을 침해하였다고 주장하였다.

---

71) 서울중앙지방법원 2006.6.30. 선고 2005가단197078손해배상 판결.

(2) 판결내용

법원은 어문저작물의 경우 부분적·문어적 유사성과 포괄적·비문어적 유사성 중 하나만 인정되면 실질적 유사성이 인정된다고 보았다. 우선 『바람의 나라』는 단행본 22권으로 이루어진 만화 저작물이고, 피고의 시놉시스는 드라마 제작발표회를 위해 준비한 A4용지 약 26페이지 분량의 어문 저작물로서 "태왕사신기" 시나리오의 대략적인 줄거리와 등장인물에 대한 개략적인 설명이 그 내용인 바, 저작물 사이에 부분적·문어적 유사성은 인정되기 어렵고 두 저작물의 종류와 형태가 상이함을 비추어 부분적·문어적 유사성을 기준으로 삼기 어렵다고 보았다.

또한 법원은 양 저작물 사이에 포괄적·비문어적 유사성도 인정되기 어렵다고 보았다. 두 저작물은 모두 고구려를 배경으로 하고 사신 개념과 관련된 캐릭터들이 등장하여 자신들이 선택한 왕을 중심으로 부도 혹은 신시를 지향한다는 줄거리를 가진다. 주인공들이 심복을 얻는 과정에 있어서 일부 유사한 점은 있으나 피고의 시놉시스는 그 자체가 최종적이고 민족적인 어문저작물로 보기 어려운 면이 있다. 또한 원고의 저작물은 역사 저작물로서의 성격과 판타지 저작물로서의 성격을 함께 가지는 바 역사적 사실이나 판타지적 요소 중 이미 신화나 설화를 통하여 일반이 공유하고 있는 부분에 대하여는 원고의 저작권이 인정될 수 없다. 그러므로 원·피고의 두 저작물이 모두 고구려를 시대적 배경으로 하고, 동일한 사신 개념을 사용한 캐릭터가 등장한다고 하더라도 원고의 저작권이 침해되었다고 볼 수 없다. 영웅들이 여러 가지 과정을 거치면서 심복을 얻고 이를 통해 힘을 키워 나가며 결국 그 심복들이 주인공을 위해 죽음에 이른다는 구도는 영웅 캐릭터를 주인공으로 하는 수많은 저작물들에서 쉽게 찾아볼 수 있으므로, 주인공들이 심복을 얻는 과정이 유사하다는 것만으로 원고의 저작권이 침해되었다고 볼 수 없다. 피고의 시놉시스는 그 내용이 너무 간략하고 구체적인 내용이 부족하여 그것 자체만으로 원고가 주장하는 창작적 내용을 침해하였다고 인정할 수 없다고 보았다.

6. 음반과 저작권

1) 칵테일 사랑 사건[72]

(1) 사건의 개요

신청인은 1993년 10월 피신청인이 제작한 음반에 수록된 곡인 "칵테일 사랑"의 악보를 받아 코러스 부분을 추가하였다. 피신청인은 위 곡의 편곡자로서 신청인의 성명을 표시하지 아니한 채 음반을 제작·복제·판매했다. 이에 신청인은 피신청인에게 자신을 편곡자로서 성명표시권이 침해되었음을 주장하였고, 이에 대하여 피신청인은 위 코러스 부분은 별도의 창작성이 인정되지 아니하므로 성명표시권이 인정될 여지가 없다고 주장하였다.

(2) 판결내용

법원은 2차 저작물로 보호받기 위해서는 원저작물을 기초로 하되, 사회 통념상 새로운 저작물이 될 수 있을 정도로 창작성이 있어야 하는 것이고, 원저작물에 다소의 수정을 가한데 불과하여 독창적인 저작물이라고 볼 수 없는 경우에는 저작권법에 의한 보호를 받을 수 없다고 할 것이다. 주 멜로디를 그대로 둔 채 코러스를 부가한 이른바 코러스 편곡의 경우에도 창작성이 있는지 여부에 따라 2차 저작권의 일종인 편곡 저작권이 될 수 있을 것이라고 보았다. 위 노래에서 코러스가 많은 비중을 차지하고 있으며 또한 주 멜로디

---

72) 서울민사지방법원 1995.1.18 결정 94카합 9052 음반 등 제작, 발매, 배포금지 가처분 결정.

를 그대로 유지한 채 주 멜로디에 위 코러스를 부가하는 방식으로 만들어졌지만, 위 코러스 부분은 일정한 높낮이의 음을 넣는 수준의 단순한 화음이 아니라 신청인 이외의 다른 사람에 의하여서는 동일한 코러스를 만드는 것이 거의 불가능하다고 볼 수 있을 정도로 독창적이고, 위 노래의 내용과 전체적인 분위기에 결정적인 요소로 작용하고 있다고 판시하면서 2차 저작물성을 인정하였다.

2) 너에게 쓰는 편지 사건[73]

(1) 사건의 개요

원고는 1998년 11월 발표된 그룹 더더의 "It's you" 가요의 작곡자이고, 피고는 2004년 4월 공표된 가수 MC몽의 앨범 "180 degree"에 수록된 "너에게 쓰는 편지"의 작곡자다. 원고는 피고가 작곡한 "너에게 쓰는 편지"의 후렴구 8소절이 원고가 작곡한 "It's you" 의 후렴구 8소절을 그대로 표절하거나 일부 변형하여 사용해 원고의 성명표시권 및 동일성유지권을 침해하였다고 주장하였다.

(2) 판결내용

법원은 문제가 된 각 곡의 후렴구 부분은(동일한 조로 조바꿈을 한 경우) 전체 8소절 중 2소절은 음의 구성이 완전히 동일하고 5소절은 서로 유사하며 화성의 진행도 상당 부분이 동일하거나 유사하고 실제 가창되는 각 곡의 대비 부분의 박자, 템포, 분위기도 유사한 점을 들어 위 각 대비 부분의 유사성을 인정했다. 나아가 각 대지 부분이 각 곡의 후렴구로서 여러 차례 반복되고, 전체 연주

---

73) 수원지방법원 2006. 10. 20. 선고 2006가합8583손해배상 판결.

시간에서 상당한 비율(원고의 곡은 총 32소절 정도이고, 그 중 총 4회 반복되며, 피고의 곡에서도 총 3회 반복 진행)을 차지하는 점에서 그 실질적 유사성이 인정된다고 보았다.

3) 캠벨 VS 아큐프-로즈 뮤직 사건

(1) 사건의 개요

본 사건은 투라이브 크루(2Live Crew)라는 랩 그룹이 로이 오비슨의 락 발라드 음악인 "오, 프리티 우먼"(Oh, Pretty Woman)이라는 노래를 풍자한 랩 음악을 만들어 음반에 수록한 것을 정당한 사용이라고 볼 수 있는가의 문제였다. 발라드 음악에 대해 저작권을 갖고 있는 음반회사 아큐프-로즈사에서는 투라이브 크루가 로열티를 지불하고 패러디 음악을 만들겠다는 제안을 거절했었고, 투라이브 크루가 결국 패러디 음악을 만들어 이를 명시하고 음반에 수록하여 판매하자 이에 대한 저작권 침해 소송을 제기했다.

(2) 판결내용

연방 1심 법원에서는 공정이용의 4가지 요인을 적용하면서 투라이브 크루의 음악이 패러디이고, 패러디를 만들기 위해 꼭 필요한 부분만 발췌했을 뿐 아니라 이러한 패러디 음악이 원래 음악의 시장에 부정적인 영향을 미칠 가능성이 매우 희박하다는 점에서 공정이용으로 판시하였다. 하지만 연방 항소 법원에서는 이를 파기하고 1심으로 돌려보내면서 투라이르 크루의 음악이 가진 상업성으로 인해 이를 공정이용으로 볼 수 없다고 판시하였다. 상업적 사용은 공정이용이 될 수 없다고 추정할 수 있다고 보고, 이러한 상업성에 대한 추정에 의해 원저작자가 받을 피해 역시 인정할 수 있다는 것이다.

하지만 연방대법원에서는 이를 다시 파기하였다. 특히 사용의 목적이 상업적이라는 점이 정당하지 않은 사용으로 추정할 수는 없다고 명시하였다.

더군다나 사용 목적의 상업성을 결정적 요인으로 보는 것은 잘못된 방법이라고 하였다. 대법원에서는 공정이용인가를 밝히는 목적은 바로 저작물의 사용을 통해 새로 만들어진 저작물이 원저작물을 단순히 대신하는 것이 아니라 새로운 저작물이 변형적인지 또한 얼마나 변형적인지를 가늠하기 위한 것이라고 보았다. 또한 새로운 저작물이 더 변형적일수록 정당한 사용이 아님을 밝히는데 이용될 수 있는 상업성과 같은 다른 요인들의 중요성은 더 적어지게 된다고 밝혔다는 점에서 투라이브 크루의 저작물 사용이 공정이용이라고 판결하는데 변형적 사용의 기준이 가장 중요한 것으로서 작용했음을 알 수 있다.

7. P2P와 저작권 판례

1) 소리바다 사건

(1) 사건의 개요

소리바다는 사용자끼리 서로의 MP3 파일을 검색하고 다운로드 받을 수 있는 P2P 프로그램으로 2000년 5월부터 온라인서비스에 들어가 국내 대표적인 음악 파일 교환 서비스로 자리 잡았다. 그러나 2002년 7월 31일 검색서비스가 저작권 침해 소지가 있다는 법원의 서비스 중지 가처분 결정으로 중단되었다. 하지만 8월 24일 중앙집중식 검색 기능으로 없앤 새 파일 교환 프로그램 '소리바다2'를 개발하였다. 이 프로그램은 메인 서버 없이 슈퍼피어(SuperPeer) 방식으로 사용자 리스트를 받을 수 있으며, 사용자 인터페이스를 개선시킨 것이었다.

소리바다는 2003년 11월 주식회사를 법인으로 전환하였다. 2004년 7월 소리바다3을 출시하였으며, 12월 유료 MP3 사이트를 열었다. 2005년 11월 서비스를 중단하였다가 2006년 3월 소리바다5 라는 이름으로 서비스를 재개하였으며, 저작권 침해 문제로 7월부터 전면 유료화되었다. 소리바다5는 회원들이 공유한 MP3 파일을 실시간으로 검색하여 원하는 파일을 다운로드할 수 있는 P2P 프로그램으로 운영되며, 월정액제의 자유이용권을 구매하여 이용할 수 있다. 다운로드하면서 미리듣기를 할 수 있고 원하는 MP3 파일의 기사도 볼 수 있다. 또 오르골이라는 무제한 용량의 저장 공간도 제공된다.

피고인들(소리바다)이 냅스터를 통하여 불법 복제 MP3 파일이 인터넷상에서 전송되는 상황을 잘 알면서 그와 유사한 소리바다 프로그램을 개발하여 인터넷상에 제공한 점을 감안하면 소리바다 프로그램 자체가 불법 도구가 아니라고 할지라도 적어도 피고인들은 소리바다 사이트를 운영하면서 소리바다 프로그램을 배급할 당시 소리바다가 MP3 파일의 불법 복제 전송에 주로 이용될 것임을 인식하고 있던 것이다.

(2) 소리바다 소송일지

- 2000.5: 피고인들은 소리바다 프로그램 개발을 완료, 서비스(무료다운로드와 파일공유) 제공 시작.
- 2001.1.18: 한국음반산업협회, 소리바다 상대로 저작권법, 저작인접권 침해를 이유로 형사고소함.
- 2002.2: 법원, 소리바다 서버 사용중지 명령. 2음반업체, 소리바다1 서비스에 대해 저작권 침해로 소송.
- 2002.7.9: 소리바다1 서비스 중지, 소리바다2(서버를 공유하지 않은 서비스) 시작. 음악저작권협회, 소리바다1 서비스 복제전송권 침해 이유로 손해배상 소송가처분 신청이 인용됨.[74]

· 2003.2.14: 위 가처분 결정에 대한 이외사건에서 가처분을 인가하는 판결이 선고됨.

· 2003.5.15: 형사 1심 판결 선고. [75] 공소사실의 불특정을 이유로 공소기각 판결.

· 2003.7: 소리바다, 벅스를 제외한 유선음악포털의 유료화.

· 2004.11: 음제협, 소리바다3 가처분 신청.

· 2005.1.12: 형사사건 항소심(원심) 판결선고[76] 판결: 피고인들 각 무죄

　　　　　　가처분이의 항소심 판결 선고[77]: 방조에 의한 불법행위책임인정.

· 2005.8: 법원 소리바다3 서비스 중단 결정 9음제협, 소리바다 저작권법 위반으로 형사 고소.

· 2005.11: 소리바다2 서비스 중지, 12음제협, 소리바다2, 3 서비스 저작권 침해로 손해배상소송.

· 2006.1.25: 가처분이의 상고심 판결 선고. [78]

· 2006.6: 예단연 음저협 소리바다 소송(2002년 8월 제기분) 취하, 8서울음반 등 45개 음반사의 가처분 신청 모두 기각.

· 2007.1: 대법원 소리바다가 낸 상고기각.

· 2007.4: 서울지방법원, 소리바다에 50억 채권 가압류 결정.

· 2007.10: 고등법원 34개사 음원권자 소리바다 상대 서비스 정지 가처분 판결.

(3) 판결내용

서울고등법원은 JYP엔터테인먼트와 서울음반 등 30여 개 음반 업체와 한○○씨 등 가수들이 소리바다5를 통한 파일 공유로 저작인접권을 침해당3

---

74) 수원지방법원 성남지원 2002카합77
75) 서울중앙지방법원 2001고단8336 판결
76) 서울중앙지방법원 2003노4296.
77) 서울고등법원 2003나21140판결.
78) 대법원 2005다11626판결: 상고기각.

했다며 소리바다를 상대로 낸 음반복제 금지 등 가처분 신청을 받아들였다. 소극적 필터링을 하는 소리바다5는 저작인접권 침해가 불가피하다며 법원은 1심 판결을 뒤집고 서비스 중단 가처분 신청을 낸 SKT 계열의 서울음반과 JYP엔터테인먼트 등 30개 음반사들의 손을 들어주었다.

2) 냅스터 사건

(1) 사건개요

냅스터(Napster)는 미국의 19살 대학생인 숀 패닝(Shawn Fanning)에 의해 개발된 P2P시스템을 제공하고 있는 회사다. 1999년 4월 서비스를 시작한 후 미국 대학가 학생들을 중심으로 이용자들이 폭발적으로 증가하여 전 세계적으로 2000만 명이 넘을 만큼 선풍적인 인기를 누렸다. 냅스터에 가입한 회원들이면 누구나 다른 회원들이 갖고 있는 MP3 파일 검색과 무료 다운로드가 가능했다. 냅스터 프로그램은 이용자들이 중앙 서버에 보관되어 있는 MP3 파일 목록을 검색하여 원하는 특정 곡을 요청하면 자동으로 그 음악 파일을 저장하고 있는 컴퓨터와 자동으로 연결 시켜준다. 냅스터 서버의 경우는 두 컴퓨터 간의 연결이 한정되어 있고 음악 파일을 다운로드하는 과정은 누리꾼 사이에서 직접 이루어진다.

인터넷 사이트에는 음악 파일이 존재하지 않지만 각각의 회원들의 사이트에 어떤 파일이 있는지 관리하여 회원들이 원하는 파일의 위치 정보를 제공해준다. 이러한 냅스터 프로그램의 마우스 클릭만으로 저작권을 손쉽게 침해할 수 있는 수단이 되었다. 이러한 침해는 각 음반사들에게 위협적인 존재가 되어 1999년 12월 7일에 미국음반산업협회(RIAA: Record Industtial Association of Ametica)가 연방지방법원에 냅스터사를 저작권 침해 및 관련 주법 침해로 제소하기에 이르렀다. 그리고 음반산업협회뿐만 아니라 2000년 4월 13일에는 미국의 유명한 헤비메탈 락 밴드인 메탈리카(Metallica)도 같은 이유로 냅스터사를 고소하여 냅스터사와 기존의 음악계의 갈등이 시작되었다. 그리고 2000년 6월 12일 음반산업협회가 냅스터사를 상대로 법원에 웹사이트를 폐쇄할 것을 요청해 소송이 제기되었다. 연방지방법원은 2000년 7월 26일 냅스터 이용자가 급증하면서 연말에 7000만 명에 달하면 음반 산업이 큰 피해를 볼 것이라며 최종 판결이 나올 때까지 권리보유자의 허락 없이 원고 측에게 저작권이 있는 음반을 복사, 다운로드, 업로딩, 전송, 배포하는 행위에 관여하거나 타인으로 하여금 그 행위를 용이하게 하는 행위를 금한다는 중지명령이 내렸다.

그러나 냅스터는 음반을 구매하기 전 미리 들어볼 수 있는 기회를 제공하여 궁극적으로 음반 판매에 있어 기여한다는 주장을 하였다. 또한 사이트이용자들이 음악을 개인 용도로 다운로드하고 있을 뿐 상업 목적으로 이용하지 않았기 때문에 저작권 침해 우려는 없다며 즉각 항소했다. 항소법원인 연방제9항소법원은 2000년 7월 28일 1심 판결을 검토하는데 많은 시간이 필요하다며 일단 폐쇄 명령을 유보시켰다. 그러나 음반 업계가 2000년 10월 2일 항소법원 청문회에서 냅스터 폐쇄 유보 명령 철회를 요청했으며 항소법원은 4개월 간의 심리 끝에 저작권 음반 중지 명령을 내림으로써 미국음반산업협회의 손을 들어주었다.

(2) 판결내용

냅스터 사건에서 원고 측인 음반 회사들은 누리꾼들이 MP3 파일을 불법으로 교환하면서 원고 회사들의 음반 판매량이 대폭 감소되어 손해를 입었다고 주장한다. 그러므로 냅스터가 누리꾼들의 복제권 침해행위에 대한 기여책임과 대위책임을 진다는 주장과 그리고 누리꾼들에 의해 MP3 파일의 교환행위는 공정이용에 해당되므로 책임의 전제 조건이 결여되었고 P2P시스템 제공이 타인의 저작권을 침해하기 위한 불법 도구가 아니기 때문에 기여책임 및 대위책임을 지지 않는다는 냅스터 주장이 엇갈렸다.

법원은 첫째, 냅스터를 이용한 MP3 파일의 복제 목적과 성격이 비상업적인가를 판단했다. 이용자들은 냅스터를 이용하여 복제한 저작물을 대부분 자신의 개인용 컴퓨터를 통해서 사적인 용도로 사용할 것이다. 하지만 냅스터를 이용하여 일어나는 광범위한 MP3 파일의 복제와 이용은 비록 사적인 공간에서 이루어지지만 이는 음반제작자 등 저작자의 경제적 이익과 연관지어 생각하면 비상업적 이용이라고 보기 어려운 점이 있다.

둘째, 복제된 저작물의 성격의 경우 냅스터를 통한 MP3 파일의 복제가 원음악저작물의 새롭거나 전환적인 이용에 기여하는가에 대해서는 논란이 있다. 냅스터를 통해 유통되는 MP3 파일의 대부분이 기존 아티스트 음악을 무단 복제한 것임을 지적하며 이는 결과적으로 심각한 저작권 침해를 가져온다는 점을 강조하고 있다.

세 번째 판단 기준인 복제된 저작물의 양과 실재성이라는 관점에서 냅스터를 이용한 MP3 파일의 복제는 공정이용을 적용받기 힘든 상황이다. MP3 파일은 원 음악 저작물의 전부를 대상으로 제작되고 복제에 의한 상업적 피해가 예상되는 상황에서 양과 실재성의 기준으로 따지면 MP3 파일의 복제는 공정이용을 적용받기 어려울 것이 타당할 것이다.

마지막 판단기준인 복제의 이용이 저작물의 잠재적 시장 가치에 미치는 영향은 논란의 여지가 있다. 기존의 대형 음반사 및 미국 음반산업협회는 냅스터의 이용으로 인한 CD 판매 수익의 감소로 엄청난 경제적 손실을 입었다고 주장하고 있다. 반대 측 의견은 냅스터를 통해서 아티스트들은 자신의 앨범 중에서 특정한 사운드 클립이나 트랙을 이용자들에게 적은 비용으로 선보일 기회를 가지며, 이런 샘플링 기회의 증가는 결과적으로 CD 판매의 증가를 유도할 것이라고 주장하고 있다. 종합적으로 냅스터의 경우 공정이용을 적용받기는 어렵다고 법원은 판시하였다.

3) MGM 대 Grokster 사건[79]

(1) 사건의 개요

    피고 회사들(미국의 인터넷 파일교환업체인 Grokster사와 Streamcast사)은 중앙 서버를 통하지 않고 컴퓨터끼리 직접 서로 통신함으로써 컴퓨터 사용자들이 P2P 네트워크를 통해 전자 파일을 공유할 수 있도록 하는 무료 소프트웨어를 배포했다. 그록스터(Grokster)는 독일의 카자아(KaZaA)BV사가 개발한 'FastTrack'이라는 기술을 사용하는 P2P 프로그램을 배포하였고, 스트림캐스트(Streamcast)사는 처음에는 같은 종류의 프로그램을 배포하다가 나중에는 그누텔라(Gnutella) 기반의 모피어스(Morpheus)라는 프로그램을 개발하여 이를 배포하였다. 그누텔라 모델이 순수한 의미의 P2P 기술을 사용하여 연결된 모든 컴퓨터를 검색하여 필요한 목록을 찾는 방식인 데 반해, 패스트트랙 기술은 슈퍼모드(Supernode)로 불리는 일정 범위의 컴퓨터를 임의로 지정하여 이 컴퓨터를 중심으로 검색 작업을 수행하고 자료를 제공받는 방식을 취한다. 이러한 소프트웨어를 사용하는 P2P 네트워크는 어떠한 형태의 디지털 파일이라도 공유하기 위해 사용될 수 있지만, 피고들의 소프트웨어를 이용하는 사람들은 대부분 그것을 저작권 있는 음악과 비디오 파일을 권한 없이 공유하는데 사용하였다. 손해배상 명령과 금지 명령을 구하기 위해 원고인(영화 스튜디오 단체와 그밖의 저작권보유자, 이하 MGM으로 통칭함)들은 이용자들의 저작권 침해를 이유로 피고들을 고소하였다. MGM은 이용자들이 저작권법을 위반하여 저작물을 침해적으로 이용할 수 있다는 것을 피고들이 알면서도 의도적으로 그러한 소프트웨어를 배포하였다고 주장하였다.

---

79) Metro-Goldwyn-Mayer Studios Inc. v. Grokster, Ltd., 125 S. Ct. 2764(June 2005).

(2) 판결내용

● 하급판결

1심 법원인 캘리포니아 중부 지구 연방 지방법원은 2003년 4월 25일 선고에서 피고들의 P2P 프로그램을 사용하는 이용자들이 직접적으로 MGM의 저작권을 침해한다는 것은 인정했지만, 피고들의 간접적인 저작권 침해는 성립하지 않는다고 판결하였다.[80] 즉 이 사건에서 문제가 된 그누텔라 혹은 패스트트랙 기술의 P2P 방식은 중앙 서버가 존재하는 냅스터와 달리 중앙 서버를 필요로 하지 않는 분산형 P2P 시스템으로 OSP가 이용자들의 침해행위를 인식했다거나 혹은 이용자들의 파일교환 행위에 중요한 기여를 했다고 볼 수 없어 법원은 피고들의 기여책임을 인정하지 않았다. 또한 피고들이 이용자들의 침해행위로 인하여 경제적 이익을 얻고 있다는 것은 인정되지만 분산형 P2P 네트워크의 특성상 이용자들의 파일교환 행위를 통제할 권리 및 능력을 가지고 있다고도 볼 수 없어 대위책임도 부인되었다. 결과적으로 냅스터 방식이 아닌 그누텔라 방식의 P2P 체계는 OSP의 간접 침해가 성립되지 않아 불법행위 책임을 물을 수 없다는 것이 이 판결의 요지이다.

2심 법원인 제9연방항소법원도 2004년 8월 19일의 판결에서 1심법원과 동일한 내용의 결정을 내렸다.[81] 여기서 법원은 사실 관계 인정 여부에 관해 다툼이 없는 이용자들에 의한 직접 침해 여부와 피고에 대한 직접적인 이익에 대해서는 따로 판단하지 않고, 침해에 대한 인식과 실질적 기여 및 침해자를 통제할 권리와 능력에 대해서만 판단함으로써 피고에 의한 간접 침해 여부를 심사하였다.

우선 항소법원은 베타맥스(Betamax) 사건의 판결을 인용하면서 실제에

---

80) Metro-Goldwyn-Mayer Studio Ins. v. Grokster, Ltd., 259 F. Supp. 2d 1029(CD Cal.2003).
81) 380 F. 3d. 1154(9th Cir. 2004).

있어 비침해적 용도로 사용될 수 있는 상업 제품의 배포는 만일 배포자가 특정한 침해에 사용된다는 것을 그 당시 알지 못하고 그러한 인식하에서 행동하지 않았다면 침해에 대한 기여책임을 발생시킬 수 없다고 확인하였다. 항소심은 피고의 P2P 프로그램이 실질적으로 비침해적 용도로 사용될 수 있다고 판단했을 뿐 아니라, 피고들의 프로그램이 분산적 파일공유 방식을 채택함으로 인해 침해에 대한 어떠한 실제적인 인식도 없었다고 판단했기 때문에 그들에게 책임이 없다고 판결하였다. 또한 항소심은 최초의 P2P 프로그램의 배포 이외에는 피고에 의한 어떠한 관여도 없이 이용자들 스스로가 침해 파일을 찾고 검색하고 저장했기 때문에 피고들은 이용자들의 침해 행위에 실질적으로 기여하지 않았다고 판단하였다.

마지막으로 항소심은 피고들이 이용자들에 의한 P2P 프로그램의 사용을 감시하거나 통제하지 않았고 그러한 사용을 감독할 합위된 권한이나 현실적인 능력도 가지지 못했으며 또한 침해를 단속할 어떠한 독자적인 책무도 부담하지 않았기 때문에 피고들은 대위 침해에 의한 책임을 질 수 없다고 판시하였다.[82]

● 연방 대법원 판결

냅스터 방식이 아닌 그누텔라 방식의 P2P 프로그램을 사용하는 온라인 파일공유 서비스 체계에서는 OSP에게 저작권 침해 책임을 물을 수 없다는 하급심 판결은 연방대법원에 의해 파기·환송되었다. 2005년 6월 27일 미

---

82) 대위침해와 관련하여 2심 법원은 'dance hall' 모델(무도회장의 운영자와 그의 밴드는 '고용인-피고용인'의 관계로 밴드의 저작권을 침해하는 음악 연주행위에 대해 운영자는 통제할 권리와 능력이 있으므로 책임을 겨야 한다)과 'landlord-tenant' 모델(부동산 소유자와 임차인의 관계로 부동산의 소유자는 자신이 임대한 부동산 위에서 벌어진 임차인의 저작권침해행위를 통제할 권리와 능력이 없기 때문에 책임이 없다)을 비교·분석함으로써 OSP가 이용자들의 침해행위를 통제할 권한 및 능력이 있는가의 여부를 판단하고 있다. 이에 따르면 냅스터 방식의 P2P 시스템은 'dance hall' 모델에 해당하고, 그누텔라 방식의 P2P 시스템은 'landlord-tenant' 모델에 해당하게 된다.

연방대법원은 만장일치로 "제3자의 행위를 인식한 채 단순한 배포를 넘어서 저작권을 침해하면서 이용을 조장할 목적으로 어떤 장치를 배포하는 자는 그 장치의 합법적인 이용에 관계없이 그 장치를 사용하는 제3자에 의한 결과적인 침해행위에 대하여 책임이 있다"라고 판결함으로써 최종적으로 원고인 MGM 측의 손을 들어 주었다.

이 사건 판결문에서 "저작권 보호를 통한 창작성의 장려와 침해 책임의 제한을 통한 기술 혁신의 촉진이라는 경쟁 가치들 간의 긴장이 이 사건의 주제"라고 밝히고 있듯이, 법원은 OSP의 책임 여부를 판단함에 있어 양자의 입장 중 어느 쪽에 더 가치 중심을 둘 것인가를 고민할 수밖에 없었다. 결과적으로 이 사건에 대한 하급심은 후자에, 연방대법원은 전자 쪽에 무게를 두고 그에 합당한 판결 이유를 제시하기 위해 각각의 논리를 전개시켰다고 할 수 있다. 연방대법원이 이용자들에 의한 온라인상 파일 교환에 대해 OSP에게도 책임을 부과해야 한다는 입장을 취하고 있는 이유는 저작권 침해행위가 매우 빈번하고 광범위하게 행해지고 있는 데 비하여 현실적으로 모든 직접 침해자를 대상으로 권리 구제 절차를 관철하는 것은 불가능할 것이며, 따라서 유일한 실질적인 선택은 그러한 침해행위를 가능하도록 해당 소프트웨어를 배포한 OSP에게 간접책임을 묻는 것이기 때문이다.

연방 대법원은 피고가 침해조장을 의도했다며 MGM 측이 제시한 3가지의 특징적인 증거를 수용하였는데 그 내용은 다음과 같다.

첫째, 피고 각자는 저작권 침해의 원천으로 알려진 이전의 냅스터 이용자를 포함하는 시장을 만족시킬 의도를 가졌다는 것이다. 이전 냅스터 이용자들에게 서비스를 제공하기 위한 피고들의 노력은 침해를 조장할 의도를 가졌음을 나타낸다.

둘째, 피고는 소프트웨어를 사용한 침해 행위를 감소시키기 위해 필터링 도구나 다른 장치를 개발하기 위한 어떠한 시도도 하지 않았다. 제9연방항소법원은 피고들이 이용자의 활동을 감시할 독자적인 의무가 없으므로 그러한 불이행을 관계가 없는 것으로 다루었지만, 사실상 이용자들의 침해를 의도적으로 조장했음을 보여준다.

셋째, 피고들은 광고 공간을 판매하여 수익을 얻었다. 소프트웨어가 많이 사용될수록 더 많은 광고가 보내지고 그에 따라 광고 수입 역시 증대된다. 소프트웨어의 이용 빈도는 배포자의 이익을 결정하므로 기업의 수익성 정도는 다량의 침해 이용에 달려있다. 물론 이 증거만 가지고는 비합법적 의도의 추정을 정당화할 수 없지만, 그것이 침해를 의미한다는 것은 전체적인 맥락에서 명백하다고 보았다.

4) 일본의 파일로그 사건

(1) 사건의 개요

일본은 음악 산업과 관련하여 우리나라의 저작권과 비교해볼 때 음악 파일 복제의 불법성에 대한 인식이 잘 되어 있다. 또한 음반 대여 문화가 잘 조성되어 있어 MP3를 통해 음악을 듣는 것이 보편화된 우리나라와 달리 일본에서는 MP3보다는 대여 음반을 통해 음악을 녹음하여 듣는 MD가 일반화되어 있다.

이러한 분위기 가운데 파일로그(FileRogue)라는 음악 공유 프로그램을 통해 무료로 음악파일을 전송받을 수 있는 사이트가 생겨나면서 젊은 층을 중심으로 MP3 파일을 교환하게 되었고 이로 인해 음반 시장이 타격을 입게 되었다. 결국 일본의 19개 음반 회사는 파일로그를 통해서 저작권법에 의해 보호받고 있는 일본음악저작권협회의 저작권을 침해해 자신들의 음악 파일을 대량으로 교환되고 있다고 주장하였다.

MMO사가 운영하는 인터넷상의 전자파일 교환서비스에 있어서 일본음악저작권협회가 저작권을 가지고 있는 음악저작물이 MP3 형식으로 복제한 파일을 MMO사의 허락 없이 교환하고 있는 것에 대하여 상기 파일 교환서비스를 제공하는 피고회사의 행위는 원고의 저작권[83]을 침해한다고 하여 피고회사에 대해서는 저작권에 근거한 상기 파일의 송·수신 금지를 피고 회사 및 대표자인 피고에 대해서는 저작권 침해에 따르는 공동 불법행위 상의 손해배상을 청구했다. 이것이 바로 인터넷 무료 파일 교환과 관련한 일본 최초의 판결인 일본 MMO사의 파일로그 사건이다.

(2) 판결내용

유한 회사인 일본 MMO사는 파일로그라는 서비스로 인터넷상에서 전자 파일 교환 서비스를 하는 회사다. 저작권자인 일본음악저작권협회(JASRAC)와 19개의 레코드사에서 제작한 레코드를 MP3 파일 형태로 레코드사의 허락 없이 파일로그를 통해 교환하면서 각 레코드사는 MMO 사의 행위가 저작인접권(레코드제작자의 복제권) 및 송신가능화권을 침해했다고 주장하였다. 전자 파일의 송·수신 금지를 요구하는 민사 가처분을 신청한 사건으로 MMO 사와 직접적으로 문제가 된 것은 송신가능화권이다. 송신가능화권은 공중의 요청에 따라 자동적으로 공중송신할 수 있는 상태를 금지할 수 있는 권리[84]이며, 자동으로 행해지는 인터렉티브 송신 일반에 미친다. 즉 인터넷상으로 내보내기 위해 정보를 서버에 송신하는 행위, 서버의 홈페이지용 메모리에 기록하는 행위, 서버에 정보 기록 디스크를 첨부하는 행위, 메일용 메모리를 게시판용 메모리로 변환하는 행위, 정보가 이미 기록되어 있는 서버를 네트워크에 접속하는 행위가 포함된다.

MMO사는 소리바다와 유사한 형태로 파일 송신의 지시 및 전자파일 자

---

83) 복제권, 자동공중송신권, 송신가능화권.
84) 일본 저작권법 제2조 제1항 제9호의 5.

체의 송신은 수신자와 송신자의 PC 간에 직접 이루어지고, MMO사는 이용자끼리 이와 같은 송수신이 가능할 수 있도록 서비스 이용자의 인터넷상의 소재(IP주소 및 포트번호)를 검색할 수 있도록 하는 파일로그 프로그램을 통한 서비스를 제공하고 있다.

재판부는 MMO사의 행위가 저작인접권(송신가능화권)을 직접 침해하는지에 대한 전제로서 서비스의 이용자가 행하는 복제행위 및 송신가능화 행위가 각각 복제권 침해 또는 송신가능화권 침해를 구성한다고 인정했다. 복제한 MP3 파일을 물리적으로 서버에 접속하고 있는 것이 아닌 MMO사의 송신가능화권 침해 여부에 관여하는 MMO사의 행위 내용 성질, 이용자가 하는 송신 가능화 상태에 대한 관리 지배 정도, 행위에 의하여 발생하는 서비스 운영자의 이익 상황 등을 종합하여 결론지어야 한다면서 MMO사가 각 음반사의 송신가능화 권을 침해하였다고 인정하였다.

8. OSP와 저작권

1) 플레이 엔터프라이시스 사건

(1) 사건의 개요

피고 프레나(Frena)가 운영하는 전자게시판에 가입한 회원이 업로드한 것으로 보이는 플레이보이 모델의 사진 170장이 디지털 형태로 게재되 많은 회원들이 이를 다운로드 받았다. 이에 플레이보이사는 동 게시판이 운영된다는 사실을 알고 플로리다주에서 프레나를 상대로 소송을 제기하면서 저작권 침해 부분에 대하여 약식재판(summary judgement)[85])을 신청하였다.

(2) 판결내용

법원은 프레나의 직접 침해 여부를 판단하면서 저작권의 존재 및 이에 대한 침해행위를 모두 충족하였다는 결론을 내렸다. 저작권의 존재 자체는 명백함으로 소송에서 별로 다루어 지지 않았고 저작권 침해행위에 대하여 법원은 프레나가 플레이보이사의 사진들을 온라인상에 제공함으로써 그 배포권을 침해하였고 가입자들에게 그 사진을 보여줌으로써 전시권을 침해하였다고 판단하고 그 범위가 가입자들에게 제한된다고 하여 그 침해 여부에 대한 결론이 달라지지 않는다고 판시하였다. 또한 저작권 침해를 결정하는 데 있어서 침해 의사는 요구되지 않는다고 하였다.86)

2) 세가 엔터프라이시스 사건87)

(1) 사건의 개요

매피아(Maphia)사는 전자게시판 운영자로서 세가의 비디오 게임 카드리지의 복제물을 만들 수 있는 프로그램을 개발하여 판매하였다. 매피아는 이용자들에 의해 세가의 비디오 게임이 게시판에 올라 대량유포된 사실을 알았으면서도 이를 허용하고 비디오 게임에 필요한 자사 생산의 하드웨어를 구매하거나 특정 요금을 지급한 회원에 대해서는 이를 다운로드 받을 수 있는 기회를 부여하였다. 이에 세가는 자사의 프로그램 저작권의 침해를 이유로 연방지

---

85) "summary judgement"는 법률심 재판 또는 약식재판이라고 한다. 이는 정식 사실심리를 거치지 않고 행하여지는 판결로서 중요한 사실에 대하여 진정한 쟁점이 없이 법률문제만으로 판결할 수 있는 경우에 신청에 의하여 행해지는 판결이다. 법률심 재판은 배심의 심리를 거치지 않는 점에 큰 의미가 있다. 또한 사건 전체에 대해서 뿐만 아니라 일부 쟁점에 대해서도 판결할 수 있다. 연방민사소송규칙(Federal Rules of Civil procedure) 제56조에 그 규정이 있다.

86) 송영식·이상정(1997),『저작권법개설』, 육법사, p.318; 정국환·이상정 외(1997),「Copyright and Information Law in a Digital Networked Environment: A European Perspective」,『정보법학』, pp.387~388.

87) Sega Enterprises, Ltd. vs Maphia, 857 F.Supp. 679(NDCal. 1994).

방법원 캘리포니아주 북부 지구에 예비적 금지명령(preliminary injunction)[88]을 청구하였다.

(2) 판결내용

매피아사는 공정이용의 법리를 주장하였으나 법원은 매피아사 및 그 시스템관리자에 대하여 비록 직접 저작권을 침해한 것은 아니지만 이에 대한 인식이 있었고 침해행위를 야기하거나 실질적 기여를 했다는 이유로 기여책임을 인정하였다. 이 사건에서 피고의 전자 게시판 운영은 저작권의 직접침해라고 볼 만한 사실이 입증되지 못했지만 법원은 저작권 복제행위를 한 이용자들 뿐만 아니라 그러한 복제를 가능하도록 한 매피아사도 저작권 침해의 책임이 있다는 점을 분명히 밝혔다.

3) RTC 대 넷콤 사건

(1) 사건의 개요

피고인 데이스 얼리치(Dennis Erlich)는 RTC를 비판할 목적으로 공동 피고 클리머스러드(Klemesrud)의 사설 전자게시판에 RTC의 창시자인 론 허버드(L. Ron Hubbard)의 저작물인 종교적 기밀문서를 무단으로 게재하였고, 이 문서들은 동 전자 게시판을 인터넷과 연결시켜 주는 넷콤사의 인터넷서비스를 통하여 관련 유즈넷(Usenet) 뉴스 그룹에 게재되어 문제가 된 사건이다. RTC는 직접 침해자인 얼리치에게 침해 중지를 요구했으나 거부당하자 다시 클리머스러드에 삭제조치 요구하였으나 클리머스러드가 저작권임을 입증하는 자

---

88) 금지명령(Injuction)은 특정인에게 어떠한 행위를 강제하거나 금지하는 내용의 대인적 명령으로서 일종의 민사보전 처분이라고 할 수 있다. 이에 대해서는 이준(1998), 「미국법상의 민사보전처분」, 『재판자료』, 제89집.

료를 보내줄 것을 요구하자 RTC는 이를 거절하고 다시 넷콤사에 얼리치의 인터넷 접속 금지를 요청하였다. 이에 넷콤사가 저작권자임을 증명하는 자료 제출을 요구하자 이를 거부하고 RTC가 소송을 제기하였다.

(2) 판결내용

법원은 RTC의 예비적 금지명령 청구에 대하여 예비적 금지 명령의 요건인 승소 가능성 및 회복 불가능한 손해 발생 중 어디에도 해당하지 않는다는 이유로 이를 기각하였다.

넷콤사의 직접 침해 여부에 관하여 법원은 넷콤사의 서비스가 자동적으로 피고 얼리치가 올린 무단 복제물을 일정 기간(11일)동안 저장해두고 다른 고객들이 열람할 수 있도록 하였다. 엄격한 의미에서 복제에 해당하지만 자동적으로 복제·저장해 두는 것에 불과하기 때문에 넷콤사의 직접책임을 인정하지 않았다.

한편, 대위책임에 관하여 피고 넷콤사에게 침해행위를 지휘·감독할 권리와 능력은 인정되지만 피고 얼리치의 저작권 침해행위로 인하여 넷콤사에게 서비스 가치의 증대나 신규 계약자의 획득과 같은 경제적 이익이 주어진 사실이 입증되지 않아 대위침해에 따른 책임도 없다고 판단하였다.

마지막으로 넷콤사의 기여책임 여부에 관하여 사실 심리가 필요함을 인정하면서도 넷콤사가 저작권 침해 사실을 통지받았다는 사실만으로 저작권 침해가 일어났다고 단정할 수 없다. 또 넷콤사가 저작권 침해 사실을 통지받았을 때에는 이미 대부분의 불법저작물 게재가 완성된 시점이므로 단순히 인터넷 뉴스 그룹에 접속을 매개해 준 것으로, 본질적인 기여 행위가 있었다고 보기 어렵다고 판시하였다.

그런데 연방 지방법원의 판결이 있은 후 1996년 8월에 원고 사이언스톨로지교(Church of Scientology)와 피고 넷콤사 사이에 화해가 성립되었고 그 화해

조건의 하나로 넷콤사는 인터넷에서의 지적 재산권 규칙[89])을 제정하여 고객들에게 준수하도록 하였다.

4) MP3닷컴 사건

(1) 사건의 개요

MP3.com은 미국의 대표적인 MP3 음악서비스 업체로 'MY.MP3.com'이라는 주문형 서비스를 제공하고 있었다. 이 서비스는 MP3.com의 가입자들이 자기가 갖고 있는 CD 음반의 복사본을 MP3.com으로 보내면 인터넷이 연결된 곳이라면 어디에서나 이 음악을 들을 수 있도록 하였다. MP3.com은 수만 장의 음악 CD를 자체 서버에 입력하고 있었으며 이용자들은 자기가 들으려는 음악 CD를 확보하고 있다는 점만 입증하면 이 회사의 서버에 들어가 마음대로 음악 서비스를 받을 수 있었다. 이에 대해 미국음반산업협회가 소니뮤직, 워너뮤직, EMI레코드, 유니버설뮤직 및 BMG엔터테인먼트 등 이른바 '빅5'와 함께 MP3.com이 고객의 파일전송 시간을 줄이기 위해 사용권을

---

89) 동 규칙의 내용은 다음과 같다. 즉, "그 도메인네임이나 주소 가운데 "Netcom.com"을 포함한 컴퓨터의 고객들은 타인의 지적재산권을 적법한 근원 없이 전송해서는 안 된다. 또한 동 규칙을 위반한 사례가 발생한 경우에 준수해야 할 절차로서, 우선 저작권자 등의 신고인은 넷콤과 저작권 침해자에게 구체적인 침해사실에 관한 정보와 함께 침해사실을 통지한다. 또한 신고인은 무단 복제물을 게재한 저작권 침해자에게 그 무단 복제물을 제거할 것을 요청한다. 다음으로 신고인은 저작권등록번호 또는 상표권등록번호 그리고 저작물·상표사본을 넷콤에 제출하면서 동시에 그 저작물·상표 등은 신고인의 권리대상이고 그 상당한 부분이 무단 복제되었다는 사실과 그러한 무단 복제는 허용될 수 없는 것이라는 내용의 진술서를 넷콤에 제출한다. 무단 복제물을 게재했다고 의심받고 있는 자는 신고인의 신고를 받은 수 그에 대한 답변을 넷콤에 제출할 수 있다. 넷콤사는 이러한 신고를 받고 그 진실여부를 조사하는 동안, 권리보유자를 보호하기 위해서 필요한 경우에 문제된 저작물·상표를 컴퓨터에서 삭제하거나 그에 대한 고객의 접근을 차단할 수 있다. 넷콤사는 조사를 마침으로써 그 신고내용이 진실이라고 판단한 경우에는 문제된 저작물·상표에 관한 고객의 접근을 차단하고 그렇지 아니한 경우에는 고객의 접근을 재개한다." 이에 대해서는 권영준(2000), 「저작권침해에 대한 온라인서비스제공자 책임」, 서울대 일반대학원 석사학위논문, p.39.

갖고 있지 않은 상태에서 수만 장의 CD 음반을 미리 MP3 파일로 만들어 보관한 것은 명백히 저작권 위반이라고 주장하며 뉴욕 지방법원에 소송을 제기하였다.

(2) 판결내용

법원은 피고의 저작권 이용의 목적과 성격은 상업적이며 저작물의 특성상 복제된 음반은 저작물의 핵심적 부분이며 저작물 전체에서 사용된 부분이 차지하는 상당한 양이 저작물 전체를 복제하였고 저작물의 잠재적 시장이나 가치에 부정적 영향을 미쳐 피고가 주장한 공정이용의 항변을 배척하고 MP3.com의 서비스는 저작권법 위반이라고 판결하였다.

9. 방송과 저작권

1) 소니사 대 유니버설스튜디오 사건

(1) 사건의 개요

TV 프로그램제작자인 유니버설사는 베타맥스(Betamax) VCR의 제조사인 소니사를 유니버설사가 제작한 TV 프로그램을 VCR 사용자가 녹화함에 있어 기여책임을 했다는 이유로 소송을 제기했다.

(2) 판결내용

법원은 저작물의 사용 목적과 특성에 대하여 부재 중 프로그램을 녹화하여 사적 공간에서 시청하는 것은 비상업적인 이용이며 공정이용 조건에 부합한다고 판단했다.

두 번째로 저작물의 성격에 대해서 공정이용은 주로 보도, 비평, 교육물 등에 적용되고 오락물의 경우 해당되지 않지만 오락물의 복제도 저작물의 새롭거나 전환적인 이용(new or transformative use of the work)에 기여한다면 공정이용 조항의 적용을 받을 수 있다고 하였다. 프로그램의 저작권자 중에서 프로그램이 VCR에 의하여 시간이동(time shifting)되어 방송 후 다른 시간에 시청되는 것에 반대하지 않을 것이라는 점과 본래 지상파 TV 프로그램의 시청이 무료라는 점도 고려의 대상이었다.

세 번째, 전체 사용에서 인용된 저작물이 차지하는 양의 실재성의 경우 전체 TV 프로그램을 녹화하는 것은 공정이용을 적용받기 힘든 상황이다. 하지만 법원은 시청자가 VCR 녹화를 통해서 의미있는 시청을 하기 위해서 프로그램 전체의 녹화가 불가피하다는 점을 인정했다.

네 번째 조건인 저작물 사용이 잠재적 시장가치에 미치는 영향은 유니버설사가 VCR에 의한 프로그램 녹화가 미래의 경제적 손실을 가져올 것이라는 점을 설득하지 못하였으며 법원은 시간이동(time shifting)에 의한 행위가 오히려 전체적인 시청자 수의 증가를 가져오기 때문에 VCR에 의한 프로그램 녹화가 유니버설사의 잠재적 경제이익을 침해하지 않았다고 판결하였다.

2) 무한도전 사건

(1) 사건의 개요

MBC 간판 버라이어티 "무한도전"이 박인호 작곡가로부터 피소당했다. 무한도전은 지난 2008년 4월 100회 특집을 맞아 "한국을 빛낸 100명의 위인들" 노래를 개사한 "무한도전을 빛낸 100개의 장면들"을 내보냈다. 이에 박인호 씨는 "무한도전"이 자신이 만든 노래 "한국을 빛낸 100명의 위인들"을 허락 없이 개사해 부른 것과 관련해 저작권법 제13조 저작인격권상의 동일성유지권 침해 혐의로 MBC와 김태호 PD를 상대로 고소장을 제출했다.

(2) 판결내용90)

최초 박문영 작곡가의 문제제기에 대한 '무한도전'의 답변은 "패러디 차원에서 이뤄진 작업"이라는 것이다. 미국 등 일부 국가의 경우 '사용자의 이용 확대'라는 측면에서 패러디의 영역을 폭넓게 인정하고 있지만 우리나라에서는 정확한 판단 근거가 마련돼 있지 않은 상황이다. 따라서 국내에서 패러디의 경우 기본적으로 원저작자의 동의를 얻어야 가능하다.

방송, 공연, 연극 등에서 즉흥적으로 사용될 경우 불가항력적인 부분이 있다고 판단해 까다로운 동의 과정을 요구하지 않는 것이 일반적이다. 하지만 CF나 로고송, 영화 등에서 사용할 경우 재산권 영역으로 포함돼 저작자에게 동의를 받아야 한다.

패러디의 경우 사회적 인식상 허용된다 할지라도 법원의 판결 여부에 따라 결정되는 부분이기 때문에 민감할 수 있다. 지난 2001년에는 서태지가 "컴백홈" 가사를 패러디한 이재수를 상대로 낸 소송에서 법원이 '동일성유지권 침해'로 결론을 내린 바 있다.

영리 목적이든 비영리 목적이든 공공의 목적이든 저작권은 보호받아야 한다는 것이 현 저작권법의 기본 요지다. 마지막 공적인 부분, 즉 교육용이나

---

90) 본 판결의 중점적인 사항은 다음과 같다. 저작자의 일신에 영구 존속되는 저작인격권에는 자기 저작물에 대한 공표 권(저작권법 제11조)과 성명표시권(동법 제12조), 동일성유지권 (동법 제13조)이 있다. 그 중 동일성유지권은 저작인격권의 하나로 저작자가 저작물의 내용 · 형식 및 제호의 동일성을 유지할 권리(저작권법, 1986.12.31 개정, 제13조 제1항). 저작자는 이러한 권리를 가진다. 따라서 저작물을 이용하는 자(출판업자)는 그 저작자의 특별한 의사표시가 없이는 그 저작물의 내용이나 형식에 대한 본질적인 변경을 할 수 없다. 그러나 저작물을 학교교육 목적 등에 이용하는 경우에 그 이용자가 학교교육 목적상 부득이하다고 인정되는 범위 안에서 표현상의 변경을 했을 경우와 그밖에 저작물의 성질이나 그 이용의 목적 및 형태에 비추어 부득이하다고 인정되는 범위 안에서의 변경에 대해서는 저작자가 이의(異議)할 수 없다(저작권법, 제13조 제2항).

공공이익을 위해 타인의 저작권을 사용하는 경우 일반적으로 저작자가 사회의 구성원으로서 공공에 기여한다는 차원에서 저작자들 동의 없이 사용하는 경우도 발생한다. 하지만 교육의 목적으로 국정교과서에 실리는 경우 지극히 적은 액수일지라도 소정의 저작권료를 지불해야 하는 것이 관행이다. '무한도전'의 경우 지상파 방송이라는 공공재를 통해 사용됐지만 예능 프로그램의 특성상 그 목적이 비영리적일 수는 있어도 공공의 목적을 위해 사용됐다고 판단하기는 어렵다. 교육용이나 공공의 이익을 위해 타인의 저작권을 사용하는 경우 일반적으로 저작자가 사회의 구성원으로서 공공에 기여한다는 차원에서 저작자들 동의 없이 사용하는 것을 용인하는 경우도 있다. 다양한 생활 속 정보들을 노래 속에 담아내는 KBS 2TV "해피투게더 - 도전암기송"의 경우 그 내용이 공익적 차원에서 포함되는 경우로 "무한도전"식의 문제제기 자체가 없는 실정이다

박인호 씨가 "무한도전"의 김태호 PD와 MBC를 상대로 제기한 형사고소(저작권 침해 혐의)를 취하함으로써 사건이 마무리 되었다. 박문영 씨는 "MBC 측과 작곡가 사이의 문제가 원활히 해결돼 박씨가 고소를 취하하게 됐다"고 전했다.

3) 미국 케이블비전의 디지털 레코딩서비스 사건

(1) 사건의 개요

케이블비전은 가입자들에게 일종의 '원거리 디지털 콘텐츠 저장 시스템'(Remote-Storage DVR system, RS-DVR)을 제공하고 있었다. 일반적으로 티보(TiVo)와 같은 디지털 레코딩서비스는 가입자의 가정 내에 셋톱박스를 설치하고 이를 통해 가입자가 케이블 텔레비전 프로그램을 녹화, 저장, 재생할 수 있도록 하는 서비스이지만 케이블비전의 서비스는 가정 내의 셋톱박스 대신 케이블비전사 내에 디지털 콘텐츠 저장기기를 설치하고 이로부터 가입자가 가정

내에서 자신이 원하는 프로그램을 녹화, 저장, 재생하는 서비스이다. 이러한 서비스에 대해 할리우드 콘텐츠 제공업자들이 저작권 침해라며 항소했다.

(2) 판결내용

2007년 3월 할리우드 콘텐츠 제공업자들은 디지털 레코딩 서비스를 시행해 온 케이블비전을 상대로 저작권 침해와 관련하여 뉴욕 남부지법으로부터 승소 판결을 받아 냈다. 하지만 뉴욕 남부지법의 결정을 연방항소법원에서 뒤집어졌다.

저작권 침해 사례들에 관한 연방항소법원의 결정을 차례대로 살펴보면, 첫째, 연방항소법원은 소위 '버퍼(buffer) 복제물'은 저작권 침해를 구성하지 않는다고 보았다. 그 이유는 버퍼 복제물은 0.1초라는 아주 짧은 시간 동안만 복제물로 만들어지기 때문에 저작권 침해를 구성할 만한 복제물의 요건을 갖추지 않는다고 보기 때문이다.

이는 현행 미국 저작권법이 정의하고 있는 '복제'에 대한 정의에 기반한다. 즉, "복제란 단순 기록 이외의 물질적 대상들로서 그 복제물들 내에는 어떤 저작물이 현재 알려져 있는 혹은 이후 지속적으로 개발될 방법에 의해 '고정'되어 있다는 것을 말한다. 또한 그 해당 복제물에서는 원저작물이 인지되고 재생되고 어떤 다른 방식에서 운용되는 것을 나타낸다"(17 U.S.C. 101). 복제물이 고정(fixed)되었다는 것은 현행 저작권법에 따르면 '실체가 있는 매체로 구현'되어 '일시적인 시간 이상 인지, 재생, 운용'되는 것을 말한다.

뉴욕 남부지법의 "버퍼에 의한 저작물의 복제 역시 복제"라는 판결은 1993년 이루어진 판례로부터 나왔다. 당시 9차 순회 항소법원은 컴퓨터의 램에 운용되는 소프트웨어 프로그램은 복제물이라고 판결하였다. 하지만 이와 달리 이번 연방항소법원은 버퍼 복제물이 작동하는 원리가 컴퓨터 소프트웨어와 반드시 같지 않다고 보면서 모든 디지털 데이터는 근본적으로 복제와 관련해 버퍼의 과정을 거치고 그로부터 복제물이 전송된다는 점을 고려하였다. 유튜브의 동영상 재생 과정을 생각해 보면 이러한 과정에 대한 이해가 쉽다. 인터넷상에서 어떤 동영상을 볼 때 이는 디지털 콘텐츠에 대한 스트리밍을 만드는 것이며 이는 궁극적으로 복제물을 만드는 행위이다. 하지만 해당 콘텐츠의 유통이 저작권법에 위반되지 않는 한 저작권 침해 사례를 구성한다고 말할 수 없다.

둘째, 저작권자의 '재생권한' 침해에 대한 연방항소법원의 판결은 누가 저작권 침해에 대한 책임을 갖는 주체인가다. 지난 1984년 소위 '베타맥스 사건'에서 연방법원은 소니에게 가정 내에서 VCR을 통해 텔레비전 프로그램이 녹화되어 공유되는 과정에서 일어날 수 있는 저작권 침해 가능성을 통제할 수 있는 것과 관련해 2차적 책임이 있을 수 있다고 판단하였다. 그런데 이번 소송에서 할리우드 스튜디오는 케이블비전에게 이와 같은 2차 책임이 아니라 1차 책임, 즉 케이블비전 스스로가 버퍼링 복제물을 만들고 전송함으로써 저작권 침해의 1차 책임이 있다고 주장했다.

이에 대해 이번 연방항소법원은 케이블비전의 디지털 콘텐츠 재생 서비스와 일반적인 책 복사 서비스 사업을 비교했다. 가령 어떤 대학 교재의 일부를 복사하는 경우 해당 행위자가 복사물의 범위와 그 복사 행위를 결정하는 것처럼, 케이블비전의 서비스도 디지털 콘텐츠의 녹화, 재생, 전송의 행위자는 케이블비전이 아닌 서비스 가입자이기 때문에 케이블비전에게 저작권 침해와 관련한 1차 책임이 있다는 할리우드 스튜디오들의 주장은 근거가 없다고 연방항소법원은 판결하였다.

셋째, '공공 상연'과 관련하여 이번 연방항소법원은 재생되어 전송되는 디지털 콘텐츠가 어떻게 공공 상연의 범주에 들어갈 수 있는지를 먼저 살폈다. 케이블비전의 원거리 디지털 콘텐츠 서비스가 콘텐츠를 가입자들에게 전송하는 것은 공공 상연의 범주에 들어간다. 하지만 초점은 케이블비전이 어떤 서비스 가입자가 녹화하여 전송을 요청한 콘텐츠는 다른 사람이 아닌 '같은 사람', 즉 어떤 프로그램의 첫 방송을 본 후 이를 녹화하여 재생하는 사람은 제3자가 아니라 같은 서비스 가입자이기 때문에, '녹화와 재생의 과정에서 이루어지는 전송'은 공공 상연의 범주에 들어가지 않는다는 것이다.

이상 살펴본 바와 같이, 케이블비전의 원거리 디지털 콘텐츠 녹화서비스에 대한 저작권 침해 소송에서 연방항소법원의 이번 판결은 디지털 콘텐츠의 이용과 관련하여 상당한 사회적 의미와 산업적 파급력이 있다. 가장 먼저 이번 소송은 할리우드 스튜디오들이 디지털 콘텐츠의 본성뿐만 아니라 나아가 문화가 구성되는 방식에 대한 일반적인 이해에 도달하지 못하고 있다는 점을 시사한다.

디지털 콘텐츠가 사회적으로 그 힘을 발휘하는 주된 이유는 복제의 무한한 가능성이나 이는 저작권을 침해할 가능성에 있다. 하지만 문제는 저작권 침해를 구성할 만한 행위의 범위를 어떻게 누가 규정하는 것이다. 0.1초의 버퍼링에 의한 순간적인 복제물의 구성을 저작권 침해로 간주하고 이를 산업의 지배력을 확장하고 서비스 가입자들에 대한 콘텐츠 통제 방식으로 운용하는 것은 법원의 판결은 차치하더라도 사회적 합의에 도달하기 어려울 것으로 보인다.

10. 광고와 저작권

1) 임꺽정 캐릭터 사건

(1) 사건의 개요

피고 보령제약사는 SBS 드라마 "임꺽정"이 한창 인기를 얻고 있을 무렵, 임꺽정으로 유사하게(특징적인 부분으로 머리띠를 묶은 이마, 덥수룩한 머리털, 콧수염과 짙은 눈썹

^{부분 등)} 재현한 인물화를 위장약 선전 광고에 이용하여 국내 주요 일간신문을 통해 홍보하였다. 이에 원고는 허락 없이 인물화를 이용했다는 이유로 피고를 상대로 초상권 침해의 소송을 제기하였다.

(2) 판결내용

광고에 사용된 인물화가 원고의 실제 모습이나 사진과 완전히 동일한 것이 아니고 세부적인 묘사에서 원고의 모습과 상이한 점은 있지만, 드라마 주인공으로 분장한 원고의 모습 중 특징적인 부분들이 대부분 표현되어 있어서 이 드라마를 보았거나 원고를 알고 있는 사람이라면 누구나 이 사건 인물화를 보고 드라마의 주인공인 "임꺽정"으로 분장한 원고의 초상을 충분히 연상할 수 있다. 따라서 이 사건 인물화는 원고의 초상과 동일시된다 할 것이다.

또한 법원은 광고 제작에 직접 참여한 사실이 없으므로 책임이 없다는 피고의 주장과 관련하여 피고 회사가 이 사건 인물화의 제작에 직접 참여한 일이 없다 하더라도 이 사건 인물화가 삽입된 광고주로서 이를 그대로 게재하게 될 경우 원고의 초상권을 침해할 우려가 있음을 알았거나 알 수 있었음에도 이를 그대로 신문에 게재하도록 승인하였다면 그 책임을 면할 수 없다고 보았다. 이에 피고 회사가 원고의 승낙 없이 광고를 일간신문 등에 게재한 행위는 원고의 초상권을 침해하는 불법행위이므로 원고에게 금 2000만원을 손해배상하라고 판결하였다.

2) 버나화이트 대 삼성 사건

(1) 사건의 개요

삼성전자의 미주 법인이 미국 TV방송을 통하여 VCR에 관한 광고를 하면서 컴퓨터로 합성된 로봇을 주인공으로 등장시켰다. 그런데 그 로봇의 모습과 글자판 앞에 서 있도록 하는 배경 설정 등에서 미국 사람들에게 미국의 유명한 게임쇼인 "Wheel of Fortune"의 여자 진행자 버나 화이트(Vanna White)를 연상시킬 수 있었다. 또 광고는 서기 2012년에도 버나 화이트의 모습을 한 로봇에 의하여 인기리에 진행될 것이고 마찬가지로 삼성전자의 VCR은 그 때까지 계속 우수 상품으로 잘 팔릴 것이라는 내용이었다. 삼성전자는 광고를 제작하면서 버나 화이트의 승낙을 얻지 않았다는 이유로 제소당했다.

2) 판결내용

퍼블리시티권의 침해 여부를 판정할 때 기준이 되는 것은 실질적으로 그 사람의 이미지 동일성이 무단으로 침해 되었는가이며, 어떤 방법에 의하여 침해되었는지는 중요하지 않다. 법원은 삼성전자가 버나 화이트의 이름이나 그와 유사한 것을 사용한 것은 아니지만 로봇을 이용하여 버나 화이트의 이미지 동일성을 무단 침해하였다고 판단했다.

참고문헌

강남준·이종영·오진연(2008), 「신문기사의 표절 가능성 여부 판정에 관한 연구: 컴퓨터를 활용한 형태소 매칭기법을 중심으로」, 『한국언론학보』, 52권 1호, 437~466.

강명현(2007), 「유료방송 콘텐츠의 다양화 및 안정적 공급을 위한 법제도적 연구」, 『한국언론학회 봄철정기학술대회 자료집』, 29~50.

강미은(2008), 「한류와 문화콘텐츠의 해외진출 확대 및 저작권보호에 관한 연구」, 『창작과 권리』, 2008년 봄호(제50호), 143~174.

강상구(2007), 「공영방송사가 제작한 프로그램의 이용과 저작권 보호」, 『언론과 법』, 6권 1호, 31~38.

강상현·김국진·정용준·황근(2007), 『디지털방송 법제론』, 서울: 커뮤니케이션북스.

강영숙(1999), 「디지털 방송시대의 방송영상 아카이브 방안에 대한 연구」, 서강대학교 대학원 석사학위 논문.

강재원·이상우(2007), 「프리어나운싱 상황 하에서 IPTV의 선택: 구매의도에 영향을 미치는 선행요인 및 혁신 수용자 특성 탐구」, 『한국방송학보』, 21권 3호, 7~46.

강진숙(2007), 「UCC 영상문화의 함의와 문제점 연구: 심층인터뷰를 이용한 대학생의 인식 사례를 중심으로」, 『한국방송학보』, 21권 6호, 9~43.

강태영(2002), 「인터넷 시대의 저작권: MP3 음악파일을 중심으로」, 『언론과 법』, 창간호, 301~332.

고장원(2006), 『PVR: 방송광고산업의 위기와 극복』, 서울: 진한 M&B.

고흥석·박재영(2008), 『온라인저작권 소송 사례 비교분석』, 『한국언론학보』, 52권 1호, 31~57.

곽동수(2003), 「비(非) 인터넷 익스플로러 사용자의 접근권 문제: freebank.org 프로젝트의 사례」, 『정보공유연대 IPLeft/진보네트워크센터 공동주최 '공유 정보 영역(Public Domain)의 확대와 전자 정부 정책' 토론회 자료집』

(On-line) Available:http://ipleft,or,kr/bbs/view,php?board=ipleft_5&id=435.

권상로(2004), 「온라인서비스제공자의 책임 제한에 관한 국제적 동향과 개선방안」, 『민사법연구』, 12권 2호, 67~98.

권상로(2008), 「인터넷공유사이트를 통한 음악파일교환에 관한 법적 연구: 소리바다 서비스의 음악 저작권침해 여부를 중심으로」, 『법학연구』, 30호, 425~443.

권영준(2000), 「저작권침해에 대한 온라인서비스제공자 책임」, 서울대학교 대학원 석사학위 논문.

권재웅(2007), 「웹2.0의 가능성과 한계: 방송콘텐츠로서의 동영상 UCC를 중심으로」, 『방송문화연구』, 19권 1호, 75~102.

권형둔(2007), 「공영방송사제작 프로그램의 공공이용에 관한 헌법적 고찰」, 『언론과 법』, 6권 1호, 1~30.

권형둔(2008), 「UCC에서 방송프로그램의 공적 이용과 저작권」, 『공법학연구』, 9권 2호, 233~255.

권호영(2006), 『디지털 방송 전환 촉진 전략(연구보고서)』, 서울: 한국전파진흥협회.

김경숙(2008), 「영상저작물의 권리귀속 문제에 관한 일 고찰」, 『창작과 권리』, 2008년 여름호(제51

호), 35~71.

김경호(2002), 「MP3의 진보와 온라인 음악 저작권침해: 냅스터와 소리바다 판결의 의의」, 『언론과 법』, 창간호, 254~257.

김경호(2003), 「보도기사의 재산권적 가치와 무단전재」, 『한국언론학회 가을철 정기학술대회 자료집』, 213~224.

김경환(2008), 「방통융합추진기구 성과와 과제: 일본사례를 중심으로」, 『KISDI-KCC '방송통신 통합기구 운영성과 및 정책방향 심포지엄' 자료집』.

김광석(2005), 「외주제작의 저작권에 대한 연구」, 연세대학교 대학원 석사학위 논문.

김광호(2008), 『디지털방송 전환 촉진 전략 연구(연구보고서)』, 서울: 한국전파진흥협회.

김기중(2007), 「한국의 인터넷 관련법제: '인터넷포털'에 대한 규제를 중심으로」, 『언론과 법』, 6권 2호, 147~173.

김기태(1996), 『저작권법의 해석과 적용』, 서울: 누림.

김기태(2000a), 「뉴미디어의 기술 진전과 저작권 보호에 관한 연구」, 경희대학교 대학원 박사학위 논문.

김기태(2000b), 『저작권법의 해석과 적용』, 서울: 삼진.

김기태(2005a), 『매스미디어와 저작권』, 서울: 이채.

김기태(2005b), 『한국 저작권법 개설』, 서울: 이채.

김기태(2006), 「저작권법상 방송의 개념에 따른 문제점 및 개선방안」, 『방송과 커뮤니케이션』, 7권 2호, 96~127.

김기태(2007), 『신저작권법의 해석과 적용』, 서울: 세계사.

김기태(2008), 『웹2.0 시대의 저작권 상식100』, 서울: 커뮤니케이션북스.

김남두·이창호(2005), 「정보 사유와 공유의 레퍼토리와 은유적 내러티브: 저작권의 사회적 구성과 자유 소프트웨어/열린 소스 운동의 이해」, 『한국언론학보』, 49권 6호, 57~84.

김도연(2001), 「디지털 시대 지상파 방송 재송신 정책에 관한 연구」, 『방송문화연구』, 13권, 223~255.

김도연(2004), 「재전송에 관한 이론과 실제」, 『한국뉴미디어방송협회 '방송 재전송의 정책과제' 세미나 자료집』, 1~21.

김동규(2002), 「한국 TV 방송프로그램의 유통메커니즘 연구」, 『한국방송학보』, 16권 4호, 40~73.

김동규(2007), 『방송프로그램 저작권 이용실태 분석』, 『방송연구』, 2007년 겨울호, 27~58.

김병일(2004), 「저작물 자유이용마크제도와 정보공유라이선스」, 『정보공유라이선스와 학술연구 성과의 공유방안 토론회 자료집』.
                (On-line), Available:http://www.freeuse.or.kr/info/conference.html.

김병일(2005), 『음악공연권과 그 제한에 관한 고찰』, 산업재산권, 17권, 215~256,

김선진(2007), 「국내 동영상 UCC시장 변화의 시사점: 국내 동영상 UCC전문 포털을 중심으로」, 『한국언론학회 2007 제1차 '모색과 도전' 세미나 자료집: UCC와 커뮤니케이션 연구』, 1~29.

김영덕·이만제·윤호진(2007), 『방송산업 미래전망 연구(연구보고서)』, 서울: 한국방송광고공사.

김영욱(1997), 『공·민영 텔레비전 프로그램 편성의 차별성과 유사성(연구보고서)』, 서울: 한국방송 개발원.

김영주(2006), 「지상파 재전송 이슈를 통해 본 DMB 콘텐츠 공급과 공정경쟁」, 『한국방송학보』, 20권 2호, 119~156.

김영주(2007), 「지상파 방송의 UCC 활용전략과 시청자 참여」, 『방송문화연구』, 19권 1호, 9~42.

김영한(2007), 『You! UCC: 세상을 바꾸는 창조세대와 UCC기업 성공전략』, 서울: 랜덤하우스.

김옥조(2005), 『미디어 법』, 서울: 커뮤니케이션북스.

김용호(2008.8.20), "다찌마와리가 '흥행지옥'행 급행열차를 탄 까닭", NEWSIS(On-line), Availabl e: http://www.gooddaysports.co.kr/news_detail/news_detail.php?cont_code=1 670&tot_code=48.

김원석(2007), 『알기쉬운 음악 저작권(개정판)』, 서울: 은행나무.

김원제(2007), 「미디어2.0의 개념과 새로운 가치 창출」, 산업동향분석(On-line), Available: http://2 03.253.128.6:8088/servlet/eic.wism.EICWeb.

김윤명(2007), 「퍼블릭도메인의 이해를 위한 개략적 고찰」, 『창작과 권리』, 2007년 겨울호(49호), 131~172.

김재영(2003), 「국내 외주제작 정책에 대한 평가와 반성」, 『방송문화연구』, 15권 2호, 161~183.

김재영(2007), 「드라마 저작권과 유통구조」, 『한국드라마제작사협의회 '드라마 저작권과 유통구 조' 세미나 자료집』.

김정섭(2008.6.1), "IPTV '콘텐츠 동등접근권' 적용 논란", 경향신문(On-line), Available: http://ne ws.khan.co.kr/kh_news/khan_art_view.html?artid=200806011658015&code=94 0705.

김정태(2007), 『방송법 해설』, 서울: 커뮤니케이션북스.

김정호(2004), 「국내 방송영상 콘텐츠 마케팅의 현황과 문제점」, 『한국방송영상산업진흥원 '한국 방송영상 콘텐츠 해외수출 경쟁력 강화방안' 세미나 자료집』, 3~14.

김창규(2008), 『방송통신 융합과 디지털 시대의 정보미디어 법제, 그리고 정책』, 서울: 동방문화사.

김태훈(2000), 『개정저작권법 해설』, 계간 저작권, 2000년 봄호(제49호), 2~11.

김현철(2004), 『디지털환경하의 사적 복제 문제에 관한 비교법적 고찰(연구보고서)』, 서울: 저작권 심의조정위원회.

김홍명(1993), 『자본제시대의 사상』, 서울: 창비.

김희수 외(2007), 『방송서비스의 다매체화 및 통신방송 융합에 따른 공정경쟁 이슈 연구(Ⅱ)(연구보 고서)』, 서울: 정보통신정책연구원.

김희연(2007), 「웹에서 유통되는 정보, 지식의 신뢰연구」, 『정보통신정책』, 19권 8호, 15~27.

나낙균(2000), 『정보화 사회에서 미디어와 저작권』, 서울: 진한.

나낙균(2006), 『독립제작사 육성방안연구(연구보고서)』, 서울: 방송위원회.

나혜선(2008.10.30), "방송법에 '콘텐츠 동등접근' 허용하나", 디지털타임즈(On-line), Available: http://www.dt.co.kr/contents.html?article_no=2008103002010351716005.

남형두(2004), 「위성방송사업자의 지상파재송신과 저작권문제」, 『한국언론정보학회 '디지털시 대의 저작권보호 및 위성방송의 매체경쟁력 강화 방안' 세미나 자료집』, 121~156.

남형두(2008), 「저작권의 역사와 철학」, 『산업재산권』, 26호, 245~306.

도두형(2000), 「멀티미디어 시대 방송영상저작물 운영방안」, 『한국방송진흥원 '디지털시대 방송 영상자료의 활용방안 모색' 세미나 자료집』, 1~10.

도준호(2001a), 「디지털 콘텐츠 유통과 저작권 보호문제에 관한 연구: 미국인터넷서비스제공자의 책임한계와 공정이용조항을 중심으로」, 『방송연구』, 2001년 여름호, 223~246.

도준호(2001b), 「인터넷방송의 규제에 관한 연구: 저작권 강제허락제도 적용을 중심으로」, 『정보사 회연구』, 2호, 89~106.

류종현(2008), 『현대 저작권의 쟁점과 전망』, 서울: 커뮤니케이션북스.

문용갑(2007), 「사회적 실험으로서 유비쿼터스 컴퓨팅」, 『전기사회학회 '한국사회학 50년 정리와 전망' 세미나 자료집』, 599~610.

문재완(2008), 「인터넷에서의 표현의 자유와 그 한계」, 『외법논집』, 31집, 309~339.

문화관광부(2007), "저작권산업 보호를 위한 불법 저작물 근절 대책(안)", 문화관광부 성명서(On-line), Available: http://blog,naver,com/djdoh?Redirect=Log&logNo=70021726534.

문화체육관광부(2007), 『영화 및 음악 표절 방지 가이드라인』, 서울: 문광부.

문화콘텐츠진흥원(2006), 『미국저작권 및 상표 법규』, 서울: 문화콘텐츠진흥원.

박경신(2008), 「순수한 인격권으로서의 초상권은 가치인가, 규범인가」, 『창작과 권리』, 2008년 여름호(제51호), 2~34.

박경철(2007), 「문화콘텐츠 저작권 교육을 위한 대학의 역할」, 『한국콘텐츠학회 2007 추계 종합학술대회 논문집』, 5권 2호(하), 663~666.

박덕영(2007), 「한미 FTA 협정 저작권 분야 주요내용과 국내이행」, 『창작과 권리』, 2007년 가을호(제48호), 128~154.

박범석(2007), 「신문사와 포털의 이용허락계약」, 『세계의 언론법제』, 통권 22호.

박석규·전상권·이경희(2008), 『IPTV와 디지털 콘텐츠 저작권의 이해』, 서울: jinhan M&B.

박선영(2007), 「OSP의 방조책임에 대한 비판적 고찰: 소리바다사건(2005다11626)을 중심으로」, 『언론과 법』, 6권 1호, 189~220.

박성호(2006), 『저작권법의 이론과 현실: 정보공유와 인권을 위한 모색』, 서울: 현암사.

박용상(2008), 『명예훼손법』, 서울: 현암사.

박유연(2008.4.10), "방송3사 드라마 저작권 침해 의혹", 매일경제(On-line), Available: http://news.mk.co.kr/outside/view.php?year=2008&no=207846.

박익환(2004), 『독일 저작권법(2004)』, 서울:저작권심의조정위원회.

박익환(2006), 「독일 저작권법상 데이터베이스의 보호」, 『세계의 언론법제』, 2006년 상권, 159~182.

박준석(2006), 『인터넷서비스제공자의 책임』, 서울: 박영사.

박준석(2007), 「개정 저작권법 하의 ISP 책임」, 『서울대학교 기술과법센터 '개정 저작권법과 디지털 기술' 워크숍 자료집』.

박태일(2006), 『온라인서비스제공자책임에 관한 연구』, 『창작과 권리』, 2006년 가을호(제44호)pp.45~92.

박현주(2006), 『일본 저작권법 개정 동향』, 『정보통신정책』, 18권 7호, 35~36.

반 현·민인철(2007), 『초기 UCC 이용 특성과 지상파 방송사 UCC 발전방안(연구보고서)』, 서울: 방송문화진흥회.

발터 벤야민, 반성완 편역(1983), 『발터 벤야민의 문예이론: 기술복제시대의 예술작품』, 서울: 민음사.

방석호(1995), 『미디어법학』, 서울: 법문사.

방석호(2003), 「한국에서의 외주제작 프로그램 저작권 귀속 문제연구」, 『방송과 커뮤니케이션』, 2003, 92~114.

방석호(2005), 「방송법상의 의무재송신 제도와 저작권」, 『계간저작권』, 70호, 80~89.

방석호(2007), 『디지털 시대의 미디어와 저작권』, 서울: 커뮤니케이션북스.

방송위원회(2007), 『2006 방송산업실태조사보고서(조사보고서)』, 서울: 방송위원회.

방송위원회(2007), 『방송콘텐츠의 제작 및 유통실태 조사(연구보고서)』, 서울: 방송위원회.

방송위원회(2008), 『2007 방송산업실태조사보고서(조사보고서)』, 서울: 방송위원회.

방송통신위원회(2008), 『방송통신콘텐츠 종합계획』, 서울: 방송통신위원회.

배진아(2008), 「국내 포맷 비즈니스의 현황과 문제점」, 『문화체육관광부 '뉴미디어콘텐츠 포맷 비즈니스 현황과 전망' 세미나 자료집』.

백민재(2008.10.9), "소리바다 '저작권 분쟁 끝…옛 명성 되찾겠다'", 경제투데이(On-line), Available: http://www.eto.co.kr/?Code=20081009101423043&ts=151827.

백완기(1981), 『정책결정에 있어서 공익의 문제』, 『한국정치학회보』, 15권, 139~159.

변동식(2004), 「초고속인터넷망에서의 텔레비전(IPTV) 서비스」, 『KBINEWS』, 10월호, 4~5.

서달주(2007), 『한국저작권법』, 서울: 박문각.

서울대학교 법학연구소(1998), 『광고와 저작권: 외국의 법과 제도』, 서울: 공보처.

서헌제(2006), 「온라인 환경에서의 음악저작물 보호와 강제허락」, 『법학논문집』, 30권 1호, 299~337.

석 호(2007), 『디지털 시대의 미디어와 저작권』, 서울: 커뮤니케이션북스.

선 호(2007.5.5), "국내 PP 순이익 중 67% 미국이 점유할 것", 미디어오늘(On-line), Available: http://www.mediatoday.co.kr/news/articleView.html?idxno=57150.

성동규·노창희(2008), 『국내 방송콘텐츠 유통 활성화 방안 도출에 관한 연구: 플랫폼 별 전문가 조사를 중심으로』, 언론과학연구, 8권 3호, 271~313.

손상영·김사혁·황지연·안일태·이철남(2007), 『디지털저작권관리(DRM) 정책과 사회후생(연구보고서)』, 서울: 정보통신정책연구원.

손수호(2006), 『디지털 환경과 저작권 패러다임의 변화에 관한 연구: 레식의 카피레프트 이론을 중심으로』, 출판학연구, 통권 51호, 203~240.

손정협(2007.3.15), "비아콤, 유튜브와 구글 상대 10억달러 손배소", 디지털타임즈(On-line), Available: http://www.dt.co.kr/contents.html?article_no=2007031502011757730001.

송민섭(2008.10.26), "프로그램 포맷, 수입은 '봇물' 수출은 '찔끔'", 세계일보(On-line), Available: http://www.segye.com/Articles/NEWS/ENTERTAINMENTS/Article.asp?aid=20081026001552&subctg1=&subctg2=.

송승우(2004), 「S/W Streaming 기술과 저작권 남용 행위」, 『중앙법학』, 6집 3호, 297~326.

송영규(2008.11.26), "IPTV 재전송 협상 '평행선'", 서울경제(On-line), Available: http://economy.hankooki.com/lpage/industry/200811/e2008112617081570260.htm.

송영식·이상정(1997), 『저작권법개설』, 서울: 육법사.

송종길(2001), 『다매체 다채널시대 국내 재송신정책수립 방안에 관한 연구(연구보고서)』, 서울: 한국방송영상산업진흥원.

신창환(2000), 『개정 저작권법령 해설』, 서울: 문화부.

신태섭(2007), 「한미 FTA 방송분야 협상결과 평가, 문제점과 과제」, 『김희선 국회의원 주최 '한미 FTA 방송분야 협상 결과 평가 및 대책 마련을 위한 토론회' 자료집』.

심민관(2008.7.30), "이통시장, DRM 해제가 대세", 아시아 데일리(On-line), Available: http://www.asiatoday.co.kr/news/view.asp?seq=154006.

심상민 외(2006), 『디지털 뉴스 유통과 저작권(2006-02 조사분석)』, 서울: 한국언론재단.

심상민(2007), 「방송통신융합 시대 콘텐츠생태계 변동과 대응: 콘텐츠 제작과 유통환경의 변화 양상」, 『한국방송학회 2007 봄철 정기학술대회 자료집』, 207~211.

심상민(2008), 「콘텐츠 재시초화(Content Reinitialize)로 가는 길: IPTV 콘텐츠 수급 전략 분석」, 『한국언론학회 2008 가을철 정기학술대회 'IPTV 상용화와 방송시장 환경변화' 자료집』.

심장섭(2000), 「멀티미디어시대 방송영상물의 보호와 이용: 저작권제도를 중심으로」, 『한국방송
　　　진흥원 '디지털시대 방송영상자료의 활용방안 모색' 세미나 자료집』, 1~10.
심주교(2006), 「IPTV와 저작권법, 창과 방패의 이야기」, 『저작권 문화』, 2006년 11월호,
안계성·조소연(1999), 『저작권 집중관리기관 현황(조사보고서)』, 서울: 한국데이터베이스진흥센터.
안종묵(2006), 「저작권법 재점검을 통한 디지털콘텐츠의 저작권 집중관리시스템에 관한 고찰」,
　　　『언론과학연구』, 6권 4호, 243~284,
안효질(2007), 「저작인접권자의 공연권 도입 여부에 대한 고찰」, 『재산법연구』, 23권 3호, 433~465.
양재규(2008), 「기사저작권 관련 법적 쟁점」, 『신문과 방송』, 2008년 12월, 130~133.
양재모(2003), 「인터넷서비스제공자의 불법행위책임에 관한 연구」, 한양대학교 대학원 박사학위
　　　논문.
에스비에스아이(2006), 『온라인 디지털콘텐츠 사업전략』, 서울: SBS.
연합뉴스 (2007.4.22).
연합뉴스(2008.10.29), "판도라TV의 새로워진 서비스를 만나보세요", 연합뉴스(On-line), Available:
　　　http://news,naver,com/main/read,nhn?mode=LSD&mid=sec&sid1=001&oid=09
　　　8&aid=0002003779&.
염희진(2008.11.8), "음제協 네이버-다음 고소 … 포털이 저작권 침해 방치", 「동아일보」(On-line),
　　　Available: http://www,donga,com/fbin/output?n=200811080159.
영화진흥위원회(2008), 『2006 한국영화산업 실태조사와 한국영화 수익성 분석(연구보고서)』, 서
　　　울: 영화진흥위원회.
오병일(2007), 「한미 FTA협상 저작권 분야, 협상은 없었다!」, 『offACT』, 7호, 37.
오병일(2009), 「디지털 환경에서의 저작권 문제」, 『문화사회연구소·정보공유연대 2009 동계 문화
　　　사회 아카데미 '저작권을 둘러싼 쟁점들' 자료집』.
오세근(2007), 「웹2.0의 진화, 웹3.0과 기업전략」, 산업동향분석(On-line), Available: http://203.
　　　253.128.6:8088/servlet/eic,wism,EICWeb?Command=0.
오승종(2007), 『저작권법』, 서울: 박영사.
오승종·이해완(2004), 『저작권법』, 서울: 박영사.
오용수(2006), 「수평적 규제체계의 이해와 적용을 위한 소고」, 『Digital Media Trend』, 4호, 5~19.
오용수·정희영(2006), 「방송·통신 융합에 따른 규제체계 전환의 정책방향」, 『방송연구』, 2006년
　　　여름호, 137~169.
우지숙(2002), 「디지털저작물에 대한 정당한 이용(Fair Use) 원칙의 새로운 개념화를 위한 연구」,
　　　『방송연구』, 2002년 겨울호, 229~256.
우지숙(2003), 「디지털 기술에 대한 저작권법 적용의 한계: 파일공유 서비스 및 저작권 판결에 대한
　　　이용자 의식 및 행동을 중심으로」, 『한국언론학보』, 47권 1호, 81~113.
유수정(2004), 「지상파 방송의 외주제작 프로그램 저작권 귀속과 계약에 관한 연구」, 이화여자대학
　　　교 대학원 석사학위 논문.
유승호(2005), 『21세기 한국메가트렌드 시리즈 II : 디지털시대의 문화욕구와 라이프스타일(연구
　　　보고서 05-05)』, 서울: 정보통신정책연구원.
유의선(1997), 「방송환경변화에 따른 방송저작권 이용 및 침해배상」, 『사이버커뮤니케이션학보』,
　　　통권 1호, 111~143.
유의선·이영주(2001), 「의무전송규정에 대한 법적 해석과 그 타당성 분석」, 『한국언론학보』, 45권
　　　4호, 353~392.

유현석(2005), 「온라인 음악과 오프라인 음반의 산업적 특성에 관한 비교 연구: 스트리밍 횟수와 음반 판매량을 중심으로」, 『커뮤니케이션학 연구』, 13권 4호, 102~120.

윤근영(2008.10.13), "하얀거탑, MBC 甲-제작사 乙", newsis(On-line), Available: http://news. naver.com/main/read.nhn?mode=LSD&mid=sec&sid1=106&oid=003&aid=0 002326679.

윤상길·홍종윤(2004), 「지상파 위성동시재송신 정책의 논쟁과정과 그 평가」, 『방송연구』, 2004년 겨울호, 251~252.

윤석민(1999), 「다채널 상황하의 수용자 복지와 보편적 방송영상서비스」, 『한국언론학보』, 44권 1호, 287~327.

윤석민(2005), 『커뮤니케이션 정책 연구』, 서울: 커뮤니케이션북스.

윤석민(2007), 「매체환경변화와 지상파 방송: 위상과 과제」, 『미디어미래연구소 차기 정부 방송통신융합정책 기획 포럼 '융합시대 지상파 방송 역할 정립 방안' 자료집』.

윤석민·김수정(2005), 「지상파TV 재전송 정책의 도입과 발전: 미국과 우리나라의 사례 비교」, 『방송과 커뮤니케이션』, 6권 1호, 33~69.

윤선희(2002), 「정보통신사회에서의 인터넷서비스운용자에 대한 고찰」, 『인터넷법률』, 통권 11호, 59~73.

윤선희·조용순(2003), 「디지털 음악저작물의 이용과 법적 문제: 스트리밍 서비스와 모바일 서비스를 중심으로」, 『산업재산권』, 13호, 289~232.

윤승욱(2007), 「모바일 콘텐츠로의 모바일 UCC활성화 가능성 모색」, 『한국언론학회 2007 제2차 '모색과 도전' 세미나 자료집-UCC와 커뮤니케이션 연구』, 51~74.

윤종수(2007), 「불법복제 UCC를 유통한 ISP의 책임」, 『언론과 법』, 6권 1호, 89~131.

윤종수(2007), 「UCC, 저작권의 새로운 도전」, 『SW Insight 정책리포트』, 19호, 30~45.

윤종수(2008), 「디지털 시대의 저작권과 CCL」, 한국 오픈엑세스 포럼 추계 세미나 자료집, 5~19.

윤호진·윤재식·박웅진(2007), 『방송콘텐츠 온라인 불법유통 현황 및 저작권 침해 유형 분석』, 방송영상산업진흥원보고서.

윤호진·이동훈(2007), 『디지털융합 환경에서 방송영상 콘텐츠의 공정접근과 보편서비스 연구(연구보고서 자유 2007-12)』, 서울: 방송위원회.

윤호진·이동훈(2008), 『미디어 융합에 따른 콘텐츠산업 분석 및 공공 문화콘텐츠 활성화 방안(연구보고서)』, 서울: 한국방송영상산업진흥원.

은혜정·성숙희(2006), 『방송영상물 공정거래 확립 방안 연구: 저작권을 중심으로(연구복서)』, 서울: 한국방송광고공사.

이광석(1998), 『사이버문화정치』, 서울: 문화과학사.

이광석(2002.5.17), "지식 공유의 새로운 구상", 「한겨레신문」, 10면.

이대희(2002), 『인터넷과 지적재산권법』, 박영사.

이대희(2006), 「방송통신융합에 따른 저작권법제도의 개선방향」, 『저작권심의조정위원회 세미나 자료집』.

이대희(2007), 「UCC와 저작권」, 『정보처리학회지』, 14권 3호, 69~74.

이대희(2008), 「뉴스저작권의 범주와 법적 해석에 관한 연구: 재산권으로서 뉴스저작권에 관한 국내외 판례 분석 연구」, 『한국언론학회 뉴스저작권의 현황과 과제 세미나 자료집』.

이동훈(2008), 「온라인서비스이용자의 저작권침해와 표현의 자유」, 『헌법학연구』, 14권 2호, 225~258.

이동훈(2007), 「국내 포털의 UCC서비스전략 현황」, 『KBI 포커스』, 통권 24호, 1-24.

이만제(2007), 「국내 동영상 UCC의 산업 전망과 과제」, 『한국언론학회 2007 제2차 '모색과 도전' 세미나 자료집: UCC와 커뮤니케이션 연구』, 25~50.

이상우(2006), 「다채널 방송 시장에서 배타적 프로그램 거래 행위에 관한 연구: 미국과 한국 사례의 비교 분석」, 『한국방송학보』, 20권 1호, 322~359.

이상우·곽동균(2004), 「방송·통신 융합서비스의 적정 규제 방안: 서비스의 공공재적 속성과 양방향적 특성을 중심으로」, 『한국언론정보학보』, 27호, 213~246.

이상우·나성현·정은옥·김원식(2006), 『다채널 방송시장에서의 프로그램 접근에 관한 연구(연구보고서)』, 서울: 정보통신정책연구원.

이상우·박민수(2007), 『다채널 유료방송시장에서 배타적 프로그램 거래행위에 대한 실증적 분석』, 『한국언론학보』, 51권 5호, 243~267.

이상우·이인찬(2005), 『다채널 유료방송시장의 경쟁에 관한 연구(연구보고서)』, 서울: 정보통신정책연구원.

이상정(2002), 「유무선·위성방송과 저작권」, 『한국문예학술저작권협회 '방송과 저작권' 세미나 자료집』, 3~26.

이상정(2007), 「기자의 뉴스에 대한 권리」, 『세계의 언론법제』, 통권 22호, 9~31.

이상정(2008), 「저작권집중관리제도에 대한 규제의 기본방향」, 『창작과 권리』, 52호, 85~108.

이상진(2000), 「인터넷의 멀티미디어 콘텐츠 지적재산권과 관련된 제문제 및 정책 방향」, 『한국데이터베이스진흥센터·전자신문사 '디지털콘텐츠 산업 발전을 위한 지적재산권 환경정비 방안' 세미나 자료집』, 80~92.

이상훈(2003), 「디지털시대의 방송영상산업진흥 정책의 방향과 쟁점」, 『한국방송학회·MBC문화방송 '방송영상산업 진흥과 외주정책' 세미나 자료집』, 39~56.

이석우(2001), 「복제권과 이차적 저작권에 관한 연구: 저작권 분쟁과 저작권 관리를 중심으로」, 홍익대학교 대학원 석사학위 논문.

이성용·소양선·이재길·최창열(2004), 「P2P 네트워크에서 멀티소스 스트리밍을 이용한 콘텐츠 분배」, 『정보처리학회지』, 11-A권 5호, 325~332.

이수영(2004), 「케이블방송과 재전송정책」, 『한국뉴미디어방송협회 '방송 재전송의 정책과제' 세미나 자료집』, 1~19.

이수형(2007), 「온라인상의 저작권 침해에 대한 온라인서비스제공자의 책임」, 『언론과 법』, 6권 1호, 84~87.

이순이(1997), 「문화 창작물의 공적 영역과 저작권법: 공적 영역 지형의 변화를 중심으로」, 서강대학교 대학원 석사학위 논문.

이승선(2008), 「한국에서 방송된 외국 방송서비스의 재판관할권과 소비자보호법의 적용: 한미 FTA 협정을 중심으로」, 『중앙대학교 법학전문대학원 '제5회 문화산업과 법' 국제학술대회 세미나 자료집』, 121~147.

이영주·송진(2005), 「온라인 뉴스 웹사이트의 이용 약관에 관한 연구: 계약적 구속력과 저작물 이용 허용범주를 중심으로」, 『한국언론학보』, 49권 6호, 373~400.

이원태(2007), 「동영상 UCC와 대통령선거」, 『사이버커뮤니케이션 학보』, 22호, 167~235.

이재영·임준·유선실·권지인·정현준(2005), 『디지털컨버전스 하에서의 콘텐츠산업 발전과 공정경쟁이슈: 시장 봉쇄 이론 및 사례(연구보고서)』, 서울: 정보통신정책연구원.

이재진·박성복(2007), 「UCC의 방송 저작권 침해에 대한 고찰: '공정이용'과 'OSP 책임성'을 중심으로」, 『방송연구』, 2007년 겨울호, 59~82.

이주남(2006), 「온라인 동영상서비스의 현대: YouTube와 판도라 TV를 중심으로」, 『SW Insight 정책리포트』, 9월호, 40~46.

이창배(2003), 「소리바다 이용자들의 저작인접권 침해여부」, 『외법논집』, 15집, 331~370.

이해완(2007), 『저작권법』, 박영사.

이호영·정은희·이장혁(2007), 『웹2.0 시대 디지털 콘텐츠의 사회적 확산 경로 연구(연구보고서)』, 서울: 정보통신정책연구원.

이화행(2007), 『독일의 인터넷 법제: 저작권법, 미디어법, 광고법의 이해』, 서울: 커뮤니케이션북스.

이훈종(2005), 「소리바다 항소심판결에 관한 연구」, 『비교사법』, 12권 3호, 93~119.

이희은(2007), 「놀이의 노동과 일상의 참여: UCC의 문화적 함의」, 『한국언론학회 2007 제1차 '모색과 도전' 세미나 자료집: UCC와 커뮤니케이션 연구』.

임 호(2007), 「온라인상의 저작권침해에 대한 온라인서비스제공자의 책임: 미국 저작권법(DMCA) 및 판례법의 한국적 적용가능성에 관하여」, 『언론과 법』, 6권 1호, 47~77.

임 호(2007), 「온라인상의 저작권침해에 대한 온라인서비스제공자의 책임: 미국 저작권법(DMCA) 및 판례법의 한국적 적용가능성에 관하여」, 『언론과 법』, 6권 1호, 58~59.

임성원·성동규(2008), 「MMS 채널정책에 관한 연구: 공영방송의 사회적 역할을 중심으로」, 『언론과학연구』, 8권 1호, 222~260.

임원선(2005), 「DRM의 저작권법적 보호」, 『LAW & TECHNOLOGY』, 창간호, 1.

임정수(2003), 「외주정책 논의와 쟁점과 대안에 대한 검토」, 『한국방송학회·MBC문화방송 '방송영상산업 진흥과 외주정책' 세미나 자료집』, 21~36.

임정수(2005), 「외주 채널의 모델에 관한 연구」, 『방송과 커뮤니케이션』, 6권 1호, 107~135.

임정수(2007), 「방송사 외주사 모두에게 이득없는 외주정책」, 『방송문화』, 2007년 10월호(On-line), Available: http://www.kba.or.kr/.

임정수(2007), 「초기 UCC 생산과 소비의 탈집중 현상: 판도라TV를 중심으로」, 『한국방송학보』, 21권 1호, 211~242.

장병희(2007), 「UCC 채택에 영향을 미치는 요인에 대한 분석: 통합적 접근」, 『한국언론학회 2007 제2차 '모색과 도전' 세미나 자료집: UCC와 커뮤니케이션 연구』, 1-23.

장용호·조은기·박소라(2004), 『디지털 문화콘텐츠의 생산, 유통, 소비과정에 관한 모형, IT의 사회·문화적 영향 연구(연구보고 04-51)』, 서울: 정보통신정책연구원.

저작권심의조정위원회(2000), 『미국 저작권법 2000(연구보고서)』, 서울: 저작권심의조정위원회.

저작권심의조정위원회(2006), 『미국 저작권 선진시장 정책연구(연구보고서)』, 서울: 저작권심의조정위원회.

저작권심의조정위원회(2007), 『중국 내 한국 저작물 유통·이용 실태 및 사례 조사 연구(연구보고서(연구보고서)』, 서울: 저작권심의조정위원회.

저작권위원회(2006), 『한국저작권판례집 10』, 서울: 저작권위원회.

저작권위원회(2007), 『한국저작권 50년사』, 서울: 저작권위원회.

저작권위원회(2007a), 『한국저작권판례집 11』, 서울: 저작권위원회.

저작권위원회(2007b), 『저작권 분쟁조정 사례집』, 서울: 저작권위원회.

전범수(2007), 「영화 소비 창구의 구조와 특성」, 『한국언론정보학보』, 40호, 221~249.

정 완(2004), 「온라인상의 불법정보 유통에 대한 OSP의 책임」, 사이버범죄 연구회 세미나 자료집 (On-line), Available: http://user.chollian.net/~wanlaw/ccrf/wan0312.html.

정경석(2004), 『엔터테인먼트 비즈니스 분쟁사례집』, 서울: 청림.

정국환·이상정 외(1997), 「Copyright and Information Law in a Digital Networked Environment: A European Perspective」, 『정보법학』, 387~388.

정보공유연대IPLeft(2003), 『왼쪽에서 보는 지적 재산권』, 서울: 정보공유연대(On-line), Available: http://www.ipleft.or.kr.

정보공유연대IPLeft(2004), 『정보공유라이선스 필요성과 국내모델(2004년 개발보고서)』, 서울: 정보공유연대(On-line), Available: http://freeuse.or.kr/info/report.html.

정보통신부(2006), 『주요IT 통계현황(현황보고서)』, 서울: 정보통신부.

정상기(2005), 「소프트웨어의 일시적 복제와 전송권」, 『산업재산권』, 17호, 257~282.

정상우(2007), 『포털사이트 관련 법제의 현황과 과제』, 서울: 한국법제연구원.

정상조(2000), 『인터넷과 법률』, 서울: 현암사.

정상조(2004), 『지적재산권법』, 서울: 홍문사.

정상조(2006), 『지적재산권법』, 서울: 홍문사,

정서린(2008.10.30), "드라마 '대왕세종' 표절 논란", 서울신문(On-line), Available: http://www.seoul.co.kr/news/newsView.php?id=20081030010020.

정성효(2007), 「기형적 제작시스템 전체 콘텐츠 산업 위험」, 『방송문화』, 2007년 4월호(On-line), Available: http://www.kba.or.kr/.

정용준(2003), 「떠오르는 아시아의 프로그램 포맷시장」, 『방송문화』, 2003년 1월호(On-line), Available: http://www.kba.or.kr/.

정용준(2007), 「KBS의 공적 가치와 미래 전략」, 『언론정보학회 워크샵 자료집』.

정윤경(2000), 「국내 지상파 텔레비전 프로그램의 후속 시장 진입 성과에 관한 연구」, 이화여자대학교 대학원 박사학위 논문.

정윤경(2006), 「디지털 영상저작물의 집중관리제도 개선방안에 관한 연구」, 『한국언론학회 세미나 자료집』.

정윤경(2007), 「콘텐츠 제작 및 유통 활성화를 위한 정책적 지원방안」, 『한국방송학회 '디지털 시대에 콘텐츠 제작 및 유통 활성화를 위한 바람직한 정책방안' 세미나 자료집』.

정은희(2007), 「Web2.0 시대의 공공부문 변화 양상」, 『정보통신정책』, 19권 17호,

정인숙(2006), 「시장개방에 따른 미디어 다원성 확보방안」, 『미래연구소 'FTA시대 콘텐츠 대응방안' 포럼 자료집』.

정인숙(2006), 「지상파 재전송 정책의 변화 방향과 정책 목표에 대한 평가 연구」, 『한국언론학보』, 50권 2호, 174~198.

정인숙(2007), 「한미FTA체결에 따른 PP시장 전망과 활성화 방안」, 『디지털 미디어트렌드』, 5월호 (vol 13).

정재영(2006), 「웹2.0 시대, 산업 패러다임이 바뀐다」, 『LG주간경제』, 884호, 27~31.

정찬모(1999), 「디지털 이슈에 대응한 저작권법 개정방향: 미국 디지털 밀레니엄 저작권법과 그 시사점 분석을 중심으로」, 『정보통신정책』, 11권 4호, 1~28.

조산구(2007), 「웹2.0 패러다임과 의미」, 산업동향분석(On-line), Available: http://203.253.128.6: 8088/servlet/eic.wism.EICWeb.

조연하(2006), 「PVR(Personal Video Recorder)을 이용한 방송저작물 녹화의 법적 성격: 사적복제 및 공정이용의 관점에서」, 『한국언론학보』, 50권 4호, 328~353.

조연하·김미라 (2006), 「공정이용 관점에서의 개인용 비디오녹화기(PVR) 이용 연구: 디지털 방송저

작물의 복제 및 전송을 중심으로」,『한국방송학보』, 20권 4호, 302~336.

조용순(2008),『문화콘텐츠와 저작권』, 서울: 전략과 문화.

조은기(1995),「방송의 공익성과 시장에 관한 연구: 사유성, 외부성, '장르'효용」, 서강대학교 대학원 박사학위 논문.

조은기(2002),「TV프로그램 시장의 저작권 거래에 관한 연구: 거래 모델과 미국의 Fin-syn rule을 중심으로」,『방송과 커뮤니케이션』, 2002, 5~32.

조은기(2004),「방송통신융합과 공정경쟁: 융합시장의 특성과 기업결합을 중심으로」,『제2회 방송 통신포럼 '방송과 통신의 공정경쟁 방안' 세미나 자료집』.

조은기(2005),「방송통신융합시대의 영상 콘텐츠 산업: 가치사슬의 재편과 다중플랫폼 유통」,『방 송문화연구』, 17권 2호, 45~66.

조의진(2006),「방송 외주정책과 저작권 귀속 논쟁에 대한 연구: 주요 쟁점 및 개선 방향을 중심으로」, 『한국방송학보』, 20권 4호, 337~370.

조이뉴스(2008.1.17), "방송 3사, 저작권 침해 더 못 참아", 조이뉴스(On-line), Available: http:// itnews.inews24.comhp/news_view.php?g_serial=307654&g_menu=020900.

조정욱(2007),「동영상서비스와 UCC에 대한 저작권법 상 쟁점」,『서울대학교 기술과법 센터 워크 샵 자료집』.

조정형(2008.8.25), "방송사-케이블, 지상파 재전송 갈등 깊어져", 전자신문(On-line), Available: http://www.etnews.co.kr/news/detail.html?id=200808250172.

조철희(2008.8.4), "다찌마와리 저작권 불분명해 난항끝 개봉", 스타뉴스(On-line), Available: http://star.mt.co.kr/view/stview.php?no=2008080414385041618&type=1&outli nk=1.

주정민(2006),「방송통신 융합에 따른 산업구조의 변화와 공익성」,『한국언론정보학보』, 36호, 109~134.

주철민(2000),「인터넷은 자유다: 자유 소프트웨어 운동」, 홍성태 · 오병일 외(2000),『디지털은 자유다: 인터넷과 지적 재산권의 충돌』, 서울: 이후, 250~265.

지성우 · 김영욱(2005),『뉴스저작물의 저작권』, 서울: 한국언론재단.

채명기(2008),「언론인과 저작권」,『한국조사기자협회 저작권 하반기 세미나 자료집』.

최경수(2000a),『저작권 접근은 방송에 대한 정의에서부터』,『방송21』, 2000년 8월호, 84~88.

최경수(2000b),「저작권 정보관리시스템의 현황과 과제」,『한국데이터베이스진흥센터 · 전자신문 사 '디지털콘텐츠 산업 발전을 위한 지적재산권 환경 정비 방안' 세미나 자료집』, 48~60.

최경수(2008a),「저작권법상 공중송신의 개념과 권리 관례(상)」,『방송문화』, 326호, 44~49.

최경수(2008b),「저작권법상 공중송신의 개념과 권리 관례(하)」,『방송문화』, 327호, 44~47.

최민재(2005),『온라인 뉴스콘텐츠 비즈니스 모델』, 서울: 한국언론재단.

최민재(2008),『인터넷상의 사적콘텐츠 유통과 법률적 쟁점』, 서울: 한국언론재단.

최민재 · 지성우(2006),「다매체 환경에 적합한 방송프로그램 2차 저작권 집중 관리시스템에 관한 연구」,『한국언론학회 '방송 환경변화와 디지털 저작권' 학술 세미나 자료집』, 58~64.

최세경(2007),『통합플랫폼 환경에서의 방송서비스 개념정립과 시장획정 방안(연구보고서)』, 서 울: 한국방송영상산업진흥원.

최승수(2007),「온라인상의 저작권침해에 대한 온라인서비스제공자의 책임」,『언론과 법』, 6권 1호, 79~83.

최양수(2004), 「디지털 콘텐츠 유통과 진흥정책」, 『한국뉴미디어방송협회 '디지털콘텐츠 정책 어떻게 할 것인가' 세미나 자료집』.

최영묵 외(2000), 『디지털 시대의 영상저작물과 저작권에 관한 연구(연구보고 00-12)』, 서울: 한국방송진흥원.

최영묵 외(2004), 『방송콘텐츠와 저작권에 관한 연구(연구보고서)』, 서울: 한국방송광고공사.

최용준 외(2007), 『한·미 FTA가 방송산업에 미치는 영향과 대응방안(연구보고서)』, 서울: 한국방송광고공사.

최은희(2008), 「독일 저작권법 개정에 대한 논란」, 『동향과 분석』 통권 267권, 8~13.

최지원(2006), 「디지털, 저작권 패러다임의 전환」, 『ENTER』, 124, 7~12.

최진원(2008), 「방송 콘텐츠의 보호와 공개 재현」, 연세대학교 대학원 박사학위 논문.

최진원·남형두(2006), 「매체기술의 변화와 저작권법: 그 도전과 응전의 역사」, 『커뮤니케이션이론』, 2권 2호, 150~191.

편석환(2007), 「영상저작물의 저작권 침해에 관한 연구」, 『한국콘텐츠학회논문지』, 7권 6호, 107~118.

하동철(2008), 「방송통신 융합시대의 디지털 송신에 대한 저작권 규율방안 연구: 전송과 방송의 이론구성을 중심으로」, 『미디어 경제와 문화』, 2008년 겨울호, 94~151.

하윤금(2005), 「왜 프로그램 포맷을 이야기 하는가」, 『방송문화』, 2005년 5월호(On-line), Available: http://www.kba.or.kr/.

한국데이터베이스진흥센터(2006), 『웹2.0은 지식정보 해방공간인가? 웹2.0 시대의 정보자유문화, CCL』, 서울: 커뮤니케이션북스.

한국문화콘텐츠진흥원(2006), 『소비자 욕구분석을 통한 뉴미디어콘텐츠 전략연구(연구보고서)』, 서울: 한국문화콘텐츠진흥원.

한국방송광고공사(2004), 『방송콘텐츠와 저작권에 관한 연구(연구보고서)』, 서울: 한국방송광고공사.

한국소프트웨어진흥원(2005), 『정품 디지털콘텐츠 이용현황 조사(연구보고서)』, 서울: 한국소프트웨어진흥원.

한국인터넷진흥원(2008), 「방송콘텐츠의 UCC제작활용에 따른 저작권 관련 논쟁점과 시사점」, 『Internet Issue Tagging』, 3호, 1~4.

한국인터넷진흥원(2008), 『2008 한국인터넷백서』, 서울: 한국인터넷진흥원.

한국지적소유권학회(1994), 『광고와 저작권』, 서울: 공보처.

한귀현(2005), 「행정분쟁해결과 재판외분쟁해결법제의 최근 동향: 일본의 경우를 중심으로」, 『토지공법연구』, 26집, 475~503.

한민옥(2008.4.11), "불법저작물 유통사이트 폐쇄", 디지털타임즈(On-line), Available: http://www.dt.co.kr/contents.htm?article_no=2008041102010531699001.

한승헌(1988), 『저작권의 법제와 실무』, 서울: 삼민사.

한승헌(1992), 『정보화시대의 저작권』, 서울: 나남.

한정미(2006), 『방송콘텐츠 관련 법제의 개선방안 연구(연구보고서)』, 서울: 한국법제연구원.

한정미(2007), 『출판·인쇄관련 법제의 개선방안(연구보고서)』, 서울: 한국법제연구원.

한지영(2007), 「뉴스에 대한 권리귀속에 관한 소고」, 『창작과 권리』, 2007년 가을호(제48호), 155~179.

한화증권(2007.4), 「또다른 세상, UCC」, 코리안클릭.

함창용 외(2008), 『IPTV 시장의 국·내외 현황 및 시사점(연구보고서)』, 과천: 정보통신정책연구원.

허희성(1982), 『저작권법개설』, 서울: 범우.

허희성(1988), 「저작권 제도의 발전을 위한 본 위원회의 역할」, 『계간 저작권』, 봄호, 8~10.

허희성(1996), 『뉴미디어의 출현과 저작권 환경변화』, 서울: 한국언론연구원.

허희성(2000), 『신저작권법축조개설』, 서울: 저작권아카데미.

홍석희(2008.8.27), "UCC 저작권 범위 판사 - 검사 논쟁", 파이낸셜 뉴스(On-line), Available:
　　　　http://www.fnnews.com/view?ra=Sent0701m_View&corp=fnnews&arcid=0808
　　　　26204740&cDateYear=2008&cDateMonth=08&cDateDay=27

홍성태(2002), 『현실 정보사회의 이해』, 서울: 문화과학사.

홍성태(2003), 「디지털 혁명과 자본주의의 정보적 확장」, 정보공유연대(2003), 『왼쪽에서 본 지적
　　　　재산권』, 서울: 정보공유연대.

홍성태·오병일 외(2000), 『디지털은 자유다(인터넷과 지적 재산권의 충돌)』, 서울: 이후.

홍원식·성영준(2007), 「방송 콘텐츠 포맷 유통에 관한 탐색적 연구: 포맷 유통 실무진 심층 인터뷰를
　　　　중심으로」, 『방송문화연구』, 19권 2호, 151~179.

황성기(2007), 「인터넷이용자 제작콘텐츠와 관련한 법적 문제점」, 『방송문화연구』, 19권 1호,
　　　　103~132.

황성운(2007), 『디지털 저작권관리(DRM): 소유에서 사용 권리로의 이동』, 서울: jinhan M&B.

황용석(2007), 「UCC와 미디어 환경의 변화」, 『국회도서관보』, 44권 3호, 14~24.

황지연·성지환(2006), 「융합시대 사회문화 트렌드와 UCC 활용전망」, 『정보통신정책』, 18권 17호,
　　　　48~51.

金野和弘(2005, 11), 『デジタル著作権管理(DRM)に関する研究』, 『社会技術研究論文集』, Vol3,
　　　　205~213.

大阪弁護士会知的財産法実務研究会デジタルコンテンツ法商事法務

林紘一郎(2004), 『著作権の法と経済学』, 勁草書房.

木村順吾(1999), 『情報政策法』, 東洋経済新報社.

文化審議会著作分科会(2006), 『文化審議会著作分科会報告書』, 文部科学省.

文化審議会著作分科会(2006), 『法制問題小委員会(私的複製共有関係及び各ワーキングチーム
　　　　における検討結果)報告書』, 文部科学省.

文化審議会著作分科会(2006), 『法制問題小委員会(私的複製共有関係及び各ワーキングチーム
　　　　における検討結果)報告書』, 文部科学省.

文化審議会著作分科会(2006), 『IPマルチキャスト放送及び罰則・取締り関係報告書』, 文部科学
　　　　省.

文化審議会著作分科会(2008), 『過去の著作物等の保護と利用に関する小委員会中間報告』, 文部
　　　　科学省,

半田正夫(2008), 『デジタル・ネットワーク社会と著作権』, 社団法人著作権情報センター.

森脇信治(2006.12.4), "コンテンツ流通における権利者側の立場", コンテンツ取引市場の形成に
　　　　関する検討会 配付資料.

生越由美(2008), 「デジタルコンテンツの視点からみた文化産業と知的財産」, 『パテント』, Vo,61,
　　　　8~61.

日本総務省(2007.10.5), "有線放送による再送信による現状と制度の概要".

中山信弘(2007), 『著作権法』, 有斐閣.

知的財産高等裁判所(2005.8.30), "平成 17年 (ネ) 10009号 著作権使用料請求控訴事件判決文".

瀬尾太一(2008), 『国際技術標準 許諾コード方式について』, 文部科学省文化審議会著作分科会 第25回 配布資料.

瀬尾太一(2008. 2. 25), "国際技術標準　許諾コード方式について", 文部科学省文化審議会著作分科会 第25回 配布資料.

デジタル・コンテンツの流通の促進等に関する検討委員会事務局(2007.7.19), "第4次中間答申", 日本総務省,

デジタル・ネット時代における知財制度専門調査会(2006), 『デジタル・ネット時代における知財制度の在り方について』, 知的財産戦略本部.

デジタル著作権を考える会(2002), 『デジタル著作権』, Soft Bank Publishing.

デジタルコンテンツのネットワーク流通市場形成に向けた研究会(2001, 7, 18), "デジタルコンテンツの著作権等の保護とネットワーク流通の円滑化に向けて", デジタルコンテンツのネットワーク流通市場形成に向けた研究会配布資料.

ブロードバンドコンテンツ流通研究会(2005.3.23), "映像コンテンツのブロードバンド配信に関する著作権関係団体と利用者団体協議会との合意について", 日本経済団体連合会報道資料.

Agostino, T. & Donald, E.(1980), Home Video Recorders: Rights and Ratings, *Journal of Communication*, 30(4), 28~35.

Barthes, R.(1977), The Death of the author in Stephen Heath (trans,), *Image-Music-Text*, London: Collins, 142~148.

Bass, A, M.(1969), A New Product Growth Model for Consumer Durables, *Management Science*, 15(jan), 215~227.

Benhamou, F. & Farchy, J.(2007), *Droit d'auteur et copyright*, Ed La decouverte.

Benjamin, W.(1969), The Work of Art in the Age of Mechanical Reproduction(1935), *Illuminations: Essays and Reflections, Schocken*, pp, 217~252,

Boyle, J.(2003), The Second Enclosure Movement and the construction of the public domain, *Law and Contemporary Problems*, 66(1&2), 33~74.

Boyle, J.(2008), An Environmentalism for Information, *In The Public Domain: Enclosing the Commons of the Mind*, New Haven & London: Yale University Press.

Cohen, E. J.(2001), Information Rights and Intellectual Freedom, in Ethics and the Internet, Anton Vedder, ed., *Antwerp: Intersentia*, 11~32.

Dahlgren, P.(1995), Television and the Public Sphere: Citizenship, *Democracy and the Media*, London: Sage.

Davies, G.(2002), *Copyright and the Public Interest*(2nd Ed.), London: Sweet & Maxwell.

Delpart, L. & Halperne, C.(2007), *Communication et Internet: pouvoir et droit*, Lire Agir. Vuibert.

Dordick, J. S.(1990), The Origin of universal service, *Telecommunication Policy*, 223~231.

Duhl, G. M.(2004), Old lyrics, knock-off videos, and copycat comic books: The fourth fair use factor in U.S. copyright law, *Syracus Law Review*, 54, 665~738.

eMarketer(2007), *TV Viewing Solid Despite Online Video Growth*, 1 March.

Eurostat(2006.4.6), Internet usage in the EU25 in 2005, http: //epp.eurostat.ec. europa.eu.

FCC(2002), Implementation of the cable television consumer protection and competition act of 1992, development for competition and diversity in video programming distribution, Section 628(c)(5) of the Communications Act, 17 FCC Red 12158.

Foucault, M.(1984), What is an Author?(1969), in Paul Rabinow(ed.), *The Foucault Reader*, Pantheon, 101~120.

Garvey, J. & Frederick, S.(1992), *A First Amendment: A Reader*, St. Paul. Mn: West Publish.

Gore, A.(1994), *Remarks Prepared for Delivery By Vice President Al Gore*, Buenos Aires: ITU.

Guibault, L. & Ot van Daalen.(2006), *Unravelling the Myth around Open Source Licences*, The Hague: T.M.C.Asser Press.

Hardin, G.(1968), The tragedy of the commons, *Science*, 162(3859), 1243~1248.

Hilo, M. R.(2003), TIVO and the incentive/dissemination conflict: The economics of extending BETAMAX to personal video recorders, *Washington University Law Quarterly*, 81(4), 1043~1068.

Himanen, P.(2001), *The Hacker Ethic*, Random House, 신현승 역(2002), 『해커, 디지털시대의 장인들』, 서울: 세종.

Information Infrastructure Task Force(1993), *The National Information Infrastructure: Agenda for action*, Washington, DC.

International Intelectual Property Alliance(2007). *Special 301 Report*.

IT Media News(2008.3.17), "映像・音楽配信を許諾不要にネット権創設, 有識者が提言".

IT Pro(2007.3.16), "放送と通信の融合(2) 同時再送信で実演家の許諾が不要となる条件".

Ithiel de Sola Pool(1983), *Technologies of Freedom*, The Belknap Press.

Jenkins, H.(2006), *Convergence Culture: Where Old and New Media Collide*, 김정희원·김동신 역(2008), 『컨버전스 컬처』, 서울: 비즈앤비즈.

Lee, K. S.(2001), *Technical Codes of Dominance and Resistance: A Case Study of the Peer-to-Peer Music-sharing Service*, MA Thesis, University of Texas at Austin,

Lee, K. S.(2005), The Momentum of Control and Autonomy: A Local Scene of Peer-to-peer Music Sharing Technology, *Media, Culture & Society*, 27(5), 799~809.

Lee, K. S.(2006), From Underground Cult to Public Policy for Citizens: Democratizing an Open Source Artifact at a Policy Level in South Korea, *The Journal of Policy, Regulation, and Strategy for Telecommunications*, 8(1), 4~15.

Lemley, K. M.(2005), The innovation medium defense: A doctrine to promote the multiple goals of copyright in the wake of advancing digital technologies, *Pennsylvania State Law Review*, 110, 111~162

Lemley, K. M.(2006), *The Innovative Medium Defense: A Doctrine to Promote the Multiple Goals of Copyright in the Wake of Advancing Digital Technologies*, 110 Penn St. L, Rev, 111.

Lessig, L,(2004), *Free Culture*, 이주명 역(2005), 『자유문화』, 서울: 필맥.

Lessig, L.(1999), *Code and Other Laws of Cyberspace*, 김정오 역(2002), 『코드, 사이버 공간의 법이론』, 서울: 나남.

Lessig, L.(2004), *Free Culture: How Big Media Uses Technology and the Law to Lock Down Culture* and Control Creativity, NY: Penguin Press.

Lessig, L. (2008), *Remix: Making Art and Commerce Thrive in the Hybrid Economy*, NY: The Penguin Press.

Lessing, L. (2005), "The Architecture of Innovation", 정필운 · 심우민 역(2005), 「혁신의 구조」, 『연세법학연구』, 11권 2호, 291~316.

Levy, P. (2000), *Cyberculture*, 김동윤 · 조준형 역(2000), 『사이버문화』, 서울: 문예.

Littman, J. (1990), The public domain, *Emory Law Journal*, 39(4), 965~1023.

Littman, J. (2006), *Digital Copyright, Amherst*, NY: Prometheus Books.

Lucas, A. & Sirinelli, P. (2006), Droit d'auteur et droits voisins, *Proprietes intellectuelles*, 20, 297~339.

Mashall, P. D. (2006), *The Celebrity Culture Reader*, London and New York: Routledge.

Matsuura, J. H. (2003), *Managing Intellectual Assets in the Digital Age*, Boston: Artech House.

Merges, R. P., Menell, P. S., & Lemley, M. A. (2003), *Intellectual Property in the new Technological Age*, Aspen Publishers.

Moran, A. (1998), *Copycat TV: Globalisation, program formats and cultural identity, Bedfordshire*, UK: Univ. of Luton Press.

Nerone, J. C. (1990), *Last Rights: Four Theories of the Press*, Urbana&Chicago: University of Illinois Press.

Ochoa, T. (2003), Origins and meanings of the public domain, *University of Dayton Law Review*, 28(2), 215~267.

OECD(2004), THE IMPLICATIONS OF CONVERGENCE FOR REGULATION OF ELECTRONIC COMMUNICATIONS, DSTI/ICCP/TISP(2003)5/FINAL.

OECD(2006), Digital Broadband Content: Digital Content Strategies and Policies, *SDTI/ICCP/IE (2005)e/FINAL*.

Olson, J. & Spiwak, L. (1993), Can short-terms limits on strategic vertical restrains improve long-term cable industry market performance?, *Cardozo Arts & Entertainment Laq Journal*, 13, 282~315.

Paskin, N. (2003), *Digital Rights Management: Technical, Economical, Juridical, and Political Aspects in the European Union*, Geneva: Spring-Verlag.

Pember, D. & Calvert, C. (2007/2008), *Mass Media Law*, New York: McGraw Hill.

R, van Wendel de Joode, J, A, de Bruijn, & Michel van Eeten(2003), *Protecting the Virtual Commons: Self-organizing Open Source and Free Software Communities and Innovative Intellectual Property Regimes*, The Hague: T.M.C. Asser Press.

Raymond, E. S. (1998), *The Cathedral and the Bazaar: Musing on Linux and open source by an accidental revolutionary*, Cambridge: O'Reilly.

Raymond, S. R. Ku. (2002), The Creative Destruction of Copyright; Napster And the New Digital Technology, *University of Chicago Law Review*, 263.

Scannell, P. (1989), Public Service Broadcasting and Modern Public Life, *Media, Culture and Society*, 2, 134~166.

Schaumann, N. (2002), Copyright Infringement And Peer-to-Peer Technology, *William Mitchell Law Review*, 1001.

Screen Digest, Rightscom, Goldmedia & CMS Hasche Sigle(2006), *Interactive content: Implications for the information society*, A study for the European Commission.

Stallman, R.(2002), *Free Software, Free Society; Selected essays of Richard M, Stallman*, MA, Boston: GNU Press, Free Software Foundation.

Stewart, S. M.(1983), *International Copyright and Neighbouring Rights*, Butterworths.

Trager, R., Russonmanno, J. & Ross, S, D.(2007), *The Law of Journalism and Mass Communication*, New York: McGraw Hill.

UMEDA, M.(2006), *Web Shikaron*, 이우광 역(2006), 『웹진화론』, 서울: 재인.

Vaidhyanathan, S.(2001), *Copyrights and Copywrongs: The Rise of Intellectual Property and How It Threatens Creativity*, NY:New York University Press.

Willmore, L.(2002), Government policies toward information and communication technologies: a historical perspective, *Journal of Information Science*, 28,

Zelezny, J. D.(1997), *Creative Property, Communication Laws*, Wardsworth Publishing Company.

부록

■ 저작권법

법률 제432호 신규제정 1957.01.28.
법률 제3916호 전문개정 1986.12.31.
법률 제4183호(정부조직법) 일부개정 1989.12.30.
법률 제4268호(정부조직법) 일부개정 1990.12.27.
법률 제4352호(도서관진흥법) 일부개정 1991.03.08.
법률 제4541호(정부조직법) 일부개정 1993.03.06.
법률 제4717호 일부개정 1994.01.07.
법률 제4746호(도서관및독서진흥법) 일부개정 1994.03.24.
법률 제5015호 일부개정 1995.12.06.
법률 제5453호(행정절차법의시행에따른공인회계사법등의정비에관한법률) 일부개정 1997. 12. 13.
법률 제6134호 일부개정 2000.01.12.
법률 제6881호 일부개정 2003.05.27.
법률 제7233호 일부개정 2004.10.16.
법률 제8029호(도서관법) 일부개정 2006.10.04.
법률 제8101호 법제명변경 및 전면개정 2006.12.28.("저작권법"에서 변경)
법률 제8852호 일부개정 2008.02.29
법률 제9625호 일부개정 2009.4.22(시행일 2009.7.23)

제1장 총칙

제1조(목적) 이 법은 저작자의 권리와 이에 인접하는 권리를 보호하고 저작물의 공정한 이용을 도모함으로
써 문화 및 관련 산업의 향상발전에 이바지함을 목적으로 한다. 〈개정 2009.4.22〉

제2조(정의) 이 법에서 사용하는 용어의 뜻은 다음과 같다. 〈개정 2009.4.22〉

1. "저작물"은 인간의 사상 또는 감정을 표현한 창작물을 말한다.
2. "저작자"는 저작물을 창작한 자를 말한다.
3. "공연"은 저작물 또는 실연·음반·방송을 상연·연주·가창·구연·낭독·상영·재생 그 밖의 방법으로
   공중에게 공개하는 것을 말하며, 동일인의 점유에 속하는 연결된 장소 안에서 이루어지는 송신(전송을
   제외한다)을 포함한다.
4. "실연자"는 저작물을 연기·무용·연주·가창·구연·낭독 그 밖의 예능적 방법으로 표현하거나 저작물이
   아닌 것을 이와 유사한 방법으로 표현하는 실연을 하는 자를 말하며, 실연을 지휘, 연출 또는 감독하는
   자를 포함한다.
5. "음반"은 음(음성·음향을 말한다. 이하 같다)이 유형물에 고정된 것(음이 영상과 함께 고정된 것을 제외한
   다)을 말한다.
6. "음반제작자"는 음을 음반에 고정하는데 있어 전체적으로 기획하고 책임을 지는 자를 말한다.
7. "공중송신"은 저작물, 실연·음반·방송 또는 데이터베이스(이하 "저작물등"이라 한다)를 공중이 수신하
   거나 접근하게 할 목적으로 무선 또는 유선통신의 방법에 의하여 송신하거나 이용에 제공하는 것을

말한다.

8. "방송"은 공중송신 중 공중이 동시에 수신하게 할 목적으로 음·영상 또는 음과 영상 등을 송신하는 것을 말한다.

9. "방송사업자"는 방송을 업으로 하는 자를 말한다.

10. "전송(傳送)"은 공중송신 중 공중의 구성원이 개별적으로 선택한 시간과 장소에서 접근할 수 있도록 저작물등을 이용에 제공하는 것을 말하며, 그에 따라 이루어지는 송신을 포함한다.

11. "디지털음성송신"은 공중송신 중 공중으로 하여금 동시에 수신하게 할 목적으로 공중의 구성원의 요청에 의하여 개시되는 디지털 방식의 음의 송신을 말하며, 전송을 제외한다.

12. "디지털음성송신사업자"는 디지털음성송신을 업으로 하는 자를 말한다.

13. "영상저작물"은 연속적인 영상(음의 수반여부는 가리지 아니한다)이 수록된 창작물로서 그 영상을 기계 또는 전자장치에 의하여 재생하여 볼 수 있거나 보고 들을 수 있는 것을 말한다.

14. "영상제작자"는 영상저작물의 제작에 있어 그 전체를 기획하고 책임을 지는 자를 말한다.

15. "응용미술저작물"은 물품에 동일한 형상으로 복제될 수 있는 미술저작물로서 그 이용된 물품과 구분되어 독자성을 인정할 수 있는 것을 말하며, 디자인 등을 포함한다.

16. "컴퓨터프로그램저작물"은 특정한 결과를 얻기 위하여 컴퓨터 등 정보처리능력을 가진 장치(이하 "컴퓨터"라 한다) 내에서 직접 또는 간접으로 사용되는 일련의 지시·명령으로 표현된 창작물을 말한다.

17. "편집물"은 저작물이나 부호·문자·음·영상 그 밖의 형태의 자료(이하 "소재"라 한다)의 집합물을 말하며, 데이터베이스를 포함한다.

18. "편집저작물"은 편집물로서 그 소재의 선택·배열 또는 구성에 창작성이 있는 것을 말한다.

19. "데이터베이스"는 소재를 체계적으로 배열 또는 구성한 편집물로서 개별적으로 그 소재에 접근하거나 그 소재를 검색할 수 있도록 한 것을 말한다.

20. "데이터베이스제작자"는 데이터베이스의 제작 또는 그 소재의 갱신·검증 또는 보충(이하 "갱신등"이라 한다)에 인적 또는 물적으로 상당한 투자를 한 자를 말한다.

21. "공동저작물"은 2인 이상이 공동으로 창작한 저작물로서 각자의 이바지한 부분을 분리하여 이용할 수 없는 것을 말한다.

22. "복제"는 인쇄·사진촬영·복사·녹음·녹화 그 밖의 방법에 의하여 유형물에 고정하거나 유형물로 다시 제작하는 것을 말하며, 건축물의 경우에는 그 건축을 위한 모형 또는 설계도서에 따라 이를 시공하는 것을 포함한다.

23. "배포"는 저작물등의 원본 또는 그 복제물을 공중에게 대가를 받거나 받지 아니하고 양도 또는 대여하는 것을 말한다.

24. "발행"은 저작물 또는 음반을 공중의 수요를 충족시키기 위하여 복제·배포하는 것을 말한다.

25. "공표"는 저작물을 공연, 공중송신 또는 전시 그 밖의 방법으로 공중에게 공개하는 경우와 저작물을 발행하는 경우를 말한다.

26. "저작권신탁관리업"은 저작재산권자, 출판권자, 저작인접권자 또는 데이터베이스제작자의 권리를 가진 자를 위하여 그 권리를 신탁받아 이를 지속적으로 관리하는 업을 말하며, 저작물등의 이용과 관련하여 포괄적으로 대리하는 경우를 포함한다.

27. "저작권대리중개업"은 저작재산권자, 출판권자, 저작인접권자 또는 데이터베이스제작자의 권리를 가진 자를 위하여 그 권리의 이용에 관한 대리 또는 중개행위를 하는 업을 말한다.

28. "기술적보호조치"는 저작권 그 밖에 이 법에 따라 보호되는 권리에 대한 침해 행위를 효과적으로 방지 또는 억제하기 위하여 그 권리자나 권리자의 동의를 얻은 자가 적용하는 기술적 조치를 말한다.

29. "권리관리정보"는 다음 각 목의 어느 하나에 해당하는 정보나 그 정보를 나타내는 숫자 또는 부호로서 각 정보가 저작물등의 원본이나 그 복제물에 부착되거나 그 공연·실행 또는 공중송신에 수반되는 것을 말한다.

(가) 저작물등을 식별하기 위한 정보

(나) 저작자·저작재산권자·출판권자·프로그램배타적발행권자·저작인접권자 또는 데이터베이스제작자를 식별하기 위한 정보

(다) 저작물등의 이용 방법 및 조건에 관한 정보

30. "온라인서비스제공자"는 다른 사람들이 정보통신망(「정보통신망 이용촉진 및 정보보호 등에 관한 법률」 제2조 제1항 제1호의 정보통신망을 말한다. 이하 같다)을 통하여 저작물등을 복제 또는 전송할

수 있도록 하는 서비스를 제공하는 자를 말한다.
31. "업무상저작물"은 법인·단체 그 밖의 사용자(이하 "법인등"이라 한다)의 기획하에 법인등의 업무에
    종사하는 자가 업무상 작성하는 저작물을 말한다.
32. "공중"은 불특정 다수인(특정 다수인을 포함한다)을 말한다.
33. "인증"은 저작물등의 이용허락 등을 위하여 정당한 권리자임을 증명하는 것을 말한다.
34. "프로그램코드역분석"은 독립적으로 창작된 컴퓨터프로그램저작물과 다른 컴퓨터프로그램과의 호환
    에 필요한 정보를 얻기 위하여 컴퓨터프로그램저작물코드를 복제 또는 변환하는 것을 말한다.

제2조의 2(저작권 보호에 관한 시책 수립 등)
① 문화체육관광부장관은 이 법의 목적을 달성하기 위하여 다음 각 호의 시책을 수립·시행할 수 있다.
1. 저작권의 보호 및 저작물의 공정한 이용 환경 조성을 위한 기본 정책에 관한 사항
2. 저작권 인식 확산을 위한 교육 및 홍보에 관한 사항
3. 저작물등의 권리관리정보 및 기술적보호조치의 정책에 관한 사항
② 제1항에 따른 시책의 수립·시행에 필요한 사항은 대통령령으로 정한다.
[본조신설 2009.4.22]

제3조(외국인의 저작물) ① 외국인의 저작물은 대한민국이 가입 또는 체결한 조약에 따라 보호된다.
② 대한민국 내에 상시 거주하는 외국인(무국적자 및 대한민국 내에 주된 사무소가 있는 외국법인을 포함한
   다)의 저작물과 맨 처음 대한민국 내에서 공표된 외국인의 저작물(외국에서 공표된 날로부터 30일 이내
   에 대한민국 내에서 공표된 저작물을 포함한다)은 이 법에 따라 보호된다.

③ 제1항 및 제2항의 규정에 따라 보호되는 외국인(대한민국 내에 상시 거주하는 외국인 및 무국적자를
   제외한다)의 저작물이라도 그 외국에서 대한민국 국민의 저작물을 보호하지 아니하는 경우에는 그에
   상응하게 조약 및 이 법에 따른 보호를 제한할 수 있다.

제2장 저작권

제1절 저작물

제4조(저작물의 예시 등) ① 이 법에서 말하는 저작물을 예시하면 다음과 같다.
1. 소설·시·논문·강연·연설·각본 그 밖의 어문저작물
2. 음악저작물
3. 연극 및 무용·무언극 그 밖의 연극저작물
4. 회화·서예·조각·판화·공예·응용미술저작물 그 밖의 미술저작물
5. 건축물·건축을 위한 모형 및 설계도서 그 밖의 건축저작물
6. 사진저작물(이와 유사한 방법으로 제작된 것을 포함한다)
7. 영상저작물
8. 지도·도표·설계도·약도·모형 그 밖의 도형저작물
9. 컴퓨터프로그램저작물
① 삭제〈2009.4.22〉

제5조(2차적저작물)
① 원저작물을 번역·편곡·변형·각색·영상제작 그 밖의 방법으로 작성한 창작물(이하 "2차적저작물"이라
   한다)은 독자적인 저작물로서 보호된다.
② 2차적저작물의 보호는 그 원저작물의 저작자의 권리에 영향을 미치지 아니한다.

제6조(편집저작물)
① 편집저작물은 독자적인 저작물로서 보호된다.

② 편집저작물의 보호는 그 편집저작물의 구성부분이 되는 소재의 저작권 그 밖에 이 법에 따라 보호되는 권리에 영향을 미치지 아니한다.

제7조(보호받지 못하는 저작물) 다음 각 호의 어느 하나에 해당하는 것은 이 법에 의한 보호를 받지 못한다.
1. 헌법·법률·조약·명령·조례 및 규칙
2. 국가 또는 지방자치단체의 고시·공고·훈령 그 밖에 이와 유사한 것
3. 법원의 판결·결정·명령 및 심판이나 행정심판절차 그 밖에 이와 유사한 절차에 의한 의결·결정 등
4. 국가 또는 지방자치단체가 작성한 것으로서 제1호 내지 제3호에 규정된 것의 편집물 또는 번역물
5. 사실의 전달에 불과한 시사보도

제2절 저작자

제8조(저작자 등의 추정)
① 다음 각 호의 어느 하나에 해당하는 자는 저작자로 추정한다.
1. 저작물의 원본이나 그 복제물에 저작자로서의 실명 또는 이명(예명·아호·약칭 등을 말한다. 이하 같다)으로서 널리 알려진 것이 일반적인 방법으로 표시된 자
2. 저작물을 공연 또는 공중송신하는 경우에 저작자로서의 실명 또는 저작자의 널리 알려진 이명으로서 표시된 자
② 제1항 각 호의 어느 하나에 해당하는 저작자의 표시가 없는 저작물의 경우에는 발행자·공연자 또는 공표자로 표시된 자가 저작권을 가지는 것으로 추정한다. 〈개정 2009.4.22〉

제9조(업무상저작물의 저작자) 법인등의 명의로 공표되는 업무상저작물의 저작자는 계약 또는 근무규칙 등에 다른 정함이 없는 때에는 그 법인 등이 된다. 다만, 컴퓨터프로그램저작물(이하 "프로그램"이라 한다)의 경우 공표될 것을 요하지 아니한다. 〈개정 2009.4.22〉

제10조(저작권)
① 저작자는 제11조 내지 제13조의 규정에 따른 권리(이하 "저작인격권"이라 한다)와 제16조 내지 제22조의 규정에 따른 권리(이하 "저작재산권"이라 한다)를 가진다.
② 저작권은 저작물을 창작한 때부터 발생하며 어떠한 절차나 형식의 이행을 필요로 하지 아니한다.

제3절 저작인격권

제11조(공표권)
① 저작자는 그의 저작물을 공표하거나 공표하지 아니할 것을 결정할 권리를 가진다.
② 저작자가 공표되지 아니한 저작물의 저작재산권을 제45조에 따른 양도, 제46조에 따른 이용허락, 제57조에 따른 출판권의 설정 또는 제101조의6에 따른 프로그램배타적발행권의 설정을 한 경우에는 그 상대방에게 저작물의 공표를 동의한 것으로 추정한다. 〈개정 2009.4.22〉
③ 저작자가 공표되지 아니한 미술저작물·건축저작물 또는 사진저작물(이하 "미술저작물등"이라 한다)의 원본을 양도한 경우에는 그 상대방에게 저작물의 원본의 전시방식에 의한 공표를 동의한 것으로 추정한다.
④ 원저작자의 동의를 얻어 작성된 2차적저작물 또는 편집저작물이 공표된 경우에는 그 원저작물도 공표된 것으로 본다.

제12조(성명표시권)
① 저작자는 저작물의 원본이나 그 복제물에 또는 저작물의 공표 매체에 그의 실명 또는 이명을 표시할 권리를 가진다.
② 저작물을 이용하는 자는 그 저작자의 특별한 의사표시가 없는 때에는 저작자가 그의 실명 또는 이명을 표시한 바에 따라 이를 표시하여야 한다. 다만, 저작물의 성질이나 그 이용의 목적 및 형태 등에 비추어

부득이하다고 인정되는 경우에는 그러하지 아니하다.

제13조(동일성유지권)
① 저작자는 그의 저작물의 내용·형식 및 제호의 동일성을 유지할 권리를 가진다.
② 저작자는 다음 각 호의 어느 하나에 해당하는 변경에 대하여는 이의(異議)할 수 없다. 다만, 본질적인
내용의 변경은 그러하지 아니하다. 〈개정 2009.4.22〉
1. 제25조의 규정에 따라 저작물을 이용하는 경우에 학교교육 목적상 부득이하다고 인정되는 범위 안에서
의 표현의 변경
2. 건축물의 증축·개축 그 밖의 변형
3. 특정한 컴퓨터 외에는 이용할 수 없는 프로그램을 다른 컴퓨터에 이용할 수 있도록 하기 위하여 필요한
범위에서의 변경
4. 프로그램을 특정한 컴퓨터에 보다 효과적으로 이용할 수 있도록 하기 위하여 필요한 범위에서의 변경
5. 그 밖에 저작물의 성질이나 그 이용의 목적 및 형태 등에 비추어 부득이하다고 인정되는 범위 안에서의
변경

제14조(저작인격권의 일신전속성)
① 저작인격권은 저작자 일신에 전속한다.
② 저작자의 사망 후에 그의 저작물을 이용하는 자는 저작자가 생존하였더라면 그 저작인격권의 침해가
될 행위를 하여서는 아니 된다. 다만, 그 행위의 성질 및 정도에 비추어 사회통념상 그 저작자의 명예를
훼손하는 것이 아니라고 인정되는 경우에는 그러하지 아니하다.

제15조(공동저작물의 저작인격권)
① 공동저작물의 저작인격권은 저작자 전원의 합의에 의하지 아니하고는 이를 행사할 수 없다. 이 경우
각 저작자는 신의에 반하여 합의의 성립을 방해할 수 없다.
② 공동저작물의 저작자는 그들 중에서 저작인격권을 대표하여 행사할 수 있는 자를 정할 수 있다.
③ 제2항의 규정에 따라 권리를 대표하여 행사하는 자의 대표권에 가하여진 제한이 있을 때에 그 제한은
선의의 제3자에게 대항할 수 없다.
제4절 저작재산권

제1관 저작재산권의 종류

제16조(복제권) 저작자는 그의 저작물을 복제할 권리를 가진다.

제17조(공연권) 저작자는 그의 저작물을 공연할 권리를 가진다.
제18조(공중송신권) 저작자는 그의 저작물을 공중송신할 권리를 가진다.

제19조(전시권) 저작자는 미술저작물등의 원본이나 그 복제물을 전시할 권리를 가진다.

제20조(배포권) 저작자는 저작물의 원본이나 그 복제물을 배포할 권리를 가진다. 다만, 저작물의 원본이나
그 복제물이 해당 저작재산권자의 허락을 받아 판매 등의 방법으로 거래에 제공된 경우에는 그러하지
아니하다. 〈개정 2009.4.22〉

제21조(대여권) 제20조 단서에도 불구하고 저작자는 판매용 음반이나 판매용 프로그램을 영리를 목적으로
대여할 권리를 가진다. 〈개정 2009.4.22〉

제22조(2차적저작물작성권) 저작자는 그의 저작물을 원저작물로 하는 2차적저작물을 작성하여 이용할
권리를 가진다.

제2관 저작재산권의 제한

제23조(재판 절차 등에서의 복제) 재판 절차를 위하여 필요한 경우이거나 입법·행정의 목적을 위한 내부자
　료로서 필요한 경우에는 그 한도 안에서 저작물을 복제할 수 있다. 다만, 그 저작물의 종류와 복제의
　부수 및 형태 등에 비추어 당해 저작재산권자의 이익을 부당하게 침해하는 경우에는 그러하지 아니하다.

제24조(정치적 연설 등의 이용) 공개적으로 행한 정치적 연설 및 법정·국회 또는 지방의회에서 공개적으로
　행한 진술은 어떠한 방법으로도 이용할 수 있다. 다만, 동일한 저작자의 연설이나 진술을 편집하여
　이용하는 경우에는 그러하지 아니하다.

제25조(학교교육 목적 등에의 이용)
① 고등학교 및 이에 준하는 학교 이하의 학교의 교육 목적상 필요한 교과용도서에는 공표된 저작물을
　게재할 수 있다.
② 특별법에 따라 설립되었거나 「유아교육법」, 「초·중등교육법」 또는 「고등교육법」에 따른 학교, 국가나
　지방자치단체가 운영하는 교육기관 및 이들 교육기관의 수업을 지원하기 위하여 국가나 지방자치단체
　에 소속된 교육지원기관은 그 수업 또는 지원 목적상 필요하다고 인정되는 경우에는 공표된 저작물의
　일부분을 복제·배포·공연·방송 또는 전송할 수 있다. 다만, 저작물의 성질이나 그 이용의 목적 및
　형태 등에 비추어 저작물의 전부를 이용하는 것이 부득이한 경우에는 전부를 이용할 수 있다. 〈개정
　2009.4.22〉
③ 제2항의 규정에 따른 교육기관에서 교육을 받는 자는 수업목적상 필요하다고 인정되는 경우에는 제2항
　의 범위 내에서 공표된 저작물을 복제하거나 전송할 수 있다.
④ 제1항 및 제2항에 따라 저작물을 이용하려는 자는 문화체육관광부장관이 정하여 고시하는 기준에 따른
　보상금을 해당 저작재산권자에게 지급하여야 한다. 다만, 고등학교 및 이에 준하는 학교 이하의 학교에
　서 제2항에 따른 복제·배포·공연·방송 또는 전송을 하는 경우에는 보상금을 지급하지 아니한다. 〈개정
　2008.2.29, 2009.4.22〉
⑤ 제4항의 규정에 따른 보상을 받을 권리는 다음 각 호의 요건을 갖춘 단체로서 문화체육관광부장관이
　지정하는 단체를 통하여 행사되어야 한다. 문화체육관광부장관이 그 단체를 지정할 때에는 미리 그
　단체의 동의를 얻어야 한다. 〈개정 2008.2.29〉
1. 대한민국 내에서 보상을 받을 권리를 가진 자(이하 "보상권리자"라 한다)로 구성된 단체
2. 영리를 목적으로 하지 아니할 것
3. 보상금의 징수 및 분배 등의 업무를 수행하기에 충분한 능력이 있을 것
⑥ 제5항의 규정에 따른 단체는 그 구성원이 아니라도 보상권리자로부터 신청이 있을 때에는 그 자를 위하여
　그 권리행사를 거부할 수 없다. 이 경우 그 단체는 자기의 명의로 그 권리에 관한 재판상 또는 재판
　외의 행위를 할 권한을 가진다.
⑦ 문화체육관광부장관은 제5항의 규정에 따른 단체가 다음 각 호의 어느 하나에 해당하는 경우에는 그
　지정을 취소할 수 있다. 〈개정 2008.2.29〉
1. 제5항의 규정에 따른 요건을 갖추지 못한 때
2. 보상관계 업무규정을 위배한 때
3. 보상관계 업무를 상당한 기간 휴지하여 보상권리자의 이익을 해할 우려가 있을 때
⑧ 제5항의 규정에 따른 단체는 보상금 분배 공고를 한 날부터 3년이 경과한 미분배 보상금에 대하여 문화체
　육관광부장관의 승인을 얻어 공익목적을 위하여 사용할 수 있다. 〈개정 2008.2.29〉
⑨ 제5항·제7항 및 제8항의 규정에 따른 단체의 지정과 취소 및 업무규정, 보상금 분배 공고, 미분배 보상금의
　공익목적 사용 승인 등에 관하여 필요한 사항은 대통령령으로 정한다.
⑩ 제2항의 규정에 따라 교육기관이 전송을 하는 경우에는 저작권 그 밖에 이 법에 의하여 보호되는 권리의
　침해를 방지하기 위하여 복제방지조치 등 대통령령이 정하는 필요한 조치를 하여야 한다.

제26조(시사보도를 위한 이용) 방송·신문 그 밖의 방법에 의하여 시사보도를 하는 경우에 그 과정에서
　보이거나 들리는 저작물은 보도를 위한 정당한 범위 안에서 복제·배포·공연 또는 공중송신할 수 있다.

제27조(시사적인 기사 및 논설의 복제 등) 정치·경제·사회·문화·종교에 관하여 「신문 등의 자유와 기능보장에 관한 법률」 제2조의 규정에 따른 신문 및 인터넷신문 또는 「뉴스통신진흥에 관한 법률」 제2조의 규정에 의한 뉴스통신에 게재된 시사적인 기사나 논설은 다른 언론기관이 복제·배포 또는 방송할 수 있다. 다만, 이용을 금지하는 표시가 있는 경우에는 그러하지 아니하다.

제28조(공표된 저작물의 인용) 공표된 저작물은 보도·비평·교육·연구 등을 위하여는 정당한 범위 안에서 공정한 관행에 합치되게 이를 인용할 수 있다.

제29조(영리를 목적으로 하지 아니하는 공연·방송)
① 영리를 목적으로 하지 아니하고 청중이나 관중 또는 제3자로부터 어떤 명목으로든지 반대급부를 받지 아니하는 경우에는 공표된 저작물을 공연 또는 방송할 수 있다. 다만, 실연자에게 통상의 보수를 지급하는 경우에는 그러하지 아니하다.
② 청중이나 관중으로부터 당해 공연에 대한 반대급부를 받지 아니하는 경우에는 판매용 음반 또는 판매용 영상저작물을 재생하여 공중에게 공연할 수 있다. 다만, 대통령령이 정하는 경우에는 그러하지 아니하다.

제30조(사적이용을 위한 복제) 공표된 저작물을 영리를 목적으로 하지 아니하고 개인적으로 이용하거나 가정 및 이에 준하는 한정된 범위 안에서 이용하는 경우에는 그 이용자는 이를 복제할 수 있다. 다만, 공중의 사용에 제공하기 위하여 설치된 복사기기에 의한 복제는 그러하지 아니하다.

제31조(도서관등에서의 복제 등)
① 「도서관법」에 따른 도서관과 도서·문서·기록 그 밖의 자료(이하 "도서등"이라 한다)를 공중의 이용에 제공하는 시설 중 대통령령이 정하는 시설(당해 시설의 장을 포함하며, 이하 "도서관등"이라 한다)은 다음 각 호의 어느 하나에 해당하는 경우에는 그 도서관등에 보관된 도서등(제1호의 경우에는 제3항의 규정에 따라 당해 도서관등이 복제·전송받은 도서등을 포함한다)을 사용하여 저작물을 복제할 수 있다. 다만, 제1호 및 제3호의 경우에는 디지털 형태로 복제할 수 없다.
1. 조사·연구를 목적으로 하는 이용자의 요구에 따라 공표된 도서등의 일부분의 복제물을 1인 1부에 한하여 제공하는 경우
2. 도서등의 자체보존을 위하여 필요한 경우
3. 다른 도서관등의 요구에 따라 절판 그 밖에 이에 준하는 사유로 구하기 어려운 도서등의 복제물을 보존용으로 제공하는 경우
② 도서관등은 컴퓨터를 이용하여 이용자가 그 도서관등의 안에서 열람할 수 있도록 보관된 도서등을 복제하거나 전송할 수 있다. 이 경우 동시에 열람할 수 있는 이용자의 수는 그 도서관등에서 보관하고 있거나 저작권 그 밖에 이 법에 따라 보호되는 권리를 가진 자로부터 이용허락을 받은 그 도서등의 부수를 초과할 수 없다. 〈개정 2009.4.22〉
③ 도서관등은 컴퓨터를 이용하여 이용자가 다른 도서관등의 안에서 열람할 수 있도록 보관된 도서등을 복제하거나 전송할 수 있다. 다만, 그 전부 또는 일부가 판매용으로 발행된 도서등은 그 발행일로부터 5년이 경과하지 아니한 경우에는 그러하지 아니하다. 〈개정 2009.4.22〉
④ 도서관등은 제1항 제2호의 규정에 따른 도서등의 복제 및 제2항과 제3항의 규정에 따른 도서등의 복제의 경우에 그 도서등이 디지털 형태로 판매되고 있는 때에는 그 도서등을 디지털 형태로 복제할 수 없다.
⑤ 도서관등은 제1항 제1호의 규정에 따라 디지털 형태의 도서등을 복제하는 경우 및 제3항의 규정에 따라 도서등을 다른 도서관등의 안에서 열람할 수 있도록 복제하거나 전송하는 경우에는 문화체육관광부장관이 정하여 고시하는 기준에 의한 보상금을 당해 저작재산권자에게 지급하여야 한다. 다만, 국가, 지방자치단체 또는 「고등교육법」 제2조의 규정에 따른 학교를 저작재산권자로 하는 도서등(그 전부 또는 일부가 판매용으로 발행된 도서등을 제외한다)의 경우에는 그러하지 아니하다. 〈개정 2008.2.29〉
⑥ 제25조 제5항 내지 제9항의 규정은 제5항의 보상금의 지급 등에 관하여 준용한다.
⑦ 제1항 내지 제3항의 규정에 따라 도서등을 디지털 형태로 복제하거나 전송하는 경우에 도서관등은 저작권 그 밖에 이 법에 따라 보호되는 권리의 침해를 방지하기 위하여 복제방지조치 등 대통령령이 정하는 필요한 조치를 하여야 한다.

⑧「도서관법」제20조의 2에 따라 국립중앙도서관이 온라인 자료의 보존을 위하여 수집하는 경우에는 해당 자료를 복제할 수 있다. 〈신설 2009.3.25〉

제32조(시험문제로서의 복제) 학교의 입학시험 그 밖에 학식 및 기능에 관한 시험 또는 검정을 위하여 필요한 경우에는 그 목적을 위하여 정당한 범위에서 공표된 저작물을 복제·배포할 수 있다. 다만, 영리를 목적으로 하는 경우에는 그러하지 아니하다. 〈개정 2009.4.22〉

제33조(시각장애인 등을 위한 복제 등) ① 공표된 저작물은 시각장애인 등을 위하여 점자로 복제·배포할 수 있다.

② 시각장애인 등의 복리증진을 목적으로 하는 시설 중 대통령령이 정하는 시설(당해 시설의 장을 포함한다)은 영리를 목적으로 하지 아니하고 시각장애인 등의 이용에 제공하기 위하여 공표된 어문저작물을 녹음하거나 대통령령으로 정하는 시각장애인 등을 위한 전용 기록방식으로 복제·배포 또는 전송할 수 있다. 〈개정 2009.3.25〉

③ 제1항 및 제2항의 규정에 따른 시각장애인 등의 범위는 대통령령으로 정한다.

제34조(방송사업자의 일시적 녹음·녹화)

① 저작물을 방송할 권한을 가지는 방송사업자는 자신의 방송을 위하여 자체의 수단으로 저작물을 일시적으로 녹음하거나 녹화할 수 있다.

② 제1항의 규정에 따라 만들어진 녹음물 또는 녹화물은 녹음일 또는 녹화일로부터 1년을 초과하여 보존할 수 없다. 다만, 그 녹음물 또는 녹화물이 기록의 자료로서 대통령령이 정하는 장소에 보존되는 경우에는 그러하지 아니하다.

제35조(미술저작물등의 전시 또는 복제)

① 미술저작물등의 원본의 소유자나 그의 동의를 얻은 자는 그 저작물을 원본에 의하여 전시할 수 있다. 다만, 가로·공원·건축물의 외벽 그 밖에 공중에게 개방된 장소에 항시 전시하는 경우에는 그러하지 아니하다.

② 제1항 단서의 규정에 따른 개방된 장소에 항시 전시되어 있는 미술저작물등은 어떠한 방법으로든지 이를 복제하여 이용할 수 있다. 다만, 다음 각 호의 어느 하나에 해당하는 경우에는 그러하지 아니하다.

1. 건축물을 건축물로 복제하는 경우
2. 조각 또는 회화를 조각 또는 회화로 복제하는 경우
3. 제1항 단서의 규정에 따른 개방된 장소 등에 항시 전시하기 위하여 복제하는 경우
4. 판매의 목적으로 복제하는 경우

③ 제1항의 규정에 따라 전시를 하는 자 또는 미술저작물등의 원본을 판매하고자 하는 자는 그 저작물의 해설이나 소개를 목적으로 하는 목록 형태의 책자에 이를 복제하여 배포할 수 있다.

④ 위탁에 의한 초상화 또는 이와 유사한 사진저작물의 경우에는 위탁자의 동의가 없는 때에는 이를 이용할 수 없다

제36조(번역 등에 의한 이용)

① 제25조·제29조 또는 제30조의 규정에 따라 저작물을 이용하는 경우에는 그 저작물을 번역·편곡 또는 개작하여 이용할 수 있다.

② 제23조·제24조·제26조·제27조·제28조·제32조 또는 제33조의 규정에 따라 저작물을 이용하는 경우에는 그 저작물을 번역하여 이용할 수 있다.

제37조(출처의 명시)

① 이 관의 규정에 따라 저작물을 이용하는 자는 그 출처를 명시하여야 한다. 다만, 제26조·제29조 내지 제32조 및 제34조의 경우에는 그러하지 아니하다.

② 출처의 명시는 저작물의 이용 상황에 따라 합리적이라고 인정되는 방법으로 하여야 하며, 저작자의 실명 또는 이명이 표시된 저작물인 경우에는 그 실명 또는 이명을 명시하여야 한다.

제37조의 2(적용 제외) 프로그램에 대하여는 제23조·제25조·제30조 및 제32조를 적용하지 아니한다. [본조신설 2009.4.22]

제38조(저작인격권과의 관계) 이 관 각 조의 규정은 저작인격권에 영향을 미치는 것으로 해석되어서는 아니 된다.

제3관 저작재산권의 보호기간

제39조(보호기간의 원칙)
① 저작재산권은 이 관에 특별한 규정이 있는 경우를 제외하고는 저작자의 생존하는 동안과 사망 후 50년간 존속한다. 다만, 저작자가 사망 후 40년이 경과하고 50년이 되기 전에 공표된 저작물의 저작재산권은 공표된 때부터 10년간 존속한다.
② 공동저작물의 저작재산권은 맨 마지막으로 사망한 저작자의 사망 후 50년간 존속한다.

제40조(무명 또는 이명 저작물의 보호기간)
① 무명 또는 널리 알려지지 아니한 이명이 표시된 저작물의 저작재산권은 공표된 때부터 50년간 존속한다. 다만, 이 기간 내에 저작자가 사망한지 50년이 경과하였다고 인정할만한 정당한 사유가 발생한 경우에는 그 저작재산권은 저작자 사망 후 50년이 경과하였다고 인정되는 때에 소멸한 것으로 본다.
② 다음 각 호의 어느 하나에 해당하는 경우에는 제1항의 규정은 이를 적용하지 아니한다.
1. 제1항의 기간 이내에 저작자의 실명 또는 널리 알려진 이명이 밝혀진 경우
2. 제1항의 기간 이내에 제53조 제1항의 규정에 따른 저작자의 실명등록이 있는 경우

제41조(업무상저작물의 보호기간) 업무상저작물의 저작재산권은 공표한 때부터 50년간 존속한다. 다만, 창작한 때부터 50년 이내에 공표되지 아니한 경우에는 창작한 때부터 50년간 존속한다.

제42조(영상저작물 및 프로그램의 보호기간 〈개정 2009.4.22〉) 영상저작물 및 프로그램의 저작재산권은 제39조 및 제40조에도 불구하고 공표한 때부터 50년간 존속한다. 다만, 창작한 때부터 50년 이내에 공표되지 아니한 경우에는 창작한 때부터 50년간 존속한다. 〈개정 2009.4.22〉

제43조(계속적간행물 등의 공표시기)
① 제39조 제1항 단서·제40조 제1항 또는 제41조의 규정에 따른 공표시기는 책·호 또는 회 등으로 공표하는 저작물의 경우에는 매책·매호 또는 매회 등의 공표 시로 하고, 일부분씩 순차적으로 공표하여 완성하는 저작물의 경우에는 최종부분의 공표 시로 한다.
② 일부분씩 순차적으로 공표하여 전부를 완성하는 저작물의 계속되어야 할 부분이 최근의 공표시기부터 3년이 경과되어도 공표되지 아니하는 경우에는 이미 공표된 맨 뒤의 부분을 제1항의 규정에 따른 최종부분으로 본다.

제44조(보호기간의 기산) 이 관에 규정된 저작재산권의 보호기간을 계산하는 경우에는 저작자가 사망하거나 저작물을 창작 또는 공표한 다음 해부터 기산한다.

제4관 저작재산권의 양도·행사·소멸

제45조(저작재산권의 양도)
① 저작재산권은 전부 또는 일부를 양도할 수 있다.
② 저작재산권의 전부를 양도하는 경우에 특약이 없는 때에는 제22조에 따른 2차적저작물을 작성하여 이용할 권리는 포함되지 아니한 것으로 추정한다. 다만, 프로그램의 경우 특약이 없는 한 2차적저작물작성권도 함께 양도된 것으로 추정한다. 〈개정 2009.4.22〉

제46조(저작물의 이용허락)
① 저작재산권자는 다른 사람에게 그 저작물의 이용을 허락할 수 있다.
② 제1항의 규정에 따라 허락을 받은 자는 허락받은 이용 방법 및 조건의 범위 안에서 그 저작물을 이용할

수 있다.
③ 제1항의 규정에 따른 허락에 의하여 저작물을 이용할 수 있는 권리는 저작재산권자의 동의 없이 제3자에게 이를 양도할 수 없다.

제47조(저작재산권을 목적으로 하는 질권의 행사 등 〈개정 2009.4.22〉)
① 저작재산권을 목적으로 하는 질권은 그 저작재산권의 양도 또는 그 저작물의 이용에 따라 저작재산권자가 받을 금전 그 밖의 물건(출판권 및 프로그램배타적발행권 설정의 대가를 포함한다)에 대하여도 행사할 수 있다. 다만, 이들의 지급 또는 인도 전에 이를 압류하여야 한다. 〈개정 2009.4.22〉
② 질권의 목적으로 된 저작재산권은 설정행위에 특약이 없는 한 저작재산권자가 이를 행사한다. 〈신설 2009.4.22〉

제48조(공동저작물의 저작재산권의 행사)
① 공동저작물의 저작재산권은 그 저작재산권자 전원의 합의에 의하지 아니하고는 이를 행사할 수 없으며, 다른 저작재산권자의 동의가 없으면 그 지분을 양도하거나 질권의 목적으로 할 수 없다. 이 경우 각 저작재산권자는 신의에 반하여 합의의 성립을 방해하거나 동의를 거부할 수 없다.
② 공동저작물의 이용에 따른 이익은 공동저작자 간에 특약이 없는 때에는 그 저작물의 창작에 이바지한 정도에 따라 각자에게 배분된다. 이 경우 각자의 이바지한 정도가 명확하지 아니한 때에는 균등한 것으로 추정한다.
③ 공동저작물의 저작재산권자는 그 공동저작물에 대한 자신의 지분을 포기할 수 있으며, 포기하거나 상속인 없이 사망한 경우에 그 지분은 다른 저작재산권자에게 그 지분의 비율에 따라 배분된다.
④ 제15조 제2항 및 제3항의 규정은 공동저작물의 저작재산권의 행사에 관하여 준용한다.

제49조(저작재산권의 소멸) 저작재산권이 다음 각 호의 어느 하나에 해당하는 경우에는 소멸한다.
1. 저작재산권자가 상속인 없이 사망한 경우에 그 권리가 「민법」 그 밖의 법률의 규정에 따라 국가에 귀속되는 경우
2. 저작재산권자인 법인 또는 단체가 해산되어 그 권리가 「민법」 그 밖의 법률의 규정에 따라 국가에 귀속되는 경우

제5절 저작물 이용의 법정허락

제50조(저작재산권자 불명인 저작물의 이용)
① 누구든지 대통령령이 정하는 기준에 해당하는 상당한 노력을 기울였어도 공표된 저작물(외국인의 저작물을 제외한다)의 저작재산권자나 그의 거소를 알 수 없어 그 저작물의 이용허락을 받을 수 없는 경우에는 대통령령이 정하는 바에 따라 문화체육관광부장관의 승인을 얻은 후 문화체육관광부장관이 정하는 기준에 의한 보상금을 공탁하고 이를 이용할 수 있다. 〈개정 2008.2.29〉
② 제1항의 규정에 따라 저작물을 이용하는 자는 그 뜻과 승인연월일을 표시하여야 한다.
③ 제1항의 규정에 따라 법정허락된 저작물이 다시 법정허락의 대상이 되는 때에는 제1항의 규정에 따른 대통령령이 정하는 기준에 해당하는 상당한 노력의 절차를 생략할 수 있다. 다만, 그 저작물에 대한 법정허락의 승인 이전에 저작재산권자가 대통령령이 정하는 절차에 따라 이의를 제기하는 때에는 그러하지 아니하다.
④ 문화체육관광부장관은 대통령령이 정하는 바에 따라 법정허락 내용을 정보통신망에 게시하여야 한다. 〈개정 2008.2.29〉

제51조(공표된 저작물의 방송) 공표된 저작물을 공익상 필요에 의하여 방송하고자 하는 방송사업자가 그 저작재산권자와 협의하였으나 협의가 성립되지 아니하는 경우에는 대통령령이 정하는 바에 따라 문화체육관광부장관의 승인을 얻은 후 문화체육관광부장관이 정하는 기준에 의한 보상금을 당해 저작재산권자에게 지급하거나 공탁하고 이를 방송할 수 있다. 〈개정 2008.2.29〉

제52조(판매용 음반의 제작) 판매용 음반이 우리나라에서 처음으로 판매되어 3년이 경과한 경우 그 음반에

녹음된 저작물을 녹음하여 다른 판매용 음반을 제작하고자 하는 자가 그 저작재산권자와 협의하였으나 협의가 성립되지 아니하는 때에는 대통령령이 정하는 바에 따라 문화체육관광부장관의 승인을 얻은 후 문화체육관광부장관이 정하는 기준에 의한 보상금을 당해 저작재산권자에게 지급하거나 공탁하고 다른 판매용 음반을 제작할 수 있다. 〈개정 2008.2.29〉

제6절 등록 및 인증

제53조(저작권의 등록)
①저작자는 다음 각 호의 사항을 등록할 수 있다.
1. 저작자의 실명·이명(공표 당시에 이명을 사용한 경우에 한한다)·국적·주소 또는 거소
2. 저작물의 제호·종류·창작연월일
3. 공표의 여부 및 맨 처음 공표된 국가·공표연월일
4. 그 밖에 대통령령으로 정하는 사항
②저작자가 사망한 경우 저작자의 특별한 의사표시가 없는 때에는 그의 유언으로 지정한 자 또는 상속인이 제1항 각 호의 규정에 따른 등록을 할 수 있다.
③제1항 및 제2항에 따라 저작자로 실명이 등록된 자는 그 등록저작물의 저작자로, 창작연월일 또는 맨 처음의 공표연월일이 등록된 저작물은 등록된 연월일에 창작 또는 맨 처음 공표된 것으로 추정한다. 다만, 저작물을 창작한 때부터 1년이 경과한 후에 창작연월일을 등록한 경우에는 등록된 연월일에 창작된 것으로 추정하지 아니한다. 〈개정 2009.4.22〉
제54조(권리변동 등의 등록·효력) 다음 각 호의 사항은 이를 등록할 수 있으며, 등록하지 아니하면 제3자에게 대항할 수 없다.
1. 저작재산권의 양도(상속 그 밖의 일반승계의 경우를 제외한다) 또는 처분제한
2. 저작재산권을 목적으로 하는 질권의 설정·이전·변경·소멸 또는 처분제한

제55조(등록의 절차 등)
①제53조 및 제54조에 따른 등록은 문화체육관광부장관이 저작권등록부(프로그램의 경우에는 프로그램 등록부를 말한다. 이하 이 조에서 같다)에 기재하여 행한다. 〈개정 2008.2.29, 2009.4.22〉
②문화체육관광부장관은 다음 각 호의 어느 하나에 해당하는 경우에는 신청을 반려할 수 있다. 다만, 신청의 흠결이 보정될 수 있는 경우에 신청인이 당일 이를 보정하였을 때에는 그러하지 아니하다. 〈개정 2008.2.29〉
1. 등록 신청한 사항이 등록할 것이 아닌 때
2. 등록 신청이 문화체육관광부령으로 정한 서식에 적합하지 아니하거나 그 밖의 필요한 자료 또는 서류를 첨부하지 아니한 때
③문화체육관광부장관은 제1항의 규정에 따라 저작권등록부에 기재한 등록에 대하여 등록공보를 발행하거나 정보통신망에 게시하여야 하며, 신청한 자가 있는 경우에는 저작권등록부를 열람하게 하거나 그 사본을 교부하여야 한다. 〈개정 2008.2.29〉
④제1항 내지 제3항의 규정에 따른 등록, 등록신청의 반려, 등록공보의 발행 또는 게시, 저작권등록부의 열람 및 사본의 교부 등에 관하여 필요한 사항은 대통령령으로 정한다.

제55조의 2(비밀유지의무) 제53조부터 제55조까지의 규정에 따른 등록 업무를 수행하는 자 및 그 직에 있었던 자는 직무상 알게 된 비밀을 다른 사람에게 누설하여서는 아니 된다.
[본조신설 2009.4.22]

제56조(권리자 등의 인증)
①문화체육관광부장관은 저작물 등의 거래의 안전과 신뢰보호를 위하여 인증기관을 지정할 수 있다. 〈개정 2008.2.29〉
②제1항에 따른 인증기관의 지정과 지정취소 및 인증절차 등에 관하여 필요한 사항은 대통령령으로 정한다. 〈개정 2009.4.22〉
③제1항의 규정에 따른 인증기관은 인증과 관련한 수수료를 받을 수 있으며 그 금액은 문화체육관광부장관

이 정한다. 〈개정 2008. 2. 29〉

제7절 출판권

제57조(출판권의 설정)
① 저작물을 복제·배포할 권리를 가진 자(이하 "복제권자"라 한다)는 그 저작물을 인쇄 그 밖에 이와 유사한 방법으로 문서 또는 도화로 발행하고자 하는 자에 대하여 이를 출판할 권리(이하 "출판권"이라 한다)를 설정할 수 있다.
② 제1항의 규정에 따라 출판권을 설정받은 자(이하 "출판권자"라 한다)는 그 설정행위에서 정하는 바에 따라 그 출판권의 목적인 저작물을 원작 그대로 출판할 권리를 가진다.
③ 복제권자는 그 저작물의 복제권을 목적으로 하는 질권이 설정되어 있는 경우에는 그 질권자의 허락이 있어야 출판권을 설정할 수 있다.

제58조(출판권자의 의무)
① 출판권자는 그 설정행위에 특약이 없는 때에는 출판권의 목적인 저작물을 복제하기 위하여 필요한 원고 또는 이에 상당하는 물건을 받은 날부터 9월 이내에 이를 출판하여야 한다.
② 출판권자는 그 설정행위에 특약이 없는 때에는 관행에 따라 그 저작물을 계속하여 출판하여야 한다.
③ 출판권자는 특약이 없는 때에는 각 출판물에 대통령령이 정하는 바에 따라 복제권자의 표지를 하여야 한다.

제59조(저작물의 수정증감)
① 출판권자가 출판권의 목적인 저작물을 다시 출판하는 경우에 저작자는 정당한 범위 안에서 그 저작물의 내용을 수정하거나 증감할 수 있다.
② 출판권자는 출판권의 목적인 저작물을 다시 출판하고자 하는 경우에 특약이 없는 때에는 그때마다 미리 저작자에게 그 사실을 알려야 한다.

제60조(출판권의 존속기간 등)
① 출판권은 그 설정행위에 특약이 없는 때에는 맨 처음 출판한 날로부터 3년간 존속한다.
② 복제권자는 출판권 존속기간 중 그 출판권의 목적인 저작물의 저작자가 사망한 때에는 제1항의 규정에 불구하고 저작자를 위하여 저작물을 전집 그 밖의 편집물에 수록하거나 전집 그 밖의 편집물의 일부인 저작물을 분리하여 이를 따로 출판할 수 있다.

제61조(출판권의 소멸통고)
① 복제권자는 출판권자가 제58조 제1항 또는 제2항의 규정을 위반한 경우에는 6월 이상의 기간을 정하여 그 이행을 최고하고 그 기간 내에 이행하지 아니하는 때에는 출판권의 소멸을 통고할 수 있다.
② 복제권자는 출판권자가 출판이 불가능하거나 출판할 의사가 없음이 명백한 경우에는 제1항의 규정에 불구하고 즉시 출판권의 소멸을 통고할 수 있다.
③ 제1항 또는 제2항의 규정에 따라 출판권의 소멸을 통고한 경우에는 출판권자가 통고를 받은 때에 출판권이 소멸한 것으로 본다.
④ 제3항의 경우에 복제권자는 출판권자에 대하여 언제든지 원상회복을 청구하거나 출판을 중지함으로 인한 손해의 배상을 청구할 수 있다.
제62조(출판권 소멸 후의 출판물의 배포) 출판권이 그 존속기간의 만료 그 밖의 사유로 소멸된 경우에는 그 출판권을 가지고 있던 자는 다음 각 호의 어느 하나에 해당하는 경우를 제외하고는 그 출판권의 존속기간 중 만들어진 출판물을 배포할 수 없다.
1. 출판권 설정행위에 특약이 있는 경우
2. 출판권의 존속기간 중 복제권자에게 그 저작물의 출판에 따른 대가를 지급하고 그 대가에 상응하는 부수의 출판물을 배포하는 경우

제63조(출판권의 양도·제한 등)

① 출판권은 복제권자의 동의 없이 이를 양도 또는 질권의 목적으로 할 수 없다.

② 제23조·제25조 제1항 내지 제3항·제26조 내지 제28조·제30조 내지 제33조와 제35조 제2항 및 제3항의 규정은 출판권의 목적으로 되어 있는 저작물의 복제에 관하여 준용한다.

③ 제54조, 제55조 및 제55조의 2의 규정은 출판권의 등록(출판권설정등록을 포함한다)에 관하여 준용한다. 이 경우 제55조 중 "저작권등록부"는 "출판권등록부"로 본다. 〈개정 2009.4.22〉

제3장 저작인접권

제1절 통칙

제64조(보호받는 실연·음반·방송) 다음 각 호 각 목의 어느 하나에 해당하는 실연·음반 및 방송은 이 법에 의한 보호를 받는다.

1. 실연

(가) 대한민국 국민(대한민국 법률에 따라 설립된 법인 및 대한민국 내에 주된 사무소가 있는 외국법인을 포함한다. 이하 같다)이 행하는 실연

(나) 대한민국이 가입 또는 체결한 조약에 따라 보호되는 실연

(다) 제2호 각 목의 음반에 고정된 실연

(라) 제3호 각 목의 방송에 의하여 송신되는 실연(송신 전에 녹음 또는 녹화되어 있는 실연을 제외한다)

2. 음반

(가) 대한민국 국민을 음반제작자로 하는 음반

(나) 음이 맨 처음 대한민국 내에서 고정된 음반

(다) 대한민국이 가입 또는 체결한 조약에 따라 보호되는 음반으로서 체약국 내에서 최초로 고정된 음반

(라) 대한민국이 가입 또는 체결한 조약에 따라 보호되는 음반으로서 체약국의 국민(당해 체약국의 법률에 따라 설립된 법인 및 당해 체약국 내에 주된 사무소가 있는 법인을 포함한다)을 음반제작자로 하는 음반

3. 방송

(가) 대한민국 국민인 방송사업자의 방송

(나) 대한민국 내에 있는 방송설비로부터 행하여지는 방송

(다) 대한민국이 가입 또는 체결한 조약에 따라 보호되는 방송으로서 체약국의 국민인 방송사업자가 당해 체약국 내에 있는 방송설비로부터 행하는 방송

제65조(저작권과의 관계) 이 장 각 조의 규정은 저작권에 영향을 미치는 것으로 해석되어서는 아니 된다.

제2절 실연자의 권리

제66조(성명표시권)

① 실연자는 그의 실연 또는 실연의 복제물에 그의 실명 또는 이명을 표시할 권리를 가진다.

② 실연을 이용하는 자는 그 실연자의 특별한 의사표시가 없는 때에는 실연자가 그의 실명 또는 이명을 표시한 바에 따라 이를 표시하여야 한다. 다만, 실연의 성질이나 그 이용의 목적 및 형태 등에 비추어 부득이하다고 인정되는 경우에는 그러하지 아니하다.

제67조(동일성유지권) 실연자는 그의 실연의 내용과 형식의 동일성을 유지할 권리를 가진다. 다만, 실연의 성질이나 그 이용의 목적 및 형태 등에 비추어 부득이하다고 인정되는 경우에는 그러하지 아니한다.

제68조(실연자의 인격권의 일신전속성) 제66조 및 제67조에 규정된 권리(이하 "실연자의 인격권"이라 한다)는 실연자 일신에 전속한다.

제69조(복제권) 실연자는 그의 실연을 복제할 권리를 가진다.

제70조(배포권) 실연자는 그의 실연의 복제물을 배포할 권리를 가진다. 다만, 실연의 복제물이 실연자의 허락을 받아 판매 등의 방법으로 거래에 제공된 경우에는 그러하지 아니하다.

제71조(대여권) 실연자는 제70조의 단서의 규정에 불구하고 그의 실연이 녹음된 판매용 음반을 영리를 목적으로 대여할 권리를 가진다.

제72조(공연권) 실연자는 그의 고정되지 아니한 실연을 공연할 권리를 가진다. 다만, 그 실연이 방송되는 실연인 경우에는 그러하지 아니하다.

제73조(방송권) 실연자는 그의 실연을 방송할 권리를 가진다. 다만, 실연자의 허락을 받아 녹음된 실연에 대하여는 그러하지 아니하다.

제74조(전송권) 실연자는 그의 실연을 전송할 권리를 가진다.

제75조(방송사업자의 실연자에 대한 보상)
① 방송사업자가 실연이 녹음된 판매용 음반을 사용하여 방송하는 경우에는 상당한 보상금을 그 실연자에게 지급하여야 한다. 다만, 실연자가 외국인인 경우에 그 외국에서 대한민국 국민인 실연자에게 이 항의 규정에 따른 보상금을 인정하지 아니하는 때에는 그러하지 아니하다.
② 제25조 제5항 내지 제9항의 규정은 제1항의 규정에 따른 보상금의 지급 등에 관하여 준용한다.
③ 제2항의 규정에 따른 단체가 보상권리자를 위하여 청구할 수 있는 보상금의 금액은 매년 그 단체와 방송사업자가 협의하여 정한다.
④ 제3항에 따른 협의가 성립되지 아니하는 경우에 그 단체 또는 방송사업자는 대통령령으로 정하는 바에 따라 제112조에 따른 한국저작권위원회에 조정을 신청할 수 있다. 〈개정 2009.4.22〉

제76조(디지털음성송신사업자의 실연자에 대한 보상)
① 디지털음성송신사업자가 실연이 녹음된 음반을 사용하여 송신하는 경우에는 상당한 보상금을 그 실연자에게 지급하여야 한다.
② 제25조 제5항 내지 제9항의 규정은 제1항의 규정에 따른 보상금의 지급 등에 관하여 준용한다.
③ 제2항의 규정에 따른 단체가 보상권리자를 위하여 청구할 수 있는 보상금의 금액은 매년 그 단체와 디지털음성송신사업자가 대통령령이 정하는 기간 내에 협의하여 정한다.
④ 제3항의 규정에 따른 협의가 성립되지 아니한 경우에는 문화체육관광부장관이 정하여 고시하는 금액을 지급한다. 〈개정 2008.2.29〉

제76조의 2(판매용 음반을 사용하여 공연하는 자의 실연자에 대한 보상)
① 실연이 녹음된 판매용 음반을 사용하여 공연을 하는 자는 상당한 보상금을 해당 실연자에게 지급하여야 한다. 다만, 실연자가 외국인인 경우에 그 외국에서 대한민국 국민인 실연자에게 이 항의 규정에 따른 보상금을 인정하지 아니하는 때에는 그러하지 아니하다.
② 제25조 제5항부터 제9항까지 및 제76조 제3항·제4항은 제1항에 따른 보상금의 지급 및 금액 등에 관하여 준용한다. [본조신설 2009.3.25]

제77조(공동실연자)
① 2인 이상이 공동으로 합창·합주 또는 연극등을 실연하는 경우에 이 절에 규정된 실연자의 권리(실연자의 인격권은 제외한다)는 공동으로 실연하는 자가 선출하는 대표자가 이를 행사한다. 다만, 대표자의 선출이 없는 경우에는 지휘자 또는 연출자 등이 이를 행사한다.
② 제1항의 규정에 따라 실연자의 권리를 행사하는 경우에 독창 또는 독주가 함께 실연된 때에는 독창자 또는 독주자의 동의를 얻어야 한다.
③ 제15조의 규정은 공동실연자의 인격권 행사에 관하여 준용한다.

제3절 음반제작자의 권리

제78조(복제권) 음반제작자는 그의 음반을 복제할 권리를 가진다.
제79조(배포권) 음반제작자는 그의 음반을 배포할 권리를 가진다. 다만, 음반의 복제물이 음반제작자의
　　허락을 받아 판매 등의 방법으로 거래에 제공된 경우에는 그러하지 아니하다.
제80조(대여권) 음반제작자는 제79조의 단서의 규정에 불구하고 판매용 음반을 영리를 목적으로 대여할
　　권리를 가진다.

제81조(전송권) 음반제작자는 그의 음반을 전송할 권리를 가진다.

제82조(방송사업자의 음반제작자에 대한 보상)
① 방송사업자가 판매용 음반을 사용하여 방송하는 경우에는 상당한 보상금을 그 음반제작자에게 지급하여
　　야 한다. 다만, 음반제작자가 외국인인 경우에 그 외국에서 대한민국 국민인 음반제작자에게 이 항의
　　규정에 따른 보상금을 인정하지 아니하는 때에는 그러하지 아니하다.
② 제25조 제5항 내지 제9항 및 제75조 제3항·제4항의 규정은 제1항의 규정에 따른 보상금의 지급 및
　　금액 등에 관하여 준용한다.

제83조(디지털음성송신사업자의 음반제작자에 대한 보상)
① 디지털음성송신사업자가 음반을 사용하여 송신하는 경우에는 상당한 보상금을 그 음반제작자에게 지급
　　하여야 한다.
② 제25조 제5항 내지 제9항 및 제76조 제3항·제4항의 규정은 제1항의 규정에 따른 보상금의 지급 및
　　금액 등에 관하여 준용한다.

제83조의 2(판매용 음반을 사용하여 공연하는 자의 음반제작자에 대한 보상)
① 판매용 음반을 사용하여 공연을 하는 자는 상당한 보상금을 해당 음반제작자에게 지급하여야 한다.
　　다만, 음반제작자가 외국인인 경우에 그 외국에서 대한민국 국민인 음반제작자에게 이 항의 규정에
　　따른 보상금을 인정하지 아니하는 때에는 그러하지 아니하다.
② 제25조 제5항부터 제9항까지 및 제76조 제3항·제4항은 제1항에 따른 보상금의 지급 및 금액 등에 관하여
　　준용한다.
[본조신설 2009.3.25]

제4절 방송사업자의 권리

제84조(복제권) 방송사업자는 그의 방송을 복제할 권리를 가진다.

제85조(동시중계방송권) 방송사업자는 그의 방송을 동시중계방송할 권리를 가진다.

제5절 저작인접권의 보호기간

제86조(보호기간)
① 저작인접권(실연자의 인격권을 제외한다. 이하 같다)은 다음 각 호의 어느 하나에 해당하는 때부터
　　발생한다.
1. 실연의 경우에는 그 실연을 한 때
2. 음반의 경우에는 그 음을 맨 처음 음반에 고정한 때
3. 방송의 경우에는 그 방송을 한 때
② 저작인접권은 다음 각 호의 어느 하나에 해당하는 때의 다음 해부터 기산하여 50년간 존속한다.
1. 실연의 경우에는 그 실연을 한 때
2. 음반의 경우에는 그 음반을 발행한 때. 다만, 음을 음반에 맨 처음 고정한 때의 다음 해부터 기산하여
　　50년이 경과한 때까지 음반을 발행하지 아니한 경우에는 음을 음반에 맨 처음 고정한 때

3. 방송의 경우에는 그 방송을 한 때

제6절 저작인접권의 제한·양도·행사 등

제87조(저작인접권의 제한)

① 제23조·제24조·제25조 제1항 내지 제3항·제26조 내지 제32조·제33조 제2항·제34조·제36조 및 제37조의 규정은 저작인접권의 목적이 된 실연·음반 또는 방송의 이용에 관하여 준용한다.

② 디지털음성송신사업자는 제76조 제1항 및 제83조 제1항에 따라 실연이 녹음된 음반을 사용하여 송신하는 경우에는 자체의 수단으로 실연이 녹음된 음반을 일시적으로 복제할 수 있다. 이 경우 복제물의 보존기간에 관하여는 제34조 제2항을 준용한다. 〈신설 2009.4.22〉

제88조(저작인접권의 양도·행사 등) 제45조 제1항의 규정은 저작인접권의 양도에, 제46조의 규정은 실연·음반 또는 방송의 이용허락에, 제47조의 규정은 저작인접권을 목적으로 하는 질권의 행사에, 제49조의 규정은 저작인접권의 소멸에 관하여 각각 준용한다.

제89조(실연·음반 및 방송이용의 법정허락) 제50조 내지 제52조의 규정은 실연·음반 및 방송의 이용에 관하여 준용한다.

제90조(저작인접권의 등록) 제53조부터 제55조까지 및 제55조의 2의 규정은 저작인접권의 등록에 관하여 준용한다. 이 경우 제55조 중 "저작권등록부"는 "저작인접권등록부"로 본다. 〈개정 2009.4.22〉

제4장 데이터베이스제작자의 보호

제91조(보호받는 데이터베이스)

① 다음 각 호의 어느 하나에 해당하는 자의 데이터베이스는 이 법에 따른 보호를 받는다.

1. 대한민국 국민
2. 데이터베이스의 보호와 관련하여 대한민국이 가입 또는 체결한 조약에 따라 보호되는 외국인

② 제1항의 규정에 따라 보호되는 외국인의 데이터베이스라도 그 외국에서 대한민국 국민의 데이터베이스를 보호하지 아니하는 경우에는 그에 상응하게 조약 및 이 법에 따른 보호를 제한할 수 있다.

제92조(적용 제외) 다음 각 호의 어느 하나에 해당하는 데이터베이스에 대하여는 이 장의 규정을 적용하지 아니한다.

1. 데이터베이스의 제작·갱신등 또는 운영에 이용되는 컴퓨터프로그램
2. 무선 또는 유선통신을 기술적으로 가능하게 하기 위하여 제작되거나 갱신등이 되는 데이터베이스

제93조(데이터베이스제작자의 권리)

① 데이터베이스제작자는 그의 데이터베이스의 전부 또는 상당한 부분을 복제·배포·방송 또는 전송(이하 이 조에서 "복제등"이라 한다)할 권리를 가진다.

② 데이터베이스의 개별 소재는 제1항의 규정에 따른 당해 데이터베이스의 상당한 부분으로 간주되지 아니한다. 다만, 데이터베이스의 개별 소재 또는 그 상당한 부분에 이르지 못하는 부분의 복제등이라 하더라도 반복적이거나 특정한 목적을 위하여 체계적으로 함으로써 당해 데이터베이스의 통상적인 이용과 충돌하거나 데이터베이스제작자의 이익을 부당하게 해치는 경우에는 당해 데이터베이스의 상당한 부분의 복제등으로 본다.

③ 이 장에 따른 보호는 데이터베이스의 구성부분이 되는 소재의 저작권 그 밖에 이 법에 따라 보호되는 권리에 영향을 미치지 아니한다.

④ 이 장에 따른 보호는 데이터베이스의 구성부분이 되는 소재 그 자체에는 미치지 아니한다.

제94조(데이터베이스제작자의 권리제한)

① 제23조·제28조 내지 제34조·제36조 및 제37조의 규정은 데이터베이스제작자의 권리의 목적이 되는 데이터베이스의 이용에 관하여 준용한다.

② 다음 각 호의 어느 하나에 해당하는 경우에는 누구든지 데이터베이스의 전부 또는 그 상당한 부분을 복제·배포·방송 또는 전송할 수 있다. 다만, 당해 데이터베이스의 통상적인 이용과 저촉되는 경우에는 그러하지 아니하다.
1. 교육·학술 또는 연구를 위하여 이용하는 경우. 다만, 영리를 목적으로 하는 경우에는 그러하지 아니하다.
2. 시사보도를 위하여 이용하는 경우

제95조(보호기간)
① 데이터베이스제작자의 권리는 데이터베이스의 제작을 완료한 때부터 발생하며, 그 다음 해부터 기산하여 5년간 존속한다.
② 데이터베이스의 갱신등을 위하여 인적 또는 물적으로 상당한 투자가 이루어진 경우에 당해 부분에 대한 데이터베이스제작자의 권리는 그 갱신등을 한 때부터 발생하며, 그 다음 해부터 기산하여 5년간 존속한다.

제96조(데이터베이스제작자의 권리의 양도·행사 등) 제20조 단서의 규정은 데이터베이스의 거래제공에, 제45조 제1항의 규정은 데이터베이스제작자의 권리의 양도에, 제46조의 규정은 데이터베이스의 이용허락에, 제47조의 규정은 데이터베이스제작자의 권리를 목적으로 하는 질권의 행사에, 제48조의 규정은 공동데이터베이스의 데이터베이스제작자의 권리행사에, 제49조의 규정은 데이터베이스제작자의 권리의 소멸에 관하여 각각 준용한다.

제97조(데이터베이스 이용의 법정허락) 제50조 및 제51조의 규정은 데이터베이스의 이용에 관하여 준용한다.

제98조(데이터베이스제작자의 권리의 등록) 제53조부터 제55조까지 및 제55조의2의 규정은 데이터베이스제작자의 권리의 등록에 관하여 준용한다. 이 경우 제55조 중 "저작권등록부"는 "데이터베이스제작자 권리등록부"로 본다. 〈개정 2009. 4. 22〉

제5장 영상저작물에 관한 특례

제99조(저작물의 영상화)
① 저작재산권자가 저작물의 영상화를 다른 사람에게 허락한 경우에 특약이 없는 때에는 다음 각 호의 권리를 포함하여 허락한 것으로 추정한다.
1. 영상저작물을 제작하기 위하여 저작물을 각색하는 것
2. 공개상영을 목적으로 한 영상저작물을 공개상영하는 것
3. 방송을 목적으로 한 영상저작물을 방송하는 것
4. 전송을 목적으로 한 영상저작물을 전송하는 것
5. 영상저작물을 그 본래의 목적으로 복제·배포하는 것
6. 영상저작물의 번역물을 그 영상저작물과 같은 방법으로 이용하는 것
② 저작재산권자는 그 저작물의 영상화를 허락한 경우에 특약이 없는 때에는 허락한 날부터 5년이 경과한 때에 그 저작물을 다른 영상저작물로 영상화하는 것을 허락할 수 있다.

제100조(영상저작물에 대한 권리)
① 영상제작자와 영상저작물의 제작에 협력할 것을 약정한 자가 그 영상저작물에 대하여 저작권을 취득한 경우 특약이 없는 한 그 영상저작물의 이용을 위하여 필요한 권리는 영상제작자가 이를 양도 받은 것으로 추정한다.
② 영상저작물의 제작에 사용되는 소설·각본·미술저작물 또는 음악저작물 등의 저작재산권은 제1항의 규정으로 인하여 영향을 받지 아니한다.
③ 영상제작자와 영상저작물의 제작에 협력할 것을 약정한 실연자의 그 영상저작물의 이용에 관한 제69조의 규정에 따른 복제권, 제70조의 규정에 따른 배포권, 제73조의 규정에 따른 방송권 및 제74조의 규정에

따른 전송권은 특약이 없는 한 영상제작자가 이를 양도 받은 것으로 추정한다.

제101조(영상제작자의 권리) ①영상제작물의 제작에 협력할 것을 약정한 자로부터 영상제작자가 양도 받는 영상저작물의 이용을 위하여 필요한 권리는 영상저작물을 복제·배포·공개상영·방송·전송 그 밖의 방법으로 이용할 권리로 하며, 이를 양도하거나 질권의 목적으로 할 수 있다.
② 실연자로부터 영상제작자가 양도 받는 권리는 그 영상저작물을 복제·배포·방송 또는 전송할 권리로 하며, 이를 양도하거나 질권의 목적으로 할 수 있다.

제5장의 2 프로그램에 관한 특례 〈신설 2009.4.22〉

제101조의 2(보호의 대상) 프로그램을 작성하기 위하여 사용하는 다음 각 호의 사항에는 이 법을 적용하지 아니한다.
1. 프로그램 언어: 프로그램을 표현하는 수단으로서 문자·기호 및 그 체계
2. 규약: 특정한 프로그램에서 프로그램 언어의 용법에 관한 특별한 약속
3. 해법: 프로그램에서 지시·명령의 조합방법
[본조신설 2009.4.22]

제101조의 3(프로그램의 저작재산권의 제한)
① 다음 각 호의 어느 하나에 해당하는 경우에는 그 목적상 필요한 범위에서 공표된 프로그램을 복제 또는 배포할 수 있다. 다만, 프로그램의 종류·용도, 프로그램에서 복제된 부분이 차지하는 비중 및 복제의 부수 등에 비추어 프로그램의 저작재산권자의 이익을 부당하게 해치는 경우에는 그러하지 아니하다.
1. 재판 또는 수사를 위하여 복제하는 경우
2. 「유아교육법」, 「초·중등교육법」, 「고등교육법」에 따른 학교 및 다른 법률에 따라 설립된 교육기관(상급 학교 입학을 위한 학력이 인정되거나 학위를 수여하는 교육기관에 한한다)에서 교육을 담당하는 자가 수업과정에 제공할 목적으로 복제 또는 배포하는 경우
3. 「초·중등교육법」에 따른 학교 및 이에 준하는 학교의 교육목적을 위한 교과용 도서에 게재하기 위하여 복제하는 경우
4. 가정과 같은 한정된 장소에서 개인적인 목적(영리를 목적으로 하는 경우를 제외한다)으로 복제하는 경우
5. 「초·중등교육법」, 「고등교육법」에 따른 학교 및 이에 준하는 학교의 입학시험이나 그 밖의 학식 및 기능에 관한 시험 또는 검정을 목적(영리를 목적으로 하는 경우를 제외한다)으로 복제 또는 배포하는 경우
6. 프로그램의 기초를 이루는 아이디어 및 원리를 확인하기 위하여 프로그램의 기능을 조사·연구·시험할 목적으로 복제하는 경우(정당한 권한에 의하여 프로그램을 이용하는 자가 해당 프로그램을 이용 중인 때에 한한다)
② 제1항 제3호에 따라 프로그램을 교과용 도서에 게재하려는 자는 문화체육관광부장관이 정하여 고시하는 기준에 따른 보상금을 해당 저작재산권자에게 지급하여야 한다. 보상금 지급에 대하여는 제25조 제5항부터 제9항까지의 규정을 준용한다.
[본조신설 2009.4.22]

제101조의4(프로그램코드역분석)
① 정당한 권한에 의하여 프로그램을 이용하는 자 또는 그의 허락을 받은 자는 호환에 필요한 정보를 쉽게 얻을 수 없고 그 획득이 불가피한 경우에는 해당 프로그램의 호환에 필요한 부분에 한하여 프로그램의 저작재산권자의 허락을 받지 아니하고 프로그램코드역분석을 할 수 있다.
② 제1항에 따른 프로그램코드역분석을 통하여 얻은 정보는 다음 각 호의 어느 하나에 해당하는 경우에는 이를 이용할 수 없다.
1. 호환 목적 외의 다른 목적을 위하여 이용하거나 제3자에게 제공하는 경우
2. 프로그램코드역분석의 대상이 되는 프로그램과 표현이 실질적으로 유사한 프로그램을 개발·제작·

판매하거나 그 밖에 프로그램의 저작권을 침해하는 행위에 이용하는 경우

[본조신설 2009.4.22]

제101조의5(정당한 이용자에 의한 보존을 위한 복제 등) ① 프로그램의 복제물을 정당한 권한에 의하여
소지·이용하는 자는 그 복제물의 멸실·훼손 또는 변질 등에 대비하기 위하여 필요한 범위에서 해당
복제물을 복제할 수 있다.

② 프로그램의 복제물을 소지·이용하는 자는 해당 프로그램의 복제물을 소지·이용할 권리를 상실한 때에는
그 프로그램의 저작재산권자의 특별한 의사표시가 없는 한 제1항에 따라 복제한 것을 폐기하여야 한다.
다만, 프로그램의 복제물을 소지·이용할 권리가 해당 복제물이 멸실됨으로 인하여 상실된 경우에는
그러하지 아니하다.

[본조신설 2009.4.22]

제101조의6(프로그램배타적발행권)

① 프로그램의 저작재산권자는 다른 사람에게 그 저작물에 대하여 독점적으로 복제하여 배포 또는 전송할
수 있도록 하는 배타적 권리(이하 "프로그램배타적발행권"이라 한다)를 설정할 수 있다.

② 제1항에 따라 프로그램배타적발행권의 설정을 받은 자(이하 "프로그램배타적발행권자"라 한다)는 그
설정행위로 인한 범위에서 프로그램배타적발행권을 행사할 권리를 가진다.

③ 프로그램의 저작재산권자는 그 프로그램의 복제권을 목적으로 하는 질권이 설정되어 있는 경우에는
그 질권자의 동의가 있어야 프로그램배타적발행권을 설정할 수 있다.

④ 프로그램배타적발행권자는 프로그램의 저작재산권자의 동의 없이 프로그램배타적발행권을 목적으로
하는 질권을 설정하거나 제3자에게 프로그램배타적발행권을 양도할 수 없다.

⑤ 프로그램배타적발행권은 그 설정행위에 특약이 없는 때에는 설정행위를 한 날부터 3년간 존속한다.

⑥ 프로그램배타적발행권의 등록에 관하여는 제54조, 제55조 및 제55조의2를 준용한다.

[본조신설 2009.4.22]

제101조의7(프로그램의 임치)

① 프로그램의 저작재산권자와 프로그램의 이용허락을 받은 자는 대통령령으로 정하는 자(이하 이 조에서
"수치인"이라 한다)와 서로 합의하여 프로그램의 원시코드 및 기술정보 등을 수치인에게 임치할 수
있다.

② 프로그램의 이용허락을 받은 자는 제1항에 따른 합의에서 정한 사유가 발생한 때에 수치인에게 프로그램
의 원시코드 및 기술정보 등의 제공을 요구할 수 있다.

[본조신설 2009.4.22]

제6장 온라인서비스제공자의 책임 제한

제102조(온라인서비스제공자의 책임 제한)

① 온라인서비스제공자가 저작물등의 복제·전송과 관련된 서비스를 제공하는 것과 관련하여 다른 사람에
의한 저작물등의 복제·전송으로 인하여 그 저작권 그 밖에 이 법에 따라 보호되는 권리가 침해된다는
사실을 알고 당해 복제·전송을 방지하거나 중단시킨 경우에는 다른 사람에 의한 저작권 그 밖에 이
법에 따라 보호되는 권리의 침해에 관한 온라인서비스제공자의 책임을 감경 또는 면제할 수 있다.

② 온라인서비스제공자가 저작물등의 복제·전송과 관련된 서비스를 제공하는 것과 관련하여 다른 사람에
의한 저작물등의 복제·전송으로 인하여 그 저작권 그 밖에 이 법에 따라 보호되는 권리가 침해된다는
사실을 알고 당해 복제·전송을 방지하거나 중단시키고자 하였으나 기술적으로 불가능한 경우에는
그 다른 사람에 의한 저작권 그 밖에 이 법에 따라 보호되는 권리의 침해에 관한 온라인서비스제공자의
책임은 면제된다.

제103조(복제·전송의 중단)

① 온라인서비스제공자의 서비스를 이용한 저작물등의 복제·전송에 따라 저작권 그 밖에 이 법에 따라
보호되는 자신의 권리가 침해됨을 주장하는 자(이하 이 조에서 "권리주장자"라 한다)는 그 사실을 소명

하여 온라인서비스제공자에게 그 저작물등의 복제·전송을 중단시킬 것을 요구할 수 있다.

② 온라인서비스제공자는 제1항의 규정에 따른 복제·전송의 중단요구가 있는 경우에는 즉시 그 저작물등의 복제·전송을 중단시키고 당해 저작물등을 복제·전송하는 자(이하 "복제·전송자"라 한다) 및 권리주장자에게 그 사실을 통보하여야 한다.

③ 제2항의 규정에 따른 통보를 받은 복제·전송자가 자신의 복제·전송이 정당한 권리에 의한 것임을 소명하여 그 복제·전송의 재개를 요구하는 경우 온라인서비스제공자는 재개요구사실 및 재개예정일을 권리주장자에게 지체 없이 통보하고 그 예정일에 복제·전송을 재개시켜야 한다.

④ 온라인서비스제공자는 제1항 및 제3항의 규정에 따른 복제·전송의 중단 및 그 재개의 요구를 받을 자(이하 이 조에서 "수령인"이라 한다)를 지정하여 자신의 설비 또는 서비스를 이용하는 자들이 쉽게 알 수 있도록 공지하여야 한다.

⑤ 온라인서비스제공자가 제4항의 규정에 따른 공지를 하고 제2항 및 제3항의 규정에 따라 그 저작물등의 복제·전송을 중단시키거나 재개시킨 경우에는 다른 사람에 의한 저작권 그 밖에 이 법에 따라 보호되는 권리의 침해에 대한 온라인서비스제공자의 책임 및 복제·전송자에게 발생하는 손해에 대한 온라인서비스제공자의 책임을 감경 또는 면제할 수 있다. 다만, 이 항의 규정은 온라인서비스제공자가 다른 사람에 의한 저작물등의 복제·전송으로 인하여 그 저작권 그 밖에 이 법에 따라 보호되는 권리가 침해된다는 사실을 안 때부터 제1항의 규정에 따른 중단을 요구받기 전까지 발생한 책임에는 적용하지 아니한다.

⑥ 정당한 권리 없이 제1항 및 제3항의 규정에 따른 그 저작물등의 복제·전송의 중단이나 재개를 요구하는 자는 그로 인하여 발생하는 손해를 배상하여야 한다.

⑦ 제1항 내지 제4항의 규정에 따른 소명, 중단, 통보, 복제·전송의 재개, 수령인의 지정 및 공지 등에 관하여 필요한 사항은 대통령령으로 정한다. 이 경우 문화체육관광부장관은 관계 중앙행정기관의 장과 미리 협의하여야 한다. 〈개정 2008. 2. 29〉

제104조(특수한 유형의 온라인서비스제공자의 의무 등)

① 다른 사람들 상호 간에 컴퓨터를 이용하여 저작물등을 전송하도록 하는 것을 주된 목적으로 하는 온라인서비스제공자(이하 "특수한 유형의 온라인서비스제공자"라 한다)는 권리자의 요청이 있는 경우 해당 저작물등의 불법적인 전송을 차단하는 기술적인 조치 등 필요한 조치를 하여야 한다. 이 경우 권리자의 요청 및 필요한 조치에 관한 사항은 대통령령으로 정한다. 〈개정 2009. 4. 22〉

② 문화체육관광부장관은 제1항의 규정에 따른 특수한 유형의 온라인서비스제공자의 범위를 정하여 고시할 수 있다. 〈개정 2008. 2. 29〉

제7장 저작권위탁관리업

제105조(저작권위탁관리업의 허가 등)

① 저작권신탁관리업을 하고자 하는 자는 대통령령이 정하는 바에 따라 문화체육관광부장관의 허가를 받아야 하며, 저작권대리중개업을 하고자 하는 자는 대통령령이 정하는 바에 따라 문화체육관광부장관에게 신고하여야 한다. 〈개정 2008. 2. 29〉

② 제1항의 규정에 따라 저작권신탁관리업을 하고자 하는 자는 다음 각 호의 요건을 갖추어야 하며, 대통령령으로 정하는 바에 따라 저작권신탁관리업무규정을 작성하여 이를 저작권신탁관리허가신청서와 함께 문화체육관광부장관에게 제출하여야 한다. 〈개정 2008. 2. 29〉

1. 저작물등에 관한 권리자로 구성된 단체일 것

2. 영리를 목적으로 하지 아니할 것

3. 사용료의 징수 및 분배 등의 업무를 수행하기에 충분한 능력이 있을 것

③ 다음 각 호의 어느 하나에 해당하는 자는 제1항의 규정에 따른 저작권신탁관리업 또는 저작권대리중개업(이하 "저작권위탁관리업"이라 한다)의 허가를 받거나 신고를 할 수 없다.

1. 금치산자·한정치산자

2. 파산선고를 받고 복권되지 아니한 자

3. 이 법을 위반하여 벌금 이상의 형의 선고를 받고 그 집행이 종료되거나 집행을 받지 아니하기로 확정된 후 1년이 경과되지 아니한 자 또는 형의 집행유예의 선고를 받고 그 집행유예기간 중에 있는 자

4. 대한민국 내에 주소를 두지 아니한 자
5. 제1호 내지 제4호의 어느 하나에 해당하는 자가 대표자 또는 임원으로 되어 있는 법인 또는 단체
④ 제1항의 규정에 따라 저작권위탁관리업의 허가를 받거나 신고를 한 자(이하 "저작권위탁관리업자"라 한다)는 그 업무에 관하여 저작재산권자 그 밖의 관계자로부터 수수료를 받을 수 있다.
⑤ 제4항의 규정에 따른 수수료의 요율 또는 금액 및 저작권위탁관리업자가 이용자로부터 받는 사용료의 요율 또는 금액은 저작권위탁관리업자가 문화체육관광부장관의 승인을 얻어 이를 정한다. 다만, 저작 권대리중개업의 신고를 한 자의 경우에는 그러하지 아니하다. 〈개정 2008.2.29〉
⑥ 문화체육관광부장관은 제5항에 따른 승인의 경우에 제112조에 따른 한국저작권위원회의 심의를 거쳐 야 하며 필요한 경우에는 기간을 정하거나 신청된 내용을 수정하여 승인할 수 있다. 〈개정 2008.2.29, 2009.4.22〉
⑦ 문화체육관광부장관은 제5항의 규정에 따른 사용료의 요율 또는 금액에 관한 승인 신청이 있는 경우 및 승인을 한 경우에는 대통령령이 정하는 바에 따라 그 내용을 공고하여야 한다. 〈개정 2008.2.29〉
⑧ 문화체육관광부장관은 저작재산권자 그 밖의 관계자의 권익보호 또는 저작물등의 이용 편의를 도모하기 위하여 필요한 경우에는 제5항의 규정에 따른 승인 내용을 변경할 수 있다. 〈개정 2008.2.29〉

제106조(저작권신탁관리업자의 의무)
① 저작권신탁관리업자는 그가 관리하는 저작물등의 목록을 대통령령이 정하는 바에 따라 분기별로 도서 또는 전자적 형태로 작성하여 누구든지 적어도 영업시간 내에는 목록을 열람할 수 있도록 하여야 한다.
② 저작권신탁관리업자는 이용자가 서면으로 요청하는 경우에는 정당한 사유가 없는 한 관리하는 저작물등 의 이용계약을 체결하기 위하여 필요한 정보로서 대통령령으로 정하는 정보를 상당한 기간 이내에 서면으로 제공하여야 한다.

제107조(서류열람의 청구) 저작권신탁관리업자는 그가 신탁관리하는 저작물등을 영리목적으로 이용하 는 자에 대하여 당해 저작물등의 사용료 산정에 필요한 서류의 열람을 청구할 수 있다. 이 경우 이용자는 정당한 사유가 없는 한 이에 응하여야 한다.

제108조(감독)
① 문화체육관광부장관은 저작권위탁관리업자에게 저작권위탁관리업의 업무에 관하여 필요한 보고를 하게 할 수 있다. 〈개정 2008.2.29〉
② 문화체육관광부장관은 저작자의 권익보호와 저작물의 이용편의를 도모하기 위하여 저작권위탁관리업 자의 업무에 대하여 필요한 명령을 할 수 있다. 〈개정 2008.2.29〉

제109조(허가의 취소 등)
① 문화체육관광부장관은 저작권위탁관리업자가 다음 각 호의 어느 하나에 해당하는 경우에는 6월 이내의 기간을 정하여 업무의 정지를 명할 수 있다. 〈개정 2008.2.29〉
1. 제105조 제5항의 규정에 따라 승인된 수수료를 초과하여 받은 경우
2. 제105조 제5항의 규정에 따라 승인된 사용료 이외의 사용료를 받은 경우
3. 제108조 제1항의 규정에 따른 보고를 정당한 사유 없이 하지 아니하거나 허위로 한 경우
4. 제108조 제2항의 규정에 따른 명령을 받고 정당한 사유 없이 이를 이행하지 아니한 경우
② 문화체육관광부장관은 저작권위탁관리업자가 다음 각 호의 어느 하나에 해당하는 경우에는 저작권위탁 관리업의 허가를 취소하거나 영업의 폐쇄명령을 할 수 있다. 〈개정 2008.2.29〉
1. 거짓 그 밖의 부정한 방법으로 허가를 받거나 신고를 한 경우
2. 제1항의 규정에 따른 업무의 정지명령을 받고 그 업무를 계속한 경우

제110조(청문) 문화체육관광부장관은 제109조 제2항의 규정에 따라 저작권위탁관리업의 허가를 취소하 거나 영업의 폐쇄를 명하고자 하는 경우에는 청문을 실시하여야 한다. 〈개정 2008.2.29〉

제111조(과징금 처분)
① 문화체육관광부장관은 저작권위탁관리업자가 제109조 제1항 각 호의 어느 하나에 해당하여 업무의

정지처분을 하여야 할 때에는 그 업무정지처분에 갈음하여 5천만원 이하의 과징금을 부과·징수할 수 있다. 〈개정 2008.2.29〉

② 문화체육관광부장관은 제1항의 규정에 따라 과징금 부과처분을 받은 자가 과징금을 기한 이내에 납부하지 아니하는 때에는 국세체납처분의 예에 의하여 이를 징수한다. 〈개정 2008.2.29〉

③ 제1항 및 제2항의 규정에 따라 징수한 과징금은 징수주체가 건전한 저작물 이용 질서의 확립을 위하여 사용할 수 있다.

④ 제1항의 규정에 따라 과징금을 부과하는 위반행위의 종별·정도 등에 따른 과징금의 금액 및 제3항의 규정에 따른 과징금의 사용절차 등에 관하여 필요한 사항은 대통령령으로 정한다.

제8장 한국저작권위원회 〈개정 2009.4.22〉

제112조(한국저작권위원회의 설립)

① 저작권과 그 밖에 이 법에 따라 보호되는 권리(이하 이 장에서 "저작권"이라 한다)에 관한 사항을 심의하고 저작권에 관한 분쟁(이하 "분쟁"이라 한다)을 알선·조정하며, 저작권의 보호 및 공정한 이용에 필요한 사업을 수행하기 위하여 한국저작권위원회(이하 "위원회"라 한다)를 둔다.

② 위원회는 법인으로 한다.

③ 위원회에 관하여 이 법에서 정하지 아니한 사항에 대하여는 「민법」의 재단법인에 관한 규정을 준용한다. 이 경우 위원회의 위원은 이사로 본다.

④ 위원회가 아닌 자는 한국저작권위원회의 명칭을 사용하지 못한다.

[전문개정 2009.4.22]

제112조의2(위원회의 구성)

① 위원회는 위원장 1명, 부위원장 2명을 포함한 20명 이상 25명 이내의 위원으로 구성한다.

② 위원은 다음 각 호의 사람 중에서 문화체육관광부장관이 위촉하며, 위원장과 부위원장은 위원 중에서 호선한다. 이 경우 문화체육관광부장관은 이 법에 따라 보호되는 권리의 보유자와 그 이용자의 이해를 반영하는 위원의 수가 균형을 이루도록 하여야 하며, 분야별 권리자 단체 또는 이용자 단체 등에 위원의 추천을 요청할 수 있다.

1. 대학이나 공인된 연구기관에서 부교수 이상 또는 이에 상당하는 직위에 있거나 있었던 자로서 저작권 관련 분야를 전공한 자
2. 판사 또는 검사의 직에 있는 자 및 변호사의 자격이 있는 자
3. 4급 이상의 공무원 또는 이에 상당하는 공공기관의 직에 있거나 있었던 자로서 저작권 또는 문화산업 분야에 실무경험이 있는 자
4. 저작권 또는 문화산업 관련 단체의 임원의 직에 있거나 있었던 자
5. 그 밖에 저작권 또는 문화산업 관련 업무에 관한 학식과 경험이 풍부한 자

③ 위원의 임기는 3년으로 하되, 연임할 수 있다. 다만, 직위를 지정하여 위촉하는 위원의 임기는 해당 직위에 재임하는 기간으로 한다.

④ 위원에 결원이 생겼을 때에는 제2항에 따라 보궐위원을 위촉하여야 하며, 그 보궐위원의 임기는 전임자 임기의 나머지 기간으로 한다. 다만, 위원의 수가 20명 이상인 경우에는 보궐위원을 위촉하지 아니할 수 있다.

⑤ 위원회의 업무를 효율적으로 수행하기 위하여 분야별로 분과위원회를 둘 수 있다. 분과위원회가 위원회로부터 위임받은 사항에 관하여 의결한 때에는 위원회가 의결한 것으로 본다.

[본조신설 2009.4.22]

제113조(업무) 위원회는 다음 각 호의 업무를 행한다. 〈개정 2008.2.29, 2009.4.22〉

1. 분쟁의 알선·조정
2. 제105조 제6항의 규정에 따른 저작권위탁관리업자의 수수료 및 사용료의 요율 또는 금액에 관한 사항 및 문화체육관광부장관 또는 위원 3인 이상이 공동으로 부의하는 사항의 심의
3. 저작물등의 이용질서 확립 및 저작물의 공정한 이용 도모를 위한 사업

4. 저작권 보호를 위한 국제협력
5. 저작권 연구·교육 및 홍보
6. 저작권 정책의 수립 지원
7. 기술적보호조치 및 권리관리정보에 관한 정책 수립 지원
8. 저작권 정보 제공을 위한 정보관리 시스템 구축 및 운영
9. 저작권의 침해 등에 관한 감정
10. 제133조의3에 따른 온라인서비스제공자에 대한 시정권고 및 문화체육관광부장관에 대한 시정명령 요청
11. 법령에 따라 위원회의 업무로 정하거나 위탁하는 업무
12. 그 밖에 문화체육관광부장관이 위탁하는 업무

제113조의2(알선)
① 분쟁에 관한 알선을 받으려는 자는 알선신청서를 위원회에 제출하여 알선을 신청할 수 있다.
② 위원회가 제1항에 따라 알선의 신청을 받은 때에는 위원장이 위원 중에서 알선위원을 지명하여 알선을 하게 하여야 한다.
③ 알선위원은 알선으로는 분쟁해결의 가능성이 없다고 인정되는 경우에 알선을 중단할 수 있다.
④ 알선 중인 분쟁에 대하여 이 법에 따른 조정의 신청이 있는 때에는 해당 알선은 중단된 것으로 본다.
⑤ 알선이 성립한 때에 알선위원은 알선서를 작성하여 관계 당사자와 함께 기명날인하여야 한다.
⑥ 알선의 신청 및 절차에 관하여 필요한 사항은 대통령령으로 정한다.
[본조신설 2009.4.22]

제114조(조정부)
① 위원회의 분쟁조정업무를 효율적으로 수행하기 위하여 위원회에 1인 또는 3인 이상의 위원으로 구성된 조정부를 두되, 그 중 1인은 변호사의 자격이 있는 자이어야 한다.
② 제1항의 규정에 따른 조정부의 구성 및 운영 등에 관하여 필요한 사항은 대통령령으로 정한다.

제114조의2(조정의 신청 등)
① 분쟁의 조정을 받으려는 자는 신청취지와 원인을 기재한 조정신청서를 위원회에 제출하여 그 분쟁의 조정을 신청할 수 있다.
② 제1항에 따른 분쟁의 조정은 제114조에 따른 조정부가 행한다.
[본조신설 2009.4.22]

제115조(비공개) 조정절차는 비공개를 원칙으로 한다. 다만, 조정부장은 당사자의 동의를 얻어 적당하다고 인정하는 자에게 방청을 허가할 수 있다.
제116조(진술의 원용 제한) 조정절차에서 당사자 또는 이해관계인이 한 진술은 소송 또는 중재절차에서 원용하지 못한다.

제117조(조정의 성립)
① 조정은 당사자 간에 합의된 사항을 조서에 기재함으로써 성립된다.
② 제1항의 규정에 따른 조서는 재판상의 화해와 동일한 효력이 있다. 다만, 당사자가 임의로 처분할 수 없는 사항에 관한 것은 그러하지 아니하다.

제118조(조정비용 등 〈개정 2009.4.22〉)
① 조정비용은 신청인이 부담한다. 다만, 조정이 성립된 경우로서 특약이 없는 때에는 당사자 각자가 균등하게 부담한다.
② 조정의 신청 및 절차, 조정비용의 납부방법에 관하여 필요한 사항은 대통령령으로 정한다. 〈신설 2009.4.22〉 〈종전 제2항은 제3항으로 이동 2009.4.22〉
③ 제1항의 조정비용의 금액은 위원회가 정한다. 〈제2항에서 이동 2009.4.22〉

제119조(감정)
① 위원회는 다음 각 호의 어느 하나에 해당하는 경우에는 감정을 실시할 수 있다. 〈개정 2009.4.22〉
1. 법원 또는 수사기관 등으로부터 재판 또는 수사를 위하여 저작권의 침해 등에 관한 감정을 요청받은 경우
2. 제114조의2에 따른 분쟁조정을 위하여 분쟁조정의 양 당사자로부터 프로그램 및 프로그램과 관련된 전자적 정보 등에 관한 감정을 요청받은 경우
② 제1항의 규정에 따른 감정절차 및 방법 등에 관하여 필요한 사항은 대통령령으로 정한다.
③ 위원회는 제1항의 규정에 따른 감정을 실시한 때에는 감정 수수료를 받을 수 있으며, 그 금액은 위원회가 정한다.

제120조(저작권정보센터)
① 제113조 제7호 및 제8호의 업무를 효율적으로 수행하기 위하여 위원회 내에 저작권정보센터를 둔다.
② 저작권정보센터의 운영에 필요한 사항은 대통령령으로 정한다. 〈신설 2009.4.22〉

제121조 삭제〈2009.4.22〉

제122조(경비보조 등)
① 국가는 예산의 범위에서 위원회의 운영에 필요한 경비를 출연하거나 보조할 수 있다. 〈개정 2009.4.22〉
② 개인·법인 또는 단체는 제113조 제3호·제5호 및 제8호의 규정에 따른 업무 수행을 지원하기 위하여 위원회에 금전 그 밖의 재산을 기부할 수 있다.
③ 제2항의 규정에 따른 기부금은 별도의 계정으로 관리하여야 하며, 그 사용에 관하여는 문화체육관광부장관의 승인을 얻어야 한다. 〈개정 2008.2.29〉

제9장 권리의 침해에 대한 구제

제123조(침해의 정지 등 청구)
① 저작권 그 밖에 이 법에 따라 보호되는 권리(제25조·제31조·제75조·제76조·제76조의2·제82조·제83조 및 제83조의2의 규정에 따른 보상을 받을 권리를 제외한다. 이하 이 조에서 같다)를 가진 자는 그 권리를 침해하는 자에 대하여 침해의 정지를 청구할 수 있으며, 그 권리를 침해할 우려가 있는 자에 대하여 침해의 예방 또는 손해배상의 담보를 청구할 수 있다. 〈개정 2009.3.25〉
② 저작권 그 밖에 이 법에 따라 보호되는 권리를 가진 자는 제1항의 규정에 따른 청구를 하는 경우에 침해행위에 의하여 만들어진 물건의 폐기나 그 밖의 필요한 조치를 청구할 수 있다.
③ 제1항 및 제2항의 경우 또는 이 법에 따른 형사의 기소가 있는 때에는 법원은 원고 또는 고소인의 신청에 따라 담보를 제공하거나 제공하지 아니하게 하고, 임시로 침해행위의 정지 또는 침해행위로 말미암아 만들어진 물건의 압류 그 밖의 필요한 조치를 명할 수 있다.
④ 제3항의 경우에 저작권 그 밖에 이 법에 따라 보호되는 권리의 침해가 없다는 뜻의 판결이 확정된 때에는 신청자는 그 신청으로 인하여 발생한 손해를 배상하여야 한다.

제124조(침해로 보는 행위)
① 다음 각 호의 어느 하나에 해당하는 행위는 저작권 그 밖에 이 법에 따라 보호되는 권리의 침해로 본다. 〈개정 2009.4.22〉
1. 수입 시에 대한민국 내에서 만들어졌더라면 저작권 그 밖에 이 법에 따라 보호되는 권리의 침해로 될 물건을 대한민국 내에서 배포할 목적으로 수입하는 행위
2. 저작권 그 밖에 이 법에 따라 보호되는 권리를 침해하는 행위에 의하여 만들어진 물건(제1호의 수입물건을 포함한다)을 그 사실을 알고 배포할 목적으로 소지하는 행위
3. 프로그램의 저작권을 침해하여 만들어진 프로그램의 복제물(제1호에 따른 수입 물건을 포함한다)을 그 사실을 알면서 취득한 자가 이를 업무상 이용하는 행위
② 정당한 권리 없이 저작권 그 밖에 이 법에 따라 보호되는 권리의 기술적 보호조치를 제거·변경·우회하는

등 무력화하는 것을 주된 목적으로 하는 기술·서비스·제품·장치 또는 그 주요 부품을 제공·제조·수입·양도·대여 또는 전송하는 행위는 저작권 그 밖에 이 법에 따라 보호되는 권리의 침해로 본다.

③ 저작권 그 밖에 이 법에 따라 보호되는 권리의 침해를 유발 또는 은닉한다는 사실을 알거나 과실로 알지 못하고 정당한 권리 없이 하는 행위로서 다음 각 호의 어느 하나에 해당하는 경우에는 저작권 그 밖에 이 법에 따라 보호되는 권리의 침해로 본다. 다만, 기술적으로 불가피하거나 저작물등의 성질이나 그 이용의 목적 및 형태 등에 비추어 부득이하다고 인정되는 경우에는 그러하지 아니하다.

1. 전자적 형태의 권리관리정보를 고의로 제거·변경 또는 허위 부가하는 행위
2. 전자적 형태의 권리관리정보가 제거·변경되거나 또는 허위로 부가된 사실을 알고 당해 저작물등의 원본이나 그 복제물을 배포·공연 또는 공중송신하거나 배포의 목적으로 수입하는 행위

④ 저작자의 명예를 훼손하는 방법으로 그 저작물을 이용하는 행위는 저작인격권의 침해로 본다.

제125조(손해배상의 청구)
① 저작재산권 그 밖에 이 법에 따라 보호되는 권리(저작인격권 및 실연자의 인격권을 제외한다)를 가진 자(이하 "저작재산권자등"이라 한다)가 고의 또는 과실로 권리를 침해한 자에 대하여 그 침해행위에 의하여 자기가 받은 손해의 배상을 청구하는 경우에 그 권리를 침해한 자가 그 침해행위에 의하여 이익을 받은 때에는 그 이익의 액을 저작재산권자등이 받은 손해의 액으로 추정한다.
② 저작재산권자등이 고의 또는 과실로 그 권리를 침해한 자에 대하여 그 침해행위에 의하여 자기가 받은 손해의 배상을 청구하는 경우에 그 권리의 행사로 통상 받을 수 있는 금액에 상당하는 액을 저작재산권자등이 받은 손해의 액으로 하여 그 손해배상을 청구할 수 있다.
③ 제2항의 규정에 불구하고 저작재산권자등이 받은 손해의 액이 제2항의 규정에 따른 금액을 초과하는 경우에는 그 초과액에 대하여도 손해배상을 청구할 수 있다.
④ 등록되어 있는 저작권·출판권·프로그램배타적발행권·저작인접권 또는 데이터베이스제작자의 권리를 침해한 자는 그 침해행위에 과실이 있는 것으로 추정한다. 〈개정 2009.4.22〉

제126조(손해액의 인정) 법원은 손해가 발생한 사실은 인정되나 제125조의 규정에 따른 손해액을 산정하기 어려운 때에는 변론의 취지 및 증거조사의 결과를 참작하여 상당한 손해액을 인정할 수 있다.

제127조(명예회복 등의 청구) 저작자 또는 실연자는 고의 또는 과실로 저작인격권 또는 실연자의 인격권을 침해한 자에 대하여 손해배상에 갈음하거나 손해배상과 함께 명예회복을 위하여 필요한 조치를 청구할 수 있다.

제128조(저작자의 사망 후 인격적 이익의 보호) 저작자가 사망한 후에 그 유족(사망한 저작자의 배우자·자·부모·손·조부모 또는 형제자매를 말한다)이나 유언집행자는 당해 저작물에 대하여 제14조 제2항의 규정을 위반하거나 위반할 우려가 있는 자에 대하여는 제123조의 규정에 따른 청구를 할 수 있으며, 고의 또는 과실로 저작인격권을 침해하거나 제14조 제2항의 규정을 위반한 자에 대하여는 제127조의 규정에 따른 명예회복 등의 청구를 할 수 있다.

제129조(공동저작물의 권리침해) 공동저작물의 각 저작자 또는 각 저작재산권자는 다른 저작자 또는 다른 저작재산권자의 동의 없이 제123조의 규정에 따른 청구를 할 수 있으며 그 저작재산권의 침해에 관하여 자신의 지분에 관한 제125조의 규정에 따른 손해배상의 청구를 할 수 있다.

제10장 보칙

제130조(권한의 위임 및 위탁) 문화체육관광부장관은 대통령령으로 정하는 바에 따라 이 법에 따른 권한의 일부를 특별시장·광역시장·도지사·특별자치도지사에게 위임하거나 저작권위원회 또는 저작권 관련 단체에 위탁할 수 있다. 〈개정 2008.2.29, 2009.4.22〉

제131조(벌칙 적용에서의 공무원 의제) 위원회의 위원 및 직원은 「형법」 제129조 내지 제132조의 규정을

적용하는 경우에는 이를 공무원으로 본다.

제132조(수수료) 이 법에 따라 다음 각 호의 어느 하나에 해당하는 사항의 신청 등을 하는 자는 문화체육관광
부령으로 정하는 바에 따라 수수료를 납부하여야 한다. 〈개정 2008.2.29, 2009.4.22〉
1. 제50조 내지 제52조의 규정에 따른 법정허락 승인(제89조 및 제97조의 규정에 따라 준용되는 경우를
포함한다)을 신청하는 자
2. 제53조부터 제55조까지의 규정에 따른 등록(제63조 제3항·제90조·제98조 및 제101조의6제6항에
따라 준용되는 경우를 포함한다)·등록 사항의 변경·등록부 열람 및 사본의 교부를 신청하는 자
3. 제105조의 규정에 따라 저작권위탁관리업의 허가를 신청하거나 신고하는 자

제133조(불법복제물의 수거·폐기 및 삭제)
① 문화체육관광부장관, 특별시장·광역시장·도지사·특별자치도지사 또는 시장·군수·구청장(자치구의
구청장을 말한다)은 저작권 그 밖에 이 법에 따라 보호되는 권리를 침해하는 복제물(정보통신망을 통하
여 전송되는 복제물은 제외한다) 또는 저작물등의 기술적 보호조치를 무력하게 하기 위하여 제작된
기기·장치·정보 및 프로그램을 발견한 때에는 대통령령으로 정한 절차 및 방법에 따라 관계 공무원으로
하여금 이를 수거·폐기 또는 삭제하게 할 수 있다. 〈개정 2008.2.29, 2009.4.22〉
② 문화체육관광부장관은 제1항의 규정에 따른 업무를 대통령령이 정한 단체에 위탁할 수 있다. 이 경우
이에 종사하는 자는 공무원으로 본다. 〈개정 2008.2.29〉
③ 문화체육관광부장관은 제1항 및 제2항에 따라 관계 공무원 등이 수거·폐기 또는 삭제를 하는 경우
필요한 때에는 관련 단체에 협조를 요청할 수 있다. 〈개정 2008.2.29, 2009.4.22〉
④ 삭제 〈2009.4.22〉
⑤ 문화체육관광부장관은 제1항에 따른 업무를 위하여 필요한 기구를 설치·운영할 수 있다. 〈개정
2008.2.29, 2009.4.22〉
⑥ 제1항부터 제3항까지의 규정이 다른 법률의 규정과 경합하는 경우에는 이 법을 우선하여 적용한다. 〈개
정 2009.4.22〉

제133조의2(정보통신망을 통한 불법복제물 등의 삭제명령 등)
① 문화체육관광부장관은 정보통신망을 통하여 저작권이나 그 밖에 이 법에 따라 보호되는 권리를 침해하
는 복제물 또는 정보, 기술적 보호조치를 무력하게 하는 프로그램 또는 정보(이하 "불법복제물 등"이라
한다)가 전송되는 경우에 위원회의 심의를 거쳐 대통령령으로 정하는 바에 따라 온라인서비스제공자에
게 다음 각 호의 조치를 할 것을 명할 수 있다.
1. 불법복제물등의 복제·전송자에 대한 경고
2. 불법복제물등의 삭제 또는 전송 중단
② 문화체육관광부장관은 제1항제1호에 따른 경고를 3회 이상 받은 복제·전송자가 불법복제물등을 전송한
경우에 위원회의 심의를 거쳐 대통령령으로 정하는 바에 따라 온라인서비스제공자에게 6개월 이내의
기간을 정하여 해당 복제·전송자의 계정[온라인서비스제공자가 이용자를 식별·관리하기 위하여 사용
하는 이용권한 계좌(이메일 전용계정은 제외한다)를 말하며, 해당 온라인서비스제공자가 부여한 다른
계정을 포함한다]을 정지할 것을 명할 수 있다.
③ 제2항에 따른 명령을 받은 온라인서비스제공자는 해당 복제·전송자의 계정을 정지하기 7일 전에 대통령
령으로 정하는 바에 따라 해당 계정이 정지된다는 사실을 해당 복제·전송자에게 통지하여야 한다.
④ 문화체육관광부장관은 온라인서비스제공자의 정보통신망에 개설된 게시판(「정보통신망 이용촉진
및 정보보호 등에 관한 법률」 제2조 제1항제9호의 게시판 중 상업적 이익 또는 이용 편의를 제공하는
게시판을 말한다. 이하 같다) 중 제1항제2호에 따른 명령이 3회 이상 내려진 게시판으로서 해당 게시판의
형태, 게시되는 복제물의 양이나 성격 등에 비추어 해당 게시판이 저작권 등의 이용질서를 심각하게
훼손한다고 판단되는 경우에는 위원회의 심의를 거쳐 대통령령으로 정하는 바에 따라 온라인서비스제
공자에게 6개월 이내의 기간을 정하여 해당 게시판 서비스의 전부 또는 일부의 정지를 명할 수 있다.
⑤ 제4항에 따른 명령을 받은 온라인서비스제공자는 해당 게시판의 서비스를 정지하기 10일 전부터 대통령
령으로 정하는 바에 따라 해당 게시판의 서비스가 정지된다는 사실을 해당 온라인서비스제공자의 인터
넷 홈페이지 및 해당 게시판에 게시하여야 한다.

⑥ 온라인서비스제공자는 제1항에 따른 명령을 받은 경우에는 명령을 받은 날부터 5일 이내에, 제2항에 따른 명령을 받은 경우에는 명령을 받은 날부터 10일 이내에, 제4항에 따른 명령을 받은 경우에는 명령을 받은 날부터 15일 이내에 그 조치결과를 대통령령으로 정하는 바에 따라 문화체육관광부장관에게 통보하여야 한다.

⑦ 문화체육관광부장관은 제1항, 제2항 및 제4항의 명령의 대상이 되는 온라인서비스제공자와 제2항에 따른 명령과 직접적인 이해관계가 있는 복제·전송자 및 제4항에 따른 게시판의 운영자에게 사전에 의견제출의 기회를 주어야 한다. 이 경우 「행정절차법」 제22조 제4항부터 제6항까지 및 제27조를 의견제출에 관하여 준용한다.

⑧ 문화체육관광부장관은 제1항, 제2항 및 제4항에 따른 업무를 수행하기 위하여 필요한 기구를 설치·운영할 수 있다.
[본조신설 2009.4.22]

제133조의3(시정권고 등)
① 위원회는 온라인서비스제공자의 정보통신망을 조사하여 불법복제물등이 전송된 사실을 발견한 경우에는 이를 심의하여 온라인서비스제공자에 대하여 다음 각 호에 해당하는 시정 조치를 권고할 수 있다.
1. 불법복제물등의 복제·전송자에 대한 경고
2. 불법복제물등의 삭제 또는 전송 중단
3. 반복적으로 불법복제물등을 전송한 복제·전송자의 계정 정지
② 온라인서비스제공자는 제1항제1호 및 제2호에 따른 권고를 받은 경우에는 권고를 받은 날부터 5일 이내에, 제1항제3호의 권고를 받은 경우에는 권고를 받은 날부터 10일 이내에 그 조치결과를 위원회에 통보하여야 한다.

③ 위원회는 온라인서비스제공자가 제1항에 따른 권고에 따르지 아니하는 경우에는 문화체육관광부장관에게 제133조의2제1항 및 제2항에 따른 명령을 하여 줄 것을 요청할 수 있다.
④ 제3항에 따라 문화체육관광부장관이 제133조의2제1항 및 제2항에 따른 명령을 하는 경우에는 위원회의 심의를 요하지 아니한다.
[본조신설 2009.4.22]

제134조(건전한 저작물 이용 환경 조성 사업 〈개정 2009.4.22〉)
① 문화체육관광부장관은 저작권이 소멸된 저작물등에 대한 정보 제공 등 저작물의 공정한 이용을 도모하기 위하여 필요한 사업을 할 수 있다. 〈개정 2009.4.22〉
② 제1항에 따른 사업에 관하여 필요한 사항은 대통령령으로 정한다. 〈개정 2009.4.22〉
③ 삭제〈2009.4.22〉

제135조(저작재산권 등의 기증)
① 저작재산권자등은 자신의 권리를 문화체육관광부장관에게 기증할 수 있다. 〈개정 2008.2.29〉
② 문화체육관광부장관은 저작재산권자등으로부터 기증된 저작물등의 권리를 공정하게 관리할 수 있는 단체를 지정할 수 있다. 〈개정 2008.2.29〉
③ 제2항의 규정에 따라 지정된 단체는 영리를 목적으로 또는 당해 저작재산권자등의 의사에 반하여 저작물등을 이용할 수 없다.
④ 제1항과 제2항의 규정에 따른 기증 절차와 단체의 지정 등에 관하여 필요한 사항은 대통령령으로 정한다.

제11장 벌칙

제136조(권리의 침해죄)
① 저작재산권 그 밖에 이 법에 따라 보호되는 재산적 권리(제93조의 규정에 따른 권리를 제외한다)를 복제·공연·공중송신·전시·배포·대여·2차적저작물 작성의 방법으로 침해한 자는 5년 이하의 징역 또는 5천만원 이하의 벌금에 처하거나 이를 병과할 수 있다.
② 다음 각 호의 어느 하나에 해당하는 자는 3년 이하의 징역 또는 3천만원 이하의 벌금에 처하거나 이를

병과할 수 있다. 〈개정 2009.4.22〉
1. 저작인격권 또는 실연자의 인격권을 침해하여 저작자 또는 실연자의 명예를 훼손한 자
2. 제53조 및 제54조(제63조 제3항, 제90조, 제98조 및 제101조의6제6항에 따라 준용되는 경우를 포함한다)
   에 따른 등록을 거짓으로 한 자
3. 제93조의 규정에 따라 보호되는 데이터베이스제작자의 권리를 복제·배포·방송 또는 전송의 방법으로
   침해한 자
4. 제124조 제1항의 규정에 따른 침해행위로 보는 행위를 한 자
5. 업으로 또는 영리를 목적으로 제124조 제2항의 규정에 따라 침해행위로 보는 행위를 한 자
6. 업으로 또는 영리를 목적으로 제124조 제3항의 규정에 따라 침해행위로 보는 행위를 한 자. 다만, 과실로
   저작권 또는 이 법에 따라 보호되는 권리 침해를 유발 또는 은닉한다는 사실을 알지 못한 자를 제외한다.

제137조(부정발행등의 죄) 다음 각 호의 어느 하나에 해당하는 자는 1년 이하의 징역 또는 1천만원 이하의
   벌금에 처한다. 〈개정 2009.4.22〉
1. 저작자 아닌 자를 저작자로 하여 실명·이명을 표시하여 저작물을 공표한 자
2. 실연자 아닌 자를 실연자로 하여 실명·이명을 표시하여 실연을 공연 또는 공중송신하거나 복제물을
   배포한 자
3. 제14조 제2항의 규정을 위반한 자
4. 제105조 제1항의 규정에 따른 허가를 받지 아니하고 저작권신탁관리업을 한 자
5. 제124조 제4항의 규정에 따라 침해행위로 보는 행위를 한 자
6. 자신에게 정당한 권리가 없음을 알면서 고의로 제103조 제1항 또는 제3항의 규정에 따른 복제·전송의
   중단 또는 재개요구를 하여 온라인서비스제공자의 업무를 방해한 자
7. 제55조의2(제63조 제3항, 제90조, 제98조 및 제101조의6제6항에 따라 준용되는 경우를 포함한다)를
   위반한 자

제138조(출처명시위반 등의 죄 〈개정 2009.4.22〉) 다음 각 호의 어느 하나에 해당하는 자는 500만원 이하의
   벌금에 처한다.
1. 제35조 제4항의 규정을 위반한 자
2. 제37조(제87조 및 제94조의 규정에 따라 준용되는 경우를 포함한다)의 규정을 위반하여 출처를 명시하지
   아니한 자
3. 제58조 제3항의 규정을 위반하여 복제권자의 표지를 하지 아니한 자
4. 제59조 제2항의 규정을 위반한 자
5. 제105조 제1항의 규정에 따른 신고를 하지 아니하고 저작권대리중개업을 하거나, 제109조 제2항의
   규정에 따른 영업의 폐쇄명령을 받고 계속 그 영업을 한 자

제139조(몰수) 저작권 그 밖에 이 법에 따라 보호되는 권리를 침해하여 만들어진 복제물로서 그 침해자
   ·인쇄자·배포자 또는 공연자의 소유에 속하는 것은 이를 몰수한다.

제140조(고소) 이 장의 죄에 대한 공소는 고소가 있어야 한다. 다만, 다음 각 호의 어느 하나에 해당하는
   경우에는 그러하지 아니하다. 〈개정 2009.4.22〉
1. 영리를 위하여 상습적으로 제136조 제1항 및 제136조 제2항제3호에 해당하는 행위를 한 경우
2. 제136조 제2항 제2호·제5호 및 제6호, 제137조 제1호 내지 제4호, 제6호 및 제7호와 제138조 제5호의
   경우
3. 영리를 목적으로 제136조 제2항제4호의 행위를 한 경우(제124조 제1항 제3호의 경우에는 피해자의
   명시적 의사에 반하여 처벌하지 못한다.

제141조(양벌규정) 법인의 대표자나 법인 또는 개인의 대리인·사용인 그 밖의 종업원이 그 법인 또는
   개인의 업무에 관하여 이 장의 죄를 범한 때에는 행위자를 벌하는 외에 그 법인 또는 개인에 대하여도
   각 해당 조의 벌금형을 과한다. 다만, 법인 또는 개인이 그 위반행위를 방지하기 위하여 해당 업무에
   관하여 상당한 주의와 감독을 게을리하지 아니한 경우에는 그러하지 아니하다. 〈개정 2009.4.22〉

제142조(과태료)

① 제104조 제1항에 따른 필요한 조치를 하지 아니한 자에게는 3천만원 이하의 과태료를 부과한다. 〈개정 2009.4.22〉

② 다음 각 호의 어느 하나에 해당하는 자에게는 1천만원 이하의 과태료를 부과한다. 〈개정 2009.4.22〉

1. 제106조에 따른 의무를 이행하지 아니한 자

2. 제112조 제4항을 위반하여 한국저작권위원회의 명칭을 사용한 자

3. 제133조의2제1항·제2항 및 제4항에 따른 문화체육관광부장관의 명령을 이행하지 아니한 자

4. 제133조의2제3항에 따른 통지, 같은 조 제5항에 따른 게시, 같은 조 제6항에 따른 통보를 하지 아니한 자

③ 제1항 및 제2항에 따른 과태료는 대통령령으로 정하는 바에 따라 문화체육관광부장관이 부과·징수한다. 〈개정 2009.4.22〉

④ 삭제〈2009.4.22〉

⑤ 삭제〈2009.4.22〉

부칙 〈제8101호, 2006.12.28〉

제1조(시행일) 이 법은 공포 후 6개월이 경과한 날부터 시행한다. 다만, 제133조 제1항 및 제3항의 규정은 이 법을 공포한 날부터 시행한다.

제2조(적용 범위에 관한 경과조치)

① 이 법 시행 전에 종전의 규정에 따라 저작권의 전부 또는 일부가 소멸하였거나 보호를 받지 못한 저작물등에 대하여는 그 부분에 대하여 이 법을 적용하지 아니한다.

② 이 법 시행 전에 행한 저작물등의 이용은 종전의 규정에 따른다.

③ 종전의 부칙 규정은 이 법의 시행 후에도 계속하여 적용한다.

제3조(음반제작자에 대한 경과조치) 종전의 규정에 따른 음반제작자는 이 법에 따른 음반제작자로 본다.

제4조(단체명의저작물의 저작자에 대한 경과조치) 이 법 시행 전에 종전의 제9조의 규정에 따라 작성된 저작물의 저작자에 관하여는 종전의 규정에 따른다.

제5조(단체 지정에 관한 경과조치) 이 법 시행 전에 종전의 규정에 따라 보상금을 받을 수 있도록 지정한 단체는 이 법에 따라 지정한 단체로 본다.

제6조(법정허락에 관한 경과조치) 이 법 시행 당시 종전의 규정에 의한 법정허락은 이 법에 따른 법정허락으로 본다.

제7조(등록에 관한 경과조치) 이 법 시행 당시 종전의 규정에 따른 등록은 이 법에 따른 등록으로 본다. 다만, 종전의 제51조의 규정에 따라 이루어진 저작재산권자의 성명 등의 등록은 종전의 규정에 따른다.

제8조(음반의 보호기간의 기산에 관한 경과조치) 이 법 시행 전에 고정되었으나 아직 발행되지 아니한 음반의 보호기간의 기산은 이 법에 따른다.

제9조(미분배 보상금에 관한 경과조치) 이 법 제25조 제8항(제31조 제6항·제75조 제2항 및 제82조 제2항의 규정에 따라 준용되는 경우를 포함한다)의 규정은 이 법 시행 전에 종전의 제23조 제3항·제28조 제5항·제65조 및 제68조의 규정에 따라 수령한 보상금에 대하여도 적용한다. 이 경우 각 보상금별 분배 공고일은 보상금지급단체로부터 권리자가 당해 보상금을 처음으로 지급받을 수 있는 날의 연도 말일로 본다.

제10조(실연자의 인격권에 관한 경과조치) 이 법 시행 전에 행한 실연에 관하여는 이 법 제66조 및 제67조의 규정을 적용하지 아니한다.

제11조(저작권위탁관리업자에 대한 경과조치) 이 법 시행 당시 종전의 규정에 따라 저작권위탁관리업의 허가를 받은 자는 저작권신탁관리업의 허가를 받은 자로, 저작권위탁관리업의 신고를 한 자는 저작권대리중개업의 신고를 한 자로 본다.

제12조(저작권신탁관리업자의 수수료 및 사용료에 관한 경과조치) 종전의 규정에 따라 승인한 저작권신탁관리업자의 수수료 및 사용료의 요율 또는 금액은 이 법에 따라 승인한 것으로 본다.

제13조(저작권위원회 등에 관한 경과조치) 종전의 규정에 따른 저작권심의조정위원회 및 그 심의조정위원은 이 법 제8장의 규정에 따른 저작권위원회 및 그 위원으로 본다.

제14조(벌칙 적용에 관한 경과조치) 이 법 시행 전의 행위에 대한 벌칙의 적용에서는 종전의 규정에 따른다.

제15조(다른 법률의 개정)
① 지방세법 일부를 다음과 같이 개정한다.
제143조 제2호 중 "「저작권법」 제52조·제60조 제3항·제73조 및 제73조의9"를 "「저작권법」 제54조·제63조 제3항·제90조 및 제98조"로 한다.
② 방송법 일부를 다음과 같이 개정한다.

제78조 제3항 중 "저작권법 제69조"를 "「저작권법」 제85조"로 한다.
제16조(다른 법령과의 관계) 이 법 시행 당시 다른 법령에서 종전의 규정을 인용하고 있는 경우에는 이 법의 해당 조항을 인용한 것으로 본다.

부칙 (정부조직법) 〈제8852호, 2008.2.29〉

제1조(시행일) 이 법은 공포한 날부터 시행한다. 다만, 제31조 제1항의 개정규정 중 "식품산업진흥"에 관한 부분은 2008년 6월 28일부터 시행하고, 부칙 제6조에 따라 개정되는 법률 중 이 법의 시행 전에 공포되었으나 시행일이 도래하지 아니한 법률을 개정한 부분은 각각 해당 법률의 시행일부터 시행한다.

제2조부터 제5조까지 생략

제6조(다른 법률의 개정) ①부터 〈267〉까지 생략

〈268〉 저작권법 일부를 다음과 같이 개정한다.

제25조 제4항 본문·제5항 각 호 외의 부분 전단·같은 항 각 호 외의 부분 후단·제7항 각 호 외의 부분·제8항, 제31조 제5항 본문, 제50조 제1항·제4항, 제51조, 제52조, 제55조 제1항·제2항 각 호 외의 부분 본문·제3항, 제56조 제1항·제3항, 제76조 제4항, 제103조 제7항 후단, 제104조 제2항, 제105조 제1항·제2항 각 호 외의 부분·제5항 본문·제6항부터 제8항까지, 제108조 제1항·제2항, 제109조 제1항 각 호 외의 부분·제2항 각 호 외의 부분, 제110조, 제111조 제1항·제2항, 제112조 제3항 각 호 외의 부분, 제113조 제2호·제11호, 제122조 제3항, 제130조, 제133조 제1항부터 제5항까지, 제134조 제1항·제2항, 제135조 제1항·제2항 및 제142조 제1항부터 제4항까지 중 "문화관광부장관"을 각각 "문화체육관광부장관"으로 한다.
제55조 제2항제2호 및 제132조 각 호 외의 부분 중 "문화관광부령"을 각각 "문화체육관광부령"으로 한다.
〈269〉부터 〈760〉까지 생략
제7조 생략

부칙 〈제9529호, 2009.3.25〉
이 법은 공포 후 6개월이 경과한 날부터 시행한다.

부칙 〈제9625호, 2009.4.22〉

제1조(시행일) 이 법은 공포 후 3개월이 경과한 날부터 시행한다.

제2조(「컴퓨터프로그램 보호법」의 폐지) 컴퓨터프로그램 보호법은 폐지한다.

제3조(위원회의 설립준비)
① 이 법에 따라 위원회를 설립하기 위하여 행하는 준비행위는 이 법 시행 전에 할 수 있다.
② 문화체육관광부장관은 위원회의 설립에 관한 사무를 관장하게 하기 위하여 설립위원회를 구성한다.
③ 설립위원회는 문화체육관광부장관이 위촉하는 5명 이내의 설립위원으로 구성하되, 설립위원회의 위원
   장은 종전의 「저작권법」 제112조에 따른 저작권위원회의 위원장이 된다.
④ 설립위원회는 이 법 시행 전까지 정관을 작성하여 문화체육관광부장관의 인가를 받아야 한다.
⑤ 설립위원회는 제4항에 따른 인가를 받은 때에는 위원회의 설립등기를 하여야 한다.
⑥ 위원회의 설립에 관하여 필요한 경비는 국가가 부담한다.
⑦ 설립위원회는 제5항에 따른 위원회의 설립등기를 한 후에 지체 없이 위원회의 위원장에게 사무를 인계하
   여야 하며, 사무인계가 끝난 때에는 설립위원은 해촉된 것으로 본다.

제4조(저작권위원회 및 컴퓨터프로그램보호위원회의 소관사무, 권리·의무 및 고용관계 등에 관한 경과조
   치)
① 이 법 시행 당시 종전의 「저작권법」 제112조부터 제122조까지 및 종전의 「컴퓨터프로그램 보호법」
   제35조부터 제43조까지의 규정에 따른 저작권위원회와 컴퓨터프로그램보호위원회의 소관사무, 권리
   ·의무와 재산 및 직원의 고용관계는 한국저작권위원회가 승계한다.
② 이 법 시행 당시 종전의 「저작권법」 제112조에 따른 저작권위원회의 위원장 및 위원은 한국저작권위원회
   의 위원장 및 위원으로 보고, 그 임기는 종전의 저작권위원회의 위원장 및 위원의 임기가 개시된 때부터
   기산한다.

제5조(적용 범위에 관한 경과조치)
① 이 법 시행 전에 종전의 「저작권법」 및 「컴퓨터프로그램 보호법」에 따라 보호되는 권리의 전부 또는
   일부가 소멸하였거나 보호를 받지 못한 저작물등에 대하여는 그 부분에 대하여 이 법을 적용하지 아니한
   다.
② 이 법 시행 전에 행한 프로그램의 이용은 종전의 「컴퓨터프로그램 보호법」에 따른다.

제6조(법정허락 등에 관한 경과조치) 이 법 시행 전에 종전의 「컴퓨터프로그램 보호법」에 따른 다음 각
   호의 행위는 이 법에 따른 것으로 본다.
1. 법정허락
2. 프로그램저작권 위탁관리기관 지정
3. 프로그램의 임치 및 수치인의 지정
4. 프로그램의 등록
5. 프로그램저작권의 이전등록
6. 부정복제물의 수거조치
7. 부정복제물 등에 대한 시정명령 및 시정권고
8. 분쟁의 알선·조정
9. 프로그램의 감정

제7조(벌칙 적용에 관한 경과조치) 이 법 시행 전의 행위에 대한 종전의 「컴퓨터프로그램 보호법」에 따른
   벌칙의 적용에 있어서는 종전의 「컴퓨터프로그램 보호법」에 따른다.

제8조(다른 법률의 개정)
① 지방세법 일부를 다음과 같이 개정한다.

제143조 제2호 중 "「저작권법」 제54조·제63조 제3항·제90조 및 제98조의 규정에 의한 등록중 상속외의 등록"을 "「저작권법」 제54조·제63조 제3항·제90조 및 제98조에 따른 등록 중 상속 외의 등록(프로그램 등록은 제외한다)"으로 하고, 같은 조 제2호의2 중 "「컴퓨터프로그램 보호법」 제26조의 규정에 의한 등록중 상속외의 등록"을 "「저작권법」 제54조에 따른 프로그램 등록과 제101조의6제6항에 따른 등록 중 상속 외의 등록"으로 한다.

제150조의3제2항 중 "「저작권법」 또는 「컴퓨터프로그램 보호법」의 규정에 의한"을 "「저작권법」에 따른"으로 한다.

② 온라인 디지털콘텐츠산업 발전법 일부를 다음과 같이 개정한다.

제21조 중 "저작권법 또는 컴퓨터프로그램보호법의 보호를 받는 경우에는 저작권법 또는 컴퓨터프로그램보호법이"를 "「저작권법」의 보호를 받는 경우에는 「저작권법」이"로 한다.

③ 관세법 일부를 다음과 같이 개정한다.

제235조 제1항 중 "「저작권법」에 따른 저작권과 저작인접권 또는 「컴퓨터프로그램 보호법」에 따른 프로그램저작권(이하 이 조에서 "저작권등"이라 한다)"을 "「저작권법」에 따른 저작권과 저작인접권(이하 이 조에서 "저작권등"이라 한다)"으로 하고, 같은 조 제2항 중 "「저작권법」 및 「컴퓨터프로그램 보호법」"을 "「저작권법」"으로 한다.

④ 사법경찰관리의 직무를 수행할 자와 그 직무범위에 관한 법률 일부를 다음과 같이 개정한다.

제5조 제23호의2 및 제6조 제20호의2를 각각 삭제한다.

⑤ 자본시장과 금융투자업에 관한 법률 일부를 다음과 같이 개정한다.

제7조 제5항 중 "「저작권법」에 따른 저작권신탁관리업 및 「컴퓨터프로그램 보호법」에 따른 프로그램저작권 위탁관리업무"를 "「저작권법」에 따른 저작권신탁관리업"으로 한다.

제9조(다른 법령과의 관계) 이 법 시행 당시 다른 법령에서 종전의 「컴퓨터프로그램 보호법」 또는 그 규정을 인용하고 있는 경우에는 이 법 또는 이 법의 해당 규정을 인용한 것으로 본다.

● 찾아보기

● 판례색인

지은이 소개

최영묵 ✉ elcondor@skhu.ac.kr

성공회대 신문방송학과 교수

한양대 신문방송학과 졸업, 동 대학원에서 방송공익성에 관한 연구로 박사학위를 받았다. 방송개발원 선임연구원, 방송개혁위원회 전문위원, 한국방송진흥원(KBI) 수석팀장을 역임했다. 1980년대 후반부터 언론개혁과 미디어운동에 관심을 갖고 참여해왔다. 민주언론시민연합 이사 및 편집위원장, 언론개혁시민연대 방송개혁위원회, 언론정보학회 총무이사, KBS와 MBC 시청자위원, 한국방송학회 기획이사를 지냈고, 현재는 한국방송학회 방송법제연구회 회장, 미디어공공성포럼 운영위원, 국회 미디어발전국민위원회 위원으로 일하고 있다.

주요 저작으로는 『언론과 민주주의』(1995, 공역), 『방송 공익성에 관한 연구』(1997), 『현대사회와 매스커뮤니케이션』(2000, 공저), 『텔레비전 화면깨기』(2003, 공저), 『시민미디어론』(2005), 『대중문화와 문화산업』(2006, 공저), 『한국방송정책론: 역사와 전망』(근간) 등이 있다.

이승선 ✉ girirang@cnu.ac.kr

충남대 언론정보학과 교수

연세대 신문방송학과 졸업, 동 대학원에서 석사·박사 학위를 받았다. 목원대 광고홍보학과 교수를 지냈고, 한국방송통신대 법학과 1학년에 입학해 4년간의 법학사 과정을 마쳤다. 충남대 특허법무대학원에서 '언론소송에 있어서 당사자적격에 관한 연구'로 석사학위를 받았다. 한국언론법학회 총무이사·연구이사, 한국지역언론학회 총무이사, 충청언론학회 총무이사를 맡았다. 한국광고홍보학회 기획이사, 한국방송학회 연구이사를 맡고 있다. 『한국언론학보』·『한국방송학보』 편집위원을 지냈으며 『언론과학연구』·『언론과법』 편집위원으로 있다. 대전충청지역에서 방송시청자위원, 신문독자위원을 맡고 있다. 재학생들과 농구시합을 즐기고 졸업생들이 모여서 하는 축구경기에 끼워주지 않을까봐 매번 최전방 공격수로 열심히 뛴다. 등산의 고통과 즐거움을 잃지 않으려 한다. 언론의 취재보도로 인한 인격권 침해, 저작권, 광고법제에 대해 관심을 갖고 공부하고 있다.

이광석 ✉ leeks2k@gmail.com

중앙대, 성공회대, 한예종 강사

중앙대 경영학부(회계학)를 졸업, 동 대학원 신문방송학과에서 석사, 텍사스(오스틴)주립대학 Radio, Television & Film 학과에서 기술/정책 전공으로 석사·박사를 마쳤다. 1990년대 중반부터 새로운 뉴미디어 현상에 주목하여 다수의 관련 글들을 여러 신문과 잡지에 기고했다. 뉴미디어 평론가로 활동하면서, 『한겨레신문』에 '@디지털사회' 비평 칼럼을 썼고, LG 월간 웹진 『디지털 이후(After Digital)』의 콘텐츠 기획을 맡았다. 진보넷이 발행하는 월간 정보운동 잡지 『네트워커』의 편집위원을 지낸 바 있고, 현재 문화연대의 미디어문화센터와 진보넷의 운영위원으로 각각 일하고 있다.

주요 논문으로는 Media, Culture & Society (2005), New Media & Society (2009), The

International Communication Gazette (2008), The International Journal of Cultural Policy (2007), Info: The Journal of Policy, Regulation, and Strategy for Telecommunications (2006), The Government Information Quarterly (2009, 공저)와 The Information Society (2007) 등의 국제 저널들에 게재됐다. 주요 저서로는 『사이버 문화정치』(1998), 『디지털 패러독스: 사이버 공간의 정치경제학』(2000), 『사이방가르드의 예술/문화/정치』(방송문화진흥회 지원총서, 근간)가 있다.

임성원 ✉ ruelo@kcta.or.kr

한국케이블TV방송협회 연구원

중앙대 신문방송학과를 졸업, 동 대학원에서 방송플랫폼 간 경쟁구조에 관한 연구로 박사학위를 받았다.

주요 저작으로는 『모바일커뮤니케이션』(2007, 공저), 『미디어융합시대 영화창구의 경쟁구조 및 공존전략』(2008, 공저)이 있으며, 「미디어융합시대 방송플랫폼의 경쟁구조 연구」로 한국방송학회 2007년 학술상을 수상하였으며, 그 외 「케이블TV의 방송콘텐츠 재활용 성과에 관한 연구」, 「포털 사이트의 뉴스 콘텐츠 전략에 관한 연구」, 「지상파방송의 장르다양성에 관한 연구」 등이 있다.

김경환 ✉ kimkw-10@sangji.ac.kr

상지대 언론광고학부 교수

한양대 국어국문학과 졸업, 일본 조치대학 대학원에서 방송참여에 관한 연구로 박사학위를 받았다. 방송제도 및 정책과 시민의 미디어 참여에 관심을 갖고 연구를 하고 있다. MBC전문연구 위원, 사이버커뮤니케이션학회 기획이사를 지냈고, 현재는 한국언론학회 기획이사, 용인시 수지구 선거방송토론위원회 위원장, 문화연대 미디어문화센터 운영위원, 문화관광부 정보공개 평가위원으로 일하고 있다.

주요 저작으로는 『パブリック・アクセスを学ぶ人のために(퍼블릭액세스를 공부하는 사람들을 위해서)』(2006, 공저), 『글로벌 시대 미디어 문화의 다양성』(2006, 공저), 『メディア・ルネサンス(미디어 르네상스)』(2008, 공저), 『非営利放送とは何か(비영리방송이란 무엇인가)』(2008, 공저) 등이 있다.

이상훈 ✉ hoon@chonbuk.ac.kr

전북대 신문방송학과 교수

부산대학교 사회학과 졸업, 프랑스 파리 5대학 사회학 석사·박사를 마쳤다. 방송개발원 책임연구원, 방송영상산업진흥원 책임연구 및 인력 센터장을 역임했다. 1999년 대통령 직속 방송개혁위원회 전문위원 역임, 문화콘텐츠 진흥원 CT 기술 자문위원, 과기부 비전위원회 전문위원을 역임하고 현재 신문발전위원회 위원이다.

주요 저작으로는 『디지털 기술과 문화 콘텐츠 산업』, 『디지털 시대의 방송정책』 등이 있다.

노동환 ✉ laborhwan@paran.com

중앙대 신문방송학과 박사과정

중앙대학교 신문방송학과 졸업, 동 대학원에서 지상파방송콘텐츠의 UCC 이용에 따른 저작권 이슈에 관한 연구로 석사학위를 받았으며, 미디어, 수용자, 방송·통신정책 등 다양한 학문분야에 관심을 갖고 연구하고 있다.

주요 연구로는 「시청동기가 미디어선택과 이용에 미치는 영향」이 있다.